岁月如歌 ^上

SUIYUE RU GE

——重庆南开（原三中）学子的故事

南凯人 编

编辑组

王崇仁　江明友　肖星跃

文力平　温志龄　王有惠

西南师范大学出版社

国家一级出版社 全国百佳图书出版单位

图书在版编目(CIP)数据

岁月如歌:重庆南开(原三中)学子的故事/南凯
人编. -- 重庆:西南师范大学出版社,2021.1
　ISBN 978-7-5697-0143-2

　Ⅰ.①岁… Ⅱ.①南… Ⅲ.①重庆南开中学—纪念文
集 Ⅳ.①G639.287.19-53

中国版本图书馆 CIP 数据核字(2021)第 014393 号

岁月如歌:重庆南开(原三中)学子的故事

SUIYUE RU GE : CHONGQING NANKAI(YUAN SANZHONG)XUEZI DE GUSHI

南凯人　编

责任编辑:罗　勇　曾　艳　唐　倩

书籍装帧:千　寻

排　　版:瞿　勤

出版发行:西南师范大学出版社

　　　　　重庆·北碚　邮编:400715

印　　刷:重庆共创印务有限公司

幅面尺寸:170mm×240mm

印　　张:43

字　　数:905千字

版　　次:2021年1月 第1版

印　　次:2021年1月 第1次

书　　号:ISBN 978-7-5697-0143-2

定　　价:98.00元(上、下)

南开知青竞风流(代序)

张传斌①

在我案前的《岁月如歌——重庆南开(原三中)学子的故事》书稿,记录了重庆南开中学(重庆三中)老三届学子半个世纪来的人生留痕。他们虽已经进入古稀之年,但他们讲述其亲身经历的故事,让人不能不为这代人的殷殷爱国心、浓浓赤子情所感动,不能不为他们为中华之崛起所做的令人难以想象的奋斗和牺牲所震撼!

知青,是一个具有特定时代内涵的群体。他们历经坎坷,上山下乡,回城就业,底层奋起,建功立业……特定历史熔炼的知青群体,凸显出一种特定的人文内涵:特别知甘苦,懂感恩;特别接地气,近平民;特别善学习,懂珍惜;特别能吃苦,有担当。在农村,他们向农民群众学习,了解国情社情,与贫下中农休戚与共。回城后,他们自强不息,成长为各条战线的精英,成长为各级管理干部或技术骨干。他们与广大群众一道撑起共和国的蓝天! 很多知青在功成名就或退休以后还念念不忘自己的"第二故乡",自发结伴回去看望当年的乡亲们。这样的人文精神,都是满满的正能量,应该成为传之后世而不朽的宝贵精神财富。

我所讲的南开的知青,是重庆三中时期的初、高中 1966—1968 级同学。他们,是共和国的同龄人;他们,是爱国爱党的热血青年;他们,是重庆南开中学历史上颇被看好的一批学子! 他们当年被分配下乡的地方,是最为艰苦的巫山、开县等地。南开的文化传承和特别艰辛的农村磨砺,给南开老三届这个群体提供了一个艰难困苦玉汝于成的际遇。南开老三届群体就是中国知青群体中一个小小的缩影。

我是 1986 年 6 月到重庆南开中学担任校长的,一直到 2001 年 1 月辞去职务。这个时期,一大批下过乡、恢复高考后上大学的知青进入重庆南开中学。15 年朝夕相处,我见证了这批颇具时代特色的青年在这所著名中学发展过程中发挥的重大作用。

1986 年,重庆南开中学教师队伍青黄不接,校舍陈旧,生源贫乏,教育质量不高,急待重整复兴,再出发。

---

① 张传斌,1986 年至 2001 年任重庆南开中学校长,第九届全国人大代表。

要恢复名校的地位,首先要恢复名师队伍。但此时,"文革"前的名师绝大多数都退休了,"文革"中骨干教师散失了近30位,而掺沙子来的人占很大的比例。行政人员、校工占教职工的比例达40%。全校70多位教师中,"文革"前大专毕业的,仅有70%多一点。这70多位教师中,"文革"后大专毕业的知青有10多位。这就是当时的家底。经过调整,补充,到20世纪90年代末,重庆南开中学建成了一支以知青为主的名师队伍。

从20世纪80年代初期至90年代中期,我先后调入了当过知青、"文革"后考上大学、毕业后来到教育战线,进入重庆南开中学的近70位知青,他们成了重庆南开中学20世纪80年代中期到21世纪初,教师队伍的主力军和骨干力量。这是重庆市其他任何一所中学校都无法相比的。这个年代,重庆南开中学的一切发展和取得的成就都与他们有直接关系。这个时期,重庆南开中学在各方面都是大发展,并在20世纪80年代末90年代初成为重庆市最好的学校。这个成就,这个结果,这个翻天覆地的变化就是他们这批中青年干出来的。

以上任校长宋璞,政治教师曾信一,语文教师张发光(副校长)、左瑞林,数学教师解传江、包慧(副校长),物理教师许小林、周成金、刘也磊,化学教师刘庆生、简永惠,外语教师许小玲、雍永政,生物教师李德祥,地理教师王庆启,历史教师黄开全,体育教师肖素华,等等,为代表的一大批知青都成了骨干名师。以后十余年他们仍然是学校教师队伍的台柱子,这是南开中学很值得庆幸的一个成就。

20世纪80年代中后期,重庆南开中学开始了实现教育现代化的发展过程。这一批骨干名师在教育、教改中,为了减轻学生负担,全面提高教育质量,积极参加素质教育,进行课程改革,编写选修课程设计,编写教材,带头开设选修课达40多门科目,并取得显著成就。在川渝,重庆南开中学不仅高考、中考成绩名列前茅,而且在数学、物理、化学、生物学、信息学等奥林匹克竞赛的一等奖、二等奖获奖数量上也名列前茅,还在体育传统项目的全国竞赛中屡获第一,多次受到市、省、教育部的表彰,并获得了教育部特别颁发的西南地区唯一的全国中学教育质量特别奖。

他们中的绝大多数被评为中学高级教师,相当多的人被评为特级教师、正教授级的中学教师和重庆市的教研员教师(教授级)及学科带头人。他们是学校管理层的校级干部、中层处室干部;他们是学校教研组组长、年级主任;他们是各种竞赛和体育传统项目的主教练;他们是教育改革、现代化教学手段的主要执行者;他们是受市、省、全国各种表彰的先进教育工作者，教育积极分子、先进分子。他们具备知青这代人的共同特点，尤其突出的是——勤奋、敬业、虚心，具有现代教育思想，勇担重任，敢于突破，一心一意为重庆南开中学争光，为重庆南开中学成为全国名校和在世界有一定知名度做出了重大贡献，他们是值得重庆南开中学引以为荣的。

如果把知青在重庆南开中学创造的光辉业绩，看成是老三届这代人在中国40多年改革开放里程中建功立业的一个缩影，那么，由重庆南开中学老三届校友们自忆自写的回忆录《岁月如歌——重庆南开（原三中）学子的故事》，就在更大的视野里为我们展现了当年的南开莘莘学子如何在经历了知青生活、务工务农、投笔从戎等艰难曲折之后，刻苦学习，奋发有为，苦干实干，为祖国和人民做出奉献的生动事迹。他们中，有为祖国和人民立下丰功伟绩的高级将领，有在隐蔽战线出生入死的孤胆英雄，有全国劳模、大学校长、知名学者，有国家级学科领军人物或学科带头人，有中华人民共和国成立70周年纪念章获得者和工艺美术大师称号获得者，也有大量在平凡的岗位上默默奉献、位卑未敢忘忧国、德高望重、受人敬重的普通劳动者。"西北兵王""熔炉工匠""成教妈妈""调粮官""无冕之王""讲台园丁"……一个个血肉丰满、光彩夺目的形象跃然纸上。在这一百多名作者和他们的故事之外，还有更多重庆南开中学学子可歌可泣的故事有待发掘。这些感人的故事就是以爱国主义为灵魂，秉持"允公允能，日新月异"的校训，在各自不同的岗位上，以赤子之心，报效祖国，报效人民，报效自己的母校。我不由想起周恩来总理那句深情的话，"我是爱南开的"；我也想起习近平总书记与梁家河的故事；还想起他视察百年南开时勉励师生："南开大学具有光荣的爱国主义传统，这是南开的魂。""只有把小我融入大我，才会有海一样的胸怀，山一样的崇高。"

南开知青竞风流。

他们的精神，与南开一脉相承。他们的故事，值得让后人铭记。

因此我说，《岁月如歌——重庆南开（原三中）学子的故事》是一本值得一读并值得细读的好书。

目　录 contents

崛起之歌

下

南开情怀

青葱岁月

崛起之歌

JUE
QI
ZHI
GE

名师是怎样炼成的？

——记南开学子、全国第四届高校教学名师奖获得者何向东教授

文振生

三尺讲台万丈空，桃花源里自耕农。

磨剑十年图破壁，开怀一笑坐春风。

这是何向东教授刻画自己教学生涯的一首生动形象的自画诗。下面，就让我们来探寻一下这位昔日的南开学子，这位少年丧父、历经艰辛的贫苦农家子弟，是怎样凤凰涅槃，成长为一名高等学校教学名师奖获得者的。

三尺讲台的痴迷者

何向东1948年7月出生于重庆市江北区寸滩一个贫苦农民家庭，1956年就读寸滩卫国村小学，1962年就读寸滩初级中学，1965年以优异成绩考进重庆南开中学（时称重庆第三中学）念高中（1968级7班），同年当选为学校学生会劳动部长。何向东11岁时，其父亲病逝，当时两个哥哥分别就读重庆一中和重庆南开中学，家里还有两个妹妹。家庭失去了主要劳动力，体弱多病的母亲含辛茹苦地抚养着5个孩子，家境极为困窘。何向东从小经历了很多磨难。然而，艰难困苦，玉汝于成。这样的家庭环境铸就了他顽强进取、吃苦耐劳、一往无前的性格。重庆南开中学的高中教育，更使他充满自信。

然而令人非常遗憾的是，高中刚读一年，"文革"就爆发了，高校也停止了招生，何

向东痛失直接考进大学的机会,不得不辍学,到重庆市江北区八一公社务农。

恢复高考招生后,何向东于1970年被推荐就读于重庆第二师范学院(中师)。这次就读的机会,既是组织的信任,也是国家教育事业发展的客观需要,这决定了其后一生的职业取向。

1971年,他以优异的成绩从该校毕业并且留校任教,讲授现代汉语和形式逻辑。这是其日后成为逻辑学名师的"逻辑起点"。

1974年,他被推荐进入当时的西南师范学院中文系学习。1976年学成毕业后重返重庆第二师范学院继续教书。

恢复高考后,自认为因"文革"的耽误导致基础还不够扎实的他,不甘心老是被推荐读书,于是凭借自己顽强的毅力,在1980年以优异的成绩考取了河南大学,成为首届逻辑学专业唯一一名研究生,师从著名逻辑学家马佩教授。1982年,毕业后被分配至西南师范学院工作,成为一名逻辑学专业的大学教师。这是其人生履历中的"逻辑转折点"。

一位当年中师的同学问他能不断取得进步的秘诀在哪里,他说:"我太痴心于教育事业了。"这一"痴"就是40余年。他最早教中专生,继而教本科生,在学科领域内颇有建树。成为博士生导师后,他依然坚持为本科生授课,深受学生们的喜爱。何向东在教学的同时,也担任过许多行政职务,先后任系副主任,教务处副处长、处长,校长助理,分管教学与科研的副校长,职称也相继由讲师、副教授晋升为教授。但他认为,不管职务、职称多高,首先必须是一个合格的教师。本本分分地站稳讲台,用心上好每一节课,这是对教师最基本的要求,也是教师必须坚持的初心。

何向东上课时激情飞扬,讲授深入浅出。听过他讲课的人都由衷赞美:他的课有一种魔力,让人欲罢不能,欲罢不舍。

魔力来自何处? 首先,他将枯燥的逻辑学知识与贴近学生生活的案例融合。西南大学公共事业管理专业2006级的学生吴天说:"何老师经常会举一些生活中随处可遇到的例子来解释抽象的逻辑推理,让我们感到逻辑并不神秘,逻辑无处不在,逻辑就在我们日常生活之中。"

其次,他能把逻辑学与人生"挂钩",讲出人生逻辑。何向东总结了多年教学经验后对学生提出了"立志、勤奋、自律、宽容、仁爱"的"五品"要求。他认为,要培养"五品"

学生,首先教师自己必须做一个"五品"老师。材料物理专业学生邓业浩这样说:"何老师总是把为人、励志方面的道理巧妙地贯穿在逻辑理论讲解中,启发我们对人生应有的逻辑态度,培养我们在规划人生时应有的理性和缜密的逻辑思维。"

另外,魔力还来自一个老师的耐心、爱心与责任心。有一次上课时,法学专业2007级的王茜没太明白什么是"反对关系",总把它跟"矛盾关系"混淆。下课后她就去问何老师,何老师边走边讲,又举了几个例子帮助她加深理解。就在这时,天却忽然下起雨来,何老师硬是坚持把她送到了宿舍门口。望着何老师的背影,王茜的心里不禁涌起一股暖流。有一次,因为感冒,何老师嗓子哑了。照规定,他可以请假不上课,但本来就很忙的他怕耽误课程进度后很难补上,还是坚持把课上完。学生都不忍心"听"下去了,都劝何老师用放课件的方式上课。但是,这不符合其一以贯之的授课"逻辑"。他说,逻辑学本来就很抽象,必须手手到堂,亲力亲为,来不得半点虚假。下课时,全班学生都不约而同地站起来,以热烈的掌声向这位令人尊敬的师长致以谢意。虽然几乎每次他的课都有掌声,但这次的掌声却异常响亮和深情。

勇于攀登的开拓者

作为名师,何向东在植根教学、痴迷讲台的同时,又以自己的睿智、卓识和远见,始终站在教学、科研、管理的最前沿,成为独领风骚的领跑者。

在教学课程方面,他是国家级精品课程逻辑学的负责人和主讲教师,长期坚持本科教学,先后为本科生开设形式逻辑,为思政专业二学位班讲授高等教育管理学,为研究生讲授形式逻辑研究,为博士生讲授逻辑哲学、现代归纳逻辑专题。他还是国家大学生文化素质教育基地(重庆片)负责人,并主编文化素质教育系列教材,坚持每学期为本科生开设素质教育必不可少的全校通选课逻辑学。他领衔申报的"突出区域文化特色,融合人文与科学教育——创建国家大学生文化素质教育特色基地的理论与实践"项目,获2005年高等教育国家级教学成果奖评审委员会评审结果二等奖。

在科学研究方面,他主持国家社科基金项目5项(重大项目1项,重点项目2项、一般项目2项)、2005年度教育部哲学社会科学重大课题攻关项目"现代归纳逻辑的创新功能与应用及其认知基础研究"、教育部"七五"重点课题"汉语言逻辑研究"、教育部重大招标课题"中国公民人文素质现状调查与对策研究"以及重庆市重点社科规划项目等。

在教学管理方面,他曾先后担任过系副主任、教务处副处长/处长、校长助理和分管教学与科研工作的副校长。无论在哪个管理岗位上,他总是置身前沿,不遗余力地推进本科课程/专业建设与教学改革,推进人文教育与科学教育融合的素质教育。

在培养人才方面,他还总结出了培养杰出人才的七大法宝:一是抓思想,树立正确观念;二是树雄心,勇挑工作重担;三是勤练习,熔铸深厚功底;四是重科研,提升专业水平;五是搭平台,创造锻炼机会;六是寄希望,制订培养计划;七是倾关爱,倡导人性管理。

在创新教育体制方面,2000年,他领衔创办民办普通本科高校——西南师范大学行知育才学院并兼首任院长。经过多年发展,该校(现重庆人文科技学院)本科专业已达45个,在校生2万多人,人才培养质量获得社会各界广泛赞誉,并于2016年跻身全国高水平民办大学。该校近20年为国家培养本、专科人才5.8万多名。何向东在2019年4月卸任校长后,仍担任该校高级顾问,继续奉献余热。

多项成果的获得者

一分耕耘,一分收获。从教40多年来,何向东教授取得了令人瞩目的辉煌业绩。他是西南大学二级教授、西南大学逻辑学专业博士生导师,苏州大学兼职博士生导师,清华大学与荷兰阿姆斯特丹大学合作成立的研究所顾问,重庆市重点文科研究基地——西南大学逻辑与智能研究中心主任(现名誉主任),重庆市首届、第二届学术技术(逻辑学)带头人,教育部哲学学科教学原指导委员,高等学校大学生文化素质教育指导委员,重庆市社会科学界联合会副主席,重庆市梁漱溟研究会会长,重庆市逻辑学会会长。

他长期致力于本科生、硕士研究生、博士研究生的教学和教育管理工作。其领衔的在全校开设的批判性思维课程被重庆市教委评为"网上精品课程"。他从1992年开始招收逻辑学专业硕士研究生(已培养100余名),2003年起招收博士研究生(已培养近30名)、博士后(已培养5名)、访问学者(4名),在学术期刊及论文集上发表研究论文100多篇,出版专著、教材、译著,主编论文集等20余部(含"马工程"教材《逻辑学》等国家级规划教材4部),主持各级教学科研课题20余项,教学、科研多项成果获得各级各类奖励,其中优秀教学成果国家级二等奖有3项。

　　他于1987年破格晋升副教授,1992年晋升教授。1993年起他享受国务院颁发的政府特殊津贴。2003年,他领衔申报逻辑学博士点获得成功,实现了重庆市文史哲博士点零的突破。2010年,他领衔申报哲学一级学科博士授权点获得批准。由他领衔的本科课程逻辑学,被评为"全国唯一的逻辑学国家级精品课程(2005)和国家级视频精品课程(2011)";于2006年被评为"重庆市重点学科"。他领衔的西南大学逻辑学教学团队于2010年被评为"国家级教学团队"。2014年,他被评为"民族团结进步先进个人"并受到国务院表彰。2013年,他被有关机构评为"杰出社会科学家"。2017年,他被评为"中国哲学社会科学最有影响力学者"。2018年,他荣获"高等学校教学名师奖"。

　　大作家托尔斯泰说过:"如果教师只有对事业的爱,那么,他是一个好教师,如果把对教育带来的爱和对学生的爱融为一体,他就是个完美的教师。"何教授作为一个爱事业,更爱学生的教育家,他对大作家说的这两种爱,用诗的语言做了这样的描述:"桃李报我山河丽,我付桃李一片情。不为浮华遮望眼,愿作春泥化落红。"

审时度势谋发展　殚精竭虑创示范

高1966级4班　何大同

告别重师,履新赴任重职院

2003年9月28日上午,重庆市教委领导等一行人,送我到重庆职业技术学院,宣读重庆市委和市政府文件,任命我为学院党委书记兼院长,并与全院干部和教职工代表见面。会上,我郑重表态,要抓住天时、改善地利、搞好人和,做一个勤奋工作、开拓创新的领导干部,为学院的改革发展做出自己的贡献。当天下午,学院领导带我们一行人参观校区并介绍情况。

我从1972年起就在重庆师范大学工作,对本科高校比较熟悉,但对高等职业教育了解不多,认识不深,从没有来过新任职的学院。那时,学院地理位置较偏,交通不便,信息不畅;校舍陈旧,设施落后;人心不稳,待遇不高;观念老化,矛盾深沉。学校的实际情况比我想象中的还要差很多,心里有些焦虑。到学院第二天,市教委领导打电话给我,担心我有畏难情绪,希望我能团结、带领领导班子和教职工往前看、谋发展。我向领导表态,一定不会辜负组织对我的期望,要为学校的发展尽心竭力。

迁建新校,挥师西进大学城

2003年10月8日,国庆长假后上班的第一天,我主持召开了新班子的第一次党委会,一是通过了党委会、行政办公会的议事规则;二是确定了班子成员的分工,以便开展工作;三是讨论学院今后的改革发展。我分析了国家大力发展职业教育的大好形势,介绍了自己曾在重庆师范大学参与拓展新校区的有关工作,认为学院要发展,就必须要"走"出去，抓住天时，改善地利，脱离旧环境，建设新校区。我的意见得到了大家的支持，会议决定，成立"重庆职业技术学院'第二校区'筹建规划工作领导小组"（以下简称"学院领导小组"），由我担任组长。

在一个多月的时间里，我带着部分院领导等人到北碚区大学园区、城南新区和沙坪坝区大学城等地进行了数十次的调研、咨询，发现大学城已规划纳入了重庆大学、重庆师范大学、重庆电子科技职业学院等7所高校的新校区，虽然欢迎新的学校入驻，但能规划的土地已经不多了。学院领导小组在多次调研的基础上，一致决定：抢抓机遇，整体搬迁，西进大学城。我们多次向市教委主管领导汇报，得到了他们的大力支持。皇天不负有心人，2003年12月10日，市教委发文，批复重庆职业技术学院整体入驻大学城。

为加快进程，我请曾在沙坪坝区委工作的夫人邱梅玉特意向区委主管书记汇报，得到了书记的理解和支持。2004年1月6日，我与区长签署了学院入驻大学城的协议，重庆职业技术学院成为大学城第8所入驻的高校。

整体搬迁入驻大学城的征地、建设资金从何而来？市政府要求学校自行解决，这是学院最大的难题，也是市教委担心的问题。不少迁建学校都采取卖老校建新校的方法筹措资金，我们该怎么办？学院新校区初步规划办学规模7000人，总建筑面积约25万平方米，总投入3.4亿元。但学院2003年的全部收入还不够这个数的零头。沙坪坝区要求15天内交齐征地首付款。时间紧迫，"压力山大"。2004年元旦刚过，我主持学院新校区筹建工作专题会议，研究决定，一是尽管远水解不了近渴，也要积极争取银行贷款；二是向各企业、高校、西南兵工局借款，各位领导分头负责；三是广泛动员全体教职工，为建设新校区教职工集资房筹集资金；四是对老校区在建工程进行压缩，要求面积够用、装修从简、保证安全、节约经费。此举得到了全院教职工的积极响应和有力支持。有年轻教师在大校门贴出《倡议书》，倡议大家节水节电节开支，以此为新校区建设节约开销；有经济困难的退休职工设法从亲友处筹集资金。经多方努力，学院终于按时交纳了首付款。

征地首付款解决了，基本建设的资金又如何筹措？市教委同意将歇马老校区的土地置换出售。但地产集团的出价低于学院的期望值，更远远低于建设所需资金。通过艰苦的工作，学院从中国银行北碚分行获得部分贷款，用作新校区建设的启动资金。

利用政府对入驻大学城高校给予的特殊政策,商请中标承建单位为学校垫资近亿元,以此把首期8万多平方米的工程建了起来。2006年4月28日,学院与重庆电子科技职业学院、重庆巴渝职业技术学院新校区的开工典礼在大学城隆重举行,重庆职业技术学院的辉煌发展从此翻开了新的篇章。

两校合并,评估工作结硕果

学院的新校区与重庆电子科技职业学院的新校区紧紧相邻,在两年多的建设推进工作中,成了共同进退的难兄难弟。

2006年2月,我们得到一个重要信息:教育部要在最近几年实施"卓越计划",将在全国逐年遴选出100所高职院校,给予巨额的经费支持,以建设高水平的高职院校,这是高职领域的"211"工程。申报基础条件要求:学校要占地逾1千亩,学生超1万人,设备投资达1亿元。当时全重庆没有哪所高职高专院校符合申报的基础条件,要申报,只能合校。

我多次带队到重庆电子科技职业学院进行协商,决定双方尽快草拟出合校申报"卓越计划"的框架材料,尽快申请上报。我多次在学院党委会上提出合校事宜,强调大家要从学院的长远发展着想,不能计较个人职务的进退,机遇要抢,抓住不放。大家一致认为:一是两校新校区相邻,建设同步,专业互补,人心思聚,具备合校的基础条件;二是合校建设,资源共享,节约成本,做大做强,可以打造重庆高职教育的"航空母舰";三是学院在2005年3月第一次党员大会上提出了学院"迎评估,建新校,创示范"的发展方向,合校能够推动发展进程,有望进入国家示范高等职业院校的行列,应天时、尽地利、顺人和,这又是一次发展的大好机遇。

2007年2月28日,市政府正式行文,批复重庆职业技术学院与重庆电子科技职业学院合并组建重庆电子工程职业学院,打造重庆高职教育的"航空母舰",要求尽快把新学院办成特色鲜明的全国示范性高职院校。同年5月20日,市委又行文,重庆电子科技职业学院孙卫平任学院党委书记兼副院长,我任院长兼党委副书记。我们共同表态,要"合校,合心,合力",开创新学院的新发展。

教育部要求,申报国家示范性高职院校的学校,必须参加教育部组织的国家人才培养工作水平评估,还必须达到优秀等级。我牵头组织了30余人的核心团队,专门进行迎评准备。我在全院动员大会上立下"军令状":全院全员,全力以赴,各司其职,各负其责。

2007年12月24日至28日,以张宗荫教授为组长的评估专家组来校,我代表新学院做自评汇报,专家组对学校人才培养工作水平进行了一系列的全面检查和综合评估。在专家评估反馈会上,张宗荫教授从办学指导思想、抓机遇建新校、坚持教学的中心地位和教学改革、校企合作、探索高职教育规律和创新人才培养模式、毕业生素质和就业率六大方面肯定了学院的成绩。会上,市教委领导说,没想到在这么短的时间内学校就建得这么好,没想到两校合并得这么顺利,没想到评估结果这么好。最后,宣布评估等级为优秀时,全场响起了雷鸣般的掌声。

勇攀高峰,建设国家示范校

2006年10月,为了落实《国务院关于大力发展职业教育的决定》精神,教育部、财政部决定启动"国家示范性高等职业院校建设计划",中央财政引导、地方财政配套投资上百亿元,分3年时间,打造100所国家示范性高职院校。

2006年底,我所在的重庆职业技术学院向市教委、市政府申请支持推荐学校参与国家示范高职建设项目,但由于办学基础、办学水平等多方面因素,学校屈居全市第6位,失去首批进入国家队的机会。

2007年2月,两校合并后,实力大大增强,争创示范,志在必得。7月17日,我在渝北区创世纪宾馆向市教委汇报国家示范性高等职业院校建设方案,当晚学院歇马校区正在紧张地抗洪抢险。由于两校刚刚合并,尚未组建新的领导班子,学校组织机构证书和法人代码等相关法律手续不全,非常遗憾地无缘第二批国家示范性高职院校。

2008年4月10日,为打造重庆高职教育的"航空母舰",市政府一位副秘书长受市府领导委托,召集市政府有关职能部门,召开"重庆电子工程职业学院建设发展协调会",做出相关决定,极大地支持了学校的申报工作。

学校的申报组织工作也有条不紊地扎实推进着。我牵头的核心团队住进了较为安静但又信息畅通的偏远酒店,从学校概况、建设思路、建设目标、建设内容、项目预算、保障措施六个方面编制建设方案;邀请全国职业教育的顶尖专家,如教育部职业技术教育中心研究所的研究员、上海职业教育与成人教育研究所的研究员、江苏技术师范学院院长,以及重庆市的职教专家进行指导。为确保万无一失,我们还多次对答辩进行模拟演练,我扮演答辩人,其余专家扮演质询人,对标对表,一丝不苟。

2008年6月,经过市内外专家的多轮评审,市教委、市政府正式确定,把新生的重庆电子工程职业学院作为重庆市唯一推荐的第三批国家示范性高职院校建设单位,报送教育部、财政部。7月10日,由市教委牵头组成庞大的答辩团队到北京参加答辩,市政府这位副秘书长代表市里主管市长领队参加。为追求效果,学校特地为我配置了新衣,梳理了头发。下午,副秘书长、市财政局主要领导和我进入答辩现场候场。进场前,我看到前面答辩出来的院长们多少都有些紧张,因为国家示范性高职院校建设项目实行的是淘汰遴选制,我心里也有些紧张,三年艰辛,功败垂成,在此一辩。进场后,我站在主辩席上,聚光灯打在脸上,眼前黑茫茫一片。这时,我心里反而踏实了,看不清台前的领导、专家,我的心情反而平静下来,应答如流,可以说超水平发挥。重庆电子工程职业学院雄厚的建设基础、完美的建设方案、高昂的建设激情,得到了教育部领导、专家的高度认可,顺利通过了现场答辩。9月8日,教育部、财政部正式行文,重庆电子工程职业学院被确定为国家示范性高等职业院校建设计划立项建设单位,成为全国100所示范高职院校之一。

2009年6月,重庆电子工程职业学院获国家级教学成果奖一等奖,国家职业技能竞赛一等奖,实现了重庆市高等教育、职业教育零的突破。

2009年10月,我获得重庆市第三届劳动模范和先进工作者荣誉称号、重庆市教育工作终身贡献奖,于2010年4月退休。

南开精神，催我奋进

高1966级7班　周希贤

　　步入古稀之年，人多回忆感慨，回忆人生的经历，感慨逝去的年华。"老三届"是近年社会热议的话题之一，老三届是一个特殊的群体，他们生在旧社会或建国初期，长在红旗下，与社会主义中国相伴同行。他们经历了"三年困难时期"，又饱受"文化大革命"的冲击，接受知识青年上山下乡的磨砺，迎来改革开放大潮的洗礼。他们用青春与热血浇灌了中国发展的沃土。

　　我是老三届的一员，准确地说，是重庆南开中学老三届的一个学子。南开生涯，是我忆念最多、感慨最多、思考最多的人生历程，"允公允能，日新月异"的南开精神，更是我一生努力领悟与践行的、作为一个南开人执着追求的精神。

　　"允公允能，日新月异"的南开精神，昭示了南开中学培养"公""能"兼备的具有创造能力的学子的办学目标。"公"是天下为公，天下就是国家与民族、社会与人民；"能"就是才能，就是知识与技能，特别是创新能力；"日新月异"就是永不满足于现状，勇于创新，善于创新，不懈追求新目标，用自己的创新能力与成果推动社会进步，造福人民。

　　南开精神如春风春雨，润物细无声，却渗透心田。1963年金秋，年满16岁的我跨入重庆南开中学（时称重庆第三中学）高中部，从此成为南开家族的一员。弘扬南开精神，做德智体美劳全面发展的学生，是当年新生大会上校长对我们的希望和要求。

　　重庆南开中学坚持育人先育德，引导学生沿着正确的方向发展。我们入校之时，正值我国经济发展调整时期，学校充分利用形势政治课和思想品德课，强化学生的社会主义信念，宣扬社会主义道德规范，十分重视育德教育。重庆南开中学善于用历届卓有成绩、对社会有突出贡献的校友事迹作为学生的榜样，以此教育和感召在校学生。

　　重庆南开中学一贯秉承素质教育和创新教育的优良传统，注重学生的智力开发。英语教师吴庆华通过开展师生课堂对话、小型情景剧等教学活动训练学生的口语能力。数学教师周家贤总是要求学生探索一题多解的思路和方法。物理教师黄炎特别强调学生运用课本知识解决实际问题的动手能力。当年，我班同学都能安装晶体管耳机，许多同学甚至能自己装配五灯（电子管）收音机，我家当年使用的收音机就是我自己装配的。我和同班同学陈德林参加了物理课外活动小组，陈德林提出装配光电计数器的想法，得到黄炎老师的大力支持和指导。黄炎老师提供了一套光电管（发射管和接收管），我协助陈德林，利用在陈家湾废旧物资回收公司商店花5元钱购买到的一台抛摆挂钟，和在杨公桥电子元件处理门市购买到的廉价电器材料，成功装配了一台光电计数器，并在实验课上使用。这些教学实践活动，开启了我们的心智，唤醒了我们的创新意识，训练了我们的创新思维，增强了我们的创新能力和研究解决实际问题的能力。重庆南开中学教师的教学方法极具艺术性，化学教师汪严渝将金属元素活性和元素化合价等知识点编成顺口溜，不仅上口易记，而且极具感染力和吸引力，以至于55年后的今天，我仍能一字不差地背出来。总之，重庆南开中学的育智，不是简单地传授知识，而是授予学生一把开启知识宝库的金钥匙——良好的学习习惯、学习方法。重庆南开中学追求的教育结果，不仅是使学生会做题、考高分，而且着重培养学生学习的思维方式、思维能力和创新能力。吴庆华、戴危叨、黄炎、周家贤、罗大卓、汪严渝……这些重庆南开中学的教师都有共同的特点：不仅要让学生知道事物是什么样的，而且要让学生知道事物为什么是这样的；不仅要使学生掌握知识点，而且要让学生运用这些知识去研究和解决实际问题；不仅要让学生掌握书本知识，而且要培养学生的科学精神。重庆南开中学这种"授人以渔"而不是"授人以鱼"的教育方法，使学生能够在知识的海洋中畅快遨游，也使学生素质得以提升。

　　重庆南开中学育人心智的教育理念亦充分体现在体育教育中。在刚开学的新生大会上，校长就特别强调学校有洗冷水澡、长跑等传统。在长跑时，体育教师会告诉你，人在长跑中达到"极点"时会很难受，会产生放弃继续跑下去的念头，但只要你坚持度过"极点"，就会成功到达终点。这就好比在人生征途上遇见困难时，难免会想放弃，但一定要坚持，才能实现人生目标。在讲解接力赛、球类等团体项目时，体育教师特别强调不能只靠个人的速度和球技，团队成员之间的协调配合才是制胜的关键。总之，在重庆南开中学就读期间，我积极参加了体育锻炼和体育活动，学会了科学体育锻炼的方法,养成了良好的健身习惯,增强了意志品质,增强了团队意识,这些让我终身受益。

重庆南开中学的校园劳动极具特色,每周星期六下午是我们参加劳动的时间。津南村旁有很大一块菜园,翻土、除草、种菜是我们的任务。当年傅振垣校长还倡导修建校园潮汐发电站。这些丰富的实践活动,让我们重庆开阔了胸怀,拓宽了眼界。

"文化大革命"使我们这批老三届重庆南开学子待在学校的时间比正常学制长了两年多。在1969年初春寒风的吹拂中,我们依依不舍地离开了学习生活了5年多的母校——重庆南开中学。在以后50年的人生历程中,我始终心系南开,将南开精神铭记心间,并在这种精神的感召下,时时奋进。

我们老三届学子虽经历了"文化大革命"的磨难,但也有幸迎来了改革开放的春天。当改革开放的总设计师邓小平全力推进的恢复高考政策得以实施时,我脑海里涌现出喻传鉴先生的话:"希望受过南开教育的青年,个个成为国家有用的人才。"我毅然翻出被冷落了十几年的教材,利用一切可以使用的时间补习迎考,终于如愿以偿,进入了重庆医科大学。进入大学后,虽然自己比大多数同学大十几岁,被他们称为"老大哥",但得益于在重庆南开中学的收获——良好的学习习惯,良好的学习方法,良好的思维方式,最终以优异的成绩完成了大学学业。大学学习期间,除了刻苦学习钻研医学知识技能,我还喜欢参加社会公益活动,培养自己为社会服务的精神,于是我担任了校学生会主席、校团委副书记,积极为同学服务。在5年的大学生涯中,我荣获了2次校优秀共产党员、4次校三好学生、4次重庆市三好学生、1次四川省优秀学生干部荣誉称号,并于1982年获中华人民共和国首届"全国三好学生"称号。

大学毕业后我留在重庆医科大学工作。30多年来,作为高校"双肩挑"人员,我的一个身份是教师。在履行教师职责中,我始终忠诚于党的教育方针和人才培养目标,并以重庆南开中学的恩师们教书育人的良好师德师风为榜样,传承恩师们的科学精神、素质教育、创新教育的理念和良好的教学方法,使自己能很好地履行教师的职责。我先后担任本科生和研究生教学,在教学校践中注重和坚持教学与科学研究相结合,以教学反思促进科研,以科研成果指导教学。我针对新时代对人才素质的新要求,致力于高等教育、思想政治教育与大学生思想政治教育、素质教育、创新人才培养的研究,经过30多年的潜心研究和教学实践,取得了一些成果。我先后主持省部级以上科研项目15项,发表学术论文60余篇,独著、主编图书9部,科研成果获省部级政府奖6

项(一等奖2项、二等奖1项、三等奖3项)。在此期间,我成为享受国务院政府特殊津贴专家、国家科学技术奖评审委员、国家社科基金项目通讯评审专家、重庆市学术技术带头人、重庆市社会科学学术委员会委员、重庆市重点学科带头人、重庆市人民政府科技顾问团顾问等,在2008年首次教授定级时,被评聘为二级教授。在教学和学术研究历程中,重庆南开中学镌刻在我身上的文化基因和科学精神起了重要作用。我作为高校"双肩挑"人员的另一个身份是党政管理干部。我先后担任重庆医科大学学生处处长、党委学工部部长、党委副书记,渝州大学最后一任党委书记和重庆工商大学首任党委书记的职务。在上述工作岗位,我都恪尽职守,忠诚履行党和政府赋予高校管理者的职责,坚持党的教育方针,努力保证自己所在大学的健康发展,发挥人才培养、科学研究、服务社会的职能。我随时用"允公允能,日新月异"的南开精神鞭策自己,以国家为公,以人民为公,自己在任期间所做的事,都以有利于学校的前进和发展、教师的进步和发展、学生的培养和发展为出发点和立脚点;同时不因循守旧,紧跟时代的变化,不断更新教育理念,提高办学质量,探索办好现代大学的路径,创新培养人才的模式和办法。

我的成长和进步,是党的教育和培养的结果,而"允公允能,日新月异"的南开精神亦不断召唤和激励我砥砺前行。

从1963年秋进入重庆南开中学,成为南开学子,到现在,55年过去了,南开精神的文化基因早已融入我的血脉,镌刻在我的心上。在我遇到坎坷和困难时,我会用克服长跑"极点"的精神鞭策自己去勇闯难关;在工作中,我要求自己以"允公允能"为标尺去处事做事;在与他人共事相处中,我会用"团队精神"与同事精诚合作,协同共事;在取得成绩时,不敢满足,不敢懈怠,以"日新月异"的要求鞭策自己继续努力,不断开拓创新,向下一个目标奋进。

诉不尽的南开情怀,说不尽的南开精神。55年后的今天,作为南开学子,涌上心田的是一股感恩的暖流。感谢母校——重庆南开中学对我的培养教育,南开精神使我懂得了如何做人,如何做事,如何做学问。在自己的人生道路上,"允公允能,日新月异"的南开精神时刻在召唤着自己,激励着自己"天天求发展,日日求进步",鞭策着自己在人生征途上永不掉队,做一个对国家和社会有用的人。

感谢您——亲爱的母校,永远的南开!

铭记您——永远的南开精神,人生的路标!

做个好人

——学校与家庭耳濡目染的熏陶

初1967级2班　韩东军

　　我生在野战军,长在野战军,从小随着部队闯荡四方。1952年1月,我出生时父母所在部队已完成广西剿匪任务,移防广东顺德。不久,父母随部队北上抗美援朝,把我放在河北唐山部队留守处幼儿园,每年只有暑假时我才有机会赴朝鲜探望父母一次。而后,父亲进入高等军事学院学习,我们全家来到北京。1960年6月,父亲毕业后回到陆军任职,我们又举家迁往重庆,我就读于重庆八一小学。

　　1964年6月,我报考初中,起初填报了重庆市第四十一中学的志愿。父亲问我:"为啥填报重庆市第四十一中学?"我答:"重庆市第四十一中学是重点学校,又离家近些。"父亲用商量的口气说:"你晓得重庆第三中学吗,是南开大学创始人张伯苓校长在抗战初期开办的,以爱国著称,传承了南开'允公允能,日新月异'的校训,也是市重点中学,并且距我当团长时的老部队'猛虎团'很近,方便你与战士们多接触。"听了父亲的一番劝导,我理解了父亲的良苦用心,他希望我能在一个良好的氛围和环境中学习成长。我果断报考了三中,并如愿考上了。从此,我有幸沐浴三中优良校风的阳光;为我的世界观的形成奠定了良好的基础,不断引导我走向成年。

　　1967年,父亲把我安排到部队农场劳动锻炼。1968年2月,我入伍参军,父亲把我送到"猛虎团"摔打磨炼,走进了解放军这所大熔炉、大学校。面对人生道路上的又一次大转折,我怀揣南开赋予我的精神与梦想,勇敢地迎接新的挑战。

勤俭楼与针线包

20世纪60年代初,让我印象最深的是时常饿肚子,吃不饱饭。粮食、布料定量供应,生活日用品限额购买,就连买一盒火柴、一块肥皂也要凭票证。那时,军队的领导全家老少都在集体食堂就餐,每人每顿蒸一碗饭,成年人4两,少儿2两。我家三兄妹正处在生长发育阶段,胃口大,狼吞虎咽下肚一小碗饭后还不见饱。这时,父母宁愿饿着肚子,把自己碗里的饭分给我们三个孩子吃。我见父亲每次吃完饭,碗里不剩一粒米,又将我们撒落在桌上的米饭一粒一粒地捡起来吃掉。父亲对我们说:"每一粒粮食都来之不易,浪费一粒粮食都是可耻的。"他还教我们背诵唐诗:"锄禾日当午,汗滴禾下土。谁知盘中餐,粒粒皆辛苦。"

跨进三中,坐入三中勤俭楼,"勤俭"二字让人感到特别亲切。在学生食堂吃饭时我都把碗里的米粒和掉在桌上的米粒吃干净,这种习惯一直延续至今。

父亲随身有一个针线包,走到哪带到哪。衣服破了自己缝,扣子掉了自己缀。一次,我的袜子被脚趾头顶了个大洞,嚷着要让母亲买新袜子。父亲将我叫到跟前,拿出他的针线包,把破袜子套进补袜板,剪了一块碎布,教我穿针引线,把着我的手一针一线教我缝补袜子。不一会儿,袜子补好了。父亲说:"你看这穿在脚上不是跟新袜子一样吗? 勤俭是中华民族的传统美德。"在父亲的影响下,我们兄妹三人的衣服发挥了极高的利用率,往往是我穿小了给妹妹爱华穿,妹妹穿小了给弟弟志军穿,等穿到弟弟身上已经是补丁连补丁了。可谓新三年,旧三年,缝缝补补又三年。但我们兄妹谁都没有怨言,衣服破了自觉缝补,穿补丁衣服已习以为常,并以此为荣。1968年春节刚过,我告别三中,当兵离家,父亲把他随身的针线包送给我,嘱咐道:"艰苦朴素是我们的传家宝,任何时候都不能丢啊!"

三中的勤俭楼,父亲的针线包,让我渐渐领悟到"一粥一饭,当思来之不易;半丝半缕,恒念物力维艰"这句古训的深层含义。勤俭不仅反映了个人的道德修养,更关系到国家的兴衰。"历览前贤国与家,成由勤俭破由奢""俭节则昌,淫佚则亡"。勤俭为养德立身之根本,安邦立国之保证。

一份成绩单

记得我上小学四年级时,在一个星期六下午,老师把期中考试成绩单发下来了,我一看傻了眼,语文2分、算术3分,心想,这样差的成绩,让爸妈知道了肯定要挨打,这该怎么办呢,心中惶恐不安。我磨磨蹭蹭地回到家里,母亲问:"考试成绩单发了吗?"我胡乱翻了翻书包,支支吾吾道:"不知放哪去了,弄丢了吧。"晚上,父亲下班回来,把我叫过去,掏出书包里的书和本,一页一页地查看,在我的作业本里发现了那份不争气的成绩单。"啪!"父亲宽大的手重重地打在我的后脑勺上,我向前一个趔趄,差点没摔倒,两耳嗡嗡作响。"这不是成绩单吗,怎么说弄丢了呢?"父亲严厉地怒斥道,"你知道不知道你这是在说谎!"顿时,泪水充盈我的眼眶,沿着面颊流下。母亲一边用手绢擦拭我的眼泪,一边开导我说:"成绩考不好不要紧,这次考不好,下次再努力考好。可是说谎就不是好孩子了,只有诚实的孩子才是好孩子。"我哽咽道:"我怕挨打,不敢说实话,以后不再撒谎了。"母亲转过头对着父亲说:"以后打孩子不要打脑袋,把孩子打傻了怎么办?气急了可以打屁股嘛。"父亲这一掌非但没有把我打傻,倒使我猛醒,诚实必须体现在一言一行、一举一动之中。从此,说老实话、办老实事、做老实人成为我的终身信条。

第二天上午,我正在做作业,父亲过来仔细地翻阅我的作业本,问道:"你这次语文没考好,主要错在哪里呢?"我答:"有些生字记不住,还有造句没做对。"父亲递给我一个本子,说:"你每天把所想的话和所做的事都记录在这个本子上,只要能坚持下去,必有收获。"我照父亲的话做了,发现这真是提高语文水平的好办法。要想把自己的想法与做的事用文字记述下来,就要琢磨组词造句;碰到不会写的生字,就要查字典。久而久之,难记的生字记住了,造句也容易多了。当兵以后,我的口袋里总是揣着一个笔记本和一支笔,随时记录开会的讲话、阅读的体会和思考的问题,积累了几十本。我沿着父亲指出的这条思想探索之路,逐步成长成熟起来。

半导体与1元钱

初中时,开始上物理课,我对无线电产生了浓厚的兴趣。我觉得半导体收音机很神奇,想自己动手制作一台。为了凑够买电讯元器件的钱,我不顾疲劳,连续几周翻山跋涉10多里路徒步上学,用节省下来的车票钱,买了矿石、晶体管和耳机。当我连接好线路,装上电池,细心地拨动晶体管的指针时,耳机里响起了广播声,心里别提有多高兴了。但我仍不满足,又想尝试制作更高级的半导体收音机。

　　一天，我在家里胡乱翻腾，在一节抽屉中发现了1元钱。我喜出望外，拿着1元钱跑到街上买了一只半导体二极管。晚上，我睡得正香，母亲把我唤醒带到父母的卧室。母亲问道："今天你买东西了吗？""是的，在街上买了一只半导体二极管。"我满不在乎地答道。"钱从哪里来的？""是在抽屉里找到的1元钱。"话音刚落，只觉后脑勺被父亲的手掌重重地一拍。"你知不知道这钱是谁的？"父亲高声发问。"不知道。"我胆怯地回答。"不知道，你就敢随便拿去花。那是你姨放在抽屉里的钱，你怎么能私拿别人的钱物呢？"父亲严厉地训斥道。此时，一股热血冲到耳根，我满脸涨红，低着头羞愧地说道："我做错了，以后再也不会拿别人的东西了。""能认错就好，"父亲的语气有所缓和地说，"以后你需要什么东西，直接和爸妈讲，只要是合理的，我们会支持的。别再干这种错事了！""嗯，记住了！"我点点头，郑重地向父母做出保证。那一夜，我的眼泪渗湿了枕巾。

　　第二天早饭后，母亲给了我1元钱，让我还给姨姨，并当面道歉。姨姨怎么也不要，说："不必这么认真，孩子爱好无线电是好事，应该鼓励，那个二极管就算是我送给孩子的。""你的心意我们领了，1元钱虽不多，但要让孩子从中懂得是非，明白好坏。钱你一定要收下。"母亲诚恳地对姨姨讲。姨姨收下了1元钱，摸着我的头安慰道："早点把收音机装好，让我也听听。"此后，父母以及远在东北的姨姨、姨父都很支持我的无线电爱好，我购买收音机元器件的愿望基本都能得到满足。姨姨、姨父还从沈阳给我寄来了三只半导体三极管，那时三极管是稀缺货，我如获至宝，终于成功地制作了一台三管再生来复式半导体收音机。这台收音机一直伴随着我，并提醒我一辈子做诚实事，做诚实人。

我的互联网之梦

高 1966 级 6 班　吴　琪

放弃房地产,投资互联网

2001 年夏天的一个星期六,在重庆市石桥铺西亚大厦 16 楼,重庆博恩科技(集团)有限公司董事会扩大会议已经开了一整天,会议的主要议题是:公司今后的战略方向是什么?

重庆博恩科技(集团)有限公司于 1997 年初成立,正好和直辖市同岁。当初我作为召集人与另两位合伙人创立了这家公司,转眼已经 4 年多了。从卖电脑,到做系统集成,再到做软件,公司越做越大,人也越来越多。当时公司有员工 80 多人,年营业收入达 3000 万元,实现了原始积累,买了公司商住楼,有了固定资产。这一路走来,辛苦是没得说的了。公司业务主要服务对象是政府机关、事业单位、大型企业,产品主要是电子商务和电子政务服务,如 OA(办公自动化);单位的业务软件,如 12315 消费者投诉举报系统,城乡低收入保障系统,高速公路建设项目管理系统,车辆购置费征收系统,长江沿岸码头售票系统,区县高等级公路收费监控系统,重庆市"非典疫情快速反应通道",环境检测管理系统,等等。应该说这些年业务红红火火,每年也有利润可赚,为什么又在自寻烦恼重新寻找战略方向呢? 因为这些业务都是工程项目类的服务项目,包括需求调研、设计、开发、安装、培训、售后服务、升级等一条龙服务,可以说是终身服务。这些工程前期看似有些利润,但后期的服务逐渐都要消耗完前期的利润,公司的进一步发展和壮大也就无从谈起。并且,随着信息化越来越普及,当初具有条件开发这些系统的公司寥寥无几,现在已经有相当一批公司具有了成熟条件,这是时代发展的必然结果。我们如果不转向,那么公司的初衷和理想——成为全国的知名企业,也就无从谈起。所以2001年夏天公司董事会的转型思考势在必行。

董事会的讨论最后集中在两个方向上,一个是房地产,一个是互联网。走房地产行业是因为我们这几年来与各级政府建立了比较好的信任关系,并且这个行业好像还没有停止下来的迹象。关键是这几年的股份制企业的成功运作给了我们极大的信心。至少说在当时,博恩科技已经成为重庆市最成功的IT企业之一了。我们认为我们虽然不太懂房地产开发,但是我们这群人不笨,接触了一些房地产老板,相比而言,好像我们也不是不能做。我作为公司当时的董事长,经过深思熟虑,提出了互联网方向。这是基于以下的考虑:20世纪80年代到90年代初期,人类文明进入了计算机革命时代。互联网所开启的电子商务这一新兴商业模式激起了投资者的遐想。那时候,一批胆大的大学生不断编织着自己的梦想,他们敢于冒险,而风险基金的参与,让一些网络公司如亚马逊、eBay、Etoys以及雅虎等公司开始在纳斯达克上市。然而,好景不长,互联网公司的劫难降临了,没有充分的盈利模式,总是支撑不了多久的。纳斯达克指数的连续下挫,严重打击了投资者的信心,使得靠风险投资为生的新兴互联网业遭受灭顶之灾。2000年美国股灾让人们记忆犹新。

为什么在这个时候我还要提出投资互联网呢?

第一,我认为互联网是今后科技发展的里程碑。信息传播,信息共享,是人类文明高速发展的必然趋势。我是学计算机的,二十几年的学习和观察给了我足够的自信。

第二,中国人口多,市场大,是互联网生根发展的天赐土壤。因为此时处于市场运行的低点,正是投资互联网的绝佳时机。

当然,投资互联网依然风险极大,收回投资成本甚至赚钱在当时世界上都还没有特别成功的案例。大家都知道互联网是烧钱的地儿,不能不说这是一步险棋。

但是我愿意!我愿意去赌!愿意去博!我拿定主意,我那几个兄弟也与我握手相视,心有灵犀。7个股东里,主要是我以前最好的员工,还有我在重庆大学的学生,他们都是1968年左右出生的年青一代,比我小了20岁左右。他们毕业于电子科大、四川大学、重庆大学、东北大学和四川师范大学等。我知道他们的创新理念、他们的前瞻性、他们的干劲与我相比有过之而无不及。我已经从他们身上学到了很多东西,前几年主要是我在带他们跑,这几年在好多方面已经是他们带头跑了!世界这么美好,这个时代这么美好,不去冒险那是浪费好年华! 最后大家达成了一致,放弃房地产,投资互联网!

在学习中成长

互联网时时刻刻都存在,又时时刻刻不存在,忽远忽近,忽明忽暗,关键看你怎么想。以前不知道有它的时候,它从不存在,一旦知道了有这样的事物,它可以时时刻刻出现在你的眼前。

很快机会就来了。它的名字叫"VOIP",也叫"互联网电话"。这是一种依靠互联网通道,可以在互联网通信协议的支持下使用独特的语音协议,利用电脑或手机进行语音通信。这种电话完全免费,方便使用,便于管理,具有很强的生命力,直到现在仍然具有光明的前景。

经过调查,公司发现该项目市场前景大,技术门槛不太高。经过慎重的评估后,我们决定投资和运作这个项目。我们留下一支团队,有40多人,在信息系统开发领域工作。有些业务不是说停止就能停止的。

公司在北京和广州分别建立了运营公司,租房、招人、买设备、搭班子、搞培训。我们收购的一家公司帮助我们快速开展业务。各种服务器、网络连接的设备、语音通信的设备都一一到位。除此之外,我们还积极与通信行业的主管部门打交道。这种加载于互联网上的新兴通信业务,国家当时既没有政策支持也没有政策反对,但是开展此类业务仍然要占用主管业务部门的相关资源,比如带宽的申请等,这些因素将直接影响通话质量。

但没过多久,国家最终对互联网电话下了禁止通行令! 我们算是初尝了彻底失败的味道! 挣扎奋斗了一年多,我们望着一大堆买来的没备,这个投资约1500万元的项目算打了水漂!

我看着他们年轻的、不服输的脸庞,心想:我不能把沮丧表现出来。我装作无所谓的样子说了一句:"在学习中成长!"

敢问路在何方

通过对互联网的第一个项目的运作,公司负责具体管理的总经理和运作团队经过深刻的反思和总结,并且在今后的一些实践中提出了"互联网思维"的概念。

(1)互联网对于人类是一个全新的生态环境,这个环境有其自身的生存和发展规律,我们应该从理论上总结和认识这种规律,更应该通过不断实践去增强对它的认知。"地球是平的",思维全球化,这是当时一些最时髦的口号。

(2)多赢模式。任何一个成功的互联网项目,应该是一个多赢的商业模式。第一是客户方赢,即要受惠于相当数量的网民,让他们通过这个项目得到精神或物质上的实际利益,这个群体需求和认可是使项目得以生存和发展的根本;第二是管理方赢,它代表了投资方和运营管理方,不管是经济利益或社会利益方面,要有足够的体现来支撑他们良好地运作该项目的理由;第三是政府方赢,既然是生态环境,那么政府方一定会高度关注和管理。因为涉及社会和公众安全、舒适,以及社会发展等因素。这个原则适用于所有的国家,不论在社会主义的中国或是在资本主义的美国。

(3)认识和适应其他的规律,比如快捷运营管理,自适应性即智能化,大数据支撑和分析,网络舒适度等概念。

(4)互联网开发是个高风险的行业。

总之,互联网对于我们来说是一个全新的体验,如果不认真学习和实践,是不容易成功的。当然,这些认识都是在一边实践一边总结的基础上积累的。重要的是,大家调整了心态,开始了新的征程。

从2003年开始,我们又投资了新的项目。首先投资的一个网站叫"奇虎"。我们的一位年轻朋友,才20多岁,但非常聪明,对互联网有相当专业的认知。在此基础上公司与他成立了股份制公司。我们租用了沙正街欣阳广场3楼约200平方米的房间,招聘了40多名员工,开始了网站的建设和运行工作。筹建工作历时两年,网站办得比较顺利。我们的网站类似于新浪、搜狐的门户网站,具有信息共享、搜索引擎、游戏等功能,网站最后日均点击量能达到10万人次,应该是相当可观的了。但是在解决如何盈利的问题上,我们始终无法突破。当初无非就是想通过广告、会员制等手段达此目的,但始终没能盈利。两年多时间里,公司投入了约300万元,我们每天看着现金不断地投入却无计可施,对于当时的我们来说确实有些压力。最终,该网站转卖给了另一家中介公司。我们觉得我们完成了我们的使命,让继任者去继续开拓它新的生命!

后来公司又在上海、合肥先后创立了互联网公司,通过融资手段,解决了一些现金流的问题,利用江浙一带地区良好的互联网创业环境和高校优势加人才资源,先后成立了"小蜜蜂"网站、"星期八"网站等。其中"星期八"网站走得最远,距离成功最近。

"星期八"网站主要是一个交易平台,每个人都能在网上出售经验和知识。每个人每天都在遇到问题,每个人每天都在解决问题,解决问题的经验或许正是其他人所需要的。出售自己的经验和知识,不仅能实现自己的价值增值,还能帮助他人学习和进步。成功没有捷径,但却可以借鉴他人的经验为己用,在消化和吸收后走向成功的彼岸。在"星期八"网站,人们不仅能找到想要的经验,而且还可以认识到各行各业有经验的专业人士。网站的口号是:"让人生拥有星期八!"

就是这样一个网站,在市场上坚持了三年多,最后日均交易额能达到几万元,毛利额达到几千元。但这终归还是无力支撑网站长期的管理和运作,再加上其他的一些因素,最终只能选择关闭。

总结这几个网站的特点,"奇虎"网站虽然最终成功,但是我们认为创建它的初期创新性不足,特点不鲜明,基本上是模仿型,特别是没有解决商业模式的问题。360网站是后来在初期集聚了大量网民的基础上再加上开发成功的网络安全系列产品,才有了新的生命的。通过他们的再创新,很好地解决了市场需求和商业模式,可见创新是互联网成功的关键!

像"星期八"这几个网站,完全是我们自己的创新,从概念、内容到形式,通过我们的脑力激荡创造出来的。它虽然最终没有成功,但是不失为勇敢大胆的探索,虽败犹荣!何况我们离成功已经触手可及了!这种品质正是我们以及所有的创业者所需要的,也正是我们国家所鼓励支持的!正是上述几个网站成功的经验和失败的教训,为我们投资和开发新的互联网产品打下了坚实的基础。

路在脚下之一

2007年,正是我们在互联网领域艰难摸索的一年。我们正在为"星期八"网站的业务模式苦苦思索和奋斗!

"希望都是留给有准备的人的。"正是因为我们投资了互联网,才踏入了这个圈子,才有机会认识了一位年轻人——朱明跃,30来岁,酉阳县土家族人。由于对互联网感兴趣,他突发奇想,联系了四五个人,离职办了个互联网公司,起名叫"重庆猪八戒网络有限公司"。但后因网络业务进展甚微,听说了博恩科技(集团)有限公司,他便前来寻求合作与帮助。

原来朱明跃的奇想就是打造一个互联网交易平台,平台上实现交易的内容与"星期八"有点类似,交易的内容叫创意,或者叫解决方案或设计方案。所不同的是,首先,需方在平台上先提出需求,并提供任务的报酬资金,平台据此在网上发布任务。众多设计方根据需方的要求在平台上提供自己的解决方案,需方可在众多的提供方案中优选出一个。平台有一定比例的抽成,其余的奖励给方案提供者。这个业务模式就是朱明跃的"奇想"。"星期八"交易的内容是经验或知识,"猪八戒"交易的是设计方案或解决方案。"星期八"是"我有×××,你要吗?""猪八戒"是"我要×××,谁愿意帮我解决?"看似相似,实则区别很大。因为需方的要求千差万别,个性化色彩极浓,只有对症下药,才能满足他们需求。

博恩觉得朱明跃的想法极富创意,能够充分发挥互联网的功能作用,能为广大的用户提供低成本高效率的服务,以最优途径解决个性化需求。这正是我们几年来苦苦追寻的伊甸园。我们公司决定进行战略投资,与朱明跃合作。"猪八戒"要实现的理想,也正是博恩的理想,这种模式与我们当初投资"奇虎"如出一辙,只不过我们的运作手段更加成熟了!

在双方的努力下,"猪八戒"在2007年到2012年间,业务交易额从每天几千元发展到每天500万元;业务内容也从当初的一些低端设计,如外观设计、形象设计等,逐渐发展到高端设计,如大型工程设计、建筑设计、高级程序开发等,业务内容多达十几大类,一百多种小类。依靠"猪八戒"网站的威客公司或人员也逐步发展为一支庞大的创意设计队伍。2011年,我们公司帮助"猪八戒"成功对接了北部新区管委会,即现在的两江新区,使重庆猪巴戒网络有限公司成功地从渝中区整体搬迁到了两江新区互联网产业园。政府以最优的条件提供两栋大楼,共计两万多平方米的办公场地和孵化基地。同时政府也在税收、人才等方面给了一系列优惠条件。在新的创业环境下,"猪八戒"由此步入了发展的快车道。

"把中国制造转化为中国创造""中国最大的创意交易平台""中国最大的人才聚集高地"等在市场上诠释着这个创新型的互联网网站。

再接再厉,砥砺前行,"猪八戒"大刀阔斧地进行了一系列改造和开拓。首先是完全取消了平台提成,将需方提供的佣金全部奖励给了中标方。由此,大量的国内和国际客户蜂拥而至。其次是进一步开拓业务模式,打造了一个扶持中小型、微型企业创业的环境,如代理企业注册、代管税收、代管财务、联系客户、委托市场开发、对接开发队伍等低成本业务。在此基础上开拓了一个重要的领域,即知识产权业务办理,"猪八戒"网络平台直接与国家知识产权局对接,以众包模式,快速低成本地帮助企业开展知识产权业务。专利申请、专利保护等重大改革,使"猪八戒"网络平台成为国内最大最重要的中小微企业的孵化平台和创新企业最大的孵化基地。

路在脚下之二

互联网金融是指传统金融机构与互联网企业利用互联网技术和信息通信技术实现资金融通、支付、投资的新型金融业务模式。

互联网金融不是互联网和金融业的简单结合,而是在实现安全、移动等网络技术的基础上,用户熟悉和接受了原有的那套模式,尤其是电子商务后,自然而然地为了适应新的需求而产生了新模式及新业务,即传统金融行业与互联网技术相结合的新兴领域。

互联网与金融深度融合是大势所趋,对促进小微企业的发展发挥了现有金融机构难以替代的积极作用,为大众创业、万众创新打开了更广阔的空间。

当然,它也有管理力度相对弱、风险大等缺点。但经过不断发展和实践,这些缺点都可以被规避和克服。

重庆博恩科技(集团)有限公司虽然在从事互联网开发,对它的认识也不能说不深刻,但是对互联网金融的这些认知却发生在 2011 年以后。在互联网大潮全球化冲击下,中国巨大的市场容量,以及政府决心在进一步加大改革开放、充分利用互联网技术实现中国现代化进程的决策下,互联网金融以惊人的速度在中国大地迅猛发展。移动支付如微信支付、余额宝储蓄,第三方支付如支付宝等互联网金融业务发展迅猛。2011 年,央行(中国人民银行)决定进一步发放第三方支付牌照。幸运的是,重庆因为有了"猪八戒"网络平台再加上直辖市和西部开发的优势,央行给了一个名额,并且这个名额是给"猪八戒"网络平台的。但是因为种种原因,重庆猪八戒网络有限公司一直不敢下决心接招。一是公司的软件开发实力有限;二是要拿到第三方支付牌照的门槛太高,在短期内要达到那些条件基本上不太可能;三是2011年正是公司迈坎的时候,"猪八戒"在业务上遇到国内外同行的激烈挑战,公司内部正在做大的调整。由于上述原因,评估了一个多月,公司还是下不了决心。原本是准备放弃这件事情的,最后公司领导征求一下我们的意见,这时离申报截止日期只有一个月了。

这时我们才认真对互联网金融进行了全面的评估。当时的情形是,重庆博恩科技(集团)有限公司准备在投资"猪八戒"网络平台后做战略上的收缩。作为"猪八戒"网络平台的天使投资者,我们已经清醒地认识到"猪八戒"网络平台的巨大成长空间,其具有百亿元级千亿元级的前景。我们认真辅导"猪八戒"网络平台成长,结果远远超出了我们当初的目标和理想。如果要接这个活儿,对我们而言,不管是心理上还是能力上都是巨大的挑战。大家原本准备马放南山了,甚至有些人准备今后周游世界,连摄影器材都买好了。

我们进行了认真的调研和评估,认识到第三方支付的内容,一个是支付,一个是担保。为什么美国的第三方支付开展不好,而中国的第三方支付却开展得如火如荼呢?原因是美国是一个市场经济比较成熟、信用程度较高的社会,个人和企业的信用体系比较健全。谁要是有金融信用上的污点,谁就在社会上寸步难行。中国就不一样,处于市场经济初期,信用体系还没有建立,因此商业活动中商家与用户之间的信任程度较低。因此第三方支付在中国的功能首先是担保,其次才是支付。比如支付宝,用户把现金打在支付宝上,购买商品是经过验货确认后,由支付宝再付给商家或厂家,这样就避免了纠纷和不诚信的行为,支付宝的这种担保功能确保了市场行为能够有序进行。支付宝平台拥有大量现金流动,因而也具有了某些银行的作用和功能。而这正是大家青睐第三方支付牌照的其中一个原因。

我们评估了技术难度,首先是开发及应用技术。互联网金融的技术与我们以前所做的传统的IT软件技术有很大的不同,许多技术我们得重头学习,并且还必须要找到该领域的技术人才才行。到底应该高薪招聘,还是让猎头去挖人呢?其次是国内的阿里巴巴的淘宝—支付宝的第三方支付模式已经做得很成功,品牌已经达到了世界级,要跟他们面对面竞争吗?但若不竞争的话,业务又从何而来呢?再就是,今后我们的业务领域、用户对象到底是谁?商业模式是B2B,还是B2C?时间紧急,来不及一一搞清楚。经初步评估,我们认为上述问题虽然很难,但还是可以克服和解决的。

　　我们迎难而上,全体动员,每天加班加点准备申报材料。最困难的有以下几点:准备1亿元的注册资金;一大堆央行规定的门槛资料;业务业绩、客户资料、市场前景评估、财务数据、审计报告、研发投入和核心技术说明;历年签订的合同书、合作单位的协议书、公司制度设置等;还有技术可行性报告,核心技术来源、公司结构、主要管理人员说明等。要命的是涉及上述内容的佐证材料,还得有关联单位盖章签字。最后材料准备好时离截止日期不到两天了。材料堆积放在三个桌面上足足有1米高。不过这种事情对我们来说已经习以为常了,只不过这一次与之前相比是有过之而无不及。

　　重庆市政府大力支持我们申报。最后,我们顺利地站在了央行申报大厅金融评审专家的面前。与我们一起申报的还有中国电信、中国移动等巨头。那一刻,我的自豪感油然而生。

　　当然,我们顺利地拿到了互联网支付的牌照。2013年3月,外汇局下发《支付机构跨境电子商务外汇支付业务试点指导意见》,决定在上海、北京、重庆、深圳等地开展试点,允许参加试点的支付机构集中为电子商务客户办理跨境收付汇和结售汇业务。幸运啊,我们还拿到了另一个惊喜的牌照——跨境支付牌照。这个牌照全国也仅发放了十几个,真算是稀缺资源啊!

　　拿到了牌照后,解决前面所述的很多问题迫在眉睫,也要求我们尽快开展业务。

　　首先要解决的是开发队伍的建设。我们通过各种途径,找到了开发队伍的技术骨干人才。开发一个大的软件系统需要一个庞大的开发队伍,因此我们组建了一个50人以上的团队。央行之所以批准,最重要的一点就是我们从事了十几年的软件开发和IT业务。尽管我们不熟悉金融行业,一切还得从头学起,但我们有干劲,愿吃苦。搭班子,招聘金融专家,规划场地,购买设备,软件开发、测试、试运行等基本上花了一年时间,系统这才正常运行及上线。这是一个艰苦的过程,也是一个煎熬的过程,当然也是充满希望的过程。

　　其次是解决业务评估的问题。我们经过一段时间的摸索后,发现第三方支付这个市场远远超过了我们的想象,比如说淘宝当年的市场交易额达到了万亿元级水平,在我们看来已经是很不得了啦,但是中国一年的能够第三方支付所占用的市场容量有多大呢?两万个万亿元! 就是说,可以容纳两万个淘宝! 所以说我们来得不晚!

　　最后是解决市场定位的问题。我们确认了可以开展第三方支付的互联网金融业务内容,如二手房交易,大宗商品交易,期货交易,社区便民店服务交易,学校学生缴费,等等。阿里巴巴和淘宝都没有涉足这些领域,这样一来,我们和它们就有了差异化竞争的空间,不必面对面地直接碰撞。同时,我们的"猪八戒"网络平台还需要使用易极付进行交易,它每年大约能产生200亿元的交易额。刚开始我们觉得还挺多的,很了不起,但到了后期,这点金额算是稀松平常了。

有了互联网金融资质,我们成立了重庆易极付科技有限公司,也做好了平台,从2013年开始,公司开始了创新业务拓展。我们成立了易房保、易生活等子公司。买卖双方达成基本意向后,买方把钱打在易极付上,由易极宝作为担保方和支付方。交房、验收、过户等手续完善后,交易双方确认无误签字后,再把钱划归银行或卖方,这样一来,交易纠纷就很少发生。我们同时也与重庆市外经委、海关等单位合作,开展了进出口业务和内外交易业务,提高了对外商务的工作效率,也提高了重庆市的开放力度。当然,其他交易业务也大规模开展起来,我们创建的一些新的交易模式,在业内广泛传播并受到一定认可。其中的一个新的交易模式是易生活的社区便民商店模式,其基本思路是把一个社区的所有便民小店的进货资金、进货渠道通过易极付这个平台整合起来,我们当时在重庆整合了2000多家社区的资源,金额积少成多,进货成本减少,进货便捷、便宜,老百姓更加方便,老板也高兴,易极付也增加了交易量。

互联网金融服务业务极大地方便了人民的金融流通,也让交易更加简单、快速、安全性,为人们提供了现代科技带来的舒适感、愉悦感、安全感。我国的金融支付在全世界是独一无二的,虽然有密集的人口活动,有巨大的现金交易,但交易的出错率、故障率、干扰和抢劫率却不高。短时期能够达到如此水平,这是我国政府管理水平提升的体现,也是企业、金融单位共同努力的结果。我们能参与其中也是巨大的荣幸。

重庆博恩科技(集团)有限公司在投资互联网的道路上历经坎坷,终于看到了希望的阳光!"奇虎"网络平台、"猪八戒"网络平台、易极付网络平台,这些知名的网络平台都留下了我们奋斗的足迹!但愿它们在今后的岁月中,绽放出更加绚丽的花朵,为祖国互联网花园增加更多艳丽的色彩。

后记

　　我能够在职业生涯的中后期从事互联网业务,能够在中国快速腾飞的过程中赶上重要的一班车,这与母校的培养是密不可分的。能够上重庆南开中学是我一生最大的幸运。我从一个内向、害羞的少年成长为自信阳光的青年,完全得益于母校的教育熏陶;母校培养出来的每一个学生都具有独特的气质。

　　我1969年从重庆三中下乡到开县跃进区平安公社,1975年招工到四川维尼纶厂,1977年恢复高考后考入重庆大学电机系、计算机系,先后学习电工师资和计算机软件专业相关知识,后又从计算机容错与诊断专业研究生毕业,获硕士学位。毕业后我留校在计算机学院任教。1997年我与合伙人创办重庆博恩科技(集团)有限公司,先后从事IT、互联网、医疗器械、生物农业、食品安全等行业。我是副研究员、高级工程师,曾获国家科技进步二等奖,中国人民解放军科技进步一等奖,发明专利15项。

　　"我是南开毕业的,我就是要做到与众不同。"无论多么困难,我都坚信:中国一定会更好! 只要自己努力,国家一定会给我机会发展,我能行!

　　感谢母校南开! 也同时感谢我的班主任吴庆华老师几十年对我的关心和教诲!

毫厘天地远　刻刀世界真

——漫漫微刻大师路

高1968级7班　潘啟慧

2018年,第七届中国工艺美术大师评审在上海举行。经各省区市层层选拔筛选,有198名各路精英到组委会报到,评委会评出80名大师再向全国公示1个月。这1个月的等待,简直令人窒息! 最终有79人入选,我也位列其中!

北京,在钓鱼台国宾馆,当从颁奖嘉宾手中接过证书时,我表面上是平静的,但内心却早已沸腾! 40多年的艰辛,40多年的磨砺,上下求索路漫漫,"谁解其中味"。

油灯照我去战斗

1969年3月12日,我背上铺盖卷,带着两个箱子到生产队。大箱子装了些换洗衣服,小箱子里面装的就是宝贝了,这是我从母校重庆第三中学(后简称三中)图书馆淘来的插图,还有戴危叨老师送我的苏东坡字帖。和我一起的是高一6班的宋贤兵,我们落户在璧山龙溪公社九大队十生产队,在这里开始了接受贫下中农再教育的生涯。

生产队地处丘陵坡地,山虽不高,但凹凸有致,难觅一块平地。我们住在山梁上,白天倒是能看得远远的。这里不通公路,要命的是没有电。

晚饭后,天完全黑了下来,分不清天和地,看不清近与远,偶尔传来一两声狗吠,才让你觉得这世界是活的,是有气息的。

宋贤兵二胡拉得好,手法娴熟,脑袋里不知装了多少曲目。这个时候他总是坐在门槛上,闭着眼睛,就像瞎子阿炳一样拉着二胡。当然了,即使你睁大眼睛也是毫无意义的,因为四周都是黑的。他拉的曲子悠扬婉转、如泣如诉、凄凄惨惨戚戚,我知道他在纾解胸臆,或者是向离校时还来不及表白的某位姑娘诉说衷情。琴声哀婉、随风飘荡,撒向四周的黑暗,很远,很远……

贤兵去拉二胡了,这就给了我独享光明的机会。油灯的光亮只有黄豆般大,我从百宝箱里找出那些图画,认真欣赏琢磨,反复临摹描绘,对东坡字帖我更是爱不释手。我后来粗算了一下,就着这忽闪忽闪的油灯,我竟然将字帖临摹了好几百遍!

有一次,有个社员的亲戚从城里来,看见了挂在墙上的我画的一幅奔马图,非常喜欢,立即掏出5元钱把它买走了。这让我欣喜异常,要知道,5元钱哪,这可不是个小数目,特别是在农村,相当于20天农活的工分!

第二天我就到重庆买回宣纸和颜料,从此,每天晚上我更加兴致勃勃地书写和绘画。我铆足了劲儿,想要大干一场!

作品被收藏,成了我攀登高峰的原动力

1971年3月15日,我结束了两年的农村生活,走进了璧山国营青山机械厂,当了一名检验工。两年后,当厂领导得知我曾是运动员,代表四川省参加过几次全国田径运动会后,就把我调到厂子弟校担任体育老师,这一干就是17年。

当时没有体育教材,我只能自编,并组建了学生田径运动队、篮球队、羽毛球队、围棋队、射击队。以前三中老师训练我们的办法,在这里派上了用场。我不计较时间和报酬,精心辅导学生训练,取得了丰硕的成果。我的努力没白费,我培养的学生参加了全国和四川省田径运动会、四川省射击和围棋比赛,并取得了不错的成绩。我也被评为厂先进工作者、厂劳动模范、重庆市先进工作者、四川省体育先进工作者和优秀体育教师。

后来我担任了厂工会俱乐部主任,在我的努力下,全厂文体活动开展得有声有色,风生水起。在我当主任的10年里,每年的文体活动形成了规律:春节大型游园,3月象棋、围棋、桥牌赛,4月田径赛,5月歌咏赛,6月游泳赛,7月乒羽毛赛,8月消夏晚会,10月金秋会演,11月、12月篮球赛……

无论干什么工作,我都没放弃我的业余爱好,一是书法和绘画,二是邮集和古钱币收藏。至于微刻,说来有意思。1972年的一次会上,我结识了璧山当地的一位民间艺

人王继坊,他搞书法、绘画和篆刻,祖上还是翰林。我对他刻的边款产生了兴趣,就刻意观察、学习、摹仿,后来索性向微刻方向发展了。

微刻艺术是中国传统美术中最为精细微小的技艺,将米粒或芝麻大小的作品置于放大镜下,放大10倍、100倍,你会惊叹天地之宏大、历史之久远!

当然,作品还须具有中国书法的笔墨神韵和中国画的色彩层次。书法和绘画是微刻创作的基础。为打牢基础,我50多年来笔耕不止,从不敢懈怠。

我发现一个现象,那些喜欢收藏的人,包括我在内,成天都是在乐此不疲地收藏别人家的各类作品。我突发奇想,能不能有一天也让别人收藏我的作品?

这个想法让我兴奋。我认真分析了自身的情况,书法和绘画是我的优势,我对微刻也有兴趣,也做过探索。搞微刻!我相信,只要自己坚持不懈、执着追求,一定能把作品做到极致。

没想到我的突发奇想,竟成了推动我勇攀高峰的原动力。说干就干!为了做到心无旁骛,我将积攒多年的邮票、古钱币转让他人,一心扑在微刻上。在微观世界看历史波谲云诡,赏古今艺术瑰宝。

从此,我总揣一把刻刀在身上,一有空隙,就拿塑料筷子、牙刷柄、石头印章试刀。当时我也想拜师学艺。厂里有位领导在这方面有点心得,但他拒绝了我,并颇为神秘地告诉我,这是祖传绝技,不可泄漏。他的拒绝反而激发了我剑走偏锋的决心,自学难道不能成才?

几年以后,奇迹发生了!我拿出几十件微刻书画作品在厂里举办展览,这在当时引起了轰动。人们无法把魁梧壮实的体育老师与精致小巧的微刻联系起来,更没想到我能将动、静结合得如此完美。

1990年6月,我将创作的20件作品捐赠给北京亚运会,这些作品成为亚运会十佳运动员的纪念品和外国贵宾的礼品。在此期间,我在北京的中国工艺美术馆成功举办了"潘启慧微刻书画艺术展"。

1991年,中央电视台制作了名为《启示无限,慧心入微——潘启慧和他的微刻书画艺术》的潘启慧微刻艺术专题片,在经济半小时《开眼界》栏目中播出。

1995年,我被评为"四川省工艺美术大师"。

2007年,联合国教科文组织授予我"国际民间工艺美术家"的荣誉称号。

2009年,中国国家博物馆将我的代表作《清明上河图》作为国宝收藏,我的这件微刻,只有原作的万分之一。国家博物馆领导对我说:"被国家博物馆收藏是非常不容易的事,国博的收藏品是要对历史负责的,是金钱买不来的。我们开了9次会议,讨论你的这件作品,最后专家学者一致通过,你这件作品值得由国家博物馆永久收藏,恭喜你为国家做出了贡献。"

20多年前的突发奇想,终于在今天实现了,而且是被国家博物馆收藏!

十年磨剑试剑锋,最终斩获金奖归

2001年,我随四川艺术团赴杭州参加第二届中国工艺美术大师作品博览会。这是行业最高级别的展会。我携作品《清明上河图》(就是后来被国家博物馆收藏的作品)与会,结果只获铜奖。我不满意这个成绩,决心在第三届博览会上拿到金奖。

在微刻艺术界,着色是我的强项,这是大家公认的。2002年,我精心创作了一件难度极大的世界名画《劫夺艾米莫娜》,作品尺寸宽3毫米,长5毫米,油画效果。我信心满满,有信心夺金,结果在第三届博览会,只获得银奖。我想会不会是因为作品太小,不起眼,而与金奖无缘?

2004年,我还是以微刻着色为创作重点,完成了一套《金陵十二钗》参加第四届博览会,还是银奖。

从2002年开始,历时3年,我创作出中国名家书画100幅微刻作品,于2005年参加第五届博览会,万万没想到只获得铜奖。我有些不服气了,但朋友告诉我"功夫在诗外",不服,你还能怎么着?

接下来2006年到2012年,我连续7年参展,结果只有银奖、铜奖、银奖、银奖、铜奖、银奖、银奖,就是没获金奖。

2013年,我决心完成一件"前无古人,后无来者"的作品,将清代宫廷八种绝活融入自己作品,邀请了5位国家级大师、3位北京市大师,共同完成作品《金弦微刻·燕京八绝·白居易琵琶行》。这套作品参加第十三届中国工艺美术大师精品博览会,最终斩获金奖。

12年的仗剑攀登,剑指极顶,我终于将迟来的金奖收入囊中。

2014年,我们创作的一套《微刻经典》作品再获金奖,同时获得有36个国家参赛的世界手工大赛金奖。2015年、2016年又获金奖。真是十年磨一剑，今朝露锋芒！

创作《琵琶行》和《金弦微刻·燕京八绝·白居易琵琶行》之艰辛，非常人所能理解。在头发上创作是微刻中难度极大的技艺。在袖珍琵琶上，用4根白头发作琴弦，微刻唐代诗人白居易的《琵琶行》，共630个字，每根3厘米长的头发上要刻158个字。头发直径约百分之五毫米，也就是5丝。创作时，脉搏跳动会有3丝左右的摆动，这直接影响着刻的位置精度。头发很软，刻重了会断，刻轻了又无刀痕。更难的是头发不能固定，会随运刀方向晃动。刀具也只能自己琢磨，在只有几丝的头发上，要用行书繁体字刻完《琵琶行》，这刀得有多尖啊！《琵琶行》完成了，我又担心一个问题，头发是有机物，时间久了被虫蛀了咋办，这不就全完了吗？我想用黄金作弦，制作金弦微刻琵琶行，并以此作为参评国家级大师的3件作品之一。金弦直径8丝，比头发略粗，但刻时才发现比在头发上刻难多了！头发是扁圆的，约有3丝的平面，而金丝是正圆，只有切点不足1丝的平面，左右结构的繁体字要求运刀时更得小心翼翼，不然刀一旦滑落，作品就报废了。作品完成后，连我自己都感到不可思议！

南开王泽友老师闻听后，还赋诗一首以表祝贺：

掌中琵琶二寸身，

启慧微刻琵琶行。

六百余字展精艺，

传统工艺塑能人。

漫漫大师路

2005年，终止了10年的"中国工艺美术大师"评选由国务院指定发改委组织重启。重庆市推选了包括我在内的10位艺术家的作品，到北京参评。结果，重庆只评上一位木雕艺术家，事后我得知，我虽是以高分进入了终审，但没想到我的一个学生却走了捷径，有关部门直接将他的名字放到了终审小组，结果出现了上谁都不好的局面，于是就干脆谁都不上。

2012年第六届评选，重庆只有6个上报名额，我又在其中，这次组织工作十分细致，规定了我在几日几时几分将作品送到指定位置。评审结束后我按规定时间去取自己的作品。工作人员在我取作品时对我说："潘老师，你的作品好漂亮哟。"我问："其他人有什么作品?"工作人员却说,这里不是放微刻评审作品的地方。后来,有知情人告诉了我真相,这也让我大开眼界,戏里戏外,千奇百怪,重庆这次无一人评上。

2018年,国务院重新指定由中国轻工业联合会组织第七届中国工艺美术大师评选工作。重庆只有4个名额。重庆经信委聘请外地专家对报名的几十个艺术家的作品评分,分数排在前4名的艺术家才能获得评审名额。最后,我的分数最高,得填写评审表。

这次填表内容与往届有很大的不同,作品只占70分,增加了30分综合分,这30分的内容是:你是否获得过五一劳动奖章;国家博物馆有没有收藏你的作品;参与历届中国工艺美术大师精品博览会获奖情况(金、银、铜);参加社会公益活动和慈善捐助情况;等等,必须附证书复印件。我估算了一下,我应该有25分以上。

评审在上海进行,第二天就公布了结果,我榜上有名,获得了由国务院批准命名的"中国工艺美术大师"的荣誉称号。

从南开走来,我选择了一条注定艰难的道路,但我从不后悔,勇敢前行,取得了今天的成就。我一直都以自己是母校南开的学子为荣,今天,我想大声呼喊:南开啊,请您以儿子为傲吧!

2018年10月,中国轻工业联合会、北京非物质文化遗产发展基金会批准设立的"中国工艺美术大师潘啟慧非遗传承基地"在璧山潘啟慧工作室正式挂牌。

微刻艺术一定会发扬光大!

微刻一定会迈向更大空间!

奋斗的青春

——我的职业故事

高1966级8班 杜蔚卿

下乡

50年前,1969年3月6日,我下乡到万县农村。当时,我父亲还关在牛棚里,因不能与他告别,我心挂肠牵,愁云紧锁。初春清晨,朝天门码头,晨雾朦胧,寒气依旧,前来送行的母亲、哥哥和妹妹,相视无语,寸肠愁千缕。上船了,我对妈妈说:"见到爸爸告诉他,好好活着等我们回来!"我扭头踏上跳板,不敢回头,怕妈妈看见我眼眶里滚动的泪珠。

汽笛哀鸣,水鸟惊飞,船上、岸边哭声一片,年幼的妹妹在沙滩上哭跳着,母亲和哥哥挥手拭泪,我双眼模糊,无语泪千行。拖着驳子的轮船,沉沉的,好像拖不动满船的愁容。抵达万县,天已黑尽。翌日,我们站立在货车车厢里,颠簸摇晃,像开往前线的士兵,汽车行驶在蜿蜒的石子公路上,尘土飞扬,数小时后,停留公路旁,我们个个已是灰头土脸。

下车后,我们翻山越岭,饥肠辘辘,口干舌燥。幸好有村民相助,一个多小时后,终于到了生产队,我们被带到土房旁边,我的家到了!这时,已是中午一点多钟。

招工

下乡第一年,是知青生活最快乐的时光。生产队的姑娘和小伙尤其兴奋,无论是出工、砍柴、绣鞋垫、纳鞋底……都喜欢围绕在知青身边;他们会将采到的刺泡、蘑菇、野果慷慨大方地奉献出来;青年们聚集在大队排练样板戏,编说三句半,走音串调的方言普通话就让人仰天捧腹。

不久,村民一致要求,把过秤员和记工员的工作交给我们。我们不负众望,称口粮一视同仁,绝无短斤少两,记工分一丝不苟,绝不多记漏记,工作做得很出色,村民满意,我们开心。

很快,70年代初的招工返城潮流,打破了短暂的快乐和美好。

一起下乡的知青先后回城了,身边的姐妹也陆续出嫁了,还留在这里的我,孤独凄凉,形影相吊。为了减少烦恼,我干脆不出门,"躲进小楼成一统"了。若是出了门,我也专选小巷路边走,再来一个"破帽遮颜过闹市"!

我也想回去,回到父母身边,然而恢复了自由的父亲,目睹现实,一筹莫展,只是不停地抽烟。我父母亲,一个出身浙江,一个出身安徽,1942年为躲避日军扫荡,离乡背井,在逃难路上结成伉俪,后栖身重庆,举目无亲。如今他们让自己的孩子去餐厅当个服务员,去工厂当个工人的能力都没有!

我知道,他们是多么的无助,多么的难过!

回到农村后,我遥寄家书,语言"诙谐",心态"乐观",报喜不报忧,借以抚慰伤痕累累的父母的心!苦难当头,我唯一的希望是全家人平安无恙。

面对痛苦和挫折,"好个凄凉的我",人生虽然失意,但自诩没有沉沦。出工之余,油灯之下,我演算"三角函数"习题,思考"几何"证明题,读几个英语单词,这不是因为我的理想高大上,而是因为这能填补我灵魂的空虚。在精神荒漠的岁月,我偶然借到一本张扬的手抄本小说《第二次握手》,如获至宝,从此爱不释手,想到要归还别人,竟然留下了"抄书"的历史。煤油不够桐油补充,夜深人静,油灯伴随着我激荡憧憬的心,与丁洁琼一起跳动。遗憾的是,我的手抄本被关龙公社一个知青借去,一个传一个,再也没有回到我的手中。

希望渺茫,心却不甘,跳出"农门"的任何机会我都要紧紧地抓住。1973年,国家要举行"文革"中唯一一次高考。我不假思索地报名参考了。高考成绩出炉,田间地头议论纷纷:桥亭有个女知青,数学考了100分,听说是重庆三中的呢! 其实考分没有公布前,我已经是"哑巴吃汤圆"——心中早已有数了。

然而我的命运不是永远停留在人生的低谷,高考落榜也并非毫无收获。霞光辉映的青山绿水,"重庆三中"的光环闪耀在我的头顶,县里区上,我开始有了点小小的名气,为我后来的代课创造了条件。

代课

高考之后不久,公社小学校长唐明华通知我去代课,教小学四年级数学。来之不易的临时工工作,我百般珍惜。备课时,我的脑海里浮现出周家贤老师教学的流程:复习检查旧知识,引入新课,突出重点,狠抓难点,练习巩固,举一反三……板书设计、教学技巧,都一一推敲。为了成竹在胸,我将教案烂记于心,然后走上讲台,看到校长静坐后排,我的方寸险些被打乱,然而我很快就冷静了下来,脱稿上完了第一堂课。课后,校长赞不绝口:"不错不错,没想到你第一次上讲台就这么有条不紊,沉着镇静……不愧是重庆三中的学生!"

后来语文教师肖友会遭遇横祸,代课老师一时难找,校长为难地找我商量,希望我能肩挑两科,以解燃眉之急。我虽心中无底,但答应道:"试试吧!"从此,我全身心地投入备课上课之中。

初入道门,不耻下问;小心翼翼,如履薄冰。高中三年在母校学到的知识镌刻在我的脑海里,恩师们精彩独特的教学思想和方式融化在我的血液中,在当时那种关键时候,这些派上了大用场。一学期不到,学生从唱读到朗读,从作业乱画到规范书写,从不敢发言到主动争取,从鼻涕花脸到干净振作……学生们的这些变化,大家有目共睹。

在此期间,我勇挑重担,敬职敬业,刻苦努力,这一切赢得了领导及老师的认可,得到了学生与家长的爱戴,也为我后来的神秘入职创造了条件。

入职

我的正式入职是在下乡后的第七年,即1975年。那年暑假,县教育局派"三分之一教育"工作队前来组织学习,大家都称队长白为豪"白局长"。学习期间,我担任会议记录。白为豪曾问我:"小杜,你愿不愿意在万县当老师?"我淡然回答:"白局长,现在不是我选择职业,而是职业在选择我呢!"

临近开学,校长通知我:"杜老师,你已经是我们学校的正式教师了,下学期你担任……""校长别开玩笑!""不是开玩笑,是真的,你的入职通知已经到了学校!"范进得知中举,疯狂乱跳,而我得知一夜入职,也像傻了一样。

"三无"的我真的入职了。我只明白此事与白为豪有关,但又实在费解:素昧平生,我没有请他喝一口水、吸一支烟、吃一顿饭,他为什么帮我呢?"三无"之人又是怎么入职的呢? 一个个疑问让我非常想见白为豪一面。

感恩

后来听到白为豪因患直肠癌去世的噩耗,我难过了好久。愧疚萦绕,大恩未报,疑团未解,我不能原谅自己!

直到2018年5月的一天,我的学生从渝北来万县,师生相见,交谈中我才得知白为豪还活着。我激动得跳起来,立即在网上购好动车票,携先生赶往万州,终于见到了85岁高龄但还精神矍铄的白为豪。紧握贵人的双手,我久久不愿放开,觉得恍若梦中。

"白局长,原谅我几十年后才来看您! 我以为您……"

"小杜,就叫我白老师吧。那年我得了直肠癌,医生说只有半年时间了,要我回家休养,我自己也没想到一直活到了现在,医生都说这是一个奇迹!"白老师乐观地对我们讲述着。

"吉人自有天相!"我说,"人有善念,天必佑之! 像您这样善良忠厚的人,阎王爷是不会要的!"

"白老师,1975年,我这个知青,一夜之间成为万县的正式教师,到底是怎么回事?"我急于想知道当年我入职的神秘经过。

"小杜,1975年,我在你们学校组织学习的时候,你们学校的领导、老师甚至学生和家长都说:'杜老师是重庆南开中学的高才生,什么课程都能教,学生都喜欢,劳动表现也好……'"白老师讲述了当年他在桥亭听到的关于我的评价。

他接着说:"当时万县教育局招收新教师的三个条件,你的确一条都不符合。但是,条件是人定的,万县乡村学校师资奇缺,我觉得你是个教书的人才,所以连夜赶回县里,向教育局分管人事的局长通报了你的情况,他也是个惜才之人,听了我的介绍,说:'这么好的南开学生,重庆不要我们要!'他当即拍板,立即招收!于是马上派了一个人事科副科长赶去桥亭,帮你填好履历表、政审表,办好一切手续,再赶回县局。当时离招收新老师截止时间仅剩一个星期,好在一切手续都办好了。"

"南开学生,重庆不要我们要!"这句话不时响彻耳畔,我好激动! 好感动! 热泪差点滚出眼眶,心脏像要跳出胸腔! 没想到在我孤独、悲观、无助的时候,有这么多人在关爱我,帮助我。他们是当年共事的校长、老师,一起劳动的社员乡亲……原来,我的神秘入职正是由于这些可爱的人的正直善良,路见不平、拔刀相助,正是由于白老师及未曾谋面的副局长、人事科副科长,为偏僻山区的教育事业任人唯贤,秉公无私、大胆举荐!

感谢上苍,感谢白老师创造了生命的奇迹,让我揭开尘封了43年的入职神秘面纱! 让我发掘出青山绿水中动人的故事题材!

我们的青春是用来回忆的,原本心酸的回忆忽然变得珍贵美好,美好的回忆让我感到,身为重庆三中的学子,无比幸运,无比自豪!

有一句话我很欣赏:"上帝给你关上了一扇门的时候,一定会为你再打开一扇窗。请用感恩的心去面对生活,所有失去的都会以另一种方式归来!"

我的十年乡村教育生涯

高1967级7班 黄古成

　　打开尘封的记忆,往事一幕幕浮现在眼前,最让我不能忘怀的是我那十年的乡村教育生涯。

　　我是1964年考入重庆南开中学的,也是班上唯一一个来自农村的女生,几年的南开校园学习生活使我具有了深厚的知识功底。虽然在"文革"后我返乡务农了,但一年以后就凭着南开学子的名声被公社首批推荐到重庆北碚第一师范学校培训一年,结业后就被分配到九龙坡区半山小学——一个有初中班的学校,开始了我的十年乡村教育生活。

　　刚分配到学校时,正值师资严重不足、青黄不接的时节,我报到后就接到一个学习气氛很差的初中毕业班,任班主任并教数学。班里四十几个学生是清一色的农村孩子。课堂上乱哄哄的,纪律很差,调皮捣蛋的学生占了一大半。刚开始,我用了两天的时间和他们摆龙门阵,告诉他们我也是一个农村人,是刚从农村去到师范学校学习完了后才来给他们上课的,并用我返乡受村民重视并在队里担任记分员,然后被推荐出来读书的亲身经历,说明了读书学习的重要性。通过循循教导,我慢慢地让他们在课堂上静下来,开始认真上好每堂课,我也利用自己的课余时间(那时校舍和师资不足,学生只上半天课,我就利用另外半天在后山坡上用小黑板给他们上课)从最基础的知识给他们补起。我的行动感动了他们,提高了他们的学习兴趣。各科老师对他们的反映也随之好了起来,班风班貌也大有改观,成绩也有提高,受到家长和学校的好评。一年以后,我班的起色非常大,在"文革"后的首场初升高考试中,我校3个毕业班有14人考入高中,我班就占了7人。真是功夫不负有心人呀,这个结果令我十分欣慰。其余的几十个学生也有很大程度的提高。我教的首届毕业生至今对我念念不忘,十分感谢我挽救了他们。他们的同学会从不落下我,并且一见面就和我十分亲热地谈起和他们在一起的美好时光,讲述一个个有趣的故事:班上最调皮的赵远屏是父母的老来子,因此父母十分宠爱他,他天不怕地不怕,学校的老师基本都被他捉弄过。我到他家家访不下十次,第一次他还唆使家里的狗来咬我。然而精诚所至,金石为开。在我一次次和其母的交流中,我了解到,他其实是一个很懂事、孝顺的孩子。在与其家长的共同努力下,赵远屏变了,不再到处惹是生非了,还在各种场合帮我管理班上其他不太守纪律的学生。虽然他的成绩赶不上来,但他上课再也不捣乱了。还有一个学生,他家里遭了火灾,我就带领学生给他家捐钱和衣物,有的学生还送去了米、面等,帮助他家渡过了难关,该学生见到我也是感激涕零。在那物资匮乏的年代里,学生之间这种互助友爱的精神显得难能可贵呀!

我们这个学校地处半山腰,交通十分不便,生活十分艰苦。晚上没有电,我就点煤油灯、蜡烛备课改作业,学校上下课就靠敲钟提醒。学校没有自来水,用水全靠操场前的一口深井。刚到学校时,我根本就打不上来水,我就学习模仿老教师,几天后终于也能自己打水来用了。遇到天气干旱,井里没水,我们就要到几里外的水田里去挑水来用。有时白天忙完,晚上还要和同宿舍的同事打着手电到处去找水。由于我是农村出来的,体力较好,要和几个年轻老师负责校伙食团的用水。农忙时节我要带着学生,穿着草鞋去到生产队支农劳动,和农民们打成一片。我在农村务过农,农民朋友也同我格外亲,农活也基本难不倒我。

有了第一个毕业班的成绩,以后每年开学,学校都把重任压在我的肩上。后来,我就连教了3个初一至初三班级,和每届学生都处得甚好。因为我是从农村出来的,这些农村学生就把我当亲人一样。至今,他们的音容笑貌还时时在我心中泛起。

在这十年里,我不但负责自己班的教学工作,完成自己的本职工作,还无偿地替生病的和有事请假的老师代过无数节课,物理课、化学课、政治课、农基课,甚至是音乐课、体育课,就连勤杂工生病我都帮她敲钟提醒上下课,真是典型的"万金油"啊!

1977年恢复高考,我很想圆我的大学梦,就报名参加了"文革"后的第一次高考,有重庆南开中学学习的功底和六七年的教学经历,竟然一举考中。我当时填报的志愿是西南师范学院化学系,眼看体检政审工作一一就绪,可到头来却空欢喜一场,竟然没被录取,理由是学校不放我这个骨干教师去读书。

1982年,该校的戴帽初中班撤了,我送完最后一个初中毕业班,结束了这十年的乡村教育生活,调到了别的城市学校任教,这十年时光多少让人留恋,也有几分伤感。别了我的半山小学! 别了我最青春的十年时光!

一蓑烟雨五十春

高1967级8班 刘誓玲

我喜欢苏轼的词,尤其是那首《定风波》:"莫听穿林打叶声,何妨吟啸且徐行。竹杖芒鞋轻胜马,谁怕?一蓑烟雨任平生。料峭春风吹酒醒,微冷,山头斜照却相迎。回首向来萧瑟处,归去,也无风雨也无晴。"在这首词中,作者通过对酒后路遇风雨的描写,抒发了面对人生沉浮,不畏艰险、昂扬前行的坚定信念和超凡脱俗的精神。这样的坚定和不俗历来为后人所称道。

我们经常会听到这样的感叹:我们这一代人是历经苦难的一代,与今天的年轻人相比,我们的确是历尽风雨、命运多舛,遭受了更多的磨难。但我同时也认为,尽管我们是不幸的一代,但同时也是幸运的一代,我们毕竟迎来了改革开放的春天,社会生活和家庭生活都发生了翻天覆地的变化。坎坷和磨难也使我们变得更加聪明、更加成熟、更加理智了。这难道不是巨大的收获吗?因此,回顾自高中毕业50年来走过的风雨历程,我真有"回首向来萧瑟处""也无风雨也无晴"之感。如此一来,还有什么不能释怀的呢?

我出生在一个小知识分子家庭。说小知识分子,是因为父母都读过一些书,但都没有读到大学。父亲高中毕业时,虽然成绩很好,但因家中父母双亡,不仅没有人拿钱去供养他上大学,他还要去照顾年幼的妹妹,只好去了当时全国著名实业家卢作孚的民生公司做练习生(后来一直做到人事科长)。母亲家境稍好,在重庆第二女子学校读书时她就倾向革命,经常参加和组织学生运动。1938年,她随老师齐鲁俞去了延安,也中断了学业。虽然新中国成立后她被选调到中国人民大学学习,但终究没有获得大学学历,不能不说是终生抱憾。新中国成立后母亲曾任重庆纺织工业局的科长,后改任轻工业干部学校校长。出生在这样的家庭，父母对孩子的唯一希望就是考上大学，成为国家的有用之材，以了却他们未了的心愿。应该说，我家的几个孩子还是比较争气的。大哥刘誓红从重庆市第二十五中学保送到被誉为中学里的大学的重庆南开中学，1963年又从重庆南开中学顺利考入清华大学。1964年，我也考入重庆南开中学。正读初三的妹妹刘誓琪的成绩也不错。1966年，大学停止招生，1967年，我们高中毕业。1969年初，毛主席关于知识青年要上山下乡的指示下发后，同年1月，我怀着茫然的心情，和班上的林迎新同学一起奔赴农村的广阔天地，接受贫下中农的再教育。

我们落户的地方是地处大巴山腹地的万县光辉公社团结三队。我妹妹刘誓琪也与我同时下乡，她去的地方是涪陵黄水。原先我们对农村情况不了解，觉得下乡好可怕。但经过短暂的生活，我们心中的疑虑逐渐消失，而且亲身感受到了农民的纯朴和善良。记得刚到公社报到时，我们听说团结三队离公社还有好几里的山路，我们带的行李又多，有些犯愁。公社刘书记笑着对我们说："不用急，三队的老乡早就等着接你们了。"说话间，几位憨实的小伙子围上来，有的抢背包，有的背箱子，有的拿脸盆，领着我们上路了。七八里的山路，我们空着手还走得气喘吁吁，他们却没事一样。

队里早为我们安排好了住处。这是一栋单独的茅草房，虽然泥巴墙有点透风，但还算干净整洁。一张大床，一张桌子，一个木柜，就是全部家当。我们从小住在大城市，现在晚上两个女孩子要住一栋小房子，不免心中有点害怕。我们晚上敲响了生产队巨队长的门，他似乎看透了我们的心思，特地叫他17岁的女儿巨明秀来陪伴我们。三个女孩子挤在一张床上，谈天说地，嘻哈打笑，心中的恐惧散去后，我们才开始了到农村之后的第一夜香甜的睡眠，因为白天走山路实在是太累了。

乡亲们对我们的生活也非常关心。因我们初来乍到，两手空空，社员们这家送菜，那家送柴，就连队里划给我们的自留地，他们也帮我们种上了蔬菜。为了感谢他们，我们也帮他们织毛衣，辅导孩子做功课，和他们的关系也越来越亲密了。下乡不到一个月就是春节，我们回城过节时，社员们拿出自己腌制的腊肉、香肠和自家种的花生，一定要我们带上，这让我们十分感动。过完春节返乡时，妹妹听说我们那里条件好些，闹着要调到万县，我想姐妹俩在一块互相有个照应，就答应回去试试。没想到我回公社刚把情况一说，刘书记很快就答应了，不到一个月，妹妹也到我们公社插了队。

农村生活和城市相比毕竟是艰苦的，春种秋收，插秧打谷，一样不能少。每天从地里劳动回来,还要挑水劈柴,生火做饭,这对于我们这些在城里长大的姑娘来说,确实是一个严峻的考验。好在我们事先就做好了吃苦的思想准备,总算坚持了下来。这年(1969年)6月,公社成立毛泽东思想文艺宣传队,我和妹妹都被抽到去宣传队演样板戏。因为妹妹比我矮点,排《红灯记》时,我演李铁梅,妹妹演李奶奶;排《沙家浜》时,我演阿庆嫂,妹妹演沙奶奶。此外,唱歌跳舞我们也打主力。我们的巡回演出受到群众的热烈欢迎,大家亲切地称赞我们是"台上两代人,台下姐妹花"。回到生产队干了近半年的农活,万县文工团排《智取威虎山》时,我又被借调去演小常宝。从那时起直到1971年5月返城,我的下乡生活一直是在文工团度过的。

回城以后,我在长航662工程处做了3个多月的仓库保管员工作。1971年9月至1972年7月,我又被长航选派到重庆第三师范学校培训一年英语。培训结束后,我被分配到长航子弟中学当英语教师。虽然这期间我的工作相对稳定下来了,并且已经结婚生子,丈夫是重庆大学(后简称重大)的教师,但我读大学的愿望依然强烈。我边教书边复习,希望有一天能圆自己的大学梦。1978年,机会终于来了,我参加了老三届难得的高考,并且被重庆师范大学(后简称重师大)外语系录取。接到录取通知书的那天,我热泪盈眶,当时我已年满30岁,并且是个4岁孩子的妈妈,这个机会是多么的难得!我感谢党的好政策,感谢学校领导对我的支持!

进入重师大后,我是班上年龄最大的学生,有的同学比我小十几岁,但我并不感到羞愧,相反,还有一股处处不服输的劲头。

记得刚入学不久,学校准备组建一个英语快班,从77、78两个年级的学生中挑选出10名学生组成快班,他们可以提前一年毕业并在毕业后留校任教。我也报名参加了考试。结果78级学生中就只有我和另一名男生被录取了。虽然一年以后快班被取消了(教育部不允许三年拿本科文凭),但我对自己的学习能力更充满了信心。

1982年,我大学本科毕业后,被分配到长航电视大学教英语。后为照顾在重大教书的先生和在重大附小读书的儿子的生活,我又申请调到紧临重庆大学的重庆电力职工大学教英语。1986年我加入中国共产党,1988年被评为讲师,1995年被评为副教授。在学校里还担任工会副主席和女工主任,多次被评为优秀教师、三八红旗手、先进工会工作者,还被评为市里的优秀教师。2003年退休后,我又被重庆电力职工大学英华美重庆学院聘用,直到2013年查出患肺癌,我才完全退出教学岗位。

　　回顾几十年的人生历程，我下过乡、务过工、教过书，人生可谓丰富多彩。面对凶险的病魔，许多老同事、老同学、老朋友都送来真诚的祝福、亲切的关怀和无私的帮助，使我倍感温暖。在此，我要特别感谢全体同学对我的真诚关心和帮助。在我病重的时候，彭家颜、李代文、庞国喜、贺光明、朱家华、田一涛、牟才华、郑汉贞、杨才蓉等同学纷纷前来看望我和慰问我。病情好转一些后，林家勤、曹秀珍、陈贻芳还专程陪我去山东省、河南省旅游散心，得到孔庆岚同学热情的接待和大力支持和帮助。听说吃芦笋对癌症病人有好处，孔庆岚同学特地从山东用特快专递多次给我寄来芦笋，曹秀珍同学还多次蒸来烧白，炸来酥肉，送来香肠……直到现在，贻芳、家颜、庆岚、国喜、代文、光明等同学也经常在微信上和电话里问候关心我。真挚的同学情，使我对8班产生了深深的依恋。8班将是我永远的精神家园。在这里，我将老树先生的一首小诗送给大家：

　　雨打一池新叶，风过十步短亭。坐看翠色与眉平。人界真无趣，花间却有情。此身此生此世，且度且思且行。什么得失和输赢，要紧是快活，何必求浮名。

三尺讲台度春秋

高1966级7班 涂光裕

1972年初夏,经历了三年多上山下乡磨炼的我,从涪陵农村回到重庆主城,拉开了我35年的教学生涯序幕。现在回想起来还恍如昨日。

万事开头难

1972年,我被重庆市市中区(现渝中区)文教局(现教委)招工回渝。记得当时我按照指定的时间来到区文教局报到,一到地方,发现会议室里早已挤满了从涪陵(市中区下乡对口地区)各地招回的重庆知青。大家又唱又跳,欣喜若狂。突然,一个小女生用英语朗诵起了高尔基的《海燕》,大家都沉浸在久违的喜悦之中。

一位局里的干部来到人群中,对我们的到来表示欢迎,并宣布了对我们的初步安排:先按科目分组,进行为期半年的培训,之后再根据培训结果和用人单位的需要统一分配。我被分在了语文组,在重庆市第四十一中学培训;那位朗诵英语诗的女生分在了外语组,在重庆市第六中学培训。一个女知青下乡3年还坚持不懈地自学英语,这对我是很大的鞭策,而我这3年来连一本教科书都没翻过,真是惭愧。

我十分珍惜这来之不易的培训机会,刻苦地向老师学习,立志做一个优秀的人民教师,为祖国和人民的教育事业贡献自己的力量。

短暂的半年培训生活很快就结束了,我被分配到重庆市第二十一中学(后简称二十一中)任教。二十一中地处较场口附近的石灰市,校门口外的一条不宽的马路早已变成了菜市场。学校的外部环境对学生不太好,学生上学往往要从拥挤的人群中穿过才能到达学校。到学校报到后我才知道,学校安排我下学期教初中一年级两个班的语文课，同时担任其中一个班的班主任。学校也给我安排了集体宿舍。

这时离放寒假还有一个多月，加上寒假，我有两个多月的时间去做准备。我到教务处领了教材、教辅资料和学生的花名册等。因为要当班主任了，我想了解学生更多的情况。然而我在教务处却一无所获，由于学生还没进行期末考试，教务处没有学生的成绩档案，平时成绩也只有任课老师才了解，学生的表现及家庭情况也只有现在的班主任清楚。不过这难不倒我，我还有时间，除了备课，我把其余时间都用来向其他老师了解学生的基本情况。

我联系了该班的班主任，一位姓廖的中年女教师（二十一中由初级中学改为全日制中学，廖老师被派去任首届高中老师），她和蔼可亲，毫无保留地向我介绍了我想了解的学生的学习和家庭等情况，可以感受到她是一个有责任心、有事业心、有爱心的好老师。这样的好老师对于刚踏上教师工作岗位的我来说是一种鞭策和鼓励，也是我学习的榜样。

在正式接班前，我已经熟悉了全班48个学生的基本情况，人与名可以对号入座，哪些是班干部，哪些是中队干部，哪些学生成绩好，哪些学生成绩差，哪些学生有啥特长，哪些学生家庭有什么特殊情况，等等，我都一清二楚。如有个女生放学后还要到学校对面的菜市场帮父母干活以补贴家用，又如班上公安局的子女较多，有的温顺乖巧（多为女生），有的则较为蛮横（多为男生）。我已做好了准备，既当他们的老师，教他们知识，教他们做人；又做他们的大哥哥（我只比他们大十二三岁），做他们的好朋友。

怀着这样的心情，终于盼来了新学期的到来，这是我生命的转折点，由知青变成了人民教师。刚走到教室门口，学生们就用热情的掌声和笑脸欢迎我，我却傻傻地呆立在教室门口，事先想好的台词一句也想不起来了，就连事先想好的自我介绍都忘得一干二净。廖老师为我圆了场，把我介绍给学生，我摘下戴在头上的军帽（军帽可是当年知青的标配，自认为很神气）向学生问好，又引来一阵欢笑声。

其实这不是我第一次登上讲台了，早在高中时我就已当了"娃娃头"。当"娃娃头"还得从重庆南开中学说起。1963年，我考上了重庆三中，分在高1966级7班。开学后不久，孙灵碧老师找我谈话，准备让我担任初1966级3班的少先队辅导员（我只比他们大3岁）。我来到该班，还未走进教室，脸就变得通红，连耳朵都在发烫，手也不知该往哪儿放，话也不知该怎么讲。同学们并没有取笑我，反而给我鼓励。在大家的支持下，我主持完成了少先队中队干部的选举工作，让每个同学推荐4名候选人，将名字写在纸上，我再将大家推荐的人名写在黑板上，并在姓名下面用"正"字的笔画表示票数的多少，最后得票多的4个同学当选，将其他同学的名字从黑板上擦掉。当我刚擦完最后一名落选的同学的名字时，大家都笑了，原来留在黑板上的4个同学的名字全部都是单名，我也开心地笑了。这应该是我正式迈向三尺讲台的一次预演。有了预演垫底，正式演出就不再尴尬和艰难了。

迈进重庆大学校园

1977年，我参加了高考，被重庆大学数学师资班录取。大学毕业后就留校任教，成了一名大学数学老师。系上安排我担任1981级数学班的班主任。由于有在中学任教5年的经历，学校对我非常信任，立即安排我给1978级数学班的学生上计算机算法语言课。昨天还是他们的同学，今天就成了他们的老师，这感觉真好。当时学校已恢复了研究生教育，系上又安排我给研究生辅导，接着又安排我给工科研究生开设数值分析（也称计算方法）公共课程。

那一批研究生非常优秀，出了很多人才，我教过的研究生中，有的后来担任了重庆大学校长，现调任武汉大学校长的李晓红院士，重庆大学现任副校长中有两人也是我曾教过的研究生，还有推荐到沙坪坝区当副区长、推荐到市教委当干部的学生等。更多的学生则留在了教学科研第一线或奔赴祖国建设的各种岗位，发挥着他们的光和热。

难忘师生情谊

我虽然在大学学习和工作了30年，在二十一中仅仅工作了5年，然而我最怀念、最难忘的还是二十一中的学生。

二十一中的学生从来没有忘记过我，每逢佳节都有对我的问候，他们的同学聚会都要我去参加，还把我拉进他们的微信群，分享他们的喜怒哀乐。有几件事至今仍令人难忘。

刚到二十一中时，我教两个班的语文，兼任其中一个班的班主任。另一个班的语文科代表是一个长相俊俏、身材苗条的女生，收发作业是她的工作，进出办公室就多一些。有一天在批改作业时,我发现在她的作业本里夹了一封信,严格来说应该是情书。她在信中敞开心扉,表示要做我的女朋友。一个十三四岁的女孩子如此大胆直言地表白确实把我吓了一跳。我当时二十五六岁,未婚,按现在的观点来看,人家表示爱意也无可厚非。但若这样的事情在当时(46年前)被传扬出去,对女孩子的声誉会有很大的影响,甚至可能会毁掉她的前程。我没有将此事告诉她的班主任,更未向学校领导反映,而是找机会和她谈了一次话,告诉她我有女朋友,她年龄还小,太幼稚,不成熟,不是谈情说爱的时候,应该把精力放在学习上。并当面把信还给了她,让她自己处理掉。同时,我也鼓励她坚持对唱歌跳舞的喜好。初中毕业升高中时,她被新疆军区文工团选中,成了一名部队文艺战士。临行时还专程来向我表示她的谢意。她转业后在北京某机关工作,拥有了一个幸福的家。我为她保守了一个秘密,成全了她一生的幸福。

另一件事发生在我班的一个男生身上。好动甚至顽皮是很多男孩子的天性,但若过了度就可能造成无法挽回的后果。有一次这个男生与另一班的男生发生了冲突,他被打后,就跑回家(他家就在学校对面)拿了一把菜刀,冲进对方的教室就要向那个同学砍去,幸亏被赶在他后面的老师制止了,这才避免了一起血案的发生。但持刀行凶已是刑事犯罪了。学校原想以这次事件为典型,杀鸡儆猴,严惩调皮的学生,于是准备报公安局把他送去劳动教养,同时开除学籍。

我了解情况后,对该生进行了严厉的教育,指出了事情的危害性,让他深刻地认识到了自己的错误,同时又找到学校领导谈我的处理意见:虽持刀冲进教室性质严重且影响恶劣,但能听老师劝阻并终止了犯罪行为,且没有造成严重后果,建议保留学籍,不送劳教,学校与家长配合教育,以观后效。学校最后采纳了我的意见,只给予他记大过处分,保住了学籍。该生从此痛改前非,刻苦学习,还真应了"调皮的娃儿聪明"的老话。1978年,他参加高考,考上了重庆建筑工程学院(现与重大合校),学校也取消了先前对他的处分。大学毕业后,他在重庆某设计院工作,成了一名优秀的建筑设计师。上次在南山塔宝同学聚会时,他还特地向我敬酒,感叹当年因犯下大错,险些被送去劳动教育而毁了前程,是我挽救了他,为他保住了学籍,成就了他的一番事业。

我曾带领学生在星期天(当时星期六要上课)参加义务劳动,到珊瑚坝去捡鹅卵石,为重庆第一座长江大桥桥墩的钢筋混凝土(当时混凝土都用鹅卵石不用石子)浇筑做出了贡献;带领学生参加支农劳动,在石桥公社与学生同吃同住同劳动;带领学生参观化工厂,参加社会实践活动;带领学生到南温泉春游,逛山、游泳、划船,享受大自然的美丽,放松学习带来的紧张心情,感受生活的美好快乐!

　　从1972年正式踏上三尺讲台,到2007年退休,我在教育战线上勤奋工作了35载。细细想来,曾经教过我的老师的表率作用一直在潜移默化地影响着我,老师的教导培养更是时刻鞭策着我,允公允能的精神总是不断地激励着我。教书育人,意诚心真,师生情谊,天高海深。

给春天的夜空
——五十年人生咏叹

高1966级2班 王若兰

"我想把我要说的写在天上"。这是我的挚友、初中同班同学、著名作家、历史学者赵晓铃当知青时写给我的信中的一句话。这句话代表了我写此文的心情,若真能如此,南开的同学和关心我的人马上就能看到。

初中毕业,我从巴蜀中学考入重庆南开中学。从此,我心中的天平两端,一直放着两个母校——重庆南开中学(后简称南开中学)和巴蜀中学。

能考入南开中学的都是各中学的尖子生,但一进校,就领教了南开中学给我们的"下马威",各种突击考试,早自习、周六下午都是意想不到的考试时间。在这些测试初中基础知识的考试中,我成了"不倒女",这使本来就有点"高分低能"的我,更加注重书本而忽视实践。在高中,我下功夫制作了各种表格和示意图,将知识系统化,使之牢牢掌握在头脑中,成为博取高分的有效武器。

高考前,我在志愿表的第一志愿栏里端端正正地填上了"清华大学"四个字。班主任黄化铨老师在给我把关时说道:"你有把握考上!"

我从小的理想是当科学家,留学苏联是计划之一。我前后共买过5本《居里夫人传》和1本《居里夫人自传》(中英文对照版),在书上做了许多读书笔记。我想象自己将来会在原子能反应堆或加速器环绕的环境中工作,或在某个大型设备高高的工作台上工作。

"文革"击碎了全国所有中学生的大学梦,我也难逃此厄运。迷茫一段时间后,我在家做饭洗衣打扫清洁,看一些社会科学方面的书。"文革"和下乡期间我曾两次系统复习高中课程,梦想某一天能参加高考,这也使我在下乡湖南农村两年后参与调到浏阳师范学校的一次摸底考试中,考出了4门共400分的好成绩。

高中3年,"文革"3年和下乡两年,我与巴蜀中学的同学一直有密切联系。特别在下乡期间,我一人住在湖南农村的亲戚家,精神上的孤独寂寞可想而知。那里没有广播,没有报纸,我与外界的联系主要靠通信。和我联系最多的是文章开头提到的赵晓铃,几乎每半月一封信。她让我了解到巴蜀知青群体的生活、劳动、思想。他们那一批知青是唱着歌(特别是苏联歌曲)到农村去的。多年后,这群人中出了不少优秀的人才:大画家、大作家、总工程师……

1971年的一个春夜,在我的生日前夕,收到了赵晓铃寄来的专为我写的一首诗《给春天的夜空——遥寄兰兰》:"仿佛黑丝绒般天幕上一颗熠熠生辉的钻石,温暖了我孤寂的心,照亮着我前行的路……"虽然我很想把诗的全文抄在这儿,但又担心此诗太长,会偏离主题。这些诗句伴随和鼓舞了我一生,如"深深的夜,就像深深的怀念;美丽的遐想五光十色,化作可爱的春夜的精灵。人生的岔路旁选了同一条道,事业的大厦前砌着同一块砖……凭借宇宙间唯一的真理,凭借这世上少有的友谊……带着一页比一页辉煌的画面,无情的岁月在飞逝"。

后来,因为各种原因,我在返城回渝后将赵的来信付之一炬了。可惜了那一大捆发自内心深处,文字极其优美流畅,记录和描写了我们的青春,具有史料价值的信件。

我在农村,踏实劳动争表现,曾被评为"五好社员""学习毛著积极分子",出席浏阳县(今浏阳市)上山下乡积代会,还在大会上做了轰动一时的发言。空余时间里我则争分夺秒地读书、写信和读信。这绝不是因为我多么热爱当时生产力低下的农业劳动,而是为了能跳出农村实现自己的大学梦和科学家梦积累资本。

下乡期间,我认识了一些来自湖南省的知青。他们思想活跃,给了我醍醐灌顶式的启发,使我意识到学习外语的重要性。凭借我在巴蜀中学和南开中学共6年的俄语基础,我开始自学英语,把英语当成专业和谋生手段,特别认真刻苦地学习。此习惯坚持至今,我常收听电视CGTN频道的英语新闻,听英语的美妙感觉不亚于听音乐。这对我后来在电子显微镜室和世界银行贷款办两个重要部门的工作都非常有帮助,而我也由衷感叹:掌握一种认识世界的工具实在是大有裨益。

1972年,靠政策变化和父母的努力,我回到重庆医科大学(后简称重医)。之后一直在重医工作,共干过8种工作。我参与了重医电子显微镜(当时是院内最大型、最贵重、最精密的仪器)室的筹建,学习并掌握运用了超薄切片技,前后历时7—8年,这期间的工作使我得到了在筹建大型实验室和科研工作方面的全方位锻炼。全室7人,仅我1人为女士,由于常规实验药品中含有放射性物质醋酸铀,上班期间严禁喝水,工作又极其繁重,我曾连续8次因尿道炎发作而病倒。病好了以后我又投入到繁重的工作中。这个过程中,是南开中学的精神,科学的春天之大氛围和居里夫妇在大铁桶中搅拌提炼铀的身影鼓舞着我,使我战胜一切困难,也使我之后得以参加学校的世界银行贷款办的工作。当我接过加拿大的世界银行女秘书长递给我的名片时,心中非常惊讶,她竟和我有同样的姓名,只是因为她的先生姓葛,所以她叫葛王若兰。这是缘分,还是上天的安排?

这项工作历时10年,使我能参与各种国际事务,如购买设备、派重医师生出国学习和接待来访的外国专家等等,这也使我逐步有了改革开放所经常强调的国际视野。

我的初中班主任,巴蜀终身成就奖获得者张士鲁老师在给我的评语中写道:"希多参加文体活动。"我一直是重视体育的,经常早晨洗冷水浴、练中长跑。记得有一次下大雨,我与某同学去沙区泳池练习游泳,从刚开始只能游十几米到最后能游800米;也曾应高三1班金森和王化国同学之邀翻墙同去横渡嘉陵江,因违反校规被学校在广播上不点名批评。参加工作后因游泳技术和耐力较好被聘为重医泳池安全员,参与值班并享受随时免费游泳的待遇。此运动我坚持终生,受益匪浅。至今,在夏天时我每天都能轻松游1000米,春秋冬每天坚持走1万步,这极大地提高了我的工作、学习效率。

但我以前对文艺重视不够。初中曾报名参加巴蜀中学的钢琴小组,最终因忙于考南开中学而没能坚持学习。南开中学似乎没有开设音乐和美术课,也没见到哪儿有钢琴。当时整个大氛围都强调贯彻阶级路线,与工农相结合,艰苦朴素,连我爱看散文都被班主任批评为"小资情调"。我曾干过把一小块白布补在深色裤裆处表示艰苦朴素的荒唐事。过去我认为南开中学对文艺的重视程度不如巴蜀中学,现在才知道也许是自己参与不够,后来欣喜地看到南开中学建了艺术宫,进去仔细参观了每一间琴房,还看到我女儿(也是南开学子)的同班同学的画作被挂在艺术宫墙上,我也听说了左荣老师学琴和战胜重大疾病的经历,更从校友忆南开的文章中得知左老师当年就有高超的钢琴和手风琴琴艺。她单腿拄拐的奋斗形象时时激励着我，让我不敢懈怠。写到此，我再也抑制不住泪水。十年前，我开始重拾少年时代的钢琴梦，其间得到左老师无私的帮助和指教，在此深表谢意。

在高中毕业后的多年里，只要说起高考我就想到清华，就会流泪，我的恩师李老师曾说："王若兰，你的清华情结很深。"仅以数学为例，小学时我是班上小银行行长；在人民大礼堂我亲耳聆听过华罗庚的报告；我曾是巴蜀中学和南开中学数学竞赛的年级第二名。但后来我在夜大学高等数学基础课时则完全听不懂，考试是靠作弊过关的。我也是很喜欢语文的，在南开中学我的语文成绩一直都保持在95分以上，下乡期间也看了不少文学类书籍。但在1984年的自学考试中，仅得了42分，其他两门政治经济学和基础英语也没及格。我的挚友，前述提过的赵晓铃为我在《红岩》杂志的编辑桌上趴着大哭了一场。

这么多年，我以为我的泪已流尽，可是加入忆南开群后，当我每天10遍或20遍地在钢琴上练习弹奏南开校歌时，我却禁不住流泪，现在我也正流着泪在书写。

我是巴蜀中学和南开中学的学子，也自认为是已入心而未进门的清华学子！此生此世只有努力奋斗到生命的最后一刻，别无选择。用苏联歌曲《歌唱动荡的青春》作结尾："只要我还能够行走，只要我还能够张望，只要我还能够呼吸，就一直走向前方……"

此文发给春天的夜空！

梅花香自苦寒来

──我的追梦历程

高1966级5班　朱蜀华

　　正当我们积极备考，准备向大学门槛冲刺的时候，"文化大革命"席卷神州大地，把我们的大学梦击得粉碎！此后，我当了4年多的农民和"赤脚医生"，回城后在3个学校代过课，当过制面工、翻砂工等，经历了许多不堪回首的磨难。不管多么艰苦，我的大学梦始终没有泯灭，我坚信大学停止招生这一页一定会翻过去的。

　　科学的春天终于来了！得知党中央决定恢复高考招生制度的消息，我欣喜若狂。当时我正在一个小厂当翻砂工，每月工资仅16元，而且我已怀孕。我是否应去报考？远在大西北工作的丈夫，以及我父母和许多同事都劝我死了这条心。不！我一定要去考！要靠知识改变我的命运！白天上班很累，但我晚上仍坚持在昏黄的灯光下复习功课。后来，我的高考文化成绩过了关。体检时，一个女医生问我："你怎么肚子鼓鼓的？"我支支吾吾地回答道："嗯，近段时间我发胖了。"不知是苍天眷顾，还是医生动了恻隐之心，我怀了近5个月的身孕竟混过了体检关。

　　不久，我接到了渝州大学生物学本科的录取通知书，虽不是我心仪的北大、清华，但对于已30出头的我来说已经感到知足了！我当医生的父亲对来看病的许多病人都非常高兴地说："我曾上过三中的女儿考上大学了！"当年峡口镇只有两人考上大学，引起了极大的轰动。我刚生完小孩20天，就急匆匆地赶到学校报到。班上的男生说："来了个大肚子的女同学！"年级辅导员劝我回家休息，让我满月了再来学校。我生怕失去这历经磨难才得来的上大学的机会，我不愿意回家。鉴于此，学校领导郑重地告诉我："学校绝对会保留你的学籍，身体是革命的本钱。请相信学校。"听到领导的保证我这才回家了。

刚满月，我就立马奔向这向往了很久的大学课堂。凭着南开学子不服输的精神，凭着高中阶段在南开打下的坚实知识基础，我埋头苦学，把落下的课程很快补上了。在第一次无机化学、数学分析、英语、植物学等科目的考试中，我的成绩在班上名列前茅。我无比欣慰。同学都说："这个三中来的月母子真是不简单！"我倍加珍惜这来之不易的大学学习和生活。我把别人逛街、吹牛的时间都花在了读书、做作业和查资料上，成绩一直在班上处于领先水平。读三中时，我就参加了学校的田径队集训，400米和800米跑步是我的强项。为了有一个健康的体魄，在大学期间，我虽已过而立之年，但田径场和篮球场上仍常有我的身影。我曾参加过重庆市大学生运动会，取得了较好成绩。

经过4年的艰苦努力，最终我以优异的成绩毕业了，获得生物学学士学位。毕业分配时，我的初中母校——重庆市第八十四中学（后简称八十四中）的领导亲自到南岸区教委执意把我要回到八十四中任教。该校地处南岸区较偏远的峡口镇，学校规模小。我到校后，学校差什么老师，我就教什么课。我先后教过物理、生物、数学。学生毕业和升学考试中我所教的学科都取得了良好的成绩。多年教学生涯里，我一直都当着班主任。

我校大多数学生都来自贫困农村，路途较远的学生中午不能回家，只得带粗粮干饼，或冷面疙瘩来当午饭。我给他们热饭菜，经常是一面喂我的小儿子吃饭，一面给学生面对面辅导，尽力提高他们的成绩，让知识改变这些学生的命运。那些年，不少学生考上了中师、中专或重点高中，跳出了农门。有的学生硬把我当成他们的妈妈看待，我十分感动和欣慰。

过去那些年，八十四中的各方面条件都很差，除了工资，教师没有什么额外收入，先后有多位教师都千方百计地调走了。有两所条件较好的学校，了解到我的教学情况，开出了较为优厚的条件，要我前去任教。但看到家境贫寒的农村孩子那渴求知识改变命运的眼神，我实在不忍心离开他们。于是，我还是选择留在这偏远农村学校专心致志地任教，直到退休。

当时，南岸区教委主任到校检查工作，专门找到我说："朱老师，这么多年，你始终坚持扎根在南岸区边远学校,让我很感动。如果你有什么困难和要求,一定要来找我。"退休前,我先生患癌症,家中十分困难。但我没有告诉学校,没给组织添麻烦。后来处理完先生后事的第二天,我就到教室上课,许多学生都哭了。这些年来,同事都说我是一头牛。我对得起学生,对得起家乡父老乡亲。党和人民给了我很多荣誉:1985年被批准为中共党员,1996年被评为重庆市教育系统先进工作者,1998年获得了中学数学高级教师职称。

"梅花香自苦寒来",我历经艰辛,实现了美丽的梦想。我这一生是幸运的,我的内心充满了无比的自豪和喜悦。

我当班长"三板斧"

高1966级4班 江明友

1967年底,我们重庆三中十几名同学与同批新兵一起,来到位于云南昆明附近的宜良县狗街原昆明军区外语简易翻译训练大队。这是一个为援越抗美战场培养战地翻译的学校。主要语种是越南语、泰国语、老挝语和缅甸语。我被分配到4中队(学越南语)5班当班长。

我们班有10个人,文化、年龄、经历都差异很大。尤其令人头疼的是,有两个刺头兵:一个外号"王大爷",是"建筑二哥"出身,拿手好活儿是砖工,一副社会上的"混混"和"袍哥大爷"派头,个子不大口气大,力气不大敢打架;另一个,人称"温少妇",一副阴死倒阳的模样,说话没有三分气,干活没有五分力。这两个人刚好一阴一阳,互相呼应。半夜紧急集合了,"温少妇"就肚子疼,部队3分钟打好背包全副武装集合点名了,他却不在列。"王大爷"呢,虽动作很麻利,但是当部队到了大山上,天亮了,叫检查着装时,大家一看,他的裤子两边还飘着"白旗",原来是穿反了,裤兜正迎风飘扬呢!

面对这样的一班人,我真是有点头疼。但是,经过几天的观察和思考,我很快想出了招。

"启长"补短

我发现,"王大爷"精力充沛,而"温少妇"却太娇气。每次"温少妇""病了",我就亲自去伙房给他做病号饭,每次都带上"王大爷"。久而久之,做病号饭的任务就交给"王大爷"了。还有一些能发挥"英雄本色"的任务,我也都交给"王大爷"去完成。每次完成任务,我就点名表扬他。很快,他成了班里的一名骨干。而"温少妇"呢,每次"病"

了都能得到大家无微不至的关心，也就不好意思天天称"病"了，慢慢地跟上了全班的步伐。

全班的每一个成员，我都摸透了他们的情况和特点，根据他们的特点，制订了不同的"启长"方案，不久，这个班就生龙活虎起来，外语学习和野营拉练再也不拉稀摆带了。

身先士卒

我为人的信条就是"自己带头实干，才能带领大家干"。

打井，是我们班完成得最好的一件事。我们营房没有自来水，人一多，原来的几口井就不够用了。须就近在营房附近打几口井。大队确定的其中一个新挖井位就在我们5班门口，于是任务就被下达给了我们班。挖井这活儿，从地表往下挖容易，但越往下深挖就越难。于是我就站到最下面挖，"王大爷"一看，也下来了。我们俩在井底，其他人在上面，泥土合着碎石一筐一筐往上提。我表扬"温少妇"配合得不错，让他站到井口接我们挖出的泥土，其他人接着运走泥土。于是流水线形成了，我们很快就挖到了规定的深度。而难度最大的还是铺底石和砌砖。我是石工的后代，铺底石的活归我，而砌砖，刚好是"王大爷"的绝活。由于发挥了他的长处，我们配合默契，整个工程完成得又快又好，受到了中队领导的表扬。这一次的良好表现，让"王大爷"和"温少妇"也都双双出名了。

接着，发生了一次火灾。夜里，我们驻地旁边的村子突然大火冲天，浓烟滚滚。村民告急。3分钟内，我们整个大队紧急集合后，直奔火场。我们4中队冲在大部队前面。我们5班又最先赶到火点。这时大火已经窜上房顶，而想要灭火必须在房顶上泼水。情况紧急，我也不知道哪来的勇气和力气，在战友们的配合下，借着火光，我拎着两桶水几下就上到了房顶，招呼大家排成串给我们几个递水。烈火和浓烟呛得我呼吸困难，我的衣服着火了，眼镜也不知去向，但关键时刻，我已经顾不得这些了，只感觉自己在瓦房顶上如履平地，拎着水桶还健步如飞（可能是我家祖传的轻功和我打小练习过的猴拳，没想到在情急之下它们派上了用场）。正好这时，我的副班长和"王大爷"也一个箭步窜上来助阵，和我并肩作战……半个多小时后，大火终于被扑灭了。事后，我们班集体受到表扬。"王大爷"也受到了表扬，我还被列为了党组织发展对象。于是，我们5班的士气大振，呈现出朝气蓬勃、生龙活虎的面貌。

学习帮带

我们的任务是速成外语,早上战场。所以,学好外语,是每个教员和学员天字第一号的任务。然而,那时候我们整个大队学员的文化水平参差不齐。我们5班最典型,副班长包括"王大爷""温少妇",以及班里几位骨干,没有一个上过高中。而越南语基本是模仿法文字母书写和拼读,有的文字读音又与粤语相近,发音口型特别别扭。鉴于援越抗美战事已经接近尾声,上面要求在一年半左右完成学业。时间紧,任务重,文化底子薄,怎么带领大家圆满完成学业,保证全班每个学员都能合格毕业,这比前面那些体力和技术活难度大多了。

我意识到只有自己首先学好,才能带领大家学好。而我在南开学的是俄语,成绩没下过90分,发音又是我的强项。所以,我决定笨鸟先飞。白天,我充分利用课堂时间,学习和记忆,与老师交流;晚上,我去老师住处,向他们讨教学习技巧。我的两位越南语老师都是越南归侨,教学实践经验丰富。他们被我的学习精神感动。我们很快成了朋友。尤其是年长的钟教员,对我特别钟爱,寄予了我厚望。我很快成了整个中队的尖子生之一。

与此同时,我发现我班有个叫王立的小学员,只有初中文化,然而因为他的学习方法得当,学习又特别刻苦,成绩也是名列前茅。我决定由我俩带头,把班里10个人组成5个学习对子。一帮一,"一对红"。我俩分别负责"王大爷"和"温少妇"。除了上厕所和睡觉,其他时候基本上都是两个人一组在一起学习和活动。半年下来,10个人之间的成绩差距明显缩小。到1969年夏天,我们5班全部都以较好的成绩毕了业。而我,也被学校预选为留校任教的重要人选。

可是,临到战友等待分配,准备奔赴援越抗美前线的时候,战事发生变化,上级决定让我们800多名学员中的多数改行,分配去野战军。留校任教计划也被取消了,转而从4个语种中选出我们十几个尖子生派往援老抗美最前线,配属总后勤部第22分部所属部队,担任翻译。我被派到驻勐腊的第139野战医院,作越南语翻译。在中老边境两边来来回回,执行援老筑路部队的医疗保障任务。当年11月,我在老挝境内的作战前线被批准入党。

从军务文四十载　铁马冰河入梦来

高1967级8班　孔庆岚

离开重庆南开中学已经整整50年了。50年，在人类的历史长河中只是短暂的一瞬，但对我们每个人而言，却几乎涵盖了一生。回顾我50年的人生历程，值得记忆的事情很多，这里记叙的，只是漫长人生中的几个片断。

大学梦碎

读大学，是我儿时的梦。记得我五六岁时，家住川北老家的母亲为了给远在重庆工作的父亲写信，常常手提挂面，拉着我们翻越三四道山梁，去找一位人称"二老师"的远亲代笔。"二老师"身材高大，一脸斯文，写得一手漂亮的毛笔字，很受乡邻敬重。从那时起，读书人的高大形象便扎在我幼小的心灵中。

进城以后，读大学更是成了一家人的梦想，哪怕是在三年困难时期，生活极为艰难的岁月，这一梦想依然强烈。从1961年到1964年，我们家先后有三个孩子考入高中，没有一个考中专技校的，目的就是为了进入大学的殿堂。特别是二哥和我相继考入久负盛名的重庆南开中学以后，离大学的门槛似乎只有一步之遥了，这在父母所在的工厂引起不小的轰动，父母为此深感骄傲。

然而由于种种原因，我们哥仨竟没有一人直接考入大学的。1961年，蒋介石叫嚣反攻大陆，国家直接从在校学生中招兵，大哥为了减轻家里的生活负担，偷偷在学校报名当了兵，这让父母很失落。1966年二哥高中毕业，正奋力备战高考，谁知"文化大革命"开始了，大学停止招生，他的大学梦也落了空。1967年，我从高中毕业，但迎来的不是庄重的高考考场，而是遍及全国的"武斗"。置身于如此混乱的环境，我只能在家度日,心中的苦闷可想而知。二哥特地给我找来了托尔斯泰的《战争与和平》、罗曼·罗兰的《约翰·克利斯朵夫》、巴尔扎克的《高老头》、高尔基的《马特维·克日米亚金的一生》等世界名著让我阅读。有时看书累了,我也拉拉二胡、写写毛笔字解闷。没想到,正是这种漫无边际的阅读和看似无用的小把戏,竟成为日后改变我人生走向的敲门砖。

意外从军

意外从军,说意外,是因为我的入伍完全是缘于一个偶然的机会。1969年初,驻云南的某部队到重庆征兵,接兵干部除完成正常的接兵任务外,还有一个特殊的任务,就是为部队特招一批文艺宣传骨干。井口地区的接兵站就设在我家楼后的粮站,闲了没事,我就常到接兵站去玩。负责井口地区征兵工作的胡永柱指导员是一位英俊潇洒的年轻干部,口才特别好,从六七十岁的老人到十几岁的孩子,都喜欢听他聊天。一回生,二回熟,渐渐的,他对我家的情况有所了解,不知听谁介绍说我是高中生,还会拉二胡,这引起了他的注意。一天,他到我家走访,要我拉拉二胡。说实在的,我的二胡水平还没入流,既没有经过专业训练,也没有得到老师指导,完全是自娱自乐。他听我拉了两曲后,不置可否,却对墙上的一幅照片产生了兴趣。那是我大哥作为解放军代表参加全国青年学习毛主席著作积极分子代表大会时与中央领导的合影。他说:"你大哥的事迹我知道,你们都应该向他学习。"几天后他又对我说:"春节快到了,我们来这里一个多月了,地方政府和群众对我们的工作给予了大力支持,你帮我们写一封感谢信吧。"当时我并不知道他的用意,因为是解放军交给我的任务,我自然会全力去完成。当我把感谢信送到接兵站后,他们又让我找张红纸用毛笔抄出来。好在那两年我没事常练字,他们对我抄的感谢信很满意。直到这时,胡指导员才告诉我,他们已内定,把我作为文艺骨干特招入伍。

在当时那种情况下能参军入伍,真是天大的喜事。但胡指导员告诉我,因为是特招,不宜张扬,不随大部队一起走,到部队后再换军装,亲人也不许去送行。但我还是抑制不住内心的激动,偷偷回到学校与同学告别。在男生宿舍,我见到了朱庆川、周汉康、蔡正国、黄开富、龙光平等同学,他们听说我即将入伍的消息后,既为我高兴,也对我有些依依不舍,我们特地去照相馆照了一张合影照,至今我还珍藏着。

晚上9点,我按约定时间准时来到菜园坝火车站检票口,那里早有一位军人在等着我们。我们同行的6人中,有画画的,写字的,搞乐器的,还有重庆越剧团和川剧团的两位演员。大家怀着激动的心情登上了开往云南的火车。一路经昆明,过大理,再转乘汽车,经过大约5天的行程,终于来到了位于大理州宾川傈僳族自治县的部队驻地,开始了我们的军旅生活。

笔墨春秋

人们常说:军营是一个龙腾虎跃、血性张扬的天地,然而我的军旅生涯却是在"爬格子"中度过的。

和我一块入伍的战友,有的直接分到了师团宣传队,有的分到了俱乐部,而我则被派去参加由团宣传股组织的新闻报道培训班,没想到这次培训,决定了我今后一生的走向。

负责新闻培训的何桂友干事是一位性格温和、平易近人的年轻干部,他除了为我们讲解新闻写作的一般知识外,还让我们研究报上的文章,进行写作实践。因为我是新兵,对部队情况不熟悉,他专门为我安排了一堂新闻实践课:让我和另一位老兵一块去离部队60多公里的傈僳族山寨宣传党的"九大"精神。当时党的"九大"刚召开,一些偏远的山寨还没通电,向当地群众宣传"九大"精神很有意义。团领导对这次活动也很重视,专门从首长的坐骑中挑选了两匹好马供我们骑用,为了保证安全,还特地从通信连骑兵班派了两名全副武装的老兵护送我们。

天刚蒙蒙亮,我们就出发了,一路翻山越岭,直到中午我们才到达山寨。地处深山的寨子里突然来了4个解放军,整个山寨都沸腾起来了,热情的傈僳族大爷大妈纷纷拉我们去家里做客。生产队的干部知道我们的来意后,把全寨群众召集到一起,听我们宣讲文件精神和阅读报纸,一块畅谈祖国的大好形势。宣讲完毕,我们回到部队已是晚上9点多钟了。我顾不得一天的颠簸劳累,连夜赶写了一篇小稿《铁蹄飞奔传喜讯》。现在看来,那篇稿子是那么肤浅、幼稚,何干事却给了我很多鼓励,也许他看中的是我文字还比较顺畅,或许他更欣赏的是我对工作的热情。培训班结束后,其他人都回到了各自的连队,他却把我留下来帮助他工作。

我入伍的老部队是一支战功卓著、人才辈出的英雄部队,从这支部队中先后走出了丁盛、韦统泰、白斌、兰亦农、韩怀智、李九龙等一大批高级将领,我所在的某团副团长王占山就是全国著名的战斗英雄,我的连长冯汝智也是抗美援朝时期的国际一等功臣。生活在这样一个英雄的集体,你会处处感受到一种蓬勃向上的力量。人们常说:不想当将军的士兵不是一个好士兵。那时我虽没有当将军的奢望,但渴望做一个像胡指导员那样能文能武的带兵人。然而,生活的激流却把我带入一条迥然不同的人生之路。

1970年,部队调防河南后,各级领导都非常重视宣传报道工作,我们团也成立了报道组,我作为团里的报道骨干,再次被抽调到宣传股从事报道工作,从此再也没回到连队。1971年,我被提拔为干事刚两个月,就被调到师宣传科任新闻干事;1977年2月,我被调到原武汉军区《战斗报》社任编辑、编辑一科副科长;1985年,部队"百万大裁军",原武汉军区撤销,我被分流到原济南军区政治部创办的《黄河民兵》杂志并担任主编;1994年我被任命为黄河出版社副社长、编审,直至退休。

人生几十年,弹指一挥间,没想到我的军旅生涯就这样在写稿和编稿中度过了。"从军务文四十载,戎马一生方寸间。乐为强军鼓与呼,铁马冰河入梦来。"这是我退休时的感慨,也是我一生的真实写照。

无悔人生

有人曾问我:你当兵几十年,既没带过兵,也没打过仗,难道就没有遗憾吗?我的回答是:有遗憾,但并不感到后悔。我认为,"金戈铁马,气吞万里如虎"是一种军旅情怀,而"手中三寸笔,胸中百万兵"也是一种军旅情怀。在几十年的军旅生涯中,我以笔为枪,为部队的宣传文化工作尽了微薄之力,也可聊以自慰了。

1974年是全国开展农业学大寨运动十周年,《解放军文艺》委托驻军采写一篇反映河南辉县农业学大寨的报告文学,军里决定让我和驻辉县部队的另一名同志参加采写。我们历时一个月,走遍了辉县的山山水水,终于写出了长篇报告文学《辉煌的土地》,文章在《解放军文艺》刊出后,对推动农业学大寨运动发挥了积极作用。

1979年,南疆保卫战结束后,总政决定把战斗英雄胡绪清作为重大典型宣传,《解放军报》社派出了阵容强大的记者组,《战斗报》社也派我参与采写,共同完成了长篇通讯《英雄的政治指导员胡绪清》,该稿在《解放军报》以两个整版配5篇言论刊出,也在《战斗报》同时登载,在军内外引起了很大的反响。

1980年2月,为贯彻落实中央关于努力建设社会主义精神文明的战略方针,我和《战斗报》社另外两个同志一道深入某团采访,以"在建设社会主义精神文明的大道上阔步前进"为题,突出宣传了该团一机连指导员李随国把精神文明建设融入思想政治工作之中,带领连队争先创优的先进事迹。该系列报道在《战斗报》分13期连载,有力地推动了全区部队的精神文明建设。

1985年9月,我在济南军区《前卫报》社工作期间,所撰写的评论《假如盛其顺看见了我……》,被《人民日报》头版"每周论坛"采用,第二天又在中央人民广播电台《早新闻》节目中全文播出,受到大家好评。

1985年11月,济南军区政治部任命我为《黄河民兵》杂志主编,负责该杂志创刊工作。在时间紧、任务重、经费紧张的情况下,我和编辑部的同志团结一心,克服重重困难,确保了杂志在两个月之内与读者见面。在我任杂志主编的9年期间,杂志发行量由6万多份上升到24万份。我们还在军内报刊中率先走出自办发行之路,从杂志创办第二年开始,不仅没向上级要一分钱,还每年上交政治部数十万元,多次受到上级的表彰和奖励。

1994年6月,我担任黄河出版社副社长以后,主要负责图书的编辑业务工作。我积极配合社长开拓出书渠道,出书量由原来的每年几十种上升到一百多种,经济效益连续4年以百万元递增,总政宣传部专题转发了黄河出版社为兵服务的经验。我除努力做好书稿的复审、终审工作外,还积极参与书稿编辑工作,所编图书先后荣获"中国图书奖""解放军图书奖""山东省优秀图书编辑奖"。其中,《与思想政治工作者聊天》一书,以聊天的形式谈思想政治工作,具有很强的思想性、知识性、趣味性,受到军内外读者的普遍欢迎,一年之内再版三次,《求是》《人民日报》《解放军报》《光明日报》《中国新闻出版报》纷纷发表书评,对该书的出版给予了高度赞扬。

在做好图书编审工作的同时,我还结合工作实践,撰写了一批论文,其中《也谈政治家出书》《出版人的忧患意识》《出版精品力作应把握的几个关系》等被出版界顶级刊物刊登。2000年我被评为"全国百佳出版工作者",同年被聘任为全军高级职称评审委员会出版系列评委。

我深知,这些成绩的取得,离不开组织的培养、领导的指导和战友的支持,绝不能把功劳记到个人头上。我更清楚,个人的能力是有限的,只有当他融于集体之中,他的聪明才智才能得到最大限度的发挥。正是军队这所大学校造就了我,把我从一个普通的中学生培养成一名军队技术三级干部。因此,永存感恩之心,将自己的毕生精力奉献给党的新闻出版事业,是我永远不变的人生目标。

当兵的生活,战士的情怀

初1966级1班　刘燕梅

军营杂忆

1971年,我参军来到驻开江县的第164野战医院。医院的任务是为参与襄渝线建设的铁道兵第八师提供医疗保障。

铁道兵逢山开路,遇水搭桥,作业环境艰苦,可以说是和平时期牺牲相对较多的兵种。铁道兵兵种在1984年已被撤销,各师部队集体军改工后,现在成了中铁建的各个工程局。祖国大地四通八达的高铁、动车,离不开他们的奋斗和奉献,也饱含着我们的辛勤和付出。

几十年过去了,有些往事还犹如发生在昨天。

北京新兵训练

从老百姓到革命军人的转变,要通过新兵训练。

我们医院1971年的男兵主要来自湖北省,女兵主要来自云南省、贵州省和四川省,女多男少。新兵连的八个班里只有3班和8班有男兵,我当了6班的班长。我们每天都要学习条令、条例、宗旨,学习内务、列队、射击、投弹……每天都很紧张而充实。大家最怵的就是紧急集合。有时刚就寝,被窝还没捂热,突然就响起一阵急促的哨声,大家得马上翻身起床,穿衣蹬鞋,打好背包,赶到指定地点集合。有时连长会拉我们出去跑若干时辰,有时他点评完我们就解散回去睡觉。这锻炼的是快速反应能力。战友常常观察连长的动态,若猜测这晚可能要紧急集合,少数人就干脆和衣上床,等待哨响。

我在家就是个慢性子,每一口饭都得细嚼慢咽,否则食物就咽不下去。离家前,妈妈说我:"你干啥都慢腾腾的,到部队可怎么办哪!"我承认这是现实,但我却不甘认输。不管是吃饭还是打背包,我脑子里总是绷着一根弦:快点快点,不能落后!经过多次训练,我有次甚至第一个冲到了紧急集合点。这说明,只要有决心,没啥做不到!

实弹射击来了。虽然我在参军前通过针灸治疗已将视力提高到了1.0,但面对靶子还是不得不戴上眼镜,步枪9发子弹我打了79环!秉承从幼儿园打针开始我总是第一个把亮胳膊站在前面的一贯做派,手榴弹投掷时,我又当仁不让地第一个冲上去实投。包括后来的手枪历次实弹射击,我的成绩都在良好以上。转业前最后一次打手枪,我的环数差点就命中最高单位了,可惜后来被一位男战友超过,屈居第二。看到这个成绩,我也不由得为自己自豪:咱就是当兵的料!

包子包馒头

有一天,食堂端出了"肝炎馒头"——碱放得过多,颜色太黄的馒头,几乎无人问津。怎么办? 总不能倒掉呀! 于是炊事班的同志想出了招:把黄黄的馒头用绞肉机搅碎,掺在馅料里,包上面皮蒸成包子。这样一来,所有的包子就被战友们愉快地消灭了,一点没浪费。教导员把这事写成报道,登在了《战旗报》上,题目就叫"包子包馒头"。

学艺炊事班

新兵训练结束后,我们6个女兵被分到了三所炊事班营养灶(伤病员灶),我当了班长。司务长带领我们养猪、种菜、改灶、节煤、生豆芽,大家都竭尽全力。每天我们得切好几个小时的肉,生肉味熏得人头昏,让人不想吃东西。为了让伤病员早日康复,我们学会了发面蒸馒头。面多劲小,揉面时我们得连蹬带跳,使上全身的力气才行。如果是蒸发糕、炸油条,我们得半夜两三点就起床。每周给伤病员包饺子、包包子特费功夫,少不了轻伤员要来帮厨,这也是我的尴尬时刻:因为在家和下乡时,每逢包饺子,我都是当"火头军",打杂的,既不会擀皮也不会包。可也不能缺席和闲着不是? 我只好悄悄地在人群边上学擀皮。

我们6个人齐心协力加油干,还自编自演了小话剧"五好食堂为谁创"。虽然现在这看起来非常幼稚可笑,我们当时却是全情投入呢。

野营拉练

野营拉练是对我们的全面考验。我们背着背包,跑步行军几十里,跑过公路,跑过田坎,背负越来越重,气息越喘越粗,脚步也渐渐迟滞。但我们只有咬牙坚持!到了宿营地,当地的老乡腾房子来给我们住,大家就解开背包开始打地铺。少数战友还睡过老乡腾出的刚结婚不久的新房里的雕花木架床,前框上有彩色花卉,床前有脚蹬,好看又方便。在拉练途中我们看见了老乡结婚送亲的队伍,嫁妆有十多二十抬,最前面那人的竹竿上挂着一块约二两的猪肉,叫"离娘肉"。嫁妆有新床、梳妆台、大衣柜、平柜、凳子、被子、枕头、枕巾、被面、洗脸架、马桶等。因当地风俗规定男方只负责提供房子,若女方生活用品没备齐,受苦的是新媳妇。曾听说有一女方在准备嫁妆时忘了马桶,结果新娘子尿胀了一夜没地方解。

助民救火

不知为什么,开江火灾多发,救火成了我们的家常便饭。多少次在睡梦中,只要一听到广播播放某某方位发生了火灾,战友们马上起床穿衣,拿上桶、盆,跑步前去救火。有一次因为水不足,王建新战友果断跳进了附近的粪坑舀粪浆救火,事后因此受到表彰和奖励。

官兵一致

几个月后,我被调到了政治处。宿舍床边的窗户上架着用来放号的大喇叭,每天的起床号、出操号等都从我们屋放出。

开江的冬天很冷,办公室需要烤火炉,我学会了每天早上用报纸、细柴生炉子。我手上冻疮溃烂,甚至露出了骨头。

从重庆兵站调来的左干事是从大学毕业后来参军的,她个子娇小,为人和蔼,非常有亲和力。她身体较弱,有时会自己买点鱼补充营养,总要拉着我们战士和她一起吃,还没法推辞,这给我留下了很深的印象。多年后,我在公司打工,对待年轻的新同事也会像当年左干事对我们一样多加照顾,因为这是我们官兵一致的传统!

过春节,各单位会去食堂领回面粉和肉馅,官兵一起包饺子。和乐融融之中,我们听到小药厂传出了一片哭声!原来是新兵大多年纪小,不会包饺子,面对面粉、肉馅,他们全部束手无策。在领导和老兵的关怀和帮助下,新兵也吃上了饺子,他们终于破涕为笑了。

经济民主

三大民主是我军的光荣传统，经济民主是其中之一。食堂每个月都要公布收支账目，周末还组织大家帮厨，想吃什么大家提议，一起动手。记得一次有人提议吃包子，大家就七手八脚地开始行动，揉面的揉面，调馅的调馅，热腾腾的包子很快就出笼，而且香极了！

斗智斗勇

部队里要求只能穿发下来的军装，有些爱美的小女兵会动点心思，比如内穿花衬衣，带个手表，穿个毛线衣什么的，只图领口和袖口露出一点亮色。政治处张干事经常在会上讲评此事，之后就会有一波某某某把手表寄回家了，谁谁谁把毛衣寄回家了之类的故事。然而过一段时间后，又故态复萌。爱美之心是人的本能，挡也挡不住啊！

戈壁营帐

1976年7月，我们医院调防到青海格尔木，配属铁七师修建青藏铁路西宁至格尔木段。

从四川达县乘军用列车，一路走走停停到了西宁。转乘大卡车翻越日月山时，不少人出现了高原反应，头疼恶心。我们到了青海兵城格尔木，沿途所见铁道兵部队营地，充满了各种豪言壮语的标语。

听师里的工程师说，这已经是铁道兵第二次上格尔木了。第一次是在五六十年代，部队、机械设备全开进来了，但苏联却停止援助，由于油料有限，接到消息后部队、设备立马后撤，否则可能就撤不出来了。这次重上高原，是为了解决永久冻土施工这个比较大的技术难题。

我们医院最初在一片戈壁荒滩上扎营。架好有门有窗的军用帐篷，支好铁架床，但晚上睡觉时还得在脸上、被子上盖上报纸或塑料布，因为帐篷的门窗密封性不好，若不这样做，一觉醒来，脸上被子上会全是沙子。我们早上起来得先取下报纸，再小心翼翼地掀起塑料布抖掉沙粒。

后来，我们打泥砖盖起了土坯房，有了火墙，住宿条件也有所改善。

高原"风"景

青藏高原的气候，雨水很少，云也不多，天空又高又远，蓝得明净澄澈，真有极目楚天舒的感觉。

都知道海市蜃楼是海滨常见的气候现象。可是在雪后的格尔木,战友们也有幸见过远处的天边出现街道、楼房,车水马龙熙熙攘攘似在眼前的景象。那就是高原海市蜃楼!稀罕吧?

风你见过小龙卷吗?哪怕正晴空万里,远处一顶天立地的风柱摇摇晃晃就卷过来了,它忽东忽西,飘忽不定,移动速度还挺快。风柱中翻飞着树叶、石头、沙尘,所到之处,较轻的物件,如晾在绳上的衣裤都会被卷走,待风柱过去不久,这些东西又坠落下来。有一次,一个男兵看着家信正待翻篇,突如其来的小龙卷风卷走了其中几页,他在风柱中拼命地跳跃,想抓回来,可惜终未能如愿。

最厉害的是沙尘暴。有一次,战友们正在教室里上课,忽见远远的天边灰扑扑的沙帐从地上腾空而起,几十米高的沙墙从远到近铺天盖地似万马奔腾般呼啸着卷过来了,大家马上往宿舍跑。才短短几十秒,沙尘暴就来到跟前,昏天黑地中,伸手不见五指,沙尘呛得人喘不上气来。大家都急忙冲进宿舍,还有人脚后跟被石块砸中。跑进宿舍后,大家立马关上门,只听得大石块噼里啪啦地砸在门窗上,好像世界末日来了似的,戴上口罩后也都呛得不行,只好钻进被窝,再蒙上脑袋。第二天早上,被子上铺了厚厚的一层土!出门一看,特大的被服包被风刮出了几十米,缝纫机飞上房顶砸烂了屋角,原来装被服的帐篷也被掀翻了。

看露天电影

格尔木地处西北,白昼很长,早上六点多升起太阳,晚上九十点钟才下山。晚饭后,战友们开始到营房周围溜达,四处打望。戈壁滩一马平川,几无遮挡物,极目远望,视线极为开阔。周围驻了四五个团,只要看见哪个团的方向挂起了银幕,就请电话班的战友联络该团,打听片名,邀约着前去观看。在这里看电影,除了要等到太阳下山,还因为夏天的蚊子特别大,离不了防蚊帽。这是一种宽檐帽,一圈防蚊纱网顺帽檐下垂,下沿以松紧带收拢,垂放在肩上。蚊子被阻隔在纱网外,看电影也得隔着纱网。

冬天则是另一番景象。天寒地冻中,虽然我们都戴着皮帽,裹着皮大衣,穿着大头鞋,但在室外的铁皮折叠椅上坐久了,都会冷得受不了,战友们就不约而同地跺起脚来。银幕上的影像晃动着,人群中则是"咚咚咚"的一片跺脚声,这情景至今难忘。

"深入基层"捞菜叶

风雪高原补给困难,我们的副食主要是各种罐头:清蒸猪肉、午餐肉。蔬菜除了地窖贮藏的白菜和土豆外，还有各种干菜、腌菜，新鲜蔬菜最为稀缺。有时补给车送来些哈密瓜、绿叶青菜、驴肉什么的，就能改善一下我们的伙食。记得食堂的大白搪瓷汤盆里，有限的绿叶菜躺在盆底，我们会将大铁勺先沉在底下，再慢慢地"潜行"，尽可能多地捞起菜叶。

见识高压锅

格尔木位于青藏高原的柴达木盆地中部南侧，海拔2800米，气压只有720百帕，为海平面气压的70%，水烧不开，饭煮不熟，所以我们烧水、煮饭绝对离不开高压锅。记得有次过节吃饺子，战友问我会不会用高压锅，大大咧咧、不知深浅的我说："会啊！"待饺子下锅，盖紧上压后，我看停止冒气有一会了，就自信地旋开高压锅锅盖，没想到"噗"的一声，连汤带水的饺子喷涌而出，浇了我们满头满脸，饺子皮还冲上了天花板！这下可糗大了！我也才第一次见识了高压锅的厉害，从此再不敢造次！

打煤砖

为了过冬，每个人都领了打煤砖的任务，而且必须按指标完成。高原的煤质特别好，可能是因为它在炭化以前是树木？燃烧完以后全是白色的灰烬，一点疙瘩都没有。我们把煤粉、泥巴和水按一定比例和起来，充分搅拌，平摊在地上拍打成矩形，用铲子划横竖线把它分割成七、八寸见方的块，等晒干以后再掰开堆放，煤砖就做好了。冬天火墙里烧着煤砖可以热水，烟道穿过夹壁就是土暖气。我还记得有一次探家归队，风雪夜里用一暖瓶半热水掺着凉水洗澡的事，现在想起来还真有点佩服自己。

点缀亮色

戈壁荒滩，黄沙茫茫，难觅绿色。可是战友们热爱生命，向往春天的心是挡不住的。好些人用铁丝把蒜瓣穿成一圈，放盘子里搁上水，不久就长出了青翠欲滴的蒜苗，绿油油的，既养眼，又能吃。还有很多人喜欢养上一盆倒挂金钟，每间土坯营房的窗台上，几乎都能看见倒挂金钟那绽放的美丽花朵。

雪原行军

冬天，院子里泼水成冰，一不小心就会滑倒。高海拔地区气压低，氧气不足，但我们还是得训练。在白皑皑的雪原上，长长的队伍踏出一串串深深的脚印。弄不好，很容易被白雪的反光伤害视力。听说当地老百姓有个土办法：把牦牛尾巴顶在头上，让牦牛尾巴毛披散在眼前，透过牦牛尾毛看事物，就能避免雪盲症。

美味佳肴

这是我最愉快的记忆了。菜窖里的土豆和白菜在相当长一段时间里是我们的当家蔬菜,需要定期翻动。每到这时,我们都穿着白大褂下窖,翻完之后总会在兜里揣一两个土豆或一小棵白菜,翻完后大家一起打平伙,或是炒土豆丝,或是煮火锅。放上自己储备的清蒸猪肉、午餐肉罐头,煮上白菜叶,当锅中热气蒸腾,香气四溢时,战友们团团围坐,你一筷子我一勺,吃得别提有多高兴了。记忆中那真是美味佳肴啊!

妈妈女兵们

不少女战友怀孕期间在高原度过,尽管这里气候恶劣,物资匮乏,环境艰苦,但都没有影响她们坚守岗位,履职尽责。为此,她们的孩子可能因营养欠缺,先天不足,成长中也少了妈妈的陪伴。可是,母亲哪有不爱儿女的?风雪高原中的妈妈女兵们在闲暇时织着毛线,交流孩子的成长状况,怀念着家乡的亲人。谁能说她们的牺牲和奉献不伟大!

想当"知识分子"

1966年,作为初三学生的我在当时有一次填写升学志愿的机会。由于受流传的"书读得越多越蠢"的影响,我满脑子想的是都干国防工业,为国增光什么的,因此填了"川南航空工业学校"等类似的中专。虽然这只是个假动作,毫无实际意义,但我完全没有升学梦碎的遗憾心情。

经历了下乡、参军,多年受到"革命战士一块砖,哪里需要哪里搬""做一颗革命的螺丝钉"的教育,让我没有了更多想法。参军以来,我一直自我感觉良好,虽没什么突出的耀眼之处,但也从没觉得比别人差,所以我从未参加过单位组织的文化补习课。20世纪80年代初,通过政治学习了解到对革命接班人四化的要求中的一条就是知识化,而且听说最起码要受过大专以上的教育才能算知识分子(不知这说法源自何处,现在看来也很可笑吧),这对我的震动很大:我还算不上个知识分子? 离四化要求差一大截?

1983年2月某天,嫂子把《四川日报》上登的《招生启事》给我看,告诉我电大经济类开始招生了,她有同事要参考,我也可以报考。

考大学? 想想我离开学校有十多年了,其间运动、下乡、当兵,疏离书本久矣,能行吗？战友告诉我，上电大得要单位同意、盖章才能报名，才能给你出学费。我平素太孤陋寡闻，没想到还有这么多事，试试吧！

此时我在成都军区后勤部军马防治检验所当后勤助理员，负责财务和被服工作，经济类应该算是对口专业。向单位领导咨询如何报名时，他让我找38分部。分部说他们也无权，让我找军区后勤部。那时周末只休一天，恰逢周末是3月6日，为响应毛主席"向雷锋同志学习"的伟大号召，所里组织干部战士都去附近的农村助民劳动了，要到下午才结束。我沾满泥的鞋都来不及换，就去了后勤财务部的陈部长家，说了想报考电大的愿望，希望能得到领导的支持。若干天后得到消息：财务部指定西南财经学院毕业的张兴德助理员负责此事，支持驻成都各单位的财务人员报考，并帮助联系西南财经学院的电大教学班。

4月15日就要考试，留给我的复习时间不多了。我赶紧去买了几册复习资料。语文和政治对我来说不难，认字就懂。我找了本初中的数学书，加紧温习。而世界历史、地理这些科目我都没学过，只能听天由命了。复习策略定好后，我马上进入紧急备考状态：白天照常上班，晚饭后尽早把儿子哄上床，就开始用功，能熬多久熬多久。

真得感谢小学和中学打下的扎实的知识基础。驻蓉部队机关单位参考的有20多人，其中还有参加过1977年高考的老高三，但到头来只有我一个人拿到了录取通知书。

但是问题也来了：我儿子已在附近小学上了学前班，原准备在秋天就近入学。因为我是在职半脱产学习，每天得骑车往返。财院在光华村，单位在东风大桥附近，中午赶不回来的话，没有食堂窗口高的儿子连吃饭都成问题，只能让他回到位于学校和单位之间的爷爷家住，还得赶紧给他联系附近的学校。开学前我已按学校要求去财院上珠算课，因为没学过十字象限，只好找了本《解析几何》，抓紧一切时间自学。

9月1日，我和儿子同时上学了。我非常珍惜这来之不易的学习机会，上课从未迟到过。按课表安排，有时我是上午去学校下午回单位，有时是上午工作下午学习。课堂结束后，我总是提前收好课本笔记，以最快的速度冲出教室，尽早赶到学校去接儿子。若是中午，饭后我就争取把衣服洗了再往单位赶。在办公室，我不敢跟人聊天说废话，怕耽误做事。下班回到家里，晚饭后我要先过问了儿子的功课，再看自己的书。特别是数学，我不管挨到多晚，当天也要弄懂并完成作业，就怕一步赶不上，步步赶不上。

每天这边一趟,那边一趟,弦绷得非常紧。中午有时想眯个几分钟,但儿子不愿睡觉,我也眯不了,经常处于极度疲倦的状态中。幸亏有爷爷奶奶承担了给儿子做饭的事务,给了我很大的支持。我录了很多课程的磁带,但都只有在做家务时才能反复听。

电大的同学年龄参差不齐,有老高三的,也有超龄生、新高中,我算班上年龄第二大的了。

在第一学期的微积分考试中,我得了99分,受到老师的夸奖:"99分都考出来了!"3年6次考试,除了一次因热水器燃气中毒,财政只考了六七十分外,其他考试成绩几乎都排在班级前三名,也因此得到了小小的奖品笔记本和微薄的奖金10元钱。

学习期间,我积极参加了军区比武比赛,还获得了名次。

煤气中毒那次,恰逢被服发放期,又临近期末考试,我一点也不敢耽搁。我两腿发软,也还得硬撑着爬上楼去发放被服,然后抓紧复习,等考完了才敢去总院看病。医生说脑细胞缺氧损伤是不可逆的,听得我直后怕。还好目前尚未出现任何脑损症状。

经过3年的半脱产学习,我拿到了财政专业两年制大专的毕业证。越学越强烈地感到,自己的知识结构缺失太多:哲学、历史、地理……如果我能早点醒悟,早些开始用功,人生会不会有些不同?

和老天爷交朋友

初 1966 级 4 班　孙庆伟

1972年底,我应征入伍,成为一名光荣的中国人民解放军气象兵。由于气象兵的技术构成特殊,这一段艰苦豪迈的军旅生涯,也成了我人生中一段自然科学的探索之旅。

第一次军校生活

1974年6月,气象台王台长找我谈话说:"军部分配了一个南京空军气象学院的名额,主要培养天气预报员,你去吧,要不,将来你提不了干。"我非常感激王台长对我的关心。要知道,过去我们台里非常缺乏报务员。1973年9月,我们从兰空通信训练营回来,增加了报务员,台里的情况才有了好转。我当报务员工作还不到一年,台里又要送我去学习,心里十分感谢组织对我的信任和培养。

南京空军气象学院肩负着为空军、海军、二炮部队和武器实验基地培养气象预报人员的任务。现代气象预报是大气物理、流体力学和超算科学相结合的一门综合科学,没想到戎马成边的壮志把我带进了探索自然奥秘的科学殿堂。

学院有高大明亮的教学楼,整齐的校舍,宽阔的运动场和体育馆,碧水清清的游泳池。从高原到了军校,我仿佛成了天之骄子,有一种"天高任鸟飞,海阔凭鱼跃"的感觉。

军校训练和内务要求很严格,每天安排了多门功课的学习,下午还有体能锻炼课,晚上还有自习课。但比起部队的生活,这真是太轻松了。学习之余,我常到学院气象台实习,帮助那里的报务员填天气图,那里的报务员总是对我的押码绝技啧啧称奇,赞不绝口,这种获得认可的感觉真好。

我进学院学习,一开始要补基础课:三角函数、解析几何、高中物理。"文革"期间,我在家里把我哥的高中课本都自学过了,习题做了一大摞。所以开始那三个月的学习,我真是轻松得跟放假一样。

到正式上课阶段了,我们需要学习普通物理、高等数学、大气物理、流体力学、气象学、卫星云图等等,我感觉拥抱知识是很惬意的一件事。我没给南开中学丢脸,又成了军校训练、学习的佼佼者。

1976年5月,按学校统一安排,我回到原部队实习,这时我有幸遇到了我们青海湖地区的一次典型的天气过——风雪交加还打雷,气象术语里叫雷暴雪。老预报员乌恒星告诉我,这种天气系统是我们这里特有的一种锢囚锋。我把这次天气过程的数据资料收集起来,制作成空间解剖图和动态图,进行分析总结,写成了一篇论文《一次青海湖锢囚锋过程的分析》。当时,军校学习还不兴考试,更没有什么毕业论文之说。没想到这一篇实习体会竟然成了一篇很优秀的毕业论文。经学校阮旭春教授推荐,刊登在1976年11月空军第七研究所的学术刊物《航空气象》上,而且被放在首篇。第二年2月,全国气象学术刊物《气象》杂志转载了我的论文。在1976年,这篇论文很有历史年代感。

1976年9月,我从空军气象学院毕业。当时学校师资缺乏,学校想让我留校当教员,便与原部队商量,但部队舍不得。我虽然想留校,但想想原部队对我的培养,也没什么可说的,我毅然回到艰苦的高原部队。

因为已经错过了部队的正常提干期,提干的事只有等来年了。但36师的梁平师长听说了我的情况,破例给了我一个提干名额。1976年12月,我被任命为气象台预报员。

第一次科学研究

从军校回到部队,一切又恢复到艰苦紧张的战备值班状态。在学校里成绩再优异,那也是纸上谈兵。第一线的气象勤务保障,要的是过硬的真本事。

说老实话,和老天爷打交道,可不是闹着玩的。有人说你们搞气象的,就是管老天爷的人。我们可从来不敢这么认为。俗话说"天有不测风云",就是这个道理。大气的运动有自己的客观规律,我们就是尝试和老天爷交朋友,争取尽可能地了解客观规律。

很快,老天爷就让我认识到了他的脾气。有一天,我当值,一架安-26运输机要到机场降落,飞行调度员询问天气状况。我发出了同意降落的天气报告。不过,我看了天气图,发现未来可能有强风。我一直紧张地监视着天气变化。半个小时后,风速增大到10—12米,眼看风力在不远的未来还会增强,我向调度员发出了警报。不一会,16—17米的90度侧风从北面的雪山呼啸而下,倘若飞机真的在这么大的侧风中降落,会偏出跑道。幸好飞机没有起飞。原来是兰州空军气象处把了关,停止了飞行任务。这次,老天爷给了我这个气象新兵一个下马威。事后向老预报员请教,才知道这种大风叫下传风,是高原上特有的一种天气现象,冬春季频发,常常对飞行安全构成严重威胁。

这次教训唤起了我对下传风的研究兴趣。我把建台以来的所有天气图搬出来,认真研究,摘录了大量的历史数据,然后,分析这些数据与下传风的相关性。我发现某些气象要素的数值分布、变化和下传风出现的相关性很高。我用这些气象要素绘制了点聚图,并且用守恒的等熵面运动理论解释。然后,我优选出相关度高的因子构筑线性方程。那时的计算条件很差,不要说计算机,就是电子计算器都没有,为了计算方程中的变量系数,我只有用对数表来计算,那么多的数据,只能用对数表一个一个查,一个一个算。经过一个多月的苦干,终于算出了方程的相关系数。这样,基于等熵面运动理论而建立的预报模型完成了。

接下来就是第一次验证。那一天,我把所有的数据都放入方程,计算出来的结果显示,下午将出现下传风。我和我的一个好朋友从午饭后就看着风向、风速标。当时,天空一片晴朗,风速指示仪懒洋洋的,偶尔转动两下。我们开始焦躁不安起来。时间溜的很快,快3点了,还是没有任何起风的迹象。我穿着棉袄站在观察站里,居然觉得汗津津的。突然,气温开始快速升高,这正是我们理论假设所要求的。风速仪开始转动了,一会儿风就大起来了,风速达到每分钟12米,已经达到了验证设计的风速。我们高兴得一下子跳起来,那感觉就像诸葛亮借来了东风。实验研究获得初步成功,老天爷对我们敞开了他神秘宫殿的一丝门缝。

我把研究结果写成一篇论文,寄给南京空军气象学院天气教研室的阮旭春教员,阮教员大加赞赏,让我向《航空气象》投稿。我把稿件交给了刘副台长,他说要先寄给师部气象主任审查,我同意了。那时候没有复印机这样的东西,我有点懒,既没有留纸稿,也没有手抄一份留底。没想到,这么重要的论文和资料数据竟然在后来石沉大海,杳无音信了。现在想起来,我追悔莫及。这篇论文绝对比青海湖锢囚锋那一篇论文的水平高多了。

后来,我继续研究发现,这个第一次研究的观点还不够全面,预报方程仅仅反映了下传风的一种类型,我称之为热下传风。另外还有一种冷下传风,这种冷下传风破坏性更大。正当我准备重整旗鼓进行更深一步研究的时候,就接到了调离高原机场的命令。这次下传风的研究成功近在咫尺,最后却因资料丢失无果而终。可惜,太可惜了。这也暴露出了我的缺点:浮躁,缺乏科学研究所需的严谨,没有备份原始实验数据。

第二次科学研究

不知不觉在高原待了3年,光阴荏苒,时间来到1979年2月,对越自卫反击战打响。我们这里不是前线,但战备却很紧张,新疆边境的步兵部队已经进入一级战备状态,士兵背着铺盖卷在战壕里坚守。我们机场也常常拉警报。苏修的逆火式战略轰炸机常常带着巡航导弹在边境飞行。身为军人有幸经历国家战争是一种光荣,若我当时远离战火,将会成为一种遗憾。我们守在机场,陆军兄弟却在南边流血牺牲。在战场上拼刺刀的陆军兄弟,请接受我军人的敬礼。

1979年5月,我接到命令,调兰州空军司令部,到气象处任参谋,这让我惊诧万分。那时候,能从艰苦的空军基层部队调到司令部,真是陈焕生进城,见世面了。到了气象处我才知道,这里聚集着兰州空军的气象精英。比如我们邱处长,就是西北的气象专家,具有非常丰富的气象保障的实践经验,参加过多次重大的气象保障工作,如第一次原子弹爆炸的气象保障任务。他看到我写的论文,把我调到处里培养。处里的其他参谋也都是基层工作的佼佼者,实践经验非常丰富。比如我的一个好朋友,他就是从核试验基地调来的,听他讲起惊险的气象保障经历,不由让我佩服万分。

给我印象最深刻的是,从处长到一般参谋,最大的特点就是具有实际应变和临危处置瞬息万变的危险天气的能力。然而即使这样,我们还是经历了不少危险。一次,飞机在航线上严重积冰,飞机降落后,我们发现机翼上还有10多厘米厚的冰块。还有一次,副司令员乘坐的飞机遭到雷击。飞机降落后,处里专门组织我们到机场现场总结教训，在现场可以清楚地看到飞机的水平尾翼上有一个拳头大小的洞，这是被雷电击穿导致的。这些由于天气预报不准确而造成的危险让人触目惊心。

我也又一次见识了老天爷的脾气。那一天，我在指挥所值班，晚上的敌情通报会上，我汇报夜间至明天天气将持续晴朗。当天晚上12点，我观察了一下天空，天幕上万里无云，满天星斗眨着眼睛，于是我放心地呼呼睡去。早晨5点观测员把我叫醒，醒来看到窗外旭日东升，天空湛蓝，一点云丝都没有。正当我准备到指挥所开交班会，却没想到，一眼看到地上竟然有一层厚厚的积雪，我简直不相信自己的眼睛。我揉揉眼睛再看，没错，是积雪，厚厚的一层。这雪是从哪里来的呢？想起昨天晚上的预报，身上立刻起了一层鸡皮疙瘩。预报结果没错，可过程却完全相反，在短短两三个小时里，一个强对流天气系统经过了这里。我赶快拿起天气图，希望找到它的踪迹，然而它却来无影去无踪。几十公里以内的气象站点都是大晴天，没有降雪。综合起来可以这样判断，这个系统尺度很小，生命时间很短，只有3个小时，但强度却非常高，上升运动强烈。用我们当时的技术手段，暂时还无法探测清楚和预报准确。如果当时有飞机飞行，那么结果无疑会很惨。老天爷又敲打了我一次，提醒我，在飞行保障中来不得半点马虎，一定要做好应变的预案。

针对天空的不稳定性，我又开始了一项新研究。研究的方法还是和老天爷交朋友，到厚厚的天气图档案里找资料，这里有老天爷活动的蛛丝马迹。然后，我通过大气物理和数学计算找到理论上的根据。经过几个月在档案资料室的苦苦寻找和实际的验证，我又写出了一篇论文，在《航空气象》上发表，题目叫"定性判断不稳定区域的简易方法"。后来我携此文参加了空军七所的有关研讨会，并受组委会邀请，参加了那年在合肥稻香村国宾馆举行的全国强对流学术研讨会，在会上做了小组发言。这次参加研讨会的经历，让我大开眼界。

第三次科学研究

和老天爷交朋友，就是这么磕磕碰碰的，他会冷不丁地就敲你一下，告诉你"天有不测风云"，科学的路上，你才刚刚入门呢！

果然，这种教训又来了。

那天早晨，我分析完天气图，觉得在西安到兰州的航线中间，六盘山附近，虽然没有下雨,水汽分布却十分充沛,在700兆图上,温度和露点温度的差只有1摄氏度了,这说明空气接近饱和,可为什么还没下雨呢? 正当我沉思的时候,下一班值班参谋来接班,我的沉思被打断了。有一架运五飞机要经过这段航线,我糊里糊涂地给放飞了。等我睡醒起来吃中饭,一个坏消息传来,一架运五飞机在六盘山上空进入雨云,结冰严重,后返航了。由于预报不准,导致飞机返航,这是我们气象参谋的耻辱。虽然大家是人,不是神,都有过这类经历,但我第一次遇到这种情况,心里很不是滋味。检讨是必须的,可是检讨以后更重要的是吸取经验教训,争取以后不犯和少犯错误。做好工作,关键是要在天气图上找出蛛丝马迹,让航线预报的根据更客观一点。对此,我思索了很久,一直没有结果。

一次,我到中科院兰州大气物理研究所看资料,看到美国《应用气象》杂志中的一篇用计算机对天气图分型的论文,受到了启发。当时,全国大形势已经发生了根本变化,邓小平同志提倡的实践是检验真理的标准已经深入人心,全国科技大会和恢复高考的效果已经显现。我们司令部成立了计算机室,有了一台很大的计算机,配备有十几个程序设计员。我和计算机室的朋友说明了我的想法,他们欣然同意帮助我计算。太棒了! 我确定了一个上游的区域作为数据采摘区,把摘取的数据提供给计算机室。他们按照我提供的计算公式设计程序,那台计算机计算了一个多月,终于出结果了。我用这个计算结果得出了天气形势分类以及对应的天气概率。根据这个分类,在我们定义的冷空气活跃区的降水概率比其他区域高了48%。这极大地提高了航区预报降水的准确性和客观性。在实际验证阶段,有一天,当要素落在规定区域内时,做出了未来24小时有降水的预报。第二天,预报区域内,低云满天……第一次验证成功了。这时,我有一种像破译了密码一样的感觉。不过,验证降水预报的概率是长期任务,探索才刚刚开始。我把研究结果写成论文发表在1983年4月刊的《航空气象》上。那时,发表论文开始给稿费了,我把300元稿费中的150元分给计算机室的弟兄们,大家对稿费这个东西充满了好奇。

因为多次在学术刊物上发表高质量论文,中科院兰州高原大气物理研究所孙国武研究员邀请我参加他的重大气象研究课题。我非常高兴地接受了他的邀请。

别了，红星

　　1983年6月，经过考试，我到南京空军气象学院进修，1985年9月从这里毕业。这确实是一个很好的学习机会，但我觉得自己没有很好地利用这两年，课程里有很多是学过的，虽然自己也加了一些课程，但很不系统，时间也松散。如果当时自己的眼界再高一点，视野更广阔一些，把时间和精力集中在某一个方向上，完全可以设计出一套更好的自学课程，积累多的知识。

　　这期间在我身上发生了两件对我来说意义重大的事。

　　第一件事发生1985年5月，我得了急性阑尾炎，在南京空军医院住院治疗，没想到手术后严重感染，连续三天40度高烧，等到医生再次打开缝合的伤口，伤口里积满的脓液一涌而出，一股恶臭充斥了病房，伤口里面都腐烂了。医生每天换药，拿镊子夹着纱布在伤口里面搅和，那种撕心裂肺的疼痛，咬紧牙关也使我难免哼出声音。就这样，我天天躺在病床上，看着窗外熙熙攘攘的人群，他们上班下班过着平静的生活。我突然觉得，能健康平静地生活，该多好啊。一个多月以后，伤口才自然愈合，但却在肚皮上留下一个5厘米的大疤。

　　大概在同一段时间的一天深夜，远在山城的妻子背着3岁的女儿，艰难地走在去儿童医院的路上。也是这一年，全国大裁军开始了。

　　1985年9月毕业，回到兰空司令部的当晚，我做了一件谁都难以理解的事，甚至包括我自己。我到处长家里，没有汇报在校的学习情况，而是提出了转业的申请。这就是发生在我身上的第一件事。

　　决定了，我就没再回头，处长挽留我，政治部主任也很惊讶。成都军区空指气象处长打电话邀请我到成都空指气象处工作，也被我婉言谢绝了。其实这时候，转业到哪里去，去干什么，连我自己都不知道，这时的我确实很像《血色浪漫》电视剧里的钟跃民，在人生道路上很任性。

　　1986年6月，当我的转业申请得到批准，要摘下红领章红帽徽的那一刻，我才知道我对部队有多么深厚的感情，当我不再从事气象工作，我才知道我对气象研究有多么的留恋。

　　别了，红星。

　　多年来，我常常在梦中回到我的部队，回到雪山，回到草原，回到我那用泥土夯起的小屋。奇怪的是,所有艰苦的生活,狂风暴雪,飞沙走石,严寒冰冻,永远蒸不熟的馒头和夹生米饭,它们在回忆中都变得那么美好,那么富有诗意,甚至趣味横生。我常常在梦里回到高原,梦中那巍峨贫瘠的山岭上,已经长满大树,郁郁葱葱。

怎样评价我曾经在气象科学上所做的研究工作呢？多年后,我在军校同学群里聊天,我的大气物理老师,60年代毕业的北大高才生沈春康教授说:"庆伟的转业是我军气象事业的损失。"我的同学志军说:"庆伟的离队是空军气象事业的损失。"我觉得他们对我的评价太高了,把这些师长和同学的话作为对我的鼓励吧。客观地说,我的那些研究在改革开放初期,大概有一定的历史存在感。不过,个人的轨迹在历史发展中只是大海中的一滴水。2015年7月,我故地重游,回到魂牵梦绕的高原,站在当年的小土屋旁,一行热泪无声地流淌。我到气象台,想看看当年我画的天气图,年轻的台长告诉我,现在已经不画天气图了,分析好的数值预报天气图全部由网络传送,气象报务员当然也早就消失了。是啊,现在数值天气预报的发展早已今非昔比了。

时间不紧不慢地走着,祖国在腾飞,我们的军队在现代化的道路上疾驰。

铁打的营盘,流水的兵。

雄关漫道,往事并不如烟……

西北"兵王"

初1966级4班 孙庆伟

1972年2月,我赶上了当年最后一批招工,从知青变成了重庆发电厂的工人。对每月18元的工资,我感到非常满足。正在我感觉生活美滋滋的时候,生活的轨迹突然发生了戏剧性的变化。

1972年10月,全国征兵开始。我发现,对红领章和红帽徽的向往是藏在我心底更深处的梦。这个梦曾经像天边的星星,可望而不可即。而现在,这机会来到了我的身边。虽然很留恋当工人的生活,但我还是毫不犹豫地选择了参军。

那一年的征兵对象了除学校的学生,也有厂矿的职工。我们这个连的新兵大都像我一样,是各个厂矿企业才从农村招回的知青。

我们要去的部队是位于青海湖附近的一个高原机场,海拔3100多米。停机坪上停放的是轰-6轰炸机,这是当时我们国家唯一能飞到莫斯科的战略进攻性武器,称为反修利器,是空军的宝贝疙瘩。

因为我们新兵连的指导员是机场气象台的教导员。他很喜欢我,于是,新兵训练完成后,我被分到机场气象台。

气象台的兵分两种:一种是观测员,一种是报务员。报务员是怎么一回事呢?报务员把无线电波信号接收记录成阿拉伯数字,再由译电员把阿拉伯数字翻译成可以看懂的文字。气象报务员就复杂了,他不但要把无线电信号代表的数字记在脑子里,还要在脑子里把这些数字翻译成气压、气温、湿度、能见度、云种、云量、云高、风向、风速、天气现象等气象要素的符号,然后再把这些符号汇集成一个小方块,直接填写在一张大地图上,称为天气图。气象报务员就是三合一,既要当报务员,还要当译电员和绘图员,三个人的工作一人干完。用滴代表短音,嗒代表长音,那么用滴滴答答电波的不同组合就能表示出 10 个阿拉伯数字。而数字的不同组合又可以表示出不同的气象要素,比如 32 代表西北风,22 代表西南风。电波在空中传播时,气象报务员就把滴滴答答的电波里包含的天气信息绘成天气图。天气预报员根据天气图就能预测未来的天气变化,从而保障飞行安全。那么这些数字的传播快达每分钟 180—220 个数码。

"这活是人能干得了的吗?"这是我弄懂了气象报务员必须干的事之后的第一个问题。"经过特殊训练是可以的。"王台长告诉我们。他还说,就是因为训练起来太难了,我们台这几年送去培训了十几个人,回来能用的只有两三个,而且质量很差,错码严重,常常影响气象预报的质量。什么叫错码呢? 比如把 2 的信号听成 3,把 8 听成 9 等播报出来的数字就是错码。气象错码后果很严重,比如在高空天气图上,32 表示的风向意味着未来可能是晴天,22 的风向则意味着未来可能会下雨,要是把 2 听成 3,那整个气象预报就错了,把下雨预报成晴天,等雷电突然来临,飞机是会坠机的。飞机有多贵重就不说了,单单是训练一个合格的飞行员的费用就约等于飞行员体重的等量黄金的价值。可见气象报务员对飞行有多重要。

王台长带着我们新兵到报务室,报务班长把耳机带在我耳朵上,只听到里面一连串的"嘟嘟"声,根本分不出滴和答,这是因为速度太快了,没有经过训练的人根本分辨不出来。这么神奇的电码和难度反倒激起了我的好胜心。按照一般的规律,年龄大的新兵肯定是观察员了,因为学报务,年龄越小学得越快。我们新兵 7 个人怎么分配呢?我有点不服气,向王台长表示,我一定能学好报务。王台长发现我们这批知青兵虽然年龄大了点,但很有灵气,决定先考察考察再说。他让我们 7 个新兵用嘴模仿发报,看看谁对信号敏感。当然,我这个南开学子的智商立马占了上风。其他两个重庆老乡也表现得不错,结果王台长破格选派了我们 3 个重庆知青兵和一个 16 岁的东北小兵。就这样,1973 年 3 月,我们 4 个被派到兰州军区空军通信训练营学习气象报务。

经过民主选举,我担任 1 班班长,带领全班刻苦训练,并且琢磨出一套有效的学习方法,受到连队的表扬。半年后,1973 年 9 月,我们 4 人都毕业了。我成为气象报务员中少有的技术高手。我们王台长笑得合不拢嘴。

我的报务技术优秀到什么程度呢? 说几个趣事你就知道了。

(1)我在训练营的考试,不论大考、小考、毕业考,每次都是 100 分。全部 100 分意味着什么呢？就是从来没有错码，从来！这是我们训练连唯一的。我们训练连可是有来自西北几十个机场和二炮部队的200多个战士。现在，对这种顶尖的报务技术能手有一个响亮的名字——"兵王"。当年，我这个唯一的、不折不扣的气象报务员中的西北"兵王"，是咱南开的骄傲！

（2）毕业考试的时候，考试的标准速度是每分钟180个，我以每分钟200个的速度完成，得了100分，受到了教员的表扬。

（3）我抄填气象天气图，有一手押码绝技。什么叫押码呢？比如抄写电码，12345，67890，一般的人是听到1就用笔把1写在纸上，听到2就写2，如果这样抄下去，一旦速度快了手就会像抽筋一样，顾此失彼。押码就是听到1时，暂不动笔，听到2或3的时候才开始写1，脑子里始终押着一个或两个数字。形象的比喻一下，押码就像是在大脑里建一个水库，当高速电码像洪水一样涌来时，把电码存在水库里，经过大脑加工，然后慢慢地放出来。押码技术是出色的报务员能够快速抄报的必备技术，能保证抄报的稳定性和准确性。好的报务员一般可以押2个码，我能押几个码呢？5个以上，最多的时候可以押2组。所以一般的报务员都看不懂我的抄报。

我毕业归来，台里的测报组长（相当于排长）戴上耳机看我抄报填图，看着看着，直摇头，说："看不懂。"我说："组长，你在旁边抄一份，抄完和我校对。"结果他抄完一校对，发现我一个没错。他才明白过来，说："你押的码太多了，我跟不上。"并且伸出大拇指说："太棒了。"

有了这一手押码绝技，我抄起报来几乎就是一种享受。滴滴答答的电波像一股泉水从耳朵涌入心田，然后欢乐、跳跃地从指间流出，天地之间的风雨雷电即刻绘成了一幅美丽的图画，真是充满诗意。

当年，自己就是用这样过硬的报务技术，参与保障了多次重要的飞行任务，为保卫祖国的蓝天贡献了一分力量。

兵王的经历是我人生经历的一个亮点，每每回忆兵王的经历，心中就流淌着那袅袅的电波。那电波把我又带回苍凉雄浑的高原，心中涌出一股豪迈之情：同学南开忆戎装，鬓发白，志未羞。天若有情，光阴遭冯唐。长空电波绘风雨，返高原，着军装。

难忘的军旅生涯

高1966级1班　唐三福

1969年初，我被五54军485团招为文艺兵。

从1969年2月17日起，到1973年1月复员转业，我经历了为期4年的军旅生活。当时，野战部队各军、师、团组建各自的宣传队，也是顺应当时形势。但这些宣传队都是没有正规编制的。尽管宣传队的大部分时间都从事文艺宣传工作，但也必须根据当时的形势，临时解散，回到各自挂钩的单位（连队），正儿八经地当兵。4年的军旅生活，与许多同学的知青生活相比，的确没有什么"精彩"可言。但作为人生经历中的一段，总有那么一些点滴让人回味。虽然说不上什么五味俱全，但也可能因它独特的味道，而让人难以忘怀。

老兵给我"下马威"

到部队最初几天住在团部特务连，主要是学习部队的纪律和规定，了解当地的民风民俗，以及同老百姓打交道的注意事项。几天后，我被分到一营机枪连二排六班，连队驻在一个小村庄的后山上，为部队修建营房烧石灰。第二天清晨，早操的训练项目是负重冲山头。我们是重机枪连，训练时要将机枪拆开由几人分别扛，脚架由两人换着扛，护板一人扛，枪身一人扛，另有两人分别扛一箱子弹。班上的老兵，听说我是重庆来的文艺兵，认定我是那种不能吃苦的老爷兵，于是就想在出早操时，让我吃点苦头，尝尝当兵的味道。向山头冲锋时，他们让我扛脚架并加上护板（有近70斤重），说是中途有人来换我。当我冲上山顶时，他们却落在后面，没有人来换我。我心里明白：他们瞧不起我这个城市兵，想以这种方式给我一个"下马威"。我在学校时，参加过体工队的大运动量训练,对这种的"下马威",我毫不畏惧。冲上山头时,连队干部都在山顶,看到我扛着脚架、护板,知道是班里的老兵搞的鬼,于是把班长、副班长叫去狠狠地"克"了一顿。我冲山头时的表现,也让老兵们明白了:城市兵也是能够吃苦的! 此后,班里的老兵再也不敢给我颜色看了,时间一长更对我有了几分尊重和爱护。

老连长要同我比射击

我们老连长是个"老广",当兵十多年,当连长也有好几年了。他听班里的兵说,我在学校时参加过射击训练,而且成绩还不错。他不相信,想找个机会验证一下,看我是不是在吹牛说大话。于是,在一天出早操后,特意安排了一场射击比赛,由他和我比赛100米自动步枪精确射击,环数多的获胜,10发子弹全部单发不打点射。我们分别卧在各自的射击位子上,瞄准各自的靶子开始了比赛,清脆的枪声在山谷中回响,伴着清晨的微风和硝烟的味道,让人心旷神怡。射击结束,副连长报靶:连长82环,而我打了个91环,我胜了。老连长拍着我的肩膀说:好小子,打得不错,没有吹牛!

一句"疲劳战术"引起的风波

团里新兵集中训练结束后,我们也从各自的连队回到宣传队,戴主任对宣传队进行了整组,一些老的队员回到了连队,而新的17人又补充了进去,组成了一个近50人的新队伍。

为了完成到大理去参加军部汇演的任务,我们立即投入到节目的编排中。我参加排练的第一个节目是"枪杆诗"。我参加时老兵们已经排练了两天,他们采取了先背台词,再编动作,最后排队形的方法,进展十分缓慢。我认为这种方法不科学,费力不讨好,是"疲劳战术"。我提出:把台词用大字报写出来贴在墙上,边记台词边排队形编动作。大家都同意我的办法,经过一天的排练节目大体完成编排,只等熟练了。

想不到第二天上午,还没开始排练,队长突然要求全队集合,并点名叫我站到队伍前,其他人列队稍息而我立正,他怒气冲天,双眼睁得圆圆地瞪着我说:"你一个新兵,才到部队几天,就敢污蔑我搞'疲劳战术',不杀杀你的锐气,那还得了!"然后,他宣布队伍解散,让舞蹈队回宿舍开"促帮会"帮助我认识错误,并要求我写出检讨书交由队部审查(队部就他、戴主任和通讯员共3人)。一上午,没有人发言对我进行促帮,相反几个胆子大点的老兵,还悄悄对我说:"你的办法就是比他的办法好,这个人有点霸道,不要怕他。"上午的"促帮会"没有一点效果,队长命令下午继续开,直到我主动认错为止。下午的会刚进行一会儿,戴主任从师部开会回来了,看到舞蹈队坐在宿舍里,既没有背词也没有排练,不知是在干啥,就把两个班长叫去询问。得知真实情况以后,戴主任叫班长回来通知马上停止"促帮会",让我继续组织排练,并把队长和那个通风报信的通信员叫到他的办公室,进行了狠狠的批评。晚上,戴主任又把我叫到他的办公室,要我在舞蹈编排上起重要作用,今后凡涉及舞蹈、枪杆诗、表演唱等方面的编排工作,都由我负责。他叫我不要把队长的过错记在心里,同志间应该互相团结。

至此,一句"疲劳战术"引发的风波就此结束。后来,485团宣传队代表我师到大理军部参加了汇演,获得了军首长及各师首长和参演宣传队的好评,尤其是我们的"枪杆诗",体现了军人的威武,形象地把485团的"硬作风"摆在了大家的面前,为我团争得了荣誉,并争得了代表54军到北京参加战士业余宣传队汇演的机会(最终因林彪事件未能成行)。

冬季拉练接受党组织考验

1969年10月,部队忽然接到调防命令,此时宣传队也被临时解散,各回各连随部队调防。部队到达河南安阳后,我团驻防在安阳市郊原"天下第一军"的驻地。11月初迎来了冬天的第一场雪。从云南到河南,从山地到平原,地理环境气候条件都发生了变化,部队必须尽快适应。于是,冬季拉练成了部队到达安阳后的首要任务。同年底至次年初的第一次冬季拉练,往河北方向行军(全副武装),往返1000多公里,历时一个半月。根据我在拉练中的表现,连队团支部接纳我为共青团员,同时,我也向党支部递交了入党申请书。

不久,部队又进行了第二次拉练。在第二次拉练出发的前夕,也就是1970年11月30日晚上,宣传队临时党支部讨论并全票通过了我的入党申请,接纳我为中国共产党预备党员,要求我在这次拉练中接受组织的考验,争取按期转正,并特意将一名从未经过艰苦训练的新兵安排到我们班,让我带好新兵,帮助他跟上队伍。

这一次拉练,也的确让我经历了一次严峻的考验。我记得在拉练过程中,部队为了加大训练力度,安排了一次"昼夜兼程",也就是白天晚上连着走,除了吃饭外,不安排夜间睡觉。在白天的行程中,部队还安排了一次15公里"强行军"(跑步前进)和一次"冲击山头抢占制高点"。傍晚到达休息点后,我们抓紧时间吃了晚饭,就开始给当地村民表演。这时,大部队稍事休息就出发了,等我们演完节目去追赶大部队时,天完全黑下来了,已看不到大部队的踪影,我们只好摸黑加紧步伐追赶。半夜时分仍未追上大部队,我们又累又饿,很多人都已走不动了,遇到要上梯坎的时候,腿都抬不起来了,要用手来帮忙。我班的新兵早已累得不行,我就把他的步枪和背包全部扛到我的肩上,让他只穿着大衣徒手行进,得到我的帮助,他咬牙坚持跟上了队伍。在路过一个工厂大门时,发现有副食店,我们敲开店门,把店里所存的点心、饼干等全部买光了,每人分得一点,就着店家提供的开水狼吞虎咽地吞下肚,饥饿这才稍有缓解。稍事休息后我们又整队出发。

第二天10点多钟,我们终于在一个大庄子追上了大部队。部队要在这里休整两天(据说这次昼夜兼程共走了200多里,超过了解放战争中我团的一次"奔袭"行动)。我们找到特务连驻地后,草草地找了些馒头、稀饭当作中午饭。饭后立即找稻草铺地,打开背包倒头就睡。直到第二天中午我才醒来,睁开眼看到的一切,都散射着一层金色,可能是眼睛充血所致。拉练结束后有人说,有几个身体稍弱的战士,在"昼夜兼程"中被部队收容队送进了医院。我们宣传队很出色地完成了拉练过程中的宣传鼓动任务,没有一个人掉队,得到了团首长的好评,并称赞我们作风过硬,不愧为485团的文艺兵。我自己也感到非常欣慰。在此后的总结评比中,我获得队前嘉奖,也经受住了党组织的考验。

山沟里飞来的"金孔雀"

部队驻防云南,受紫外线照射的影响,每个人的脸都是黑黑的,有些人的肤色甚至还是在古铜色中透着紫色,部队初入河南安阳时,安阳的老百姓看到我们这些兵都很惊奇,不知道我们是从哪个山沟沟出来的。看到我们严整的军人形象和作风,往往都要驻足观赏(我们星期天要进市区,都必须衣着整齐,戴军帽、背挎包、扎腰带,三人成行,步伐整齐),但老百姓很少主动找我们交谈,有点敬而远之。为了迅速搞好军民关系,让老百姓更深入地了解54军是一支什么样的部队,团里除了向安阳市各单位派驻军代表外,还主动向安阳市革委会提出派宣传队到各单位巡回演出。为了搞好这次演出,我们特别排练了一支有少数民族特色的舞蹈"阿瓦人民唱新歌"。这次慰问演出首先从市委市政府机关开始,各企事业单位都派人来观看演出。我们非常重视这场演出,要求不能出任何差错。我们开场时采用了4人报幕的形式,那漂亮有力的军礼,整齐划一的步伐和"中国人民解放军54军485团战士文艺宣传队,慰问演出现在开始"的响亮震耳的报幕声,让会场顿时爆发出热烈的掌声,紧接着我们的开场节目"枪杆诗"上场,一时间舞台上刺刀闪亮杀声震天,队形不断变化,但刺杀动作整齐划一,原地突刺,飞跃突刺,后退突刺,转身劈杀,左右拨枪突刺等等,各种刺杀动作尽显神威,伴随着震天喊杀声,脚踏地板的震响声,迎来台下阵阵掌声和欢呼声。当舞蹈"阿瓦人民唱新歌"上场时,台下不仅跟着歌曲节奏鼓掌,有的观众还跟着唱了起来。

这次演出获得圆满成功,485团宣传队在安阳市一炮走红!此后,各企事业单位纷纷找团政治部联系,邀请宣传队去演出。他们说第一次看到当兵的还有这样精彩的文艺演出,在知道我们只是战士业余宣传队时,纷纷称赞我们是"山沟里飞出的金孔雀"。后来,安阳市歌舞团还专门抽调两名舞蹈演员,到部队驻地学习"阿瓦人民唱新歌",我有幸当了她们的教练。

射击场上显军威

1972年夏天,连队结束了第二科目的训练,随即将转入考核阶段,用于考核的重机枪经过枪械所调修,待校正后即可用于射击考核。一天,连队通知我回连队,陪同副连长一起到枪械所校枪。枪的校正结果将直接影响到考核成绩的好坏。校枪,就是通过调整缺口与准星的一致性,用实弹射击的方式,使缺口、准星同目标成一直线,确保射击的精确度。我和副连长用了100发子弹顺利完成了校枪。第二天,早起天气良好,符合射击考核的条件(考核成绩要逐级上报,成绩好坏直接影响部队荣誉,所以都很注意天气条件)。部队整装出发,步行10余里到达射击场。刚整理好射击阵地,架好机枪,这时天气突变,乌云遮住了太阳,刮起了阵风。如果在这样的天气条件下实施射击,很可能对考核成绩造成不利影响。营部得知这个情况后,告诉连队如无把握最好改期。连长觉得如果实战遇到这种天气,就不打仗了吗?但他又没有十分的把握,万一打得不好影响了营、团的荣誉又该怎么办,一时也拿不定主意。见状,副连长和我都提出,先由我和副连长在两挺枪上各打几发,然后根据射击结果再作定夺。我们每人各13发子弹,3个单发,3个点射,完全按科目二的要求进行射击。结果,我打了整整100环,副连长打了97环,都是优秀(90环以上为优秀)。连长和副连长商量后,决定由副连长和我各把守一挺机枪,用折射镜检查确认射手的瞄准情况后,同意射击才准许射击,用这样的方法确保射击效果。连长正式通报营部并征得团部同意后,射击考核才正式开始。考核过程中,营部首长和团参谋长、副参谋长都骑马到射击现场,全程观看了考核过程。

考核结束,连队科目二考核成绩优秀率达80%以上,没有不及格的(60环以下),创下全团重机枪科目二考核的最佳成绩。我在连队晚点名时,又获得一次队前口头嘉奖。

1972年底,一年一度的老兵复员转业工作开始,宣传队即将解散。一天,团副政委把我和王炳贵(重庆一中的同学)叫去他办公室,说复员工作就要开始了,问我们有什么打算。我们都说已当了4年兵了,肯定想回家了。王副政委说,如果你们两人愿意留下来,马上提为政治处干事,享受副连级待遇,主管宣传队。我和王炳贵都谢绝了王副政委的好意,离开宣传队回到了各自的连队。

1973年1月,我复员回到了重庆,结束了历时4年的军旅生活。

难忘的军旅岁月

高1967级7班　朱孝昌

从小我就有一个当兵的梦想,这个梦在1969年实现了,这是我人生中的一大幸事。

在人民军队这所大学校、大熔炉里,我学习、锻炼和成长;摸爬滚打,苦练杀敌本领;抗泥石流灾害、临危不惧排险情、艰辛地开展军工军农生产……

那些激情燃烧的军旅岁月里的往事,虽已过去了40多年,但我仍记忆犹新,难以忘怀。

守卫边疆

1969年初,某军的征兵工作在重庆开始了,我积极报名参军,经过严格的体检和政审,我应征入伍了,当时甭提有多高兴和自豪了。

3月5日,我们新兵换上绿军装,戴着大红花,在一片敲锣打鼓的欢送声中,告别家乡,踏上了远赴云南边疆的征途。

经过4天左右,我们到达了团部的驻地。按惯例,新兵们都要在团部驻地集训一段时间后,才分配到各连队。但当时的国际形势比较紧张,加之老兵退伍,急需补员,新兵们就直接分到所需连队和部门了。

我们连队驻防地在盈江县。盈江县地处与缅甸相邻的一个边陲县,是一个以傣族、景颇族为主的少数民族地区。

当时,部队的生活条件,与内地差距很大,十分艰苦。住的营房以竹子为壁,四面透风透光的茅草房,睡的是翻身就嘎嘎作响的竹床,吃的是素多荤少,不足部分还得靠自己种菜喂猪补充。想吃新鲜猪肉都是一种奢望。听老兵们说过：一个新兵入伍时，见到喂的一头猪，到他几年后提为副连长时，还没长成一头大猪，还没吃上它的肉呢！肉类供应很少，我们只能吃浸泡在油缸里储存的肉坨坨。在文化生活上，由于地处边远，我们一年也看不上几场露天电影。

既然自愿来当兵，我就做好了吃苦的思想准备。连队有一个利用吃午饭、晚餐的时间段进行宣传的习惯。由干部或战士们主动站出来，谈谈时事、读读军报、表扬好人好事等。到第二天午饭时，我就站出来读了我安心当兵，热爱连队，扎根边疆，保卫边防的决心书。在我的带头下，新兵们也以不同形式纷纷向连队表达保疆守土的决心和信心。

部队是一个温暖的大家庭，官兵一致，同甘共苦，生死与共。在这里，大家都互相关爱和帮助，战友似兄弟，情同手足。晚上干部查铺查哨，帮没盖好被子的人盖被子，帮没合好蚊帐的人合好蚊帐。训练场上，大家互帮互学，不仅手把手教你，还做示范动作。大家结成对子，老兵带新兵，党员带群众。

新战友在连队得到无微不至的关爱，我们这些才离家的新战友，没有一个有孤独和陌生的感觉，很快就融入到了这个温暖的大家庭里。

当时边疆的形势也不怎么安宁，敌特活动较猖獗，国民党军残部时有窜入境内的，进行袭扰。在这种形势下，纪律十分严格，连队外出人员不能单独行动，3人以上一起才准外出，并做好了随时随地都能投入战斗的准备：枪不离身，荷枪实弹，打仗的弦绷得紧紧的。日常连队的站岗放哨，有固定哨和流动消。轮到我站岗时，白天在岗亭里，晚上我就不进岗亭，而是躲在岗亭附近的芭蕉林或竹林丛中站岗。身处隐蔽处便于观察敌情，防被偷袭。

边疆美，边疆的夜更美！夜幕降临后，劳作一天的人们都渐渐歇息下来，进入了梦乡。在静静的夜色里，一轮皓月当空，银白色的月光洒满大地。在这美好的月夜里，傣族的小比毛、小菩少们（译音：傣族的少男、少女的统称呼），隔着山，隔着沟，唱着悠扬动听的长调傣族情歌，你方唱罢，我方唱，尽情地互动着，在蒙蒙的夜空中飘扬、穿越……

他们以自己民族传统的习俗，以歌传情说爱，互相倾心，表达对爱情的渴望；以歌声憧憬着自己美好的未来，表达出他们对安宁和祥和的渴望。我能为他们站岗放哨，为他们付出,是值得的,是感到欣慰而自豪的。

后来,为了锻炼我这个学生兵,将我从步兵尖子班调到炊事班,当炊事兵。既然来当兵,我也毫无怨言,积极工作,主动多干些炊事班里的苦活重活。要吃水就得从坡下的井里挑上来,全连150几号人的生活用水都由我来挑,烧的木柴也由我来劈,但我从不叫苦叫累。不久,连队的司务长和上士同时去团里集训,连队就叫我一肩挑两人的工作。我既要每天到十几里外的集市采购生活物资,又要管理后勤。我管的账分文不差,圆满地完成了这一任务,得到了连队上下的一致好评,我也得到了锻炼。

由于我在新兵期间,安心当兵,目标明确,积极向上,在入伍半年内就入了党,成为一名光荣的中国共产党党员,还在年终被评为五好战士。

抗洪救灾

1969年8月1日至4日,盈江县境内发生了由特大暴雨引发的洪水,造成了一场泥石流大灾害。而我们连队驻地弄璋区南拱公社是重灾地方。凶猛的泥石流从山上卷着巨石、大树,发出轰隆隆的震耳欲聋的轰鸣声,从群山之中汹涌着冲下山来!其所到之处,村寨、人畜、良田、庄稼、公路等无一幸免,顷刻间皆被吞噬,淹埋在泥泽里。泥石流发生在人们熟睡的深夜,损失十分惨重,灾区场景惨不忍睹。

灾情就是命令!时间就是生命!救灾现场就是战场!当时在盈江县支左,负责生产指挥的我们红一连的连长潘金生,冒着生命危险,坐着照明不好的摩托车,顶着暴风雨奔往灾区现场。不幸的是,由于车灯出问题,在黑暗中摩托车撞上了停在公路边的拖拉机,连长身负重伤,牺牲在了救灾的路上。

潘金生连长是抗灾救灾的英雄,他热爱人民的模范行为和精神,极大地鼓舞了参加救灾的军民。我们红一连全体战员,化悲痛为力量,积极投入到救灾工作中。

泥石流填平了许多沟壑,形成一片泥泽,有些地方深达20几米。我们经常要冒着会掉入泥泞里而被淹没的危险,顶着灾后的烈日高温,嗅着恶臭搜救。在泥泞中,我和我的战友们只能双手拿着两根两米多长的竹竿来试探深浅。救灾中,战士们只能穿着短裤,打着赤着脚,浑身泥泞,经常会出现手脚被划伤流血而全然不顾的情况,有时还会需要在泥泞中艰难爬行搜救。在搜救中也险象环生,我连八班有一位身体较弱的新战友,不慎走到深处,陷了进去,想脱离险境,但越动就陷得越深。眼看已危及生命,他也慌了,就大声呼救。附近的战友们闻讯赶来,立即施救,费了好大力气,才把他拖了出来。就因为他喊了"救命"二字,他的班长认为,作为一名军人,这样有失形象,为此,他还遭到了训斥!

子弟兵们为救灾,不怕苦和累,奋战在灾害现场。当地政府和居民也感谢了军人为他们救灾和灾后恢复生活生产、重建家园做出的贡献。

灾情发生期间,别有用心的人,借此造谣生事,散布灾害是因为解放军得罪了山神而引发的谣言,但这谣言在大家看到军人奋不顾身救灾后便不攻自破了。被谣言所蛊惑、受骗上当的逃往境外避难的少数边民,也回到了自己的住地,重建家园。灾区后来也恢复了生产、生活的正常秩序。

不久,我连潘金生连长抗洪的英雄事迹,以报告文学的形式发表在军报上,被战士们广为颂扬,在部队掀起向英雄学习的热潮。他长眠于他牺牲的盈江大地上。地方还为他建了烈士墓,立了碑,以此来纪念这位英雄。

红一连,无论是在战争年代或和平时期都英雄辈出。我作为红一连的一员,深感荣幸和自豪。

排除哑雷

因自己在连队表现突出,有一定的文化,连队就提任我为连队的军械员兼文书,负责管理连队的武器装备,管理连队的文书、档案,管理连部日常事务,也负责对连部的五大员(通信员、司号员、卫生员、步话机员、理发员)的管理工作。

在腾冲,团后勤股军械所组织了全团所属连队军械员的培训,内容有:武器枪械的保管、保养、性能、使用等知识和方法;各类武器的操作程序和实弹训练。

培训中,我们也进行了一次手榴弹的实弹投掷训练。场地选在一个干堰塘处进行,放好安全警戒哨后,大家按照投弹要领,在5秒之内将手榴弹投出,然后立即卧倒掩伏在堰塘堤坎下。各类型的手榴弹,特别是反坦克的,炸火力点的手雷,威力更大。手榴弹在干堰塘里炸开,硝烟四起,弹片纷飞,爆炸声震耳欲聋。练兵场上,战士们情绪高涨,每个人都喊着"打倒美帝! 打倒苏修!"的口号,奋力把手榴弹投向靶位。新兵纷纷抢着上场训练,着实过足了一把瘾。

但在投掷中,出现了一颗未炸开的威力极大的带柄圆头手雷,必须引爆它,以消除这个极危险的安全隐患。张所长向哑雷投了几个手榴弹,想引爆它,但都未成功,主要是因为炸点离手雷距离远了点,无法引爆。怎么办?这时只能冒着危险,走近些,才能引爆手雷。谁去排险呢?当时参训的人员无一人站出来,只有参加过解放战争和抗美援朝的张所长,要冒着生命危险去排险。当时,我确实也没想到什么生命危险不危险之事,就自告奋勇站出来,要求去排险。因为张所长是一名老干部,岁数较大了,又有妻室儿女,而我一个人却没多大牵挂。刚开始他并没有同意,所长想了想,看我有些机敏,又是主动要求的,后来也就同意了。所长叫大家隐蔽好后,大家屏住气看着我,我先是投了两颗手榴弹,让它们先爆炸振动一下,见没有什么动静,看来行走是较安全的了。于是我轻手轻脚地前行,提着两颗手榴弹,边走边观察,看看有没有可利用的掩护地形,以保障我的人身安全。当我发现堰塘底面距哑手雷约13米左右处,有一条40厘米左右深的排水沟可作为掩体。手榴弹爆炸时间是5秒,我可用3秒跑到小沟里,这个发现使我有了一定的把握,我就有些放心了。走到距离排爆点1米左右的地方,我沉住气拉响了两颗手榴弹,准确无误地甩在哑手雷旁边后,我立即往回奔跑,飞身跃入干水沟里,瞬间一声巨响,弹片"嗖嗖"地从我身体上面飞过。我安全无事返回炸点检查,引爆成功了。所长也赶到炸点及周围检查,哑雷已无影无踪,再次确定排险成功,大家都放心了,所长紧绷的脸上也露出了满意的笑容。

　　我作为才入伍几个月的新兵,在这次排险中,能勇敢担当,做了一件有意义的事情,我感到高兴和欣慰。我想这也是母校南开的"允公允能"的校训潜移默化地在我身上作用的结果。

厉兵秣马

　　加强战备,准备打仗!部队积极投入到了军事训练之中。

　　太行山是中华民族的脊梁,是抗日烽火燃烧的地方。这里山高林密,是我们的练兵场。冬练三九,夏练三伏,部队热火朝天地开展了"三防三打"(防原子弹防化学防轰炸,打飞机打空降打坦克)从实战出发,立足打赢的军事演练。在驻训营地到处可见"提高警惕,保卫祖国,加强战备,准备打仗!""一不怕苦,二不怕死!平时多流汗,战时少流血"等激励标语,"嗷嗷"的冲杀声响彻太行山麓。

　　部队冒着零下十几度的严寒,卧冰雪练习射击,一卧就是几个小时,时间长了,体温融化冰雪后,浸湿衣裤,真是透心的凉,手脚皆已麻木。但即便是这样,自个想起来在原地跺跺脚,搓搓手,活动一下,都是不行的,需听到统一活动口令才行。训练场地一片白雪皑皑,十分刺眼,看久了会眼痛流泪,视力模糊。部队里南方士兵多,不适应严寒气候,不少战友的耳、手、脚都被冻伤。部队也加强了这方面的知识传授和训练,以减少因冰雪和严寒而造成的非战斗性减员,以提高作战能力。

最艰苦的训练,莫过于在恶劣的气候和环境下的野营行军拉练。特别是昼夜24小时的240里的急行军,那才真是磨炼毅力、耐力,练就一副铁脚板,提高连续作战能力的训练。"步兵,步兵80斤",这是部队对步兵战士的行军负重的口头禅。每个士兵全副武装:枪支弹药,手榴弹4颗,镐或锹一把,6斤以上的米袋,背包,大衣等起码在60斤左右,若轮到扛一箱子弹时,就有80来斤了。夜间行军,在下半夜更是艰辛,不少战士走着都打盹,有的甚至边走边睡着了(有的战士才十六七岁,从没吃过这样的苦),为了不掉队,战友们一个拉着一个走,在崎岖的漆黑的太行山中行军。战友们互相鼓励,互相帮助,帮体弱的扛枪扛背包,互相搀扶着前进。虽然疲惫不堪,体力透支已到极限,但我们都不放弃,不抛弃,仍齐装圆满地完成了长途奔袭演练。只有这样才能练就出一支拖不垮、打不烂的铁军队伍来。

某军是一支全训部队,在每年的步兵必训科目——射击(100米卧姿,200米卧跪立姿射击、夜间射击、移动靶射击);刺杀、投弹、武装泅渡、单兵技术及班级攻防战术、队列等项训练上,我和我所带领的班,军事素质、素养都在全连中名列前茅,我班是响当当的尖子班。在日常的工作中,我班都能出色圆满地完成各项任务。

在连队摸爬滚打的7年间,我荣立三等功1次、荣获师奖1次、团奖2次、营奖6次、连奖3次。

我把青春年华奉献给了军营,我无怨无悔,初心不改。这也是我人生中获得的一笔宝贵的精神财富,使我终身受益。

1976年3月,我退伍了。我白天工作,晚上复习。边学边回忆,在学校里学习的知识,逐渐在脑海中复苏了。经过自己的努力,我圆了大学梦。这是名校——重庆南开中学,惠及了她的学子!我要感谢我的母校,我的老师们,曾经无私地传授知识给我,教育和培养了我。

新的一段人生之路,又在我面前开启了。

守关国门卫士　无愧南开学子

高1966级8班　周碧莲

重庆开港

1980年8月28日上午9时,在重庆朝天门码头,锣鼓喧天,彩旗飘飘。重庆海关监管的第一艘驳船"人民号",满载着4400吨重庆特殊钢厂生产的钢锭驶离重庆港,到南通港中转,再至日本横滨。这次江海联运首航,象征着重庆港具备了直接进出口货物的条件和能力,打开了重庆市对外贸易的大门。滚滚东流的长江水带着重庆人民对幸福的向往,无惧急流险滩,一路向东,走出大山,走向世界。我见证了这一历史性的时刻,因为我参加了重庆海关首次出口货物的验收和监管,踏上了国门卫士之路。

租寓开关

1949年11月30日重庆解放,重庆市军管会接管了国民党时期的"重庆关"。1950年12月,根据中央人民政府政务院的指示,"重庆关"被裁撤。

时光如江水东流,30年后历史再一次眷顾这座千年历史名城。1980年5月22日,国务院同意在重庆港口设置中华人民共和国重庆海关,直属海关总署。

"兵马未动,粮草先行",1980年6月下旬,受到任命的重庆海关关长王志诚同志来到重庆电机厂(他曾代理厂党委书记)选调财务人员,经过筛选,我被选定。对这突如其来的变化,我一头雾水,厂组织科经办人对我说:"大家晓得你是1971年知青进厂的,当过机修钳工,后来在厂财务科工作,你又是厂工会副主席,把职工夜校、文体活动搞得有声有色。最后查档案,我发现你原来还是三中高66级毕业生,把人家厂技校生比下去了。"我茅塞顿开,原来是我的母校重庆南开中学又一次惠泽了我。

8月15日,我随王关长去海关总署上报了重庆海关第一份预算,在核拨资金未下达前,在原单位借了5000元作为日常支出。根据总署指示"重庆海关要积极创造条件,配合地方各单位,争取8月份开港",于是我们选择了离朝天门码头较近的重庆宾馆,租用107房间作为办公用房,8月22日正式对外办公,这就是重庆海关史上的"租寓开关"。

紧接着,我们请来上海海关吴淞办事处的两位同志指导协助重庆开港,于是8月28日上午9时,王关长身着借用的海关制服,在朝天门码头签发了重庆海关的第一份通关单,重庆市顺利开港了。当时,重庆海关只有3个人。1980年9月1日,我们从外贸借来一部小吉普车,连人带物搬到了黄花园第三招待所(民族饭店),租了1/3的地方办公。

边学边干

我是海关的财务人员,要为海关的发展,为完成海关的各项任务提供财力装备保障,但我同时又是一名国门卫士,要用过硬的本领为改革开放,为当地的经济发展服务。我参加了各种短训班,或听课,或听录音,我发挥了自己的速记特长,准确地记下了所讲内容,然后利用上下班在途中的时间回忆和巩固。我家离上班地点远,来去至少3个多小时,重庆的交通拥挤是出了名的,幸亏我在重庆南开中学读书时参加了学校业余田径队,当时发给我一双跑鞋,于是我天天早上在操场上练习。若干年后我的腿脚还灵活,因此越南(越栏)古巴(估倒爬)不成问题,上了车四肢暂休息,大脑却飞快地转了起来,把学了的东西再在脑子里过一遍。有几次由于太专注,忘了下车而坐过了站。"好记性不如烂笔头",我把诸多文件分门别类地缩记在一个本子里,用"口"取纸标示,便于查找。

当时我还兼任机要秘书,市机要投递的第一站就是海关,早上7点就得到工作地点。为了不迟到,不管刮风下雨,严冬酷暑,我必须早上5点起床,到单位接收文件后马上分发,8点钟上班时,文件已放在各自桌子上,然后又开始处理财务的事情。这样的日子过了4年。我觉得自己浑身有使不完的劲,巴不得像一个干海绵那样,把所有的东西都吸进脑壳里。

功夫不负有心人。1981年6月,重庆外商展品首次展出,我驻展览会监管,在监管一票日本产品开箱时,我怀疑一个箱子拆开过,打开一看,原来是一个旧的电视电影转换器,又发现发货票与中方清单不符,其中有4样东西是中方没有的,经几方妥善处理,中方挽回了不小的损失,为此重庆电视台派人专门到海关致谢。

1981年,我在广州白云机场实习,时逢一日本旅游团入境,我的小老师乃从当地高中毕业,刚进关工作不久,他用广东英语说了半天,对方还是听不懂。他去找科长时,我用比较标准的英语简单地对话后就解决问题了。我想起18年前刚进重庆南开中学时,由于初中没学过英语,吴庆华老师特别耐心地教我们发音拼读,不许在英语单词下标汉字,从而打下了扎实的基础,让我受益终身。

圆了大学梦

1984年7月初,我得知江西财经学院要在全国统一招生(函授专科),我悄悄地报了名,又悄悄地去参加了考试,结果金榜题名。4科我共考了320多分,远远超过了录取分数线,这应该是得益于在农村当知青时曾代过初中数学课,更得益于我的重庆南开中学的数学老师周家贤、罗大绰,他们科学严谨的教学方法,让我终身受益。我揣着录取通知书,怀着忐忑不安的心情向分管财务的关长汇报,他着急说,现在是一个萝卜要占几个坑,你去上了课哪个顶? 我跟他表明,一个月中要停产上课一周,这一周里我每天上半天课,现在海关宿舍有了,办公地点也迁到观音桥饭店了,有什么事晚上加班没问题,他终于勉强地点了点头。家里原打算把两个小孩放在身边照顾,现在只好改了主意,把小儿子交给外婆照顾。家里特意买了一个电冰箱,用于星期天采购,备一周食品。在学习的这3年中我从未看过电视,晚上一等小孩入睡就赶快看书,出差开会也总带着课本。江西财院把教学质量抓得很紧,平时上课都是配的好老师,他们专门从学院来,考试定题是抽AB卷,监考阅卷也都是学院的人。我从37岁学到40岁,共15门课另加毕业论文,成绩中上等,终于圆了大学梦,这一天我等了21年。1988年6月,海关总署颁专业职务证书,我又获得了会计师职称。

做自己尊重的人

全国各海关隶属海关总署,各项经费由海关核拨,人员工资补贴都按当地标准执行,算下来重庆海关平均排海关系统倒数第二名,这是有其历史原因的。重庆市原隶属四川省,天府之国,物产丰富,物价低廉,想去要点钱都找不到理由,重庆市变为直辖后有所改善,但远不如沿海海关。有些年轻人进海关不久,就觉得憋屈,很快就辞职另就了。只有我们这些老果果们仍坚守岗位,不为各种诱惑所动。为提高福利,海关领导联系总署和地方,找文件,要资金,终于,重庆海关职工福利也芝麻开花节节高了。

在我24年的国门生涯中,经过我和财务处全体同志多年的努力,为海关完成各项任务提供了财力装备的有力保障,我所在的海关财务处曾被评为海关系统财务优秀集体3次,而我本人也曾3次被评为全国海关财会工作先进个人,获荣誉证书。在2003年9月,我被授予海关三级关务监督关衔。2004年,我退休了。退休之日,我觉得职业中的自己是值得尊重的。迟暮之年,我更感到生活中的自己值得尊重。50年后我返回母校重庆南开中学,告诉她我做到了。

晒晒我的成绩单

初 1967 级 4 班　包淑群

我无意中保存下了不少在重庆三中读书时的成绩单。1964 年，我考入重庆三中读书，至今 50 多年了，我想，比我成绩好的同学肯定有很多，但这样完整地保存着成绩单的同学大概为数不多吧！

1977 年，在国家恢复高考制度的时候，我已经在企业挑起了大梁，非常遗憾地错过了一次读书深造的机会，这份保存完好的成绩单就成了我永久的学历纪念。我的履历表上的文化程度一栏，永远定格在初中。说实话，那时候我能有这样的成绩，并且于 1965 年在初二年级就入了团，老师对我各方面的肯定是至关重要的。我很自信，只要我的成绩不滑坡，每学期都争取好的成绩，就可以顺利升入本校高中，高中毕业就能考上自己心仪的大学，完成学业，进入社会后成为国家的可用之才。我在其中的一份成绩单的分数下还写了对自己的最低分数要求。然而，时代让我们这代人辍学了，个人的理想无从谈起，只剩下一个最朴实的信念：听毛主席的话，跟共产党走。我一个初中毕业生就这样进入了社会的大舞台，度过了 50 多个春秋，交出了人生一份又一份成绩单。

艰苦创业勤奋奉献的成绩单

1969 年 2 月，随学校的知青下乡队伍，我来到开县跃进区团结公社胜利三队当农民。1971 年 11 月，我被重庆沙坪坝区工业局招工回城，分配到集体所有制企业大坪铁工厂。

我出生在工人家庭，父母都在重钢三厂工作，妈妈是总机话务员，爸爸是工厂里有名的高级车工。我能到工厂工作,他们自然都很高兴。然而当我报到时,映入我眼帘的却不是我印象中高大宽敞的厂房,烟囱高耸的炼钢大厂,上下班的人流,而是破烂的棚房,简陋的设备,职工正在一块烧红的铁板上煮饭,一家大小就着一碗咸菜吃午饭。用一个字形容,那就是"穷"!面对这样的场景,我真的心都凉了。可我得服从分配呀,更何况我们学校还有这么多高中同学也被分配到了这样的企业,我又有什么想不开的呢?穷则思变,我隐隐约约有一种想要改变的冲动,这也许就是我以后勤奋工作的一股动力吧。我调整好心态,投入其中。

单位领导看我是重庆三中的学生,对我倍加呵护和培养。他们先是送我到三钢厂,也就是我爸爸所在的车间培训,学习车工技术。3个月后,我学会了制作车梯形螺纹丝杆(因当时工厂想做平口虎钳,主要零件和难点就是那根丝杆),其他的车加工零件就很简单了。回厂后,由于没有产品,我服从安排,什么都干,拉过板车、做过钳工、打过杂工。我没当多久车工,单位领导又改让我当练习生,搞行政工作,当干部。练习生要两年出徒,就是行政干部的最低级别,每月工资36元。这个单位,麻雀虽小五脏俱全,除了厂长、书记、财会、供销人员的工作外,其他所有工作都压给我一个人。统计、劳工、文书档案、群团知青工作、计划生育工作……包罗万象。有时我还和外勤人员出去接洽业务,看图纸,编制加工工艺。我经常都是早上班晚下班。企业不仅没有产品,还要自负盈亏,养活几十号职工,一切自然从成本效益出发。就这样慢慢地前进着,我也在这个过程中,不断地学习,积极参加区里办的青年干部培训班和各种短训班。我除了学习政治、经济、企业管理,还学习机械制图……在学习中,自己也逐渐走向成熟,我深刻地意识到企业要发展,福利要提高,必须要找到适合企业生产的产品。

1976年,企业的转机来了,重庆缝纫机厂寻找配套零件生产厂家,我找到产品图纸,确定生产什么样的零件,开始和缝纫机厂配套科的领导和技术人员接触,结合我厂的实际情况,选择了生产缝纫机脚架上的一个连接件——缝纫机摇杆。缝纫机摇杆这个配件,就由9个零件组成,除去两个外购标准件,有7个零件要自己生产,光是生产工序就有几十道。在定点过程中,配套科的领导对我的工作能力和人品都给予了高度的认可,他们也认为只有我来抓这个产品才有希望。他们向厂领导推荐了我,为了企业的发展和职工的生存,也为了我进厂时穷则思变的冲动,我二话没说就挑起了这副担子。

我带着一个模具师傅和两个钳工师傅,到西安缝纫机零件一厂学习。回厂后,结合我厂的实际情况,编制工艺,改制专用设备和工模夹具。因设备简陋,正好改专用设备。设备少,就采用一机配套多个夹具,也要求每个工人都能完成多道工序。与此同时,我还健全了产品工模夹具和产品、半成品、成品的库房管理制度,建立了生产线上的统计和质量检验制度。我们在短时间内就拿出了合格产品,实现了小批量生产。

为了满足主厂的需要,实现批量生产,我在企业里坚持推动定额管理制度,并和分配收入挂钩。在那时候要推动定额管理制度,矛盾很大,工人懒散惯了,大锅饭养成的恶习也难以克服。为了让工人接受定额管理制度,我硬是在短时间内,把每道工序从安装到工具准备,全部做了一遍,获得了原始生产数据,然后在我完成的数量的基础上,再减半下达给工人作定额生产数量(当然,这个定额是能满足工厂需要的)。在事实面前,工人彻底服气了。在稳定推行定额管理制度后,随着工人熟练程度的提高和生产的发展又不断地调整定额,调动工人的积极性,实现了给缝纫机厂提供配套的任套。在此期间,我全身心地投入工作,被领导和工人看在眼里。1979年,我加了中国共产党,连续两年被评为沙坪坝区优秀共产党员,还被提为副厂长,分管企业生产工作。

随着缝纫机在市面上畅销,产量增大,为适应市场的需要,1980年1月,沙区工业局将我厂与红星农具厂合并为重庆缝纫机厂零件二厂。有幸的是,在合厂过程中,我发现红星农具厂分管技术的副厂长是重庆三中高三4班的学长陈绍先同学。我们是校友,都一心为企业,摒弃了很多企业合并过程中的矛盾。合并后,我管生产,他管技术。由于我们的密切配合,产品的产量和质量都有很大的提高。企业产品除了满足重庆缝纫机厂的配套外,还销往广西柳州缝纫机脚架厂。企业还招收了一批又一批职工子女和青年职工,职工队伍的素质也有了变化。企业开始具有了一定的机械加工能力和规模,企业形象也得到了提升,职工收入不但有了保障,还有了提高,生存能力更强了。

这是我在企业脚踏实地,艰苦创业勤奋奉献的成绩单,它让我感到自豪。

党的基层干部的成绩单

1984年4月,重庆缝纫机公司党委将我调入公司大集体——重庆缝纫机机针厂工作,担任党支部书记。离开了自己亲手改变困境且正走向发展的企业,我心中很是不舍。但我还是服从了上级的安排，毅然去了新的岗位，接受新的挑战。

机针厂是大集体企业，生产"金鱼牌"缝纫机针，当时主要是为了给主厂配套和解决职工子女工作的问题，模式参照的是全民所有制于1978年创办的机针厂，机针作为一个独立的产品，除了配套外，还有广阔的市场，如各大百货。我到厂时，该厂已建厂6年，产品基本上是给主厂配套，产量不大，所以就没有利润。可大集体的职工队伍都很年轻，大多数职工都比我小十岁左右，思想活跃，职工们知道我是集体企业去的，都对我抱有极大的希望，谁不想把自己的企业搞好呢？

我从搞行政工作转到做政工工作，角色从厂长转为书记，我也意识到自己的责任重大，必须要改变企业的现状。工作的角色变了，工作的方法也就不同了。如何把党的工作和职工的思想政治工作融入到企业的经济工作中去，这是我要思考和应该做的。青年人虽不安于现状，但是积极追求上进是主流，我抓住这个特点，与生产骨干、职能人员、班组长进行个别谈心，并将他们作为入党积极分子进行培养教育，除了按公司党委布置完成工作外，长期坚持"三会一课"制度(即支委会、党员大会、民主生活会、定期党课)，经常开展革命传统教育，党的知识竞赛……激励他们用党员的标准要求自己，努力工作，积极争取入党。我担任党支部书记期间，发展了多名新党员，并在他们中培养出了由大集体职工担任的第一任厂长，并帮助厂长组建和健全了财务、生产技术、质检、供应等各职能部门。我积极向厂长建议了集体企业的一些管理制度和分配制度，极大地调动了职工的积极性。

我还配合企业的经济工作，组建了企业工会，完善了职工代表大会制度，我用大量的时间深入到班组，仔细地做好职工的思想政治工作，为企业的生产经营扫清道路。我对厂里100多个职工的基本情况、家庭状况、思想动态等都了如指掌，并与他们建立了深厚的感情。在机针厂建厂十周年的展览上，我们展示了机针厂的发展历程，最好的成绩发生在1984年到1988年期间，年产量达到140万元，税利总额达到44.67万元，相当于新建机针厂时的投资总额19万元的2.35倍，是建厂前5年税利总和7.06万元的6.33倍，产出销售网点遍布西南三省企业，进入蓬勃发展阶段。我担任书记后，企业变样了，大集体职工的收入比主厂职工的收入还高，我还被公司评为优秀党员工作者，职工与我亲如兄弟姐妹，他们亲切地叫我"老包"。

尽管现在退休了，他们依然像朋友般待我，我也为之高兴，这是值得我欣慰的另一份成绩单。

最值得骄傲的"研究生"成绩单

我保存了在重庆三中上初中时的成绩单这么多年,只记得给女儿看过一次。那是女儿上小学时,我经常鼓励她要好好学习,不能像妈妈一样没读到书,这样一来她还真的以为我没读什么书,有时候辅导她学习时,她竟有点不服气。有一次,我一气之下,翻出我在重庆三中读书时的成绩单,让她好好看看,这回女儿总算服气了。从此以后,她都比较听我的话,我们就像朋友一样相处。去年,女儿给我发来一篇她小学六年级时写的作文,是她班主任在几十年后发给她的,题目是"我最爱的人"。开头的几句话就让我泪目了:"要是有人问我,我最爱的人是谁,我会毫不犹豫地告诉他,我最爱我的妈妈。"我在我女儿心中的地位让我很欣慰。女儿也是很努力地学习,那时我工作忙,几乎没有时间仔细管她,女儿却能很自觉地学习和管理自己。小学毕业时,她无缘重点初中,也没上大学。可她工作以后,通过各种途径努力学习,最后取得了重庆大学硕士学位。在经过20多年政府机关工作后,她现在担任一家上市公司的高管。

我的外孙女,1999年出生,我一手把她带大,从重庆南开小学升到重庆南开中学,成了我的小校友。2017年,她参加高考,以626分的成绩考入四川大学生命科学学院,完成了她自己的心愿,我也就以这样的"研究生"成绩毕业了,外孙女圆了我的大学梦。女儿的优秀,孙女的如愿,也是我人生中最值得骄傲的一份成绩单。

就在我搁笔之时,我又仔细地看了一下班主任何世坤老师和谢仲长老师给我的评语。我后来这些成绩单的取得,都源自母校重庆南开中学的老师对我的教育培养,让我拥有了积极上进、独立思考的能力和锲而不舍的精神。

感恩老师!感恩南开!我为我是南开老三届而骄傲。

别觉得自己憋屈，一切都是最好的安排

——我的民企高管之路

高1966级4班　陈绍先

我与同学们一样，在接受贫下中农再教育两年后被招工回城，成为工人阶级中的一员。回忆近40年的工作经历，特别是"下岗"后在民营企业工作的近20年，坎坷坦途兼有，感慨万分！

靠三中学子踏实劲，集体企业打基础

我的第一个工作单位，是沙区工业局的一个集体企业。我学过电工，干过钳工，当过伙食团长，也干过库管员、出纳，还当过半年的板板车驾驶员。当时因厂房改造，产品法兰盘的生产很分散：锻造在石桥铺，金加工却在新桥。厂里没汽车，只好用板板车往返运输。我和几位工友承担了拉板板车的运输任务。从石桥铺经凤鸣山到新桥，我们要拉着七八百斤重的铁砣砣，每天往返两趟。特别是返程时，拉成品爬凤鸣山，要一路上坡，那可真是"七十二行，拉车为王。脚杆拉断，脖子拉长"。整整半年时间，我没请过一天假，叫过一声苦。

我不怕苦不怕累的工作态度，得到了厂领导和工友们的一致赞许。加上在重庆三中高中上过3年，有点文化，学技术又快，在这小小集体企业中，我像"宝贝"一样得到重用。

在70年代中期，我被评选为"重庆市工业学大庆先进生产者"，获得全套"毛选"的奖励。我被市二轻局送到重庆工业校机械制造专业学习3年，但也因此错过了恢复高

考后上大学的机会。经过了党校和二轻干校的培训,我顺理成章地入党提干。在20世纪80年代初,我参加了"全国经理、厂长国家统考",取得了合格证。后来又考进了经济管理联合大学重庆分校,学习工业企业管理专业,毕业后拿到了大专文凭,总算圆了大学梦。

机械制造专业和工业企业管理专业的学习,为我后来从事机械行业管理工作打下了基础。回厂后,我勤奋工作,决心干出一番事业,要对得起领导,对得起职工。我作为技术副厂长,发挥技术专长,与技术人员一道主持开发了减速机、尾气灶、钢球式压力计等新产品。在管理上,为打破大锅饭,调动职工积极性,配合生产厂长,制订产品的工时定额,首次实行了定额管理。后来,我又在钳工组试行班组承包责任制,打破了铁饭碗,进行了分配制度改革。

但好景不长,在试行分配制度改革时,由于我与新调来的党支部书记发生矛盾,被调到了缝纫机公司机针厂。后来,企业转制,机针厂并入专机公司三分厂,我的身份虽由"集体"转为"国营",但也淡化了我想干一番事业的雄心壮志,只能循规蹈矩,干好自己的本职工作。当然,在三分厂主管生产技术和担任工会主席期间,充实和丰富了我的企业管理能力。专机公司多次举办管理研讨会,我写的论文,全部获得了一等奖。其中我因《矩阵式班组组织机构,有利于新产品生产》一文,得以参加嘉陵集团管理研讨会,最终获得了一等奖,并被推荐在二汽东风集团的《班组建设》杂志上发表,获得同行好评。

转变观念,以民企发展为己任

改革大潮起,风雨随之来。随着国企改制,由于种种原因,我被作为"富余职工"下岗了。然而,我却在失落中,获得了新的机遇。

重庆三中遗传给我的韧劲,促使我思考:"我为什么不能到民营企业去工作呢?"集体、国营、民营企业都是国家经济的组成部分,更何况老国企僵化的管理体制,已严重阻碍了生产力的发展,改革已势在必行。职工下岗,企业转制也是必由之路。另外,随着重庆市摩托车产业的不断发展,民营摩托车企业如力帆、隆鑫的蓬勃兴旺,带动了一大批民营摩配行业的新起。民营企业在大发展的同时,由于缺乏科学管理,这成了民企发展瓶颈。因此,"职业经理人"应运而生。

　　有一天，我在重庆图书馆看书，遇到了我在石桥铺上班时的一个朋友，他告诉我，以前我们一起搞"班组承包"的老同事，现在自己办厂当老板了。这位老同事一直打听我的消息，希望我能去他厂，共同发展。就这样，我们一拍即合。这个偶然的机会，让我来到了重庆华通机电技术公司(后简称华通)。到民营企业去干一番事业，成了我的选择。当老板问我来华通工作，有什么要求？我想了想，告诉他："我只要一个字——'权'。"我随之被任命为华通副总经理、双金属滑动轴承厂厂长，全面主持双金属滑动轴承厂工作。就这样，我进入民营企业，开始了我工作经历的黄金阶段。

调查研究，促进管理上水平

　　刚到华通，一进厂，就看见一幅标语"西南轴套王"。一了解，这不是吹的。华通的优势在于它的主导产品双金属滑动轴承(又称双金属轴套)，是一种采用新型双金属复合材料生产的滑动轴承，华通是整个西南片区唯一一家生产该产品的企业。产品适用范围广，特别是在摩托车上。产品处于卖方市场，市场前景好，供不应求。职工仅30余人，但年销售收入却达六七百万元，劳动生产率还可以。只是管理落后，产品无标准，检验无规范，没有完善的管理机构和科学的规章制度，厂里什么事情都是老板说了算，这是完全的家长管理模式。我上班的第二天，厂里生产了一批小轴套，约5000件，检验发现有点问题，但销售人员坚持要发货，两个销售员让我表态："到底能不能发货？"并且告诉我，以前对这种产品，老板都同意发货。我当时也只能笑了笑说："质量问题，标准说了算。"这批产品最后没有出厂。

　　另外，由于职工队伍全部是农民工，缺乏基本的机械常识。市场订单要靠加班加点才能完成。我上班的第一个月，天天住在厂里。有5天晚上，为了第二天能按时发货，我与包装组工人一起包装产品到凌晨2点。这种现状，严重阻碍了企业的发展，我也感到压力很大。

　　什么是管理？管理就是组织。静态的组织，它是指科学的组织机构。动态的组织就是要把员工组织起来，形成最大合力，为实现企业目标而共同努力。这是我们管理者应该做的事情，那就首先从"组织"抓起。

　　我开始通过各种会议，对员工包括原有的生产、技术人员，进行机械常识和业务工作的分阶段培训。我利用每月一次的职工大会，亲自给工人们上机械常识课，讲螺纹大小与螺距的关系,冲压和车加工安全操作规程,轴套生产的工艺过程及要求,常用机械设备的性能常识等,还给模具和机修工讲金属材料与热处理常识。在培训过程中,职工认识了我,我也了解了职工,相互之间增强了信任感。同时,我从原工作过的专机公司下岗的同事中,聘请了一批工程技术人员和模具工、机修工、车工、钳工,充实了生产技术的骨干队伍,为下一步技术改造打下了很好的基础。

依靠这样一批技术骨干,我根据公司的实际情况,按照"直线—职能制"的组织机构形式,进行了组织机构建设。按照"事事有人管,办事讲程序"的要求,指导各部门、车间、班组的工作。生产部统一指挥车间、班组生产。生产指挥系统又明确,有职有权有责,全盘生产工作就"活"了。市场开始逐步稳定,产量也逐月上升。

试行几个月后,新的矛盾又出现了。连续几周,市场部都在我这里"告状"说,生产部拖延客户供货期,造成客户不满。生产部也反映,市场订单月月都有新规格产品,市场部的订单中的同一品种有几种尺寸要求,模具都来不及改。总之,各说各有理。从表面上看是部门间的扯皮,但我认为,这与企业生产经营的主导思想有关。

针对这种情况,我仍然从培训入手,针对各部门管理人员,组织了一次"企业生产与经营谁为主导"的讨论。我在会上辩证地提出:"企业在外部经营活动中,以市场为龙头,各部门以满足客户需求为己任,市场部销售计划为指令性计划。另一方面,在企业内部生产活动中,必须以生产为龙头,技术、质检必须主动配合生产部,工艺工装、检测部门不拖后腿。"认识统一后,我建立了每周一次的生产调度会制度,由我主持召开,协调各部门工作。同时,我要求每个人都明确:各部门在调度会上提出问题时,必须拿出自己的解决方案,决不允许踢皮球。作为同步措施,我制订了各部门详细的工作职责、业绩考核、奖惩制度,将责任奖惩落实到个人,充分调动了各部门各级管理人员的积极性。这些管理措施,对公司初步形成程序化的管理模式,管理层面形成合力起了重要作用。

由于双金属轴套是一种新材料的滑动轴承,在2002年前,除了有一套试行的国标外,还没有一套成熟的国家标准。华通内部也没有一套完整的企业标准。为了便于生产和严格控制产品质量,我组织技术人员,奋战半个多月,把近几年积累的经验和数据整理分类,对轴套的系列、公差与配合、压入力检测等方面进行了科学的分析和整理,终于形成了成熟可行的企业标准,从而指导企业生产进入了正轨。

但在市场方面，还有一些新问题。轴套是中间产品，有的客户对工艺、质量不一定认可。我们在拓展新用户时，往往不但要介绍产品性能，还要介绍使用方法，协助客户制作检测工装和压装工装。否则，就会因标准认知差异，给双方带来不便。我记得有一次，我司提供给隆鑫摩托一批轴套，客户反映有质量问题，要求退货并罚款。我接通知后，在公司内部进行了检查，确认质量没问题。为了弄清真相，我带着技术、质检人员到客户质检部，向他们分管质量的徐总询问了情况，并共同到现场检查验证，才发现正是由于他们技术部不了解轴套标准，生产车间也未用我司提供的压装工艺，因此，在装配时，压装废品率高，反映给质量部，要求向我们退货和罚款。事情清楚后，徐总当场表示，取消对华通的处罚。并感谢我们对客户热情周到的服务。

这个厂的事情虽然得到解决了，但轴套因没有正式的国家标准的问题依然存在。为从根本上解决问题，我在组织实施ISO9001质量体系认证时，明确提出："把标准制定作为重要工作来抓。"华通是全国内燃机协会会员厂，也是全国双金属轴承标准委员会成员厂，我们就利用这个平台，把华通的企业标准推荐给标委会。我多次与老板一道参加标委会的讨论，就车用双金属轴套分类、压入力测试等规范，提出华通的建议，做出了华通的贡献。在上海交大和同行兄弟厂的共同努力下，我们制定完善了GB/T12 613.1-2002和GB/T12613.2-2002双金属轴套国家标准。为企业生产经营提供了完整、权威可执行的标准。在开展ISO9001质量体系认证工作时，我组织成立了认证工作领导小组，由我担任组长，组织起草了华通质量手册、程序文件，提出了各部二层次质量文件纲领并指导相关部门完成，确保了质量体系认证一次性通过，使我司的管理工作又上了一个新台阶。我可以骄傲地说：重庆市生产的每辆摩托车，都有我们华通的轴套，我们是真正的"西南轴套王"！

开发新产品，促进企业效益成倍翻

随着江浙一带同行业的"西进"，我意识到：竞争是不可避免的。对手的出现，将导致重庆市摩配行业的激烈竞争，市场很快就会由卖方市场向买方市场转变。怎么办？在董事会上，我提出"立足轴套，向汽车行业和工程机械方向发展"的战略思想，这与老板的想法不谋而合。

根据东风汽车的需求，我首先组织工程技术人员，对车用钢板弹簧套和转向节轴套进行了开发攻关。在时间紧、要求高的情况下,我一方面对试制组制订了严格、可行的工作计划,充分发挥了民企灵活的激励机制,推行项目承包制。由于项目要求明确、考核过硬,奖惩分明,充分调动了工程技术人员的积极性,进展十分顺利。同时,我自己除了协调各部门与试制组的工作外,也参与一些设计工作。其中,从我们原专机公司来的老同事、工程技术人员发挥了很大作用。试制组在转向节轴工艺试验时,采用了我设计的镗孔自定心夹具,由于他们的精心制作,顺利按设计要求完成。投产后,转向节轴套完全达到东风的车用要求。这样,从原材料烧结,到冲压,再到金加工生产线,在短短的半年时间内,完成了3个序列的车用轴套的开发和量产的任务。为了提高新品产量,同时确保产品质量的一致性,我又与公司技术部对产品的工艺工装进行改造,建议技术部试验用硬质合金材料,代替原Gr12模具钢制作轴套整形模。我与他们一道在车间对硬质合金模进行试验选型,从硬度、耐磨性和方便加工方面来统合评定,选定YG20硬质合金作为整形模具的材料。实践证明,使用寿命提高了20倍以上,而且每一批产品外径完全一致。生产效率大大提高了,车用轴套也进入了流水线生产。这样,我司以优质的车用轴套和良好的服务打入了东风市场。

随后,应汽车行业要求,我们又完成了IATF16949质量体系认证,进一步加强了驻外办事处工作,在不到一年的时间里,让企业又上了一个台阶,为企业争得了一个新的利润增长点。职工队伍扩大到148人,年销售收入达2000余万元,利润比我刚到华通时翻了三番。而华通也成为一个有一定规模的民营企业。

抓好党建,培育企业文化

企业的发展,取决于企业的内部条件、外部环境、经营目标三者之间的动态平衡。而这些,离不开企业所在地的党委和政府的大力支持和帮助。在当地党委和政府的关怀下,根据华通实际情况,2006年在华通经批准成立了中国共产党重庆华通机电技术公司支部委员会和华通公司工会委员会,我被任命为党支部书记和工会主席。在民营企业中如何开展党的工作? 又如何搞工会工作? 上级党委对此没有明确指示,让我们自己探索。像国有企业那样,上班时间搞"三会一课"肯定不行,大量定购报刊来组织党员学习也不现实。如何使党的工作得到企业老板的支持? 这是必须要解决的问题。

我有一个基本的指导思想,工作要"三负责"。作为主管生产的副总,要对老板负责;作为工会主席,要对员工负责;作为党支部书记,要对党的建设和国家的法律法规负责。民营企业的老板,是企业的资产所有者、法人代表,也是企业员工、劳动者。他追求的是资产的增值和利润的最大化,同时,也为社会创造财富,为国家创造税收,为社会提供就业岗位。企业员工追求的是稳定、安全的生产生活环境,收入和福利的稳定增长。企业的生产经营活动,必须遵循国家的法律法规,不偷税不漏税,这是底线。党支部应该发挥宣传、监督作用。

其实,民营企业的老板们,也知道依法纳税是责任和义务。他们懂得,党的政策支持和政府帮助,是企业获利的外部条件。员工是生产力的关键要素,稳定的高素质的职工队伍,是企业生产经营的重要条件。通过支部和工会的工作,让职工明白"锅里有,碗里才有""大河无水,小河干"的道理,也让老板明白"小河涨水,大河满"的利益关系。同时,党支部在党员中广泛宣传和要求党员在生产经营第一线上发挥模范带头作用。华通在新产品开发上,党员骨干发挥了重大作用。在开发车用轴套时,我们的一位党员工程师,承担了专用镗缸机的改造任务,带领两名技工,从设备的选型到改造,天天奋战在第一线,连续十几天没有回家,吃住都在公司,终于按计划完成了对6台镗缸机的改造计划。党员的带头作用,老板是看在眼里,记在心里的,他给我讲:"老陈,多培养和发展点党员。"支部的工作成效,也让我与老板建立了更良好的工作关系,党支部和工会的日常工作得到了正常开展。短短两年多时间,党支部除了坚持开展定期的组织生活外,重点开展了新党员的培养工作,在公司管理层中培养和发展了两名年轻党员,让他们在第一线锻炼成长,并利用一些外出学习培训机会将他们送出去进行短期学习,提高他们的管理水平,为企业发展培养后备干部。这两名新党员转正后,分别担任了华通双金属轴承厂的生产副厂长和技术副厂长,替我分担了大量担子,也为华通后续发展培养了人才。

党支部在召开讨论积极分子入党的支部大会上,特别请了公司老板列席会议,入党积极分子和党员们认真的发言,严肃的批评与自我批评,也让老板受到了很大教育,表示一定支持党支部和工会的工作。我们华通按时全额给职工购买"五险",建厂以来从不拖欠职工一天工资。严格、合理的分配制度也保证了职工的合理收入。

在公司稳定发展的同时,党支部和工会在员工中开展了"团结、奋斗、上进、求实"的企业文化主题活动,把它作为华通的企业精神,激励每一位员工。我们还开展新春游园、车间班组的拔河比赛、班组为单位的智力知识竞赛等活动,让职工感受到团结的力量。我们在新设备、新岗位人选上推行竞争上岗等措施,激励职工上进。在党支部和工会领导下,企业文化建设取得了较好的成果。

为了巩固和发展企业文化建设成果,我又编写了《重庆华通机电技术公司员工手册》,对公司的企业精神、质量方针和目标、员工的职业道德和行为规范、工作纪律、考勤制度、安全与文明生产、员工的福利与薪金、用工与培训、奖惩条例、劳动合同的订立与终止等,作出了规范化表述,形成了企业文化范本,也成了企业的内部法规,为华通公司的发展和规范化管理打下了基础。

回忆我的工作经历,从集体到国营,再到民企,这一路走来,感慨万千。我感谢我工作过的企业各级领导和工人师傅对我的关怀、培养和信任。我在华通没有白过,有辛苦,也有欢乐,有失败,也有成功!

作为老三届的重庆三中学子,无论身处何种环境,我都认真实践"认知社会、服务社会"的南开精神,把我的知识和能力,奉献给了我所在的民营企业和自己担任的民企高管岗位。

"别觉得自己憋屈,一切都是最好的安排",就以这一句话作为结束语吧。

山有峰顶,海有彼岸。

漫漫长途,终有回转。

余味苦涩,终有回甘。

成都市职工即兴演讲勇夺冠军

高1966级8班 陈昌乐

"'位卑未敢忘忧国',立报国之志,尽匹夫之责,为祖国的振兴而拼搏……"演讲台上,只见一位演讲员即兴演讲,口似悬河,旁征博引,慷慨激昂,赢得观众的热烈掌声,最终以9.7分的优异成绩摘取这次成都市"祖国在我心中"职工即兴演讲比赛的冠军。这是对30年前,我参加演讲比赛夺冠时的场景描写。

那次,成都市开展"祖国在我心中"为主题的职工即兴演讲比赛。自1990年6月广泛推出以来,据不完全统计,全市有400多个单位共2000多名演讲员走上演讲台。8月以来,有138个单位共436名演讲员分别参加了公交、国防、轻化、基建、财贸、文教、市级机关和区县8个系统的预赛,经过层层选拔和培训,组成了28个代表队共84名演讲员参加决赛。

经过激烈角逐,我所在的五冶代表队获得团体总分第一名,我荣获即兴演讲一等奖。当年的《五冶报》以"妙语连珠,力克群雄"为题作了这样的专题报道:"9月20日下午,决赛正式开始。陈昌乐即兴演讲更为精彩,将决赛再次推向高潮。只见他大步流星上台抽签,按比赛规则不带任何资料独自准备10分钟演讲5分钟。没有丰富的阅历、广博的知识和镇定自如的临场经验是不能取得好成绩的。陈昌乐一登台就列举从古到今的爱国典范,慷慨激昂地陈述爱国责任,从我做起,从身边的事做起。说到激动处,他热情洋溢,手随语句挥舞。观众为之倾倒,并报以热烈的掌声。最后以9.7的高分获得即兴演讲的桂冠。"

当年成都市"祖国在我心中"职工即兴演讲比赛规模大、档次高,决赛录像在电视台反复播放,影响较大。我能在这次即兴演讲比赛中夺冠,有本职工作的原因,也有相当大的偶然因素。

1971年,我离开开县农村到五冶矿山公司"大打矿山之仗",当过砌砖工、混凝土工、测量工,也修过公路、建过厂房、凿过隧道。背着测量仪器和一壶水两个馒头,扛着仪器脚架测杆塔尺,翻山越岭是家常便饭。1979年底,我以高中学历到五冶职工大学(后简称五冶职大)任教,后来获得教育部高等学校教师资格证书。这既是机遇使然,亦是特定历史条件下的特例。这种事情,放在今天,既不可能,也不敢想。

在五冶职大,我在讲授工程测量的同时,还努力学习相关课程外,担任班主任,负责学生管理工作。当年的学生课外活动,除了打篮球、排球、乒乓球,唱《年轻的朋友来相会》,跳金梭和银梭外,组织演讲比赛也极为普遍。

我在高中参与过课外小组活动,学习朗诵北大五四文学社歌颂雷锋的长诗《让青春闪光》,使我对朗诵诗与诗歌朗诵有了特殊的爱好。这首诗作中的佳句让我至今难忘:"没有炮火硝烟,没有刀光剑影,却同样是英雄的本色,却同样是不朽的人生。"语言生动流畅、活泼诙谐,是教师的基本功;记忆吟诵名篇警句,是加强语言表达能力、提升课堂教学效果的有效手段。参加与组织读书演讲活动,使我数次被评为省、市职工读书自学活动优秀组织者,同时也在语言表达方面获益颇丰。

20世纪七八十年代,改革开放焕发了中国人民"团结起来,振兴中华"的热情。越自卫反击战与1990年的亚运会,更是举世瞩目。1990年,北京举办的第11届亚运会是中华人民共和国在自己的土地上举办的第一次综合性的国际体育大赛,也是亚运会诞生以来的40年间第一次由中国承办。在这样的背景下,以"祖国在我心中"为主题的演讲活动,可以讲的内容当然很多,也可以讲得很生动很具体。

在这次即兴演讲比赛的决赛中,我抽中了"位卑未敢忘忧国"这个演讲题目。 我的即兴演讲分为四个段落:

第一段开篇点题,简述爱国主义的光荣传统。"位卑未敢忘忧国"是南宋著名爱国诗人陆游的经典名句,描写对越自卫反击战的著名小说《高山下的花环》的作者李存葆,将陆游的这句名句作为"题记"。爱国诗人陆游一生留下了许多脍炙人口的诗章。但是,最令我们感动与时刻铭记在心的,还是他写下的《示儿》:"死去元知万事空,但悲不见九州同。王师北定中原日,家祭无忘告乃翁。"浓浓的爱国之情跃然纸上! 爱国主义是中华民族的优良传统,在改革开放的新长征中,我们应该继续将之发扬光大。

第二段我着重讲了两个迎接"亚运会"的小故事。第一个是中国女篮高大中锋郑海霞的母亲因病去世了。郑海霞没有回家去见母亲最后一面,而是在训练场上和队员们一起肃立默哀。我心里浮现出身高超过两米的"女篮巨人"用特殊的方式表述哀思的动人场景。第二个故事,是中国女排主攻手李国君的母亲给上海一位普通市民的感谢信。这位普通市民给中国女排和李国君的母亲分别写了一封信:"听说李国君因眼病不能参加亚运会比赛,我愿意将眼睛捐献给李国君,因为我可以没有眼睛,但是中国女排不能没有主攻手!"

第三段讲了一个道听途说的笑话:"我们不是梁三喜、小北京(小说《高山下的花环》中人物),不能手握钢枪,用青春和热血保卫祖国的南疆;我们不是运动员、裁判员,无法在亚运会上为国争光。但是,我们必须牢记'振兴中华,从我做起'。"

第四段归纳结题。虽然我们经历不同、岗位不同,甚至兴趣爱好也各不相同,但是天下兴亡,匹夫有责。振兴中华,应该从我做起,从身边的每一件小事做起。莫道报国无门,莫道人微言轻。为了中华民族的振兴,为了祖国的四个现代化,让我们时刻牢记:"位卑未敢忘忧国!"在演讲热潮涌动的高潮中,我成功结束了这次即兴演讲。当年,我43岁。

浪子回头金不换

初1968级3班 葛素兰

1969年3月9日,我没随学校的大部队到开县大山去落户,而是与一女同学结伴,自行投亲靠友到巴县白市驿龙凤公社寨子三队当知青。至于下乡期间的苦与累,许多学长学弟及学姐学妹,已于《忆南开》稿件中提及很多,他们生动细致的描述,把下乡期间的苦与乐抒发得淋漓尽致,本人也深有同感!我就不在这里再次絮叨了。但我感觉,我在农村下乡期间最大的收获便是:我从一个原本胆怯懦弱的小姑娘,成为一个坚毅胆大的成年人了。

1971年2月10日,我有幸被重庆国营农机修理厂招工回城。到厂里报到后,我在厂里历经车间、开发科、经营科工作,直至1997年企业停厂下岗。下岗后为了生存,不能坐以待毙,我又和朋友合伙开办了一家芝麻绿豆大小的个体金属热处理小厂,以维持生计。个中艰难困苦,那些人、那些事,没齿难忘;个中喜怒哀乐,物质的、精神的,滋味良多,本人为此更是感受颇多,也受益匪浅。我有些感悟想与大家分享,小周的故事便是其中一例。

小周是我下岗后开办热处理厂时,聘请的几个驾驶员中的一个。他来厂工作的那几年正值厂里效益最好的几年,也是他最辛苦的几年。从大渡口柏树堡搬到停产后的重钢热陶瓷厂,两台井式炉也已发展到了6台井式炉。

我们这个小厂,主要是为摩配零件做热处理加工。由于我们注重质量,又能保证工期,因而信誉很好。也因此,许多厂家都是自己送货上门请我们加工。但固定的大业务必须由我厂上门去把配件拉来加工,然后给客户送回,这就需要自己的货车及驾驶员了。

　　货车好办，只要价格合适，加之"没病没灾"就行，难的是到哪里去找货车驾驶员。由于厂小，资金也较紧张，厂里一人顶多岗，作多个人使用。因此，我厂的驾驶员不仅要驾车，还要兼任业务员。为了同时满足这两个条件，而且还不要亲戚朋友的推荐（因裙带关系而来的人不好管理），我就只好到劳务市场去物色招聘了。在劳务市场，我看见一个帅气的小伙子，手里拿着驾驶员的求职牌，两眼充满着渴望工作的眼神，这让我想起了旧时"插标卖身"的典故：人若不是走投无路，谁愿意干这事？况且他还是一年轻力壮的帅气小伙儿，肯定有其不为人知的苦衷。于是我就趋前询问了他的驾龄，并告知了我们的待遇和工作条件，也告诉他这工作非常艰苦，每月如对方厂家不休息，就没有休息时间。听完我的介绍及工作条件，他的第一句回话就令我惊讶："我坐过牢的，你还要吗？你的条件我没有问题。"听了这个小伙儿坦率真挚的吐露，望着他并不躲闪的目光，加之了解到他是因偷盗和打架而坐牢的。我几乎没有半点犹豫就对他说了："那你跟我走吧。"

　　我曾深读过苏联教育家马卡连柯的《教育诗》，且感慨颇深：马卡连柯把三千多名流浪儿和违法的偷盗、抢劫、卖淫的少年改造成对社会有用的人才，其中不乏出色的工程师、医生、科学家，有的还成为模范和英雄。马卡连柯认为培养人就是培养其对前途的希望。小周还这样年轻，如果他要不费力地"赚钱"，他完全可以破罐子破摔，再次重操"旧业"。但他宁可"插标卖身"，自食其力，也决不走从前的老路，足见其洗心革面的决心。社会应该接纳他，给他展开人生新一页的机会。他对工作的渴望也就是对前途、对新生活的渴望。按照马卡连柯的理论，信任和尊重是能改造人的，对这样的年轻人，我们有不出手相助的理由吗？

　　驾驶员需天天和配套主厂打交道，同时也是一个单位的窗口。小周上岗后和所有配套厂家的关系都非常好，工作也积极主动。货多时稍不注意，一车就装不完，他几乎天天主动上车帮对方搬货、码货、调整装箱位置，能一车装完的决不跑两趟，工作完成得又快又好。他也顺便完成对一般小厂的对账、收款工作，从没出过错。

　　因重钢热陶瓷厂2010年拆迁，我们又到中梁山棉花岗租了厂房。新厂房需要打6个井式炉的基坑，安3.6米高的电动葫芦轨道井架，4个炉子的烟气除尘管道，隔离喷沙机空压机房，布置和安装金相室、能源电缆等，完善库房、伙食团，因工人不管房间大小都要求要自己独立的空间，要买层板为工人隔房间……这些事情，市场全包喊价要20万元。和合作伙伴商量后,我们决定自己搬,分段请挖机、砖工、电工、木工和搬家公司……结果自己搬下来只花了7万块钱。这次搬家,小周也是功不可没。因为配套主厂要求我们不能停产,那段时间业务又特别好,不仅要搬家,还要出车去买材料,小周把生产和采购都安排得井井有条。我们丝毫没有耽误主厂的生产。安电动葫芦讲价时,小周见对方喊价离谱,就说:"我来安。"他当天把全部货拉完后已经晚上7点多钟了,他轻如灵猴地爬上航车架,在厂里工人的协助下,他在两个小时内就装好了两个主要生产使用的电动葫芦和一个水箱清洗葫芦。

当然,小周的积极主动和我们的充分信任尊重,还有他得到的报酬是分不开的。至今我还记得第一次轻描淡写地请他顺便收回对方厂家的应付款时,他脸上出现的惊讶表情和随即泛起的眼中的泪花……几年下来,对方厂家对他印象非常好,对我说:"这个驾驶员是你请得最好的一个,对你忠心又机灵。我七八十人的车间,几十台机床,几十道工序因为出货就要拉走,他都搞得一清二楚,能准时拉进拉出。他的能力完全可以胜任我厂的一个车间主任。"

面对主厂领导的夸奖,我心里想,其实应感谢马卡连柯。我也为我当初的"英明决定"感到得意。

由于小周聪明能干,长相又帅气,因而得到了邻居厂家一位美丽姑娘的爱慕。工作顺利、生活如意,小周如愿娶得佳人归,并生了个人见人爱的大胖小子。几年后,经过不懈努力,小周发展顺利,也有了自己的事业。这真可谓是"浪子回头金不换"。

这就是小周的故事。

肺痨防治基层行

——记忆中的抗痨二三事

高1967级6班 高明正

职业病防治,尤其是肺痨防治,是我们医务工作者一项最接地气的工作。因为此病多发生在重体力劳动现场,尤其是粉尘作业者比较集中的地方。迈开步,多走路,对于我这样一辈子服务于肺痨患者的资深医生来说,就是救死扶伤,是革命的人道主义的具体行动,也是我们的家常便饭。这里略举一二,以飨读者。

重庆监狱行

重庆市成直辖市,不光带来区域性的改变,有些单位的隶属关系也发生了变化。如四川省第二监狱,直辖后改名为重庆市监狱。现在讲的故事就在这里发生。

"SOS! 重庆监狱求援。"在划归重庆后的1999年的一段很短的时间里,有几例死于肺结核为基础疾病的病例。监区医院缺乏治疗此病的专科医生,他们向当地政府求助,要求派专科医生对肺部结核感染进行一次讲课。南岸区防疫站向市结防所求援。这个任务又落在了我身上。因为我上午忙,就相约在一个下午去。

说实话,平时派出所都很少去的我对监狱感到很陌生、神秘,好奇中带有一丝恐惧。高高的围墙上边还有电网。

南岸防疫站及监狱均派来了车。我到达监狱所在地区弹子石一看,果然管理森严!第一道门由武警部队守卫,而且是双岗。政治处干部将我的身份证拿去办相关手续,请我在车上候着!过了一会儿,一个武警拿着我的身份证来到车旁,反复核对,生怕出错。另一个武警打了几次电话后，才对我给予放行。第二道门由公安警察守卫。因为对他们还算熟悉，我也就轻松了许多。

车辆行驶在去监区医院的途中，路上行人很少。前面出现了一排排大的厂房，透过宽大明亮的窗户，我看见里面安装了很多机床。里面的人们穿着统一的制服在忙碌地工作着。政治处干部告诉我，"新生牌"电风扇就是在这里生产的。重庆有火炉之称，生产降温电器是个不错的选择。"新生"这个商标名起得好！人们在酷热中吹着徐徐吹来的凉风，有一种新生的感觉。而制造"新生牌"电风扇的人们也会在其中获得新生！

到达医院，监狱政治处主任、医院政委、院长已等候我多时，因为时间紧，事情多，我们简短交谈后就直接去了课堂。

开门见山，我就给大家讲了讲传染源、传播途径、易感人群、临床表现及诊断治疗，重点强调了治疗的四大原则：及时、联合、足量、规则，并结合DR及CT片讲此病在X光上的表现，最后结合死亡病例进行讨论及提问。

会议室座无虚席，同人们认真听讲及做笔记，所提问题也很到位。如：有无预防措施，复难治肺结核的定义及选药方法，病人出现毒副反应时的处理原则，等等。天已渐黑，同人们还想同我交流，政治处干部劝止了他们，说以后还有机会。

我们驱车去往有江火渔船的地方晚餐。路上，我对陪同的院长说："也不怪你们的医生对结核病了解不够。我们读书时，对结核病及性病，老师一带而过，认为没有此病了。哪知随着时间推移，此病又死灰复燃。但是，政府对此是十分重视的。"

饭桌上，我和南岸防疫站的朋友多次感谢他们的热情款待，而政治处干部指着江对岸说，将在那儿修建新的监区。但我心想：多好的一块地盘，既远离主城的喧嚣，空气又清新，江风习习，为什么要修成监狱呢？世界上若没有罪犯该有多好啊。

没隔几个月，卫生部及卫五项目办行文，要求对特殊人群及团体的肺结核病纳入免费医疗的范围。政府的惠民政策又深入推进到了一个新的领域。自己作为一个白发苍苍的老人，曾经的南开学子，在诸多往事回忆中，重庆监狱之行是一个让人欣慰的记忆。

难忘的城口行

重庆市免费治疗肺结核的卫五项目工作有序铺开实施,那是从 1995 年开始的……不久就在老重庆各区县有条不紊地开展起来。

1997 年,重庆成为直辖市后,涪陵、万县、黔江地区被划归重庆,但其中忠县、梁平、城口卫五项目却久久没开展起来。程贻举副市长要求市结防所派人调查原因。这事就落在了我头上,并给我配了个漂亮能干的护士长同行(蔡护士长是重庆三中高 1974 级的学生,父亲是大坪医院的眼科专家)。我们去城口,是在头天参加完开县结防所成立十周年庆祝活动后成行的。

早上 8 点,在某十字路口,等来了去城口的唯一一辆长途客车。上得车来才发现,好挤哟! 据说头天因故未发车,两天去城口的人集中在了这一趟车上,本来就狭窄的过道都站满了人,且大包小包的行李塞满了所有空隙(后来才知道,开县的商贩到重庆朝天门进货,而城口商贩又在开县进货)。也许是驾驶员与送我们的人相互熟悉,见我俩尴尬地站在驾驶室旁,就对后边的乘客说:“请哪位给重庆的客人让个座。”一位憨厚的年轻人站起来说:“老师,这儿坐。”一再谢过以后,我把护士长推在了让出的座位上。这时座位上的两个中年男女也说:“我们干脆错开一起坐,这个老师也可以挤一下。”就这样,我们 4 个人交错地坐在三张座椅上,向城口去也!

由于是初夏,窗外庄稼长势良好。稻谷刚抽穗,绿油油的,一大片一大片映入眼帘。没有天灾,没有人祸,今年又是一个丰收年! 俗有“开”(开县)金“万”(万县,今万州区)银之说不假! 出了平坝,汽车开始爬山,路况也差了很多。可能头天晚上没有休息好,护士长靠在我的肩膀上渐渐地打起鼾来。汽车在起伏的山路上颠簸,车窗震动,发出令人难受的噪声。我也准备打盹儿,突然一个刹车,把所有人惊吓了一跳。有人埋怨:“搞啥子明堂嘛?”这时司机站起来,对大伙说:“下车,又该下车了。”这穷乡僻壤难道还有人打劫? 我正在困惑,驾驶员很客气地对我俩说:“对不起,前方是危险路段,怕出事,你们下车步行过去,我再把车开过来接你们。”这样的事,我生平还是第一次遇上。下车一看,果然危险。半山腰劈出的一条公路,一边是悬崖,一边是呈七八十度的斜坡。若车真的滚下斜坡,一定会车毁人亡。给我们让座的年轻人这时走过来,安慰说:“别怕,跟着我走。”并说:“我们已经习惯走这条路了,虽然翻过车,也没什么好怕的。”汽车像蚂蚁一样爬过危险路段,我们又重新上车。这才发现,车上的乘客少了许多。原来是沿途下的人多,上的人少了。

下到山来,汽车在山谷中穿行。突然,有人招呼要求上车,车门打开,上来一位村姑,只见她左手牵一个约3岁男孩,背上背个奶崽崽,右手还提了点什么。从眉清目秀的男孩身上推断他母亲年轻时一定很漂亮!司机时不时地用当地方言同她交谈,讨得车厢内一个酸溜溜的声音说:"师傅专心开车哈,莫把车擂到水田头爬不起来哟!"没隔一会儿,那村姑突然大叫:"师傅,有待,有待!"这是当地的方言,"有待"就是"到了"的意思,表示她的目的地到了,要下车! 这时车厢内又有人说:"你都两个了,又有待,哪个养得起哟。"惹来一车人的笑声。汽车也就在民间喜闻乐见的玩笑中到达了目的地。晚风中,一位身材极像刁德一的人接到了我们,他就是县卫生局局长。我们安排好食宿后,为了明天的会议谢绝了其他活动。

第二天的会议在县委小会议室进行。由卫生局长主持,首先由分管文卫的蔡县长介绍城口概况,然后是财政局长发言。印象深刻的是,全年可支配收入有4000万元。这主要靠农业税收,支出也是4000多万元,主要用于发放工资及政策允许的福利性支出,根本没经费搞其他事情,拖欠乡村教师工资的事时有发生,个别乡村电都没通,喊了多年乡乡通公路也没完全实现。个别农户家里,只有一套冬天穿的衣服,谁出门办事谁穿。听得人心里沉甸甸的。最后,县医院及防疫站领导也做了发言,他就一句话:"没钱!"最后,我和蔡护士长就项目工作的内容做了简要阐述。大的国际背景是苏联解体,东欧西投欧美怀抱。政治家们提出"地球村""世界人类一条船"的理念。英国政府赠款,世界银行贷款给中国部分省市进行免费的治疗肺结核。简称"卫五项目"就是这样产生的。当初是李鹏总理代表中国政府与世界卫生组织签署的协议。四川省和重庆市是开展项目的省市之一。该项目在重庆市从1995年开始运作,市政府向世卫组织承诺百分之百覆盖人群! 直辖前各区县都在运行,直辖后就只有忠县、梁平、城口未开展此项目。市政府很重视,派我们来做专题调研。我又讲了传染性肺结核的疫情,中国呈上升趋势,患病总人数居世界第二,仅次于印度。因病致贫及因病返贫的情况不少。这严重地影响了劳动力及国民经济的发展! 我们表示一定将城口的实际情况反映给市政府,早日把卫五项目在城口开展起来,造福一方百姓,让党和政府的惠民政策尽快落实。我还告诉他们:项目不仅包括免费发药品,还免费提供救护车、X光机、电脑、显微镜等配套设备。

　　下午我们去了防疫站(现在叫疾控中心,CDC),十多间平房有些陈旧,实验室设备简陋,单位显得十分冷清。站长告诉我们:其实他们是很想搞该项目的,但因缺乏资金,县政府不支持。再加上缺乏专业医生,心里更是没底! 我对他说:"医生,包括放射科医生、化验员,都可以到市所免费进修。项目运作规则每年都有多次培训。我们应共同努力,把政府对人民群众的关怀通过我们落实到实际行动中去!"3个县的问题找到了,主要是缺资金……

　　随后我们来到县医院,讨论了几例疑似肺结核病例后结束了城口之行! 陈贻举副市长看了调查汇报后,很快给这3个县各拨了38万元作为启动资金。于是,卫五项目在新的直辖市重庆边远区县轰轰烈烈地开展了起来。在一次年终总结会上,城口防疫站长碰见蔡护士,很激动地说他那儿现在很热闹,有时门诊人数比县医院还多。病人拿到免费药品发自内心地感谢政府,医院还收到不少感谢信、锦旗。我知道当地民风淳朴,当受到滴水之恩,均会涌泉相报。

　　大千世界有很多很多美好的东西,这也是我们南开两学子为人类所做的一点点贡献。

　　谨以此文,献给今年的3·24世界结核病防治日吧。

电炉生涯　熔炼人生

高1966级8班　胡正华

　　1971年10月,我从开县跃进区招工到沙坪坝区工业局所属的重庆电炉厂。区工业局管辖的多是些只有十来号人的作坊式小厂,重庆电炉厂算是大的了,当时连同招工进厂的有10多位知青,全厂总共50多人。在那个年代,最理想的工作是到军工企业或国营大厂上班,像我们这类集体小厂,在社会上是会被另眼看待的,就以评定职称来说,我们拿到的工程师证件是四川省颁发的地方粮票,只在省内有效,而前述两种单位的就是全国有效,这就是区别。若不是招知青回城,谁也不愿进这种小厂。

　　由于社会的偏见,我曾经感到很自卑。但因一件对我冲击很大的小事,我改变了自己的看法:一个同学拿了一道大学电工考试题给我做,我居然做错了,顿时我脸就红了,我可是重庆三中的高三学生啊……

　　以前我虽自学电工基础,但只限于表面理解,没有做习题去巩固所学知识。从那以后,我坚持做完书上的每道练习题。我还扩大了自学课程的范围,包括材料力学、机械零件设计、变压器设计、变压器试验、电阻炉设计等相关书籍和部分大学课程。

　　我一方面学电工类,另一方面对机械加工工艺也很感兴趣。凭借在校时学到的立体几何知识,我很快掌握了机械识图和机械制图技术,奠定了我对机械设计及制造工艺知识的理解基础。在校时学习的物理知识和数学拓展思维知识全部派上了用场,让我很快就掌握了电气控制原理和机床电路原理知识。我帮助厂里的机修电工弄懂了机床电路,还参与了机床电气维修,提高了自己的实践能力。电气原理就是一种空间思维,在这个基础上我自学了电气控制线路设计和变压器计算设计。我总是告诫自己,重庆三中的学生就应该各方面要强于其他人,这才对得起母校对我的培养。进厂后,我被分配在电工车间当车间主任,我们车间负责生产电炉用的变压器和完成电炉控制柜的线路安装。车间里面有几个超龄生,只有小学文化,根本看不懂生产图纸,为了帮助他们正确连接控制柜的内部线路,我绘制了一张各个电器元件之间的连接图,标明线号、颜色,他们按照图便能完成接线,从而保证了质量,也提高了效率。

功夫不负有心人,年轻时的努力已结下硕果。现在我做电炉产品设计,从机械运动程序设计、电炉加热功率计算到电气控制,我能独自完成全部设计工作。

1977年,我参加了高考。电炉厂在歌乐山上,为在体检那天在早上8点钟前赶到重庆市第二工人医院(现重庆市肿瘤医院),我怕睡过头误了起床,前一天晚上几乎没睡。早上6点钟就走了三百梯下山,又步行了1个多小时才赶到二工人医院。我的第一个检查项目是量身高、称体重、量血压,可能是一夜失眠和走路下山的原因,血压偏高。当时我根本不相信自己血压高,也没有采取任何降压措施,第二次再量时还是血压偏高。血压检查不合格,也没再进行后续检查了。因体检误诊为高血压,我失去了进大学深造的机会。但我毫不气馁,不放过任何学习机会,1983年,单位选送我到重庆大学(后简称重大)电气工程系进修。在重大我认真、系统地学习了电气工程的专业知识,这对我以后的设计工作帮助很大。

20世纪80年代,随着改革开放不断深入,质量问题被提上议事日程,当时号召大家都学习日本的质量管理方法。我做事情一贯比较心细,厂里就安排我抓全厂的质量工作。因为厂小,以前是没有质检部门的。我根据工厂情况做了大量的基础工作:首先,我选调有技术、责任心强、有威信的师傅到检验科,先培训;然后,我起草了全厂的检验制度,用半年时间制订了每个工种、每张图纸的检查标准。自厂检验科成立后,产品质量了有很大提高,工厂质量管理工作也上了新台阶。1984年,全国电炉行业质量大检查,经评审,重庆电炉厂获得质量管理工作第二名。RJX-45-9型箱式电炉被评选为四川省优质产品。为提高产品质量,我们每年都对电炉实际使用性能进行测试。我们还帮助四川齿轮箱厂制订过对德国进口电炉使用性能的检测方案、验收标准,并参与验收工作。作为回报,四川齿轮箱厂提供给我们该电炉全套图纸,这对我厂的设计工作有大帮助。我还参加过国家实验电炉标准的起草和制订工作。

重庆电炉厂生产工业用热处理、熔化设备。在计划经济时代,有国家计划产品支撑着,日子好过。改革开放后,重庆市生产摩托车的民企增多,电炉产品供不应求。同时,市场对电炉产品也呈现了多样化需求,于是我们成立了重庆电炉厂下属的独立法人的重庆实验电炉厂,专门生产供大专院校、科研机构使用的小型实验室用电炉。

我有幸在实验电炉厂工作了几年,接触了重庆大学、重庆科技学院、核工业研究所、兵器部五九所等科研院所,了解到实验室专用电炉设备,在我们国家还处于相当落后的状况。因没有专业实验用产品的生产,以前学校的实验设备都是自己做的,受条件和专业技术限制,这些电炉热损失大,控制精度低,只能勉强使用。在这个领域,国外早已有几十年的生产历史,而我们才刚起步,买一台进口实验电炉设备一般都要几百万美元。

这件事情给了我很大的触动,作为电炉人,应该为改变这种状况做出贡献。我开始思考这个问题,怎样根据我国现有的条件因地制宜,生产出能满足科研需要、有自主知识产权的电炉产品。

我开始收集这方面的情报和技术资料。因为工作原因我与重大联系比较多,在过去的20多年时间中,我与重大材料学院冶金系共同研发了多种实验电炉产品,满足了科研和教学需要,有些产品还被卖到了清华大学和美国。

我喜欢思考问题。对每台电炉的研制,我都要在原来的基础上进行改进,让新产品效果更佳。重大冶金系的保护渣(下称炉渣)研究,全国一流,因而对研发的电炉设备要求也在不断更新。就在我退休那年,我又与重大文光华教授研制出了可以通保护气体新型热丝法电炉,用热丝法方式来分析炉渣方便又快捷,我也从中认识到这个技术在炉渣分析上的发展前途。2007年,我退休了,但我没有放弃对热丝法实验电炉的研究。

实验室电炉,顾名思义,是做实验用的,体积、电功率、控制系统都不可能很大。我研发的第二代热丝炉使用铂金丝作发热元件,因为受自身散热影响,最高温度只能达到1300摄氏度左右,不能满足高温炉渣的研究需求。2015年,重大文教授向我提出在热丝炉上搞辅助加热的课题。这之后的一年里,我一直在思考这个问题。据我了解,目前日本此类实验炉体积大,还不能通保护气体(我研发的第二代产品就可以通保护气体了,这对科研大有帮助)。而日本这个热丝炉辅助加热,用了70克左右的铂金丝绕制的加热圈,采用传统电阻加热法,这种方法维修成本高,发热温度不易控制且热损失大。我不能跟着人家屁股后面跑,一定要设计出有自己特色、有自主知识产权的辅助加热方法。通过冥思苦想,终于在2016年7月的这一天凌晨5点钟,我想出了入手方向:从椭圆定义(到两个定点的距离之和等于定长的点的轨迹)出发,开展研究。我马上起床进行草图勾画。最终,我用了在平面几何中学到的知识,采用椭圆有两个焦点的原理,在一个焦点上放置一个手指头大的小型灯泡作发热体,通过椭圆圆周曲面反射,热量会聚集在另一个焦点上,可实现辅助加热。

原理有了,要它变成实际产品还有一段过程。首先是理论上的计算问题。摆在我面前的难题是:第一,首次设计无经验,如何确定椭圆的两个焦点的距离,好在有了以前开发电炉的基础,这不算很难。第二,最大的难题是这个椭圆形反射面积要多大才能使聚集的热量恰到好处,即椭圆的X轴和Y轴间应各取多少? 这些都是摆在我面前要克服的难题。X轴和Y轴取大了,电炉体积大,可能要破坏原有的设计规范;取小了,聚集热量又不够,温度上不去。为了稳妥,我进行多方案设计,择优选择。另外,我还买了装饰用的聚光灯进行剖析、研究,最后确定了椭圆的加工尺寸及灯泡功率。第三,应该采用什么材料? 为使灯泡散热条件好,使用寿命长,我选用散热好的铝合金来加工椭圆聚能体,在椭圆曲面还进行了表面真空镀膜处理,聚热效果相当好。加工是用有3D技术的万能加工中心,为此我还专门学习了三维制图技术。通过两个月时间的技术准备,全部采用国产材料制造、国内第一台带有辅助加热、具有自主知识产权的新型热丝法电炉诞生了。而这项加热原理也已经申请了国家专利。

经过测试,添加了辅助加热后,实验温度能达到1700摄氏度,完全满足了各种炉渣的研究需求。因采用聚光加热,增加的光源使原来不透光的炉渣清晰可见。这项技术研发成功,使这个炉子不但能在冶金实验中使用,在煤炭研究院也能使用。为扩大应用领域,现已经在原基础上研发出第四代可通蒸气、可中途加料的新炉型,售价只有同类进口产品的十分之一。

现在我已到古稀之年,回顾一生,虽然回城后进了一个名不见经传的小厂,也没干出惊天动地的大事,但这项辅助加热技术的成功研发,使我有了成就感。我为自己是重庆南开中学的学生而感到自豪!

坚实的一步

初1968级2班　霍羊城

　　忆当年,在重庆,1965年夏,我从巴蜀小学考入重庆南开中学。班主任像送喜报一样,把录取通知书送到我家,我哭了,终于能进入梦寐的南开了! 上课,我扑向红专楼;下课,我冲过桃李湖,撒野足球场。然而,风暴来了,停课了……家父甚为焦虑!

　　一天,家父的老战友韩叔来我们家:"眼下学校乱了,你们怎么想?"韩叔沉思着问。我们面面相觑,一时不知如何回答。"华莹山下有个农场,没有电,很艰苦,你们有没有勇气去务农?"这时,韩叔刚毅的眼神平和了许多,严厉中又充满了关爱。看出我们有些犹豫,韩叔耐心地开导说:"去务农,可以学到书本里学不到的本领。艰苦磨难,是人生一大财富。怕苦的人,没出息!""我们不怕苦!"大家经不住韩叔的激将法,一齐抢着说。"好嘛!"韩叔笑道,"去农场,除了干活,还得早上出操,晚上站岗,收工'天天练',全都不能少。"

　　就这样,在韩叔的关怀下,我来到高滩农场。韩叔说得一点都没错,这里相当艰苦,住草房,点油灯,洗衣洗澡下河沟,毛巾一下水就黄,人一出工就黑。夜晚班长一吹灯,那夜黑得伸手不见五指,着实令人恐惧。白日里,我放牛,天麻麻亮,就背起一人高的背篼,带上镰刀、干粮、水壶,匆匆赶牛上山,踏着傍山小道,翻过五道山梁,来到深山草场。牛群遍野慢嚼,我满山割草。"草要着着实实两大篼,夜里喂。"班长的话使人不敢懈怠。农活看似简单,可两个生手要割着着实实两大篼的草,谈何容易? 只能多出力,拼命割,就是不停手。太阳落山时,我终于割满两大篼草。可这时,我们全都没有成功的喜悦,而是发愁怎样才能把这两大篼草背回去。没法子,只能咬咬牙,我们相互帮助将背篼放上肩再起身,那重量,与我们的体重相当。赶着牛,拄着棍,我们开始一步一步往回挪。上山,四肢并用;下山,两腿打战。走出山口,月牙初升,我老远就看见班长张望的身影,就像看见救星一样。"班长,南军手割了。"我连忙报告。"莫来头(没关系),找卫生员,饭在屋里。"班长说完,抢下背篼,赶着牛,我们则一路小跑走了。

刚填饱肚子,响亮的军号刺破夜空。"快!点名。"班长一声大吼,抓起腰带冲出房门,我们一边追,一边扎腰带。沉静的山脚下到处是"咚咚"的跑步声。队部门前有一盏气灯吐着蓝色的火苗,不大的操坝(场)立着简陋的篮球架。各队从四个方向几乎同时到达。"点名!"连长一声令下,全连"唰"的一声立正,"稍息",连长敬礼后开始一一点名,他就是这支农场的最高首长,嗓子亮,调门高,所以手下的兵也跟着"嗷嗷"叫,一时间,只听点名和应答的声音在山谷中此起彼伏,久久地回荡……"霍开元!""到!"点到三排九班我哥啦……"韩南军!""到!""霍羊城""到!"我们哥仨都学着老兵拼命高叫,无奈南军和我嗓音细,中气不足有些发飘,队列中有人偷笑……"哪一个?不严肃!"连长厉声喝道,并肯定我们说:"还要得!看来能吃苦,好样的!"他话虽不多,事后却着实让我们仨激动了好多天。

深夜间,最要命的事是换岗。就像唐僧西天取经,要饱受九九八十一难,磨难的事,多了去啦。那时人小活重,头一沾枕头就不知道醒。每次在梦乡中都会被带班员摇醒换岗,困得睁不开眼睛,迷迷糊糊地摸黑出门。"记住口令!""丰收!""提高警惕,去吧。"说完,带班员就消失在夜幕里。哨位设在牛棚、猪圈、仓库边,那是农场的全部家当。山里没有敌情,只有野兽时常出没。老兵讲过许多夜里野兽伤人、咬死牲畜的事,因此心生胆怯。"赛虎,赛虎。"我悄悄呼唤,一条黑影飞快地蹿来,我胆壮了。赛虎很勇敢,我和南军经常带它下河洗澡,有好吃的,总忘不了它。每逢夜间放哨,它都风雨无阻地跟着一起守护。

生产部队每周一三五出操,收工后1小时军事训练,当时叫"天天练"。军事训练,真可谓难关道道,道道难关。出操以队列训练为主,目的是要作风过硬,纪律严明。几天下来,手臂又酸又麻,肩膀又红又肿,两腿疼得上厕所都蹲不下去,真的吃不消了,心里一阵阵地想打退堂鼓。就在这节骨眼上,韩叔"艰苦磨难,是人生财富"的教诲让我们没有倒下;"谁怕苦,就收枪"的命令,激励着我们咬牙训练。经过半年的摸爬滚打,勤学苦练,我们仨的军事技术有了长进,队列动作也都有模有样。

转眼间,冬天来了,我们也要回去了。回首在农场经历的这大半年时光,天天上山，日日操练，穿破了几身军装，踏破了十几双胶鞋，晒黑了皮肤，炼红了思想，磨炼了坚忍的意志，培养了特别能吃苦的作风。连长说："这仨要是当兵，个个有出息！"班长拥抱我们说："好兄弟，这一去，谁再给老哥写讲演稿啊。"这句话，叫大家动容。

开春了，一个乍暖还寒的清晨，南军气喘吁吁地跑来，拉上我和开元，直奔他家。来到他家后院，只见一个熟悉的身影，正在全神贯注地舞剑。我们收住脚步，静静地观看。此时，漫天朝霞映红了波光粼粼的水面，透过丛丛梅林，洒满院落。韩叔当年40岁过半，在霞光的沐浴下，精神抖擞，风华正茂。他上穿白褂，下着军裤，脚蹬靴子，身手格外矫健。他一会儿指天画地，左劈右闪，一会儿回头望月，剑刺天狼！一把青龙剑，寒锋呼啸；两束红缨穗，迎风飞舞。我们仨看得手痒，一起学着比画。韩叔练罢收式，装剑入鞘。"韩叔早！教我们练剑吧。"我和开元上前问候。"别急嘛，都过来。"他接过南军递上的毛巾，笑呵呵地坐在藤椅上，轻轻蘸着脸上的汗水，"看看吧，那是你们的成绩单。"说着目光向下一扫。原来，小木桌上一本《毛主席语录》下压着几张来自农场的鉴定表，我们仨抢过来，紧张地看着。连长真够意思，除了指明缺点外，对我们的肯定也是充分的。"下农场表现不错，有长进！可以去当兵了？""那就都下连队，踏踏实实干。还是那句话，谁干得不好，就不配穿军装。"

他那神情，庄重又慈祥，他那目光，充满期望，令我一生难忘。如今，无论在天涯海角，还是到地老天荒，每当我回想着那情那景……心中就燃烧起催人奋进的火焰！

我的初心圆梦路

高1966级4班　江明友

我是工人的儿子。做个好工人,是我儿时的梦想。1963年,我从重庆南山中学初中毕业,考入了重庆南开中学。

南开中学,梦想在这里点燃

进入南开,看到的第一幅大标语,就是挂在勤俭楼下的"教育,为无产阶级政治服务。教育,与生产劳动相结合"。紧接着,工人出身的周远明升任学校副校长。为了让学生的学习与生产劳动相结合,学校每个班都分到一块菜地,班上指定了劳动委员,我们每周都要上劳动课。

因为住校,我也有时间阅读一些社会科学方面的书籍。特别是欧洲早期社会主义和工人运动活动家李卜克内西的故事,给我留下了深刻印象。同时,我也开始翻阅国内的一些政治书籍。从高二开始,我担任班上的团支部书记。校团委书记孙灵碧老师勉励我们要树立远大的抱负和政治理想。曾仲莉、李树生成为我们学习的榜样。

于是,我的学习目标也变得明确起来,希望能成为一个工人活动家,有机会到工人群众中去,做一个对社会有用的人。我向学校党组织递交了入党申请书。

"文革"开始以后,我作为学校"毛泽东思想红卫兵"(以下简称思想兵)的负责人,带领全校保守派同学参加军训。大串联结束后,思想兵解散了,我在短暂的苦闷中,开始思考学生运动的方向,决定带领部分同学走"与工人阶级结合"的道路,很快得到同学的认同。于是,我们20几个同学与望江厂联系后,集体开赴工厂,开始了与工人同吃同住同劳动的生活。我们白天在车间上班,向工人师傅学习,晚上,住在位于郭家沱的工人集体宿舍。记得我们班的唐素云、王邦碧、高炎陵、向心德,还有高三5班的邓蜇濒、朱蜀华等同学都参加了。不拿工资,真心实意地向工人师傅们学技术,与"工人纠察队"(保守派)的师傅们谈心,走出了一条与工人阶级结合,"抓革命,促生产"的路子。两个月后,工厂出现两派斗争激化,我们才撤回学校,并加入了"反到底"。作为学校反到底组织,我们仍然坚持到工厂去的方向,去到位于铜元局的长江电工厂,边参加工厂劳动,边搞宣传员。一段时间后,由于形势变化,我们一致决定各自回家。

不久,我接受了创办重庆市反到底组织的铅印报纸《重庆反到底之声》的任务。作为主编,我在《发刊词》里写道:"阿芙洛尔巡洋舰的炮声,为中国送来了马列主义。走与工人阶级相结合的道路,是中国共产党人的正确选择。"

报纸出了创刊号后,学校开始征兵。我感觉恢复高考希望渺茫,不如先参军再说,于是走上了投笔从戎的道路。

国防工业,梦想生长的沃土

1979年,我从总后第22分部转业回到重庆。当时市军转办给我两个单位选择,一是重庆市中国银行,一个是重庆市委国防工业办公室。我想,国防工业是中国产业工人的精华所在,就选择了到国防工办去工作。

这时,正值党的十一届三中全会召开,拉开了改革开放的序幕。谁也没有想到,40年改革开放的历程,在给祖国带来翻天覆地的发展变化的同时,也让国防工业的产业工人队伍经历了一个凤凰涅槃、浴火重生的艰难历程,更让我与这支队伍结下了休戚与共的不解情缘。

那一年,邓小平对世界局势做出了"和平发展"的基本判断。随即,中央宣布百万大裁军。国防工业由饱满的军工生产转入"保军转民"轨道。大批军工企业的军品任务直线下降,每个企业都从零开始发展民用产品,到市场上与民用企业争饭吃。大量工人下岗或转岗,军工设备被大量闲置,职工经济收入急剧减少,昔日的军工"光环"不再,继而出现的是大批工厂,尤其是过去从大城市来到深山沟的大三线军工企业,难以维持生计的局面。重庆市是大三线企业最集中的地方,也是特大型常规兵工企业的摇篮。中央非常重视这里的国防工业的稳定和发展,派王震来重庆市委小礼堂做报告,报告内容牵动了几十万重庆国防产业工人的心。我记得报告会参加范围扩大到了教育界,重庆南开中学几位老领导傅震垣、刘竞华、周远明也都参加了。报告会结束,后三位老领导还到我当时在市委大门口旁边的家里小坐,说起在"文革"初期重庆南开中学保卫学校档案室的事情和我们当年去工厂的事,感触良多。他们也为重庆市国防工业的稳定操心。

我在国防工办是搞新闻和宣传工作。我唯一能做的,就是精心搞好职工队伍的思想动态报告,大力宣传重庆国防工业企业的"保军转民"取得的成就。我采写的望江厂为民用企业开发并生产技术装备的大型报道,被新华社重庆分社推荐上了《人民日报》的头版头条,并占了整版篇幅。

1981年,王谦调重庆任市委书记,兵器工业部与当时已经是国家综合经济体制改革试点城市的重庆达成《部市合作》协议,将我们市委国防工业办公室整体划转给位于大坪的四川省第五机械工业局,组建国家兵器部西南兵器工业管理局,负责管理云、贵、川几十个兵工企事业单位和二十几万职工。体制的变动,任务的下滑,收入的下降,开发市场需要的民用产品的艰巨,让处于深山老林的兵工队伍倍感压力。一些工厂职工开始出现要求搬迁,就近向大城市靠拢的闹事事件。有的工厂搬到大城市以后,没有养家的产品,生产生活难以为继,也发生了群体事件。我作为宣传部长,既要拼命工作,鼓励企业上民品,又要当好"消防队员",做好"稳大局,稳人心"的工作。通宵达旦写东西是家常便饭。有一次,我95岁的老父亲因病情危重住院,但西南兵器工业年度工作会议又召开在即。为了赶写局年度工作主报告,我只好与父亲窝在一个病床上,一边照顾他输液,一边熬夜写文件,干了个通宵,终于拿出了近两万字的报告稿。

还有一次,我们一个从华蓥山光学基地搬迁到了成都新都的工厂,因为没有主打民品,工厂停产,工人闹事,连同家属,1万多人上街堵塞交通,把川陕大动脉阻断了十余天。这事惊动了中央,新华社《国内动态清样》(给政治局看的)连续发了几期稿。我临危受命,带领局里几个部门的同事赶赴现场做说服疏导工作,被群情激动的人们殴打谩骂吐唾沫,最后终于疏散了群众。然后,我们帮助他们开发与汽车和摩托车配套的光学产品。工厂在开发新产品的过程中历经了种种艰难困苦。记得他们的总工程师身患肝癌,还没日没夜地带领大家搞技术开发,吃的也很差,几乎每天三餐都是白水面条,他曾几次晕倒在生产现场。我白天与他们商量工作,为他们争取到上级和兄弟工厂的支持,晚上挨家挨户访贫问苦。看到家家户户大人小孩天天都吃白水面,勒紧裤带搞生产,我忍不住泪水直流。还好,经过3年艰苦努力,与工人朝夕相处,患难与共,一起流泪,流汗,流血,结下了深情厚谊,终于让这个厂步入正轨,走上了健康发展之路。

兵器工业经过浴火重生,走上了蓬勃发展的"保军转民"之路。长安汽车冲破计划经济的重重阻力,终于拿到了国家计委的生产目录,开始量产并投放市场。要知道在此之前,厂长谭细绵曾经面临过坐牢的风险。当时的市委书记孙同川给他打气:"如果你因此去坐牢,我就去给你送牢饭!"

嘉陵本田、建设雅马哈相继量产,带动了整个兵器工业各厂的发展,也同时带动了一大批地方中小企业的发展。

但是,经济发展了,体制和机制还是老一套,这严重束缚了企业发展。当时最大的问题,一个是分配体制上的"大锅饭",不是按劳分配,而是论资排辈。几年坐一次"大篷车",有的生产班组发生正副组长争工资指标的笑话。班组会开到半夜,组长上厕所,副组长让大家表决,结果组长落选了。另一个是推行厂长经理负责制,与党委产生了矛盾。党委工作如何全心全意地转移到"以经济工作为中心"的轨道上来,已成为当务之急。

面对这个问题,我做了大量调查,决心从我管的宣传部门开始转变,在我们的几十家企业和部属院校、科研机构,全面推行"大宣传"模式,把党的宣传工作重心,彻底转到"以经济工作为中心"的轨道上来,全力支持厂长经理提出的年度工作目标任务。动员党政工团紧紧围绕这个中心运转,支持工厂破除"大锅饭",改革分配制度,宣传部门也全方位参与经济工作的各个环节,及时为行政领导排忧解难。这一招不仅稳定了政工队伍,受到了厂长经理的广泛欢迎,而且宣传部门的职能和队伍也扩大了,宣传部长被提拔重用,工资涨幅也大大增加。记得有一个企业,厂长在一年内亲自嘉奖了宣传部部长五级工资,并且在这之后不久,这个宣传部长就被提拔为党委副书记。尤其是长安、建设、嘉陵、空压、望江、长江、江陵这几个特大型企业,宣传工作出现一派繁荣的局面,在推动长安汽车过万辆大关和嘉陵股票成功上市等工作中,发挥了出色的作用。

很快,大宣传工作思路得到了中央领导和当时的全国职工思想政治工作研究会的肯定。李瑞环同志派中央政策研究室朱宏处长专程来重庆,向我做调查,我又陪同他去了几家企业。他回北京后,向中央做了汇报,并亲自在《工人日报》发表了他的调查报告。

1993年12月,国家经委主任袁宝华点名让我在全国党委书记思想政治工作研讨班作大会发言。由此,"大宣传"的工作思路在全国推开。

机械电子,追逐梦想的大舞台

梦想没有平台,也许只能永远是梦想。我的舞台扩大,是正好碰上了国家行业管理体制变动的好时机。

那是1986年,国务院决定把当时的兵器工业部与机械工业部合并,成立了由邹家华(老南开学子)为主任的国家机械工业委员会。1987年,电子工业部也被合并了进来,成立了国家机械电子工业部。三大行业并在一起,这个产业工人队伍不仅是中国工人阶级的核心力量,而且数量几乎占了中国产业工人队伍的半壁江山。当时,我作为部里思想政治工作杂志《企业文明》的总编,同时兼任中国机械、电子和兵器行业政工研究会的副秘书长。中国机械电子工业部每年的年度工作会及政工方面的各种会议,我都全程参加,并担任小组联络员,参与大会文件起草和会议组织联络工作。曾培炎做部长后,他在全国机械电子工业思想政治工作会上的报告,就是我带着行业里几位笔杆子起草的。记得1993年初,请朱镕基总理来我们部的年度工作会做报告,讲到我们在已经开始的"入世"上谈判得并不顺利,一旦"入世",汽车等大型工业产品的关税将不可避免地大幅下调,要求大家,尤其是一汽、二汽这样的龙头企业做好准备,迎战入世后的第一个冲击波。我正好是一汽、二汽、上汽等十几个特大型企业的小组联络员。会后讨论,大家都惊呼"狼来了"!几乎众口一词的"无处可逃"的情绪。部领导听取了各组联络员汇报,何光远部长、胡启立副部长要求大家转变观念、振奋精神,经受改革开放大风大浪的考验,转化危机,做好迎接"入世"的各种准备。经过几年工作的锻炼,我的工作视野,从重庆转移到了北京,从西南兵器扩大到了全国机械、兵器和电子工业的产业工人队伍。

借助这样的平台,促使我思考了很多宏观的理论问题和实践问题。一是改革开放大潮,猛烈冲击着陈旧的领导体制、管理体制和传统观念,广泛涉及各阶层、各利益集团和人们的社会地位及经济利益,"失落心理"已经成为当时社会性的多发病。于是,我写了《改革中的失落心理初探》一文,很快被全国政工研究会评为优秀论文,并获"优秀论文奖"。由于我在全国政工战线历次工作的出色表现和理念创新,我连续8年被聘为中国思想政治工作研究会特约研究员。我退休以后，还先后被聘为中国机械工业政工研究会专职副秘书长、《中国机械企业管理》杂志总编。2005年，中国政工研究会欲聘我为中国企业文化研究服务中心副主任，但因我母亲当年快100岁了，"父母在，不远游"，于是我放弃了也许是我人生的最后一个舞台。

起草《决定》，梦想升华为历史担当

1994年初，中央全面分析了改革开放大局和国内外形势的需要，决定要尽快出台一个《关于加强和改进企业思想政治工作若干问题的决定》。起草工作由中宣部和国家经委牵头，责成中国职工思想政治工作研究会组织力量完成。于是成立了一个由5人组成的起草小组。这5个人分别是：全国政工研究会秘书长罗红军（国内最知名意识形态专家之一）、全国政工研究会副秘书长顾江（全国政工研究会最权威最资深的理论工作者）、北京市委宣传部部长郝真（女，北京市委常委、著名理论工作者）、西南兵器工业宣传部部长江明友（中国机械电子工业政工研究会副秘书长、《企业文明》杂志总编、全国政工研究会特约研究员、重庆市科学社会主义学会副会长）、江西南昌飞机制造公司宣传部长陶辉武（全国政工研究会特约研究员）。起草工作由国家经委主任袁宝华（原北大校长）和中共中央党史办副主任李传华领导。总的要求是，坚持四项基本原则，坚持中国特色社会主义道路，坚持和发扬党的思想政治工作优良传统，总结和吸收社会主义现代化建设新时期思想政治工作的优秀成果，深刻吸取苏联亡党亡国的沉痛教训。内容上要与（1993年11月）刚刚出台的、党的十四届三中全会通过的《中共中央关于建立社会主义市场经济体制若干问题的决定》衔接配套。

由此可以看出，起草这个决定，是党中央审时度势，在中国历史发展转折关头和世界社会主义运动遭遇重大变局的情况下，做出的一个重大决策。我们的这个文件，必须正确回答和解决以下4个重大问题：

（1）改革开放条件下，我们党要不要坚持和改进思想政治工作，要不要坚持对思想政治工作的领导。

（2）改革开放条件下，我党思想政治工作的基本内容、方针、原则和方法是什么。

（3）如何创新企业思想政治工作的内容、体制、机制、方法，全面提高企业思想政治工作的吸引力、说服力、战斗力和工作效率。

（4）如何正确引导产业工人这支工人阶级的中坚力量，适应改革开放条件下新旧观念、新旧分配方式和行为模式的转变，从而在社会主义市场经济体制建立的过程中，焕发新的活力。

在这些大原则下，每一个成员对一些具体内容的理解和设计都是不尽相同的。因此，争论在所难免。在我所承担的第四和第五部分内容中，主要涉及企业思想政治工作的体制、机制、方法的改进与创新问题，包括如何学习借鉴发达国家企业的文化和企业管理的有益成果问题，在模式的选择和内容的取舍上是有较大分歧的。尤其在企业政工领导体制、机构设置、职能划分和工作范畴这些问题上，我始终坚持了党委领导、党政共管、围绕经济中心、拓展工作职能和范畴的思路。反对缩小编制和职能，搞什么"企业思想政治工作新格局"，把党委组宣纪办合成一个党委工作部，路子越走越窄的方案。我的方案实际是把西南兵工大宣传的成功经验写进了文件，得到了袁宝华、李传华两位领导支持，最终成为大家的共识。

这个文件起草完成两个月后，中央就以中共中央办公厅文件下发全国执行。同时，我又独立完成了《中国兵器工业总公司党组关于加强和改进企业思想政治工作若干问题的决定》的起草工作。该文件以总公司党组1995年一号文件下发全国兵器工业执行。

话说到这里，我开始明白了，从重庆南开中学到现在，我一辈子只做了一个梦，就是把自己融入产业工人队伍，成为其中一员，又为这个队伍的成长成熟和发展鼓与呼。

我的这个梦，始于重庆南开中学，圆于北京。校训"允公允能，日新月异"是梦的灵魂，情系工人兄弟，"不以物喜，不以己悲"是梦的内涵。我用几乎一生的时间，脚踏实地地在困境中探索，在失败中成长，在成功后全身而退。为了实现这个梦想，我放弃了市委后备干部的机会，1983年市委秦玉琴副书记要我回重庆到市委组织部工作，兵器部不放，我也自愿放弃了。1994年，上面要我做局党委书记，都已经抄报到四川省委了，因为不是我的所想，也被我婉言谢绝了。我始终相信，我的梦想，不是官位和金钱，而是事业和快乐。

无怨无悔，我的产业工人梦！

漫漫入党路　拳拳赤子心

高1967级8班　李代文

"遗憾"这个词,在我一生中还真是遇到了,但经过几十年的磨炼,又觉得遗憾被消除了。

这要从勉强去当兵的选择说起。说我当兵很幸运,确实如此,因为这不仅使我逃脱了上山下乡的任务,还让我的人生从此走上了一条特别的道路。其实当兵并非我的初衷。

1968年3月,部队到学校招兵,也没勾起我的兴趣。班上的光辉同学被选为陆军后,海军又到校招兵,身强力壮的他又被海军看中了。光辉很快告诉我,他那个陆军名额还留着的,问我愿不愿意当兵?当时我未置可否。"好铁不打钉,好儿不当兵",这是过去流行的一句老话。进了三中门就好像一只脚踏进了大学校门,以后真的就不准备读大学了?但现实是,"文革"武斗刚平息,中央三令五申复课,但就是复不了课。与其这样混日子,不如去部队干两年,我已是解放军叔叔了,他们可能还在搞"文化大革命"。有了这种想法,我才勉强答应去当兵。

干得风生水起

来到云南宜良狗街昆字166部队,才知道那不是野战部队,而是一所军校——昆明军区政治部直属简易翻译训练大队。我分在三中队学习泰语,任4班班长。到了这里,我积极努力,想做出一番成绩,平时不仅带领全班学习,成绩靠前,扑灭山火时也和本班战友程极冲锋在前。课余,我还和几位战友为中队办墙报、黑板报等,受到中队领导的赞扬。入伍不到半年,我就被推选为昆明军区学习毛主席著作的积极分子,还代理过区队长工作。看我工作还不错,指导员找我谈话,要我当文书,毕业后留在中队工作。但这让我很犯难:当了文书两年后可能回不了重庆,怎么能圆大学梦呢? 我找了很多理由推托,指导员始终不答应,最后我想到一个"金蝉脱壳"的办法:我向指导员推荐了一名高三的战友,他是原学校的团委副书记,现在是中队文艺宣传队队长。指导员最后好歹还是同意了。

1969年5月毕业,我代表全中队学员在全校发言:"飞向祖国最需要的地方,雄心超越高黎贡山。"

毕业后我被分到54军军直高炮3连。一星期后,连里决定让原文书调离,让我当文书。这是"命令",不能讨价还价。我负责办了一期黑板报,不是用粉笔而全是用毛蘸了笔彩色颜料来书写,一举夺得军直系统黑板报第一名。在连队的5个月里,连里对我的印象颇好。军作战处长还想调我去他那儿工作。

1969年10月,54军调防河南新乡,昆明军区下令我们学习外语的必须留在云南。在等待新部队来接纳期间,我滞留在楚雄。一天晚上,一个百货公司失火,我们几位战友闻讯自觉冲在最前面,奋力扑灭大火,然后悄然离去。事后,我们在旅馆听人议论:那几位解放军真勇敢,还不留名。

新成立的11军31师师直高炮3连接纳了我。真巧,到连队不到1个月,又令我当文书,抢了连队文书的饭碗。我这个高中生,在连里很吃香,会写一点小文章,还会点美术字,会识一点简谱,成了连队的宝贝。连队地处边疆,隔河便是越南。我提了一个建议:突出政治,美化营区。把易生树枝剪成节,用扦插方式以美术字摆出大型标语,内容为"三热爱四无限"。这个建议得到了连队支持,派人去平地砍树枝扦插。几天后,树枝扦插成活,由它们组合而成的标语,看上去端庄雄厚,富有艺术和生机。其他连队闻讯后赶来参观,我还被借到各连队传授扦插技术。在独立营,很快就都知道3连有个李文书。

入党愿望受挫

那个年代,毛主席的最新指示和中央的文件精神比较多,很多是通过晚间新闻发布的,之后由部队记录并迅速广播。每到这种时候,我可忙了,我这个连队文书干起了营部书记的工作,经常是半夜记录,连夜刻钢板、油印,把内容分发到连队学习后,还要将学习情况搜集整理汇报。没日没夜地忘我工作，整出了严重的神经衰弱。营领导听说我这个热情奔放的战士还不是党员，要连里尽快解决我的组织问题。指导员找我谈话："你应该向组织靠拢了。"我还真没想过在部队入党的问题，我告诉指导员，在下连队时，我和另一位战友有个口头约定：当兵3年后在重庆相见（这个战友是高三的校友，是个死做大学梦的人）。

指导员听后批评说，你这想法不对呀！部队是个大熔炉，可以得到很好的磨炼。解放军就是一所大学校，你现在不是已经在读大学了吗？你还要读什么样的大学呢？你工作好，学习好，上下级关系也不错，是个好苗子，我们党需要这样的人。如果你愿意，我和连长都可以做你的入党介绍人。这次谈话后，我思索了许久，考入重庆三中做了大学梦，可"文革"却冲毁了大学梦，眼下同学纷纷上山下乡，哪里还有书可读？能留部队就留吧，思想上由"混"变成了"留"。

我很快写了入党申请书，不久连党支部讨论我的入党问题，结论是：个人表现绝对没问题，但其父亲"躲兵"一事是"重大历史问题"。"躲兵"，是我爷爷怕我父亲被抓壮丁，托我二爷爷的关系，求一个国民党高级军官介绍父亲到国民党重庆军事委员会机要室当通信员，这是我在申请书中主动"交代"的。指导员找我谈话说："军事委员会机关太大，而且你父亲还在机要室工作，政审关很难过。"营里知道后，叫连里马上派人外调，谁知外调无结果。政审通不过，入党哪能成？脑里刚有点"留"的意思，一下子便荡然无存了。1971年3月，我提出退伍，毅然离开部队。送行时，指导员很惋惜，还开玩笑地对我说："当初你不'老实交代'，就没有今天的送行啰。"

退伍后，经过两次安置，我到了重庆无缝钢管厂。工作两年后，我又写了入党申请书，因"躲兵"问题，结果都一样。点上一样，面上也一样（我姐姐也因"躲兵"问题和我有一样的遭遇）。"四人帮"被打倒后，我再次写了入党申请书，可3年过去依然毫无音讯。这时候有人劝我去参加民主党派，被我谢绝。

其实，我早就有入党的心愿。1965年，我就写过入党申请书，那是重庆三中团委在团支部书记中开办党刊学习时写的。我姐姐是重庆三中高1964级毕业的，知道我参加了党刊学习，特地为我买了一本刘少奇的《论共产党员的修养》（后简称《修养》），我把它放在寝室简易书架上，不时阅读。书中引用了孟子的"天将降大任于斯人也，必先苦其心志，劳其筋骨，饿其体肤"的话，这句话也成为我的座右铭。这本书对我有太大的教育意义。

"文革"中,刘少奇被打成黑司令,《修养》成为黑修养。不知哪位同学在清理封资修的坏书时,把《修养》搜去一起焚烧了。我从外面回校看见焚书的火堆,有位同学说:"有人把你的黑修养搜出丢进了火堆。"我一听,马上找了一根树枝在火堆中翻找,居然找到了《修养》,但书的边缘已被火烧焦。我把它捡回来,小心翼翼地放到了书架不显眼的位置。为避免再次被清理,我特地在书的封面上用红墨水写下"批判读物"四个字。这本书我珍藏了多少年啊。

柳暗花明又一村

1982年,从电大毕业,我又一次写了入党申请书。组织还是认真调查,但这次比较注重实事求是了,结论是:"躲兵"只是一般历史问题,并非"重大历史问题"。12月,我被批准成为中共预备党员,后按期转正。

入党后,我勤奋工作。1984年,我被任命为车间副书记。一天,正在生产的大型设备环形加热炉突然被掉下的管坯卡住停止运转,这是要停产的呀! 我非常着急。按常规,要待炉冷却一周后才能进入炉膛内排除故障。等了3天,我坐不住,到环形炉旁边去察看,钻进炉口去试探,感觉还受得了,但炉膛的温度如何我就不知道了。为安全起见,我同车间设备主任商量,最后决定钻进炉膛去打探。我进炉膛,他在外面接应,一有不测立即采取救治措施。炉膛里温度较高,空气烘热,虽有送风,仍感窒息,头昏脑涨,但我坚持说"还行"! 虽然全身被汗水湿透,满头大汗,身感无力,但我仍艰难地向里爬行,直到找到掉落的钢管坯,心才落下来,然后顺利沿途返回。但这次查探真是冒了一回大险,是一种信仰支撑我走出这种险境。随后我们向厂部汇报,决定加大送风,车间成立敢死队,冒险排障,赢得了4天的生产时间。

我的这一举动,震撼了全厂,惊动了冶金局,受到大力表扬,称赞我的这种行为彰显了共产党员不怕牺牲的大无畏精神。之后,车间党支部被冶金局评为先进党支部,我也成了厂里的优秀党员,随即被任命为车间党支部书记、副厂长。1985年,我参加了全国经理厂长的培训,成绩优良。

如今年逾古稀,屈指一算,1965年到1982年,从申请争取入党到实现愿望,弹指17年。其间,我有过遗憾,同时我也为党做了些有益的工作,获得一些荣誉,遗憾因而随之烟消云散。

坚守初心　实现梦想

高1966级2班　梁玉兰

　　我父母出生在河北一个贫穷的农家,家境贫寒;父母没读过书,不识字,抗战时期参加革命,后随刘邓大军进军大西南,新中国成立后集体转业在重庆工作。因没有文化,他们在工作中只能一手拿字典一手拿报纸,扫盲识字。记得家里桌上还放有一把算盘,他们时常学习打算盘的技能。这一幕幕情景,深深地印在了我的脑海里。我暗下决心:长大后要好好学习,做一个有文化、有知识的人。

　　带着朴素的思想感情,1960年,我以优异的成绩考入重庆三中上初中,1963年秋,顺利升入重庆三中上高中。在6年的学习生涯中,学校贯彻德、智、体、美、劳,培养全面发展的社会主义劳动者的教育方针,以一支老、中、青相结合的优秀教师队伍传承"允公允能"的南开精神,教书育人、创新发展。

　　老一代的教师有喻娴文、郗文星、雷克婉、周家贤等,年富力强的中青年教师有全国五一劳动奖章获得者化学教师汪严渝、博学多才的语文教师王泽友、讲课生动活泼的政治教师左荣、逻辑清晰的数学老师晏永明、关心学生的英语教师吴庆华、有开拓精神的语文教师肖国樑、年青充满活力的外语教师黄云霞、物理老师张乐林和郑基蓉老师等等,举不胜举。这些优秀的老师,言传身教,将知识和探索求真的精神如春天般的雨露,润物细无声地滋养着南开的学子。

　　我朴素简单的思想发生了质的飞跃,党的教育方针和南开精神,潜移默化地融入了我的血液,铸就了我的灵魂。立志学习,报效祖国成了我的追求和目标。如今已步入古稀之年的我,回忆这段难忘的人生经历,它也是我人生中宝贵的精神财富。

锲而不舍，追逐大学梦

1966年5月，正当我们准备迎接高考的时候，一场席卷全国的"文化大革命"开始了，何时恢复高考呢？我们毕业班的学生翘首以盼，盼啊盼，等啊等，两年过去了，等来的却是"知识青年到农村去，接受贫下中农的再教育"的最高指示，全国掀起了上山下乡的高潮。

"听党的话"，这是从小就深刻在我心中的话，指引我带着16岁的弟弟踏上了回乡之路。

1969年3月，我回到了父母亲生长和战斗过的地方——晋察冀革命根据地，河北唐山农村。1969年3月，重庆已是春暖花开，而家乡仍是白雪茫茫。我和弟弟在家乡亲人的带领下，来到父母老家的村口。一位全身穿着黑色棉衣棉裤的老人迎面走来，这就是我们多年没有见过面的爷爷。跟随爸爸、爷爷，我们走进一个院子，院子的西面，有两间又矮又小的芦苇房，这就是我们的卧室，院子正房中间的过道，是厨房，锅里煮着没一点油星的水煮大白菜，锅边贴着几个黄色玉米饼，这就是迎接我们的午餐。

那时，家家户户都是这样的主食，面对艰苦的生存条件，我没有退缩，开始了新的生活。

名额仅一个，我与工农兵学员失之交臂

在两年的知青岁月中，我白天下地干活，晚上积极参加农村的社教运动，通过编写村里的革命史，我知道了父辈在抗日战争时期的许多可歌可泣的英雄事迹。

为了更好地配合农村的社会主义教育活动，我毛遂自荐，组织了一支精干的毛泽东思想宣传队，我任编导，把对家乡美好的憧憬写进歌词：油房庄好风光，稻花香来谷子黄，麦浪滚滚闪金光，贫下中农掌大印，毛泽东思想来武装。我还编导了忆苦思甜的歌剧《我站在村外的小桥上》，还有歌舞《挑担茶叶上北京》等十几个节目。《油房庄好风光》唱响了各大队，唱响了全公社，广为流传。歌剧《我站在村外的小桥上》的演员们都是本村朴实而帅气、活泼而漂亮的年轻小伙子、小姑娘、小媳妇，他们用逼真的舞台艺术形象打动了广大的社员，表演时，舞台下响起阵阵掌声和喝彩声。成功的演出，受到丰南县（今丰南区）委宣传部的充分肯定，最后选定了其中3个节目，与丰南县文工团全县巡回同台演出，同时我也获得了各级领导的表扬和好评。

我的付出获得了肯定，流下了幸福的眼泪。我不仅是文艺宣传队的组织者和编导

者,同时还任大队妇女主任、民兵副连长、县通讯报道员,还兼任大队小学的临时代课老师。虽身兼数职,在辛苦中繁忙,但我感到非常充实和快乐。我,一位南开学子,在家乡农村的广阔天地,发挥着我的光和热,做了一个有益于广大社员的知识青年。

下乡的第二年,1970年6月,我光荣地加入了中国共产党。接踵而来的是全国大专院校开始推荐、招收优秀的工农兵学员,我立即被大队推选到公社知青办参加评选。但全公社有几百个知青,只有一个名额,经公社与大队反复协商,将唯一的名额给了当地回乡多年的老知识青年,这是我第一次与大学失之交臂。

主动放弃上学机会,与大学又擦肩而过

1971年春节来临,我和亲友们正热热闹闹地筹备过春节,一封加急电报送到了我手中,是父亲发来的,内容是重庆已开始对知青大招工,让我速备个人档案材料回渝,等待机会。当时接到这个电报我很犹豫,两年的农村生活,我与家乡父老结下了深厚的感情,难舍难分。在父母的一再催促下,1971年春节前我回到了重庆。此时正值毛主席提出的深挖洞、广积粮,建设大三线。其中一项重要举措,就是进山靠水,建设新的仪表工业基地,将沿海发达的仪表工业基地如上海、南京、西安、沈阳、大连、锦州等地的20几个仪表厂,内迁到重庆北碚,分布在缙云山脉方圆30里。当局决定调一批回城知识青年,会同应届和往届大学毕业生,与内迁职工组建成立"四川热工仪表总厂"。经市劳动局推荐,我被分配到四川仪表二厂,成了一个光荣的仪表工人,后来担任厂首届团支部书记。

因是新建工厂,正常生产条件不完全具备,常常是上半个月停工待料,下半个月加班加点。为保证生产任务的完成,我组织团员和青年成立了两支青年突击队,为厂里按时完成生产任务立下了汗马功劳。突击队的事迹也成为佳话,传遍了整个仪表总厂。

正当我带领青年、团员战斗在生产第一线时,又遇上了一次推荐优秀工农兵学员上大学的机会,我想这次肯定可以圆我的大学梦了,但是厂领导却告诉我:"你已经作为青年后备干部,拟任厂党支部副书记,你去不去读书,自己考虑。"我的内心展开了激烈的思想斗争,上大学是我梦寐以求的愿望,但心想作为一个党员和党的书记,怎能一事当先,先替自己考虑呢? 于是我将这唯一的名额让出给工人兄弟,自己再次与大学梦擦肩而过。

结婚生子,难圆高考梦

没有料到放弃了第二次上大学的机会,以后的求学之路,将更加艰难曲折。1975年底,我当选为四川仪表总厂首届党委委员,从基层调到了总厂领导机关,任总厂团委书记。围绕党的中心工作,我在广大的团员青年中开展了"双争一创"的活动,鼓励大家争当优秀共青团员,争当新长征突击手,创建先进团支部。

在这期间发生了两件大事,第一件大事是党中央一举粉碎了"四人帮",我们立即组织了文艺宣传队,深入到各厂及附近的人民公社、煤矿、机关等巡回演出。第二件大事是嘉陵江发生了百年不遇的洪灾,好几个厂包括总厂机关都被洪水包围,团委号召各厂青年团员与本厂职工一起,组建抗洪救灾抢险队,在洪水中抢出了大量的生产材料、半成品、成品,为保护国家财产做出了重大贡献。这当中涌现出了大量的先进集体和个人,评选出全国新长征突击手1人,四川省青年突击手3人,四川省先进团支部两个。紧张而繁忙的工作,我无暇顾及个人的终身大事,一直到30岁成了大龄青年后才匆忙结婚生子,因为我是高龄孕妇,怀孕反应非常严重,到基层检察工作来回颠簸,有了先兆性流产的迹象,需静卧休息1~3个月,恰好这时高考恢复了,这可是国家给老三届的学生应该完成的学业提供的最好的一次机会啊,我该怎么办呢? 工作繁忙,结婚生子,我不得不放弃1977年的高考机会,第三次痛失良机。我难圆高考梦啊!

携儿上夜大,脱产学习进西师

虽然我失去了高考的天赐良机,但我不改初心,立志学习,不达目的不罢休的信念没有变。我决心要找到适合我的一种学习方式,终于在众多的自学成才方式中,选定了去北碚职工夜大学习中文,白天上班,晚上和每周公休日上课。为了学习,我将两岁多点的儿子送到幼儿园全托。但遇到星期天,孩子爸爸又经常出差,只好把儿子带到学校,和我同桌上课。他常常露出半个小脑袋,好奇地望着讲课的老师,这个情景被班上好几个同学写进了毕业论文。

终于机会降临到我头上了,总厂党委拟选送10名干部到西南师范大学政治系(后简称西师政治系)进行脱产学习两年,我有幸跨进了高等学府的大门,跟1983级的应届大学生同班学习。在校期间,我扎扎实实地学习了政治专业的各门学科,拓宽了我的视野,提升了我的理论水平,我的思想得到了升华,打下了坚实的理论功底和基础。在学习中共党史的时候,我发现1919年伟大的"五四"运动,是由一批中国早期具有初步的共产主义思想的知识分子引导的,为1921年中国共产党的成立做了思想和组织上的准备。当时,在西师著名教授彭承福老师的指导下,我撰写了《中国早期具有初步共产主义思想的知识分子对建党的历史贡献》,全文近两万字,发表在《重庆史学》刊物上,给西师政治系和总厂党委交了一份合格的答卷。彭教授曾对我说:"你是一个思考问题有深度,研究课题有能力的潜在党史研究者。"彭教授建议我继续深造,考她的党史研究生,但被我婉言谢绝了。因为我们是总厂党委送培的后备干部,又是唯一一个带着职务来脱产学习的,因此我不能辜负总厂党委的培养,应该回到我的原工作岗位。

无论是携儿子上夜大,还是脱产学习进西师,令人遗憾的是,我都没获得国家认可的大学学历文凭。不过,我仍初心不改,"不到长城非好汉",继续向更高的学历教育奋进。

坚韧不拔,终圆大学梦

川仪17厂的基层磨砺,向复合型管理者的蜕变

脱产学习了两年,我回到总厂任常务工会主席,总厂规模不断扩大,正向公司发展,对各级后备干部的要求更高了,不仅要求要有国家认可的大专以上学历,还需要具备全面领导企业的能力和水平。基于这点,总厂领导要求这批脱产学习回来的干部都到基层锻炼培养。我重返基层,被分配到新组建的四川仪表17厂,任副厂长,主要负责劳资、基建、后勤等工作。该厂是个新建厂,1985年经市经委立项,重庆市长孙同川批准,引进日本岗崎制作所铠装热电偶制造技术及成套生产检测设备。我,一个年轻的政治工作者,面对全新的工作,难度可想而知。有一次,职工住宅房工程主体封顶验收,甲乙双方代表必须到现场。我早早来到工地,头带藤帽,身穿工作服,腰间拴了根安全带,两手分别抓住脚手架,在工人师傅帮助下,小心翼翼地、一层一层地往上爬,终于到达12层楼的房顶。往下一看,川流不息的汽车,来来往往的行人,尽在脚下。我心怦怦直跳,如果一不留神掉下去,那真成了"空中飞人"了。当年我做过的最苦的工作就是基建,这类徒手爬脚手架的危险事,后来还经常遇到。

在川仪17厂,我主持了铠装热电偶竣工验收的全部工作,清理了全部引进项目的资金决算,亲自拟写了引进铠装热电偶制造技术的竣工验收报告,并组织召开了竣工验收和开工典礼大会。参加大会的中方代表有重庆市原市长孙同川和市委市府有关

部门领导、我厂领导干部和技术人员,日方代表有日本岗崎制作所的专务董事佐藤裕典、市场部河本靖三以和日方技术人员。大会最终圆满而成功举行,中日双方都给予了高度评价,这个项目的成功引进,标志着国内铠装热电偶制造技术水平已接近国际先进水平,填补了该项军工产品的空白,为新厂的经济效益腾飞打下了基础。日方代表向我频频点头微笑,并竖起了大拇指表示赞扬。会后中日双方代表共同栽下象征合作成功的常青树。我流下了成功后喜悦的热泪。

在仪表17厂任副厂长的同时,我还兼任厂工会主席,成立了第一届工会委员会,建立了厂职工代表大会制度,完善了车间(二级)、班组(三级)民主管理制度,撰写了《国有企业车间、班组民主管理制度的实践和探索》。此论文在北京召开的全国机械工会年会上获得优秀论文奖,同年获重庆市社会科学研究院优秀论文二等奖。这些成绩是由重庆三中给我的扎实的文化功底支撑着我,实践经验的积累,使我从一个既无专业知识、又无行政管理经验的年轻女干部,从一个纯粹的政治思想工作者转型成为一个企业复合型的领导人。

"沉浮"川仪13厂,临危承挑重担

随着由计划向市场转变的深入,国有企业举步艰难,准备向股份制公司转型。总厂对各厂进行了梳理分类,对领导班子软弱不力,职工队伍涣散,企业连续亏损的厂也进行了整顿,加强领导班子的建设,以带领职工渡过难关。于是我被安排到川仪13厂,任书记,负责全面工作。

为摸清情况,我采取"沉浮"两字工作法。先"沉"到最基层班组,广交朋友,掌握第一手资料,找出了13厂问题的根源:一是党政两个主要领导干部各自为政,互不配和,职工跟着来个"以人划线",各跟各的人;二是产品老化,在市场无竞争能力;三是严重缺乏技术干部。"沉"后再"浮"起来,解决上面的问题。第一步,制订整顿方案。我制订了领导班子的三会制度:厂党政两个领导班子的中心组学习会、党政工领导的联系会、厂长书记的天天碰头会。我还在领导班子提出了16个字警言:"严于律己,宽以待人,以诚相待,共创佳绩",促使"两心合一心",形成厂里坚强的领导核心。第二步,贯彻邓小平讲话精神,解放思想换脑筋,提出了"抓大放小,小要抓精"的新产品开发思路,在激烈竞争中,找到新增长点,为遏制企业连续亏损奠定了基础。第三步,将工会办成温暖的职工之家,月月有活动,季季有安排,充分调动了职工的积极性。

我把这些实践,上升为理论,撰写了《党政领导两心合一心,职工面貌焕然又一新》论文,在青岛市召开的全国仪器仪表行业政工研讨会上交流,后刊登在《中国四联仪器仪表行业企业探索》刊物上,该文还被收入了"中国企业管理论文库"中。当年我也被评为中国四联仪器仪表集团优秀党务工作者,职工赞扬我说:"上级外派来的几个书记,最受职工欢迎和喜欢的就是梁书记。"

坚守初心,终圆大学梦

在尽心尽责工作的同时,我仍然没有放弃圆大学梦的愿望。我40多岁时,中央党校成立了函授学院,设置了学制为3年的经济管理本科专业,参加入学考试的学生,必须具备大专学历或同等的大专学历,各省市党校为分院。全国统一入学考试,统一教材,统一时间,统一由中央党校函授学院颁发大学本科文凭,给全国各地的党政干部提供了获取大学本科文凭的学习机会。我以优异成绩考取了中央党校函授学院四川省党校分院,我终于成了大学本科生。

当我跨进四川省党校大门的时候,我没有像十年前跨进西师时那样的激动,我感到我是多了一份责任。为学业有成,克服时间紧,每月仅有三天脱产集中学习日,我们年龄参差不齐,我将班上仅有的七名女学员,以年龄为序组织了"七姊妹"学习小组,取长补短,各尽所能,共享学习资料和学习方法,取得了很好的效果。经过了3年的刻苦学习,每位女学员都取得了优良成绩,我也连续两年被评为优秀学员,并以优异成绩获得了中央党校函授学院经管本科文凭。四十开外的我,终于圆了大学梦,真可谓"只有坚守初心,才能实现梦想"。

梦想终圆,人生感悟

国企强强联合,组建大型国有企业势在必行。以重庆川仪公司为核心(原四川仪表总厂),整合了原重庆市仪器仪表工业局所属的大型仪表厂,成立了中国四联仪器仪表集团公司,下设两个子公司,一个分公司。要组建3个公司的领导班子,需要选拔一批年富力强、经验丰富的复合型领导干部,我就在这时被集团公司领导选中,又从基层调回领导机关,进入领导班子,成为分公司的主要领导成员。领导班子很快地理顺了各种关系,使公司工作尽快步入正轨。同时,我也获得了重庆市高级政工师资格证书,集团公司党委对我们几个老的政工干部,及时下达了高级职称的聘任书。

在退休之前,我终于实现了工作上的三个梦想:第一,获得了大学本科文凭,圆了大学梦。第二,获得了3个重要理论研究成果:《中国早期具有初步的共产主义思想的知识分子对建党的历史贡献》;《国有企业车间、班组民主管理制度的实践和探索》,在实践中完善了国有企业三级民主管理的制度;《党政领导两心合一心,职工面貌焕然又一新》,圆了我高级职称梦。第三,圆了事业梦。

我没有做出轰轰烈烈的大事业,但在每一个阶段,我都兢兢业业、尽心尽职。从基层到机关,从机关再返回基层,再从基层调回机关,这期间我在不断地学习和实践中,成长为集团公司的高级管理人员。集团公司董事长兼党委书记鄂军曾经评价说:"你是公司不可多得的一位女干部,你对工作兢兢业业,干一行、爱一行、专一行,为公司做出了应有的贡献,是一位深受职工喜欢的好书记。"

回忆走过的道路,我悟出了许多人生哲理。我深刻体会到:个人命运与国家命运、民族命运是紧密相连的。我们跌宕起伏的一生,与国家的发展、改革、崛起进程息息相关。成功没有秘诀,贵在坚持不懈;任何成就事业,成于毫不松懈;任何未竟事业,毁于半途退却;只有矢志不渝,事业才能成功;海纳百川,广交朋友,才有凝聚力,是事业成功的可靠保证。作为一位女性干部,更有一个特殊的体会:自尊、自信、自立、自强是立足社会的根本。

保尔·柯察金曾经说过:"人最宝贵的是生命。它,给予我们只有一次。人的一生应当这样度过:当他回首往事时不因虚度年华而懊悔,也不因碌碌无为而羞愧。"人生的意义在追求中体现,在奋斗中闪光,只有不懈追求,经历奋斗的艰苦,才会拥有成功的喜悦。在事业上不满于现状的人,才能不停奋斗,才能永远向事业的高峰攀登。

成教妈妈的故事

高1966级2班 梁玉兰

2003年,55岁的我办理了退休手续,离开了紧张而繁忙的工作岗位,一下子陷入了百无聊赖之中,很不习惯。我琢磨着要发挥自己的余热,要找一个适合自己的工作。我先是应聘到永川的重庆信息工程学院(成人教育学院),担任学院党委书记助手。因学院要求我住校,不利于照顾家庭,于是我放弃了这次机会。后来,南开校友何向东将我推荐给了西南师范大学(后简称西师)文学院成教办公室,被聘为汉语言文学自考生本科班的老师,可以立刻上班。作为一个国有企业的高管,受聘为一个大学自考生班的班主任,我没有计较岗位级别的悬殊,一门心思只想把工作做好。在西师与学生朝夕相处,一干就是6年,共带了五届毕业生。我面对的学生,有乳臭未干的高中生,有高考的落榜生,有二三十岁入校深造的求知青年,还有个别年近40来圆大学梦的中年人。面对各方面情况都参差不齐的特殊群体,我用心地去关心、教育和培养他们,真诚地包容他们,用政治眼光去提升他们,于是成了小有名气的成教妈妈班主任。

半夜寻女,化险为夷

一个周末的晚上,突然有几个学生来到我家,报告说班上有一位女同学失踪了,见他们惊慌失措的样子,我的心立即揪紧了。我马上拨通了北碚公安局的电话并报了案,立刻带着学生去失踪的地方寻找。经询问学生得知,因当天是周末,有一个男同学与两个女同学结伴到城郊区的旱冰场溜冰,不知在什么时候,其中一位女同学失踪了,这两位同学立即打电话通知在学校的同学帮忙寻找,但均无下落。得知这些情况后,我们兵分几路,对周边环境开展地毯式搜寻,并大声呼喊:"丽娜,丽娜,你在哪里?"阵阵呼喊声划破了城际的夜空。随着呼喊声,黑暗中突然一个人影向我们跑来,一跑到我面前就紧紧地抱着我,并不停地叫着:"梁老师,梁老师,我是丽娜,我是丽娜……"我也紧紧地抱着她说:"孩子,孩子,可找到你啦,快跟我回家,快跟我回家!"于是我把她和其他同学都带到了我家里,倒上浓浓的香茶,端出热腾腾的饭菜……让他们从极度的惊吓中回到现实。同时我揪着的心也放下了,并向公安局撤了案。

特别关注特困儿女

2004年,开学时汉语言文学本科班来了一位高个子男生,形体略微消瘦并戴着一副眼镜,说话文雅,彬彬有礼,穿着朴素的学生装,他给人的印象是来自不富有的家庭,但有一定的文化底蕴,好学上进。我用慈母般的眼光打量着他,他见着我这般打量他,羞涩地做了自我介绍:"梁老师,我叫周国庆,是来自开县的农家子弟,因家庭贫困,只能读中师,一边学习,一边工作,还自学了钢笔和毛笔书法,用这项特长和已有的知识办家教,辅导小学生,积攒了一些学费来到西师学习,想取得大学本科文凭,实现大学梦。"听了他的叙述,我爱才、惜才、助才之心油然而生。当时,我问他:"你需要梁老师的帮助吗?"他说:"非常需要,我想在西师办一个个人书法展。"我说:"好啊!"我当时就拿出了自己的部分工资交给他,他第二天就购买了一些材料,趁开学之际,在学校最热闹、学生最集中的田家炳广场竖起了八个大展板。这也是西师成教自考生在全校展出的首例个人书法展。他刚劲有力的书法配着自考生同学们奋发向上的集体照深深地打动了各类大学生。这在学校的历史上还是第一次。经我提议,由文学院具体主管自考生的王大炎老师特地邀请文学院的著名书法教授曹建到现场观看,他对新生周国庆留下了深刻的印象,从而为周国庆今后考研究生打下了基础。从那以后,我就把周国庆当成自己的儿子看待,把像他一样家境清贫的学生都当成自己的孩子,给予特别关照。在生活上关心,创造条件去扶持他们的特长,让他们温馨生活,健康成长。

2008年,周国庆同学考取了曹建教授的研究生,毕业后就职于重庆三峡学院。我从思想、生活、经济上帮助的贫困学生并考取了研究生的还有张斌、李年鑫、苏龙祥等5位同学。

给"丑小鸭"插上腾飞的翅膀

经济发展起来的浙江温州、台州、金华等地的一些富裕起来的农民,为改变家庭的命运,把初中毕业的子女送到台州集中学习了一年,然后送到西师文学院深造。文学院专门为他们开设了秘书专业大专学历自考班,他们大多是没有出过远门的十六七岁的孩子,很多都是由家长亲自送到学校的。我到学校门口迎接他们时,看到他们有的还在家长面前撒娇哭闹,面对这些来自远方发达地区的娇娃们,更促使我下定决心要用慈母之心管理好他们。首先,以宿舍为单位,选出室长。同时,让他们与汉语言本科专业的大班生结成一对一的对子,由大班带小班,让他们尽快熟悉学校环境,安下心来,进入学习状态。在日后的管理工作中,我对这些学生倾注了大量的母亲之爱,有时还把生病的学生接回家中予以精心的照顾。学生遇到任何困难和问题,都愿意向我倾诉,寻求解决的办法。他们亲切地说我既是梁老师,又是梁妈妈。特别是对那些政治思想要求进步的学生,我总是给以更多的帮助和及时的引导,其中特别优秀的学生都光荣地加入了中国共产党,部分成绩优秀的学生则继续升入汉语言本科专业学习。大部分学生学完了秘书大专所有课程,获得了大专文凭,返回他们的家乡。很多学生在离别之时紧紧地拥抱着我,不肯撒手,哭着说:"梁老师,梁妈妈,我们永远不会忘记你!"此时我的心情也难以平静,一群"丑小鸭"变成了羽翼丰满飞向蓝天的白天鹅,回到他们的故乡,将永远翱翔在祖国的蓝天。

做一个关心子女形象和政治生命的妈妈

我不仅在生活学习上关心学生子女,我还认为,提升他们的群体形象和思想政治觉悟,是我这个妈妈更为重要的责任。

2005年,我又迎来一批汉语言文学本科自考生,这批学生的特点是年龄整齐,思想活跃,文艺氛围很浓,我就萌发了一个大胆的设想,在西师校园里举办一次文学院自考生的大型文艺演出,以提升自考生在学校师生心中的形象。我主意一定,决心即下。我立即拟定了演出方案,报文学院主管审批。学院批准了,并决定抽调学院舞蹈队的精彩节目与我们同台演出。同时,我也邀请了学校教职工合唱团的总指挥担任我们的舞美设计及音响、灯光等方面的指导员。总指挥给了我很大的支持,将我们的演出安排在西师的大礼堂。演出当天各院校都派出很多学生前来观看,整个大礼堂座无虚席。演出开始,大幕拉开,五彩缤纷的灯光背景中,我班8位漂亮的礼仪小姐身着美丽的中国旗袍,集体亮相在舞台中央,台下顿时响起了雷鸣般的掌声。在热烈的气氛中,文学院的所有领导都登上了舞台,由院长致开幕词。接下来,各种形式的节目陆续登台,礼堂里的掌声喝彩声此起彼伏。我们的演出获得了圆满成功,得到了学校师生的好评,纷纷议论说:"没想到自考生也是人才辈出!"从而大大提高了自考生的群体形象。

与此同时,我还与网络班主任王大炎共同提议,经文学院党委批准,成立了成教学生党支部,加强了对400多名成教学生的思想政治工作和党建工作,成为西师成教学院第一个也是唯一的一个学生党支部。自成立以来,我们培养了60多名入党积极分子,并发展了20多名学生入党,做到了班班有党员,有积极分子,在整个成教学生中形成了积极上进、努力学习的良好风气。

我做"学生妈妈"的经历,创造了我发挥余热的价值。由此带给我的成就感和快乐,将伴随我的余生。

我要感谢我的学生,给了我"妈妈"的称号。我也感谢我的南开校友、西师副校长何向东推荐了我。感谢西师给我提供了发挥余热的大舞台。感谢西师文学院的院长、书记和老师对我的帮助和支持,使我无愧于"成教妈妈"的称号。

"调粮官"的责任

——我所亲历的1975年和1976年重庆粮食紧急大调运

高1967级6班　刘东升

"民以食为天""吃饭第一",这是亘古不变的真理。

上海、北京、重庆这样一些大都市,粮食都是从天南海北外调入城的。从某种意义上来看,上百万、上千万的城里人张口要食的嘴巴,都放在粮食系统调粮官的肩头上。

1972年,我由乡返城,被动择业在重庆市粮食局下属直属企业——九龙坡油库。这个单位为全市食用油储运单位,发往市内各地的油脂,装汽车、装火车皮、装船等均由油库职工自己承担。单从粮食定量每人每月43斤就知道这属于繁重的体力劳动。油库发出的每一桶油(带油桶每桶420~440斤)都是油库职工一根杠子用双肩抬出去的。故九龙坡油库党支部又被誉为"扛子支部"。

在油库的工作经历造就了我坚韧吃苦、自强不息的性格和勇担责任的硬肩头。

1975年上半年,全市粮油库存锐减,直逼最低警戒线,引发了1975年和1976年的全市粮食紧急大调运。

在计划经济时代,作为特殊商品的粮食,国家一直实行的是粮食统购统销政策,粮食在流通环节所产生的费用均由各级财政补贴。每年度、季度前均召开国家、省、市粮食计划调拨汇编会,并同时编制点到点的粮食调拨运输计划。依据粮食在调运过程中走最短距离、最短时间、最低费用的原则,确定运输路线、运输方式、运输工具等。调入、调出双方均遵照计划执行,以保证人民群众的基本生活需求。重庆市作为一个吃调入粮的大市,保持一个合理的粮食库存和一个最低粮食库存数量(我们称为"警戒线")就尤为重要。在一段时间内,粮食调入多了,受粮食仓库容量所限,装不了。反之,粮食调入少了,低于粮食库存警戒线,又有可能出现市场粮食供应脱销,一旦出现这种情况,后果将不堪设想。

1975年和1976年,"文革"的余波仍冲击着我国的各行各业,生产秩序难趋正常。重庆粮食系统的工作也面临着相当困难的局面,粮食调出地惜调思想严重,加之受运输条件所限,如铁路运输计划难批、短途集运困难等,粮食调入困难,库存相当薄弱,始终在警戒线上下波动。面对如此严峻的情况,为保证市场粮油供应,市里迅即成立了"紧急调粮指挥部",并在全市各区、县粮食部门和市属各单位抽调精兵强将,组成"调粮工作组",奔赴省内各产粮地区,协助当地粮食部门共同完成粮食调运任务。各调粮工作组成员每季度末回渝汇报调粮工作情况,交流工作经验。一改正常情况下的粮食调运进度报告惯例,由月、旬、5日报改为"日报",每次报告的内容包括:火车站台待发数、当日发出在途数、短途集运数等,以便"紧急调粮指挥部"随时了解粮食调运动态,合理安排粮源到店供应市场。我有幸成为其中一员,此次独当一面的工作经历,为我今后从事粮食储运工作奠定了较好的基础。

我所在的调粮工作组,负责绵阳地区(当时该地区辖绵阳、德阳、绵竹、平武、潼南等19县)、温江地区(当时该地区辖温江、广汉、大邑、崇庆等12县)的粮食调运工作。1975年4月,在市"紧急调粮指挥部"的动员会后,我和我的同事立即坐上了重庆—成都,票价为8.5元的慢车(为节约费用,在近两年的紧急调粮工作中均乘坐成都—重庆的慢车往返),经过一个通宵的颠簸,前往川西产粮各地开展工作。从产粮各区、县了解到的情况大同小异:调重庆的粮源基本落实;外调粮食大多安排在边远山区,俗称"死角粮";区内粮食短途集运难,运力严重不足。

以我所负责的绵竹县为例,全县就一家运输公司,仅1辆4吨的解放牌货车,10来台三轮车,总运量在20吨左右。与县运输公司联系运粮,需先提交运输计划,排队等候,听候运输公司安排。60吨粮食集运至火车站待发,要七八天时间,且不能保证每天都有车运粮。由于粮食集运进展缓慢,时不时地又造成铁路车皮计划作废的尴尬局面(月台库上有粮待装时,而无车皮计划;有车皮计划时,铁路月台库上又无粮可装)。一旦出现这种情况,又要协助当地粮食调运部门前往成都铁路局追加铁路运输,以便完成调粮任务。

以上这种情况,促使我反复思考,以寻找解决问题的突破口。我想,粮油紧急大调运,关键在紧急,在快运。只有粮食源源不断地、均衡地发回重庆,才能缓解重庆粮食库存薄弱的状况,才能保证重庆市场的粮食供应。只有抓住了这个主要矛盾,才能突破产粮区内短途粮食集运的难关。

1976年1月,春节刚过完,我们调粮工作组的同事就整装出发,奔赴各自的责任区域开展工作。我到达绵竹后立即与当地粮食调运部门的同事商讨粮食的集运事宜,运力仍是个看似无法解决的难题。县运输公司的运力不可能只为粮食部门服务,还需顾及县内各工矿等企业的业务运输,粮食集运仍要在运输公司排队等待安排。在向"市紧急调粮指挥部"的日报上,调运进度仍然缓慢。我清楚地记得,指挥部一再电告电令:望在外催调的同志想尽一切办法,加快调运进度,以解重庆粮食供应的燃眉之急。

有一天,我到县内区粮站查检粮食质量,下午返回县城,下车后走出汽车站,在街上看到一辆牛拉平板车发着"吱呀吱呀"的声音迎面而来,车上装着用麻袋包装的货物。见此,我顿生灵感,这个东西不也是车吗?何不用来运粮?于是,我上前向驾车的老把式敬礼询问道:"车上载何货物?"答曰:"饲料。""一车能拉多少件货?"回话说:"十三四件。""一件多重?"回话说:"150斤。"吔,一车能拉1吨左右。我便问:"可否运粮?"回答说:"可以。"通过和这位老把式摆谈,我们越谈越近乎,从摆谈中得知,他们是属集体性质的运输社,县城有3个运输社,加起来有60多辆牛拉车。

谈到这里,我心中顿生喜悦,暗呼:天助我也!随即到运输社办理粮食运输事宜,根据先急后缓、先远后近、先难后易的原则安排各发粮点的粮食调运,优先运输成品大米,以解重庆供应之需。第二天一早,我便到运输社带车,60余辆牛拉车向40公里开外的山区粮站进发,到达粮站,依次装粮待发,随即向绵竹火车站出发,我则坐在最后一辆粮车上,望着前面一连串排列前行的粮车,犹如长龙一般,在"吱呀吱呀"的声响下,浩浩荡荡地奔向火车站。一趟60余吨粮装一个火车皮,效率还蛮高的。60余辆牛拉车每天往返在粮站与火车站之间,那"吱呀吱呀"的声响,在我听来就是一曲曲高亢激昂、无比美妙的调粮进行曲。在向指挥部的进度日报中,调运进度大为提高,有时粮食还在运输途中,指挥部就根据市场情况,把粮食按轻重缓急的程度安排到各粮店,粮食到站后立即被直运到各粮店销售。多种运输工具并用,解决了粮食集运的难题,不仅把产粮地偏远山区的"死角粮"调了出来,又为产粮地腾出了秋收粮食入库的仓容。

就是在1976年8月,平武、松潘7.2级强烈地震前后,四川震情通报1、2、3、4、5号的发布使人心慌乱的情况下,毫不夸张地说,当时大多数行业的工作已处于半瘫痪状态,我们仍用此办法在产地粮食集运中收到很好的效果。当时,当地粮食部门的同事都劝我们返回重庆避灾,但重庆粮食供应决不能脱销的历史责任,让我和调粮工作组的同事毅然选择了留下,面对地震灾害,无私无畏,始终坚持在粮食调运工作的第一线,直至年度粮食调运任务完成。

记得在1976年2季度末的粮食调运工作会上,我灵活地选择运输工具,机动车、兽力车并用以集运粮食的做法,还被作为经验在其他调粮工作组被推广和应用。当时就有同事说:重庆三中出来的崽儿,脑袋灵光,脑壳硬是够用。然而我心里明白,同事的这些语言,是戏言,也是褒扬……

我的五次退休

初 1966 级 4 班　刘奥南

上班想退休,退休想上班——人生一大怪圈。

第一次退休:擦肩而过

2010 年,正值初 1966 级同学的扎堆退休之年,我从北京调到广州,又从广州调到深圳,立即投入公司总部新址开设的紧锣密鼓之中。

调动,成为我职业生涯的一大特色。在 1968 年起从军的 21 年里,我在不同军种、不同建制的部队任学员、战士、班长、排长、俱乐部主任、第一战术教研室教员、干事,被评为昆明军区技术革新标兵,两次荣立三等功。

转业后,我先后在四川省工业品展销服务中心、中新(新加坡)合资企业华新国际、民营企业新希望任办公室主任、策划部长、宣传处长。空军的几位战友在 1974 年创立了中国第一代期货公司长城伟业,发展得红红火火,2005 年他们把我也拉了去。

2011 年,长城伟业的董事长和总裁双双退休,多家期货公司闻风而动,赶来"抢人"。董事长和总裁最后双双应邀加盟中信,成为旗下期货公司的掌门人。紧接着,他们通知我火速离职,转战中信。这时候我才突然发现,原来自己在不知不觉中已经退休快一年了。

第二次退休:软缠硬磨

2011 年,脍炙人口的奇葩辞职报告《世界那么大,我想去看看》尚未问世。我提交的离职申请被当场驳回。于是我想到了名正言顺的理由——退休。为此我不得不罗列出一大堆疾病。"退休无效"后我只好请假回家"治病"一个多月,公司领导只好又把我叫回来:"你真的要退休?""真的。""退休后不去其他公司?""嗯。"

欢送晚宴上,同事轮流来向我敬酒,关照我好好休息养生,延年益寿。我心底涌动着难以言状的酸楚和愧疚——眼前是多年情同手足的公司同事,背后是曾经生死与共的部队战友,真是人在江湖身不由己!我只好一再承诺:人走茶不凉,有事尽管讲。走遍海角天涯,长城伟业永远是我"家"。

在长城伟业和中信期货,我一直任企划总监,主要负责项目策划、宣传、教育、培训等工作。

如果说股票交易是骑自行车,无须培训,随练随上,那期货交易就是开汽车,必须上驾校考驾照才能上路。为此我们建立了初、中、高三级培训体系,初级为自办经常性各类训练营,中级是交易所支持的各类论坛、报告会、沙龙,高级是2002年我参与策划的"北京大学金融衍生品与期货研修班"。中国期货界的理论先驱和实战高手,大多是该班的教员或学员。

第三次退休:飞来横祸

2015年12月,我正在北大班组织教学,突然被紧急召回公司。

12月29日,我赶回公司,即被告知全公司近两万员工中超龄的50余人(包括中信期货的董事长和我)被"一刀切",通通按合约规定,要求马上主动提交退休申请,配合公司在年底12月31日前办完所有手续。我将工作分别交接给5个人,半月后才清点完毕。除了交接、演示、咨询辅导外,欢送、晚宴等各种"形式主义"全免。最担心的是按惯例次年春节前应下发的年终奖和规定延迟三年发放的高管年度"忠诚奖",谁都不敢承诺这些一定会兑现。好在终归是大公司,讲信誉,没出现退休人员反复纠缠的情况,从2016年至2018年终于逐年全部兑现。

第四次退休:叶落归根

2015年底退休后,董事长和几位铁哥们集资入股,迅速申请开办了一家主要针对金融和期货行业的教育培训公司。

2016年春节,我突然接到原公司长城伟业期货(后更名为华泰长城期货)有关领导打来的电话："听说你真的退休了，中信配发的手机也换了。好不容易才找到你，喊你赶紧'回老家'上班！"

时年66岁的我，再次面临"三难"选择。先安排老爸住进了华西医大单人病房，后又将他转院至成都军区总医院，高薪请了2~3位医院护工。可是我要选择去哪儿上班呢？又要"跳槽"吗？

思前想后，我似乎更适合期货公司，做我最熟悉最擅长的工作。好在我提前推荐了一位能力很全面的同事入职，董事长对她也十分满意。而今我只好硬着头皮向董事长请辞，并且也是要回到董事长原先创办的公司。董事长表示理解，我也答应只要有事需要我，一定会尽力而为。

"回老家"后，恍若隔世，迎接我的首先是公司大群里潮水般的问候和感人肺腑的温馨，没有抱怨，没有责难。从大家的诉说中我才知道，华泰期货返聘我作为顾问的首要任务是解决公司的短板——媒体宣传。2015年全年公司见报10来篇，而2016年从1月到5月仅有两篇。我"回老家"在网上开课培训后，加上一对一单个教练辅导，迅速实现了每月10篇至最高60余篇的见报量，全年见报达410篇。2017年全年见报达728篇，另在电视出镜28次，被电视转播、互联网现场直播各两次。2018年仅包含元旦、春节长假的第一季度见报量就高达154篇，同比几乎翻番，见报量稳居全行业榜首。2017年和2018年两年，见报共50篇，其中33篇为整版见报。由于发稿量大，公司对见报作者不发奖励。对比公司内刊因缺稿而重奖征稿，刊发的照片、诗文、书法等每篇稿费100~500元。因此，发稿见报则全靠作者强烈的责任感和进取心。大家记住了我的话："发稿见报对团队是凝聚力，对客户是渗透力，对个人是硬实力，对公司是品牌竞争力！"

第五次退休：听天由命

3年返聘期满，公司作者队伍也从2015年的5人发展到2018年的59人。其中非专职研究员发稿量占比高达3/5。后继有人了，我也该"下课"了。公司第二次设晚宴欢送我，同事们还送我一套高档的文房四宝。

谁知2018年退休后的第二天，位于深圳"金融特区"和规划中的深港合作区前海，2017年底新成立的前海期货公司又找到了我。该公司在全国各地迅速建立起21家分公司后,迫切需要将投资者教育即"会议营销"作为各地开业的"首战",变传统型"上门找客户"为创新型"客户找上门"。这个任务将落到我的肩上。

由于我在十余年的期货生涯中,参加承办了中国(深圳)国际期货大会等多场全行业顶级大型国际性会议,积累了业内最广泛、最大量的专家讲师资源、听众资源、媒体资源甚至专业同传翻译资源,也积累了一定的专业水平,能够与各类专家讲师交流,修改完善PPT课件,进行系统总结提炼,因此有效保障了教学质量和活动实效,受到各交易所的普遍好评。第一年度我就争取到各交易所逾百万元的经费支持,显著超过原计划额度,也全面覆盖了实际成本。与此同时,媒体宣传和投资者教育的有机结合,取得了"一箭双星"的效应,公司投教活动的媒体报道一路领先,第一年发稿见报也初步达到每个出报日(休息日不出报)0.8篇以上,有效推动了各分支机构的市场拓展。

作为超龄返聘的顾问,在工作中保持身心健康,是我面临的最现实的考验。我依托上下班乘车前后的步行区段,制订了切实可行并且可持续的日常锻炼方案,至少每半月游一次泳,还参加过深圳市的马拉松和冬泳比赛,并获得60岁以上年龄段自由泳比赛第四名。我们班的医学权威——重医生命科学院高级实验师张晓萍鼓励我说:"只要自己感觉良好就用不着退休。"我还是暂时把70岁设为第一目标位。

多年来我习惯了与压力为伴,与年轻人为伍。习惯了上下班走路飞快,习惯了虽然无须打卡却从不迟到早退请病假。我至今还没住过院输过液,我驾驭熟悉的繁忙,享受平淡的成功,践行"允公允能,日新月异"的南开校训——这是我最开心的退休生活。

每天早晚高峰期搭乘地铁时,如果有人让座,我就感到欣慰,现在的年轻人能够尊老爱幼真不错!如果没人让座,我就窃喜原来我还不显老,至少在许多年轻人眼里我比他们父母还年轻!我在签约返聘合同时,公司总经理调侃我说:"奥巴马57岁退休,特朗普71岁接班;前国务卿希拉里69岁败选,前副总统拜登76岁正式宣布2020年竞选总统。国内更多光辉榜样如华为创始人任正非75岁领军迎战美国的制裁封锁,杂交水稻之父袁隆平院士90高龄奋斗在农业第一线……你还不到70,不给你定年限。确实觉得干不动了,哪天退休你自己说了算……"

我在长风厂当会计的如歌岁月

初1967级2班　李伯琼

开县跃进区齐心公社和平大队有8名知青,自诩"善字山八青松",我是其中之一。

大雪压青松,青松挺且直。

要知松高洁,待到雪化时。

我喜欢青松的风骨。

1971年3月,我是第一批招工回城的,到了重庆农药厂工作。1976年9月,我在做成本核算员时,遇到一个工作对调的机会,为了照顾夫妻关系,我到长风化工厂财务科当起了会计。

学会当会计

1976年9月,我到长风厂财务科上班,安排到材料岗位,分管材料核算工作。没有经过会计专业培训的我,依葫芦画瓢,不懂就问,虚心请教老前辈。有个老师说,给李伯琼说一遍,她就能记住,给有的人说了多少遍还是老样子。为了尽快全面掌握会计核算知识,我马上找来《工业会计》等教科书,在工作间隙认真学习,很快熟悉了材料核算工作。同时,我深入到供应科各个物资管理库房,与库管员交流物资管理办法和正确的账务处理方式,和库管员建立了良好的工作业务关系,遇到农忙时节,有库管员要回家农忙,我就去帮他下账。如果材料分析没做完,通宵达旦我也要做完才回家。

在没有任何人提及的情况下,我做完任内事情,便一头扎进清理账务的工作中。我从基建科财务借来一摞一摞的凭证账本,从基建和生产第一笔往来账开始查对。第一次没有核对正确,有个老师鼓励我再查一次,我也不甘心,便再次重来。有了第一次的查账经验,第二次就顺利多了。我把生产和基建往来账一分不差清理完毕,为日后基建顺利移交生产奠定了基础。还有其他不对的账务,我也一分不差地清理完毕。清理账务,看似只需简单翻凭证查账本,实际上我从中清楚地了解了企业前前后后发生的好多事情,学到了好多书本上学不到的知识。

在材料核算岗位工作了6年,我换岗到了成本核算岗位,得益于平常有空就学习其他岗位业务,我一上岗就马上进入了角色,做起事来得心应手。我想,作为一个称职的会计人员,必须尽快全面掌握并熟悉企业的整体状况,不能固守自己那一亩三分地。

在成本核算岗位,我与各车间成本核算员保持着良好的互动合作关系,主动建立了车间二级成本核算,以促使车间加强成本管理,降低原材料消化和其他成本费用。为了更好地降低成本,增加效益,我选择在一个工段开展班组核算,并将各项成本主要指标贴上墙。各班组非常关心墙上的生产量和转化率指标的变化,形成班组间互相追赶的竞争局面。产品转化率提高了,随之产量也增加了,单位成本下降,盈利空间增大了。

为了提高班组长以上干部的综合管理能力,厂里办了培训班,由各专业人员担任授课教员,我有生以来第一次上台当教员,有些忐忑不安。好在之前备好了课,加上这也是我比较熟悉的业务范围,总算把课上完。后来不经意听到有"学生"在背后说我的课上得还行!

80年代的辉煌

长风化工厂从投产到20世纪70年代末80年代初,企业基本上处于盈利状态,尤其是在1988年,长风化工厂成为重庆市利税50强之一。

随着计划经济向市场经济转轨,国外同类产品大量涌入国内市场,1989年,企业生产经营遭遇不测,利税大幅度减少。5月,经营厂长带上我,来到北京石油部汇报厂里的生产经营情况。我主要从成本的角度给石油部领导做了对比分析,提及销售价格和销售成本倒挂对企业效益的严重影响。石油部领导对我们反映的情况非常重视,随即与化工部领导一起商讨了具体办法,决定进口质优价廉的原材料苯胺,采取来料加工的方式,解决企业的燃眉之急。

走进深化改革的90年代

90年代,改革深化,长风化工厂一下子难以转身。没了客户,没了市场,产品积压,生产停滞,沦为亏损。

记得某油田拖欠我厂应收账款80多万元(其中8万多元是老欠款),但账目双方对不上,就是不偿还,硬要我们到他们财务处去核对清楚才付款。无奈之下,厂里责成销售和财务共同前往完成此任务。财务科派我去,其实我是成本岗位,并不涉及应收账款,不过,我对各个岗位都比较熟悉。接到任务后我立即开始查对,把我厂发往某油田的每一笔出库单,所开出的发票数量金额、运单以及应收账款的每笔数额等相关数据逐一记录在本子上。做足功课后,我们胸有成竹地启程了。

我决心背水一战,跟销售科长说,收不到货款我们就不回来!

还好,查账核对非常顺利。油田方面没来一个人,我一人在油田财务档案室查账,真没见过有这么放心的财务。因原本做足了功课,故双方账务很快核对清楚,一分不差。油田财务也耿直,第二天就兑现承诺,80万元新欠款加上8万元多老欠款一分不少地开出了银行汇票。当总会计师听到80多万元全款收到的电话时,连说话的声音都有些哆嗦了。

企业亏损严重,资金短缺,经营雪上加霜,留不住人。我们财务科的大学生走得所剩无几。企业虽然举步维艰,"军转民"进程依然没有停滞,向市场经济转型的步伐一刻也没有停下来。长风化工厂与某公司共同出资组建了长新化学工业有限公司(简称长新公司)历经坎坷,终于于1995年建成投产,生产BM。

长新公司引进D公司先进的制氢装置技术,其生产出的BM质量很好,被长寿化工总厂等厂家作为免检原料购进。BM等项目虽然取得成功,但企业从此背上了沉重的债务包袱,在各银行的贷款及欠息达近4亿元。

新世纪初见曙光

进入新世纪,长风化工厂的路依然艰难。"生产自救,来料加工"成为新世纪开端的生产经营方针。开拓市场,开发新产品,优化结构,债务重组,经济增长方式的转变,为企业注入了生机。我们采取了柔性制造模式,清洁生产和循环经济,停用燃煤锅炉等措施。记得停运锅炉那天,厂长在第一时间打电话到我家告诉我这个喜讯,说他把锅炉停了,生产一切正常,他激动的心情溢于言表。如此一来,停运锅炉不用燃煤,一个月可降低成本几百万元。

"长风受益我受益,我为长风增效益"的口号,被企业作为激励广大职工降低成本、增加效益的方略挂在工厂门口上。

G列产品研发成功投入市场,尤其是RBJD产品批量远销欧美,效益不错。在综合因素作用下,2005年长风化工厂结束了15年的亏损状态,实现扭亏为盈。在计算月利润出现正数那一刹那,我们还以为计算有误。因长期以来做惯了利润的负数,经反复核实后,才确认计算无误。随之我们的各种拖欠也逐步偿付完毕。长风化工厂历经漫漫长夜,初见曙光。

如歌岁月

我从1976年走进长风化工厂,直至2010年才离开,这34个春秋我都是在财会岗位上度过的。

34年,我经历了企业的艰难岁月,也历尽个人的种种艰辛。大雪压青松,一点不假。

我从材料核算岗位到成本核算岗位,到财务预决算,到财务分析说明综合岗位,以及"长新公司"与长风化工厂合并复杂的账务处理等(合并一事还走了法律程序),从财务副科长到财务处长,历时16年(1994年~2010年)。在这16年里,因为企业财务的事,我多数节假日都在工作岗位上。

我通过自学、函授学习、参加各种培训班学习,注重从实践中学习,掌握了比较全面的财会知识和核算本领,从财务处会计人员中脱颖而出。凡是重要的经济业务账务处理,我都亲力亲为,从未出现失误。

2001年9月,我参加了在上海举办的全国石油化工系统企业资产重组的财务会计与管理高级培训班学习,为日后开展清产核资及债务重组工作奠定了基础。

财务处长期以来没有电脑,不能使用财务软件,我们几乎落后其他同行10年。经过我的据理力争,厂长克服工厂的困难,支持我们走上了财务电算化道路,财务工作上了一个新台阶。

2004年前后,在市国资委领导下,我很好地完成了企业清产核资工作。凭我对企业财务的深刻了解,对清产核资精神的透彻领会,将企业那些多年积攒下来的不良资产彻底清理了出来。

接着,进行了债务重组,圆满地完成了我厂与长寿供电局、银行、信达、华融等资产管理公司的债务重组工作,企业从此甩掉了沉重的债务包袱。

2010年9月,我决定不再干了,回到主城家里休息。厂里几次派人给我做思想工作,要我继续留厂上班,并连续两个月照旧给我发工资,但我却叫财务的同事变通退回了。

光阴荏苒,岁月如歌。我一如既往努力坚守,不辱使命。在30多年的会计生涯中,也收获了不少荣誉,这些荣誉是对我财会工作最好的激励和鞭策。其中,我获得了中华人民共和国财政部颁发的,从事财会工作满30年,为社会主义建设事业做出了贡献的表彰证书。

长风情缘

为照顾夫妻关系,我对调来到曾学明身边,有了一个温馨的家。学明进厂后开始当基建连副排长,后分配到厂办公室工作。恢复高考那年,我很想去搏一搏,但因儿子太小,我的财务工作又比较忙,学明不忍心离家太远去读书。碰巧第一届电大招生,机会来了,学校就在厂里的教室上课,他马上报了名,成为第一批电大机械专业的学生。带薪脱产学习三年,全由北京知名大学的老师授课。他认真做作业,在当年媒体公布的重庆100名优秀学员中,他榜上有名,各科成绩均在95分以上。1982年6月,他从电大机械专业毕业后,被分配到公用工程车间任技术员,此车间提供全厂生产生活用水、燃煤锅炉蒸汽、空分、冷冻等。他用所学和所积累的知识,不久就让车间面貌改观。最令人头疼的因锅炉抛煤机频繁故障而造成全厂停车的问题,在他带领下实施技改,该问题迎刃而解了,为全厂各产品长周期运行提供了蒸汽保证。以后的小革小改不断,他经常跑机修车间送零部件图纸加工备品备件。他工作努力,表现突出,不久被提升为车间主任。在主任岗位上,责任更大了,他加大了对各个工段的巡查力度,发现问题立即处理。他还定期召开车间职工大会,制订和完善了各项规章制度,促使车间管理工作上了新台阶,保证了公用工程长周期运行,全厂生产得到了有力保障。1992年,他被提升为生产副厂长,然后将党委副书记、纪检书记、工会主席等职务一肩挑,职称为机械工程师、高级政工师。

　　我和学明互相帮助，相互理解，在各自岗位上为长风化工厂恪尽职守，与长风化工厂不离不弃。一位环保部委托来我厂检查工作的北大老师深有感触地说："如果其他企业的员工也像你们一样，认真负责编好我们需要的项目报表就好了。"接下来10多年，每年除夕之夜他都要给我发来问候短信。我说："陆老师你不要再给我发了吧，我都退休好多年了。"他说："你们这些共和国的同龄人，为了企业利益所表现出来的敬业和奉献精神，令我感动……"

　　绿树掩映、群山环抱的长风化工厂，是我们长风人半个世纪以来为之奉献青春、挥洒汗水热血，甚至牺牲生命的地方。

　　回首往事，我又情不自禁想起李白的诗句："长风破浪会有时，直挂云帆济沧海。"

我为员工讨工资

初1968级1班 李晓黎

2000年,我从国企下岗后,做梦也没想到,自己很快就会成为为破产企业职工讨薪的代言人。

临危受命

2001年初,我经朋友推荐来到全国餐饮百强企业——重庆陈川粤,从事质量督导即食品安全工作。正当我在企业老总的鼓励下,雄心勃勃地拟将制造业的质量管理与标准化引入餐饮服务业,并于2001年12月在《世界标准化与质量管理》杂志上发表了相关论文,准备大干一场时,这架"美食航母"却出现了严重的资金短缺问题,开始大量拖欠员工工资,有的员工工资被拖欠了一两个月,有的则多达数月。员工被迫陆续离职,而我却不敢贸然辞职,因为担心拿不到被拖欠的工资。

2003年3月17日,地处解放碑的重庆陈川粤美食大厦突然停业关门。作为董事长、重庆餐饮商会会长的陈川东失踪,大厦也被法院查封了。

大家对这突如其来的变故措手不及。老板逃逸,工资无着落了。员工急了,有的聚集在大厅里情绪激动,有的上街呼吁,不少供货商也加入其中,顿时场面混乱,解放碑出现了交通堵塞,新世纪超市的经营也受到了较大影响。

渝中区领导闻讯立即赶到现场,打印员工工资表,安排供货商进行债务分类登记,并希望员工推选代表,通过法律渠道解决问题。员工在自己身份证复印件的背面写下推选代表的名字。

第二天,我接到渝中区主要领导的电话,他告知我被选为员工维权代表,作为党员要勇于担当,带领失业员工通过法律维权。

员工选我当维权代表的理由很简单,我在该企业工作了两年多时间,举办过几次食品安全讲座,多次为员工讲解《食品卫生法》,具有一定的法律知识。我还作为嘉宾,参加过重庆电视台的《拍案说法》节目的录制。大家觉得我懂法律,办事认真,有正义感。

山重水复

我与选出的3名员工代表商议后,代大家起草了《劳动仲裁申诉书》,于2003年3月19日递交到渝中区劳动局并很快立案。

2003年4月1日,我作为员工代表参加了渝中区劳动仲裁委开庭,经过审理,裁决认定重庆陈川粤应偿还员工工资总额共509424元,支付经济补偿金共127356元,归还员工交纳的物品抵押金共73400元。我们每个申请仲裁的员工都拿到了属于自己的《仲裁裁决书》。

随后,我们到渝中区人民法院申请执行,200多名员工(含重庆陈川粤饮料厂员工)在法院大厅依次排队申请立案,秩序井然。我作为员工代表,用了整整8个小时,核对了申请执行的250份员工的全部立案资料,办完了立案手续。

到了执行庭,我们被告知,重庆市第一中级人民法院已在另案中查封了重庆陈川粤美食大厦的全部财产,渝中区人民法院无财产可执行,但法院还是为我们办理了执行备案手续。

据初步统计,该企业有2500万元债务无法偿还。不久前,大厦业主夫子池物业将其告上法庭,重庆市第一中级人民法院依法查封了其全部财产。

当时正值"非典"来袭,餐饮业遭受重创,我们失业员工中绝大多数是农民工与国企下岗职工,面临就业、生活两大困难。我们员工代表到重庆市第一中级人民法院了解财产查封情况,却受到冷遇,只得到"工资追偿没有希望了"的消息。

《仲裁裁决书》成了一纸空文,员工从希望走向绝望。有的员工到区政府处反映情况,有的员工到市政府处信访,有一部分员工找到一家律师事务所花钱请律师代理。我们员工代表为避免员工出现过激行为,也不停地到处奔波,寻求可执行的财产。

3个多月过去了,我们一无所获,部分员工请律师代理所花的几千元钱也打了水漂。员工又一次开会,会上我们员工代表在不断地安抚员工情绪的同时,与大家一起商量下一步怎么办。没钱请律师,只有靠我们自己。大家把我当成主心骨,把希望寄托在我们员工代表身上。面对大家的信任和期望,我没有退路,再艰难也要坚决走下去。

巧借东风

我认真学习了相关法律知识,并在咨询了律师朋友后下决心向高院申诉。我只身来到重庆市高级人民法院,在门口经过了4个多小时的努力,终于见到了高院执行局法官。我向法官陈述了案件的经过,同时提出我们的意见:企业倒闭破产债务的清偿程序首先应该解决员工被拖欠的工资的问题。我们希望法院能将所查封的重庆陈川粤财产分出一部分用于清偿员工被拖欠的工资。这位法官听完我的陈述并看了我提供的资料后,当时就拨通了重庆市第一中级人民法院的电话,了解情况后,他让我回去等消息。我意识到案件有转机了!我非常感谢这位法官,他让我们在绝望中看到了希望。

2003年10月,温家宝总理视察重庆时,为普通农民工追回了被拖欠的工资。温总理的举动,使我们迎来了8个多月以来最好的消息,重庆市第一中级人民法院决定将查封的该企业部分财产移交给渝中区人民法院,用于清偿我们被拖欠的工资。

获悉这一喜讯,员工奔走相告,再次推选了5位代表,负责全权代理再次向法院申请执行和财产变卖事宜,我仍被委以重任。为了不负重托,我们忙着起草法律文书,复印文件资料,联系各地员工办理相关手续,连元旦、春节期间都没有休息。

重庆市第一中级人民法院曾经对该企业的物资进行过3次拍卖,3次流标。由于评估价过高,增加了变卖的难度。我东奔西走联系了30多家餐饮企业,希望能变卖一些物资。但不少商家都认为购买倒闭企业的物资不吉利。前四个月,我们仅变卖了6万多元。

柳暗花明

面对这种状况,在法官的同意下,我们将部分厨房设备及餐厨具价格调整到与市场接轨的合理售价,并列好明细清单。我们主动向商家做好说服和解释工作。随后,五斗米、乡村基、小天鹅、29中食堂等单位及一些中小餐饮企业陆续前来购买这些等待变卖的物资。我还特意从江北社区请来8个信得过的棒棒到现场帮助搬运。

由于变卖物资查封在夫子池物业公司,我们没有物资管理权,也不能随意进出现场,往往是买家来了,却进不了门,耽搁一两个小时是常事。有时又因物业的随意关门,使我们与买家谈好的生意搁浅。我们理解夫子池物业的心情,谁愿意将已查封得到的物资分出来呢?变卖现场是封闭的,没有窗户,白天也经常是黑洞洞的,手电筒、打火机,甚至手机都成了临时照明设备。在现场,我们员工代表负责接待买主和清点物资,法官负责收款和开具票据。特别是在盛夏酷暑,法官也和我们一起在现场挥汗如雨!

为了能让250名员工尽快拿到工资,我们员工代表只能忍辱负重,尽量化解现场的矛盾和冲突。我们给过物业电费,希望能提供照明。无论遇到什么困难和矛盾,我们都没有放弃。因为在我们身后,是250名员工及家属的期盼。通过9个多月坚持不懈的努力,在法官的帮助下,变卖工作在艰难中取得了实质性进展。

我们非常感谢渝中区人民法院的法官,他们在执行过程中为我们协调矛盾,控制现场,使我们通过变卖物资顺利收回现金,250名员工期盼已久的工资得以偿还。他们没有吃我们一顿饭,没有收我们一分钱。

经过20个月的维权和不懈努力,我们变卖物资追回的现金共计28万多元。为了使流散在各地的员工得到发放信息,我们通过重庆电视台和《重庆时报》等新闻媒体,提前告知员工发放工资的时间、地点,得到消息的员工也奔走相告。

2004年12月7日,在庄严的渝中区人民法院第八法庭,我们将清偿追回的工资发放到重庆陈川粤员工的手中。由于执行到手的物资以及变卖的现金有限,在清偿了每个人的300元物品抵押金后,大家领到了45%的被拖欠的工资,这已经是非常不容易的了!对于少数当天没有到场来领工资的员工,我们委托办案法官代为发放。

发放工资后,我代表的250名员工定做了三面锦旗,感谢帮助过我们的人。一面送给渝中区劳动局劳动仲裁委,正是他们的高效办案和公正裁决,稳定了员工的情绪;另两面分别送给渝中区法院的立案庭和执行庭,感谢他们忠于职守,在立案和执行过程中给我们弱势群体很大的帮助。我还要感谢我的律师朋友、复印店老板和那8个棒棒等好心人,感谢五斗米等餐饮企业,是他们帮助了我们,也给了我克服困难的信心和勇气。

　　2005年,由渝中区人大任命,我荣幸地被选拔为渝中区法院的人民陪审员。我深深体会到老百姓打官司的不容易,因此对每一次参加的庭审都很认真,并做好笔记。十几年(已连任三届)来从未迟到过一次。我还积极协助渝中区法院开展"法官进社区"工作,参与社区的志愿者活动,接待社区居民法律咨询30多人次。对权利受到侵害的残疾人等群体,我也积极帮助他们申请法律援助,努力将自己所学的法律知识回报给社会。

子承父业　献身国防

高1967级5班　陶仕福

　　1994年夏的某一天,离市区不远的地处长江边的某国防厂,一艘崭新的水面舰艇,披着海蓝色的盛装,迎着朝霞,在拖船的顶推下缓缓驶离工厂的军品码头,朝着大海的方向奔去。这是该厂建造的第二批军品的首制舰,在完成工厂内的作业后,到海上进行船行试验和实弹射击。这两项内容经驻厂军代表验收合格后,将交付海军编入战斗序列。为此,工厂专门成立了交船队,而我作为该舰的建造师,也成为交船队的一员。船队沿江而下,遇到逆水而上的游轮时,不时有游客友好地向舰上的工人和接船官兵挥手致意,官兵也站在船舷上以标准的军礼回敬游客。当船队通过万州时,我站在舰首,望着父亲的故乡,我的出生地。看着安装在舰上的父亲生前所在工厂生产的舰炮,心中油然生出了子承父业的感慨。

　　1950年,为了改变居住环境和改善家庭的经济状况,父亲只身从万州来到重庆,应招进入望江机器制造厂工作,直到退休。同样,1971年初,我结束了近两年的知青生活,从农村应招进了国营重庆造船厂工作,隶属于中国船舶工业总公司。这个厂由大连造船厂援建,我一直在这个厂工作到退休。

　　进厂后,我先后在厂供应处、厂工会、厂组织部工作。凭着在重庆南开中学学习期间打下的扎实底子,写写算算,说说唱唱都会点,加上在电大又多学习了点知识,我的工作表现不错,入党提干一帆风顺。1985年,随着工厂军品、民品任务的增多,为了充实工厂一线的技术力量,我被调到生产处任建造师。拿到调令时,我着实有些担心,专业不对口,怕影响工作。回头又一想,我作为造船厂的一名职工,不能亲自参加船舶建造,多少会留下些遗憾的。加上在厂工会时,我任的是生产干事,对生产的整个流程多少知道一些,于是我接受了工作调动。到生产处报到的前一天,厂领导向我做了动员工作。从战略意义讲到了工厂生存,同时强调说:"你是重庆南开中学学子,基础好、悟性高,将你调到第一线工作也是考虑到了这一点的。"就这样,从这一年起,一向有自信的我开始了新的人生历程。

虽然我信心十足,但到底还得从头学起。工作时间,我除了到施工现场做生产准备、组织现场施工、协调各工序间的衔接、配合技术部门解决施工工艺问题外,还一头扎进生产处资料室,查资料、做记录、看图纸。船舶建造所涉及的知识面很广。造船行业流传着这样一句话:"陆地上有的船上都有,陆地上没有的船上也有。"可谓是麻雀虽小,却五脏俱全。配置在船上的任何物件,都有行业的称谓,如固定在船的两舷,为减少船舶靠离码头时的碰撞和摩擦而设置的物件,我以前只知道是汽车轮胎,通过学习才知道,那叫"靠把"。与靠把配套的物件还有靠把枕、铁链、端环和卸扣。就这样,我以重庆南开中学给我的严谨学风,有针对性地学习了船舶的专业知识。经过一年的努力,基本掌握了相关的建造知识,逐渐担当起了建造师的工作。

从1985年到1991年,我先后组织建造了大型驳船、客货两用轮船、滚装船、集装箱船、采金船等十多艘民用船舶。

1992年,工厂开始为海军承建第二批水面舰艇。我进入了生产处军品组,担任首制舰的建造师。现在回忆起来,首制舰的建造过程并不是一帆风顺的,刚一开工就遇到难题。为防止海水对军舰外板的腐蚀,下料前要求对钢板进行严格的预处理,这个过程也叫"喷砂处理"。它的工作原理是:通过高压气体在胶管里流动形成负压,吸入设于地下的砂池里石英砂,经过喷枪射向钢板除锈,使之露出钢板的本色,然后用高压风除尘,并在第一时间喷上防锈漆。石英砂从喷枪射出使用后落入砂池,再循环使用。用于补充的新砂也直接倒入砂池。采用这样的工艺,在实际施工过程中,出现了堵枪、附着在钢板表面的粉尘太多、射力太小三个问题,严重影响了预处理的速度。所处理的钢板完全满足不了船体车间的需要,这将直接影响交船周期。技术部门一时也拿不出解决的办法。我不止一次亲眼看到厂总工程师,顶着一头粉尘下砂池排堵,很是感人。然而为了保证交船周期,我们必须提高预处理的速度,保证船体车间用板。

作为首制舰的建造师,我开始尝试琢磨解决的办法。也许是应了厂领导说的重庆南开中学学子悟性高的话吧,通过两天的冥思苦想,终于想出了解决问题的完整方案。

我向厂领导汇报获批后,决定停产3天,由我牵头,相关车间配合,对钢板预处理实施了工艺改进。我在受宠若惊之余,积极地组织实施了此项工作。首先采取的措施是,不循环使用石英砂,每天晚上由民工将砂池里使用过的砂全部起出,经过筛选,去除杂质,微粒和粉尘,留下可用的部分再与新砂混合使用。这样做的作用,一是解决了堵喷枪的问题,二是可以减少附着在钢板上的粉尘。接着,我又安排船体车间制作了两个大铁箱放于地面,存放新砂和筛选出的旧砂,这样就提高了喷枪的吸入口,缩短了吸程,使喷枪的射力大大提高。

两天后,预处理重新开工,由于采取了这两项措施,以前出现的三个问题都解决了,预处理的速度完全能满足车间的需要,对保证整个舰船的建造周期起了关键作用。对我的改进措施,厂领导和驻厂军代表都作出了充分肯定。他们的评价是:方法简单,经济实用,能解决问题。说我不愧是南开学子,初试牛刀还真能解决问题。我感谢重庆南开中学对我进行的启发式教育。由于这项工作的顺利进行,当年我被评为厂先进工作者。在接下来的工作中,我发挥主观能动性,努力工作,直到退休,圆满地完成了建造师职责范围内的各项工作。作为南开学子,我是自豪的。

父亲和我都为祖国的国防事业贡献出了毕生的精力。如今,父亲走了,我也老了,但是年轻人还在努力着。祖国的强军梦一定要实现,也一定能够实现!

做百姓的歌者

高1966级4班　王光池

棒棒——来了哟!
来了哟,棒棒——

高高的朝天门,
挂着棒棒的梦。
长长的十八梯,
留下棒棒的歌。

爬坡上坎脚下的路,
一根棒棒求生活。
累了抱着棒棒睡,
渴了端起大碗喝。

傻由他说,
土由他说,
日子在棒棒上梭,
有盐有味也不寂寞!

每当我在大街上,或是电视中,听见电视剧《山城棒棒军》的主题歌时,我总会感到一阵莫名的激动、兴奋,虽说是短短的几句歌词,但也为曾经的付出感到欣慰。

回顾自己几十年的创作之路,实在不是一件容易的事。原本以为永远尘封的岁月,又在不经意间被打开,时光仿佛回到了遥远的从前。那些模糊的记忆,又渐渐地清晰起来,站立起来。一生的创作经历,如电影般在脑海里闪现。创作中遭遇的挫折、失败的痛苦,以及因进步、成功、收获的喜悦,令人百感交集,真是别有一番滋味在心头。

自从告别了高中时代,告别了我的母校重庆三中,作为知识青年,我来到了偏远的开县岳溪,插队落户,当上了农民。我在偏僻的山乡度过了几年艰难、孤独的生活。栽秧搭谷,抬石挑粪,我常常累得瘫倒在田间地头。不甘心啊,难道让自己的青春就这样消磨掉? 我决心在逆境中奋起,在繁重的体力劳动之余,我开始自学。

晚上收工回家,就在灯下苦读。一盏油灯,昏黄的灯光照着书上模糊的字迹,灯罩上冒出的黑烟,熏得眼睛都睁不开,泪水直流。从墙缝吹进来的风,肆无忌惮地在小屋里横行,在耳边呼呼地咆哮。我坚持着,没有退缩。

在和社员的接触中,渐渐地,我开始喜欢他们唱的山歌。社员下田薅草,开山采石,常常会随心所欲地唱起歌来。虽说有点俗气,甚至还不成调,但是粗犷、豪放、直抒胸臆,好听啊! 有一次,和社员上山薅草,我说:"喂,唱点什么吧,时间难磨啊。"一个妇女说:"老王,你先唱你们重庆的山歌。"我回答:"我不会呀。我生来五音不全,况且,大城市哪有什么山歌呀。"社员说:"老王今天不唱,我们也不唱。"想听他们唱山歌,我不唱还不行啊。想了想,我突然扯开喉咙喊起来:"冰糕——凉快! 凉快! 冰糕——"社员听了,连声说:"老王,教我们唱吧。"我连连摆手,说:"哦,不行,不行,我唱得不好。"社员不依不饶。无奈,我只好教。不一会儿,满坡都响起了"冰糕,凉快"的吆喝声,酣畅淋漓的笑声,随着山风,四处飘散。不知不觉中,长长的一天过去了,太阳悄悄地落下了山。

其实,我在读高中的时候,就喜爱文学,尤其是唐诗宋词。我喜欢苏轼"大江东去,浪淘尽,千古风流人物"的豪放;也喜欢李清照"花自飘零水自流,一种相思,两处闲愁"的婉约。到了农村,我又喜欢上了山歌,地地道道的下里巴人的东西,我在本子上把它们记了下来。后来,我也开始在废旧的白纸上,写一点顺口溜,记录劳动的心得和感悟。我想,这也算是我创作的雏形吧。正如庄稼一样,我在这片贫瘠的土地上,悄然无声地播下了文学的种子,默默地吸收营养,在艰难中顽强地生长,等待收获。在后来的

创作中,我写的一首歌《螃蟹夹倒幺妹的脚》就明显地受到了山歌的影响:

> 小河的浪花朵连朵,
>
> 幺妹和哥哥河边坐。
>
> 哥哥拉着幺妹的手,
>
> 话儿溅起水上的波。
>
> "日子富了心也宽嘛,
>
> 我俩的事情哪个说?"
>
> 只听流水哗啦啦响,
>
> 哥哥他急得抓脑壳。
>
> 忽听得幺妹尖声叫:
>
> "啊哟哟——
>
> 螃蟹夹到我的脚。"

我真正开始创作,应该是从回城后,在工厂,在学校开始。

不止一次,有人问我,在文学创作中,为什么我选择了写歌词? 要知道,歌词与其他的文学形式相比,不过是小儿科罢了。我写过民歌,写过诗歌,也写过小说和散文。有人劝我写长篇小说,我笑了笑,人贵有自知之明,我知道自己有几斤几两。更重要的是,我觉得歌词谱曲,插上音乐的翅膀,就能飞起来,传播得更广,影响的人也更多。歌词,是最接地气的。

如果说,在农村那几年耽误了,回到城里,我就倍加珍惜时间,争分夺秒,弥补失去的损失。我清楚自己的底子薄,于是就拼命地学习。记得那时,每天早晨,天麻麻亮,我就走进寂静的校园,高声朗读唐诗宋词,并在空白处密密麻麻地写满了自己的体会。晚上,我又来校园,在办公室的灯光下,不知疲倦地爬"格子"。有时停电,就借着微弱的烛光写作。几乎每天都到深夜,甚至零点以后才回家。不管刮风下雨,打霜落雪,从不间断。几年中,我系统地阅读了唐诗、宋词、元曲,以及其他著名诗人的名篇,我把当时能够收集到的,已经发表的歌词剪贴了几大本,细读精研。从歌词的选材、构思、立意,到歌词的结构、句式,乃至于音韵,都细细地分析、比较,慢慢摸索出了歌词创作的规律。

1984年,我担任子弟学校的行政工作,仍坚持教学。年迈的父亲瘫痪在床。初秋,爱人又上电大去读书了。繁重的工作和生活的重担压在我肩上。我咬紧牙坚持,决不放弃。白天下班后,我用自己做的滑轮车,把父亲从家里推出来,晒晒太阳,到工厂去溜达溜达,让他老人家呼吸新鲜空气。晚上我又到学校,开始我的创作。功夫不负有心人,我写的歌词《五七光辉照校园》在文化馆办的油印小报上刊登了。这可是我发表的第一首歌词啊,捧着油墨飘香的小报,我更坚定了自己的创作之路。

从此,我的创作激情如井喷一般,不可遏制。创作,已经成了我每天生活中的一部分。那时条件差,没有稿笺纸,我把学生用过的作业本,把单位的边条,甚至巴掌大的车票,都用来练习写作。有时,突然蹦出来一句,我就顺手写在烟盒上。有时突然想到一个好的句子,就写在了两拇指宽的车票背面。

别人喝茶聊天,我在写;别人唱歌跳舞,我在写;别人享受天伦之乐,我在写;别人打牌,我在写。正如鲁迅先生说的:"哪里有天才,我是把别人喝咖啡的时间,都用在写作上。"

记得有一次,我走在解放碑的大街上,心头正在构思着歌词《大路上走来一群姑娘》,周围的一切,仿佛都视而不见。想上厕所,我还在反复斟酌一句歌词。就这样,我居然大摇大摆地走向女厕所,刚走在门边,才突然清醒过来,赶忙止步,退出来。看着旁人鄙视的目光,我尴尬得满脸通红,刚才的创作激情也烟消云散。想起来还真有点后怕,在那个年代,如果被人当作流氓,我就死定了。后来,这首歌,在1983年获奖,想想也值了。

杜甫有一句名言:"文章千古事,得失寸心知。"是啊,创作中的艰辛,只有自己知道。创作之路,并不是铺满一路鲜花,一帆风顺的,而是布满了荆棘,坎坷不平。有一段时间,我写的稿件,一次次寄出去,又一次次退回来。收到的退稿信累积成厚厚的一叠。看着退稿信,我也茫然、烦恼、徘徊。烟,一支一支地抽,心,一点一点地痛。我甚至怀疑自己的选择,怀疑自己脚下的路。终于,在沉思中我认清了自己,在失败中我更坚定了努力的方向。艰难困苦,玉汝于成。我写了一首歌词《碰壁歌》:

哈哈,碰壁!

我不害怕,我不叹息。

失败和失败相碰,
迸发出成功的希冀。

哈哈,碰壁!
我不畏缩,我不泄气。
厄运和厄运相碰,
产生了向前的动力。

在挫折与失败面前,除了学习,学习,还是学习。在向书本学习的同时,我把自己的目光投向了生活,投向了脚下的这一片土地。生活,既是创作的源泉,也是创作的老师。

当时,我是子弟校的老师,当然离不开孩子的生活。我用孩子的眼光,去感受孩子的生活,我用一颗童心,去观察这个五彩缤纷的世界。

记得有一次,我和老师带学生到嘉陵江边玩耍,走在起伏不平的鹅卵石上,走在舒松柔软的沙滩上,抖落白天工作的疲劳,生活的烦恼,浑身轻松极了,心里有说不出的惬意。孩子毕竟是孩子,时而跑到前面,挥动小手,时而又落在后头,高声尖叫。他们赤脚站在水中,弓着腰,用力将手中的石片抛出去。小小的石片像长了翅膀似的,贴着水面一蹦一跳向远处的江心飞去。孩子高兴地笑着,数着:"一、二、三……"那天真的神态,同他背着书包的模样相比,大不一样啊。被学生的笑声所感染,我也手痒痒的,禁不住跃跃欲试。我捡了一块扁平的卵石,脱掉鞋站在水中,身子略为后倾,憋足了劲,用力将石片掷出去。我也高声地喊着,痛快地笑着,全然忘记了自己的年纪。在大自然的怀抱中,我们都是孩子呵! 夕阳西沉,嘉陵江上闪烁着点点金光。可能是出于习惯吧,在返回的路上,我情不自禁哼出了一首歌词:

打漂漂,打漂漂,
石片像一只小鸟,
在水面上跳。

　　打漂漂,打漂漂,

　　浪花像一串笑声,

　　在水面上飘。

　　打漂漂,打漂漂,

　　我们欢乐的心儿,

　　跟着它飞了。

　　后来,经作曲家谱曲,这首歌词被发表在刊物上,广播电台播放了为这首词谱曲的男声四重唱。

　　随着越来越熟悉孩子的生活,我接连写下了不少儿童歌词。如《祖国在我心窝里》《三峡的浪花》《嘉陵江的孩子》《甜甜的咧》《烫火锅》《捉迷藏》等,不少歌曲收入全国中小学音乐教材。其中《弹月琴的小姑娘》,在全国第二届少儿歌曲评奖中获得了一等奖。

　　弹月琴的小姑娘,

　　手中抱着一个月亮。

　　她那美丽的眼睛,

　　像星星闪光。

　　她那漂亮的衣裙,

　　像彩云飘荡。

　　琴声从月亮里飞出来,

　　歌唱童年快乐的时光。

　　和孩子们在一起,我愿把生命化作光,化作热,去点燃他们脸上的幸福,去照亮他们眼里的憧憬,去温暖他们梦中的童心。我举起生命之火,照耀孩子们沿着崎岖的小路,走到安徒生爷爷的童话王国中去,走到扑朔迷离的知识宫殿中去,走到五彩斑斓的春天里去。

　　说到生活,还有一件小事,让我终生难忘。有一年,我在报上看到一则消息,嘉陵厂生产了嘉陵摩托。我一高兴,挥笔写了一首歌词《飞奔吧,嘉陵摩托》,发表在重庆日报上。正当我沾沾自喜之时,编辑部转来了一封读者来信,批评这首歌词的作者脱离生活,胡编乱造。原来,我歌词中有一句"脚踏油门心里甜",而摩托车的油门是在扶手上。我不熟悉摩托车,也没有坐过摩托车,凭自己的想象写作,闹出了这样的笑话。读者的来信令我痛心疾首,我写信向读者道歉,吸取了这个深刻的教训。

　　随着创作日趋成熟,我又在思考,歌词创作如何拓展它的空间。除了儿童题材外,还应努力探索,把它的内蕴挖掘得更深些,立意更高远,意境更丰富。不断地奋进和探索,人生才会有意义。对歌词艺术,我不仅有深情的眷恋,也有执着的追求。有感而发,我一气呵成,写了歌词《日月之恋》:

黎明,太阳跃起,
去追赶,
他的月亮。
啊,温柔的月亮。

黄昏,月亮起程,
去追赶,
她的太阳。
啊,火热的太阳。

太阳,追啊,
月亮,追啊,
追过了漫漫岁月,
留下思念长长。

永不能相见,
也无半点惆怅。

宇宙间，

充满了爱的光芒。

在四川省音协召开的一次创作会上，我拿出了这首歌词，向大家请教。当天晚上，夜深人静，我也睡了。突然，一阵急促的敲门声，把我从梦中惊醒，我急忙起身，推开门一看，原来是著名作曲家朱嘉琪老师。他不由分说，把我拉到外面，兴奋的脸上，还泛着红光。借着微弱的月色，他拿着刚谱好曲的《日月之恋》，挥着手，嘶哑着喉咙，反复吟唱，我认真听着，被他辉煌的旋律所震撼，被他燃烧的激情所感染。直到天快亮了，我们还意犹未尽。一首美声歌曲就这样诞生了。后来，这首歌获得全国青年电视歌手大奖赛美声创作一等奖，入选高等艺术院校的教材，也指定为全国声乐比赛的演唱曲目，日本、新加坡等国的歌手也在演唱，至今不衰。评论家也以《永恒之爱的颂歌》（王雪辛）、《有境界自在高格》（张东辉）等为题，对此歌作了充分肯定。

歌曲是时代的回声，歌曲是人民的心声。在歌词创作中，我始终关注一些重大的主题。

在建党70周年之际，我创作了大型合唱组曲《巍巍歌乐山》，公演后，在社会上引起了极大的反响。时任重庆市委书记的肖秧知道后，冒着33度的高温，专程赶到沙坪坝区文化馆来，观看了这部合唱组曲，大加赞赏，充分肯定《巍巍歌乐山》是一部很成功的作品，并和主创人员和演员合影。

抗洪抢险，我创作了大型合唱组曲《歌乐山，不朽的丰碑》。汶川大地震，我创作了童声合唱组曲《我们在爱心中长大》。重庆旅游，我创作了《山城风光抒情组曲》。与祖国同步，与时代同行，这是每一个音乐人的责任与担当。

梅花香自苦寒来。几十年来，我写了数千首歌词，有近百首获奖。其中，《火辣辣的城》获中宣部"五个一工程"奖；《弹月琴的小姑娘》获全国少儿歌曲一等奖；《三峡魂》获全国群星奖金奖；《三峡的浪花》获全国蒲公英奖创作金奖；《怀揣妈妈的照片上学》获全国人口文化奖金奖；《我们的锻工班》《大路上走来一群姑娘》获全国优秀群众歌曲奖，《日月之恋》获全国青年电视歌手大奖赛美声组作品一等奖；《山城升起的第一面五星红旗》获全国中小学生艺术展演金奖；《青春红岩》获团中央"五个一工程"奖；《数大桥》《祖国在我心窝里》等获重庆市五个一工程奖；歌曲《三峡的浪花》入选由中宣部、中央文明办、教育部、文化部、国家广电总局等七单位联合向全国推荐的"百首爱国主义教育歌曲"。另外,《日月之恋》《弹月琴的小姑娘》《甜甜的咧》《美丽的海螺》《青春红岩》等多首歌曲入选全国艺术院校及中、小学音乐教材,有的列为全国声乐考级的指定曲目。我还为电视剧《山城棒棒军》《傻儿师长》《潮起两江》《大山下》《醉仙楼》等多部电视剧创作了歌词,出版了专辑《王光池歌词作品选》《希望的太阳》《日月之恋》《重庆神话》等。

我的事迹也荣幸地被收入《中国音乐家名录》《中国文艺家传集》《中国专家大辞典》《中国自学人才荟萃》等书。

看着创作路上的每一步脚印,有的深,有的浅,有的正,有的歪,但始终朝着一个方向,没有偏离。那一首首用心血凝成的歌词,记录了我几十年创作路上的风风雨雨,坎坎坷坷,饱含了人生的酸甜苦辣,喜怒哀乐。是啊,我们也曾年轻过,我们也曾奋斗过,我们也曾拼搏过,我们也曾追求过。我一生的歌词创作虽然都是小儿科,谈不上鸿篇巨制,但我不负自己内心深处的百姓情结,始终以真心、真情、真爱,为百姓讴歌。

步入老年,回眸一笑,无悔此生矣!因为,我是一个百姓的歌者!唱童年幸福的时光。

南开有我 我有南开

高1967级5班 王有惠

作为重庆南开中学（1953年~1984年曾名为重庆三中）的学生，我很幸运。我从1964年秋入学，到1969年春离开，在校近5年。在南开，我度过了一生中最宝贵的青春岁月；在南开，我有幸接受了最好的"公能教育"，深感终身受益。在即将迎来南开建校100周年之际，谨以此文献给我亲爱的母校——重庆南开中学。

温暖南开

1964年夏天，当一张铅印的并盖着重庆三中红的印章的录取通知书，连同学校新生干部培训班的通知，由我原就读的重庆市第四十中学的郑锐老师送到我手中时，我真切地感受到了遍及全身的暖流。按重庆三中录取通知书要求，我要提前一周到校参加学生干部培训。我从小学一年级到初中三年级，当了9年的学生干部，这可是第一次参加干部培训，心里特高兴。

一跨进校门，展现在面前的是我从未见过的美丽校园：绿树、草坪、网球场、篮球场、足球场及撒落其间的大礼堂、图书馆和座座气势非凡的教学楼。它宽阔的场景及磅礴的校园布局着实让我这个从小就在渝中区小街窄巷学校读书的新生大开眼界。原来重庆还有一所像大学一样大的中学！

学校的干部培训班很特别，它不全让老师主讲，而是采取对口一对一的交流方式，让学生干部进行"传帮带"。如我们高一5班的对口班，也称友谊班，是高三5班。按分工，我是副班长兼学习委员，而高三5班担任此职务的是一位文静智慧的大姐姐，说话轻言细语。她耐心细致地给我讲她的学习方法、体会及工作经验，我们很快成为好朋友。我们的班主任是教我们物理的张乐林老师，一个刚从学校毕业不久，满身都带着学生味的大姐姐。她热情美丽，能歌善舞，特别关心同学。她是爱才的傅校长从西南师范大学选来的优秀学生。大学时她曾是学校的文体部部长。开学不久，她就教我们跳《中国人民是红旗手》，这个舞蹈的基本动作是突出工人阶级那双刚劲有力的双手，而我在排练中老做不好双手的动作。她硬是一遍遍地示范，手把手地教我。演出结束后，同学说："看你平时文质彬彬的，怎么跳起舞来，这双手这么刚劲有力？"我自豪地说："是张老师教的！"

张老师的关怀不仅体现在她认真负责的教学态度，在生活上她对学生更是关怀备至。记得1964年冬天，按学校的指示，她为我们班家庭困难的学生申请了一批棉衣棉裤，当时我也领了一条统绒裤。周六回家后，爸爸告诉我，他供职的重庆市工商联又补助了我们家50元，这是继我考入南开后的第二次补助。当时我父亲每月的工资只有36元。我含着泪对爸爸说："我一定要好好学习，决不辜负党的培养。"回校后我把还未穿过的统绒裤退给了张老师，张老师关切地对我说："留着穿吧。"但我还是坚持退还给了学校。

学校很重视我们的伙食，虽然我们每月只交8元钱，但吃得很好，我入校时只有80斤，期末就涨到了118斤。记得分管教育的邓垦副市长在视察学校时，他深入食堂问大家："同学们吃得好不好？"集体答曰："好！""饱不饱？"一些食量较大的男生答："不饱。"在邓副市长的关怀下，我们的口粮每月又增加了3斤。现在回想起来，心里都是甜甜的，那是个国家还未完全解决人民温饱问题的贫穷时代，但在重庆南开中学，我们却处处感受到党的关怀，学校的温暖。

公能南开

百年南开有一整套教育理念、体系和规则。在培养学生德智体全面发展上它有独特的方式和经验，故人们称南开的教育为"公能教育"即现在所说的"素质教育"。它所蕴含的教育思想远远超越了时空，与我们党的教育方针"教育为无产阶级政治服务，教育与生产劳动相结合"对受教育者的要求若合符契。南开校训"允公允能，日新月异"，这前半句可解释为：既要有爱国爱群之公德，又要有服务社会之能力。这后半句可解释为：要有强烈的进取精神，能与时俱进。南开系列办校（大学、中学、小学）100年，从这里不仅走出了新中国的四名正、副总理及几十名为国争光的科学家,还有一大批默默工作、奋发努力的各方人才。据统计,仅南开大学就培养了15万大学生。

在重庆南开中学,我们不仅感受到了一流的教学场地、设备给我们带来的快乐,更重要的是,每位老师的教育态度、方法都深深地植根在学生心里,让我们难以忘怀。现在只要一启动岁月的闸门,眼前就会浮起老师上课时的画面与情景。教我们数学的老师叫王在跃,他是一个不苟言笑、满腹学问的年轻人。他教学认真,一丝不苟,尤其是在我们初学立体几何时,他为了提高我们的学习兴趣,自制了不少学习道具以打开我们的思维空间。为让学生尽快翻过立体几何入门难的这道坎,他有时竟拿着一本书不断地快速翻页,以启发学生的立体思维,加速从平面到立体的思维转换。王老师是教我们班时间最长且深受学生喜爱的老师之一。化学老师雷大谦是学校元老级的老师,他学识渊博,教学严谨。他的板书特别漂亮整洁,让人敬佩不已。生物课对学生来说,虽是一周一节的小课,但从许老师的嘴里道出来,竟变得格外地生动有趣。最让我刻骨铭心的是,他要求我们要"肠胃洗澡"即餐后饮一杯温开水,以冲刷我们肠胃里残存的污垢,几十年坚持下来,我感到很受益。

李丁一、王泽典老师教过我们体育课,他们不仅教会了我们要勇敢、坚持,还让我们终身爱上体育运动。如今越老越感到在南开坚持每天长跑让我受益匪浅。曾担任过俄语翻译的江老师是我们的英语老师,他教学的最大特点是营造教学气氛,让大家在热热闹闹、欢欢喜喜的氛围中学习英语。他特别重视口语,人到中年的江老师在上课时十分活跃,他有时竟像年轻人一样在教室里蹦来蹦去,忽而拿书,忽而握笔,让学生随着他浓郁的俄式英语与夸张的肢体语言一起互动。他拿着一本书问大家:"What is this?"(这是什么?)学生集体回答:"It is a book."(这是一本书。)随即他又从学生的课桌上拿起一支笔问:"Is it a book?"(这是一本书吗?)学生答:"No, it is a pencil."(不,这是一支笔。)为了加深学生对短句的理解与应用,江老师可谓呕心沥血,费尽心机。几十年过去了,他讲课的情景,总在我的脑海中挥之不去。教我们语文的先是王泽友老师,后是刘如甫老师。王老师教我们时只有20多岁,正值青春年少。他个头不高但颇有颜值。他油亮的头发总梳理得整整齐齐,脚下的皮鞋也打理得漆黑发亮、一尘不染。由于衣着得体,他上课时显得格外地意气风发、风流倜傥,说起话来口若悬河,喜欢引经据典,使人有醍醐灌顶之感。40来岁的刘老师给人的印象是不温不火,不紧不慢的,他语言平和,娓娓道来。在作文指导上,他不因循守旧,能打破常规开启学生的创新能力。有一次写作文,他一改过去命题作文的套式,不出作文题目,只提写作范围,即围绕党对学生德智体全面发展的要求,自己谈认识、找差距。然后,他把学生的作文分发到各学习小组,由大家集体点评,老师最后择优评讲。我最大的不足是缺乏体育锻炼,于是我下定决心奋起直追,并根据我的感受,写了《追》这篇作文。这篇作文得到了老师的表扬和同学们的认可。近日,我在1965年10月8日的日记中查到了原文与评语。小组评语是:"本文能用主席思想指导写作,并联系自己的思想,实际地着重写出了自己不足的地方,同时给自己提出了前进的方向。本文写得生动,有感情,有象征性,还能将德智体的关系包含于写作。注意书写整齐。"老师的评语是:"这篇文章写得好,小组的评语也得当,可作范文传阅。"正是由于南开老师的辛勤培育,让我们这批老三届学生在南开打下了夯实的知识基础,并具有了一定的社会适应能力。

学校对我们的教育是全方位的。在学习期间,虽然南开校训"允公允能,日新月异"没有作为口号挂在嘴上,没有成为标语贴在墙上,但却实实在在地贯穿于老师的教学中,点点滴滴地体现在学校安排的各种各样、定期或不定期的学工、学农、学军的活动里。记得高一时,我们承包的是一片果园,高二是菜园。在果园里劳作,我们学会了捉虫、培土;在菜园里劳作,学会了播种、施肥。在两年的校园生活中,我们不仅学会了一些简单的农活,还真正地体验到了种庄稼是多么不易。我们学工的地方是位于沙坪坝的重庆轴承厂。同学被分配到厂里的各个生产流程小组,在工人师傅的帮助下,干一些力所能及的活。由于工人师傅的言传身教,我们领悟到了吃苦耐劳的意志品质。对我们班来讲,学军的方式,一是参加学校统一的军事训练,如长途拉练等,二是集中训练。因我们班是学校的基干民兵,在寒暑假期间,我们会与解放军一起摸爬滚打。在解放军的带领下,我们学会了出操的基本步伐、匍匐前进、打枪与偷袭,还参加了一次实弹射击。正是学校一系列严格的、全方位的素质教育,才使我们这批因"文革"而中断学业的南开学子并没有自暴自弃,而是凭着一股南开精神,努力学习、积极上进。不论工作在何处,我们都是一颗称职的螺丝钉。

感恩南开

从1969年离校到现在已整整过去50年,弹指一挥间。50年来,我回校4次。

第一次是1986年10月17日,那时我刚从地质队调回重庆。恰巧赶上重庆南开建校50周年。多年没回母校,那是一种什么样的心情?什么样的情景?我们老三届的同学自发地在学校大礼堂开了大会。然后我们在学校大操场集合,每班按序默默地绕场3圈,没有口号、没有歌声,只有满脸的泪水、无声的抽泣,连看台上的老师都情不自禁地摇头抹泪。

1991年10月,我们又回学校参加了55周年庆,学校给老三届的同学补照了毕业像。由于"文革"的影响,我们这批从初中1968级到高中1966级的几十个班的学生因未如期完成学业,故未照毕业像。我们在曾就读的勤俭教学楼前,与不少老师合影。其中有教过我们的,也有没有教过我们的。我们珍视这份师生情谊,那是特殊时代培育的特殊感情。

第三次回校是2003年10月校庆,我在与班主任张乐林老师共进午餐中,才得知曾在学校组织的语文课外学习小组、担任指导老师的戴危叨老师不幸仙逝,悲憾之余,挥笔写下《恩师戴危叨》,此文不久在《重庆政协报》上发表。

2017年10月17日,我们迎来了重庆南开中学建校80周年的盛大校庆。那天天特别蓝,太阳特别亮,经过一周秋雨冲刷过的山城,显得格外地清爽与透明。我们老三届近2000余名学生从四面八方赶来,蜂拥般地奔向母校。学校的庆祝活动十分隆重,除由一个班推举两名同学参加学校礼堂的大会庆祝外,还单独为各班安排了聚会小教室。班主任张乐林老师早早地来到了教室,等候她期盼已久的学生。

我们也为张老师准备了一份特别的礼物,赠送了老师一幅由我市著名书法家吴守昕先生书写的"润物无声"的条幅。

我们共来了30多位同学,近80岁的王泽友老师也来到了教室,他还是那么精神抖擞。他又一次登上讲台给我们上课,他满怀激情地讲感悟、谈人生,听得我们如痴如醉。看见同学一张张写满沧桑与幸福的笑脸,看见满头银发仍精神矍铄的老师,一股感恩之情在我胸中油然而起。我已是跨七奔八的老人了,还有这么多情同手足的同学,宛如兄长的老师与我牵手前行。这可谓是人生一大幸事啊!可以说我是顶着重庆南开的光环去参加工作的。1971年3月,由原南开同班同学,四川冶金地质勘探公司602地质队子弟路显明推荐,经602地质队党委集体研究决定:破格特招重庆南开中学高1967级5班的5名学生,以解决内招带来的新工年龄普遍偏小,文化程度偏低的问题。到地质队后,我们努力工作、勤奋学习。1976年,为解决地质队子女上学难的问题,在队领导的支持下,我们创建了子弟校,从小学一年级办到初中三年级。陈洪金同学为学校党支部书记,我为教导主任兼学校团支部书记。范学昌同学从西南民族学院数学系毕业后直接到学校任教,在南开学子与全校师生的共同努力下,一个极不起眼的子弟校,竟连续几年在西昌市教育局组织的全市初中语文、数学统考中,取得了排名前三的好成绩。另一位邹润生同学因工作肯干、业务拔尖,很早就被调到公司担任公司财务主办会计了。而奉命参加河北地质大会战的王忠平同学则不畏艰险,为国找矿几十年,最后成长为浙江冶金地质二队大队长。

1986年10月,我和同学、丈夫路显明搭着人才流动的末班车,双双调回重庆。他调渝中区计经委,我调渝中区统战部。我热爱统战工作,一干就是16年,直至退休。凭着在重庆南开培养的文学功底,我先后学会了写新闻、论文、散文和小说,勤奋耕耘,一路狂奔。我是渝中区对外新闻报道组成员,担任过市委统战部渝中区通讯组长、《重庆政协报》的特约记者,《四川统一战线》的通讯员,渝中区统战理论研究会秘书长、《重庆统一战线》的编辑。退休后,我仍坚持写作并加入了市作协,现是渝中区的文学组成员。《渝中文学》把我带进了新浪网,让我的作品有了更广阔的发表空间。2008年,我出版了散文小说集《二月花》,2015年,出版散文集《四寻顾城居》。我把这些书分别赠送给了重庆南开中学图书馆、重庆杏林中学(原40中)图书室、重庆市图书馆、全国各大院校图书馆和女儿们所居的新西兰奥克兰、美国波特兰的华人社团、华人老人公寓图书室,还送给了我的老师、同学、同事和海内外的朋友。

去年年底,同机关的南开学姐告诉我,高三的同学自发地成立了组织老三届同学写稿出书的筹备组并推荐我当编辑。我欣然加盟并表示要当好志愿者。我以为老三届的同学自己为自己出一本书是好事,大而言之是在一定程度上填补了重庆南开中学一段特殊时期的校史空白,小而言之则是同学自己写自己的故事,给我们的子孙后代留点父辈的人生印迹。我希望同学都拿起笔来,积极参与,时不我待,只争朝夕。现将习主席今年1月17日视察南开大学寄语南开师生的一段话与同学共勉:"只有把小我融入大我,才会有海一样的胸怀,山一样的崇高。"望大家齐心合力、团结一致把出书的事情办好,为母校交出一篇篇接地气、质朴真实的人生答卷。

身残也要知报恩

——奉献爱心的几个故事

高1966级4班　王邦碧

我是残疾人,读小学时左手因骨结核(巴骨流痰)动过手术,刮了骨,靠爸爸所在工会的帮助,用了当时很贵的西药异烟肼(德国进口),才让我活了下来。而我的另一个小学同学却因腿上骨结核无钱医治而死掉了！我的生命虽然保住了,但左手也留下了残疾——伸不直,也弯不了。从此,我就成了残疾之身。

然而,正因为我活下来不容易,知道我这条命是党和人民给的,所以我从小就懂得感恩,我要好好活着,好好努力,用一颗爱心来报答党和人民。

品学兼优,考进三中

我的家很穷。我不到6岁,妈妈就离开了爸爸,我便随爸爸生活。爸爸什么活都干过,最后他选择在五一牛奶厂工作。我天天早上四五点钟就起床和爸爸一道送牛奶,解放碑、大阳沟、依仁巷、九尺坎一带都被我跑遍了。每天送完牛奶,我就在附近买点早点,边吃边走到和平路小学上学。越是这样辛苦,我学习就越是努力,成绩一直是班上前几名。后来我被推选为优秀少先队员,还出席了在市人民大礼堂的表彰大会。

在重庆市第二十一中学读初中时,为了补贴家用,我利用假期在三八商店当过售货员,在菜园坝火车站卖过山城小汤圆。同时,放学后,我还带头参加公益劳动和学习雷锋的各种活动,加上学习成绩突出,被评选为渝中区的优秀团员！区长王墨林亲自给我颁过奖。

1963年,我带着残疾之身,以优异的成绩考入了重庆三中。

自力更生求生存,奉献爱心保安定

1968年初,我爸爸因长期劳累患肝癌去世了! 1969年,知青下乡,我因有残疾,没去农村,就留校做了一段时间广播员。因为患乳腺瘤,做完手术后,我就离开了重庆南开,回到了我妈妈家,开始了自力更生的生活。

那时我母亲住较场口,靠在街道搬运组下力为生,主要是为市内各家医院挑送药品。我就帮着母亲干活。

后来,我当过保姆,给别人带小孩一个月10元。我去挑花社绣过花,1000针一等品才7毛钱,我从早上6点绣到晚上11点,晚上常在路灯下赶活儿。我绣了一个月,做了10多个枕头面子,才能得到10多元。

尽管生活艰难,但我还是对党心怀感激。尤其是作为重庆南开学子,走到哪里我都应该发挥自己的价值。我和妈妈住在渝中区(那时候叫市中区)石灰市勉励街勉励巷18号。街道办事处一位叫景映雪的主任找我谈话,叫我把待业青年组织起来学习。那时整个较场口街道的超龄生、病残待业青年等无业人员的上千人,我们这一个地段也有上百人,特别不好管理,经常有人闹事。于是我就出面,安排每周学习三个半天。星期一、三、五下午学习,学习内容有读报、唱歌、讲故事,平时还要有针对性地找个别重点对象谈心,一对一地做思想政治工作。好几个街道上的刺儿头,经过帮助教育,都有了转变。还有的残疾或重病青年,他们曾对生活失去了信心,出现了自伤或自杀的苗头,我及时地发现了并帮助他们顽强地活了下来。其中一个患重度心脏病的女孩,一直开朗地活到她发病去世的那一天。

1971年,知青开始回城。等安排知青开始工作后,才能安排我们这些病残待业青年工作。于是,1971年我被安排到红岩幼儿园(原大同路幼儿园,是一所百年老园,抗战时期,曾经受到周恩来的直接关怀)当代课老师。由于工作表现好,一个月后,我就转正了!

拯救弃婴,成就生命

1976年,我在红岩幼儿园工作时,我的同事刘新玉老师的弟弟刘大光医师是重庆急救中心(当时的重庆市第二工人医院)的妇产科主任。一天早上,刘新玉老师接到她弟弟的电话,说头天晚上,一名知青模样的产妇在夜里12点钟产下一个男婴,早上6点就跑了!那时,这种情况比较普遍。记得我的一位朋友曾经对我说过,他们夫妇因为没有生育,想要一个孩子。为这事,我曾让刘老师告诉过她弟弟刘医生。听到这个消息,我立马请了假,赶到了位于两路口的这个医院,花了33.8元(3.8元为接生费,30元为产妇营养费),抱回了这个弃婴。我的母亲当时没有工作,就替我照顾这名婴儿。一个月后,我抽空把孩子送到了那对需要小孩的夫妇手中。后来,这对夫妇对这个小孩非常好!现在,我知道这个小孩成长很顺利,大学毕业后,工作也很好,成为国家需要的栋梁之材!而这个孩子的养父母也很感激我家,给我妈妈买了灯芯绒布料做了件上衣。

这件事情的圆满结局,也算是自己为他人和国家所敬献的一点爱心吧!

奉献爱心,为建设江津长江大桥提供数据支持

以一颗爱心对人,是我一贯的处事原则。同学唐素云两姐妹下乡,我乘船去武隆乡下看望她们。同学江明友参军了,我和妈妈提着鸡汤从渝中区经储奇门乘轮渡过河,经海棠溪爬山去看望其母亲,并代她给远在援老抗美前线的儿子写信。

1973年,我和康明结婚。1980年,因照顾夫妻关系,我从红岩幼儿园调到远在江津的405厂。这是当时六机部的部属大型舰船发动机生产主厂,主要产品是与军舰和潜艇配套的230发动机整机。我先在厂幼儿园工作,后因工作需要,我又调到食堂当会计。再后来,我又调到运输处搞统计兼会计。由于我的南开血液做家底,又有一颗报国之心,所以很快就学习和适应了统计、会计业务,拿到了国家统计师职称。而且在江津几个大单位我成了数得上的统计行家。

这时,市里筹建江津长江大桥。在勘察和设计阶段,一个非常重要的条件就是必须准确计算出长江大桥当期直至中远期(30~50年)需要承受的最大瞬时载重量和最大车流量。而我们405厂的舰船用发动机主机极其相关配套的车载设备,将会对大桥的承重提出多多的要求,包括中远期的要求:我厂的客货运输车辆自重及载重吨位的当期、中期和远期数,既要准确,又要在此基础上科学测算出中远期的可靠数据。这些都需要学习并查阅大量资料。我既要完成自己分内的统计、会计工作,又要完成市里交

给我的建桥测算统计任务,还要兼顾孩子的学习和家务,加上自己的残疾带来的种种不便……但这些困难,都没能阻挡住我。经过努力,终于为上面提供了可靠的数据。我受到了市里的肯定和好评,为我的母校南开增光添彩,也为聂帅的故乡建设作出了贡献!

信仰 责任 担当

——记者工作二三事

高1967级1班 王崇仁

我从小喜欢阅读。小学二三年级已囫囵吞枣地啃完了《三国演义》《水浒》《封神》《保卫延安》《钢铁是怎样炼成的》……我也屡屡上讲台朗诵，上墙张贴自己所写的作文。因此，小学五六年级时我就有了当作家、记者的理想。

1961年秋，怀揣这样的梦想，我跨入了重庆三中初1964级2班。初中三年当了语文科代表和学习委员……

1964年秋，我进入重庆三中高1967级1班。时至1966年8月以后，神州大地，历史狂澜，一个又一个浪头把我送下农村，送进工厂，送到机关。1997年，重庆直辖的那一年，我被选进"香港商报"——中央在海外欧美大洋洲及港澳的七大平面媒体之一，先后任驻渝首席代表、办事处主任、社长助理，一干就是18年。

宣传重庆开放

1997年，一纸中央红头文件，给筹建一年多的重庆直辖市剪彩挂牌。从福建飞来一领导入渝主政。他几个月来密集下乡进厂，深入调研，运筹帷幄。大约在他来渝三个多月的一个周末，他邀请中央和港澳等驻渝媒体负责人吃饭。

在上清寺当时的市政府第五招待所，香港大公报、文汇报、商报三家媒体以及新华社、人民日报驻渝机构负责人等刚好一桌。席间大家像朋友聚会那样，谈笑轻松、随意。这位领导在聊到来重庆几个月的感受时，很有感慨地说：从上到下都是一个省辖市的味道,缺乏对外开放和开拓的意识……他从沿海开放大省来到内陆,这种感觉肯定很明显。一顿饭下来,我对这位高级干部有了明显感觉:这是一位坦诚实在、少虚套、务实事的领导。而后,为推动重庆市对外开放,重庆市推出一系列配套政策措施,领导还亲自写信200余封给福建的朋友、港澳的朋友,邀福建、港澳商家一批又一批地来重庆市考察。香港商报就围绕"开门迎朋、招商引资"的主题开展宣传。

一次,市领导到市外办大楼会见一批福建、港澳来客。在市府各相关部门介绍重庆产业背景、招商引资方向、项目后,他讲了一番恳切动情的话:"大家到重庆来了就认真看看,多方考量考虑,看清楚、想清楚后再下手(投资),不要太急……你们参与重庆的直辖市建设,也要能赚到钱才行……"我在组织撰写这篇稿件时,再三听放这段录音,然后拍板,决定把这段话原汁原味弄上去!部下对我说:"头儿,行吗?喊别人来赚钱?"我说没问题。第二天香港商报头版头条刊出。这时我才给记者站的同人解释:"我们向海外推出一个有血有肉有情有味的人的形象,由这样一个'人'主政重庆,只会提高海外对重庆市的政务的信赖指数……"

这以后,一大批福建、港澳商家开始进渝投资。观音桥金源大酒店商圈的整体开发,南岸铜元局一平方公里的商品住宅的开发等,都是在这个阶段实施的。这是改革开放以来重庆市第一波招商引资"大手笔"。其中,成团成伙来重庆市开发和开厂的主要是福建商家,以及港澳的福建籍投资者。福建籍侨领印尼著名华商就是这个时候圈下铜元局一平方公里洼地,开发成现在的融侨半岛的。

其间,市、区县招商办的人介绍说:"当时重庆市破破旧旧的市容环境,路少道窄的交通条件,很多客人来看了就沉思不语,因为无论从哪方面看,成都的交通条件投资环境都远优于还是'省辖市'氛围的重庆。"福建某著名商人对开发观音桥商圈看而不语,一直没有落子。他是在权衡这"子"该落在重庆还是落在成都。牵头接待的江北区官员事后跟我讲:"客人在重庆市,我们便寸步不离地接待;客人到北京,我们便跟到北京;客人到上海,我们便跟到上海;客人到成都……我们不断地介绍重庆市开放的决心和直辖市建设发展的辉煌前景……用上至书记下至基层干部的真诚、热情、诚信,把这批客人大多留在了重庆市。"

而后,来渝主政的后几任领导,一个个地接棒,综合谋划,推进了"八小时重庆"的路桥规划蓝图,为重庆的开放优化了交通条件;大力鼓励扶持民营经济,带动民营经济发展跃上了一个台阶,为重庆市经济激发了活力……坚持抓住"开放"这个牛鼻子不放,坚持在"重庆建成中国内陆开放高地"上做功课,一笔笔地画下了"渝新欧""引进世界五百强"等一系列开放大手笔,才有了今天全球驰名的"网红重庆""大都市重庆"。

坚守新闻的生命

2004年9月上旬,中国青年报一篇《四川万源市财政赤字逾亿元,仍花巨款请明星演出》的专题报道,在中国舆论场激起了不小的波澜。此报道揭示了四川万源市(县)当局借纪念红军万源保卫战胜利七十周年为名,县财政局花了巨款请明星到贫困县搞豪华演出……一时间,这篇报道被包括中央主流媒体在内的几十家报、刊、台转载、评述,使四川万源成为新闻热点。我当然注意到这篇报道,感觉新闻有假,对同事说:"它一个县级财政总共就三四千万元的盘子,哪里拿得出2000万元来撑面子哟……"话说完的几天后,两位万源市民(看样子像基层干部)到重庆宾馆香港商报驻地反映:花2000万元追星搞豪华演出不是事实。本来这个活动很成功,提高了红色老区万源的知名度,引资了10多亿元,全市上下都为之精神振奋,都准备借此狠抓红色旅游经济。但现在干部和老百姓都闪了劲,似乎好事变成了坏事……他们希望香港商报能去调查事情的真相,客观地讲点公道话。面对风尘仆仆的大巴山来访者,加之我本来对这篇新闻就有疑问,我随即拍板,派两名记者赴万源调查。

两位同事到万源后,地方当局非常配合,立即拿出万源党政给上级的情况报告。我看了以后对记者说,我们不需要这个说明辩解的报告,我要事情的本来面貌:首先,弄清楚每一笔钱来自何处,支向何处;其次,搜集每项活动支出、收入的原始凭据、合同、收据等。所有一手材料调回重庆市后,我们关门梳理了两天,弄清楚了这次所谓的"豪华演出"的所有收支情况,于9月21日在香港商报头版头条予以公布:《本报赴万源调查:"财政巨款"请明星2000万造势子虚乌有》。

9月27日,人民网任平的评论文章是这样说的:"9月21日香港商报刊登了《本报赴万源调查:'财政巨款'请明星2000万造势子虚乌有》的新闻,该报道说:'文艺演出外的其他纪念活动及整个组织管理由万源市当局直接运作,获得收入127.9万元,各项支出123.5658万元。媒体所炒作演出耗资2000万元纯属杜撰:财政1.6亿元赤字扩大10倍,演出同期招商引资12亿元……'至此,有关万源演出风波应该有了一个比较清晰的轮廓。看来,事实就是事实,不容杜撰和歪曲……"这算是为这场"豪华"炒作做了结论吧。

事后询问来重庆宾馆爆料的市民:你们四川的怎么想起到重庆找香港商报反映呢? 他们说:"你们前不久,对重庆长江涪陵段的重大沉船事件的报道,坚持披露事实真相,我们都看到了……"

那是 2003 年 6 月的事情了。当一艘客轮从长寿开往涪陵,在涪陵江面被货轮撞沉,船上全体人员落水……而当时重庆当局对这个重大沉船事故作出的信息披露是:船上乘客 60 余人,落水后获救 20 余人,死亡失踪 30 余人……当时全国主流媒体,如央视、新华社等都按这个口径公开报道。我看到这个"口径"与我们调查掌握的情况不符:事实上船上有 80 余人落水,20 余人获救,失踪死亡人数应是 50 余人,而不是 30 余人。当时我就为难,这样大的事情不能没有新闻发回报社。而我的报道该怎么做? 一是选择去附和已公布于众的主流舆论,简单发布全国媒体异口同声的新闻口径,重点去反映重庆当局的抢险救人的善后工作。二是选择披露事实真相。最后,我们发回一条披露事实真相的新闻回报社。报社收到文稿后,社长让执行总编问问:崇仁,拿得稳吗? 我只回答了三个字"拿得稳"! 香港商报在主流媒体发出新闻的第二天发出了这条澄清事实的新闻。报道出来当天,重庆当局在进一步核实以后,告诉我们记者:"你们的人数是准确的。"随即他们再次公布了这起沉船事故真实的遇难失踪人数。

践行媒体人责任

2005 年 4 月的一天,重庆市银监局的朋友告诉我,温总理批示调查我们香港商报披露的"评估界黑幕"报道。中国银监会一位局长带队已到重庆……

此事缘由是,重庆南岸一位老板找到家住南坪的香港商报一位记者叙说心中不平:他在南桥头有一处物业,抵押银行申请贷款时,评估公司给出估价 7000 万元。但事隔不到一年,一家机构欲购买这处物业,同样是这家评估公司,却只给出 3000 万元的估价。

同一家评估公司对同一处物业,在不到一年的时间,竟给出这样大的差异的估价。我心想:"唉,评估公司真是太有才了"。我们分析了这位老板的爆料,顺藤摸瓜开展了调查。随后以《渝一评估师自曝评估界黑幕——企业五次估价抽逃资金五千万》一文刊于香港商报第三版,被温办获悉送温总批示。因这篇报道把评估业当时做的"高评高估",获取银行"高额贷款"的做法曝光在了桌面上,向相关当局提醒:规范评估业职业道德和完善银行信贷规范刻不容缓。

信仰与信念

回顾操记者生计不算短的日子,总结一二,我能够做出几件对得起职业,对得起国家,对得起老百姓的二三事,应该是有对信仰的坚持,对信念的坚守。

"实事求是"是马克思列宁主义的精髓,正是我坚持的信仰真谛。我能写出几篇似乎有点作用的新闻,得益于坚持追求事物的真实,还原事物的本来面目;得益于孜孜以求地去伪存真,义无反顾地将真相示人,将真实示于社会。

我坚守的信念是什么呢? 7个字:"依靠群众,依靠党。"这7个字在我心中不是官话、套话,是我的依靠和法宝。我能写几篇让人可读可思考的新闻,都得益于人民群众的关注和帮助,都或多或少地适应了老百姓的需要和呼唤! 我不坚持实事求是,能混得下去吗?

再看一看,我的一些力排众议的文章能够刊出示人,哪一篇不是源于上级党组织的支持和信任。一句"崇仁拿得稳吗",只听到回答"拿得稳"三个字,上级便二话不说,签发文稿。

50年弹指之间,回顾一生,蹉跎岁月,岁月蹉跎,历史给我们这一代人到底是磨难还是机遇? 我们是"生其逢时"还是"生逢不时"? 我多年来很难用一句话或一个概念去表述。在这篇文章撂笔之时,捂卷静思,突然有悟:"磨难或机遇""逢其时与逢不时"这些思考的出发点和落脚点都是"我",是"己";而"我",而个人,在历史长河,在宇宙空间里太渺小了,太太渺小了,可以忽略不计⋯⋯

痴迷体育

初1967级4班　王新生

"像那海燕穿过云层，像那雄鹰飞向山冈，我们光荣的中国运动员在向世界纪录进军"，每当唱起这首歌时，我就会想起我在重庆南开中学的体育生涯。

我是原重庆三中初二4班的学生，考进三中后，进入了体校训练班，我们班上的同学每天都在校体育运动场上进行训练。体校的王渭农教练、李生铭教练、牟教练和高1968级4班的樊小平教练对我们进行"三从一大"的训练，即"从难、从严、从实战出发，大运动量"，每天我们都要进行刻苦的训练。首先，我们要围绕400米的跑道跑上10圈，然后进行压腿、抬腿，主席台两边的石梯坎也成了我们的锻炼场所，从左边跳上去，再从右边跳下去，连跳几个来回，常常累得我们腰酸背疼，手痛脚软，连饭都吃不上。但是我们还是咬牙坚持了下来。因为我们班不单是要进行体育训练，同时也要为四川省体育输送人才。在教练的培养下，经过刻苦锻炼，我在校运动会上掷垒球打破了校纪录，被市体校选送到成都集训，重点培养掷标枪项目，并且准备参加全国青少年田径比赛。在这环境引导下，通过寒暑假集训，我有了一个美好的理想，就是要当一名中国运动员，为祖国争光，并愿为之而奋斗、拼搏、努力。为了实现这个理想，不分春夏秋冬，不管天晴下雨，我都活跃在训练场上，什么项目都参加，长跑、短跑、跨栏、跳高、跳远、投掷等等。

记得有一次学跨栏，我怎么也学不会，起跑时跑得还好，但是一跑到栏前，马上就停下了，怎么也跨不过去，王渭农教练和樊小平教练不厌其烦地教我，一次一次地做示范，要我跨过去，但我就是不争气，一到栏前就不跑了，教练也着急，同学更着急，眼看同学一个一个都跨过去了，我心里更着急，恨自己不争气，最后急得坐在地上哭起来了。这时樊平小教练走过来告诉我不要怕,要克服这个缺点,她又一次地给我详细地讲解要领,又一次做示范动作,给我鼓劲。最后,我心一横,一咬牙,心想大不了再摔一次,我闭着眼睛跨吧,这么想着,我就又开始跨栏了,到栏前我一使劲,一伸腿,就听见了同学的欢呼声和掌声,我居然跨过去了。好吧,继续跨第二栏吧,我刚一伸腿,就听见"啪"的一声摔在地上,下巴被摔肿了,手肘膝盖都摔出了血,乐极生悲,我仍然没有跨过去。看来"孺子不可教也",但是我心里仍然感到高兴,我还是尝试了跨栏,尽管我自己也不知道为学习跨栏摔了多少次。

寒假时,我参加了大田湾体育场集训,每天从体育馆跑到鹅岭公园再返回体育馆。暑假我又参加了四川省体育队训练,平时在重庆南开中学校园训练。为了成为一个标枪运动员,我和我的同学坚持在东风楼前运动场训练,练俯卧撑、练长跑、练投掷标枪、练手臂、脚部、腿部三点的用力,只要我们每投出的标枪比上一次远,我们都会感到十分高兴,我们觉得离目标又近了一步。

我们在体校的训练生活,培养了我们不怕苦、不怕累的精神,我们多次受到市领导的接见,多次与外校的同学比赛,还曾观看过我国短跑运动员陈家全和贺祖芬的精彩表演。

在体校锻炼出的不怕苦不怕累的精神,一直激励着我在人生的道路上披荆斩棘,勇往直前。

从驾驶员到工程师

初 1966 级 3 班 温长江

独立开车，终于实现

汽车驾驶员和工程师，本是两个截然不同的职业，可是在我的人生经历中却一前一后紧密衔接，让人不能不感到人生难料、世事无常。

1971 年 11 月，在度过了近 3 年的插队落户的知青生活后，我从开县团结公社团结 10 队被调回重庆，安排在沙坪坝区工业局的下属工厂。在最初的 1 年半时间里，我留在沙坪坝区工业局汽车队，准备接受培养成为一名驾驶员。本以为汽车队会很快安排我学习开汽车，在其他师兄弟陆续上车学习之后，车队长却安排我当库房保管员，后又当出纳员，只有在闲时跟着李政启老师傅学习修理汽车。尽管我心中不太乐意，但还是珍惜这迟来的机会，兢兢业业地做好本职工作。

工作中我做事认真，肯学习，肯动脑，短短 8 个月，就对吉普车、中型卡车的结构和工作原理，从发动机到转向、变速、后轮差速器及悬挂等有了基本的了解，也加深了以后学习驾驶的乐趣。

时间过去了 1 年半，我还是没有得到机会学习驾驶技术，更没法上车学习，我于是向车队领导提出申请，要求下到工厂去。经批准后，我来到位于石桥铺的重庆东方红线路金具厂。此时工厂的产品由线路金具转向生产用于"山城牌"载货卡车上的汽车车架。当时厂里只有一台"山城牌"货车，司机是一位临时工，我虽然已办理学习驾驶证，但少有开车的机会，苦恼之余，经厂领导同意，外出到童家桥电瓷厂，拜曹东师傅为师，才正式开始学习驾驶汽车。经过一段时间的学习，我参与了考试，于 1975 年 3 月领取了单独实习驾驶执照,于1975年6月领取正式驾驶证。

单独实习期间,我即回厂担负起繁重的汽车运输任务,钢材、煤炭等原材料装运回厂,将切割、热压成型后的半成品,从重庆锅炉厂、动力机械厂运回厂,再得组装后的汽车大梁成品运至动力厂。星期天我则到南桐矿区、江北县、广安、岳池等地拉运焦炭等原材料。

这时期,我每天的任务都排得满满的,晚上很晚回家,星期天也几乎不能休息。

车在囧途

说起开车,有一次历险往事:发动机缸裂,我差点被困深山,险当"山大王"。

1978年4月下旬的一个周六,我在完成了当天汽车大梁配件的转运任务后,于傍晚6点左右,又执行了一单出外装运焦炭回厂的任务。由于焦炭是生产汽车大梁进行热铆工艺的必需原料,所以我经常要外出运焦炭。这次的目的地是华蓥市郊区的一个煤场。随车的有供销人员胡汉光,另有锻工贺由寿和陈尚喜。他们两位纯粹是跟车玩。按照惯例,周六晚出去,第二天装好焦炭后会当晚赶回厂里。

这是一辆载重量为4吨的"山城牌"货车,由重庆动力机械厂生产,发动机、变速器和底盘与解放牌卡车同型,驾驶室是与大客车类似的方头造型,可乘坐6人。底盘车架就是我们厂配套生产的。不怕大家笑话,那时的车除了喇叭响,周身也响,车速只要上了60公里每小时,全身都响得特别厉害。当然那年头重庆郊区周边的路况,根本跑不到60公里的时速。郊区及县区的道路普遍较差,一般都是石子路,路面不宽,弯道多。一旦下雨,道路两侧都是一层溅起的泥浆。平均时速也只能达到30到40公里。

当天晚上,吃过晚饭后我们便出发。车一路经井口,过北碚索桥,途经三汇、溪口,晚上10点左右到达了华蓥市,我们找了一家旅馆住宿。

周日早晨,我先检查了机油标尺和水箱水位,加了点水,又把汽车挂在空挡,用摇手柄摇动发动机,以保证发动机曲轴和气缸有机油润滑。我还用撬棍敲了敲轮胎,确认不缺气,随后才发动汽车,声音正常。

吃过早饭后,行驶了1个多小时,我们到达煤场开始装焦炭。人工装车,煤块又大,装得慢。等工人装好焦炭,办完手续后,我将车开出,走了数十公里,到达溪口镇,此时已是下午1点多钟。停好车后,一行人去吃午饭,此时这辆"山城牌"货车仍没有异常。

午饭后,几个人又在镇上待了一阵,直到下午4点多钟才准备出发。这时我发现驾驶室下面有一些水渍,好像有漏水现象。因平时汽车跑过一段路后,水箱下面也有水渍,亦属正常,我也就没太在意。我发动了汽车,一行人高高兴兴地踏上了归途,预计晚上7点半左右即可回到工厂。

殊不知,噩梦即将来临。离开溪口不久后车即开始爬山,汽车在树林中的公路上缓慢爬行。走了20多分钟的山路后,忽然,引擎盖下发出"噗噗噗"的声音,后不断有水蒸气冒出。"开锅了!"我惊叹一声,把车停靠在路边。胡汉光、贺师傅等人也吃惊不已:"啷个了?"我提起引擎盖,瞬时水蒸气弥漫了整个驾驶室,挡风玻璃上满是水汽。我叫他们打开右侧的两个车门,让水汽挥发出去。"贺师傅,你看看下边水田里哪里有水,打桶水来。"我让贺师傅下车找水。大约20分钟后,发动机前面的水箱盖子不是很烫人了,我便用湿毛巾垫着揭开盖子,剩余的水汽慢慢消散。我把水加进水箱,忽然听到驾驶室下面有流水声,我急忙下车观看,只见刚加进去的水全部漏光。"糟了,今天怕是要当山大王了!"我发出感叹!"嗡"的一下头都大了。

好一会儿我才缓过气来。我慢慢冷静了下来,思考了几分钟。在几个人焦急的目光的注视下,我对他们说:"需要一路加水,这样,我尽量跑快点,你们帮我盯着两边的水田、沟渠,只要有水就提醒我。"三人都表示同意。我的目的是尽量让车子在彻底瘫痪前多跑一段路。

接下来就是和时间赛跑,还好当时路上的汽车还不是太多,我将油门加大,亡命地跑。他们一路紧张地观察道路两侧。"停,路边有水!""左边水田下有水!"贺师傅和喜儿两人负责下去打水,把他们两人累得够呛。他们不断地重复着跑路、打水,我也重复着揭引擎盖和加水的动作。天渐渐黑了,我们一路加水一路停。一般跑两三公里就需要加一次水,记不清加了多少次水。一路打灯,一路狂奔,一路停车,一路加水,这就是对当晚的写照!谢天谢地!经过艰难的行程,终于在晚上11点半左右将汽车开回了工厂。

第二天,卸完焦炭后,我将车开到重庆动力机械厂,胡汉光去办理更换发动机的手续。抬出发动机,拆卸以后,经过工程师的仔细检查,发现在气缸体靠近上部的第3缸的缸套上有一个细小的沙眼。发动机的气缸体、气缸盖都是用铸铁翻砂铸造的,就是这个细小的沙眼导致漏水。还好,如果沙眼是在下部,就是玉皇大帝都没办法,那车子只能被拖回来。工程师得出结论：是由缸体的固有缺陷造成的漏水，不是人为责任事故。

由于工艺落后，"山城牌"货车的生产在1982年走到尽头。几年后"山城牌"货车逐渐销声匿迹。后来重庆动力机械厂改名为重庆汽车制造厂，与日本五十铃合资，走向了新生。

放下方向盘，修成工程师

区属企业，用了10年从只生产卡车大梁到要求更高的锅炉压力容器，我在这一转型中，充当了领头羊。

随着生产的发展，原有的厂房已不能满足生产需要。1978年以后，工厂准备搬迁至二郎柿子湾建新厂房。这时期每周末我都要到江津四面山头道河镇拉木料。好在厂里新购了一台车，在外培训的驾驶员也回了厂，我的压力稍稍有所减轻。我也开始了带徒弟的工作。经一年多的学习实践和考试，两位徒弟均已学成，领到驾驶证。

此时的工厂，招进厂的知青已成为生产经营的重要生力军，同为重庆三中学子的李继红（高1967级）和袁素兰（高1968级）分别担任了劳工员、库管员。

厂里急缺人才，厂长找我谈话，想将我调去管理生产。我考虑了一晚上，如果接下这工作，就意味着更多的责任和担当。但我又想到，工厂兴旺，匹夫有责，作为重庆三中学子，我应当义不容辞地站出来，勇挑重担。1980年初，厂里安排我主管生产，在实践中我感到原有的知识远不能满足工厂的要求，于是向领导提出进修学习的申请。从1980年3月起至1982年6月止，我在重庆市沙坪坝区文化馆和沙区科委联合办的机械制图班和机械设计班学习。由彭朝新老师主讲的这两个班所学的知识重在实用，这样对我转型从事厂里的技术工作起到了很大帮助。同时，我又花了大量时间自学，也逐步养成了长期自学各种知识的习惯。从1980年开始，我从事技术工作，逐步担起了厂里的技术工作的担子。

在改革的大潮中，1982年，市机械局系统进行生产重组，我厂从制造（山城牌）汽车车架转向为生产工业锅炉配套辅机产品，归口重庆锅炉总厂，生产出渣机、上煤机、水处理设备、工业锅炉链条炉排底座及其他产品。

1983年4月，我厂与原第二锅炉厂大集体合并组建新厂，厂名改为"重庆锅炉辅机厂"。我被任命技术设备工具股股长(后改为技术科),带领全科室人员,负责全厂技术标准、工艺、制图、晒图、产品试制及调试等方面的技术指导、非标设计等工作,并随时现场解决生产中出现的问题。1984年5月,车间批量安装的链条炉排底座在调试时发现炉排片运行出现跑偏问题,直接影响到安装和运行,如果不能解决该问题,将造成工厂数十万元的损失。我在现场仔细检查了整个安装过程,进行分析研究,发现是安装定位基准的问题,于是指导工人调整工艺,成功解决了此项技术问题。我在技术科的几年中,带领全科室人员在贯彻国家标准、部颁标准的基础上,编制了各产品的生产工艺流程和工艺规范,对重要零部件也编制了工艺卡,使各种产品质量逐步提高。

1988年,在职称改革中,我被评为助理工程师。不满足于原初中学历,我在1989年参加了国家统一的成人高考后,考取了重庆大学成人教育学院机械制造工艺专业(函授)。我克服了年龄大、记忆力差的弱点,和比我小一二十岁的同学一起学习。经过三年刻苦的努力和付出大量的休息时间,我圆满完成学业。在20多门课的考试中,除部分考试科目为良好和及格外,三门涉及实践的科目,包括课程设计、毕业实习和毕业设计均为优秀。我的毕业实习写出了上百页的实习报告,毕业设计为设计汽车变速箱,画出变速箱总图和主要零部件图,出具变速箱变速设计计算、强度计算等。功夫不负有心人,经过三年学习,我于1992年6月获得大专毕业证书。我的专业技术水平有了较大提高,处理技术问题也更加得心应手了。

1993年4月,鉴于我的专业技术能力和较出色的业绩,我的晋升工程师的申报,结合论文和职称英语成绩,在市机械局职改办的工作会议上获通过,我被破格晋升工程师。这也为我厂下一步申请一二类压力容器的制造资格打下了一定基础。

1978年底,我光荣当选市第七次团代会代表,于1979年6月加入中国共产党,1989年3月当选厂党支部书记,评为重庆锅炉总厂优秀共产党员。

回顾自己走过的路,从渝长老路的盘山路,到广安天池的雨雪,到四面山上的深夜雨雾,到市人民礼堂的灯光,再到绘图板上的图纸,扎扎实实,一步一个脚印。我取得的进步要归功于在重庆南开中学受到的严谨、科学的教育。感谢重庆南开中学的老师们! 感谢慧眼识才的老厂长包益芳! 岁月蹉跎,岁月流金,现晋七奔八,人生无悔!

南开教育 砥砺人生

初1967级2班 王传真

当年来到重庆南开中学校园,迎面映入眼帘的是遒劲有力的八个大字"允公允能,日新月异"。说实话,当时我只觉得这几个字古老而新鲜,并不能理解其中的含义,后来慢慢明白了,这精短的八个字是南开办学理念的凝结和治学传统的升华,要求学生爱祖国、爱人民、爱事业,以大公之心在学习和工作中奉献智慧和才干。对于我而言,正是从解码南开校训开始认知学问,树立人生理想的。

记得初二刚开学不久的一天下午,我们班几个女同学坐在校园门口的草坪上玩耍,一位老师拿着几页稿子让我们去校广播室播音,我拿到的正是一篇解读南开校训的文章。当我读完这篇文章,老师夸了一句:"读得真好!"为此,我兴奋了好久。从那以后我开始注意收听广播,模仿中央人民广播电台播音员播音。每到周六回到家里,我总喜欢一个人关在屋里练习朗读,以至于有一次我打开房门,发现隔壁唐老伯在侧耳偷听。我问他:"唐伯伯,有事吗?"他不好意思地说:"我还以为你在收听敌台广播呢?"弄得我哭笑不得。

1969年,我下乡落户在綦江县亲戚家。两年以后,綦江县广播站招收播音员,我前往应试,结果在众多应聘者中脱颖而出,成为一名广播战线的播音员。那时候,宣传渠道很少,县里时常会安排我录制一些党的相关政策、法令和宣传文章,通过宣传车在下面乡镇、公社进行宣传。所到之处总会有许多老百姓围观,要一睹广播员的芳容。师傅告诉他们,这是放的录音,没有广播员在上面,他们总是不肯相信,不愿离去。

由于我工作努力,勤奋钻研,播音业务水平也不断得到提高,重庆人民广播电台派人来将我的录音磁带带回台里,领导和专家们听了以后,一致决定,调我到重庆人民广播电台当播音员。我自然对此十分兴奋,期盼有更大的舞台展示自我。可是商调函被发来很多次,这件事就是没着落。后来我才得知,是我们的主管领导军代表坚决不同意让我走。由于他的坚持和坚决,最终重庆人民广播电台也没能把我调去。

那段时间,我真的是无法接受这个结果,我愤怒、郁闷、苦恼、绝望,我逃回重庆家里,不想去上班。一天,我的心情格外烦闷,不自觉地来到了南开校园。经历了"文革"的浩劫,校园已没有往日的喧闹和生机,显得十分落寞,老校长张伯苓的雕像还孤寂地挺立在红旗图书馆前面。我站在雕像前凝视了很久,老校长的目光是那样的坚定。我想,老校长从办学之初一路走来,一定经历了太多的沧桑,太多的磨难,可他从不退缩,绝不轻言放弃。他倡导的"允公允能,日新月异"的办学理念,这其中所渗透的人文底蕴,学脉渊源,已经积淀成为贯穿历史长河、赋予学校长久创造力的精神动力,启迪和陶冶了莘莘学子。

我看着老校长坚定的目光,似乎他在对我说:"往前看,前方的路更广阔、更精彩!"我的心情似乎平复很多,又积蓄起重新出发的能量。我开始谋划新的发展方向,因县广播站和新华书店同属一个党支部,大家彼此都很熟悉,一有时间我就到新华书店看书。渐渐地,我发现,读书真的可以为人生"渡劫",尤其是读那些经典名著。长期的阅读,我感觉自己已经从泥潭里走了出来。

除了读书,我还刻苦学习英语。70年代,电视没有普及,广播局建在山顶上的微波站有一台电视机,每天下午两点电视有英语教学,我每天不辞辛苦地爬上山顶学习,从不间断,感动了我们局的不少同事。1977年恢复高考制度,我跃跃欲试的心情格外复杂,那时我正怀孕,我多么想去参加考试,可是又不能,四川外语学院前来招生的老师很遗憾地对我说:"依你的英语水平考上外语学院应该没问题。"机会又一次从我身边溜走。不过,这次我不再消沉,我明白,人生不如意十有八九,多学知识,不断充实和提高自己,总会有用得着的时候。

1978年,中国开启了改革开放的大幕,我父亲所在的工厂——嘉陵机器厂开始重现生机,广大职工与祖国同频共振,积极投身于这场改革的洪流中——探索军民结合之路,开发民品摩托车。我也很快被调入了嘉陵厂工作,我依然从事播音工作。嘉陵一片欣欣向荣的景象,每个人都非常忙碌,领导要求我们下车间采访,到工人中去做节目。这让我亲眼见证了这场永载史册的中国嘉陵的辉煌历史。我也把我捕捉到的嘉陵员工在这伟大的历史转折关头所释放出的巨大能量,所表现出的勇于探索的精神和埋头苦干的工作态度,用声音和文字表达出来。

随着嘉陵摩托知名度的不断提升,我的文章在各大报刊发表的也越来越多,获奖作品也日渐增多。我所写的长篇通讯《嘉陵之路》最早在《管理科学》杂志上发表,后被一些媒体转载。嘉陵人勇于科技创新,在军品生产中克服千难万险,成功研制出子弹头以钢代铜,获得了国家科技进步一等奖。为此,我写了一篇报道《让子弹飞得更远》在《光明日报》发表,后被《读者文摘》转载。我采写的两篇反映嘉陵改革的长篇报告文学被收录在《群星璀璨——我国著名企业家风采录》这部鸿篇巨制中。在这本大书中记载了我国最具影响力的成功企业家。这本书后被国家图书馆收藏,我也因此荣幸地参加了在北京人民大会堂举办的首发仪式,王光英副委员长出席了这次首发式。

其实,在写作过程中,我时常被所写人物的行为品质所感动。我采写过配套处的一名干部陈奎,他曾被打成右派,家破人亡。平反出来后,他从不要求党组织补偿他过去所受到的不公正待遇和冤屈,而是要把由此失去的为党和人民工作的时间补回来。我满含热泪地采访了他,专门为他写了长篇报告文学《补偿》,在国防部主办的《神剑》文学杂志发表。嘉陵集团员工人手一册,陈奎被评为劳动模范,嘉陵集团领导号召全体员工向他学习。

在抒写嘉陵人的奋斗精神的过程中,我的灵魂也得到了升华,我自觉践行着南开精神,更加深入理解了南开校训的深刻含义。"允公允能,日新月异",我要与时代携手前行,积极投身这场改革的洪流中,为改革助力,共同成为时代大潮的弄潮儿。由于发表的作品越来越多,我被吸收为重庆市作家协会会员。

后来,我被调到销售公司商情广告部工作,这让我有机会涉足另外一个层面的工作,有机会参与嘉陵集团的形象广告和产品广告的策划、拍摄、制作全过程。同时,为了保持嘉陵摩托车销量的持续增长,进一步做好售后服务,需要在厂商之间搭建一个平台。领导让我办一本《摩托车销售》杂志,从发征稿通知、组稿、编辑、排版、印刷到发行,全由我一人负责。我克服重重困难,不怕吃苦,敢于担当,使这本期刊总是按月发行到全国各地经销商手中,从没耽误,领导对我的工作十分满意。

随着中国改革不断深入,国防系统全面深化改革的引擎也不断地被注入新的动能与活力。为了形成竞争机制,每个大的军工集团一分为二,由新成立的国防科工委统一管理。新的机关刊《国防科技工业》杂志应运而生，为了办好杂志，解决经费不足的问题，他们要找一位既懂广告，又会采编，文字功夫好的人员加入，我有幸被选中。

这可是一项极具挑战性的工作，因为我需要跟众多国防系统企事业单位、科研院所的领导打交道。我首先要克服心理障碍，这个级别和层次的领导大都有大智慧，讲话闪烁着真知灼见，给人以深邃、精辟、理智、风趣之感。他们都非常繁忙，时间对他们来说极其宝贵。面对这样的领导人，如果你显得不自信，感到拘谨，口拙或者说话太多，油腔滑调，都会无形中使自己失去采访的机会，导致工作失误。

怎么克服这样的心理障碍？还是南开校训给了我力量，"允公允能，日新月异"。我想，我们所干的工作都是为了同一个目的：大国重器，只为和平，都是为了建设一个强大的国防，让我们的祖国不再受欺凌。有了这样的理念做支撑，我便不再胆怯。

要干好工作，不能只凭雄心、只凭干劲，还必须注意细节，因为细节决定成败。采访前，我需要做足功课，我必须全面了解这个单位的情况、领导人的风格等。除了这些，我还必须注意自己的形象。要想把这项工作做好，我还必须做到内外兼修，必须衣着得体、温文尔雅、沉稳大气，说话时一定要表现出通情练达、反应灵敏。正是因为我前期做好了各方面的准备，我的成功率非常高，妥善解决了杂志社经费不足的问题。

上海沪东造船厂是一家国内外知名大型军工造船企业，董事长是一位高大帅气、英俊潇洒、气度不凡的男人。见面以后，我首先做了自我介绍，并把此行的目的告诉他，同时对他们企业在全行业的重要地位做了准确表述。他亲自给我介绍了企业的发展、变化，还安排人陪同我参观了整个造船流程。我也是第一次见到那些庞然大物，真的非常震撼！等我采访完毕，他很爽快地答应在《国防科技工业》杂志上投广告，并将广告费立马打入了国防科工委新闻中心。我去成都核动力研究院，院长听说我到了他们院，亲自到大门口迎接。我说："不必劳您大驾。"他笑道："必须的，你是我们尊贵的客人，有什么要求尽管提。"他对我的工作十分重视与支持。

我先后去过中国原子能科学研究院、中国运载火箭技术研究院、中国空间技术研究院、北京航空航天大学、哈工大、西飞、沈飞、大连造船厂等许多国防系统的科研院所或大型军工企业，采访过非常多的领导。其中，张庆伟、袁家军、马兴瑞、许达哲现在都是中共中央委员，都是各省的省委书记或省长，当初都曾对我们的工作给予了极大的支持。

由于我的工作业绩突出，深得领导信任和重视。每年年底国防科工委都要举办企事业单位领导干部会议，参会的都是来自国防系统各单位的一把手，级别很高，密级很高，哪怕《国防科技工业》杂志只有一两个名额参会，领导也会安排我去参会。当然，我也从不辜负领导的信任，总能出色地完成任务。后来，不断有一些媒体向我伸出橄榄枝，邀请我去工作。可是"夕阳无限好，只是近黄昏""草木也知愁，韶华竟白头"，我也到了不得不退休的年龄。直到现在，有时碰到国防科工局新闻中心的领导和同事，他们还对我当初的工作赞不绝口。

当我回望自己走过的路，所取得的每一点进步，都与重庆南开对我的教育和影响密不可分。如果当初我没有进入重庆南开中学上学，我一定不会有现在的幸福生活。人生虽然参差多态，却总是有迹可循，在纷繁复杂、五光十色的工作生活背后，是南开精神、南开校训在伴随着我，触动着我，让我从骨子里，血液里一直奔涌着开拓进取、永无止境的热情。人是有根的，南开人更有情，我把自己的成长与进步写出来，也算是对重庆南开中学——我的母校的一种报答。

奇缘机遇　天道酬勤

高1966级2班　汪忠怀

母校教育夯实基础

1960年,我跻身于重庆市第一流的重点中学——重庆第三中学(即重庆南开中学)。1966年,我从该校高中毕业,但高考被那场"文革"所中断,随即赴开县农村插队落户。在开县农村,一个又一个的机遇不期而至,下乡知青,乡村女教师,妇联干事,加入中国共产党,脱产上大学,随即走上领导岗位,直至到龄退休。我的人生轨迹就是这样,一路走来顺风顺水,完美谢幕!

看似一次又一次的偶然机会,细细想来,原来均缘于重庆南开! 正是在我的中学时代,我的母校——重庆南开中学给我打下了基础。整整6个年头,初、高中全日制正规教育,在德智体全面发展的教育方针指引下,我不但全面学习了各科目的基础知识,也在周边的红色氛围中不断受到熏陶和感染,学军(军训)学工学农(学校组织到工厂、农村劳动),学习劳动人民的高贵品质,江姐、彭咏梧、雷锋、王杰、欧阳海、向秀丽一大批共产党员的英雄形象也深刻铭记在我心中。做人就要像共产党人那样,给予人的甚多,而要求于人的甚少,只讲奉献,不求索取。我能有今天,是党、国家和人民给予的,我对此心存感激与珍惜! 虽然当年受阶级路线的影响,我没有被批准加入共青团,但在我的心里,"没有共产党就没有新中国""中国共产党是全国人民的领导核心""时刻准备着,我们是共产主义接班人"等观念已深深地在我的脑海里扎下了根。因此,对上山下乡的号召,我义无反顾。这才有了我之后的一个又一个的奇遇!

教育战线一炮而红

1969年11月,我响应毛主席号召,奔赴开县上桥公社炮台二队插队落户,干了一年春种秋收四季农活。1971年春季,公社中心小学增设一个"帽子班"(小学办初中班),缺少一名教师,而我是该社知青中唯一一个具有高中学历的人,于是被选派去做了一名初中一年级的语文、数学代课老师。我当老师的时间仅仅数月,却深受全校老师和学生们喜爱。

同年6月,"文革"后国家在全国招收了第一批教师。百万人口的开县有100多个名额,而分配给上桥公社的仅有1个名额。最初公社推荐了一个复退军人,但因他只有初中文化,县教育局要求公社重新物色人选。公社书记随便说了一句:"我们这里有一个来自重庆的知青代课老师,群众对他的反映很好,你们去看看吧。"结果那天教育局派人到学校来想面试一下我,但我却回了生产队。他们留下话,让我写一个自传材料上报。我想也没有多想,按照要求写了一份材料上交给公社。

就这样,我竟然意外地被录取成为一名国家正式教师。经过3个月的教师进修学校短期培训,我被分配到温泉区中学。当时在100多名参训学员中,大部分是回乡知青、转业军人,重庆知青只有3人,而我是重庆知青中学历最高的,自然受到重视和欢迎,因此我被分配到全日制区级中学。而那时的我,一心想到还有一个妹妹一起同我下乡,她还在生产队,需要我的相伴,因此我坚决要求回到公社中心小学校工作。

我刚下乡才满一年,酸甜苦辣样样都尝过,但比起下乡三五载的知青来说,却是不值一提的。也有人认为,招工就要回大城市,但在我看到在开县偏远的区级中学里,也有来自北京、上海的大学毕业生时,就感到自己的渺小,我一个高中毕业生,又有什么资格讲条件呢。接到通知的那一刻,我没有感到特别惊喜,仅仅是感到百万人口的开县对我的器重,让我做一名人民教师,我光荣,我珍惜!

宣传报道初露锋芒

我开始安下心来好好做一名乡村女教师,然而才刚刚履职一个多月,一个通知又把我招到县里。时任四川省委书记李大章,非常重视舆论宣传工作,特给每个县配备3~5名或5~7名的写作班子编制,叫县革委(县委)写作组或报道组,于是县里选中了我。

1971年10月,我有幸进入开县革委会县委报道组工作,主要任务是采访先进典型,向各级报刊投稿。有一年,开县遭受特大冰雹,随即又遭寒流突袭,我根据县政府通报的情况改写的一篇抗灾自救的稿子,通过电讯局发送给了四川日报、四川省电台,被《四川日报》在第二天刊登在了头版头条,后被省报头版头条采用,这在开县的宣传报道史上也许是第一次。县委、县政府领导对此十分高兴,乡镇干部也受到了极大鼓舞。四川电台也持续对此进行了报道。之后,我同报道组成员一起,常常奔走在县区、乡镇、村社之间,采写各级干部和社员在农业学大寨战胜穷山恶水,改天换地的先进事迹,这些事迹的报道也多见诸省、地报刊、电台和县的农村工作会议上。

妇联工作再显身手

我还在县报道组工作时,那年县里要召开妇女代表大会了,县妇联主任邀我去帮她草拟工作报告。对此,我当然义不容辞,全力以赴,较为出色地完成了任务。县里组团参加地区的妇女代表大会时,县妇联主任又邀我随团列席,我也欣然接受了。

1974年1月,我被调到开县妇女联合会工作,常常随县妇联主任深入到区、乡镇、村社做驻村干部,与基层干部群众打成一片,同吃同住同劳动,协助基层党委、政府开展"中心工作"。同时,我还负责宣传妇女先进典型,采写过女拖拉机手、重庆下乡知青王帮容,使她成为四川省妇联表彰的"三八红旗手"。我与人合作采写过"桔乡女支书"——长沙乡村支部书记张克清,使之被评为"全国三八红旗手"。我代她写的一篇讲话稿,在全国妇联北京举行的表彰大会上受到了好评。毛主席逝世时,我含着热泪写了一篇全县妇女深切悼念毛主席的文章,情真意切。该文被地区妇联采用,在三区八县上报下发。也许是这些点点滴滴的积累,促成了我人生中的又一个重要转折。

贵人相助夫妻团聚

就这样,我在开县工作了十个春秋。我于1977年结婚,生有一女,夫君是从上海船舶学校毕业后分配到三线建设万县六机部国防工厂工作的工人("文革"时期分配到厂里的大中专生都从工人做起)。那年头,我们既无经济基础,更无人脉关系,要想调动谈何容易!我们俩被一座大山阻隔,我在山这头,君在山那头,只有寒来暑往,饱受相思煎熬。

没有想到的是,一个意外惊喜突然降临。1980年12月底,地委组织部一纸调函,把我调到了万县地区妇联工作,从那之后,我就在万县一直工作到2002年4月退休。

后来我了解到,促成这次工作调动的原来是我生命中的两位贵人。一位是时任万县地区中级人民法院院长陈述康(原任开县县委副书记,曾分管群团工作)。当时法院工作急需调配一定的女干部充实政法系统,中院内定提名调我去,正在向地委组织部和地区妇联双向协商办理调动手续。而地区妇联领导得到这个消息后,便捷足先登,赶在中院之前,就通过地委组织部通知我调地区妇联工作了。若干年后,陈述康曾几次对我说:"我几次争取调你到法院,地区妇联主任就是不放人。"老领导一席话让我感动万分。另一位贵人是原万县地区妇联老主任徐观蓉,当我到地区妇联报到时,她已是分管教育文化卫生的行署副专员了。她亲口告诉我,她还在地区妇联时就决定调我了。她是新中国成立前的高中生,读书时就参加了地下党,在万县地区具有极高的威望和声誉,后来在地区人大常委会副主任岗位上离休,深受人们的敬重和爱戴。像我这样一名初出茅庐的女干部,能得到她的关怀和器重,使我倍感温暖和珍惜。

感恩组织无私奉献

我感恩组织的信任和鼓励,数十年如一日,我努力工作,埋头做事,低调做人,勤勤恳恳,任劳任怨。我把心思都放在工作上,哪怕是在节假日,只要工作需要我,我都毫不吝啬我的时间和精力。

初到地区妇联时,女儿才3岁,那时她还在上机关幼儿园,只与地委一墙之隔,我却常常不能按时下班去接她,常常是待所有的孩子都被领走之后,留下她一人,老师只好将她带到家里,然后才被我接回家。有时候因工作,我需要去县里出差,我也会毫不犹豫地把女儿托付给邻居照看。为了工作,我说走就走,以至于让我的女儿经常饱一顿饥一顿,身心受到了很大伤害。

说起一些往事,作为一个母亲和妻子,愧对自己的孩子和丈夫。我的信念是工作第一,家庭第二。诸如许多买菜、煮饭、洗衣等等家务事,大都落在我那心爱的丈夫身上。他后来也成为一名深得厂长和同事信任的检验工程师,为人忠厚,工作一丝不苟,以至于忽略了自己的健康。1994年春,年仅50岁的他就离世了。我悲痛欲绝,长达数年难以释怀!

在地区妇联机关,我先后担任办公室主任、党组成员、地区妇联副主任和主任等职,足迹遍及八县一市。在围绕党的中心,维护妇女权益,提高妇女地位,充分发挥妇女作用,树立典型,表彰先进,建言献策等方面,我做了大量卓有成效的工作,受到了组织和领导的充分肯定和较高评价。

我总结自己一生的奋斗轨迹,深刻感悟到是扎实的南开教育给我带来幸运,是组织和群众的信任给了我无穷的前进动力,是自己的艰苦努力和奉献精神帮助我取得了突出成绩。我为之感到欣慰,感到骄傲,感到自豪!

三中出来的，硬是不同！

高1966级3班 王益全

我多次得到过别人的当面夸奖："三中出来的，硬是不同！"

1970年冬天，我当时插队的公社召开了三级干部大会。我把生产队里十几个小学生组织起来搞了一个宣传队，主要是表演一些快板、对口词、方言朗诵、小合唱之类的小节目。此时，我应邀到干部大会去演出。中午休息时，我在公社楼上的一间屋子里，看见一个工人师傅在修理一台12马力的小柴油机。出于兴趣，于是便和师傅聊了起来。当他把机器修好以后，便对我说道："怎么样？小伙，你想不想试一哈？"因为在学校上农业基础知识课时，我曾在实习工厂鼓捣过这玩意儿，我便不假思索地答道："可以，这个没得啥子！"于是，我先把油开关打开，左手按开减压阀，右手拿起摇手柄迅速把飞轮摇旋起来。当飞轮转速达到大约每分钟100转时，我放开左手，柴油机马上就"突突"地响起来了。此时，站在一旁的公社主任谭传相，不由自主地说道："三中出来的，硬是不同！"

1971年10月，我因招工回城进了东风化工厂，被分在基建科。当时，厂里要新架设一条高压线路，分给我们的任务是立电杆。一根电杆有9米长，由水泥制成，大约有1200公斤重。因为整个线路都在山坡上，无法使用吊车，全部要靠人把电杆立起来。这样，我们就要用到抱杆、揽风绳、钢钎、二锤、绞磨等工具。而抱杆、揽风绳、绞磨等工具必须与打入地里的钢钎固定在一起才能发挥作用。每立一根电杆至少要栽5根钢钎，这样一来，甩二锤打钢钎的活儿就摆在了我们面前。十几个知青面面相觑，不敢接招。我因为在农村生产队的石灰窑干过一段时间，开山放炮时就学会了甩二锤。于是，我就自告奋勇打钢钎。说时迟那时快，我提起8磅二锤就甩了起来，三下五除二，几下就把几根钢钎牢牢地打进了地里,赢得了带队师傅的赞扬,说道:"二锤甩得圆,三中出来的,硬是不同!"由于在一个月的施工期间,我表现突出,在我们一道进厂的三十几个知青中,只有我一个人被选去学电工。

1976年,我已经在技术科工作了,经常参与厂里的技术改造工作。那年厂里分来了几个工业校的学生。在和几个学生的一次摆谈中,有一个学生问到我是哪年进厂的。我说,我是1971年进厂的知青。几个学生大惊失色,不相信我的话。此时,旁边的一个从马来西亚回国的老工程师说道:"他确实是知青,不过不是一般的知青。三中出来的,硬是不同!"

1979年,在大学读书期间,一次在讨论一道物理题时,几个同学争论不休。最后,我发表了看法,大家全都点头认可了。其中一个同学便感慨地说:"三中出来的,硬是不同!"

20世纪90年代初期(当时我在重庆中药厂),由于企业经营不善,亏损严重,又加上改制大潮,企业便鼓励大家自谋生路。于是,我就外出打工,在一家私营安装公司上班。

由于在三中读书期间,我养成了"大胆设想,小心求证"的行事作风,所以,在做工程时,我处处严格把关,从而保证了每一个工程都能一次试车成功。

在一次年终总结会上,总经理就说道:"我们都应该向王工学习,尽职尽责,尽心尽力,每个工程都能一次成功,既降低了施工成本,又得到了业主好评。看来,三中出来的,硬是不同!"

最近一件事,发生在我侄女那里。她买了一台面包机,便按照所附说明书制作面包,但做出来的面包又瘪又硬,口感也不好。她知道我在做面包,于是便向我求教。我看了她做的面包后,让她把说明书上的配方稍微做点调整。然后,她照着新配方制作,结果,一试就非常成功,面包色泽金黄,蓬松香甜,令人叫绝。于是,她便惊叹道:"三中出来的,硬是不同!"

我的其他同学肯定也得到过类似的赞许,只不过可能是没有留心记下而已。但是,这至少说明两点:一是三中的校风的确很好,教育出来的学生也是值得信赖的;二是三中这张名片十分响亮,能够得到社会的认可。能在这样的学校读书,真是幸事,我感到非常自豪。

圆梦华西医大　感恩母校南开

高 1966 级 2 班　吴玲玲

　　每个考入重庆南开中学的学子都有一个大学梦,相对于进普通中学的学生来说,实现这个梦想的意愿更强烈,以至社会上流传着"进了三中门,一只脚就踏进了大学门"这样的话。在重庆三中有全市数一数二的优质师资,有优良的教学环境,在浓厚的学习氛围下同学个个都信心满满,学习劲头十足……可天有不测风云,就在我们高1966级同学认真复习,紧张迎考的当头,突如其来的"文化大革命"一下子把我们打得晕头转向,不知所措,我们上大学的梦也碎了!

　　虽然不再上课了,而我还经常依依不舍地一次又一次下意识地翻看各种教科书,翻看一本本笔记本,老师谆谆的教导仍响耳边,教室里同学熟悉的身影历历在目,这一切的一切就那样渐渐地远去了。直到我不情愿地背起行囊去到"广阔天地"的一年后,感觉读书无望时才把陪伴我成长的教科书处理掉,此后心里难过了好几天。

　　经过 3 年的"再教育",那种日子大家都有体会,在这里就不赘述了,我又是个不能吃苦的人,接受再教育的磨难就更多一些。

　　由于我家庭的海外台关系,几经周折我好不容易才被招工调回城里,分到了铁矿的卫生所(因为我出生于医生世家)。当时铁矿还在筹备中,所以我就直接去到綦江铁矿职工医院当学徒,后再调到重庆铜管厂医务室。因医务室缺化验员,我有幸去重庆外科医院化验室学习了一年,还蛮有收获,先从无知到入门,在学习的过程中深感中学所学知识的重要性和其中的不足,想继续深造却又无门! 因当时被推荐的都是工农兵学员上大学,像我这样出身"有问题"的人哪敢有此非分之想,只能把上大学之梦深埋心底。

　　1977年，中央发布恢复高考的通知，通知里特别强调政审主要是看本人的政治表现。听到这一条后我特别兴奋，我终于可以卸掉长期因家庭的海外关系受到不公正对待的包袱了，它曾经影响我上学、入团、招工回城，使我遭到旁人的歧视，现在像我这样的人也能得到一视同仁的对待了，我感到了安慰和希望的气息，这发生的一切是我以前想都不敢想的事啊！听到这个消息时，我正从家出发走在回厂的路上（因为家在市中区，而铜管厂在南岸鸡冠石，虽有公路但没有公交车，只能靠厂里每周一次的接送车回家），当时我那高兴激动的心情真是没法用文字来表达，那个兴奋劲使得我居然走错了路，误了交通车，只能徒步十余里路回到厂里，还被记了个"迟到"。等兴奋一阵过后，自己冷静下来想想，我已经是近30岁的人了，有家庭，孩子才1岁多，这十多年从没再摸过书，记忆力不如从前……总之，诸多困难一件件都摆在面前，要战胜它可不是易事。但是我心里始终有个上大学的愿望，于是回家和家人一起商量。我先生非常支持我上大学，愿意把带小孩的事包下来，我母亲也让我放心地去备考，说家里的事不用我操心，我想若能考上个重庆的大学，我就既可以读书，又能兼顾家庭了，似乎问题不大。于是在多方的支持下，我十分珍惜改革开放给我的机会，下定决心去搏一搏。接下来要办的事就是去找书，去新华书店买书，然而书早已售罄，托人借书也费尽周折，终于借到了书，翻开书一看，这和我们以前高中学的书真是两码事，内容既浅显，又缺乏逻辑性。好在我先生给我淘到一本美国的数学书，非常实用，其他的物理化学就靠看简单的教科书而唤起脑海中高中所学知识的记忆，至于语文等科目就只有靠重庆三中的底子吃老本了。在整个复习过程中，我深感在重庆三中6年的学习给我打下坚实的基础，三中的教育不单是教给了我们知识，教给了我们学习方法、逻辑思维，更重要的是教给了我们认真做事、诚实做人的人生信条，使我们受用终身！就这样，我也不知复习好了还是没有复习好，就进了考场。在两天的考试过程中，监考老师老是来回地看我和另一个男生的考试答案，最后一场考试交卷时，监考老师对我们俩笑笑说你们可能有考上的希望。听了此话我也没当真，就回厂上班，等待消息。

　　发榜开始了，各大学的录取通知书也陆续地寄出，跟我一个考场的男生果然考上了重庆大学，我十分羡慕。可我的录取通知书却迟迟没有送达，这时厂里有人开始风言风语了，说"堂堂的三中学生也有考不上大学的，这么大年纪还去考什么大学……"当时我的心凉了一大截，只好自己安慰自己：我努力了，我拼搏了，我无愧！又过了半个月,四川医学院的录取通知书终于飞到了我们厂里,拿到大学录取通知书的那一刻,我的心激动得快要跳出来了,我终于要上大学了,我的大学梦实现了!我手握录取通知书,面向重庆三中的方向凝视了许久,我感谢母校的培养,感谢培养我的每一位老师,我没有辜负你们殷切的期望,通过自身不断的努力,走向"日新月异"的明天!在工厂里,我的腰也挺得更直了,不是我骄傲,是我要给他们看看重庆三中培养出来的学生就是优秀!后来打听我的录取通知书为何这么晚才送到时,才了解到,是因为我的考试成绩很好(南岸区第三名),第一批录取时重点院校四川医学院就把材料拿去了,而川医发出录取通知又比较晚,结果给了我一个不小的惊吓。

从我报考大学这件事我体会到,如果没有重庆三中的教育给我打好坚实的知识基础,培养我们良好的学习方法和不断探索的学习精神,教育我们认真做事、诚实做人,我不可能在人生的道路上一步步取得成绩和进步。在重庆三中6年的学习生活,在给我们年轻人树立正确的人生观方面起了非常重要的作用。重庆南开中学是所优秀的学校,100多年来对学生不停地锤炼,为祖国铸就和输送了一批批优秀合格的人才。我们南开人既然打上了南开的印记,我们的所作所为都情系南开,为南开增光,我们责无旁贷。感谢南开学校的培养,使我圆了大学梦,我也算是改革开放的幸运儿吧。

我的喷漆工生涯

初1968级1班　温志龄

1971年11月,我从璧山农村应招到重庆国营长安机器厂(后简称长安厂)工作。在此后的4年里,我的人生经历了一个从有毒有害、又脏又累的普通喷漆工到被人争抢的"香饽饽"的嬗变。

记得刚进长安厂时,由于父亲仅为该厂的一名普通工人,无特殊背景,无社会地位,无经济支撑,所以,我也理所当然地被分配到全厂工作环境特别恶劣、对身体影响特大的总装车间喷漆房,做了一名普通喷漆工。

那是我返城后职业生涯的起点,也是我终生难忘的负重自强、逆境崛起的重大人生转折。

坦白地讲,喷漆工确实是一份令人望而生畏的有毒有害的工作(现在的工作环境已经发生了颠覆性的变化)。我至今还清楚地记得,无论寒冬腊月,还是盛夏酷暑,密闭的喷漆室里必须烧很大一炉火。那炉子是用有100公斤容量的油桶改装而成的,烧的是煤气味很浓的焦炭。其基本作用是提升室温,烘干漆膜,保证质量,避免发灰发白。喷漆所含的甲苯等多种化学物质会刺激味觉,影响健康。喷漆室内,四壁黢黑,漆雾飞溅,空气浑浊,浓烈刺鼻的香蕉水的味道令人头昏脑涨。若在室内连续工作一刻钟以上,人即使戴了双层口罩,取下一看,就会发现嘴巴鼻子都是黑的,这都是因喷漆的粉尘透过口罩,钻进去形成的。工作服因黑色漆雾和漆滴的浸染,漆斑遍布,一会下来就已很难分辨其本色。

与我同时分配到喷漆组的两名知青获知分配信息后,怒火中烧,捶胸顿足,分别到车间和劳资科办公室大吵大闹,强烈要求调整岗位,但却始终未能如愿。

其实,我被分去后,心里也有这种冲动。但我想的是,当年小学三百名学生考初中,进重庆南开中学的仅两名。作为南开学子,我本可顺理成章念大学,奔一个光明前途,但我深知,闹情绪是没有出路的,只会使自己陷入更加无助的深渊。唯一的出路只能是:奋发图强,用实力改变命运! 我坚信,作为南开学子,应该有这个雄心和底气!

由于有了这个坚定的信念作支撑,所以,到喷漆小组后,从第一天开始,到4年后离开为止,我始终没有丝毫的抱怨、忧伤和失落,始终没有丝毫的懈怠情绪,始终满怀改变命运的自信和信念。

我当时拟定的第一个奋斗目标是:尽心竭力,做一名合格的喷漆工。

喷漆室的工作被分配在两个小组,今天甲组进室喷漆,乙组在外边清洗擦拭零件,明天则交换进行。

每天早上上班,我会比别人早来半个小时。喷漆那天,我就主动去拖柴、拖煤、发火,火烧旺后,及时放入室内升温,主动做好班前准备。工作结束后,我又抢着把火炉拖到室外出渣,做善后工作。在外边清洗擦拭零件那天,我带头挑油清洗零件,工作结束时,又争着挑油入室去保存。所有脏活、累活、苦活,我都抢着干,仿佛浑身有使不完的劲。

按照喷漆组的规定,在室内喷漆的工人,因为喷漆间温度高,粉尘重,毒气浓,环境恶劣,阶段性喷完漆出来后,应到室外去透透气,好好休息,养精蓄锐,以利再战。而我从喷漆室忙完出来后,却不去透气休息,而是和清洗擦拭的工人师傅一道继续清洗擦拭,直到下一轮喷漆开始,我又再进喷漆室继续喷漆。对我这种不畏艰险、不怕困难、奋勇争先的忘我劳动态度,大家都非常认可。也正因为这种实干和苦干的精神,感动了班长,感动了师傅,才为我以后的发展奠定了坚实的基础。

我的班长是共和国最早的漆工技师,参加过解放初期重庆人民大礼堂的修建工作,其漆工技术蜚声全市。当时他虽已到退休年龄,但却因技艺超群而留任。我的表现令班长大为赞赏,他破例答应收我做关门弟子。他不仅手把手教我漆工技术,还利用别人请他帮忙漆家具的机会,带我去当助手,为我开"小灶"。更为难能可贵的是,他是湖南人,从小练长拳,跟师傅学会了一整套接骨斗榫的绝活,经常免费为骨折病患者接骨斗榫,并包敷中草药促进康复,只收中草药工本费。班长见我聪明伶俐,好学肯钻,心地善良,乐于吃苦,便爽快地答应我,他要把这套长拳和接骨斗榫的绝活,毫无保留地教给我。他还悄悄地告诉我,这绝活,他连两个儿子都不愿教,因为他们脾气躁,教了怕惹祸。他还夸我说,真没想到,临退休之前,还能收到你这么个勤学肯干的关门弟子。

有了班长的偏爱,有了师傅们的喜欢,加之自己的努力,我的漆工技术突飞猛进,很快就成长为一名受到大家待见、技术比较全面的合格喷漆工了。

我当时的第二个奋斗目标是:勤奋笔耕,做全厂最棒的业余宣传骨干。在艰苦繁重的喷漆工作之余,我处处留心观察,注意收集资料,把所在车间的工作性质、工作特点、在全厂所处的地位以及班组构成等,作了系统全面的分析。把工人师傅们身上存在的闪光点分别概括为"爱厂如家的主人翁思想""艰苦奋斗的工作作风""敢打硬仗的铁人精神""重视质量的责任担当"。有了对这些基本情况的收集、整理、分析和把握,就掌握了对车间、班组的政治、思想、作风、文化等内容进行多层次、全方位、系统性宣传报道的主动权。

其实,我刚到车间,车间领导听说我过去是重庆南开中学的学生,当知青就曾把当地农村的宣传工作搞得风生水起时,他们确实非常高兴,立即安排我到车间从事兼职宣传工作,主要是办好车间的宣传栏、黑板报,并担任通讯报道员,向厂报、厂闭路电视、厂广播站投稿。我只用了3个月时间,就使车间宣传工作面貌焕然一新:向厂报、厂闭路电视、厂广播站投稿数量大增,质量明显提高;车间内部的宣传,内容新颖,形式多样,稿件质量也有了较大提高。

初战告捷,车间领导很快叫我担任车间通讯报道组组长,负责审查所有宣传稿。随后我又担任团支部副书记,主持团支部日常工作。后来领导推荐我参加长安厂工人理论组学习,全面提高理论水平。

在随后的4年时间里,我先后参加了长安厂工人理论组学习,出席了重庆市、长安厂两级团代会,被厂团委推荐参加省团校团干部培训班脱产学习。后来,车间宣传工作更是搞得井井有条,车间每年向厂报、厂闭路电视、厂广播站投稿达两百篇以上(其中,我一人每年在业余写稿量达一百五十篇左右),列全厂各车间、科室榜首。我所在的车间年年被评为先进车间,我所在的班组年年被评为先进班组,我本人也年年被评为先进个人,还被厂党委宣传部评为优秀通讯员,并被誉为全厂写稿最多、质量上乘的骨干通讯员。

同时,我还在车间党支部领导下,发动全车间团员、青年响应上级号召,积极开展学雷锋活动,大力开展青年突击手活动,配合车间技术组,大搞技术革新,改人工喷漆为电泳镀漆,彻底改善喷漆工恶劣的工作环境,大积农家肥,大搞植树造林。因业绩突出,车间团支部多次被评为长安厂先进团支部,同时被评为重庆市先进团支部,还被团省委命名为"红旗团支部"(全重庆仅两个)。在团市委召开的先进集体、先进个人五四座谈会上,当时的团市委书记罗素芳听了我8分钟的工作汇报,对我的工作思路、实干精神和口头、文字表达能力大加赞赏,恳切期望我能到团市委工作,并派团市委组织部、办公室两名处级干部到长安厂联系商调事宜(后因厂党委宣传部先下手而未果)。

显著的工作业绩使我在长安厂声名鹊起。这时候,重庆团市委、长安厂党委宣传部、长安厂团委纷纷向我伸出橄榄枝。车间一看形势不妙,赶紧发展我入党,3个月后提干,先后担任车间人事保卫员、劳资定额员、车间民兵连副连长,想把我留在车间。我4年的喷漆工生涯由此画上句号。

两年后,我还是被厂党委宣传部以行政命令的方式调走了,做了长安报的编辑兼记者。

迟到的高考

高1966级8班　许平瑜

1966~1977年,整整11年的时光,这应是我们老三届人金子般的年华,是我们求学的励志时代。回首这个11年,真是有点往事如烟、碎落一地芳华的感慨。

1966年,我们通过了毕业考试,高中毕业了。高1966级的每个同学都试填了报考大学的第一志愿。同学个个都铆足了劲儿,为最后冲刺争分夺秒,埋头苦读,晚上10点熄灯后还有同学打着手电筒在被子里看书,还有的同学蹲在厕所里看书!

那是在1966年6月13日,和往常一样吃过晚饭,学校的广播响了,播放了停课闹革命、暂停高考的通知。到了1968年,"知识青年到农村去接受贫下中农再教育"的运动开始了。

潮流涌来,抵挡乃螳臂

当时,很多同学意气风发,想奔向农村,去"改天换地"! 1970年9月28日,我下了户口。我知道从这一刻起,我就是一个地道的农民了。什么读书上大学都成为一个梦了。我告别了父母,只身一人背起行囊走向农村。

我去的农村是内江县郭北区郭南公社二大队一小队。在我之前已经有42位知青在此落户。他们已有一年多的农村经历了。由于他们和农民相处得很好,很受欢迎,在他们的铺垫下,加上自己的努力,很快我也成了一个合格的知青。

插秧,打谷,担粪施肥,送公粮,该干的农活我基本都干过。虽次数不多,时间不长,但是由于农民信任我,我还当了生产队的保管员。

在公社黄书记的指派下,我和一大队的一个返乡知青一起组建了郭南公社宣传队，到各大队去演出，参加县的汇演，很长一段时间都没有回生产队。

到1972年7月，大渡口区文教局到内江县招教师，公社直接推荐了我。经过招工单位一个简单的考试，我就回城了！

拨乱反正，重拾高考圆梦重大

1972年7月回城报到，9月1日，我就成了重庆第三十七中学的一名体育老师了。在南开中学读书时，我喜欢体育是没错，但这与在学校教体育完全不是一码事！与重庆三中的体育教师相比，我总觉得差距确实很大。

说真话，在那时候我还真不想教书。第一，我没有教书育人的情操。第二，我根本不具备当教师的文化底蕴。党叫我干啥就干啥，听话，认命。

1975年，学校调整教师岗位，先是化学教研组的组长找我谈，希望我去他们组，改教化学。几天之后，学校的教导主任又找我谈话："考虑到你是重庆南开中学高三年级的学生，希望你能改教化学。你看怎么样？"我当时也没多想，谈了我的想法："虽然我是重庆南开中学高三的学生，但是从'文革'开始到现在都没有怎么看过书了。化学也忘得也差不多了。若能让我到什么学院培训一段时间，那我愿意。"

说实话，我当时就是想借此再去读读书，过过大学瘾。由于教导主任没这权利，换岗的事也就作罢！

1977年于我而言是一个永生难忘之年。而立之年，我有了一个完整的家，9月，女儿呱呱落地，我后来也参加了姗姗来迟的高考。春节过后，我高兴地走进了重庆大学，开启了我人生的转折点，圆了我的大学梦……

1977年是我在重庆市第三十七中学混迹的第五个年头。说真话，本以为这就是我一生终老之地。谁能想到1977年却是我命运转换之年呢？我在不经意间完成了角色的转换，当了父亲。更使人兴奋的是迟到了11年的高考来了！而且给了我这个选择的机会。过往的时日，我们没有自己选择的机会，今天有了。我岂能错过这等待了11年的机会？我暗下决心，一定要说服家人，参加高考。

回到家后我就把想法告诉了妻子、岳母、岳父。没想到他们没有任何意见并全力支持我参加高考。后顾之忧解决了，下面所有的问题都要靠自己了。

学校领导的态度也还可以："只要你们能完成本职工作，学校便支持你们参加高考。"

　　从10月开始,我进入了紧张的复习阶段。要在两个月时间内,完成三年教材复习,那完全是不可能的,只有选择重点部分学习。除了工作,我把所有的时间都用在了复习上,夜以继日,废寝忘食。

　　到了填志愿的时候,我们学校有5位老师报考,他们都是教语文、数学、物理、英语的,只有我教的是体育。填志愿时,他们都填的是师范院校,只有我填的重庆大学和重庆建筑学院。填报志愿后不久,一次在校内遇见校长,平时我们处得不错。当时他说:"许小伙,你不落教(地道),怎么连师范学院也不填一个?"我也感到尴尬,忙说:"不是,不是。我从重庆三中毕业到现在,11年了连书都没摸过,哪里考得起,我参加高考完全是为了'了愿'。"

　　高考的时间到了,我也不知道准备好没有,就匆匆上了考场,第一场是语文,考完没什么感觉。第二场是数学,我觉得很顺。耿校长来回三次看我答题。出了考场,我的心情轻松,心想照此下去,不出意外,定能如愿!

　　高考之后,学校很快便放寒假了。直到临近过年,重庆大学工程材料专业的录取通知书才送来,全家人都为我高兴。我也十分兴奋,迟来的大学梦,在重庆南开中学潜移默化地树立的"理工男"的目标终于实现了……

　　回首往事,1977年的高考不能和1966年未遂的高考同日而语。1966年,我们风华正茂,青春盎然。其抱负、心志真乃弃燕雀之小志,慕鸿鹄而高翔,我们要考全国最好的大学,学成之后要回报祖国,造福人民! 而1977年,高三的学子已到而立之年,我们只为了圆梦,只想选择重庆最好的大学,为改变自己的人生而读书! 11年蹉跎的岁月改变了我们,而迟来的高考也改变了我的人生轨迹……

　　从重大毕业后,我来到对金属材料技术要求极其精细的重庆钟表公司,如鱼得水。我的勤奋努力使我在中年时代便跨过了高工门槛,成为名副其实的高级工程师。

　　我有时回想,我填报高考志愿时,如果顺应校长的要求,我的人生轨迹定是另一番模样。人呵,人! 这是20世纪80年代思想解放时期著名作家戴厚英的一本书的书名——《人呵,人!》

　　夕阳西下了,时光如此无情。无论你有多大的雄心壮志,都抵不过岁月的消弭和时间的搓揉。现在,我们已到暮年,过去的、过不去的都过去了,就让一切随缘吧!

船到桥头自然直

——返城进厂二三事

高1966级8班 萧星岷

一

我下乡两年后,1971年2月因招工回城,进了制药机械厂。药机厂是由一个叫药安的安装队发展起来的一个小厂,主要产品有搪玻璃反应罐和压片机等。搪玻璃反应罐是在钢板上搪上玻璃,亦称工业用搪瓷,相当于防腐蚀压力容器,是为化工、制药等行业广泛应用的工业设备。在20世纪50年代,我国还不会生产工业用搪瓷,由山东新华药厂派出人员,到兄弟社会主义国家匈牙利学习技术,他们回国后又培养出第二代工人。重庆请来山东的师傅当老师。我们厂的工人相当于中国制造搪玻璃设备的第三代工人。

我读书12年,经历了"文革"和上山下乡,终于在25岁时,成了一个能自食其力的学徒工。进厂报到后,我就被好几个工人师傅认了出来。原来,他们是我在40中上初中时,比我低两级的同学,他们初中毕业后考上高中,于1965年进厂,比我们早工作6年。于是年龄小的学弟,成为我们的师傅。

我个子高,被分到金工车间学习龙门刨床,两年出徒。到车间,我看了师傅们操作龙门刨床,感觉最多两个月我就可完全掌握操作该技术。1966年,我班上十来个同学曾到工厂学习,我一个月之内就掌握了车床操作的全部技术,能独立操作车床生产各种工件。我向车间提出,到时考试合格即转正。厂里劳工科说没有这个规章,这是国家规定,其他工种还要学习三年呢。没有办法,我只好耐着性子,跟着师傅慢慢学。

二

1974年,厂团委改选,我被提名为候选人,并获高票当选为厂团委书记。之后,10月中旬,分管生产的李副主任(即1965级校友李明尧的父亲)在生产组找我谈话,为准备明年生产,要求我出差,到当阳、天津、北京、辽阳、鸡西等地购回电机,取回技术资料。最后我还要到本溪钢厂,买回明年生产用铸铁。我一听,好差事,便向李主任表示,我无家无室,无牵无挂,为厂出力是分内之责。李主任闻后大为赞赏,并问有无困难,我想了想后说,我一个学徒工,无力购买出差东北所需的棉衣等物品。在场的技术科长(1962级校友)当即表示愿借给我军用棉大衣和棉帽,其他几个科室的负责人也借给了我挎包、手套,算凑齐了出差的必需用品。他们交待了出差注意事项,生产科老科长还特意教了我一套待人接物之妙法:遇上老者、尊者,递上香烟,同时划燃一根火柴,恭恭敬敬为对方点燃香烟。这样能引起对方注意,并产生印象和好感。

我准备好了出差用的全套行头,到公司办好进京证明,在厂办开具出差介绍信,并借费用1000元,兴冲冲地乘车北去了。

这次出差两个多月,有很多事情,因年代久远早已忘却,但唯有最后一站,在本溪钢铁公司的半个多月,催要生铁一事,50年后仍历历在目。

本溪钢铁公司(后简称本钢)是与鞍钢齐名的十大钢铁企业之一。到达本溪后,我先到市接待站登记落实住宿旅馆,后到招待所办理住宿,被安排进30人左右的一个大房间。进房间后,立即迎面扑来一股强烈的劣质烟草味和臭鞋袜味,我见窗户紧闭,门口又有厚厚的门帘,密不透风,便提出要开窗换气,无奈屋里的人对我说:不能换气,换气准感冒。但到室外又太冷,我只得老老实实住了一宿。

30多人的大房间,满屋住的都是从全国各地派来催要生铁的供销人员。第二天上午,我就随这些人赶去本溪供销处。

这是很大的一个大厅。厅的一端放有三张大办公桌,上面放置了几部电话机。上午8点,供销处上班了,从全国各地派来催要生铁的人员也来了。大厅里足足涌进了300来人,乱哄哄的,只一个声音:我要铁。有一个壮实的年轻人,人高马大,嗓音洪亮,走到办公桌前说道:"我是一汽的,我们需要铁才能生产中央要的红旗轿车的底盘,这是国家计委给的指标单。"他一边说,一边挥着手中的指标单,同时又说:"我都来催了10天了……"供销处人员对他解释说:"你来一个月也没有用,没有铁!"两人争执起来。

大概一汽单位大、口气硬,给中央造红旗车的话起了作用,于是本钢人说:"等会儿我们李处长就要到了,你对他说。"一会儿,李处长来上班了。一个矮墩墩的、昂头挺胸的、看起来横蛮的人走进了大厅,知情的人"呼"的一下,把他围了个团团转。一些人正欲向李处长述情,只见李处长右臂一挣,大声宣告道:"大家听我说,你们都是要铁的,但现在,全国各地的铁,只能运往上钢十厂炼钢去,现在一吨铁也不能发!"大厅里先是一片沉默,随后又爆发了一片反对声。李处长讲完,大家都哑巴了。大厅里300来号人气呼呼地站了一阵,快11点钟时,突然有人说:"走,吃饭去!"大家才呼啦啦地向食堂奔去了。

下午又碰到两个重庆军工单位的人员,他们向我介绍,他们有的已经在这里住了半个月了,焦头烂额,一两铁也不给,一点儿办法也没有。

第二天,我又去了供销处,与前一天的情景一样,只见忽往忽来的一大群人。我该怎么办呢? 我如果与众人一样,肯定一无所获,我想,我应仔细观察,看能否找到好的途径。

第三天,我有意比大部队去得晚了些,等他们离开后,收拾起被他们弄得脏兮兮的办公室来,扫去满地的烟头,倒掉垃圾,那几个本钢人既不鼓励,也不反对我干这些事。第四、第五天我仍旧这样干下去,管他的,至于有什么结果,没想,反正我也无事可干。

在第四天,我实在忍不住寝室的臭味,趁别人出门后,打开了所有的窗,换了新鲜空气。当天傍晚,我应了东北人换气要感冒的谶语,患上了重感冒,咽喉肿痛,剧烈咳嗽。第五天,我咳着嗽在大厅做完清洁准备离开时,被本钢一个叫老王头的老者叫住,他对我说:"你在这儿是拿不到铁的,我给你写个条,你到炼铁四厂去找某人,就说是公司老王头叫你来的。"我将信将疑地收好字条,走出供销处大厅。这时,另一供销处的人员对我说:"去吧,老王头写的条,准管用。"于是,第六天我到了炼铁四厂,找到条上的那个人。那个人什么也没问,要我拿出调拨单和单位手续,叫我第二天再来看看。第二天,我再赶过去时,遇上了一个赶大车的农民,他往那个人办公桌下扔进一大麻袋红苕,那个人告诉农民到某地去自个装一车铁赶路。我两手空空,在他办公室里足足陪他坐了大半天。在接近中午时,他从抽屉里拿出货运发货单,对我说:"回家交差吧,小伙子,以后好好学。"我看那货运单,天啦,300吨生铁已经发货啦! 我急急赶回市区,向厂里发回电报,并告知任务完成,准备回厂。回厂后,大家都很好奇在全国都拿不到铁的情况下,我是怎么弄到手的?其实我也没全弄明白,所以只能一声不吭,一概不答。

三

1975年初,我进了政工组,办公室主任对我进行了入党启发教育。要申请入党,我父亲的"历史"就成了绕不开的问题了。

我父亲于1938年在家乡宜宾加入地下党,后到重庆谋生,到重庆接转好组织关系。但在解放前夕,由于重庆地下党负责人相继叛变,使重庆地下党组织受到严重破坏。在当时白色恐怖的环境下,党组织为求自保,主动断绝了与组织联系不紧密的部分党员,我父亲亦在此列。在迫不得已的情况下,他只有忍痛主动宰断与自己同志的联系,以求生存,但在解放后,却被党组织审定为"与党脱节"。

1969年,我们下乡以后,四川省开始清理阶级队伍,重庆港务局对我父亲这个问题重新审查。但1969年11月份,我父亲却因脑溢血去世了。我们家里的经济来源大部分被断绝。此时,我父亲朋友的儿子刚好从大学毕业后工作转正,工资54.5元,承诺每月寄给我们10元,一直寄了整整一年。

历史车轮转到1974年,化工系统,有机、化机、长橡等几个厂矿发生派性回潮,群众干部对立,停工停产。市政府办公厅组织工作组面向职工工作。我也从厂抽调到工作组。

工作组由市政府办公厅领导带队,不分昼夜工作,较好地完成了任务。

我因此认识了市政府办公厅的领导,母亲对我说,既然你多次到港务局也解决不了你父亲的问题,何不到市里去反映一下。

为此,我心里纠结了好多天,就为了家里私事相求相告,是否妥当?几次徘徊在市委大院门口,左思右想,不知该怎么办!但家里困难,弟弟在农村5年了也不能返城,我的入党问题也卡在这里……最后,我下决心向市政府办公厅相关部门反映了我父亲病故后,历史问题被搁置6年还没下结论,以至于影响了一家人的生活。相关同志认真听完我的反映,做好了记录。

在不到一个月时间里,母亲告诉我,父亲的问题被解决了。港务局党委和组织科通知母亲去了局里,宣告了对父亲维持原党组织所做的"与党脱节"的结论,由长航局和港务局拨了两个招工名额,安排给两个弟弟。后来,两个弟弟一个成为长航局的海事科科长,一个成为港务局的水手长。

我也在第二年,也就是1975年10月入了党。

勤奋并快乐着

——机床设计师二三事

高 1967 级 7 班　严　敏

我从下乡的内江县东风公社因招工回到了父母所在的工厂——重庆空压机厂(现在的铁马集团),被分配到22车间机修组,当上了机床修理工。车间有100多台机床,门类比较齐全。看到这么多设备需要我们去保养、修理,暗下决心,一定要成为一个优秀的机修工。

我买了机修手册丛书、机械制图等书,结合工作实际学习。我几乎每晚看书、画图、记笔记,到12点钟才睡觉。我还自学了高等数学、物理。想到当时日本发展很快,于是我又跟着钢校的王老师学习日语。由于车间的机修组只负责机床的小修、调试、中修,为了弄懂各种机床的结构,我还经常到大修车间向技术组长朱老师请教,向技师毛师傅请教。

家里一个几平方米的储藏室小阁楼就是我的"学习天地",用于每天晚饭后看书学习。小阁楼只有一扇0.2平方米的小窗,夏天房间里很闷热,我只好穿着裤衩,用一把蒲扇送风,照常读书画图。我一直到33岁才安家。

由维修工调到厂技改处专司机床设计后,我工作得更加勤奋了。我一个没有专业学历的高中生能到技改处干机床设计工作,在当时也是破格又破格的了。只要接到设计任务,每个晚上我都要到厂加班绘图。这样一来,我的设计能力提高得很快。1978年初,我被破格提拔为技术员,1991年提升为工程师。一直到三维绘图软件时代,我都是一个人设计整台专机。

3年的勤奋学习使我进步很快,我能把理论与实践较好地结合并应用到工作中。

1975年,厂机动处技术组把我调过去研修液体静压技术。通过反复试验,改造后的磨床精度可提高1级以上,光洁度从7~8级提高到了10~12级,大大提高了产品加工后的精度与光洁度。

除了参加改造我厂老旧磨床及导轨磨床外,我还经常与我的老师姚工及广州机床研究所的研究员把液压静压技术推广到西南兵工局的下属厂,以推动军工产品质量的大步提高。

厂里招收的职工绝大部分是上山下乡的知识青年或超龄生,文化水平不高。因此,厂教育处把全厂的青年工人组织起来每周脱厂半天进行职业培训,我也作为老师参加了几年的教学,主要教数学和识图。由于我是从实践中摸爬滚打出来的工程师、教师,我教过的学生对我的教学评价都很好:讲得通俗易懂,易学实用。

为了提高军工产品的质量,厂里成立了技术改造办公室。我也调到机床室参加了生产加工坦克及装甲车的专用机床的设计工作。坦克及装甲车在整体焊接后,对两端面平行度,孔系的垂直度要求比较高。因此,这就要求设计双面平面铣床和一次性镗孔的专用镗孔专机。我们团队设计的专用镗孔专机在当时国内领先。此两台专机获得了兵工局科技进步奖。

随着科技的进步,数控机床逐步替代了普通机床,我从我国刚引进数控机床,就开始自学数控机床的编程了。当时日本发那科数控机床领先世界,我找来发那科数控编程操作说明书(自印的资料),北京凯恩帝数控技术公司的用户手册,刻苦学习。厂里为我们技改处设计的产品加工零部件的车间,买进了十几台数控机床,但是操作工人中只有一二人会编程。于是我就成了他们的数控机床老师。每周下午,车间技术组主管技术员及操作工30多人会来听我讲课。我自己编写讲义教材,从图纸分析、工件的装夹、工具的选择、加工工艺参数,确定加工路线、加工顺序,编写加工程序,加工零件,检验成品。学习一个多月后,技术员学会了数控机床编程,工人也能根据工种、工件独立编程及加工了。数控机床的加工提高了产品质量,废品量减少了,对制造出的专用机床性能提高起了很大作用。通过军工人一代代的努力,现在我集团公司生产的两栖坦克、两栖装甲车达到了国际领先水平。

三维设计出现后,大大改进了产品的设计与制造水平。我从UGNX4.0中文版一直自学到 UGNX8.0 版,设计水平飞速进步。退休后我应邀给佛山某厂设计了专用机床,并对职工进行了技术培训,给唐山某厂设计了铁锹半自动抛光机,给广东阳江某厂设计了4工位专用机床,给重庆某厂设计了6工位加工铣床等等。

2017年,我朋友告诉我,某培训公司买了20台 Kossel Mini3D 打印机散件,自己装配,结果电气被烧坏了,希望有人为他们组装。正好我在学习3D打印机,就接下活来装配、调试。经过我的努力,对照英文程序编写了中文版的操作程序,这样就能很轻松地操作3D打印机了。

回顾进厂后的40多年时间,我买了近300本技术书籍,靠自学学到了很多专业知识,并把已学的专业知识传授给了大家,感到知足了。

半路出家当律师

——为农民工打官司侧记

初1966级1班 张咸廉

2005年,我退休后有空闲时间了,就想好好学习一下法律知识。现在有大把的时间学习,就当作是上老年大学啦!经过一番努力,我终于通过了国家司法考试,拿到律师证。对这些学到的法律知识,我能否做到学以致用呢?我决心继续在实践中学习,把知识转化为实际能力。

因为我在医院工作多年,对医疗纠纷、人身损害、工伤事故、交通事故等,比起其他律师更易进入情况,更易抓住要点,一句话,更接地气,更有优势!

其中为农民工打官司的一个案例,至今令我印象深刻。

为断腿农民工讨回公道

记得是在十多年前的一个月,重庆酷热难耐,连续经过了很久的40摄氏度高温晴天,太阳把地都晒得发烫。

我闷在家里无法外出,就翻看报纸。我在报纸上看到一则报道:在某工地发生一起工伤事故。下午两点多,一名工人从6层楼高的施工脚手架上摔下,双下肢骨折。由于工地偏僻,8名工人用手搭成担架床将他抬出工地,送上救护车。我那时已经经手过一些农民工的案子,对他们的境况有所了解。这篇报道又引起了我心里的不平。

我想,怎么能这样对待农民工呢?市里出了规定,从事户外作业的工人要到下午4点才上班,两点多就让人在毒太阳下工作,怎能不发生中暑坠楼事件?这张报纸被我随手放进我的那些资料里。

我那时住渝中区长滨路,太平门、南纪门、菜园坝有农民工找我打过官司,我也帮他们争取到了相关权利。这名工人的子女也在菜园坝租房住,12月初,他们辗转找到了我。

原来这名工人,受伤后由于天气炎热,伤口污染严重,出现了感染发臭的情况。在重医一院治疗时,医生说必须截肢,但本人和家属都无法接受,遂转到大坪医院,仍然无法保住左腿,遂做了截肢手术,膝以上的左腿被截除。右胫骨平台骨折,右腓骨上1/3骨折石膏外固定治疗。施工单位一直未报工伤,只是让他出院在外租房治疗,现在单位又让他回合川老家。

作为一名农民工,为了改善自己和家人的生活,离乡背井,进城打工挣钱,建设高楼。单位为赶工期,让他们在酷热的夏天连续工作,导致摔伤后失去一条腿,包工头老板却让其回老家,他无论如何也接受不了!

我到了这名工人的出租屋,只见58岁的他拄着双拐站在门口,黝黑的皮肤,头发花白,满是皱纹的脸上写满沧桑,一条裤腿空空荡荡,他弯下腰来说:"张嬢嬢,请您帮忙了!"说完他的眼泪就流了下来。我扶他在床边坐下,连说:"你放心,我一定替你讨回公道,得到应有的工伤赔偿。"

这名工人受伤4个月,用人单位竟然还未为其向劳动部门报备工伤认定!那时建筑行业比较混乱,包工头层层分包,都不愿承担这不菲的工伤赔款!

依法维权的第一步,是要劳动部门进行工伤认定,有了工伤认定书,才能依程序走下去,申请工伤等级鉴定,申请劳动仲裁,裁决赔偿数额。如果职工或用人单位哪方不服,又可起诉至法院。要等法院一审二审程序都走完,所需时间可谓相当长久。

我抓紧收集职工个人申请工伤认定要求的各种证据,很快去了劳动部门填表,递交证据,办理了手续。劳动部门受理后,依程序要向建筑单位核实工伤事实。

在项目部相关负责人的督促下,分包单位也找了法务人员。

见双方几次磋商无果,我便提出,依照国家规定确定伤残等级,不等司法鉴定所出鉴定书,然后按照伤残等级标准,共同计算应赔金额,再去劳动仲裁部门将双方协商结果形成仲裁文件。这名工人拿到赔偿款后,仲裁文件生效,不再起诉用工单位,解除了对方的顾虑。

　　最后双方认定,这名工人属五级伤残,我们计算了所有应赔项目,共获赔偿20多万元,拿到这笔赔偿款后,他布满皱纹的脸上,终于有了笑容,由他儿子送回合川老家了。

坎坷人生　无愧初心

高1968级8班　周长生

作为老三届的一员，人生历程绕不过"起伏曲折、坎坷坦途"。我下乡两年后有幸进入重庆港九龙坡作业区，走进中国正宗的产业大军——码头工人的生活。40年人生的日历由此翻开一页又一页。

重圆读书梦

与许多同学一样，我下乡两年后，于1972年因招工返城，成为重庆港九龙坡作业区的一名普通工人。新的生活、新的环境，使人精神振奋。但被"文化大革命"中断了的大学梦，却一直萦绕在心头。1977年，全国恢复高考，我满怀信心地参加了考试，并上了录取分数线，谁知因严重的中耳炎被淘汰。1979年，我考入重庆港电视大学班学习，只读了半年，因提干任党总支干事工作太忙而被迫退学。两次无缘大学，一些同事劝我死了那份心，安安心心过日子算了。但在我内心深处，仍然幻想有一天能跨入大学之门。

1983年，交通部委托武汉水运工程学院培训长航系统青年干部，这真是一个好机会。去与不去？我内心十分纠结：如果去，家里上有老（父母体弱多病）下有小（儿子7岁），工资又低，家庭谁来照顾？如果不去，自己年龄大了，可能今后再也没有这样的好机会了。还是当教师的妻子体谅我的心情："去吧！家里有我照顾。"真是皇天不负苦心人，我参加考试并被顺利录取，终于圆了读大学的梦。

知识为我增添了力量，也为人生增添了新的色彩。大学毕业后我回到单位，担任了近10年的九龙坡港埠公司工会主席，后调任重庆港职工学校任副校长。尽管肩上担子重了,工作更繁忙了,但喜欢读书、爱好学习,已成为生命中的重要组成部分。1997年,得知西南师范大学在职研究生班开始招生的消息后,立即请示局人事处,希望前去报考,没想到却被以"年龄大了,单位不需要"为理由而否定了。好在分管学校工作的局领导支持我报考,并被幸运录取为在职研究生。学制二年,周六周日学习。当时我年已50,身体也开始走下坡路了。两年内,我拿出所有周末的时间去学习,几乎没有休息过一天,晚上我加班加点做作业、写论文成为常态。当我完成学业拿到学业证书时,心中的喜悦真是难以言表:终于圆了破碎了30年的读书梦。

甘做"万金油"

这里所说的"万金油",是我对自己一段时间的身份的戏称。

1994年至2002年,我在重庆港先后5次变换工作,每次工作刚有些起色,又被换到了一个新的单位。1994年,领导让我负责重庆港实业总公司仓储管理工作。我们除了认真做好全港机电、船舶主要零部件、码头装卸耗材物品的仓储管理外,还要做大量的服务工作。我和全体员工一道,夜以继日,任劳任怨,确保了物资器材的有序供给,科学的管理为生产一线提供了优质服务。

1997年,上级任命我为重庆港职工学校副校长,负责科处级干部、班组长、35岁以下青工的管理知识技能培训,共培训干部职工1200余人,圆满完成了任务。1998年,我又被调到综合管理处工作,积极参与重庆港ISO 9000国际标准质量管理体系文件的撰写、审议修改、骨干培训及咨询服务工作。经中国质量协会的认证审核,重庆港顺利获得全国第一个内河港口ISO 9000国际标准质量管理体系认证。尔后,我又分别出任九龙坡、兰家沱两个港埠公司负责质量工作的副经理,确保了质量管理体系顺利通过内部审核和外部审核。2001年,重庆港筹备成立"党校",我又被调到了筹备组。主要负责规章制度、教学教案等方面的工作。

8年5次平职调动工作,有的同事为我抱不平,还有的人开玩笑说这是领导对你的"全面培养"。对此,我并不介意,那时就很流行一句话:"共产党员是块砖,哪里需要哪里搬。"在每个岗位上,我都尽到了最大努力,圆满地完成了组织交给我的任务!

为民办实事

"当官不为民做主,不如回家卖红薯",电影《七品芝麻官》中的这句话,成为老百姓衡量领导干部是否称职的一把尺子。

2002年,港口管理局政企分开后改名为港务集团公司。2003年,我被调任到重庆汇川实业总公司担任党委书记,成了一个九品"芝麻官"。汇川公司是港务集团公司的一个大集体企业,因政策和体制方面的原因,存在不少历史遗留问题和若干不稳定因素:工资低,还朝不保夕;老弱病妇残多;设施陈旧,经营惨淡。怎么办? 员工都是港口职工子女,我们的兄弟姐妹。公司经多次专题研讨,决定在抓好稳定发展的同时,着手准备集企转制工作。我们一方面加强内部管理、改善经营场所、扩大服务范围;另一方面收集整理相关资料、撰写专题报告,向市国资委、政府部门上报了《港口集体企业困境现状、原因分析及解决方案》请示函。经过多方努力,按照政府"4050"政策,我们为236名职工办理了提前退休手续。

2005年3月,正当市政府和集团公司在研究解决集企转制的具体方案时,重庆寸滩港项目工程发生了"港务集团公司贪污腐败窝案",集团公司主要领导人和相关部门负责人涉案判刑,集企人员转制工作被迫中断。市国资委将港务集团公司与物资集团公司,重组合并为港务物流集团公司,重新调整了领导班子。11月上旬,几十名已经退休的集企人员到集团公司办公室、信访办要求解决转制和投保不足问题,有些人还冲进董事长、总经理办公室。紧接着,有数百名集企退休人员陆续结队到市委、市政府上访。我们汇川公司党政工团依靠党员、干部和职工积极参与劝导工作,把上访人员全部接回集团公司(朝天门)。但有些人员还策划到北京上访,我们组织人力开展家访和到机场、火车站进行劝阻沟通。到北京上访被劝阻后,集企退休人员就围困集团公司办公大楼,不准人员进出,随意冲闯办公房间,堵断了朝天门码头公路。重庆特警支队两次派员出警劝导。因我是集团派往的专职书记,数次被围攻谩骂、撕破衣服,有人甚至扬言要把我拉下河吃水。面对如此混乱的局面,我们心中十分焦虑。一方面,维稳是大局,另一方面,集访人员确实有他们的困难和苦衷,这些也应该得到解决。为了稳定,为了大局,我们没有怨言,默默忍受。当得知5名上访人员被挤伤、摔伤的消息后,本着不扩散事态和人道主义精神,我们派人带上水果、药品到医院或家中探望,并积极向集团董事长、总经理反映集体企业职工的具体困难和合理诉求,得到集团公司和市国资委领导的高度重视。他们与上访人员选出的代表进行了对话，领导明确表示集企转制工作继续推进，及时平息了事态。集团群工部、汇川公司与上访人员代表组成"三方工作小组"，负责转制工作的沟通、协调、监督。在市政府和集团公司的关怀支持下，近千名港口集企人员转制为国企职工，补发了原投保不足的工资，长达十余年的历史遗留问题终于得到圆满解决。事后，汇川公司受到了严厉的通报批评，我的年终奖被扣发50%。但我的内心却十分坦然，因为在临退休之际和公司其他领导共同努力下，为港口职工做了一件实事好事，解决了他们的后顾之忧，扪心自问，我很知足了！

失之交臂大学梦　无悔人生谢南开

高1966级1班　朱永玉

梦断高六六

如果我不是高1966级学生,早就圆了大学梦。

我生于年底,快7岁那年,幼儿园主任通知我报名上小学(幼儿园隶属子弟校)。刚报完名,子弟校校长来了。因为我长得瘦瘦小小,还不足7岁,校长就让我再读一年幼儿园。我妈同意了,奇怪的是,园主任对我妈说了一句:"孩子将来会埋怨你的。"就这样我被定格在高六六级了。

1960年我考进了重庆南开中学。我们初一年级实行教学大改,初中三年,高中两年,共五年,我似乎不属于高1966级了。

从跨进南开的那天起,就被南开浓郁的学习气氛所感染。开学没几天,学校就请留苏回来的大姐姐给我们做报告。苏联本身就很吸引我们,在苏联留学的吸引力就更大了。每年秋季开学,考入军校的同学就给学校寄来他们穿军装的照片,一个个朝气蓬勃,很让人羡慕。公告栏里还有考入清华、北大等名校的同学写给还在学校的弟弟妹妹的信,勉励我们好好学习,用优异的成绩向祖国汇报,为学校争光。

南开的校园环境、学习条件、师资力量是一流的。校园里笔直的三友路、路旁高大的樟树、冬天蜡梅的芳香、标准的足球场、幽静的津南村、劳动锻炼的农场、用于改善生活的池塘等等,都是多年后南开学子对母校温馨的回忆。

20世纪60年代,国家还很穷,但南开的学习条件相当好。我们做生物实验,可以用显微镜观察虫卵,两人一架显微镜。有一次做化学实验时,好像是有同学不太认真,周远明老师语重心长地说:"你们条件这么好,两人一套实验器材,有些学校一组人才一套,要珍惜呀。"这时我才明白,不是每个学校都有这样的条件。

南开的老师个个业务精湛,没有真才实学是站不到南开的讲台上的。南开的老师自身素质好,教学水平高,责任心强,还特有亲和力。尽管50多年过去了,我还记得老师们上课的样子和下课后同我们嬉笑聊天如长辈、如兄长的模样。

更有南开精神鞭策着全校师生朝着一个共同的目标努力——德智体全面发展。在这样的学校学习,考名牌大学的强烈愿望在心里早已根深蒂固了。

转眼间到八年级(学苏联)初中毕业,学校突然宣布:三中是为国家培养人才的,不是做试验的。我又被定格在了高1966级。

正当我们紧张而又愉快地迎接高考时,"文化大革命"开始了,高考推迟到半年后进行,而且还实行选拔推送上大学的举措。听到这个消息,我傻乎乎地等待半年后的选拔推送,谁知一等就是3年。

后来我下乡了,艰苦的农村生活和社会环境使我没有了大学梦,只想招工回城。

重燃大学梦

3年后,我回城进了一个中等专业技术学校改制的工厂,当上了广播员。大学梦又在我心中复燃。尽管这个工作我并不情愿,但我还是干得很认真,写稿播稿,还搞配乐朗诵……

一天,有个成都唱片厂的学生拿了张英文字母的唱片给学校,因为只有广播室有电唱机,唱片就放我这儿了。我买了本学校的英语书,通过听唱片读字母来学音标。后来我告诉英语老师说想听她的英语课,她欣然答应了。我刚听了两节课,当时便发生了这样一件事,河南马振扶中学一个学生因英语成绩不好,就跳河死了,死前写下"不会ABC,照样干革命"。结果上面就出了个文件,将英语改为选修。一选修就没人上课了,我想通过学英语改变命运的途径也被截断了。但此后,我还一直断断续续地自学英语,只不过是哑巴英语。

1975年,我调到先生的单位机械工业第三设计研究院工作。这是知识分子成堆的地方,我能干啥呢?于是就让我当了打字员。这个工作要眼快手快,年轻人学就比较快,我快30岁了,打得不快。不是我不喜欢这项工作,是我忍受不了我不能把工作做好。选工农兵学员又选不到我,描图室又不缺人。日子难过,心有不甘。

1977年,高考恢复,先生非常支持我考大学。那年我已30岁,设计院于1966年从天津内迁到了重庆北碚歇马,单位地处偏僻的农村,和同学没有联系,也没有书,很难开展复习。我先生便找出一本数学手册,里面全是公式,我妹妹则给我寄来我曾经用过的物理参考书。我就只有这两本书,余下的就只能靠南开6年学习打下的基础。

两天的高考开始了,数理化我都考得比较顺利。做完了数学题,看见后面还有附加题,我是从来都不放过附加题的,也没看清要求就急忙开始解题。结果第一道题就让我傻眼了。一个像虫一样的符号,我好像从没见过,左看右看没见过,左想右想没印象。当时我就觉得很奇怪,我学过的东西是不会一点印象也没有的。第二道题求极值(极大值还是极小值不记得了),我试图用双二次方程来解,可怎么也变不出双二次方程。后来我才知道,这是给自学了高等数学的人出的题。

招生工作开始了。先生办公室的工农兵学员的同学来重庆招生,他们问我要不要去给招生的人打个招呼,我想都没想,一口就回绝了。南开人凭本事上学,最看不起的就是开后门进学校。

后来有人收到了录取通知书,再后来他们都相继开学了,我还是没得到任何消息。我敢肯定我考得不错,但没有收到通知也是事实,心里灰溜溜的。

忍痛再断梦

4月份扩大招生时,我收到了四川师范大学的录取通知书,我犯难了。当初填的湖南的学校,因先生家在湖南,想把小孩送到湖南老家去。现在成了小孩在湖南,我在成都,先生在重庆,工资又低,一家分三处,4年的时间,把谁拖病了都不好。权衡一下,我决定不去。就这样,我彻底死了上大学的心,虽然心在滴血。好几个先生的同事都说:"应该保一个。"大男子主义,凭什么就该我保他?我的心好痛!后来四川师范大学把考卷寄回院里,我真的考得很好,超过了当年清华的平均分数。这次高分掉榜,竟是因为我自己忍痛割爱!

我在心有不甘中,又过了几年,院里缺排水设计人员,于是张榜招生,文化考试后择优录取。我被录取了,那年我35岁。我们全脱产学习,由设计人员讲课,时间两年,院承认大专学历。我高高兴兴地到文件库领了图板、一字尺、三角板等绘图用具,开始了久违的学习生活。学习很愉快,我的记忆力还挺好。时值工农兵学员文化考试,教育科为他们请来了西南师范大学的数学和化学老师,我们正好和他们一起上课。数学本来就是我的最爱,我快乐地游弋在高等数学的解题中,认识了高考题中那个像虫一样的积分符号,那道求极值的题该用微分去解。南开养成的学习习惯使我在非正规学校的学习中,仍能较好地掌握所学的知识。水力学老师是从清华大学毕业的,他弄来清华的试卷来考我们,我考了88分。在学习的同时,我们还需要练仿宋字,我几乎每天都练。也许是打字员出身的缘故,对版面要求比较严。字是给人的第一印象,我决不允许我画的图不漂亮。功夫不负有心人,我果然练得一手仿宋字。当学习快结束时,机械部委托湖南大学给部属设计院培训工民建专业人员,4年本科学历。好几个人叫我去考,我在犹豫:我能去吗? 年纪大了,东一榔头,西一棒子,何时能了? 学习完了得从助工干起呀。最终,我不得不最后一次向大学梦挥手作别。

实干谱新章

学习结束后,我正式投入了设计工作。

初出茅庐,不怕犯错。我跟随老师做的第一个项目是重医附一院门诊楼。门诊楼体量大,平面复杂,用水点多,工作量大。为了保证设计进度,我们设计人员都在重医附一院画图,晚上加班到10点左右,周六下午回家。家里的事都交给了先生。有一次回家,看见女儿在墙上画了一个圈,圈里写上一家三口的名字,还写上"一家人"3个字。过了几个星期,我发现圈里加了一条线,我的名字被一条线从"一家人"的圈子里画了出去。女儿有意见了,但为了工作我也只能这样。图画完了,老师校对后发现了很多错误,平面图和系统图不一致。老师没责备我,反而安慰我说:"你是第一次理发就碰上一个癞子,没关系,慢慢来。"由于科技发展很快,重医附一院门诊楼的设施不能满足需要了,只用了十几年,就被高端大气的新门诊楼取代了。

有一次我做工厂设计,对象是淬火炉循环用水系统。工艺专业要求在循环水泵吸水管上装他们专业的过滤罐,我按工艺要求做了。在试泵的时候,不开水泵出水管阀门,压力表显示0.3MPa,一开阀门,压力一下子就降下去了。我不知道是什么原因,最后请了一位有经验的工艺设计师来帮忙找原因。他立马就指出过滤罐应放在水泵后,调整后系统运行正常。这是因为过滤罐阻力大,超过了水泵的吸水高度。

这次错误一是让我明白了一定要了解清楚本专业的设备的性能及使用条件、使用环境和使用效果。后来，我在选用新设备、新材料时特别慎重，不敢掉以轻心。二是对于我所服务的专业提出的要求，要结合本专业的情况，做不到的要提出来，互相商量，找到大家认可的解决方法。

总结经验，实干巧干。随着市场经济的发展，我被分到民用建筑设计院，只做民用建筑设计。计算机的使用使得设计周期变得越来越短。我们的标准图有好几大本，产品样本也很多，用起来很不方便。我便把常用的设备尺寸、管件阀门尺寸以及某些固定组合尺寸编成表，这样一来，使用起来方便多了。

特别是在计算机应用以后，大家都与时俱进学习电脑，1994年我就开始用电脑画图了。设计软件更新升级快，年纪大了，熟悉起来要慢一些，但我也能跟在年轻人后面学习。

由于没有文凭，时有尴尬事发生。第一次出差昆明，厂里帮我们买机票，我掏出来的工作证职务一栏写的是工人。设计队主师拿着我的工作证看了半天，可能心里很气愤，居然带了个工人来搞设计！回来后刚好院里换工作证，我让填工作证的人给我写了个工程师。不是我虚荣，我得考虑院里的面子。

因为起步晚，没学历，职称与年龄总不相符。看起是工程师的年龄，其实还是助工，每当负责人向甲方介绍说"这是朱工"时，我都浑身不自在。好不容易破格评个工程师，又到了高工的年龄。这时又被介绍为"高工"，仍然浑身不自在。我多么希望名副其实呀。

虽然处境尴尬，但我没有退缩，也没有埋怨。记得在重庆南开中学上学时，每次考试完我眼睛总是盯着考得比我好的人：下次我一定要超过他！不服输的精神激励着我脚踏实地地工作，不断提高业务能力，用较好的专业技术水平去弥补没有文凭的遗憾。

刚开始出现高层建筑时，规范不详细（规范总要滞后于现实），又无参考资料，这个领域的各项标准感觉几乎是个空白。我和一个同事到兄弟院去找到给排水专业的专家探讨高层建筑的有关问题，比如给水的分区，消防系统的分区、消防水箱、水池的容积，设置高度等等。由于先做了准备，当接到高层建筑设计任务时，我就不茫然了。我是院里较早接触高层和超高层建筑设计的。随着房地产的发展，出现了大型的住宅小区设计。重庆地形复杂，需要合理组织各种管线及交叉，合理布置设备用房，整体考虑小区用水竖向分区等,我先后作为给排水专业负责人参加了不少住宅小区的设计方案讨论和施工图设计。

经过多年的磨炼,凭借我真实的技术水平和出色的工作业绩,我终于被破格评为高工。

2001年我退休了,所里根据工作需要返聘了我。我一直坚持画图,工作在生产第一线。退休后我又工作了13年。

回顾我的工作生涯,虽然我没有上大学,但是南开精神一直激励着我一步一步走到今天,也是在南开6年的学习给了我走到今天的可能。虽有遗憾,但不后悔。

想起了幼儿园主任的话,我不会埋怨妈妈。天时地利人和,只要拼搏了、尽力了,就不是生活的弱者。

感恩南开,允公允能贯始终,但无一纸又何妨!

沙漠,有一片绿洲

——风雨十年交通情

高1967级7班 朱大成

著名作家黄济人先生把20世纪80年代重庆运输集体企业比作沙漠。什么是沙漠?那是贫瘠、荒芜的死亡之地,是生命难以维系的禁区。

苦难的呼号

当年集体运输企业就是一片荒凉的沙漠。这些企业,由20世纪50年代厂矿运输队、街道运输队演变为运输合作社,后成为区交通局的组成部分。当年的集体运输企业一穷二白,处于社会最底层,说直白点,就是有组织的、城市户口的"棒棒军"。

1987年下半年,市委、市政府研究室、市体改委、经委、交通局对我市地方运输业的调查报告称:"沙坪坝区部分运输工人联合投书中央、国务院、省市政府及新闻单位,要求解决困难,该区政府曾几次制止了酝酿到市请愿的事件,一些区县政府把这一问题视为一块心病……""在全市10万在职职工中,约有1/4收入下降,有近万名退休工人不能领到规定的退休金,生活困难较大,绝大多数职工居住条件恶劣,如不采取措施,不安定的状况将会加剧……"

集体运输企业在80年代陷入困境,主要原因在于业务量锐减。当时大集体兴起,农民进城当棒棒,抢走了大量运输业务。无情的市场法则像洪水一样将这些集体运输企业冲击得站不住脚。有一次,我和区计委主任到区内一个企业,帮我们的运输企业招揽业务,硬是从早上上班起就开始坐冷板凳,一直到中午,最终无功而返,可见企业找业务是何其艰难。长期无业务、发不出工资,带来的另一恶果是退休工人急剧增多,企业负担加重。

1980年到1986年这6年,沙区集体运输企业的在职职工,从4000人减少到2000人,而退休职工,从近2000人猛增到3000人,增加了50%。在职职工与退休职工之比从1:0.5,上升到1:1.2,最高达1:4,连工资都发不起的企业,根本无力养活退休工人。

工人生活极其艰难。他们喝盐水下饭,到粮店赊米,到菜市场捡脚叶菜度日。化龙桥运输站的退休职工熊守成,人称熊瞎子,靠当搬运养家糊口。因长期劳累,双目失明,38岁就病退了。他上班工资为每月41.3元,病退后拿40%,即每月17.6元,加上粮贴1.5元,肉贴4元,物贴5元,卫生费0.8元,副食补贴10元,这不到40元的退休金能养活一大家子人吗?熊瞎子家天天吃盐巴,连泡菜水都吃光了,吃了上顿无下顿,还得看病吃药……

有次,我陪同沙区区长考察一企业,路过菜市场,见有人买菜脚叶。卖菜的问他:"你家养了猪?"这人回答说:"单位发不起工资,不吃这些吃啥?"区长好奇地问:"你是哪个单位的?""运输站的。"卖菜的说:"你莫小看他,他还是运输站的书记,落在那种背时的单位,真是造孽……"这段对话深深地震撼了区长,他久久未能移步。我对区长说,类似的情况在交通局企业比比皆是。共产党应和老百姓穷在一起,富在一起,怎么才能让他们有饭吃,有温饱呢?共产党打天下,不就是为了他们能过上好日子吗?区长对我说:"老朱,担子重啊!"

经济没解放,人格还常受辱。有个运输站的女工,仅仅是因为未能堆放好纸箱,便被科长罚她从楼下挑16趟纸箱到三楼。这个女工当时正处于月经期,众女工为她求情,说大家一起挑,可这个科长不答应,蛮横地说:"我们全民所有制是老板,还想不想在我这里找饭吃了?"把共产党的企业当作自己的私有财产,这跟新中国成立前的工头作威作福有什么两样!

有一次,我到一个码头企业去了解情况,负责人是一个快退休的女同志,她一面汇报情况,一面不停地流着泪说:"企业多年的业务,说没就没了,企业没有了收入,我们怎么活下去?""职工三天两头上访,要拉我们下河吃水,他们仅仅是为了能领到少得可怜的救命钱,能怪他们吗?"我这个血气方刚的男子汉也禁不住流下了痛苦、同情的眼泪。

由于企业解决不了"吃饭"问题，职工上访越来越多，到局里上访对他们来说是家常便饭，到区上访时有发生。有次有200多人去区政府上访，会议室都坐不下了，区长只能叫人打开礼堂去接待。当我带着企业领导去领人时，面对这些肩挑背磨一辈子，而今弯腰驼背、面带菜色的老人们，望着一双双无助的眼睛，我们很多领导当即放声痛哭起来！能责怪他们吗？这些人不是去闹事，仅仅是为了能领到少得可怜的退休金！

沙区交通系统这六七千人的衣食怎么解决，不，这不是六七千人的事，按一个家庭4人计，是近3万人的事。社会的不稳定，将发生在朝夕之间。

1988年8月23日，重庆作协主席、全国人大代表、著名作家黄济人先生，以酸楚、悲愤的心情，大胆为民鼓与呼，在重庆市委机关报《重庆日报》上发表了一整版纪实报告文学《山城，有一片沙漠》，文章内容之翔实，言词之大胆，问题之尖锐，反应之强烈，在党报上前所未有。

悲壮的担当

我是重庆三中高1967级的学生。因"文革"而中断了学业，我于1969年首批下乡到开县跃进区团结公社胜利大队，老老实实当了两年农民，学会了犁田、插秧、打谷、挖地、种庄稼。招工回城后，我被分配到位于渣滓洞的红岩岭煤矿，当挖煤工人，曾遭电击，差点命丧井下。

粉碎"四人帮"后，经组织考察，我于1977年被调入区级机关，先后在工交部、组织部、沙坪坝街道工作，并分别作为这些单位的主要负责人。1982年，我被市委组织部、沙区委选中为区级领导干部的后备干部对象。在例行的外调中，他们发现我曾在"文革"中参与过一些活动，因此提拔的事就此被搁下了。那时候，要想提干，有一条是要看"文革"表现。由于领导们意见不一，我在"文革"中的表现未被深入调查，决定暂时不对我进行免职处理，但也不起用我。直到1985年整党，组织对我的"问题"进行了调查。最后，组织找我谈话，表示我在"文革"的表现并没"问题"。但是，水过三秋，我早已错失良机了。这个阴影制约着我，以至于在仕途中不可能走得太远，这对我的打击是很大的。

但也正是这些特殊经历，造就了我的特殊性格，我勤于学习、善于思考、敢于担当、临危不惧、勤奋工作，为的是不虚度人生。

我于1986年5月平级调入沙坪坝区交通局，时年38岁，任副局长。那时的沙区交通局，不但是企业穷，连机关也是个穷机关。用一个老局长的话说，每当签字报销时，手都在发抖，特别是主持工作的陈副局长一再对我说："老朱，我实在干不下去了，经常晚上睡不着觉，我向组织推荐你来主持工作。"班子中其他同志的年龄都比我大，资历比我深，我来主持行政工作合适吗？当时企业不安定，职工上访不断，严重影响了机关的工作，而机关又穷，有的同志保守，不顾大局。区里经常提到交通局的问题，有时还带有责备工作没干好的意思。有一次，我向区领导汇报工作，这个领导居然不相信职工问题有这么严重，认为我们出现问题是因为我们没有干好工作。在这种情况下，我能逆风而上吗？

1987年上半年，组织上找我谈话，说我是"文革"前重庆三中的学生，有文化，进入情况快，人又年轻，要勇于挑重担，决定由我以副职主持行政工作。

刚结束"审查"不久，我确实有些思想包袱，眼前问题又太多，要扭转这个局面，谈何容易！区里要求尽快解决企业安定的问题，因为当时全国整个政治生活形势波动大，如果企业不安定，势必会影响全区的社会稳定。在那些纠结的日子里，我时常在想一个问题，这么冒风险去工作，值得吗？尽管"文革"中的问题，组织已经给予了明确的处理，但不可能不影响我的人生，就是干好了，又能怎么样？除了这种顾虑，企业严重不景气的状况也令人担忧。要解决多个企业穷的大问题，付出肯定是巨大的。但我的另一面，下乡当知青，回城下煤窑的特殊经历，拉近了我和运输工人的情感距离，都有一个共同的"苦"字。

当党需要我勇敢地接受这个任务，需要我为党、为政府排忧解难，运输工人需要我带领他们突围自救时，我能当逃兵吗？能一味地考虑个人得失吗？男人总得有担当，人生总得有所作为。过去的就让它过去吧，以最大的勇气去创造属于自己的未来，当自己年老的时候，才可无愧地说：我没有虚度人生！临危受命，我认了！

我曾经办公的地点，就在现在的南开步行街口，母校重庆南开中学的侧门。从楼上可以看见学校的大门、勤俭楼、红专楼、小足球场，那曾是我勤奋学习，放飞梦想的殿堂。看着眼前熟悉的校园，一种豪情油然而生，我决心勇敢担当，艰难负重，砥砺前行！

应该怎么面对眼前的这个困局？我们多次反复研究，寻找突破口。渐渐地，一场救生灵于水火，突围攻坚的应对战逐步"打响"了。

首先,在认识上要统一,一切从企业工作出发,为企业创造条件突围,是我们机关工作的重点。其次,要争取上级支持,特别是财政、税务要开绿灯,给企业争取政策上的支持,比如注入一定的资金,减一定的税赋,让企业能休养生息。企业要多种经营,不要在一棵树上吊死。最后,采用过渡性的办法,比如搞系统退休金统筹,暂时性"劫富济贫",共渡难关,让退休工人能按时领到退休金,只有这块安定了,企业才能集中精力搞生产,图发展。这些想法,统一了机关干部和企业的认识,也得到了区政府的肯定。吹响了聚集号:带领交通人突围吧,就是手无寸铁也要冲锋向前!

生命的泉水

沙区交通集体运输企业的状况不是独有的,全市各区县都有程度不同的类似情况。1987年8月,市委研究室、市政府研究室、市体改委、市经委、市交通局等部门在我区调研,听取了我的汇报。我详尽地介绍了区属集体运输企业的困境后,也提出了解决问题的基本思路和建议:一是用改革的思路去探讨,摸索解决问题的办法,用敢为天下先的勇气面对现实,积极地想办法自救,而不是只寄希望于政府给政策、开绿灯,这是解决问题的指导思想。二是建立生产发展基金,为企业广开门路、多种经营、转型突围输送必要的血液,促进生产发展,这是解决问题的根本。三是实行交通系统行业退休金统筹,大胆试点社会保险制度改革,保证按时发放退休金给退休职工,以保障他们的基本生活,给企业的安定发展创造条件。四是请税务给予12个集体运输企业以免征3年营业税的照顾,用以发展生产和退休统筹。五是深化企业内部改革,稳定企业领导班子,首先调动企业经营者的积极性,对企业实行经济责任制考核,给予适当的奖惩。

对于上述意见,市调研组给予了高度评价,认为积极可行,并表示向市里汇报后,再行组织实施。谁知等待了几个月,这份意见竟"泥牛入海"没了消息。1987年12月中旬,难熬的年关将至,基层运输企业的领导坐不住了,10多名书记、经理、站长集体到市政府上访,希望有个回音。接待的同志说,月底答复。12月26日,这些领导们又满怀希望第二次到市政府打听消息。可是,对方仍没有确切答复。这些基层领导人以前都是下力人,难免火气大了点,和接待人员发生了争执。吵闹声惊动了当时的市长肖秧同志。肖秧接待完中央领导同志后正在写报告,听到吵闹声后非常生气。他出来了解情况,问这些领导:"你们是共产党员吗? 无组织无纪律!"憋了火气的领导不客气地向肖秧陈述了情况,说我们都是共产党员,代表沙坪坝区集体运输企业的数千职工向市政府反映问题,有错吗? 肖秧同志还是生气地说:"你们回去,由区政府解决。"这些领导心想:区里若能解决,我们干吗找市里?

"国以民为本,民以食为天"。峰回路转,出乎所有人的意料,1988年元旦刚过,我接到区政府的紧急通知,1月3日,肖市长到沙坪坝区,专题研究了交通局工作,做好了汇报准备。说实在的,我万万没想到,一市之长,居然率领市里若干部门来专题研究一个区的交通局工作! 材料是现成的,不用准备! 后来黄济人在报告文学《山城,有一片沙漠》中记录了这次会议的片段:"沙坪坝区交通局没有局长,主持日常工作的是副局长朱大成。区政府会议室的长桌上,这位下过乡,进过煤窑从而具有阳刚之气的男子汇报时的开场白是颇带悲壮色彩的:'如果说阴间有18层地狱的话,我们搬运工人愿意住在19层……'……朱大成有些激动,他甚至忘了对面坐着市政府领导,当然,一言既出,驷马难追,倘若上头要追究什么的话,他是愿意承担所有的责任的。市府领导朝他笑笑,第一句话是:'我也当过搬运工人哩!'('文革'期间,肖秧曾在北京玻璃厂下放劳动——拉板车)(顿)。"

最后,会议充分肯定了我们提出的若干意见,决定对12个集体运输企业免征两年营业税,同意开展交通行业退休金统筹试点。够了,够了! 一个非常满意的结果。

救命的统筹

要使企业安定,必须尽快解决退休金问题。按照当时的政策,每个企业的退休金由本单位根据自身财力发放,有钱就发,钱少少发,没钱不发。对于经营好的企业来说,这不成问题,但对于经营不好的企业可就是一个大问题了。

要解决这个问题,能不能大胆地探索在社会保险制度上突破,实行系统内统筹。全社会统筹肯定是最好的选择,但在没有全社会统筹的情况下,一个行业、一个系统可不可以试行? 这样做,当然有风险,毕竟小范围的统筹是不能持久的,也是潜伏着风险。但还有其他办法吗? 只要意识到这种风险,并防范它,我相信会成功的。在这项工作中,我做了许多调研,开了若干次座谈会,做了若干方案测算,毕竟关乎六七千人的利益,我要慎之又慎才行。

精心策划、方案缜密、稳妥施行,是我们的基本工作原则。在这项工作中,要"富哥哥"带"穷弟弟",工作是挺难的,毕竟都是集体企业,多拿钱就意味着企业自身受损失。70年代搞平调,办公司的后遗症至今还没全部解决,企业是有顾虑的。怎么办?除了工作还是工作,必须给企业讲清楚,给退休工人讲清楚,这是一种临时的、系统自定的办法,也是当前解决退休职工基本生活保障的唯一办法。国家在社会养老保险上已经欠下了账,相信在不久的将来,国家会补上的。今后实行全社会统筹,我们的现行办法也会终止。对做出贡献的企业,要给予奖励,在考核企业时要认这个账。对于受益企业不要心安理得,要想尽办法,努力改善企业经营,尽快减少"富哥哥"的资助。那时候,局的号召力、凝聚力是相当强的,是交通局有史以来心最齐、最团结的时期。抱着"我们都是一家人!"的心态,支持、维护、保障退休统筹成了全局上下的自觉行动。自古华山一条道,勇敢地攀登吧!

经过精心、细致、周密的准备,报请区政府同意,沙坪坝区交通系统退休金统筹于1988年5月1日正式实施。这是一个特大的喜讯! 退休职工奔走相告,能按时领到退休金了! 许多退休工人喜极而泣。化龙桥运输站的熊瞎子激动不已,连声说:"共产党啊共产党,我们家有救了!"

这项社会保险制度的改革成功,安定了企业,实现了零上访,同时鼓舞了交通人誓将沙漠变绿洲的信心。

局制定了"绿洲工程计划",准备用三个五年计划,即1985年~2000年实现。随后生产发展基金设立并正常运转。"安全基金会"正式成立,局属所有汽车与保险公司脱钩,纳入局汽车保险范围,所有企业与局签订经济承包合同,企业领导班子劲头更足了。全局上下,热火朝天,呈现一派蒸蒸日上的大好局面。大家都说,这是交通局建局以来从未有过的良好政治局面和工作局面。

在这些日子里,我时常用郑板桥《竹石》的诗句勉励自己:"咬定青山不放松,立根原在破岩中。千磨万击还坚劲,任尔东西南北风。"

崛起的大厦

沙坪坝区从建区以来,一直没有设长途汽车客运站。南来北往的客运汽车上、下客均在公路边,既不方便乘客,又影响交通。修建长途客运站,成了我的一个梦想。我们原来办公的面积不大，坐落在南开步行街的街口，处在闹市区，出入还是挺方便的。由于规划所需，于90年代初期被拆除，那么修建新的办公楼成了我的一个任务。能不能把两者结合起来，修建一个综合性的大楼？我苦苦思索，寻找着最佳方案。

首先是选址。在沙坪公园旁有我局两个全民所有制企业，旁边是成都铁路局预制场，那个时候，这块地不在中心地区，并不起眼，当时房地产开发的势头也不大，如果能以最小的代价拿下这块地，建客运站和办公楼是最理想不过的了。通过多方艰巨、繁复的交涉、谈判，最后达成协议，由我们出面征一块比预制场稍大面积的土地换取这块预制场土地，该工程由成都铁路局承建。

选址完成后，立项资金怎么解决？资金不落实，这个项目就立不起。我多次给区政府汇报，区政府对此非常重视，表示全力支持。我又多次给市交通局汇报，以图得到支持。市交通局对我还算是看得起，曾表示想将我调入市局，对我们各方面的工作也很满意，表示可以考虑。但是，当时成渝高速公路重庆段正在建设中，资金缺口很大，用市交通局计划处人士的话讲，这个时候要给钱立项，是绝不可能的。

怎么变不可能为可能，我们要以实际表现来取得突破。我局是四川省交通厅"七·五""八·五"两个五年计划期间的文明先进集体，在行业管理和企业管理上处于全市同行业的前茅，车辆购置附加费征收了上亿元，曾获得过国家交通部的先进奖励，沙坪坝区需要建一个长途客运站，这也符合市交通局的整体规划，加上市局有关处室的说情，市交通局领导终于松口。在资金上，市交通局提出：市局、沙区府、区局各1/3，总投资为450万元。这个方案我们当然认为是最好不过了。区政府同意将历年和今后一段时间的能交基金全部用于客运站建设，并将该工程列为区的重点工程。

根据资金的情况，原先设想建25层以上的大厦显然不可能了。随后，我们紧锣密鼓地开展了征地、设计、招商的工作。那时候，要我们拿出这么多钱也是有困难的，唯一的办法还是走改革之路，多方筹资。今后，在这幢楼办公的还有运管所，他们要出一部分，还有50多套住宅，个人要出一部分，出售一部分，又与中行沙分行联建，他们又出了个大头，出资630万元，前期资金1000万元到位，工程顺利上马。

该工程于1995年竣工，资金大大超出了立项预算，因为除客运站外，还有其他设施，累计滚动投入资金4200万元，竣工面积35000平方米，集长途客运、办公、商贸、娱乐、住宅为一体，结束了沙坪坝建区以来无长途客运站的历史，解决了区交通局、运管所、公路养护段、客运站的办公用房。修建住宅,不但解决、改善了机关工作人员的住宅条件,而且破天荒地解决了基层企业党政主要领导的住宅问题。由于客运站的建立,部分基层领导的子女就业问题也得到了适当解决,谁说"龙生龙,凤生凤,老鼠生儿只能打地洞"? 感谢组织,感谢党,运输工人也能有这样的好日子! 当然,这也是对他们辛勤工作的最大奖励。这一举措,在全市各区、县交通行业的同行中引起了巨大震动,令他们羡慕不已。当时的办公、住宅条件是全区一流的。1998年7月,沙坪坝区重点项目领导小组办公室对长途客运站的工程进行了验收,认为该工程资金基本平衡,没有留下缺口,而且一期工程因招商引资,就获利了1000多万元。这与工程建设者思想解放、勇于开拓、用活招商政策、知难而上、勤政廉政有关。

　　沙区交通局大厦的矗立,是沙漠出现绿洲的外在标志。

沙漠的绿洲

　　历经了多少个日日夜夜,挥洒了多少辛勤汗水,区交通局成立了客运公司,办起了服装厂、乳胶厂、泡沫厂、塑料门窗厂、电子仪器厂、金属加工厂、联运服务站……全局上下,众志成城、突围自救、热火朝天,出现了一派蒸蒸日上的新气象。1988年6月20日,《重庆日报》头版头条报道了我们的消息,标题是"建立生产发展基金,增强企业造血功能:沙区交通系统集体企业通过自筹资金、财政资助、税务扶持,出了困境、显出生机,退休工人生活有保障"。该报为此发表评论说:"更难得的,他们不是躺在政府身上,而是用好生产发展基金,千方百计发展生产,摆脱困境,从近几月发展情况来看,效果是明显的。"1988年,全局总收入和利润总额分别比上年增长了37.2%和14.8%,退休职工退休金由1987年的人均不到40元提高到55元,而且月月能按时发放,退休工人那个乐啊,是可想象的。熊瞎子高兴地说:"我说嘛,党和政府不会忘记我这个瞎子的,共产党啊,我看见你了!"

　　在悲壮的突围中,在将沙漠变为绿洲的日日夜夜,全局上下团结奋斗,以改革的勇气,自强不息,开拓创新,万众一心,一门心思图发展,艰苦拼搏,取得了丰硕的成果! 沙漠人看到了希望的曙光,往昔贫瘠的荒漠已经出现了星星点点的绿洲! 经济工作也开始大发展。1993年,全局总收入比1985年增长了240%,工业产值增长了252%,利润总额增长了100%,提前两年实现了"绿洲工程"经济指标,成功举办了5期"交通之声"文艺汇演，极大地鼓舞和调动了全局干部职工勇于改革，大胆实践，积极发展生产的积极性，精神面貌发生了巨大的改变。

我个人荣获四川省交通厅先进工作者。1993年，我被选为重庆市第12届人大代表。我的为"官"之道是，对工作、对组织负责，保证完成上级指令。对人，团结同事，善待下级，千方百计在政策允许的范围内为他们谋福利。我自己，不贪不占、勤于思考、善于学习、大胆作为、敢于担当。

1993年3月，我局编写的沙坪坝区第一部专业交通志出版（60万字，荣获市政府优秀奖）。应我的请求，时任四川省省长的肖秧同志为志书作序。肖秧同志在序中谈到了在重庆工作期间，为解决沙区交通局集体运输企业的困难而做的工作，他说："以后，当然是渐渐地，我听到了来自沙坪坝交通运输业的好消息。职工的温饱问题解决了，企业不仅恢复了元气，而且不断壮大发展了。""倘若没有沙坪坝区交通局和所辖各企业全体干部和职工的共同努力，这样的变化仍然是不可能的。"他在欣慰与惊喜之中，希望黄济人同志再写一篇报告文学，题目叫作"沙漠，有一片绿荫"。

肖秧同志已经作古，黄济人先生也没能完成肖秧同志的遗愿。我于1996年调离沙坪坝区交通局，"绿洲工程"应该说是提前完成。我由于这一段不平凡的经历，和交通人结下了深厚的情谊，至今仍和交通系统的老人们保持着良好的关系，人走了，茶还是热的！

值此纪念改革开放40周年之际，我真诚地向曾经的中共重庆市委书记、市长和四川省省长肖秧同志致谢！向为民请命的良心作家黄济人先生致谢！向那些向荒漠中注入清水、植入种子、播撒阳光、输送养料的市局及沙区领导致谢！也向我曾经的同事、基层的领导致谢！

1997年，市里向沙坪坝区下放了80余户工业企业，这些企业绝大多数处于长期停产或半停产状态，状况极为不好。我受命去组建新的区工业局。一场企业改革的攻坚战又拉开了新的序幕……

我将在区交通局那段令人难忘的经历、人生中美丽的黄金时段记录下来，也算是一个南开学子对母校、对自己的一个交代了。

深秋时节忆海波

初 1966 级 1 班　刘善微

海波是 1950 年出生的。他父母与我的父母是同事兼好友，两家是世交。海波出生于医学世家，父辈几兄弟均为军队医学界领军人物。他们医德高尚，医术精湛。海波的为人处事深得父辈的真传。我和海波同龄，从小一块儿长大。

难忘的记忆

2008 年秋天，一次浏览"军医大子弟"网时，一篇文章《纪念黎海波》突然映入眼帘，仔细一看，原来海波于当年 4 月份已悄然离世，他时年 58 岁，正值他职业生涯的高峰期……惊愕之余，我不禁潸然泪下，思绪万千……

我们两家于 1954 年随校从江西南昌解放军第六军医大学一同迁来重庆，该大学与第七军医大学合并。海波从小聪明过人，虽话语不多，但善思考，有主见。小学毕业时，由于成绩拔尖，他被重庆市外语学校和重庆三中同时录取。最后他听从了父亲的建议，为学到更扎实的基础知识，去了历史悠久的名校——重庆南开中学。

我也于当年考入重庆三中，但因我们被分在不同班级，在校时接触并不多。他所在的 3 班是英语班，得到南开英语名师喻娴文老师的亲炙，为他以后在英文领域纵横驰骋打下了良好的基础。

初中毕业后，我们下乡插队，参军入伍。改革开放后，整个中国焕发了勃勃生机。恢复高考后的 1978 年，海波凭着平时的知识积累和顽强的毅力，考上了名牌大学——中国人民大学新闻系，实现了自己梦寐以求的愿望。

28 岁上大学之前，海波还务过农，扛过枪，做过工，是绝对典型的"工农兵"大学生。

聪明睿智的海波,很快另辟蹊径,在英语学习上独树一帜,脱颖而出。后来,学校英语学科按成绩分为快中慢三种班级。他对英语有特别浓郁的兴趣和偏好,在英语听说读写方面下功夫,其专心致志的劲头,令人难以望其项背。在英语这一科,他是名副其实的尖子生,是英语快班的科代表,是老师的得意门生。英语是海波最醒目的标签。还有同学给他贴了不同标签,说他"心气甚高""理想主义",也是"一个安静的美男子";也说他对学习如饥似渴,像海绵一样吸收知识。印象最深的,就是他学习、生活条理清晰,自律甚强。他每天回到宿舍就爬到上铺,抱着一块砖头大小的录音机,开始操练英语……

走向事业的巅峰

大学毕业后,海波凭借出众的才华和学识,留在北京,进了外文局。他先在《北京周报》工作,从基层干起,一步步走上了总编的位置。24年后,他又在《今日中国》任总编。去世前他仍是《今日中国》总编。这两份杂志都是全英文,是中国对外文化宣传的重要媒体平台。《北京周报》在建国初期由周总理提议创办;《今日中国》则是宋庆龄一手创建的(原名为《中国建设》),为向世界介绍中国的传统文化,展示建设的新成就,搭起了一座桥梁。

海波是一步一个脚印,逐步走上总编辑岗位的。编务繁忙之余,他还不定期为《北京周报》撰写专栏,到中央电视台做时事评论员,谈的都是时政类的宏大叙事,如21世纪会不会是中国世纪,中国人得不到诺贝尔奖的原因何在云云。

在博客里,海波对自己如此定位:"留意世界局势演变,关注中西文化交流。爱书,所憾时少;好思,所恶盲从。"他曾被公派到美国进修,在天高海阔的环境下,享受其爱书与好思的自在自为。

1980年代末,他在美国采写长篇通讯,专访著名记者兼作家哈里森·索尔兹伯里。这位年过七旬的《纽约时报》记者,几年前重走中国工农红军的长征路,采访了数百位当时健在的长征老战士,于1985年出版了一部非虚构作品《长征——前所未闻的故事》。这本书的中译本随后在国内出版,海波的专访,主要就是围绕该书展开的。

海波上中文节目,也上英语节目,还是央视九套英语节目时常露脸的嘉宾。专业人士评论他,能用一口流利而规范的英语表达中国人的思想。作为一个非英语科班出身的媒体人,海波能有这样的英语修为和造诣,得益于他一以贯之的孜孜不倦,好学成习。

当时偶尔能在《今日关注》栏目上见到海波,他评说国际时政,臧否风云人物,挥斥方遒,意气风发。他的大学同学说,这与在学校时内敛沉静的海波判若两人。

海波最亲近的朋友告诉我:"海波对时事的关注热情,在大学时就是如此,而且一直燃烧到生命的尽头。"他在病重期间,还挣扎着做节目。之前有好些年,他每年应邀到美国做中国问题演讲,倾心尽力,乐此不疲。

一封特别的告别信

21世纪初,海波作为特邀嘉宾,在央视国际频道《今日关注》节目中以时事评论员的身份频频亮相。在访谈中,他总是见解独到,没有空泛之谈。他的同学说只是觉得他日渐消瘦,以为是工作太忙。直到噩耗传来,才知道他那时在带病工作,感到万分痛惜。

海波去世前,给同事留下了他那封长情而又特别的告别信。信是这样写的:

今日中国杂志社的领导及全体同事:

写此信的主要目的是向你们告别。大自然或宇宙的主宰经过慎重的考虑,决定让我离开这个人世,重新回到我最后的家——大自然。当你们读到此信时,我已不具备人的形态,也不生活在人间社会了。我彻底转世、转界了,"跳大槽""改大行"了。

不过我此次大旅行的目的地既不是阴间、冥府,也不是天堂或地狱。我从来不相信什么阴阳两界。如果说有什么阴界,我想那大约是暗物质组成的地方,或所谓的多维空间。我所要去的地方,还是这个星球,还是这个宇宙。换句话说,我不会,也不可能离开你们。

这样看来,此信的目的又不是道别。我真正想告诉你们的是,我并没有走,还在你们周围,只是变形了而已。我将变成无数个原子。按照科学家的说法,我的身体由大约6千亿个原子组成,它们曾聚集在一起,以某种奇特的复杂的方式创造了我(每一个人都是这么造出来的)。原子可以用很多次,生命力极强。科学家说,我们每个人身上有许许多多的原子曾是过去人身上的原子,这中间自然包括古代名人。从孔夫子到爱因斯坦,从释迦牟尼到曹雪芹,其身上的原子后来又用到我们身上了。我们死以后,原子又会用到别处,成为任何一个人或物的组成部分。原子寿命长得难以形容,可以说是永远存在。

我一来《今日中国》社就喜欢门前的两棵银杏树，所以打算成为银杏树的一部分，天天和你们在一起。将来我们社可能还会搬家，搬到哪里都不能少了大树。大树是人类的朋友，我也是，我将主要以大树的形式做人类之友。

宇宙万事万物，能够成为人类的一员是一种福分，尽管是短暂的。我的最后岁月是愉快与轻松的。在我不能正常工作期间，感谢社领导和同行对我的关心和帮助。我为离别感到惋惜。好在，我上面说了，我不可能真正离开你们。

悄悄走是早就想好了的，为的是不惊动、麻烦你们。我是很愉快地走的。因为我懂得，每个人都是死路一条，这是绝对公平的事。只要没虚度人生，死都是好事，有意义的事。我虽然最终没有制服我体内的对手，但我永远认为自己是一个胜利者。我走得坦然、欣然，因为我在人间没有虚度年华，这几十年过得很充实，很有意义。

最后我想说的是，千万不要开任何形式的追思会、悼念会之类，不要发任何讣告。自然，类似的文章也请免了。

祝大家身体健康，家庭幸福！祝《今日中国》杂志社事业兴旺！

你们的朋友 海波

2019年是新中国成立的70周年，也是中国外文局建局70周年。大家深切怀念海波。其中一篇文章再一次回顾了《北京周报》前总编辑黎海波在该杂志开设过的时事评论专栏"说东道西"，就国际舆论热门话题同世界强势媒体的评论"过招"。黎海波说："我一直觉得我们在做非常困难的工作——用人家的语言，写一些难以影响人家舆论的文章。在国际舞台上，在西方舆论界，我们的声音依然很弱。""然而，这声音并不是可有可无的，因为中国并非可有可无。我们之所以能指点江山、说东道西，不是因为我们这些所谓笔杆子有什么了不起，而是因为中国了不起。中国使我们有底气，有笔力。"

令人感到欣慰的是，十几年后的今天，正如海波所愿，中国正以迅猛的速度发展，令世界瞩目。在国际舞台上，中国也拥有了越来越多的话语权。中国正朝着创建人类命运共同体的目标前行……以此告慰海波的在天之灵吧！

回忆黎海波同学

初1966级3班 李晓森

　　我的同学黎海波,已经离开这个他所热爱的世界多年了。每当我回想起他,眼前总是浮现出一个面带微笑,开朗活泼,充满自信和坚毅的脸庞。他就像一道闪电,一颗流星,在黑暗的夜空里,发出耀眼灿烂的光芒,又迅速地消失在群星闪烁的银河之中,留给我们的只是短暂而深情的回忆……

　　我和黎海波同学是重庆八一小学的同学,经过6年的朝夕相处,他给我留下深刻印象。五年级那年,学校成立了铜管乐队,经过层层选拔,海波有幸成为其中的一员。从此每天早晚,就多了一个戴红领巾的少年,抱着一支和他身高差不多的中音号,刻苦地练习吹奏。最后,这支当时重庆市唯一的小学铜管乐队,取得了当年重庆市中小学乐队比赛第一名的好成绩。

　　后来我和海波又共同考入重庆三中,同时被分到初1966级3班。在学习方面,我们互相交流,互相帮助,共同进步,结下了深厚的友谊。我们经常在一起畅谈人生、理想,共同的人生观、世界观把我们紧紧地联系在一起;共同经风雨,见世面,在人生的道路上携手前进。进校不久,为响应学校的号召,纪念毛主席畅游长江,我和海波一起报名参加了横渡嘉陵江的游泳活动。为了实现这个目标,我们开始了艰苦的锻炼。两个不会游泳的旱鸭子,只要一有空,就去附近的游泳池,不停地游。我的体力较差,好几次都想放弃,但在黎海波的鼓励下坚持了下来。我们参加了横渡嘉陵江的游泳活动,实现了搏击人生的坚实一步。

　　重庆三中的课外生活丰富多彩。海波喜爱体育运动,尤其喜欢打乒乓球。打乒乓球时,他最爱和廖七一捉对厮杀。课余时间,只要看到他或是廖七一手拿乒乓球拍,就知道,他们一定是找地方切磋去了。海波还喜欢踢足球,班上的同学一起踢足球时,几乎都有他的身影。他常踢后卫的位置,截球,带球,穿插过人,插上助攻。每打进一个球,他会高兴得跳起来。初一的时候,他喜欢上了骑自行车。他和陈文东、李远龙等人常到校门口附近的车行租自行车来骑。在大操场或空坝上,他们歪歪扭扭地骑着车,也不怕摔倒,在不长的时间内,他就学会了骑自行车。海波还常在早上起来练习长跑。

在学习方面,黎海波是很用功的。他上课专心听讲,把老师讲的内容都在课堂上消化,各科成绩都比较出色,特别是英语,因成绩好,担任过英语科代表,很受喻娴文老师的器重。哪个同学学习上有困难,他都热情地给予帮助。除了爱学习,他也喜欢看一些课外书籍,他的知识面是比较宽的。海波常常以其父黎鳌教授(解放军内烧伤专业创始人、烧伤专业泰斗、工程院院士)作为榜样,激励、鞭策自己,不断进步。但他又始终保持低调,不作张扬。

多年以后,我偶然在一次中央四套的节目中,看到了海波那熟悉的身影。已是壮年的他,从眼神中仍可看到热情、真诚和睿智的目光,他在节目中侃侃而谈,显得才华横溢。此时,他已经是英文版《今日中国》杂志社的主编。我得知后兴奋得彻夜未眠。第二天,我通过他二姐得到他的电话,立即拨通电话,还是那么熟悉的声音。当时因我母亲病重离不开,我们约定第二年在北京聚会。没想到还未见面,噩耗便传来,他因病去世了,这让我悲痛万分,根本不敢相信我的挚友会离我而去。我只能在千里之外,祝他一路走好。天若有情天亦老。愿他在天堂也能继续他热爱的事业,勇攀高峰。

　　　　五十年前苦同窗,
　　　　如今阴阳两茫茫。
　　　　笑谈生死乘鹤去,
　　　　哭忆手足梦黄粱!

我的殷殷求学路

高1967级6班　蒋文林

我代表"可教育好的子女"进了三中

录取通知书来了：重庆三中！

重庆三中，这可是我梦寐以求的学校，今天梦想终于成真了！本该好好庆祝，但录取通知书的信封上用钢笔书写的一行字让我很不安："可教育好子女的代表"。

"可教育好"？难道我没教育好？那不是笑话吗？要知道，从小学到初中，我是一路走来一路歌，一直是老师的宠儿，是同学包围尊崇的对象，自然也是父母心中的骄傲。我年年出席市少代会，还曾在大礼堂受到过市委第一书记任白戈等市领导的接见。

通知书上的这句话让我纳闷和不解。但不管怎样，我进重庆三中了。重庆三中，我来了！

来是来了，但我一直心怀敬畏与忐忑，要知道，这里可是集中了全市各校的佼佼者，我能赶上趟吗？

纵观解放碑周边，还真没发现谁是产业工人，更遑论贫下中农了。

好在大多数同学似乎都不太在意，我们学习上相互切磋，下课后就一起驰骋在绿茵场！很快，我就放下了心中的不安，融入了这个全新的集体。

重庆三中是特定历史时期对南开的传承和继续，"允公允能，日新月异"的校训沁入了全校师生的骨髓。进了重庆三中，我才终于明白重庆三中能雄霸重庆教坛数十年的原因。这里有一支不忘初心、业务精湛的教师队伍，个个站出来，都是一等一的顶尖高手。

从我们进校开始许树人老师就一直是我们的物理老师,我也一直是他的科代表,这让我受益匪浅。许老师讲究对物理现象的透彻分析,他认为只有这样,才能让学生准确把握解题的思路,从而找出正确的解题方法。他鼓励学生勤动脑、多看书。上晚自习时,我们常常向他讨教一些超越课本的问题,这是许老师所乐见的。直到下课铃声响起,他还滔滔不绝,余兴未了!喻娴文老师那优雅的气质、空灵悦耳的嗓音,让人不爱上英语都难。

刘如甫老师曾担任过我们的班主任,教过我们语文。他在讲台上诵读古文精典,那如痴如醉的表情,余音绕梁的韵味,就像打开了窖藏多年的陈酿老酒,让你慢慢品尝琼浆玉液的醇厚。

王泽友老师更是不分远近亲疏,传道授业,总是倾其所有!

在我们进校50年的纪念会上,我赠送给许老师一块匾,一副对联:

> 许树人愿景,怀揣梦想赴南开;
> 展教学天赋,足蹬讲坛育英才。

许老师年轻时就许下"树人"的美好愿望,在三尺讲台上,辛勤耕耘数十载,不知为国家培养了多少栋梁之材!

记得当年学校喜欢选择周六下午进行数学、物理考试,我总是全年级第一个交卷,当然满分是跑不了的,包括附加题。

从教室出来,长长的走廊鸦雀无声,只有老师轻轻的脚步、游弋的身影。久而久之,很多老师就认识我了。

80周年校庆,我刚刚走到红专楼与勤俭楼之间,就突然听到有人叫我一声:"你,蒋文林!"我猛然抬头,居然是董老师,董老师虽然没教过我们,也不是我班的班主任,但是沧海桑田50年,我已不再是当年的懵懂学子、翩翩少年,华发也已悄然爬上头顶了,他还能一眼认出我,准确地喊出我的名字,真让我吃惊!董老师说,当年老师们私下总悄悄议论,他们为我惋惜,因为照我的情况,是注定上不了大学的!

写到这里,我已是泪流满面,我站起来,向教过我和没教过我的老师,向所有关心我的老师深深地鞠上一躬:谢谢了,老师!

我们最大的课余爱好是踢足球,周日常常不回家,而是南征北战,四处讨伐。我们曾客场5:2战胜西政校队,与七中的冠军队踢了三场,保持全胜! 我不魁梧,常常被对方的合理冲撞撞翻,甚至撞到球场的外面,这时就会引得场边观战的女生哈哈大笑! 但我还是乐此不疲,无怨无悔。

爱下运动场的人不会不记得老韩。老韩何许人也? 他就是管理场地和体育器材的师傅。老韩有一手绝活,他左手提半桶石灰,右手拿一把长勺,一溜小跑,在他身后就会留下既均匀又平直的白线!

每当夕阳西下,阳光把老韩长长的身影投射到运动场上时,逆光的老韩被镶上了一层金边,虽然他双肩已倾斜,身板也不再平直,但这画面却美极了! 永远镌刻在我的心里,永远!

1965年,我和班上几位同学还被选派参加横渡嘉陵江,那场景,那气势,至今难以忘怀。

直至下乡,我才离开学校。

我青春岁月中最宝贵的几年留在了这里,留在了美丽校园的沃土中!

三中,南开! 南开,三中!

60周年校庆我回到了学校,不过这次我是以媒体人的身份回来的。这次校庆规模宏大,来了不少毕业于南开中学的海内外名人,我率摄制组拍摄了一部专题片,并亲自取了片名:《永远的南开》。

1977年圆大学梦

"呜……"汽笛长鸣,"省船1号"缓缓驶离鱼洞码头。站在船舷边,我和100多位厂里招进的知青,挥手告别巴县县府,正式成为光荣的造船工人。

1971年3月8日,这是个值得纪念的日子。

船沿长江顺流而下,很快在江北青草坝靠岸,这就是船厂,全称是四川省船舶修造厂。

当时还在枯水期,趸船离厂门还有一二百米的滩涂,但雄伟的船台里电焊的弧光早已映入眼帘,气锤锤打钢板的巨大声响,声声入耳! 好一派繁忙景象。

小时候我没进过厂,在重庆三中读书时去小龙坎轴承厂劳动过,但轴承厂与船厂宏大的气势真是不可同日而语。

我们从小就知道,工人阶级是全世界最伟大的阶级,中国工人阶级是我们这个国家当之无愧的领导阶级,能跻身成为这个阶级的一员,怎能不令人激动万分呢?

两批进厂的知青200多人成立了"学工连",下设两个排,我被任命为二排排长。中国人习惯在职务前面冠以姓氏,这样,我就被叫成"蒋排长"。现在回想起来还窃喜,当时幸好还是叫全称,不像现在这样,倘若叫我"蒋排",那和牛排、猪排、羊排还有啥区别!

"学工连"的主要任务是学习厂规厂纪,当然也要学习当前运动的文件,跑跑步什么的,"加强纪律性,革命无不胜"。

一个月后,我们被全部分下车间,稍感遗憾的是,我没被分到一线去造船,而是分到维修车间当电工,为造船服务。

我每天就背着电工包跟着师傅四处转悠,哪里出了问题,就地解决,或者在值班室里待着听候召唤。工作还是蛮轻松的。

我们厂是修造船的,这给我们的生活带来了很大的便宜。当时城里物资还很匮乏,价格自然也不菲。船修好了要试航,就可从附近场镇带回鸡鸭鱼肉、果蔬禽蛋,很受大伙儿欢迎。

时值盛夏,有的工人喜欢穿条大裤衩,裤管还是开放式的,那时也无打底裤这一说,他们觉得这样既方便、凉快,又省事。中午时分船到了,正是短暂的午休时间。负责分配的师傅蹲在地上,一丝不苟地清点所有东西,他这姿势,难言安全,还真是"裤"不蔽体了!也许是由于过于专注,或者是他对此已习以为常,根本不在乎,他竟浑然不知,哪怕车间巨大排风扇吹出的风直往里灌。这时,有好事的就四处奔走、大声吆喝"船到了,数鸭蛋了"!立刻一大群女工便蜂拥而至,当她们发现其中的玄机后,笑骂之声此起彼伏。欢乐的气氛几乎掀翻车间的顶棚!

团结、紧张、严肃、活泼,这是工厂生活的真实写照。

"雾重庆"名不虚传。重庆的雾主要集中在山谷岚垭,两江江面,尤以早上为甚!这样早上上班就成了大问题。以家在市中区的为例,水路就两条,一条从朝天门顺长江而下到溉澜溪;一条是坐过河船过嘉陵江到江北城,经三洞桥到厂里。但重庆365天很多时候都有雾,这就要考你的智慧,作好预判,见事不对,立马撤退,迅即改乘公共汽车,从嘉陵江大桥到五里店,翻一座小山包就到了。谢天谢地,当年还有嘉陵江大桥。

工厂生活的严格磨砺,让我养成了做任何事情绝不迟到的好习惯,受益至今。

大学开始招生了。学生是从部队、工厂和农村,由基层推荐入学的。首要条件肯定是"根正苗红"、政治可靠。我有自知之明,同时,我也不会提非分要求,让人家为难,所以我就当什么也没有发生,一天三顿饭,早晚上下班,一切照旧。

厂里来自重庆三中的同学中有两位符合条件,高1967级的丁长洲和高1968级的杨安鸣,文浩则是由省轮推荐的,他们一道入读武汉水运工程学院。

其实,我这个电工在厂里是不称职的,很大部分时间都不务正业。进厂不久后,我就被市工交部抽到上清寺的工业展览馆去筹备展览。

终于恢复高考了!我才深感学业荒废已这么多年,我的教科书,我的参考书早已"尸骨无存",更要命的是,领导不让我脱产,只答应给我考前三天时间。

这又要感谢母校,感谢我敬爱的老师了,如果不是得益于他们当年为我打下的底子,我还有勇气进考场吗?

第一志愿我填的是北方某大学,就是当年常说的一只脚跨进三中,另一只脚就跨进的那所大学。后来厂里有人私下祝贺我,据说那所大学来外调了,再后来就没有后来了。几经辗转,我就落在了重庆大学。

其实,那时候我对去哪所大学已经无所谓了,我还在为我报考理工科的草率决定而感到懊恼。这么多年,我早已远离数理化,基本上都是与文字打交道,我为啥不填文科呢?

厂里报考文科的是我儿时的小伙伴,本科读完就报考了北京电影学院的研究生,现在在大学当教授,是我市电影家协会的首任主席。

那年厂里就我俩考上了大学,"一文一武",携手离开船厂,走向各自的学校。

离厂以前,为表彰我所做贡献,厂里还为我上调了一级工资。

不管怎样,在那难忘的1977年,我总算圆了大学梦!

梦回大学园

不知咋的,最近老做梦,梦里总是重回校园,再现四年大学生活的点点滴滴。当然,它并非从始至终的循序演绎,而是跌宕起伏的,有意想不到的精彩。

十年浩劫,阻断了万千学子的求学梦! 年轮转换,向天借不来逝去的岁月,一部分大学教师自然退隐,给校园留下的是无奈的背影和声声的叹息。

青黄不接,高校师资奇缺! 1977年恢复高考,各高校开始争抢生源,设立了各种专业的师资班,以弥补十年缺失。

我被重庆大学电机系录取。重大电机系当时在全国是响当当的,在校内更是首屈一指。我系共有三个班,电机班、电力班,还有就是我所在的电工师资班。

自从离开重庆三中到农村后,我就再没进过校门,就像乘船途中被撂在荒岛上一样,整整折腾了十年! 现在凭借手里的旧船票,重新登船,扬帆远航。

我班同学来自四面八方,年龄更是参差不齐,小的仅十七八岁,大的有三十好几。但这并不妨碍我们相处与交流。

大学与中学相比还是有很大不同,这里更强调自我约束和独立钻研。

我每天除了上课就是到图书馆看书、查资料、做功课。到图书馆我免不了先浏览一下全国各地的报纸,也看看各种书刊,这是多年养成的习惯。

1979年,我校迎来50周年校庆。同学拿来校报专刊给我看,头版登了党委书记曾德林(后调任中宣部副部长)的一首诗,第四版用了我写的字。原来,当时中央提出了"新长征"的口号,我系在进大校门右手边搞了一个专栏,我就写了"老骥伏枥,志在千里;烈士暮年,壮心不已"用以补白,并献给长征路上的老教授,不想却被校报采用。

当时因为四川省大学生运动会将在我校举行,学校在各系抽了部分同学,把团结广场周边好好布置了一番,我也是其中的一员。

不久,社团活动在我校兴起,学校成立了美术队,队长是1978级马列师资班的陈仲常,我为副队长。在相继成立的书法学社,我则成了首任社长。

书法社活动简单,每周固定时间,大家在一起泼墨挥毫,互相切磋,彼此交流。

美术队则不然,必须得请老师,这任务就落在了我肩上。我与美术学院建立了联系,请得最多的是马一平教授,因为他父母是建筑学院的,这样也方便他回家看望老人家。

说来有意思,若干年后我在电视台当记者,他已当选为市政协委员,政协开会我们常见面,直到他调去成都。

与美术学院的工作联系中,我记忆深刻的是和叶毓山教授的一次对话。

那时长江大桥一个四座雕塑已到了最后放大定型的阶段,美术学院搭起了一个巨大的工棚,整个工作由叶教授牵头,但他具体负责的则是"春姑娘"这座雕塑。

工棚里一片忙碌,叶教授那时的夫人江碧波教授在旁协助他。

"春姑娘"原创是全裸的,但因市里一些老同志反对而遭搁浅。叶教授说了句意味深长的话:难道他们不知道哪样更美? 思想解放,艺术家们永远走在最前面!

1980年,我市首届大学、中专书法、绘画比赛举行,陈仲常的国画和我的书法得了一等奖。在随后成立的书协理事会上,我被选为副理事长,理事长是美术学院的一名女生。

第二届系际足球赛,基础部和电机系闯入决赛。基础部是上届冠军,实力不容小觑,他们还有原重庆三中足坛的名宿杨指南、开山和我班陈安。我虽然不是球队的,但对足球的酷爱,让我不能置身事外。决赛的头天晚上,我写了一副长联,队员们拿去贴在女生宿舍大门两边,当然这不是去招惹女生,而是因为这是全校同学吃饭上课的必经之地。

对联具体写了什么我也记不全了,上联是"鹿死谁手? 绿茵场上,你争我夺,两强相遇勇者胜",下联只记得开头"桂冠何属"。这就像现在的中超联赛,比赛前总要官宣海报一样,以达到鼓舞士气的作用。

果然,第二天中午吃饭时,好多同学端着碗在那围观。而我系足球队也在下午的比赛中如愿以偿,战胜对手,获得冠军!

在学校,我与校电视台也有颇多交往,特别是合敏基老师。我为他们做了我能做的事,也从他们那里学到了很多东西。毕业时,我写了一部科教片的分镜头本,获得了好评。

有同学曾经跟我开玩笑,说我读了两个专业。其实这是不对的,我用在专业学习的时间还是比我学习其他知识、参加社会活动的时间要多。因为我心中有数,我一定能以优异成绩毕业,顺利拿到毕业证书和学位证书的。

毕业分配前夕,又是中午,又是在寝室,我迎来了一位神秘客人。来人上身着稍稍褪色的旧军装,手提一黑色公文包。到了室外,我才看清,他大约50岁,黑红色的脸庞,一看就知道是军队转业干部。

　　他向我自我介绍后,让我陪他在校园里转转,我心里直犯嘀咕:这人到底谁呀? 找我有啥事呀? 一路上只听他说自己是从南岸扯到杨家坪,又从杨家坪扯到沙坪坝的。最后,我们说到建筑学院,他问我对该学院印象如何? 我这才有几分明白,我说印象很好。他这才摊牌,说他是建筑学院的,他们看了我的档案,对此很满意,如果我愿意,他们将正式给学校来函。

　　这人很实诚,后来找到我,说你们学校不放人,还向我表示了歉意和惋惜。

　　最终,我也未留在重大。看来我和大学校园是有缘无分了,只是匆匆来去的过客。

　　走出重大校门,我想:这外面的地不是更踏实,天不是更辽阔吗? 于是,我释然了。

无冕不是王

高1967级6班　蒋文林

一线报道的"夜猫子"

作为重庆市电视台的一位资深媒体负责人，一线报道的组织指挥，熬夜已经是我多年来的家常便饭。

最马虎不得的现场直播，就是市委党代会。

在乐队演奏国歌的背景声中，李佳明面对镜头完成了开场白。

大会开幕了。

这是在市委小礼堂举行的重庆直辖后的第一届党代会，也是当时新来的市委书记到任后的第一次党代会。每年的"两会"，主要的报道任务，如开、闭幕式呀，会中的热点访谈呀，都会落在我身上，这次是"三会"，任务更重。

头天下午，我们一行人就来到这里实地考察，确定机位。虽然对这里很熟悉，但我们一点儿也不敢有半点马虎。到时录像车也会开进来。其实，若实况转播倒也省事，偏偏是详细报道，这就麻烦多了。

按惯例，市委书记的报告应到我手上了，但这次不同，报告还要经过修改。我只好头天晚上把主持人说的那段话写好，不能太短，因为这是首届党代会；不能太长，因为要考虑主持人能很快记下，并流畅地在国歌声中说完。

第二天，我把它交给了佳明，问他有问题吗。他迅速浏览了一遍，说没问题。

临到开会，市委研究室才把改好的报告复印件交给我，我边看边把我认为重要的、须要书记同志原声的地方用红笔勾出，再交到主机位记者手里。主机位设在主席台下的一张桌上,只负责拍摄报告人。记者按我勾出的地方记录下报告人和同期声。

会议一结束我们就立马赶回台里,我写好新闻稿后,播音员在录音棚开始配音,然后编辑插镜头,要用书记的原话时,一般就这样提示。整个过程与打仗无异,但却井然有序。这样重大的新闻,不光是台领导,市委宣传部领导也要来审。

会议期间我们是不能回家的,与代表们同住在酒店。我们还在这里设立临时机房,处理一般新闻。

处理突发事件的一线报道,更是紧张得和打仗一样。

抓张君的报道任务,来得很突然。

我是夜猫子,一般都睡得很晚。可那天凌晨1点左右我就入睡了。突然,床头柜上铃声大作,是领导打来的:张君被抓了! 让我立刻回台。来到楼下,车子已经等着了。

公安局的人比我晚到一点,我把他们编好的片子看了两遍。张君案主要涉及湖南、湖北和重庆。想到这里,我给台长打电话,建议打乱播出计划,从早上7点起,每隔1小时在卫视滚动播出。

一上班,我就派了两名记者飞赴湖南,派另一组记者到关押张君的地方守候,再让一组记者跟我到市局找负责刑侦工作的常务副局长。

这次市公安局的确干得漂亮,经过缜密侦查,准确预判了张君当晚必定会在较场口或枣子岚垭出现,因此提前在这两个地方做了周密部署,结果在枣子岚垭成功抓获了张君。为了保密,他们没有通知任何一家媒体。

专题报道,我的"拿手好戏"

川渝两地的领导,都非常看重成渝高速公路,把它称作西南第一路!

我们着手拍摄成渝高速的纪录片,用了现成的片名,就叫《西南第一路》。

当时重庆气温40摄氏度,永川段还在摊铺,沥青熔化须在300摄氏度左右,到地面不会低于80摄氏度! 我们抵近拍摄,人吃了亏,但画面却美极了。

我们请求空军支援以实现航拍! 当时没有直升机,用的是安2。我们把摄像师捆牢实,把摄像机也绑好,打开舱门,风直往里灌,摄像师感觉脸部就像刀在割。就是在这样艰难的条件下,我们完成了任务。这部片成功地在中央台当时的《神州风采》栏目播出了。

　　成渝高速重庆段开通典礼在中梁山隧道口举行。当时张德邻已调重庆任市委书记,很低调,没接受任何一家媒体的采访。大会结束后,我径直走向他,提出了采访要求,哪知他却欣然接受了。我成了新闻界第一个成功采访他的人。回台后,我把新闻片传给中央台,当晚就在《新闻联播》播出了。

　　其实《神州风采》和我还真有些缘分。

　　1995年,中央台组织四川、重庆、湖北、湖南、江苏、上海电视台合作拍摄《再说长江》,重庆台拍三集。本来不关我的事,因为这都是由各台专题部承担,但我台专题部认为由我执导比较合适,经与新闻中心商定,我也只好接下导筒,并搭建了自己的工作班子。摄像师是我的好友,北京电影学院摄影专业的段永刚。

　　专题部就给了我一张纸条,上面写了三句话:①改革开放的长江;②长江防护林;③重庆的立体交通。

　　我突然想到,5月份在重庆举行的三峡国际旅游节,我带着主持人韩咏秋,记者岑洪亮随船采访,到过小三峡。巫山是最先对外国游客开放的地方,小三峡里的农民可以用简单的英语数字与外国游客讨价还价,这不就得了!于是我们就拍摄了"除却巫山不是云",又拍了"重建绿色屏障""重庆的交通"。在随后的黄山评片中,我拍的三集脱颖而出,道理其实很简单,因为我是以新闻人的视觉来拍的,这是其他台,包括中央台在内都没有做到的,与会的陈铎、虹云对此也很感兴趣,最后也是由他俩主持的。

　　我们还在佛图关时,陈铎、肖晓琳曾经造访过我们并与我们有过合作。有档节目是由肖晓琳与我台新锐谢蕾共同主持的,串词是我写的。录制很顺利,很成功。录制完毕,谢蕾一下冲到我面前,像小孩一样,满脸的得意:"怎么样,没丢人吧!"说实话,谢蕾是我最欣赏、最看好的年轻女主播。

　　90年代拍的大片太多了,往往与长江有关,与改革开放有关。

　　在长江经济协作组织成立十周年时,我奉命与上海、南京、武汉长江沿岸台合作拍摄大型新闻纪录片《为了巨龙的腾飞》,该片气势恢宏、镜头唯美,在中央电视台综合频道播出。

　　我们记者拍摄的专题片《黎明前的报告》,首次披露了渣滓洞的"狱中八条",引起了很大反响。有天半夜接到通知,说中组部有人要看此片,我只好返台陪同。

　　值得注意的是,此片主创人员之一曾是重庆南开学子、北京大学毕业生,他的妈妈是我们重庆南开的老三届。

重庆直辖前,成立了直辖筹备组。奉市委之命,我台组织了三个摄制组分赴万涪黔,向主城人民全面介绍那里的社会经济、人文景观。

我率摄制组到万县,经过十几天的艰苦拍摄,完成了三集纪录片《走进三峡看万州》。

我市首届中小企业改制会议在合川举行,这是一次非常重要的会议,四大班子全体与会。

第二天,在现场,我突然接到台里通知,让我将手里的工作交给其他同志,立刻回去。

原来是李鹏总理要到库区视察,他想在游轮上看看移民工作汇报片。

说老实话,重庆才刚刚直辖,我对移民政策和实际情况根本不了解,工作难度可想而知。

市移民局在南方大酒店包下一套房让我住,还给我送来好多政策文件,真让人头痛。每天下午法规处长郎还来给我当面授课,回答我的提问。另一方面,我让记者到库区去拍些视频资料备用。

封闭半月后,终于形成稿件,并经有关方面审查通过,然后由我亲手编辑完成,台长钦定片名《一片丹心为国酬》。

后来市里带话给台领导,说片子不错,首长很满意。

高速公路建设一直是社会经济发展的重中之重,但施工不总是顺利的,沙坪坝的杨公桥立交就是这样久拖不决,工期一再延宕。

杨公桥立交原设计是当时西南最大的立交桥,后因种种原因修改了规划,缩小了规模。但即便如此,施工仍不能顺利进行,在松山化工厂附近受阻。

当时市政府有要求,高速公路建设经过的区县,不管什么原因,影响了进度,得由当地政府负全责。这让沙区区委区府心急如焚。

最后区政府还是下了大决心:别惯着!那天我和区领导及高速公路建设总指挥长一起到达现场,我还是穿着老一套黑色工作服,公安已经到位了。围观的人对我指指点点,悄悄地说,这肯定是市里来的人,才有这么大阵仗。

区领导讲了话,然后公安干警把坐在推土机前面地上的人挪到一边。还好,人们没有再闹,从地上起来拍拍屁股就钻进人堆里去了。清理完毕后,推土机轰隆前行,杨立交的肠梗阻医好了。

当天接到通知,说市领导约见主流媒体记者,想了解各地高速公路的建设情况。我坐在领导边上,把在沙区了解到的情况向他做了汇报。

当晚的《重庆新闻联播》就播了这条新闻,我向市领导汇报的镜头多次出现。

拍摄新闻纪录片,成就了我的无冕梦

1998年,改革开放20年。我台和上海东方电视台决定联手推出反映长江沿岸思想解放、经济腾飞的系列新闻纪录片。我和东方台同事完成策划后,得到双方领导的认可。片名就叫《长江廿年》。这次合作与以往不同的是,东方台的编辑、记者由我带领,负责从广汉开始到湖南、湖北,也就是长江中上游的拍摄;我们的人则随东方台负责中下游的拍摄。最后在上海集中做后期。

我们从广汉第一个摘下"人民公社"牌子的乡拍起,拍了罗中立和他的代表作《父亲》,拍了武汉汉正街。到湖南后,我们从长沙出发驱车前往韶山,那年正是刘少奇同志100周年诞辰,沿途都悬挂着红色的纪念横幅。到达韶山,地区党委书记已在那里等候多时。

书记把我们一行人带进贵宾厅。大家都入座了,我却被墙上的一块匾吸引住了,这是用上好的木材雕刻的,上面用漂亮的行书写了一首七律,我不禁在那吟诵起来。书记很兴奋,说很多客人都认不全!

东方台的同事都不喝酒,这样一来就只有我陪他了。酒是当地的土酿,度数也高,但很上口。我俩就推杯换盏,越谈越投机,最后竟称兄道弟起来。

酒后微醺,但头脑还是清醒的。书记带我们去主席纪念馆,拿出纪念簿和笔墨叫我题字。东方台的同志夸张地扛起摄像机,我略微思索,取了个巧,找了几句熟悉和半熟悉的句子,一挥而就:

紫气升腾韶山冲,中国出了毛泽东;

一唱雄鸡天下白,神州遍颂东方红。

书记拿出一本书画册,签下他的大名送给了我。

元旦前,我在重庆小天鹅上海店答谢东方台的领导、主持人和编辑记者,并一起观看了重庆歌舞团的演出。

在电视台工作的这几十年，我拍了无数大片，但真正让我最喜欢、最满意的却是1990年拍的《山那边的一群人》。

那时在北京电影学院摄影专业学习的段永刚要交毕业作品，他请我执导。

经论证，我们把目光聚焦在四面山后的一个小山村。故事很简单，就是那里的村民不甘与世隔绝，在社长秦志权带领下，集资贷款，打穿与外面世界连接的通道。让我们为难的是，当时各大报连篇累牍的报道，反而让我们无路可走。

后来，我们决定用非常规手段来拍这支影片，让一个女记者到那去，通过她的走访，用她的主观镜头来讲好这个故事。当然，这毕竟是已经发生了的，因此在镜头语言的运用上，在时空的转换上不能出任何问题。

我们组建了非常棒的工作团队，摄像、灯光、美工、道具都是专业的、一流的，我们找的女记者是专业文艺团体的一位年轻女化妆师，颜值和气质上都非常合适。

全片主要是自然音响，片子末尾卡车运东西出山，我决定在这里来段音乐，我们的音响师是全台资格最老的，他有很多资料，我坐在那里，闭上眼睛，请他放音乐给我听，当放到某段音乐时，我立即跳起来说："就是它！"

这部片子在北影放映时，是唯一一部获得与会专家教授、全体同学长时间热烈鼓掌的片子，给了这部片子全方位的高度评价。它也毫无争议地获得了第一名，更感荣幸的是，它被作为范片永远留在了北京电影学院。

作为电视人，风风雨雨几十年，也不总是顺风顺水、充满阳光的，背后的艰辛是一般人难以理解的。有种说法是，记者是无冕之王，既然"无冕"，还要称王，哪来的底气！你信吗？反正我是不信的。

我是搞新闻的，工作的日常是面对社会上每天发生的各种各样的事件，处理各种各样的新闻以及新闻背后的新闻，这就要求自己既要有新闻人的敏锐，又要有新闻人的担当。自打投身新闻界，成为新闻人起，我们就知道我们是党的喉舌，这是我工作中坚守的原则，也是我这辈子永不变的信条。

我的古道情缘和生命际遇

高 1966 级 7 班　王继鼎

与松茂古道结下不解之缘

一个地方往往因优秀的文化而魅力无穷。这无关乎文化体量的大与小,大到长城、金字塔,小到乐山大佛、大足石刻,甚至一首《康定情歌》,只要够优秀,皆魅力四射。

在岷江上游河谷,从灌县(今都江堰市)经汶川、茂县到松潘,有一条苍老得不知起源于何时的路。只知道古人称它为岷山道、西山道、羌氐道、冉駹道、川甘青道,等等,今人称它为茶马古道。它就是地方志所载的松茂古道,又名灌(县)松(潘)古道。

多年以来,我被这条古道迷住了,与它结下了不解之缘。

我认识松茂古道,纯属偶然。

那是 1973 年早春,我带学生"开门办学"到映秀娘子岭劳动,听老农说这里有一条"起祖八代"都走过的千年老路,上通松潘,下通灌县,每天有成百上千人路过娘子岭垭口。我站在海拔 2200 米高的垭口上,怔怔地看着那条寂寞的羊肠小道,像一条褪色的飘带,消失在山岚氤氲的远方。

1991 年,我偶尔读到有关松茂古道的记载,其中有清末灌县贡生董湘琴的万言长诗《松游小唱》中有这样几句:"松潘西望路漫漫。风景渐难看。河在中间,山在两边,九曲羊肠,偏生跨在山腰畔。抬头一线天,低头一匹练。滩声吼,似百万鸣蝉,搅得人心摇目眩。……问蚕丛开国几经? 者沧桑如何不变?"我觉得很有味道,从此,拜读《松游小唱》全诗就成了我的一个期盼。

直到 2004 年春夏之交,我从都江堰画家张宗品书案上发现了《松游小唱》的校注本,如获至宝,借来当晚通读,夜不能寐。翌日还书相见,两人对小唱所描绘的一幅岷江古道峡谷山水长卷,发了好一番赞叹,对松茂古道的敬意和向往油然而生,于是欣然相约,徒步踏访古道全程,一览胜境。

5月初一个雨后放晴的日子,我们背起行囊,循着《松游小唱》的声音出发了。我们一路晓行夜宿,寻踪访古、收集资料、拍摄、写生,沿途有关部门及各方人士给予我们热情的支持,并称道:"你们出现在今天被冷落的古道上,是一个亮点,发掘整理,抢救文化遗产,对推动沿线文化建设和促进旅游与文化结合有重要意义。"

历时近20天的田野调查,我们目睹了一处处历史现场,触摸到了许多远而古、大而重的东西,收获大出我们的意料。

2005年,我著书出版了《松茂古道:九环线的文化长廊》(九环线:指成都至九寨沟的旅游环线),《四川日报》、四川电视台、《文化交流》中英文杂志、阿坝电视台等多家媒体对该书做了介绍,在《阿坝日报》上连载了7期。

2007年4月,我受邀参与汶川县委组织的大型文化图书的采写工作(该书于2008年7月以《震前汶川100个经典记忆》的书名出版),我和采写人员一道走访了全县13个乡镇,获得了包括松茂古道在内的大量生动的一手历史资料。它涵盖了从新石器时代至明清的几千年文化遗存。

后来,我又多次分专题(如新石器时代文化、古羌文化、古蜀蚕丛文化、大禹文化等)调研古道沿线重要的遗址及文物,查阅有关文献资料,经过反复疏理、思考,逐渐深化了对松茂古道的了解和认识,深切地意识到了它的不同凡响和弥足珍贵之处。

松茂古道是我国西南地区主要的茶马古道之一,是可与丝绸之路相媲美的文化遗产(国家已启动茶马古道申报"世界文化线路遗产"工作)。松茂古道所蕴含的,不只是交通史、经济史上的意义,它的历史渊源和文化积淀远超其他茶马古道,是一份宝贵的文化遗产,值得好好保护和开发利用。

商代甲骨文记载的"岷山道"和战国时代《竹书纪年》记载的夏桀"伐岷山",表明松茂古道至少在三四千年前就有大队人马走过了。它是远古蜀人走出岷山开发成都平原的通道,秦汉以来它又是中央管辖边远地区的政治要道和军事要道。

它成为今人所称的"茶马古道",则始于唐代与吐蕃开设"茶马互市"。因四川与甘肃、青海一带西北地区各族人民日常所食肉食乳汁较多,须喝茶解油腻、助消化;而朝廷为应付频繁征战,需要大量军用马匹,茶与马便成了双方交易的最早的大宗商品。

于是,在松州(今松潘县)日月山和甘松岭分别开设了茶市与马市,进行以物易物的原始贸易。

自唐宋以来,日渐繁荣的茶马互市演绎出大规模的商贸活动,直至明清及民国时期,茶马古道兴盛千年而不衰。

松茂古道具有非凡的历史作用和价值,可以说它是在文明的摇篮里形成的商贸通衢、军事要道、文化长廊、风景名胜"四位一体"的文明通道和载体。对此我著有专文详述。

松茂古道所在的岷江上游,不仅是滋养天府之国的都江堰的水源,还是文明的母源。早在《尚书·禹贡》中,就有"江源于岷"的说法,直到明代徐霞客之前的人都认为,岷江是长江的正源。当代学术界有这样的共识:"江源文明最早起源于岷江上游,过去认为是起源于成都。"江源文明是长江文明的重要源头。

七百里古道蜿蜒的岷江河谷,其历史面目之古老,其文化堆积之密集、含金量之高,堪称文化富矿,令人难以想象。从都江堰至汶川、茂县、松潘,拥有世界文化自然遗产三处,拥有全国重点文物保护单位七处,拥有省级、市州级、县级文物保护单位两百余处。经过反复梳理、精选,我觉得可初步归纳为十大文化:新石器时代文化、古蜀蚕丛文化、古羌文化、大禹文化、水文化、三国蜀汉文化、道教文化、大唐松州古城文化、叠溪地震文化、红军长征文化。

这些文化,每一个都极其精彩、厚重,都可收集整理出丰富翔实的资料,撰写出专题论文或论著。现在我虽心有余而力不足,但在有生之年,我当尽力而为。

多年以来,我踏访、考察松茂古道,感到自己经历了一次愉快的文化苦旅,受到博大精深的中华文化的一次洗礼,是一种极好的精神享受和远足健身。当我在荒草乱石中触摸娘子岭"银台积雪"古碑时,当我在苍茫的禹王故里刳儿坪上触摸"禹迹"岩刻和观赏绝壁上"石纽山"(传为李白所书)三个苍劲大字时,当我在乱石路上发现脚夫们歇气时用打杵子戳出的圆坑和骡马踩出的蹄印时,当我在蜀王蚕丛故都瞻仰刻有"蚕陵重镇"大字的巨石时,当我在古老羌寨体验"月明羌笛戍楼间"时,当我寻访到曾当过马帮、背夫的饱经沧桑的耄耋老人时……我被震撼得一时发愣和语塞。我知道自己面对的是什么,我需要升华自己才有资格与之对话。

我拍摄了大量照片(其中不少地方已因2008年地震损毁,无法再摄而成为绝版),

写了系列文章(或提交有关部门,或提供他人使用,或在刊物网络上发表):①都江堰市古堰景区打造松茂古道策划方案;②发掘松茂古道文化资源——对"大九寨"开发文化旅游的建议;③放眼五千年文明之光——对"灌县古城的根"的思考;④松茂古道第一店——百年沧桑大兴店;⑤自成一格的世纪绝唱——《松游小唱》散谈;⑥拜水遐想;⑦松茂古道:在文明的摇篮里绽放异彩;⑧不同凡响的文化品牌是关键;⑨为松茂古道所撰楹联:七百里岷山起凤汶水腾蛟,商旅跻通衢;五千年古蜀发祥文化出彩,光华耀长廊;⑩歌词松茂古道(已做成歌曲演唱):

松茂古道(歌词)

古道漫漫,

漫漫古道。

你是一条长长的飘带,

轻轻地飘呀飘,

久久地飘呀飘。

秦时明月对你点头笑,

汉时雄关朝你把手招。

你飘在岷江峡谷里,

茶香悠悠人马啸。

你飘到草地雪山坳,

飘进羌寨藏碉问声好。

你飘上玉垒浮云中,

迎来锦江春色娇。

驼铃声脆风吹远,

马帮歌谣如梦飘。

古道啊,茶马古道,

你如今还在我的心头绕呀,心头绕。

最近几年,在松茂古道沿线,都江堰市和阿坝州有关部门,都在积极抢救、保护、发掘和展示当地文化资源,推动促进观光旅游向文化旅游转化。我常参与有关古道文化的活动,多次受邀参加专题学术研讨会,为策划打造古道景区建言献策,为阿坝州拍摄《茶马古道——阿坝之路》电视片提供资料并做现场讲解,为汶川县和映秀镇文旅书刊供稿,为中央电视台《记住乡愁》大型纪录片拍摄《都江堰西街》提供资料并做现场讲解⋯⋯

今天,大量珍贵的古道文化遗产,正在成为大九寨黄金旅游线的重要组成部分,焕发出新的风采和魅力。

青春履痕录

高1966级7班 王继鼎

阳光下的花瓣

缘聚南开，情系今生。

今生无数次梦回重庆南开中学校园，我们生命的一道道风景，都化成了一片片花瓣，纷纷扬扬，美丽动人。因为那时，我们正值花季。

1963年的那个晴朗秋日，我第一次走进重庆三中报到。那天看到的校景和听到的一个故事，在我心中永不磨灭。

进校门穿过笔直的林荫大道，眼前豁然出现一个开阔而宁静的校园，一种远年的气息扑面而来。几座雅致的赭褐色建筑散落在绿树丛中，一个标准的足球场和400米跑道以及石头看台，教师住宅是名曰津南村、柏树村、兰园、蕉园的几个清静园子，一片片碧翠拥簇青瓦粉墙。在校园的僻静处，居然还有偌大的农场，以及少先湖、共青湖、五一湖、三八湖、桃湖、李湖、无名湖七个杨柳依依、芳草萋萋的池塘与荷塘！

在校内溜达一大圈下来，我来到一座两层的老式民国建筑红旗图书馆面前，见门口台阶上坐了好多人，正在听一个穿旧军服的人侃侃而谈：

我有个战友，他是真正的硬汉子。那时我在新疆当兵，我们连队的营房前面，是一望无际的戈壁滩。一天黄昏，我们望见远处有一个人跌跌撞撞走来，大家就跑过去，一看是炊事班长老李，他见到我们时"啊"了一声就倒下了。原来他背着一只狼，身后衣裤破烂、血肉模糊！那狼已断气了。老李被救活了，他讲了自己的遭遇。

那天午后，他走到离营房十多里的一处草滩，准备下套子捕野兔改善伙食，安好捕夹后他就退到远处躲起来。在他站着抽烟时，他忽然感到双肩被重重地拍了一下，他没有转头去看,因为这里不可能有人,而且部队规定不准在荒原上从人背后拍肩。他知道自己遇上什么了,也知道若自己转过头颈后会有啥后果!于是,他迅速伸出双手抓住了那两只毛茸茸的脚,使劲向上提了起来,用自己的头死死顶住那家伙的脖子,然后快步走了起来。那家伙拼命挣扎,用两只后爪狠狠地刨他的屁股和腿脚,他的血肉一点一点掉落在地上,他强忍着剧痛一步一步挪动,几次差点摔倒在地上,他和那家伙都越来越虚弱……

夕阳的金辉洒在我们身上,我们静静地听着。

"当、当、当",每天清晨,同学们总是在迷梦中听到催促他们起床的钟声。"红专楼"旁的大树上挂一口大铁钟,那位忠于职守的敲钟人(我们称他"中将"),永远准时敲起令我们最怕听又最爱听的钟声,那悠扬之音从模糊到清晰,声声入耳。

"第三套广播体操现在开始!哆咪来哆西拉西拉哆索……一二三四……"伴随着悦耳的音乐和有力的口令,全校同学在运动场上做起了晨操。急促的电铃声通知着我们上课或下课的时间到了。在午餐和晚餐时间,伴随着我们的是优美的进行曲和流行歌曲。夜里,当生活老师吹着熄灯口哨走过宿舍过道时,我们就赶紧上了床。男生宿舍楼每一层都没有墙壁隔断,几乎可以一览无余,我们睡的是双层床,同学们此起彼伏的鼾声,也声声入耳。

从早到晚,校园内的各种声音总是按时响起,周而复始,简直成了我们生物钟的代言。

那时我们的胃口特别好,吃啥倍儿香,但总是吃不饱。每桌八人,轮流当席长分饭,就是用一根薄竹片,在蒸满饭的盆里划"米"字,把饭分成八份。久而久之,每个同学的"米"字书法都达到了炉火纯青的境界。

说实话,那八分之一的饭块在今天看来并不算少,只因那时很少"打牙祭",肠胃缺油水,所以很多男生总是饿兮兮的。那时主要有三种加餐方式:一是在食堂买一坨饭、一点咸菜或一个馒头。二是从家里带来炒面(炒熟的面粉),有的还带了白糖、猪油,吃了午饭回到宿舍,在碗里盛些炒面,加点糖油,一旦用开水冲好搅拌匀,那香气立马就扑鼻而来!通常是多人同时享用,弄得满楼香飘飘,闻者无不垂涎。有位仁兄吃的炒面最多最香,大家就送他一个芳名叫"炒面"。三是晚饭后"杀馆子",就是学校对面的"南街小食店",一到时间,同学们便都涌了进来,有的吃八分钱一碗的小面,有的吃三分或五分钱一个的馒头花卷,大家吃得津津有味。那时,学校每月伙食费八元五角,我家里每月只能给我三元多或四元,我申请了五元助学金,所以有时剩几角钱,我也到可爱的"南街小食店"安抚一下肠胃。那是一个幸福的时刻。

当年班上男生多半都有绰号,中文的、英文的都有,比如:烟灰,糯米,炒面,老须,土狗,拐拐,王胡,周璇,何书记,老夫子,乃哥子,老太婆,川上曰,罗皮尔,圣西门,once more,love,pig,nurse,deer,longer……这些绰号都是"量身打造"的,生动形象,幽默风趣,让人忍俊不禁。我们平时互相不爱喊对方大名,似嫌其生分见外,喊诨名反而觉得亲切自然。喊者欣然,被喊者亦欣然,从未闹过不愉快。

这些绰号的由来花样百出:因外貌气质引人联想到的,因具备某种爱好特长的,因学某个电影角色惟妙惟肖的,因英语课堂上发音逗人或与其姓名谐音的,因一个习惯性动作表情的,因某时神得傻得可爱的,不一而足。外号一般是当众诞生的,有时甚至只因有人激动得冒出一句"狗×的,绝妙!"外号便产生了。

我们那时尽管没听说过什么"素质教育""南开校训",但学校的素质教育却进行得自然而然,如行云流水,似春雨润物,可见"南开精神"生命力之顽强。我们三中校风堪称集四季之大成:春之蓬勃,夏之热烈,秋之丰腴,冬之沉静。没有读死书,没有题海战术,更没有高价补课。德智体美劳熔于一炉,全面和谐发展近乎完美。

说重庆三中像一所业余体校不算夸张,因为除了清晨的锻炼和早操,每到下午第二节课后的自由活动时间,各种球类和田径运动便开展得热火朝天,同学们在运动场上生龙活虎,还对体育明星的那些事儿津津乐道。我们学校为国家培养了多少体育健儿自然不消说。

除了下乡劳动,我们还常在校内农场干活,从播种到收获,既长才能,又可品尝自己的劳动成果。记得有一次在池塘收鱼,女生在岸上捡鱼装筐,男生赤膊短裤下鱼塘抓鱼,我们身体被鱼瞎撞乱咬,连滚带爬,个个弄得像泥猴。满塘里人蹦鱼跳,一片欢闹!之后全校同学美美地吃了一顿鱼宴。

戏装

"天上布满星,月牙亮晶晶,生产队里开大会,诉苦把冤伸……"凄凉的女声独唱,同二胡奏出的凄凉的《江河水》乐曲一起,如泣如诉。一盏惨白的煤气灯,高挂在黑咕隆咚的堂屋横梁上。宽大的院子里,观众座无虚席。晚上北风吹、雪花飘,现场气氛与演出剧情十分吻合。

这是我们生产队在演"忆苦思甜"节目,演员以知青为主,社员为辅,这是我奉命编导的节目之一。由于演得活灵活现,这节目一炮打响,在全大队巡回演出了一轮。

这个忆苦节目非常简单,只是有一件道具很是费了些周折。那位杨白劳式的老贫农,应该穿一件破烂不堪的衣服,我们几个知青翻箱倒柜,都找不出一件"像样的",款式、颜色、破旧程度都不符合剧情要求。还是大队老支书有办法,在彩排的那天晚上,他弄来一件地道的穷人时装。

这哪是什么衣服哟!单不单,棉不棉,洞洞眼眼筋筋吊吊的,辨不出本色,像麻布片片,又像一堆烂油渣,摸起来油腻腻的,闻起来百味俱全。现在还有哪个人愿意穿这种"宝贝"衣服啊!

幸好演老贫农的同学"赵神经"素来不修边幅,不怕脏不怕臭,穿起这件戏装很坦然,也很得体,因为这老兄营养不良,黄皮寡瘦,像个老烟灰。我用墨笔给他画了眉毛、胡子和皱纹,头上缠几圈破布,活脱脱一个受苦受难的老贫农!说实在话,这个节目的走红,全仗着这衣和这人。

特别让人佩服的是,那破衣内外虱子密如繁星,没有一个营也有一个连的兵力,我们的赵兄居然能抵挡得住,在台上从没做过多余的动作和表情。我们几个同学很受感动。老支书也很受感动,每场一演完,他就热情地帮赵神经脱下那衣,说快点披上棉大衣,免得冷凉了。

巡回演完的第二天,我就拿起工分本本去找杨队长记工分。一进他家门,只见火桶四周高高低低地挤了五六个脑袋,都是他的娃儿在烤火取暖,身上穿得又薄又破。他从灶屋走到我面前打招呼,突然,我觉得杨队长穿的衣服好像就是那件……对,肯定是"赵神经"穿去演戏的那件!上面那两颗黄纽扣,还是演地主管家的同学谢猴儿,从自己的旧衣服上扯下来缝上的。

"杨队长,你还在穿这种衣服呀?"我问。

"没……没穿,平时没穿……"他答。

"穿了的,就是穿了的!"火桶里一个缺牙巴妹仔急忙说,"我爹就穿这件棉袄,出门要套一件蓝布衣服在外头,你们借去演戏那几天,我爹就坐在火桶里出不得门。"

"细娃家,莫乱说,影响不好。"杨队长一边说话,一边很难为情地对我笑笑。我也很难为情地对他笑笑。

其实我心里明白,妹仔没有乱说。因为我见过妹仔的两个弟弟,一到夏天就一<u>丝</u>不挂,光着屁股到处跑。

最后的晚餐

谁也没有想到,当初下乡时喊出的"扎根农村一辈子,滚一身泥巴,炼一颗红心"的豪言壮语,竟被知青大返城的潮流淹没了。我落在潮尾,免不了一次又一次地参加"壮别钱行"——那些令人啼笑皆非的最后的晚餐,让我终生难忘。下面写的只是其中的两次而已。

水牛和烟灰的运气最好,因为落户在人多地少的城郊公社,成了全县知青中最早被调走的一批。一位来招工的重庆老公安,见水牛虎背熊腰又不怕冷,大冬天的也只穿一套运动衣裤,光脚穿一双塑料凉鞋,就招他去当刑警。烟灰头脑灵醒有"智多星"的雅号,一部《福尔摩斯探案全集》烂熟于心,同老公安侃破案侃得头头是道,他也被选中了,说是去当侦探。得知这样的喜讯,同学们自然要去朝贺一番。

一群哥们儿相见,好一阵欢声笑语感叹唏嘘,都说他们有才有福,将来要听他们破案立功的故事。情绪高涨过后,大家方感腹内空虚,催着快点吃饭。只见他俩不慌不忙、笑嘻嘻地分头行动。烟灰从柜子里端出一撮箕冷干饭,准备倒进锅里,我们都说等不得了,将就吃吧。水牛推开灶屋门,伸手在水田里东摸西摸,摸出了一些碗筷,涮了几下,就给每人盛了一碗饭。

烟灰说这几天忙着办手续,饭煮得多,吃剩饭方便,没菜只有盐巴拌海椒面,委屈哥们了,以后大家回重庆,他将在"颐之时"餐厅办招待!吃着又冷又硬的糙米饭,听着烟灰的热情话语,我们都觉得胃口很好,仿佛在大鱼大肉。

吃完之后,我们都学着他俩,把碗筷朝门外水田里一扔,有的还用碗使劲打水漂,那碗就像飞碟一样,飘出很远很远。

猴子和小姐(男生)是我们公社第一批远走高飞的,他俩是懒人有懒福。在他们启程的头天晚上,一大帮男女同学都去祝贺。

他俩住在青溪边一座吊脚楼上,楼下是灶房,隔壁是生产队的碾坊。对岸碧峰起伏连绵,鹰嘴岩陡峭俊秀,溪边树木竹林茂盛,农家小院坐落其间。这里风景优美,但是屋里太空了,几乎一无所有。

为了这顿晚宴,他俩搞了个三光:拆光、烧光、吃光。猴子领着人把早已千疮百孔的小木楼又扫荡了一遍,门窗彻底消失了,楼板拆得比老人的门牙还稀,剩下的那个象征性的木楼梯,也被劈成了柴火。

小姐带着人去找吃的,米早就没有了,只搜出了一些干苞谷籽和红苕,我们不指望有啥菜吃,都晓得他俩的自留地从没种过菜,野草长得比人还高。

于是,我们炒了一大锅苞谷籽,又在灶膛里烤了一大堆红苕。拆下来的板子木条被烧光了,最后连吹火筒也不能幸免,被丢进了灶膛。

大家吃着干脆的苞谷籽和半生不熟的红苕,喝着从河里提来的冷水,嘻嘻哈哈,谈笑风生。这顿饭刚柔相济,又甜又香,意味深长,这辈子难忘。

他俩都笑起来,说他们队长盼星星盼月亮,好不容易盼来了招工组,天天都去公社磨嘴皮……

在众人感慨之余,我送了一首打油诗给二位:"落脚他乡度三秋,几多风雨几多愁。今日荣获工作证,此生莫忘小木楼。"

沉浸在喜悦之中的猴子、小姐,和本班姓赵的女生一起表演了样板戏选段《智斗》,他们身上的艺术细胞都很发达,尤其是这位女同学,能歌善舞,演什么像什么,是公社宣传队队长,她演的阿庆嫂惟妙惟肖,赢得阵阵喝彩。

接下来,有人朗诵起了我往日写的打油诗:"三君漫步客寨桥,斜风细雨啃红苕。莫看你我穷知青,苦中作乐多逍遥。"有人唱起了《送别》,有人唱起了《三套车》《红河谷》,一位女生唱起了《重庆知青之歌》:"美丽的山城,可爱的家园,白云深处歌乐山。长江水向前啸,嘉陵江围城绕……"有人拉起了二胡,吹起了笛子,给她伴奏,一时间,男女生合唱起来,悠扬而凄怆的歌声回荡在溪边小楼。

唱着唱着,就有人唏嘘抽泣,有人号啕大哭,后来大家的哭声响成一片,在夜空中传得很远。

隧洞里的回音

1972年3月,我从秀山县龙凤公社被招工到四川汶川县映秀镇,先在水电部第六工程局(后简称水电六局)工作,后调入映秀湾水力发电厂(后简称映电),直至退休。这两个单位那时都在映秀镇,就是闻名于世的2008年"5·12"汶川大地震的震中所在地。

小小映秀,处于青藏高原东部边缘向川西平原的过渡地带,这里峰高坡陡,峡谷深切,河流落差大,流量稳,适于开发水力发电,是享誉全川的"水电重镇""高原明珠",直到20世纪80年代,还有"好个映秀湾,成都亮半边"的佳话流传。

下面记录的是我的一次工作经历及所忆所思。

那是映电渔子溪电站的一次全停水检修,我跟着水工维护人员去检查引水隧洞。

我们艰难地朝云遮雾绕的高山爬去,朝那个名字很美的兰花坪攀登。像天梯一样的卷扬机轨道不见了,盘旋在峭壁上的"之"字形栈道消失了,矗立在陡坡上似阶梯的一排排油毛毡工棚了无踪迹,连那君子般素雅的兰花也隐去了芳影。眼前一片荒草乱石,让人感到恍若隔世,很难相信这里曾是水电六局直属大队的一个热火朝天的工地,自己曾在四连四排(知青排),也就是陡坡上最后一排工棚里度过了参加革命工作的最初时光。

我们走进了藏在大山腹部的洞子,这是一条靠人力挖了7年多、长达8601米、"站起来"几可比肩珠峰、长度和水头落差名列全国前茅的电站引水隧洞。

眨眼间,洞中的洪波已奔流了30年。

30年前,进水口的第一朵洁白的浪花和第一声哗哗的水响一刹那就消失了。但正是从那时起,洞中一刻不停地奔涌着巨大的势能。累积了30年的势能该是"力拔山兮气盖世"了吧,转化成的电能该有几百亿度(千瓦时)了,其间,凝聚着多少电力工人的心血和汗水啊!

穿着齐膝高的统靴,在湿漉漉的洞里这样走着想着,除了"吧嗒吧嗒"的脚步声,似有另一种声音在隐隐回荡,它有些沙哑,有些苍凉,像是从30年前的洞子传来。

那时候,开挖洞子的嘈杂声此起彼伏,昼夜不停。在弥漫着烟尘的昏黄灯光中,声波如浪花般拍击着耳膜。"叮叮咚咚"的是钢筋工在洞壁四周捆扎钢筋,"梆梆梆"的是木模工在敲钉浇注用的木板,"砰砰嘣嘣"的是混凝土搅拌机在运转,"哐当哐当"的是运土石的电瓶车在铁轨上奔跑,"突突突"的是令人震耳欲聋的风钻在撞击顽石。而最让人心动的则是阵阵抑扬顿挫"杭哟杭哟"的呼噜声,那不是使劲干活吼出的号子声,而是挖运土石的扒渣工们发出的响亮的鼾声。

那时没有现代化的挖掘机械,一切全靠人力。跟在"尖兵"——打眼放炮的风钻工和爆破工后面的就是扒渣工,常常是爆破工爆破后,一切还罩在呛人硝烟中,接班的扒渣工就来了。我也是其中一员,是老三届知青中最老的,那时才25岁。还有不少后来进了映秀湾电厂的同代人也在其中。我们身穿蓝色劳动布工作服,头戴藤帽,肩扛刨锄或铁铲,手提撮箕,脚蹬齐膝高的胶统靴,在时明时暗、遍地泥水石头的洞中,高一脚低一脚地走得"呱嗒呱嗒"响,那姿态就像列队冲锋陷阵的古代武士那样从容旷达。

到了炸得疏松零乱的泥石堆前,我们散开扒渣。挂着一长串拖斗、像小火车一样的电瓶车开来后,我们就端起撮箕往斗车里倒渣。当电瓶车像撑饱了肚子的蜈蚣一样爬向洞口时,我们便闲了下来。刚开始大家还能三五成堆地谈笑风生,走动打闹,过不了多久便力不可支了。因为洞中嘈杂声不绝于耳,尤其是风钻"突突突"的声音震耳欲聋,相互交谈得扯起嗓门咬耳私语,听者多半是不知所云,说者则是费力不讨好。时间一长,大家耳中便只有一片嗡嗡声,哪里还有什么谈兴。

想打打扑克解闷吧,上班时间这是明令禁止的,想看看书报吧,高悬在洞顶的电灯实在难以照亮小小的铅字。闲极无聊时,有人便唱起了革命歌曲提神。虽然雄赳赳气昂昂,但终究被隆隆的"雷声"淹没了。

无所事事的等待,最让人感到枯燥乏味。左等右等,老不见那条"蜈蚣"消化完了来"进食"。上8小时的班,我们往往只轮得上一两次、最多三四次给它"喂食"的机会,大部分时间都是在等待中消磨的。于是,打盹、睡觉便成了消磨时间的唯一良方。

在如雷的轰鸣中,我们东倒西歪,摇头晃脑地梦见了周公,鼾声四起,睡相各异,有的靠着洞壁,有的互相倚背而坐,在洞两边排成了黑黢黢的长长的两溜队伍,状如两条冬眠的大蜈蚣。

这情景看似不可思议,但却应验了一句哲言:"大音希声",此时有声似无声!一个东西大到了无限,人就感觉不到它的存在了。那时即使下了班,出了洞,老半天耳边都只有一片嗡嗡声,周围的声音都像来自天边一样遥远。

而今走在黑暗寂静的洞子里,我却清楚地听到了我们这代人封存了30年的青春的声音……

我的大学

高1966级6班 肖星跃

人生要读三本书,有字之书,无字之书,心灵之书……

上山下乡当农民

1968年12月22日,《人民日报》发表了一篇文章——《我们也有两只手,不在城里吃闲饭!》,报道了甘肃省会宁县部分城镇居民奔赴农业生产第一线,到农村安家落户的消息,并在编者按语中发表毛泽东的指示:"知识青年到农村去,接受贫下中农的再教育,很有必要。要说服城里干部和其他人,把自己初中、高中、大学毕业的子女,送到乡下去,来一个动员。各地农村的同志应当欢迎他们去。"

对上山下乡,我的心情是平静的。一切顺理成章,仿佛是命中注定的归宿,好像是一次很正常的毕业分配。我没有犹豫,向工宣队报名第一批上山下乡。第一批报名的人中,我记得还有我们班上的孔繁茂、吴琪。

我们学校上山下乡的对口县是巫山、开县。我报名第一批上山下乡时,并没有和父母商量。我从13岁就到綦江铁路中学读住校,已习惯了自己的事情自己做主。回家告诉父母,他们说,你两个妹妹也要下乡,她们还小,你跟她们一起去吧。

我回到学校告诉老师,我决定在永川和我两个妹妹一起下乡。

1969年的10月底,我和我两个妹妹一起到永川来仪公社珠玉三队落户。

从永川县城西南方出城,有一条砂石黄土公路,我们步行了30余里,在名叫磨心桥的地方下公路。离开公路约200米,有一条小河,小河上有座石桥,桥下潺潺流水,漫过石滩倾泻而下,石滩下是个水潭,淙淙流水在水潭会集,然后静静地流向远方。桥头有茂密的竹林,竹林掩映着一排老房子,是公社卫生院,在卫生院旁边的便是来仪公社管委会。

这条小河,宽约20米,两岸是茂密的斑竹林,斑竹林倒映在水中。河水清澈,水草在水中漫舞,小鱼在水草中往来翕忽。偶尔,河中有大鱼跃出,荡起水花,水波纹向四周扩散开去……

小河从石滩流下,呈"U"字形,流经很大的一片河滩地。河滩地全部是水田。

此时已是深秋时节,远山如黛,近水如烟,一个老农,披着蓑衣吆喝着水牛犁水田。一群白鹭时而在竹林中嬉戏,时而耸立在田间捕食……

过小桥就是珠玉大队,顺着河滩走二里地,就到了珠玉三队。珠玉三队占据了这片"U"字形河滩地的大部分。

珠玉三队,老地名叫夏家坝。夏家坝大院,是一处规模巨大的二层楼建筑群。建筑群三面竹林环绕,高墙黛瓦,一字排开,有三个院落。每个院落之间,有门洞相连。第一个大院是一个两进的宅院。第二个大院,从院门进去,只有一个很大的院子。第三个院落,没有院门。

珠玉三队整个生产队里百分之七十的人家都住在这个庄院里。

珠玉三队的社员非常纯朴,对我们三姊妹的到来非常热情,也非常好奇。闭塞的乡村,突然来了三个城里人,三个城里人的一言一行都会引起他们的关注。

珠玉三队生产队队长姓张,张队长对我们三姊妹的到来,很是关心。下乡不久,他就拆除了夏家坝大院的朝门,给我们盖了一进四间的大瓦房。

房屋平面呈"田"字形,大约有40平方米,进屋是厨房,摆一张饭桌,厨房后面是厕所(猪圈)杂物间,两间居室,我住一间,两个妹妹住一间。

在那个年代,瓦房是奢侈品。生产队给我们三姊妹修的知青屋是全公社最好的知青屋!

刚下乡的一段时间,国家对知青有一定的补助,农民都把我们知青当"客人",衣食住行都帮着我们。从城里来到农村,我们觉得一切都新鲜,说话也很有革命豪情。我的知青屋后面是一条乡村通道,我自己买来红油漆,在知青屋后墙上写上"知识青年到农村去,接受贫下中农的再教育,很有必要"的大标语。我是要表明我扎根农村的豪情壮志。

时间在流失,当我们不再是"客人"后,下乡的新鲜感慢慢消失,柴米油盐成为生活的主题。

永川下乡的方式都是单门独户。每个生产队分配有1~2个知青,一个大队有7~8个知青,知青都是各自为政,独自开伙,没有集体户。我们过着出门一把锁,进门一盏灯的生活,孤独也成了知青要过的一道关。

在农村还保留着赶场的习俗,知青都热衷赶场。当地来苏场是最大的集市。一到来苏赶场的日子,知青都自然而然地在来苏场集中。场头、场尾、场上的茶馆、饭馆,都是一群一群的知青。知青凑在一起,倾吐自己的生活,互相打探交换各地知青的信息……

我们家是8口人,6个子女,父亲一人在铁路工作。姐姐上了茶山,我和两个妹妹下乡接受贫下中农再教育。我们三姊妹,首要解决的问题是要自己养活自己的问题。我们很少和周围知青来往,也很少上街去赶场。我们要老老实实地在生产队做工分。

门户独立,生活首先是解决烧火的问题。当地农民多烧煤,而煤炭要到40多里外的煤矿去挑。

早上4~5点钟,打着火把,带上一点吃的,挑着箩筐,我和挑煤的农民就一起出发了。到煤矿有一条土公路,倒也不难走。但走公路,路较远,因此农民常常抄近路,多是山间小道。

到了煤矿,交钱,装上煤,我们就往回赶,中午之前可以到家。挑担,对于我而言不是件难事,我在小学时就学会了挑担。但是山间小路,爬坡上坎,有的地方,一边是岩壁,一边是深沟。我大约只挑了70斤煤,勉强才能跟上队上的农民。

我到煤矿挑过两次煤。农村也有以卖煤为生的专业户,后来,我们开始喂猪。因煮猪饲料,用煤量增加,虽不再到煤矿挑煤,但生活用煤还是得靠买。

对前途不敢奢望,我似乎做好了在农村待一辈子的准备。什么样的农活,我都想实践一番。犁田、栽秧、打谷,我都实践过。

大田里栽秧,比的是速度与质量,新手无资格参加。我只能在山湾的小块田中学栽秧。栽秧时,腰累不算累,腰累了,站起来,伸一伸懒腰,不伤大雅。最怕的是栽秧时被蚊虫叮咬。为了防止蚊虫叮咬,我把挽起的裤脚、衣袖放下来,笼在水田面上,脚、手有了保护,但头脸还是暴露在外面,只能不时地用手去打蚊虫,不一会儿工夫,全身上下就都是泥水了,别有一番滋味。

整个夏天,在田地里做农活时,我经常光着膀子,既然是当农民了,就要像个农民。"野蛮其体魄",我要把我的肤色晒成古铜色,我要做到就算水滴到背上,皮肤也不沾水。

我们三姊妹10月下乡,生活安定下来后,我父亲就告诉我们,要喂猪。第二年开春(1970年),我父亲拿钱给我们买了一头小猪,准备年底杀过年猪。喂猪,不仅要有足够的猪饲料,还要解决煮猪饲料的燃料。筹集饲料、燃料就成了我们三姊妹日常生活中的一件大事。我两个妹妹出工时,都要背个背篼,像生产队的社员一样,利用出工的间隙,打猪草。打猪草,铡猪草,煮猪草,喂猪,就成了我们姊妹每天的必修课。

在农村,知青喂猪是很少的。在我们公社也只有我们三姊妹喂猪。我们三姊妹养猪是个新鲜事,社员经常跑到我们家里来,看我们喂的猪,教我们怎样喂猪。

下乡不久,生产队要我担任记分员。我认为我毕竟是一个高中生,当记分员应是小事一桩。但我父亲听说我担任记分员工作后,来信告知我"这个记分员的工作,看起来好像很简单,而实际上却有点复杂。因为记分关系到集体的利益,而且关系到每个社员的个人利益。因此你要好好担负起这个任务。各项记分都要记载清楚,不要错记,不要涂改,更不得漏记。一定要大公无私,全心全意地为广大社员服务。"

生产队有副业,桂圆、藕、荸荠等农产品收获后,要拿到永川城里去卖。去城里卖时,生产队要我负责。市场买卖是现金交易,有些社员提出拿零钱买包烟什么的。我父亲知道后,来信告知我:"买包烟大家吃,这看起来钱不多,但公私不分往往是错误的开端。集体的利益,就是一分一厘,也不能侵犯。遇到不良的倾向应当婉言抵制。"

我们三姊妹初入社会,独立门户,缺乏社会生活经验,父亲总有很多很多的担心。

我们三姊妹是很争气的。1969年10月,我们三姊妹下乡,父亲每个月给我们三姊妹5元钱生活费。1970年5月麦收后中期结算时,我们三姊妹就实现了自给自足。1971年春节,我们自己喂的猪出栏了。知青杀猪过年,在公社,在永川妈妈家的街坊引起了轰动。在那物质生活匮乏的年代,全家老小第一次不为吃肉发愁了!

肖家姊妹在农村立起了自己的那一个家!

泥水匠

1971年5月20日，我因招工从永川农村到了重庆第四建筑公司工作。

到公司后，我被分配到四建401工区三连，工种是砖工。在建筑业，有水工、电工、钢筋工、木工、砖工、石工、砼工等工种。这些工种中，最好的是水电工，最差的是砖工、石工、砼工。砖工要当学徒3年，学徒工资只有18.50元每月，第二年开始涨到20.50元每月，3年出徒后，工资是31.50元每月。一同分到砖工班的师兄弟有11个人。在砖工小组里，除我之外，都是初中生，我文化最高，是从重庆三中这所名牌中学高中毕业的，我岁数最长，已24岁。

1971年8月，工区选派我去参加建工局的"新闻通讯报道"学习班。我接到这个通知后，没有高兴，反而开始惶然，不安。

学习班结束后，我被调到公司401工区三连搞宣传工作。宣传工作，当时在建筑业是很时髦的，建筑业原有的干部、工人，大多数文化水平很低。知青这一批工人，年轻又有文化，是建筑业的新鲜血液。

三连指导员（书记）、连长对我很好。我的工作也很轻松，但是，我却怎么也高兴不起来！我不想七尺男儿老是写写画画，我愿和工人兄弟一样去日晒雨淋。

在1972年5月28日的日记中，我写道："工作一年了，我学到了什么？什么也没学到，我不知我究竟该干什么！我以为像我这样的人应当深入群众，当一个普普通通的工人。对我的将来，我已经设想到了，应当做一个普通的劳动者。"

我不断地向指导员、连长，向工区报告，要求回到砖工小组去上班。

终于，工区有了回应，同意了我的要求，1972年12月24日，我回到了砖工小组上班。在当天的日记中，我写道："我已经下小组了，我感到高兴。毛主席教导我们说，人贵有自知之明。我了解我自己，我知道自己是一块什么样的材料，该派什么样的用场。"

回到了砖工小组上班，从技术上说，我比不上别人。但是我有信心去追上他们。我尊重师傅，虚心向同志们学习，不缺勤，遵守劳动纪律。

当时，401工区正在南岸上新街一带施工。弹子石食品厂、麻纺厂、龙门浩金属工艺厂、上新街39中、制药六厂和八厂、水泥厂都留下了我青春的足迹和汗水。

1973年8月3日，我在日记里有一段记述："我今天开始在制药八厂上班。自下小组半年多来,我已亲自参加了三栋房子的建设,这是第四栋了。在小组半年多,我的技术已接近其他的同志,对自己的工作也更加熟悉了。在小组里上班,虽然比以前要艰苦一些,要晒太阳、流汗水,但是我心里高兴,不再有以前那种烦躁,惶惑不安的心情了。我和同志的关系也很好,不感到孤单,我热爱我的工作。"

　　在建筑业,砖工的称呼是学名,俗称泥水匠。这是一个相当古老的工种。有秦砖汉瓦的时候,就已经有了泥水匠。我回到生产一线,操起砖刀从砖工做起。

　　砖工是师傅,给砖工打杂的是平工。每天,平工要提前上班,把砖、灰准备好之后,砖工师傅就出场了。哪个砖工师傅在哪个位置操作,是有讲究的。凡是做墙角、做砖柱,都由技术好的师傅去操作。其余的人只能砌板板墙。两个大师傅占大角,一根线两头一挂,中间每人占一档,跟着砖线砌墙。占大角的绝对是技术高手。20米高的墙角,误差不能超过5毫米。每块砖横平竖直,接缝8毫米。那时外墙不做装饰,都是清水墙,不能有一点瑕疵。技术一般的师傅就只能跟着线砌板墙。

　　施工员,在我心目中是最神圣的。每天,他们拿着施工图纸到现场,分墨放线,安排生产,指挥工人施工作业,一步一步地将图纸变成了高楼大厦。他们拿着图纸,扛着仪器到达施工现场,在我眼里,这才是建筑工地最美丽的一道风景!

　　在工地间隙,我拿着施工图纸,和现场的实物对照:这是门窗的表示方法,这是墙的表示方法;这是建筑图,这是结构图,这是大样图……我学会了看图纸。工地的施工员,也喜欢叫我给他们当下手。我是砖工小组班长,有时施工员偷懒,不到施工现场,干脆就叫我处理一些施工现场的技术问题。

　　但是,我不满足于会看图纸,我还需要问为什么。在重庆三中读书时,我就喜欢问为什么,喜欢到书店去看书,从书中寻找答案。其实,工区那些施工员,大多是行伍出身,他们有实践经验,但若我要问他们理论上的问题,他们也说不清子丑寅卯。

　　我需要一个老师!

　　于是,我常到书店买建筑施工书籍来看,我需要掌握施工中的应知应会,需要进一步在施工理论上有所提高。

　　我游走在社会的边缘,冥冥之中,我总是告诫自己,不要懒惰沉沦,要学技术。

我的大学

1977年,大学恢复招生考试,当我听到这个消息时,异常兴奋!

我参加了这一年的大学招生考试。

考试之后,我忐忑不安,似乎我在期待着什么,似乎又不抱什么希望。一天,公司办公室主任告诉我,有学校到公司来政审了。后来,大学已开学了,我没有得到录取通知书。这一年,我已30岁,当爸爸了。当爸爸了,我心里是很高兴的。但我又常感到困惑……古人说三十而立,我已30岁了,我"立"了什么?

但也就在这一年年底,我的工作调整了。我从砖工班,调到工区预算组编预算。预算就是算图纸,套定额,确定工程造价。这是一个真正的坐办公室的技术活!

没有考上大学,我很难过,但我的工作调动了,6年辗转流离在施工现场的泥水匠生活结束了,现在能坐办公室,干技术活,也是一种补偿吧,我的心很快便安定了下来。

我有6年泥水匠的工作经历,又略懂施工知识,再加上在重庆三中的高中3年,给了我扎实的基础知识,又赋予我极强的自学能力,很快我就掌握了预算的基础知识。预算工作搞了一年多,我又开始不安分了。在预算中,少算一根梁,无伤大雅;但在施工中,如果少了一根梁,工程就会出现质量问题。于是,在编了一年半的预算后,1979年,我又申请了离开工区,被调到基层施工队去承担技术专业工作。

预算造价,就是在今天,也是一个很好的工作。很多人认为能得到这份工作我应当满足了。现在我又自己折腾要到基层施工队去搞专业,搞施工,这让人很难理解。但是,我有我的看法,一个只懂预算的工程技术员仅是半个工程技术人员;一个只会施工的技术人员,也仅是半个工程技术人员。一个合格的工程技术人员,应既要懂施工,又要懂预算。我现在懂预算了,但我却不懂施工,我的知识是有缺陷的,我要到基层去!

多年以后,我才深深体会到,所谓看图施工,应是算图施工。在算图的过程中,你才能发觉隐藏在图纸中的设计问题。预算工作的经历,为我以后的项目管理工作,奠定了坚实的基础。当然,这是后话了。

我承担技术专业工作后的第一个项目就是重庆市人民政府大楼。

新中国成立前,在现在的三峡博物馆右侧,曾是重庆国民政府旧址。重庆国民政府,人们通常把它称为蒋介石陪都总统府。这是一栋三层楼的中国古典木结构建筑。

1979年,这个总统府被拆除,修建了重庆市人民政府大楼。重庆市人民政府大楼是六层框架的砖混结构,由重庆建筑工程学院设计。当时,施工队没有技术队长,我便任施工队技术内业,包揽图纸会审、施工方案、内业计划、组织施工全部工作。

重庆市人民政府大楼,于1979年开工,1981年竣工,这个工程是当时重庆市的重点工程。

这栋重庆市人民政府大楼,后改为市人大办公楼,大约在2010年被拆除,在原址上修建了现在的办公大楼。

时间到了1982年,我已承担下了施工队技术队长工作,我负责的工地是两路口的罗斯福图书馆工程。罗斯福图书馆就是现在的重庆市少儿图书馆。这是多层钢筋混凝土框架结构建筑。在施工队,我已独当一面,集图纸会审、施工计划、施工管理等多项职能于一身。我每天和施工员、工人在一起,一步一步将图纸变成了拔地而起的高楼!

建筑是凝固的音乐,现在我已是这音乐的指挥员!

就在我的人生道路似乎将沿着这条轨迹延伸的时候,新的情况发生了。

1982年,大约是5月的一天,我到公司去,在公司碰见了公司组织科的李干事。李干事对我说:"愿不愿意去读大学?"我说:"愿意。"李干事又说:"重庆建筑工程学院有一个大专招生名额,不是推荐,是要考试才能得到。"他告诉我要考语文、数学和建筑力学。

我一听,我便告诉自己千万不能放过这个机会!

我虽然没有学过建筑力学,但是,我知道,这个机会对我来说是多么的重要!我马上报了名,要了这个招生名额。

这次考试是由四川省建委组织的,考点设在成都,考试日期是7月。当时重庆还隶属于四川省。

时间对我来说太重要了,我只有两个月的复习时间。因为不是推荐,公司不给我假,我还得上班!我白天要上班,只有抽早、晚时间学习。晚上,我看书到11点才能上床睡觉,早上3点又起床开始看书。早上7点,我准时出现在两路口的图书馆工地,安排当天的施工生产作业。安排好生产,我是不会回办公室的,我施工管理的特点是,只要有工人在现场,我就不会离开现场。我在施工现场转悠,检查生产,力求避免安全、质量事故的发生。

在重庆三中读高三的时候，我们学过一些简单的力学知识，但没有学过建筑力学。建筑力学是建筑施工的基础学科。"是哪个虫，就钻哪个木。"在我还是泥水匠的时候，我就已开始学习建筑施工的基础知识了。冥冥之中那个"不要懒惰沉沦，要学技术"的意识给我创造了新的基础！

皇天不负苦心人。两个月的挑灯苦读，我成功了！我被重庆建筑工程学院管理工程系录取了。

1982年9月1日，我走进了重庆建筑工程学院。这一年，我已经35岁了。

建筑管理工程系是重庆建筑工程学院新设立的一个系。改革开放前，我国的建筑施工管理，普遍是重技术，轻管理。改革开放促使建筑业开始学习外国先进的管理方法，重庆建筑工程学院也顺应历史潮流，开办了建筑管理工程系这门学科，开始招收本科生。在招本科生的同时，也开办了专科班，专科班招收的是建筑企业的在职干部。

1982年，我到重庆建筑工程学院读书时，已有6年的泥水匠工人经历，4年的施工管理实践。大学两年的学习，进一步开阔了我的眼界。

我实现了我的大学梦。大学让我推开了一扇窗，看到了外面的精彩世界，领略到了知识海洋之浩瀚。

世间的书有两种，一种是"有字之书"，一种是"无字之书"。在重庆三中，在大学里，我读的是"有字之书"。但人生走过的路——落户农村当农民，身处城市社会底层却不甘懒惰沉沦，做苦苦攀登的泥水匠，再从一个工人到坐办公室的技术人员，最后又选择成为一名施工员——社会实践这本无字之书，让我收获了阅历和感悟，磨炼了自己的意志。

有字之书，无字之书，我的人生有了更多的自信！"心灵之书"让我走向远方。

工程师

1984年6月，我从重庆建筑工程学院管理工程系毕业，回到了四建公司，出任401工区的技术主任，主管工区施工技术工作。

1986年，我们公司修建红旗河沟立交桥。红旗河沟立交桥是一个弧线桥，我至今仍记得它的半径为900米，弧线为126米。有人说，半径900米，要到哪里去找这个点？

这个弧线又该怎么放？我们在技术上产生了争论。最后,公司领导要我负责施工方案。我编制了一个放线施工方案,调配了一个测量工程师,立交桥工程这才顺利进行。

红旗河沟立交桥是预应力箱梁结构,预应力张拉是一个施工难点。我们公司以前从未搞过预应力张拉,更别说张拉此类桥梁结构了。按公司领导要求,我组建了预应力张拉队伍,引进了预应力张拉技术,圆满地完成了立交桥箱梁预应力张拉施工任务。

红旗河沟立交桥至今还是城市交通主干线的重要节点。

1988年底,我获得了工程师职称。

2002年,我获得高级工程师资格。

2005年,我终于获得了一级建造师执业资格。

后记

1963年,在不经意间,我走进了重庆第三中学。重庆第三中学,曾经的重庆南开中学,现在的重庆南开中学。重庆南开中学的人文环境,优越的校园设施,优秀敬业的老师,给了我最好的教育和熏陶。三中情,南开缘,让我没齿难忘。

人生如逆旅,我亦是行人。人的一生是漫长而艰难的长途旅行,不断地从这一个驿站,走向另一个驿站。不要以为在每一个驿站,你都会受到很好的款待,不要以为每一段旅途都是阳光灿烂的……

在人生的道路上,我们这一代人,有宝贵青春的荒废,有美好理想的破灭,有生活信心的动摇;但也有对中国社会的体验,有一代人在逆境中的奋起。在国家最艰难的岁月,是我们这一代人,忍辱负重,用自己的勤劳和智慧,支撑着共和国的大厦。

我不能忘记过去的岁月,是因为我的汗水、热血、理想都洒在了那里。有我不甘沉沦堕落的抗争,也有雨后天晴的喜悦。较之后来的青年,我有了更多对人生艰辛的领悟,更具有吃苦耐劳的品格,更有奋发向上的动力。

我相信这一段古训:"天将降大任于斯人也,必先苦其心志,劳其筋骨,饿其体肤,空乏其身,行拂乱其所为,所以动心忍性,增益其所不能。"

岁月如歌 _下

SUIYUE RU GE

——重庆南开（原三中）学子的故事

南凯人　编

编辑组

王崇仁　江明友　肖星跃

文力平　温志龄　王有惠

西南师范大学出版社

国家一级出版社 全国百佳图书出版单位

目 录 contents

崛起之歌 ————————————

下

南开情怀 ——————————————

青葱岁月

南开情怀

NAN
KAI
QING
HUAI

南开沿革与重庆三中老三届

高1967级6班　恽泸生
高1966级4班　江明友

　　重庆南开，发端于救亡图存，成长于抗日烽火，成熟于新中国。她历百年而不衰，经战乱而弥坚，以培养立志为公、德能双馨的杰出人才为己任。她培育出了一代又一代英才，已成为我国社会公认的人才沃土。

　　重庆三中，由重庆南开中学演绎而来，作为深深植根于南开沃土的这所"中学中的大学"，是国内中学教育界举足轻重的名校，于1953年改私立为公立而命名，到改革开放后的1984年恢复重庆南开中学的校名，共历时31年，培养了一批又一批社会主义革命和建设的英才。

　　"老三届"一词，源于知识青年大规模上山下乡运动。老三届是指于1966年、1967年、1968年毕业的高中生和初中生。这6个年级的学生，从1969年起，全部下到农村插队落户，他们的户口迁移到农村。直至两三年后，厂矿有了招工指标，各地知青按分配到公社的招工名额，结束了长达5年或更长时间的知青生活，陆续返城。相对老三届而言，随之又出现了新三届。新三届是指从"文革"结束、学校复课后，于1970年至1972年毕业的高中生和初中生。他们也要下乡，要到农村插队落户，有招工指标才能回到城里。从1974年起，重庆不再硬性要求未升学的初高中生上山下乡，初中毕业生能经过正常的高中招生考试，按指标升入高中，学校教学进入正轨，"老三届"和"新三届"渐成历史名词。

　　南开老三届学子，在校时间最长的是高1966级。这批学生在1960年三年经济困难时期考进重庆三中读初中，到"文革"结束时于1969年离校下乡当知青，历时9年。

只有具体了解这9年时间内重庆三中的全貌及其历史沿革,才能理解老三届的所思所想,才能深刻了解他们的情怀及作品。

在查阅大量历史资料的基础上,特编撰成《南开沿革与重庆三中老三届》一文,作为阅读本书的必要背景资料,以飨亲爱的读者。

关于南开

南开,从1904年由严范孙、张伯苓在天津严、王两馆(私塾)基础上合并创办以来,先后在天津发展为南开中学、南开大学、南开女中、南开小学和南开经济、化学应用两个研究所,形成了完整的南开系。1934年,在南开学校建校30周年大会上,张伯苓校长总结办学经验,宣布:以"允公允能"为校训,以培养学生"爱国爱群之公德与服务社会之能力"为目标,标志着南开的教育思想和办学理念走向成熟,并贯穿南开从成立至今的115年历史。

重庆南开中学,也是秉承这样的教育思想和理念,由张伯苓校长亲自布局,并于1935年底亲自入川建立的。从1936年10月南渝学校开学,至2019年,已历经83载。

南开的发端与布局

其一,南开是因国难而生。张伯苓亲历甲午战败,英人继德俄之后强租威海并目睹"国帜三易"(先下日旗,后升国旗,隔一日,又降国旗改升英旗),他悲愤填膺,遂立下终身从事教育救国之宏愿!

其二,南开旨在育才救国。当时,中国社会有五大积弊:"愚、弱、贫、散、私"。创办南开,就是为治国之"五病",培育教育救国建国之人才,雪国耻、图自强。

其三,吸纳国外精华,欲涵盖华夏。为了学习各先进国家的教育,1903年张伯苓曾两度去日本考察。1919年,他又与严范孙、范静生同赴美国考察教育,吸纳这些国家的办学格局,包括科目设置的经验,并在布局上跳出天津,谋篇全国。只因战争所限,只在重庆落地。

其四,从教学方略到整个软硬件的系统布局,都与办学目的环环相扣,形成严密而鲜活的创新体系。这也是百年来人才辈出、举世闻名的基础。

南开的办学方针

南开为实现教育救国的目的,对学生的训练方针,特别注重下列五点:

一是重视体育。强国必先强种,强种必先强身。学生在校都要养成运动的习惯。

二是提倡科学。不重玄想而重观察，不重讲解而重实验。

三是团体组织。南开有数十类社团：学术、演讲、出版、新剧、音乐研究会、体育等等。

四是道德培养。特别注重人格教育、道德教育。每周三课后都要举行全校道德训话活动，并将饮酒、赌博、吸烟、早婚等事，悬为厉禁，犯者退学，绝不宽假。

五是培养救国力量。旨在雪耻图存，重在读书救国。时时对学生宣讲国际形势、世界大事、中国积弱之由与夫救济之方，让学生在求学时代就必须充分准备救国能力。因此，在平津沦陷以前，华北学生的爱国运动，多为南开学生领导。

上述五项训练方略，都以"公能"二字为依归，目的是培养学生爱国爱群之公德与服务社会之能力，故将"公能"作为校训。

南开的办学方法

一是得道多助，广泛接受社会捐款。重庆南开中学的兴建和发展得到了当时社会各界的捐助和政府部门的支持。购买的800亩校地，有相当部分也是半捐半买性质的。1944年春，南开校友总会发起"伯苓四七奖助基金"运动，预定目标为110万元，结果达到了600万元，创造了当时国内教育捐款的最高纪录。所以，张伯苓曾说："一部南开发展史，实乃社会赞助之记录册也。"将几百亩荒地变成了一座大花园，校内各种建筑和教学设施齐全，在当时都是第一流的。家境清贫的学生，还能得到相应的补助。作为一所私立中学，其规模之宏大，设备之完善，计划之周全，实为当时国内后方仅见。

二是实行"教训合一""学行合一"，学生德智体美群"五育并进"的方法。既重视课堂教学，又不为课堂所局限。南开教学课堂从初中到高中，有一套自成体系的计划，各门课程要达到的水准都超过一般中学。学生学完高二就可以直接升入大学。

三是重视教师队伍的建设和力量的发挥。要求教师必须热爱教育事业，不慕荣利，不为他校高薪所动。他们大多来自各名牌大学，由原校系主任、教授推荐。学校也登报招聘，由学校领导亲自考核。工作上，学校强调"负责合作"精神，坚持"校务公开、师生合作"。校长和主任不但经常深入课堂和实验室，还经常抽阅学生的作业，全面了解师生教学情况。发现问题时，教务主任与教师当面交谈，及时改进。对少数教学不好、学生不欢迎者，于期末解聘。而对多数教师则力求稳定，帮助他们解决生活的后顾之忧。由此形成了一支知识水平高、教学质量好、教书育人、团结稳定的教师队伍。

四是选拔成绩优秀的学生入学。由于南开声名远播，报考的学生特别多。往往是报考者四五千人,录取者不过300余人。学校对学生实行"有教无类",无论学生是出生于官宦之家还是平民百姓之家,均一视同仁。对家庭贫苦的优秀学生,设有奖学金资助。对出生官宦之家的学生,若他们违反校规,屡教不改,也令其退学,绝不迁就。

五是重视课外学习,鼓励学生组织社团和投入抗日救亡各类社会活动。张伯苓明确提出,为"培养社会领袖人物起见,鼓励学生组织各种社团",以刊物为例,全校上下就达五六十种。社团和文化活动大多集中在范孙楼和芝琴馆之间,形成了南开著名的"文化走廊"。

南开培育的济世之才

百年南开,为国家民族培养了一大批领袖人物和栋梁之材。他们灿若群星,承载并实现着南开人救亡图强的伟大夙愿。周恩来、温家宝、邹家华、朱光亚、周光召就是他们中的代表。据不完全统计,南开为国家培养的优秀人才达万人以上,仅专家学者就达数千人。其中,有国家最高科学技术奖获得者,有中国科学院、中国工程院院长,有33位院士和"两弹一星"元勋,有经济学家、艺术家、将军、教授,也有在社会各行各业做出贡献的有功之臣。

最具代表性的学生,就是周恩来总理。周总理与南开的关系,凸显出两个特点。

第一,南开是周总理革命生涯的启蒙老师。1913年8月,周恩来考入天津南开中学,1917年毕业后,赴日本求学。1919年4月回国,9月入南开大学,次年11月赴欧洲勤工俭学,接受了马列主义,建立了旅欧支部,成为中共历史上最早的创始人之一。

第二,周恩来与南开张伯苓、喻传鉴终生保持着亦师亦友的亲密关系。这种交情,即使在白色恐怖时期也没有断过。

关于重庆三中

继承传统

重庆三中是新中国成立后由重庆南开中学更名而来。

解放前夕,重庆南开中学除被国民党特务加紧控制以外,整个教学工作仍旧继续进行。

1949年11月30日,重庆解放。由于张伯苓中风等原因,重庆南开中学的日常工作由喻传鉴主持。

从1949年迎接解放的护校斗争,到1953年1月的重庆南开中学,喻传鉴任校长。

重庆南开中学经历了社会变革、体制变革、思想变革和人事变动等方面的巨大变化。这些变化，都是在人民政府领导下，由重庆南开中学主动推动和完成的。喻传鉴牵头，组织了一个由一千多人组成的护校队伍，使重庆南开中学得以完整过渡到人民政府顺利接管之日。紧接着，学校成立了"校务革新会"，引领学校尽快完成向新社会的过渡。1950年1月，重庆刚刚解放，喻传鉴在"校务革新会"第一次会议上致辞："新世纪已经开始，本校为适应时代要求，举行革新是必然的、必要的，也是与本校'日新月异'的一贯精神相配合的。改革目的，是将旧的、坏的去掉，新的、好的输入。"8月，喻传鉴任重庆私立南开中学校长，9月，他书面征请全校同人参加伟大的教育任务。1953年1月20日，喻传鉴任重庆市南开中学校长。同年3月，南开中学由私立改为公立。由于全市中等学校要统一命名，南开中学改称为重庆市第三中学，喻传鉴继任校长。

重庆解放初期，重庆南开中学沉痛地安葬了牺牲在中美合作所的南开教师韦廷光、韦廷鸿、赵晶片三烈士，顺利清除了国民党派遣在校内的三青团特务组织，完成了包括学校所有制改革、教育思想革新等一系列变革。学校教育及各项工作稳步推进，并一直走在重庆、四川乃至全国的前列。其根本的原因，就是在传承南开以"公能教育为内核"的整套教育基因的同时，按照"日新月异"的南开理念，坚决贯彻党和政府的教育方针，把南开优良的传统教育理念与党的教育方针很好地结合起来。

1984年4月5日，全国政协、国家教委在天津南开召开张伯苓先生诞辰110周年纪念大会，李鹏同志到会讲话。南开的创始人和他亲手培育的南开精神，得到了中共中央和国家领导人的充分肯定和赞扬。同年5月，经上级批准，恢复了重庆市南开中学校名。7月，邓颖超为南开中学题写校名"南开中学"。

创新发展

第一，重庆南开中学传承南开传统的同时，始终贯彻全国政协《共同纲领》中的"文化教育政策"，即"人民政府的文化教育工作，应以提高人民水平，培养国家建设人才，肃清封建的、买办的法西斯主义思想，发展为人民服务的思想为主要任务。""提倡爱祖国、爱人民、爱劳动、爱科学、爱护公共财物为中华人民共和国全体国民的公德。"教育方法为"理论与实际一致"。1950年，把当前教育建设方针概括为："向工农开门，为建设服务"。

为了贯彻落实新的教育方针，首先由重庆市人民政府根据中央教育部的指示，对重庆私立南开中学予以接办，于1952年12月25日，改为重庆市南开中学。同时调整充实了学校领导班子，由喻传鉴代理校长。1953年1月，任命喻传鉴为校长。3月，调市教育局傅震垣暂代副校长，兼中共三区（包括南开中学、一中、七中、省女职等）教师支部书记，建立了学校党组织。

第二，贯彻"向工农开门，为建设服务"的方针，执行《重庆市优待贫苦烈士及贫苦革命军人子女入学实施办法》，同时扩大了面向工农贫苦子女的招生比例。一大批优秀工农子女考入重庆南开中学。工农和军烈属子女在学生的总数占比中逐年提高，1952年，在高中生中达到了3.6%，初中生中达到了21.5%，到1958年，在高中生里已达到46%，在初中生中也达到了46%。

为了贯彻这一方针，学校党支部和校领导，特别是傅震垣副校长投入了极大的热情。从录取新生，到入校后的学习和生活，他都亲自过问，给予了极大的关心和爱护。

随着教育的普及和发展，"向工农开门"已经不成问题。最初的"向工农开门"，也已作为那个时代前所未有的光辉一页，载入了中国教育史，载入了南开的校史。

第三，教育与生产劳动相结合。三中时期，学校开设劳动课，学校在校园内给各班划分了土地，让学生接受劳动生产教育。此外，每年都要组织一次师生到远一点儿的农村，如歌乐山、施家梁等地开展与农民群众相结合的较大规模的生产劳动。时间至少十天半个月。与此同时，学校还组织学生积极参加大炼钢铁运动，组织同学们到沙坪坝附近的重棉一厂等单位深入生产车间，直接向工人师傅学习。学校内的一些实验设备、教学设备的维修，甚至学校食堂旧锅炉的改造，都让学生全程参与，培养劳动意识和动手能力。

最难忘的是三年经济困难时期，学校号召全校师生员工发扬"南泥湾精神"，自力更生，生产自救。其规模之大，收益之丰，影响之深远，在重庆市、四川省乃至全国都是非常出色的。因此学校又被评为全国"百面红旗"之一。

第四，狠抓教学质量，提高教师队伍的综合素质。学校采取了一系列创新措施，包括集体备课、观摩教学、教师进修、教师队伍的以老带新等等。学校对教师备课的要求非常严格。对每个教师的备课教案，年级组长挨个检查，然后要求教师在教研室集体备课，互相启发，最后确定各自的教案。尤其是物理、化学和生物的教案中，学校要求每一个实验，从目的、设备到结论，都必须有条不紊，易懂易操作。这一系列做法在旧南开教师之间各自封闭备课的时代是不可想象的。与此同时,学校还注意安排教师学习教育理论,开展教育科研,因此,教育质量和水平有了很大提高,教师队伍自身的成就也很出彩。一批骨干教师出版了不少专著,有的担任了全国、省、市学会的理事长或理事。学校涌现出各级各类先进人物,包括全国优秀教师、"五一劳动奖章"获得者。

关于老三届

重庆三中老三届,在重庆三中短暂的30年历史上,虽只占了三分之一时间,但这短短9年时间里,却产生出了一个前无古人的学生群体。鉴于我们这一群老三届已近古稀之年,留下对我们在校时期的方方面面情况的记载,以资后人知晓,这是非常有必要的。本文仅就学校方面的背景情况做一赘述。

在三年经济困难时期中成长

1960年,是我国进入三年经济困难时期的第一年。重庆三中的老三届中的老大哥老大姐,即后来高1966级1班和2班的同学,这一年考入了三中,成为三中20世纪60年代的第一批初中新生。这一年,面对接踵而来的严重的农业灾害局面,学校积极响应党中央关于"大办农业,大办粮食"的号召,党支部组织全体干部学习《关心群众生活,注意工作方法》《必须学会做经济工作》等文章,深入开展以粮食生产为中心的生产劳动。扩大了学校内外的劳动基地,大搞养猪、养牛、种菜和农副业科研,带领师生员工度过困难时期。市领导林琳同志要求党员干部和班主任与学生同吃、同住。四川省委分管文卫的书记杜心源来校视察,肯定了学校的成绩,到学生食堂与学生一起用餐。学校的领导和教师每天都会到食堂、学生宿舍了解情况,关心大家的生活,发现问题,以便及时解决。12月,党中央国务院下发《关于保证学生、教师身体健康的紧急通知》,着重减轻劳动、减轻作业、改善伙食。

刚刚进校,才十二三岁的初一学生,一边适应着住校的集体生活,一边开始了紧张的学习和以农业生产为主要内容的生产劳动。这一年,学校基本做到了行政经费、猪肉、蔬菜三自给,学校食堂获省先进。学校作为先进集体出席了全国文教群英会。化学教研组丁德泰老师被评为先进工作者并受到了大会表彰。

1961年,根据上级指示,学校开展了"新三反"运动。

学校继续抓毛著学习,进行革命传统教育,继承发扬党的艰苦奋斗、发愤图强精神,用自己的双手战胜暂时的困难。

1962年,随着经济形势好转,学校的教学工作有了新的成就。英语老师喻娴文列席四川省政协二届三次全会。这年高考,被录取和参军的学生占毕业生总数的89%,升入科技大学和清华北大等重点大学的学生占毕业生总数的40%。

1962年,为贯彻中央关于"教育为无产阶级政治服务,教育与生产劳动相结合"的方针,学校继续采取"向工农开门"的措施。全校1835名学生中,工人子女有735人,农民子女有214人,共计949人,占全校学生总数的52%。加上其他劳动人民子女,共占99%。至此,向工农开门办学的问题基本解决了。

3月,毛泽东"向雷锋同志学习"的题词发表,全校掀起了学习雷锋的高潮。

在全面发展的教学思想指引下,教学热情持续高涨

1963年春,学校开始试行国务院批准下发的《全日制中学暂行工作条例(草案)》(简称50条)。经过学习讨论,进一步树立了全面发展的思想。学校一致认为,这是中学教育办好社会主义学校必须遵循的基本纲领性文件。4月,《四川日报》发表了重庆市教育局工作组的文章《重庆三中全面提高教育质量经验》。5月,《重庆日报》发表《生动的一课——记第一、三中学生下乡劳动》。6月,我校教导主任彭秋霞、英语教师喻娴文被选为重庆市人大代表。

1963年9月,学校高中部从全市初中毕业的考生中择优录取,连同本校初中毕业生,共招收了8个班近400名学生,这就是高1966级学生。这一批学生,为本来就优秀的学生队伍注入了新生力量。他们就是后来被称为重庆南开老三届中的老大哥老大姐。

1964年2月,毛主席在春节座谈会上讲话说:"教育的方针路线是正确的,但方法不对。我看教育要改变,现在这样还不行。""现在课程多,害死人,使中学生、大学生天天处于紧张状态,近视眼成倍增多,非改不行。""我看课程可以砍掉一半,学生要有娱乐、游泳、打球、课外自由阅读的时间""现在的考试办法是突然袭击,是对付敌人的办法,题目出的很古怪,使学生难以捉摸,还是考八股的办法,这种做法是摧残人才,摧残青年,我很不赞成,要完全改变。"

4月,重庆市召开会议,学习毛主席春节讲话,总结经验教训。学校组织全体教师重新学习党的教育方针。为培养学生生动活泼的主动的学习氛围,我校大力推广数学科、化学科、物理科等教研组老师们创造的少讲多练、精讲多练、精讲精练、边讲边练、边讲边演示、边讲边实验等教学方法,有计划地举行公开课、示范课、观摩课。特别是李宛之、丁德泰、黄炎、许树人、康振华等老师都承担了重任。

这些教育方法的改革,对于提高教育质量,减轻学生负担起了良好作用,受到了来自校内外学生家长的好评。

10月20日至26日,全校学生下乡到歌乐山公社参加支农劳动。

这年,学校在巴县青木关筹建战备分校。

体育教研组长王经才被评为重庆市先进工作者。

1965年春,学校开展了学习英雄王杰的活动。

6月,党支部改选,傅震垣任支部书记。

这年,全国学生航模比赛,我校荣获一个单项全国第一,团体总分四川第二名,国家体委为我校航模组活动拍了电影。初中生制作的"电动精臂机模型"和"自动卸货卡模型"荣获全国少年展览优秀奖。

这年,我校建立了天象馆,当时在西南尚属首家。

这几年,各级领导,特别是重庆市领导林琳同志经常深入我校,抓贯彻全日制工作条例,取得了显著成绩。这表现在贯彻党的教育方针更加全面稳妥,升学率保持在全市乃至全省之冠。

这几年,学生队伍的学习风气和热情不断高涨,思想政治觉悟也不断提高,一大批学生先后成为各种专业科技爱好小组活动的骨干力量。与此同时,学校共青团的工作也开展得有声有色,学校党支部重视在共青团干部中培养和选拔入党积极分子,很多班级的团支部书记和委员向学校递交了入党申请书。1965年,学校党支部开始在学生中发展党员。高1966级6班的李树生、高1967级1班的曾仲莉光荣地成为学校第一批预备党员。全面发展、立志成才、报效祖国已经成为全校学生的共同愿望和实际行动。学校领导和很多教师都感到,这是三中历史上教学工作最红火的时期,同时也是最被看好能早出多出顶尖人才的时期。

1969年,2月至3月,为贯彻年前12月22日《人民日报》上发表的毛泽东讲话:"知识青年到农村去,接受贫下中农的再教育,很有必要。要说服城里干部和其他人,把自己初中、高中、大学毕业的子女,送到乡下去,来一个动员。各地农村的同志应当欢迎他们去。"学校1966级、1967级、1968级初中生和高中生分别被分配到开县、巫山农村插队落户。少数学生投亲靠友,自己选择了下乡地点。

至此,重庆三中老三届1600多名筑梦于母校、拼搏于课堂、彷徨于"文革"的莘莘学子,本应6年而无奈拖了9年的三中生活,终于结束了!

他们,就是我们今天的重庆南开中学老三届;

他们,是共和国的同龄人;

他们,是建设新中国的生力军;

他们,是有志青年的佼佼者;

他们,是南开教学历史上最被看好的一批高才生!

至于他们在大学梦断、奔赴农村的人生拐点及后来半个世纪的人生路上,被历史证明了是一群什么样的人,敬请观看本书中他们自己所写的桩桩故事和心路历程!

南开的沿革演绎出了南开的精神、形象、风骨、丰功伟绩和盖世英才,也折射出了历史的曲折和悲歌。无论如何,我们的眼光都是向前的。

真心希望,母校南开,能够继往开来,奔腾向前!

真心希望,历史的教训,不再重演!

真心希望,我们老三届人,健康快乐,安享晚年!

真心希望,我们的后代,能够励精图治,完成复兴大业!

良师、楷模

——忆喻娴文老师二三事

初1966级3班　过敏辉

在我人生的不同阶段，遇到过不同的老师，但给我留下印象最深和也令我最怀念的是初中的英语老师喻娴文。

喻老师出身于教育世家，父亲喻传鉴是重庆南开中学老校长。她是大姐，下面有4个妹妹。她与她的先生叶谦吉教授，均从事教育工作。

1963年，喻老师教我们时，已经50余岁，是学校当时为数极少的一级老师。她个子不高，微微卷曲的短发，戴着金边眼镜，喜欢穿一件咖啡色小袖口灯芯绒衣服。她从我们身边经过时，我们总能闻到一阵淡淡清香。在20世纪60年代，这样的穿着打扮，令我们感觉她是那么时尚，气质是那么优雅。

那个年代人们对英语有一种新奇感，不像现在，幼儿园、小学就开始英语启蒙了，我们进入初中时对英语的认识完全是一张白纸，听说要开始学英语了，既兴奋好奇又忐忑不安，到底我们能不能学好呀？开课的第一天，喻老师微笑着走进我们勤俭楼的教室，她慈祥的目光扫视着大家，"Good morning everybody!""Sit down please!"的声音是那么悦耳，英语原来是这样的动听！喻老师教我们怎么回答，还告诉我们，英语是一门语言课，要多听，多说，学好英语并不难……短短几句话便打消了我的顾虑。

喻老师对我们这些刚刚接触英语的新生，非常重视从一开始就激发我们学英语的兴趣，营造学习英语的氛围。她帮助我们在教室贴出用彩色纸剪下的英语标语"Study hard and make progress everyday"，在后面墙上开辟"英语学习园地"，将学生那些书写美观整齐的习作贴出来，供大家观赏学习。刚学完26个英文字母，她就教我们唱字母歌。喻老师还在班上组织了英语课外活动小组,教我们读一些英文小诗,搬来留声机放英文歌给我们听,教我们唱《The More We Are Together》《Little Mouse》《Solidarity Forever》……引起了大家对学英语和唱英文歌的极大兴趣,这些歌几十年来一直伴随着我,我不仅教小孩子唱,也教学生们唱,寓教于乐,轻松又愉快。

喻老师总是鼓励我们在课外主动多说英语,尽量用英语对话交流。在日常教学中,喻老师擅长利用小道具,加上肢体语言,帮助我们理解和记忆单词,利用绘制的卡片和挂图复述课文的故事内容。有的课文是一些小故事,她让学生扮演不同的角色进行表演,对胆小的学生她会投以信任的目光,从不责难说得不好或回答错了的学生。她的课生动有趣,大家的学习兴趣和积极性很快就被调动起来了。

她设计的课堂"值日生",更是巩固和发挥我们听说能力的极好方式,让我们将学到的单词、句子及时运用,具体做法是:每堂课都会按座位轮到一个"值日生"值日,随着老师一句"Who is on duty today"的询问后,轮到的同学就用学到的单词、句子介绍自己和班上的情况,可以尽情发挥,说得越多越流利,就会得到老师"Good"或者"Very good"的鼓励,有时还会让其他学生点评一下,这种教学方法无疑对学生的听说能力大有帮助。

本校或外校老师前来观摩她的教学是常有的事。记得有次英语课后,喻老师走到我跟前说:"明天你来当值日生,有外校的老师来听课,你尽管大胆地说,声音大一些哦。"向来胆小的我心里好紧张,但想到这是老师对我的信任,就决心一定要好好表现!第二天,教室里来了好多外校老师,后面和中间的过道都坐满了,随着老师一句"Who is on duty today?"我站了起来,看出我有些紧张,喻老师微笑地朝我点了点头,我顿时充满了信心,从介绍自己到介绍全班,从课堂学习到课后活动,从教室到操场,用学过的单词句子,编好的短文背诵着叙述出来,最后听到老师"Very good"的评价时,我心里别提多开心了!

喻老师对班上每个学生都非常耐心,鼓励大家提问题,不厌其烦地进行解答,直到学生真正弄懂为止。

喻老师教了我们3年,为我们打下了良好的英语基础。她那标准的英式发音让我们终身受益,只要开口说英语,总能听到别人的称赞"音准,好听"。

1978年,市电视大学南岸区工作站首次开办了英语单科教学班,我以全班最高分考入。结业后留校,我担任下一届电大全科班的英语辅导教师兼班主任,开始步入教师行业,后来通过学习取得英语大专文凭和教师资格证,正式成为专职教师。当我站在讲台上,喻老师的音容笑貌常常浮现在眼前,激励着我要像她那样认真上好每一堂课。喻老师的人格魅力就是这样潜移默化地熏陶着她的学生。

喻老师不仅在课堂上是大家的好老师,课后也像慈母那样关心着我们。最让我感动和永远不能忘怀的是发生在初二那年的一件事。

我吃饭慢是班上出了名的,一天早上在食堂,饭还未吃完,上课的预备铃就响了。我心急如焚地跑向红专楼,天下着小雨,刚跑过男生宿舍,脚下一滑摔倒在地,右脚踝关节立刻肿了起来,疼痛难忍。一位路过的老师将我扶到校医室,简单地处理了一下,擦了松节油。但我的踝关节一直肿得厉害,无法走路,班上女同学们便轮流背着我每天往返于教室和寝室之间,一日三餐也是同学帮我端到教室来吃。过了些日子,这件事被喻老师发现了,她关切地询问我脚伤的情况,我说走路还是很痛,好得很慢……没想到第二天课后,喻老师又来到我身边,拿出几贴胶布一样的薄片说:"这是我妹妹从国外带回来的止痛膏,你贴贴看,或许会好得快一些。"当时我在国内从未见过这样的膏药,我一时不知说什么好,感动得热泪盈眶,想到自己的家远在北碚,一年中只有寒暑假和国庆节、五一节才能回家。脚伤后,母亲接到信匆匆赶来学校,带了点药看了我,无奈不能久留,当天又返回了北碚。喻老师就像慈母一样关爱着我这个学生,不惜将这么稀缺的国外带回的膏药给了我。我贴上止痛膏,闻到一股清凉的浓浓的药味,感觉非常舒服,几贴膏药贴完,踝关节的伤痛明显好多了。

后来我将喻老师关心我的事告诉了家人,没想到我的几位哥哥姐姐都认识喻老师。新中国成立前后,我家兄弟姐妹有5人毕业于重庆南开中学,喻老师至少教过其中4人。哥哥姐姐对喻老师均留有很深的印象:她是校长的女儿,气质高雅但和蔼可亲,从不责罚学生,说着标准的英式发音,教学一流,是学生特崇拜的好老师!

"春蚕到死丝方尽,蜡炬成灰泪始干",喻老师一直在教育战线默默耕耘近60年,她无愧于南开的"允公允能"校训,兢兢业业,勤勤恳恳,无怨无悔地把爱奉献给了学生,把自己的全部心血和整个生命献给了一代又一代的南开学子,将毕生精力奉献给了教育事业,我们班是"文革"前她教的最后一个班,单我们班后来就有十余人从教,担任英语教师。

喻娴文老师是为人师表的典范,是我们大家学习的楷模!

永远怀念您——我们的好老师,喻娴文老师!

殷殷南开情　润泽游子心

高 1967 级 8 班　孔庆岚

　　这是一件小事,因其事小,本可弃之不记,但它却从一个侧面反映了南开的教育理念和恩师对学生的深切关爱,于是简记如下。

　　那是我高二的一天下午,课间休息时,在由勤俭楼去宿舍的路上,我碰到了校专职团委书记孙灵碧老师。虽然她不是我们的任课老师,但由于她经常组织各班团支部的活动,我对她还是有些印象的。不知孙老师是怎么认识我的,她突然把我叫到一边,问道:"听说你和高二 4 班的简济生初中是一个学校的,平时往来也多,你能说说他在初中的表现吗?"听了孙老师的问话,我感到很惊讶。孙老师在学校是分管思想政治工作的,难道简济生在这方面出现什么问题了?

　　我和简济生从小学到初中都是同班同学,他学习刻苦,为人忠厚本分,特别喜欢钻研一些新奇的问题,我们关系一直很好。记得报考高中时,他开始填的志愿是重庆一中,见我填的是重庆三中(即现在的南开中学),为了两人能在一块,他就把志愿由一中改为了三中,结果我们两人都被录取了,他被分在 4 班,我被分在 8 班。虽然不在一个班,但我们仍经常在一块玩耍。那时学校有开设外语课,1~4 班学的是俄语,5~8 班学的是英语,简济生十分热爱英语,经常利用课余时间自学英语。每当我们上完英语课后,他都要来找我询问今天的英语课老师又教了什么单词,然后用小本子记下,一年下来,他不仅初步掌握了俄语,英语水平也大有长进。像这样一个好学上进的学生,能有什么问题呢?

　　于是我明确地回答孙老师,简济生初中表现很好,不仅学习刻苦,思想也积极上进,还是我的入团介绍人呢。没想到我介绍完情况后,孙老师严肃地说:"你知道吗,他政治考试不及格,并且有同学反映,在生活中他也有些反常行为。"接着,孙老师讲到他在政治考试时,公然讲地主阶级、资产阶级也曾经是革命的、进步的阶级,对地主、资本家的历史作用也要一分为二。晚上熄灯后,同学都入睡了,他还常常盘腿打坐,口中念念有词,于是同学反映说他有些不正常。

听了孙老师的讲述,我心里一沉:在那个以阶级斗争为纲的年代,地富反坏右是永世不得翻身的"黑五类",资产阶级是十恶不赦的剥削阶级,现在是社会主义,在这种时候你说地主资本家的好话,难道不是阶级立场有问题吗? 可是从多年的接触中,我怎么也不能把他和问题学生联系在一起,于是连忙解释说,简济生很喜欢哲学,他曾经跟我说过,世界万事万物都是对立统一的,都存在两面性,对地主资产阶级也要一分为二,还说这是毛主席哲学著作的基本观点之一。为了证明简济生是个好学生,我还特地补充说:"我和他从小学到高中,一直在一起,从未见他与人拌过嘴,打过架,甚至连一句粗话都没说过,这样的学生能有什么问题呢? 至于说他夜里盘腿打坐,那是他在练气功养生,绝不是在装神弄鬼。"

听了我的解释,孙老师沉思了片刻,然后说:"看来简济生的思维还是比较超前的,有的同学可能错怪他了。你放心,我们会对每一个学生负责的。"临走时,她还特别叮嘱我,学校只是一般地了解情况,用不着把这事告诉简济生,以免增加他的思想负担,影响他学习。

遵照孙老师的嘱咐,直到毕业离校,我一直未向简济生提起过此事,学校和他们班也没有任何人向简济生问及此事。直到50年后,在美国定居的简济生回重庆探亲时,专程到济南来看我,我才把这事作为笑谈告诉了他。他听后感慨地说:"那时流行的口号是阶级斗争要'年年讲,月月讲,天天讲',我说了那些'出格'的话,引起学校的注意是很正常的。学校如此低调地处理此事,体现了母校对学生的关心和爱护。我真的要感谢孙老师,感谢母校的培育之恩!"

是的,正是因为南开的开放包容、求真务实之风,才使得一代代精英学子茁壮成长,成为社会的栋梁。

由此我还联想到这样一件事:在"文革"武斗最激烈时,一位老教师为了保护无辜的学生,不惜冒着受牵连、挨批斗,甚至生命的危险,把学生藏匿于家中,使之免受伤害。

　　我对母校和母校的老师更是充满了崇敬和感激之情。在那腥风血雨的日子里,他们这样做需要多大的勇气! 他们以自己博大无私的爱,呵护着年轻学子健康成长;他们以自己的正直和善良,为我们树立了做人的榜样;他们用无声的行动,诠释着"允公允能"的全部内涵,这大概就是南开精神的精髓所在吧。

　　殷殷南开情,润泽游子心。

　　南开,你是人才成长的摇篮,更是我们心中永远的精神家园!

南开，我永远的怀念

高1966级2班 文力平

三中6年学习，给稚嫩的我一副能飞的翅膀

1960年秋，13岁的我，与同时考入三中的长江电工厂子弟李源跃、蒲明胜、汤世文、庄光中等同学，离开了铜元局。初到沙坪坝，我的第一印象是"沙坪坝、沙坪坝，路上尽是沙"，街上汽车一过，便沙尘滚滚，回到宿舍，草鞋上全是沙。

三中印象

刚进三中，她的气势、氛围吸引了我。宽敞的进校大道，两侧是重庆不多见的法国梧桐。勤俭楼、红专楼分列左右，男生宿舍与东风楼之间的洼地，辟为足球场。重庆南开中学的匠心布局，曾被重庆建院作为校园布局范例传授。

随着学习的深入，我更为学校完善的实验设备所折服。物理力、热、电、光、声学的实验仪器一应俱全；化学学生实验设备两人一套；生物课用的显微镜有近百台。一所中学能有如此好的条件，乃重庆之唯一。这是老南开留给三中的丰厚家底之一。

学校校园面积很大。1936年，喻传鉴受张伯苓派遣来渝，购地800亩（当年半买半送，解放后因土改、土地权属归制，现有440亩）。整个学校布局大气、合理。

张伯苓相中在沙坪坝建南开中学，绝非偶然。年少的我，一个朴素的念头油然而生：我的命运将与沙坪坝连在一起，我愿为她工作一生。

报到第一天

我被编入初1963级3班。班主任雷克婉老师晚上到宿舍看望学生。雷老师个子不高，语速很快，对任何人对话，都是面带微笑。她有一双大大的眼睛，很有神，能抓住

你的心。在宿舍过道灯光下，她在问过每个人的姓名后，给我们讲起生命的起源。她先是问我们："你们知道生命是怎么来的吗？"我们茫然不知。"是从蛋白质演变来。"雷老师接着讲起当时生物学界最新成果——蛋白质由氨基酸构成，人工合成蛋白质的初步进展，以及生命的遗传物质：脱氧核糖核酸。一连串从没听过的专业术语，一下便吸引了我。我听得如痴如醉。从那以后，我就喜欢上了生物，我的生物成绩从未低于过98分。

雷老师向入学新生介绍生物学界最新科技，实际也传授了一种教学方法：培养兴趣，是调动学习积极性的良方。

三中，注重教学与实践结合

为克服理论课的枯燥性，三中非常重视实验。物理、化学、生物，无论是演示实验还是学生分组实验，都做得十分到位。

每个重要知识章节，都有实验演示。物理课讲动势能转换，用麦克斯韦滚摆，两端缠绳、升高的滚摆，下降时转速越来越快，随后能升到接近原来的高度，动能势能相互转换，一目了然。感应起电机产生的上万伏高压，在两个带电球之间产生"啪啪"的放电火花，原来高电压这么厉害。近乎真空的毛钱管里，羽毛与铜钱，具有相同的下落加速度，说明没有空气阻力时，地球上的任何物体，都具有相同的重力加速度……

化学教学中，演示实验也做得非常好。保存在煤油里的金属钠，被小心地切取了一小块，用镊子刚一夹出煤油，便立刻燃烧，钠在空气中能自燃，这令人难忘。学生实验，两人一组，本次实验用的器材、化学试剂，准备得妥妥当当，反应试剂的剂量不多不少，刚好够用。当年三中化学实验室的管理水平，不但在重庆是第一，就是在全国，也属高水平，因为南开大学的化学系领先全国。

化学老师还组织我们到工厂实地参观，讲氯气的生成，电解食盐水，生成氯气、氢气、氢氧化钠。汪严渝、孙符均几位老师，将全年级带到化龙桥嘉陵江对面的天原化工厂，参观电解车间。面对一排排两米高、白雾缭绕的电解箱槽，只见氢氧化钠白色结晶物溢满箱体之间的缝隙，书本上的反应式，其生产过程原来如此。这个化学反应方程式，我至今仍记得。

生物实验课用显微镜观察洋葱细胞，用镊子轻轻撕下一片很小的洋葱紫色表皮，得到单层细胞。在载玻片上滴一滴清水，将撕下的洋葱表皮放在清水上，摊平，用紫色液体染色,将做好的装片放在显微镜下,调底部反光镜,使反射的自然光线照亮载玻片的中心孔。为防止升降调节时压伤镜头,必须先将物镜调到最低位置,观察的时候,眼观目镜,再缓慢升高物镜,我第一次清晰地看到了洋葱的细胞壁、细胞核。这太吸引人了,原来植物细胞是这模样。老师还要求我们一边用左眼看显微镜,一边用右手画出看到的图像,我做到了,得到了老师的称赞。

讲植物的趋光性时,雷克婉老师把课堂搬到三友路旁的松树林,叫大家观察树林边沿和中间的树,树枝长势的区别,仔细一看,果然,树林边沿的树枝,向外长得多,而且粗壮。通过观察同类树叶,我们认识了"遗传"和"变异"。老师利用猪的发情期,在养猪场讲猪的"人工授精"。她对着刚杀的一头大肥猪,讲哺乳动物的各大系统组成。那是一节早自习,在二食堂地面铺开了一张大竹席,雷克婉老师半跪在地上,扒拉开热腾腾的猪内脏,讲消化系统、呼吸系统、循环系统……她动作敏捷利索熟练,全然没一丝怯懦,一切都很自然,毫不做作、夸张。在我后来从教的40年,再没见过一所中学的生物老师,能利用一头刚开膛的猪对学生讲课,雷老师却做到了。为了给我们讲一节短短20分钟的课,她事先得用好几个小时做准备。不是杀猪匠的雷克婉老师,讲起猪的五脏六腑却头头是道,着实令人佩服。

严谨的教学,使我们的知识学得扎实,掌握得特别牢固。

三中历来重视"教育与生产劳动相结合"。校内农场有100亩地,校内地块分到每班每组,每天下午轮流有班级,到农场借出锄头、粪桶,到菜地劳动,收获的蔬菜送食堂。

学校不仅要把我们培养成合格的脑力劳动者,也要使我们能胜任一定的体力劳动。

呕心沥血为学生的老师们

为培育小球藻,雷老师险些丧命

雷克婉老师在三年经济困难时期,为了给全校师生增加伙食营养,带领生物组全体老师养小球藻。1961年冬天,她独自一人进到培育菌种的小屋补充试管,密闭的小屋,为保持温度,生有炉火,致使她一氧化碳中毒,险些送命。

2019年春,雷老师用平静的语气,回忆起这件惊心动魄的往事:"当时进到小屋内,我感觉头有点晕,但没往一氧化碳中毒这方面想,走出菌种屋,刚走到津南村后边第一幢旁边,我就一头栽倒在小路上。幸亏被一工人发现,急忙送去二工医院,这才捡回了一条命。"

1967年之后,学生才知道,当年给我们改善生活、带来营养的小球藻汤背后,还有这令人惊心的一幕。渡过生死劫的雷老师,更令学生敬重。

骨癌截肢无所惧,人生楷模左老师

左荣老师的政治课,既紧贴考纲,又不死背教条,能联系时政和学生想法,很是生动活泼,学生普遍学习兴趣高。学生一拿到高考试卷,感觉都学过,政治比其他学科能多考20分是常事。因教学效果好,家长学生强烈要求她上高三政治。从1977年恢复高考到1993年,连续17年,她一直负责高三8个班的重点班政治课的教学,长年过度劳累,导致左老师左脚患骨癌,最终截肢。

身体的残疾没击垮她的意志,她仍然一如既往,以开朗、乐观、顽强的态度面对一切。如今她80岁,没请保姆,自己买菜、下厨房,将家里收拾得井井有条,一尘不染。拄拐的双手,磨起了厚厚的老茧。家里有轮椅她也不愿坐,嫌做家务事不方便。拄拐上楼梯,她不要别人搀扶,只要旁人手掌很轻地挨着她臂膀,让她感觉到一个很小的横向稳力就行。

左老师乐观、豁达、坚强的人格魅力,感人至深,真不愧是"工作模范、生活强者、人生楷模"。

优师群像

三中的政治老师各有特色:40多岁的雷定衡老师稳重,20多岁的邓先志老师深邃,左荣老师激情飞扬……

初三语文老师王泽友对文言文虚词的全面归纳,打下了我在古典文学方面的基础。高中语文老师肖国梁讲课,总面带微笑,诙谐幽默。

数学老师赵筑音对平面几何定理的应用,使我建立起逻辑思维的严密性。

物理赵纯荣老师在新年晚会上展示他自制的晶体管收音机,让我们大开眼界,收音机原来可以做到手掌大小,真不简单。受力分析是高中物理的第一道坎,张乐林老师的"隔离分析法",使受困于受力分析的我茅塞顿开。物理教研组长黄炎老师是云南大学高才生,云大前身是赫赫有名的西南联大。黄炎老师平缓的讲课语速,如行云流水,使我在不知不觉中掌握了解物理习题的每个必要环节。

所有体育课中,我最喜欢聂运辉老师的课。他的课安排得非常紧凑,45分钟,没一分钟被浪费,学生全身上下每个关节都能得到运动,直到今天,我一走上讲台,就会想起聂运辉老师那紧凑的45分钟体育课,心中想:"聂老师把体育课都上得这么充实,我也必须让学生在45分钟内收获满满。"聂运辉老师是我的榜样。

不仅仅是聂老师,所有三中的老师,都是我终生的榜样。

南开师生情

三中的老师,始终关爱、帮助他们的每一位学生,就是在我离开学校之后,也是如此。

什么样的课才算合格?

1972年夏,我调回重庆。在三中校门,遇见数学老师牟来桂。她一听说我调回来当老师,十分高兴,马上跟我讲起她第一次上课的经历。她非常认真地备好了课,用一节课时间,讲清楚了$\sqrt{2}$是无理数。听课的教务主任彭秋霞,在课后随意问了一个男同学"$\sqrt{3}$是不是无理数",那位同学回答不出来。回到办公室,彭主任狠狠地批评了牟老师:"你花了一节课讲$\sqrt{2}$是无理数,但学生却不知道$\sqrt{3}$是不是无理数。你这节课不合格!"刚走上讲台的年轻的牟老师顿时泪如雨下。

牟来桂老师自己不避亮丑的经历,深深印在我的脑海里,让我受益终生,成为我每天走上讲台前的备课指南:老师上每一节课最基本的着眼点,在于绝大多数学生能否掌握重点内容,做不到,这节课就不合格。我40岁以后,在对青年教师传帮带时,多次讲到这个实例,如果多数学生没掌握基本内容,就不合格,这使青年教师深感震动。

听课开绿灯——"所有物理课,你听谁的都行"

1972年,我们是以中师招生的名义调回城的,当时师资奇缺,原高1966级的不用去中师读书,直接被分配到学校任教。我被分到新办的石桥铺111中,负责从初中一直教到高三的物理教学。物理知识性的内容难不倒我,但我欠缺教学方法,怎么能在教法上提高层次?我决定去三中听课。当我找到物理教研组长黄炎老师,她一口答应说:"没问题,所有物理课,你听谁的都行。"她马上叫我抄下全组老师的课程表,让我用自己空档时间,只要在上课前打个招呼,直接进教室听就是了。

按校际间听课的正常手续,我须持111中学介绍信,到三中校长室联系,获批后,由教务处通知物理教研组，再由物理组落实讲课教师和听课时间。就因为我曾经是三中的学生，那套烦琐程序便全免了。

我骑自行车，要花15分钟从石桥铺111中赶到三中。两年里，我先后听过黄炎、张乐林、彭跃才、郑基蓉等老师的课。这种听课，对刚走上讲台的新手，帮助非常大，显著提高了我阐述物理概念、突破难点的能力。南开中学后来的书记彭贵成（物理教师）当时见了我，开玩笑道："文力平，你是车来车去。"

"物理仪器，只要你拿得动，随时借"

"文革"刚结束，教育经费、器材短缺。111中是新办学校，物理演示仪器几乎没有。我又想到向母校求援。黄炎老师说"可以"，马上找到物理实验室王暑绪老师，只要我提出要借的仪器，一律开"绿灯"：演示在真空中自由落体的毛钱管（1米长、直径10厘米的玻管）、抽气机、感应起电机……我都借过。"在真空中，羽毛和铜钱能以相同速度下落吗？"这一简单物理问题，如果不演示，学生很难相信，一看实验便会恍然大悟："呵，果真一样快。"印象深，效果好。3年时光，10多个重点实验的物理仪器，我都借过，用过就还，从未损坏。

从听课到借仪器，三中敞开了胸怀，无私地帮助曾经的学生，令人终生难忘。

让左荣老师的《老教师情怀》再次唱响舞台

2016年10月，我回校参加80周年校庆，我班唐玉珍将左荣老师自己词作曲的《老教师情怀》歌谱送给了我。这首歌是左老师60多岁时写的，10多年前曾由南开中学退休合唱团在市直属中学比赛时唱过。

歌词非常深情：

告别了熟悉的课堂，听不见上课铃响，

朦胧中想起昨天，那一双双期待的眼睛。

青春伴岁月流淌，往事常刻在心上，

曾经那年轻的身影，此刻你又在何方。

如果时光倒流，愿你们回到我身旁，

我要重返课堂，再一次编织梦想。

难忘那过去的时光，歌声在校园里回荡，

曾经是朝夕相处,那一张张微笑的脸庞。

多少个严寒酷暑,在知识海洋里翱翔,

多少个不眠的夜晚,辛劳孕育着希望。

喜看一代代学子,如今已桃李芬芳,

无悔那美丽的人生,奉献伴随理想。

告别了熟悉的课堂,又听见上课铃响,

教室里依然灯火明亮,那琅琅的读书声,在耳边回响。

我顿时如获至宝,因为它唱出了我们退休教师的心声。我所在的71中退休合唱团,每年"红五月",都将参加沙区教育系统文艺会演。我萌发了"一定要让这首歌在舞台上再次唱响"的念头。校退委会一致赞成将此歌作为2017年"红五月"的演出曲目。因是自创歌曲,没有现成的伴奏曲,我向校长求援,校方便全力支持,从不宽裕的办公经费中,拨款3000元,找音乐公司制作了伴奏曲。在排练后期,左老师到汉渝路71中,拄双拐走上五楼排练厅,表示谢意,倾情指导。

演出在七中礼堂举行,当天78岁的左老师来了。我们以深情的歌声,将《老教师情怀》《祖国是我永远的家》,奉献给全场上千观众,赢得热烈的掌声,左老师愉快万分。我校的演唱第11次获特等奖。

左荣老师在三中第一次当班主任,就是我所在初1963级3班。55年后,我作为她的学生,能将她创作的歌曲,再次唱响舞台,是学生对老师的最好感谢。

南开给了我什么

自力更生、知难而进

1972年秋,我调入新创办的111中,学校一切从零开始。我用自己的电学专长,用星期天的时间架设每间教室的广播线网,建起校广播室,结束了开全校大会只得借用省团校广播设备的历史。尽管我组有从八中因照顾夫妻关系调入的聂勋文等老教师,但由于我自力更生精神强,能团结同志,又是三中高1966级毕业,被破格任命为理化生教研组组长。当时教学仪器奇缺,我一方面到三中借,另一方面组织全组教师,自己制作各类教具40余件。理化生组因工作朝气蓬勃,1975年我被区委表彰,出席区先代会。

我有航模特长，请市体委航模队到校表演，组织起111中航模队，坚持活动4年多，直到我1977年升入大学。这批航模队员，后来都成为厂矿搞技术革新的能手。

勇于担当

1982年，重师物理系毕业后，沙区教育局为充实普通中学师资实力，将我调入71中。自1979年复课以来，该校高中均为两年制。为打翻身仗，学校安排我任"文革"结束后的第一个三年制高中班的班主任。当时一中、三中组建3年制班，起点分数为420分（共5科）。但轮到71中录取时，已经没有优生生源了，起点分数仅为300分。经过三年奋斗，30个学生中有13人考入了各类大专院校，创下了这所初级中学开办20年来最好的高考升学纪录。

职教先锋

1986年，71中新挂牌为小龙坎职业中学，开始了它后20年中等职业教育的辉煌历程。我由物理教研组调到电子教研组，任组长。这又得再一次白手起家。我们还与杨公桥无线电厂子弟校、巴山厂子弟校组成沙区电子中心教研组，每期固定开展教学交流与学生技能竞赛，使沙区中职电子专业成为全市职高最有影响力的专业。

两年后，为解决原计算机教研组的团结问题（两位计算机骨干教师互不买账，工作相互制掣，导致一学期都无法正常开一次会），学校将计算机组与电子组合并，由我任组长。

我从"内外"两方面下功夫解决团结问题，基本着眼点是将大家的注意力从单纯的"盯对方"，转到如何搞好自身教学。对内，即校内，落实每周一次的教研活动，各自根据课程制订教学任务计划，半期自查，期末检查。对外，即全市范围的校际交流。我充分利用我校是重庆市中职计算机中心教研组5个核心学校之一的有利条件，让我校教师接受市级任务：各类课程的大纲制订、期末全市统考、各类学生竞赛的参与。从"盯对方"到"着眼全市"的转变让不团结的现象慢慢消于无形。

两年后，由市劳动局组织的全市职高生技能等级考核中，小职中计算机专业的中级获证率，由原来的倒数第三名，一跃为全市第一，高达95%，令多年稳居第一的龙门浩职中大吃一惊。在后来的10多年里，小职中与龙职中，在市级和全国竞赛中，并驾齐驱，轮登榜首。小职中的计算机专业，也成了沙区的最优专业，学生就业供不应求，全组教师心齐气顺，多次评为校优秀教研组。

硬件设备，自力更生扩规模

1986年开办考研组时，我们只有20台计算机，到2000年已有300台了。6个机房的5个，是由我带领全组教师，自购硬件、自己装机、自敷网线、自行组网建成的，完全改变了花钱请电脑公司建机房的传统做法。这样做的好处，一是节约，建一个新机房原本要花26万元，但自己动手，不到20万元就能建成，为学校节约了8万元（暑期建机房，老师仅20元一天加班费）；二是提高了教师的动手能力，每个人对学生讲起硬件配置知识时，头头是道；三是日常维护快，机器出故障，不用坐等电脑公司上门维修。其他学校的领导特羡慕小职中：你们的计算机老师好自觉哟，太能干了。困扰多年的不团结，再也没了踪影。

一花独放不是春

1990年以前，重庆市中职计算机教材基本沿用高校教材，令学生消化困难。市中心组与重庆大学出版社联手，决定编写适合中职特点的计算机教材。我从1990年接触教材建设，1994年，参加编写了《计算机故障判断与维修》，1996年任《计算机基础教程》主编，到2007年退休，10年间我对《计算机基础教程》改版5次，总发行量达30万册，面向全国发行。

我不仅自己投入教材编写，还组织本校教师参加。我校共8位计算机教师，其中5人分别主编或参编《操作系统》《数据库》《图形图像设计与制作》《网页设计》等等。我尽可能多地动员我组教师参加教材编写，极大地提高了他们的专业水平，也增加了全组教师凝聚力，全组同步前进。至今，他们依然怀念那些共同辉煌的岁月。

我退休3年后，沙区职教布局调整。因要申办国家级重点职高，一条硬杠是"面积不低于150亩"，故将原3所中职全部并入歌乐山职教中心。我校面积仅30亩，也被并入其中，职高停办、小职中摘牌，职教历史使命光荣结束了。2010年，沙区用8千万元新建了校园，将平顶山下的原小龙坎中学、土湾二棉子弟校初中部合并到我校，恢复了71中校名，现为沙区示范性初中。

为啥舍不得离开讲台

自1972年走上教师岗位，我分别任物理、电子技术、彩电原理、计算机基础、大学计算机基础课程；担任教研组长40年、重庆市计算机中心教研组学科组长15年，2003年获"重庆市优秀教师"称号、沙区首批学科带头人称号。我47年来一直站在讲台上，至今舍不得离开，我也常常问自己，为什么？

经过三中6年的教育，我打下了扎实基础。从物理到电子技术，再到计算机，课程三度大转行，我都能愉快胜任，这些都源于三中给我的底气和能力。三尺讲台，已是我的精神寄托。

"我要像三中的老师教我一样，教好我的学生"，这是我一生的信条。

我对讲台的热爱，来自三中，来自南开。人愈老，爱愈浓。

我在南开的岁月

高1966级1班　刘颖英

南开老师秀，一生铭记心

重庆南开中学是一所非常棒的学校，因为有大批优秀的教师。我曾相继在初1963级3班和高1966级1班，读了整整六年，受益于众多的教师，今天就说说他们吧。

在初一时，我们是数学老师金叔重的第四十届学生，也就是说金老师有40年的教龄了，他中等个，不胖不瘦，头发灰白，戴副眼镜，身着长衫，这衣着让人尊敬。每次上课，他一手拿教案，一手拎个小钟，可能是出于看钟更方便吧。他拿起粉笔，唰唰几笔，一道方程题便出现在了黑板上，也不见他看教案，也许知识都在他的脑子里，真是满腹数学题，他讲起课来，滔滔不绝。数学课常有测验，有次阶段考试，他提醒大家，什么地方易错，要特别注意。金老师很有经验，考下来，全班每个同学都得到了100分，金老师很高兴，同学们也开心，皆大欢喜，金老师笑得合不拢嘴的样子，我至今记忆犹新。

我们的外语老师喻娴文，是南开中学创始人喻传鉴的长女。喻老师是英语博士，英语教学的权威，因整个年级安排进行俄语教学，她自学俄语后便教我们。在每天早自习时，总能看到她的身影，当时班上个别同学对俄语学习持放弃态度，她对此很着急，做了很多思想工作，讲了外语的重要性，要大家把眼光放远点……她又对学生进行个别辅导，很快没有人再说要放弃，考试也全过关了。

毕业后若干年，我回南开去看喻老师，津南村左边最外面那栋房子是喻老师家，我告诉她我是学俄语的，她居然想起了我，她拿出个大本子，全是签名，有来自北京、南京、成都……全国各地的她的学生，我也签了名。喻老师的学生真是桃李满天下啊！

我于1960年考入三中,在初1966级3班学习,班主任是雷克婉老师,副班主任温厚姗老师。温老师刚从中师毕业,教语文,在课堂上,她常让我朗读课文,并当着大家的面表示向我学习普通话,其实,温老师的普通话,在教师中算是说得很好了,她真谦逊啊。要读好,早自习就要练,我不想把时间用在语文课文上,怎么办?这就逼得我钻研读的技巧,要眼到、脑到、口到。我拿起文章就流畅地读了出来,一字不错。在以后的学习工作中,读报、读文件,我都可以一字不错地读出来,真是很感谢温老师。重庆南开中学80周年校庆时,我拿出一张温老师刚到南开任教时一脸稚气的照片,温老师非常高兴,她自己早没有这张照片了,她还特意通过微信感谢我。

雷克婉是生物老师,她和康振华老师是妯娌,两人的丈夫是兄弟,都在重庆大学教书,很厉害。雷老师课上得好,她还把课堂搬到菜地上,让我们明白叶子发黄,缺什么肥料,真的是"教育与生产劳动相结合"。讲"孟德尔""摩尔根"遗传学派时,她给学生介绍当时最新最伟大的生物学发现、遗传物质、脱氧核糖核酸,要我们记住它。雷老师领导生物小组,在东风楼水池,培养小球藻,制作人造肉精,供大家食用。总之,我们班的同学都很喜欢雷老师,喜欢她的生物课。

地理老师罗普兴,是一位朝气蓬勃的年青教师,他带领的地理小组活动丰富,探溶洞、观星星、讲许多著名科学家的故事,例如,居里夫人、诺贝尔……一个个科学家的形象,深深印地在我脑海中。地理老师马英羱,讲到的地方,他总是说"我去过的",使人感到亲临其境似的,马老师去过的地方真多啊!

语文老师王泽友,教我们初三的语文课。第一次给我们上课时,他所用的新词、成语一串一串的,我们顿感,这位老师,肚里有"货"。有一次课堂上,我特意统计了一下,他一共说了20个成语。别看他是重师大专毕业的,个人却很努力,始终站在南开的讲台上。

左荣老师,大学毕业后被分配到我所在的初三毕业班当班主任,也教政治。左老师多才多艺,会摄影,弹得一手好钢琴。那时,我不知天高地厚,竟请左老师教我弹钢琴,左老师还一口答应了下来。我一有时间就练,练得非常熟,碰到钢琴,就能弹出曲来,看别人弹,捉摸出双手弹,后来大派用场。我下乡在黑龙江兵团,因是高三毕业生,很快就被调入子弟学校当老师,把学校那架风琴利用了起来。这以前,没人会弹,也没人上音乐课,我主动把音乐课承担下来,受到老师和学生的欢迎,此为后话。再说到初三政治毕业考试,最头痛的是要考半年时政,试卷上占20分呢,左老师拿捏得非常准确,那份毕业考的政治试卷题,全都在左老师的复习提纲之内,特别是时政,学雷锋那题,猜得那叫一个准。整个考试,我都没有碰到难点,一气呵成,成绩很不错。

一次周六傍晚,我随美妙音乐而去,啊!老师们在跳舞,个个熟悉的面孔,翩翩舞动,我看到了数学老师赵筑音,跳得那个好,完全没了平时的严肃样,我下定决心,一定要学。这个愿望直到退休以后才实现,现在,我以跳舞的方式锻炼身体,效果还不错。赵老师不仅舞跳得好,数学课也上得棒!思路清晰,引人入胜,我很喜欢她的课,一学期下来,小测验有8次,加上期中期末考试,共10次,我每次都拿100分,总评也100分,这是我在南开6年来最好的成绩,我永远忘不了。

我们班的班长杭无惧同学,她父亲杭世勋,是教导处的老师,专门负责排课、调课,学校那么多班级,那么多教师,这份工作真不简单。杭老师还负责撰写小黑板上的"每日一句",挂在红专楼旁的路边。这个地方有一长排黑板架,这儿的信息很多,有各种通知、赛讯等。我每天必经过,把每日一句背下来、写下来,作为自己的座右铭,直到现在,还有收集名句的习惯。杭老师的字写得很好,红旗图书馆举办过书法展,有杭老师的杰作,他简直就是书法家呀。

还是那排黑板,一次挂出了一长串奖状,那是我校毕业学生因考入哈尔滨军事工程学院获得的。说到这所高等军事学府,大家都说比北大、清华还要好,我也下定决心,考这所大学,向这伟大的目标努力,以学长为榜样。1966年5月,军校提前接受报名,需自己提出申请,学校审批同意后,方可填报志愿,我们高三1班,有三位同学申请,李源耀、汤世文和我。很快,班主任曾庆林老师就笑眯眯地告诉我们三人,学校同意了我们三人报考哈军工,我们好高兴。可惜的是,没过几天,这高兴劲儿便被灭了——"文化大革命"开始了。不过,这在后来有所弥补,我的丈夫就是哈军工1966级毕业的高才生。想做哈军工的学子没做成,只好做学子的媳妇,算是南开确立的目标实现了吧。

我们的体育老师聂运辉,从北京体育学院毕业,曾是体操运动员,受过伤,带领体操队,教了高低杠、单杠、平衡木等很多体操动作,我们开阔了眼界,增长了许多体育知识,深感体操运动是一种美的享受,我们也爱上了体操运动。这之后,我非常喜欢观看体操表演、比赛。想到这些,我就非常感谢聂老师的培养。

外语老师黄云霞,她是外语教研组组长,老共产党员,对我们要求很严格,常参加我们班的活动。黄老师教学水平高,看得出,她精心备课,为教我们一个新单词,便提前准备了若干条这个单词的用法,扩大了我们的知识面。举办俄语晚会时,她教我们唱俄罗斯歌,提供了大量的俄文歌谱。至今,我还能唱苏联歌曲《喀秋莎》《共青团之歌》,学俄语兴趣很高。

当年我还交了两个同龄的苏联朋友,一个叫柳芭,一个叫娃丽娅,与她们通信,大大提高了我的俄文水平。毕业时,黄老师对我们俄文水平的评价很高,相当于解放初期俄文翻译的水平。退休后,我到俄罗斯旅游,在同行的旅友中,还真充当了翻译。在圣彼得堡冬宫的广场,同团的一对老夫妻想和一群俄罗斯少先队员拍照,却无法沟通,于是请我翻译,我对这群孩子说了"照片、全部、一起"三个俄语单词,这群孩子顿时就明白了,他们高高兴兴拍了合影照片。还有两位旅友,他们要买热牛奶,我的脑子突然冒出了需要的俄语,"牛奶、热的、两杯、多少钱",营业员也全听懂了。中学6年的俄语学习,总算是真正派上了用场,别提我心里有多高兴了。

化学老师孙符均、汪严渝,教得可好了,他们把复杂的元素周期表及化学知识,编成打油诗、顺口溜,押上韵,朗朗上口,我们很快就记住了。化学课我们学得轻松自如,时间花得少,成绩效果却很好。2016年,重庆南开中学80周年校庆,听同学们说,汪严渝老师被评为全国优秀教师。应该的,名副其实,非他莫属啊!

政治老师黄化铨,上政治课让学生自己讲,他出题目,分四个小组讨论。学生往往争论得很激烈,面红耳赤,已下课了,还在争辩,道理越辩越明,给我们留下了深刻印象。

傅震垣校长生病时,班上派代表探望,我被选上了,来到校长的病榻前,我们怯生,都不会说话,但傅校长却不停地和我们说话,他和蔼可亲,鼓励我们好好学习。看得出来,校长很高兴。傅校长姓傅,实为正校长,副校长是翟作阶、刘竞华等。

从校长到教师,从老教师到新教师,三中的师资力量永不衰竭,好老师说也说不完,数学老师张宗明、曾庆林老师,年青的物理老师张乐林、郑基蓉,俄语老师练中正,语文老教师许志学、戴为叨……

离开南开中学已经五十年了,南开的一幕一幕不时地浮现在脑海,我永远铭记南开老师们的音容笑貌!

功夫在诗外——难忘"南开"课堂外的精彩

在重庆南开中学,每学期都有一周的劳动时间,记得1964年10月,同学们背着背包,拉练到歌乐山。一队跟一队,打着旗子,唱着歌,从学校出发,奔向歌乐山。到爬山时,原本整齐的队伍却开始参差不齐了。大家平时没走过这么远的路,很累,爬上了山时,我看见有几个同学四脚朝天躺在地上喘气,我也歇了一下,一不留神,支部书记明长英"抢"了我的背包就走,我怎么能让她帮我背? 于是我赶紧追,一直追到目的地也没追上,我非常感谢她,很过意不去,更感自己的体能差,决心一定要好好锻炼。

在歌乐山上,我们住在一个大屋,地上铺着厚厚的稻草,自己的被子,一半铺,一半盖。晚餐,只有一个菜,香葱炒地瓜,香葱是由同学们随手采摘的,野生的,真香,第一次吃到这么香的葱炒地瓜片。大家睡在一起,很兴奋。谭新碧和我有说不完的话,靠外侧的同学都睡了,黄云霞老师睡在最边上,她小声对新碧说:"适可而止。""啊? 十个儿子?"我们都笑了,这一夜,睡得那个香啊!

在那次歌乐山支农劳动中,有两个特别难忘的记忆。

一是恰遇1964年10月16号,两条爆炸新闻,赫鲁晓夫下台,我国第一颗原子弹爆炸成功了! 欢欣鼓舞啊!

二是听老农回忆,他目睹了江姐被害的全过程:1949年11月的那天,他下地干活,远远听到匪兵的吆喝声,只见江姐,后面还有一个被押解者,戴着手铐和沉重的脚镣,慢慢从山下走上来,走到电台岚垭处,他听到枪声响起,江姐便倒在了血泊中,她就是在对面的坡上牺牲的。我被深深地震撼了:我劳动的这片歌乐山坡地,竟是江姐的殉难之处,被江姐的鲜血染红的土地,近在咫尺。这两件事深深触动了我,我永远忘不了这天。

还有一次劳动,在学校挖游泳池,主要是挖土、装盆、再传盆,将土运出去。一盆土很重,男同学对女同学非常照顾,一周劳动下来,费了不少功,但一块地只挖了一只角。过了若干年,再回南开,一个现代化的游泳馆,竟屹立在了校门左边。今非昔比,想当年,挖土运土,感慨万分,学弟学妹真有福呀!

有一次劳动是搬沙,为校运会做准备,老师要求每人到嘉陵江边,取半盆沙即可。我们来到江边一看,好美呀! 青山绿水,水面平静得像一面镜子,令人心旷神怡! 有同学下水游过去,又游回来,真爽! 我装了大半盆沙,比半盆多点,越走越重,总算把沙倒入了沙坑。不管什么时候,看到沙坑,我都会想起,这里也有我贡献的沙。

在南开,我们每天早上都要锻炼身体,起床铃声一响,大家便翻身下床,迅速赶到大操场,先跑两圈,跑完已汗流浃背了,然后练体操动作。等广播响起,大家便开始做广播操,早上可以锻炼约半个小时。由于早上锻炼了,我们在一天紧张的学习生活中,都充满了活力。

学校要举办篮球、排球循环赛,但当时大家都不会打篮球、排球。体育委员杨棋分析,其他班都不会打排球,时间又紧,我们要抓住要害,重点练发球、接球,这一睿智的分析起了作用。杨棋又是辅导,又是陪练,我就是专练的队员之一,一有空就练,练得双臂紫一片、青一片,但我顾不得痛和累。其实,他比我们辛苦多了,又是指导,又是陪练。功夫不负有心人,比赛的结果比预想中的结果好多了,我们非常高兴,特别有成就感。我悟出:不会不要紧,只要方向方法对,坚持不懈定有收获。以后,凡是打球,我都会说,我是班上的篮球队员、排球队员,很是自豪,其实,我心里明白,那时的球技,与不会没有多少差别。

初中时是三年经济困难时期,全国人民都在勒紧裤带渡难关,三中也没开运动会。高中阶段才恢复了校运会。同学们都积极参与,我却不知该参加什么项目,杨棋决定,让我参加200米短跑,结果获了亚军。女子全能也获了名次,我参加的比赛都为班集体争到了分。从运动会看出,我们班齐心、团结、集体荣誉感非常强。

学校常举办篮球赛,有班级赛、年级赛,还有和外单位比赛,几乎每天都有篮球赛。在一场和外单位的男篮赛上,双方打得很激烈。球赛尾声,我方输了1分,紧张时刻,记时员说:"裁判,时间到。"这时四班的巴队长正好接到球,在球场中心,转身用力将球抛出,哨声响起,进球,"两分有效",全场欢呼,赢了,反超1分,巴队长太厉害了。

南开的课外活动也十分丰富,初中时,我参加了地理小组,指导老师是罗普兴,他带领小组到歌乐山的"九间屋"探险,教我们认识天上的星座。至今,我还能准确找到北极星。后来,罗老师调到农村中学支教,不幸游泳淹死了,很可惜。在高中,我还参加了体操队,聂运辉老师(北京体育学院体操系毕业)教了我们许多,有单杠、高低杠、平衡木,我们学了不少。例如,侧手翻,我可以一口气从跑道这头翻到那头,全长有100多米呢。我还参加了舞蹈队,当时看到高年级的同学,跳舞可好了,于是我向她们学习。我和鲍小玲等同学到重庆大学舞蹈队学习舞蹈,回校参加文艺演出。我还参加了田径队,暑期留校,战高温训练,大大提高了体能、技能。我是俄语科代表,由我主持教唱俄语歌曲,黄云霞老师给我提供了歌曲,我先自学,再请老师指正,合格了才贴出海报。来参加的同学不少,我教会了大家,也提高了自己。许多俄语歌,我至今还会唱。我们一班、二班联合起来举办了俄语晚会,演课文剧、唱俄语歌、表演小话剧"字母我",谭新碧演这个"我",很有趣。

在三中,我特爱游泳。金森带我和惠兰一同到重庆大学去冬泳,第一次游泳时,水温才7摄氏度,很冷,重大的哥哥姐姐带我们做热身运动,做了半小时。没想到下水游泳时,并不感到冷,一切都很顺利。第二次去时,水温有19摄氏度,暖和多了,我仅稍预热,也不太认真,下水冻惨了,教训啊!不能"骄傲轻敌"。

参加国家劳卫制测试,20个项目,每周测试一个,一学期下来,我全部达标,获得了一枚含金量较高的劳卫制纪念章,这是德智体中"体"的最好见证。

离开三中,走南闯北,风风雨雨的经历,我始终以自己是南开学生而自豪,9年的校园生活,南开给我们的不仅是课堂、书本、作业、考试,还有课堂之外的一幕幕富有特色的"理想塑立""人格熏陶""性格修为""毅力磨砺",让我们受益一生。

"功夫在诗外"。离开南开50年了,我仍然清清楚楚地记得南开课堂外的精彩,时常怀念三中的德智体美劳全面发展的学生时代。这正是南开之难能、南开之可贵之处!无论我走到哪里,都以自己是从南开毕业的学生而自豪,同时,我也不时被人称赞道:"南开毕业的,就是不一样啊!"难忘我在南开的9年岁月,我永远感谢南开!

50年前的作文本

初 1967 级 4 班 郑红岩

一本泛黄的、四角有点破损的老式作文本放在我的面前。那是50多年前,我进入重庆三中时的第一个作文本,也是我1964年9月至1969年2月在南开学习生活留下的唯一纪念物。

这个作文本到我手里时,已是50年以后了。2014年10月是南开的校庆日,也是我们初1967级进校的50周年,同学们纷纷回母校欢聚。因为我当时不在重庆,没能参加这次聚会。聚会时,大家邀请了当年教过我们初1967级4班的各科老师。教语文的谭明枢老师在聚会上拿出了他保存了五十年的一个普通中学生的作文本,并将作文本交给了本班同学包淑群,请她一定转交给我。

2015年春天,包淑群将作文本转交给了我。当时,我捧着这泛黄的浸透着老师心血的作文本,非常激动!这保存了50年的作文本,经历了十年动乱、上山下乡、改革开放,一路走来,它承载了多少艰辛,寄托了多少希望啊!一代人经历了50年的变迁,已是千变万化了,而一本普普通通的作文本,还是那样朴实地静静地放在我的面前,向我缓缓地诉说着以往年少的时光……

50年前的作文本展现在我的面前,封面清晰地写着:班级:初一年级四组,老师:谭明枢,学生:郑红岩,学号:45。

我小心翼翼地翻开这旧作文本,一页页细细地阅读着,一篇篇50多年前稚嫩的文字,当年的学习和生活一幕幕浮现在我眼前……

作文本里的第一篇作文是《当我接到录取通知书的时候》,文中记叙了我接到录取通知书,捧着印着墨蓝色的"四川省重庆市第三中学"的通知书高兴得要跳起来。文中还讲到了,在新的学期、新的学校、新的打算,我要争取做一个努力学习天天向上的好少年。第二篇作文是《一封信——报告我的中学生活》,我向小学的班主任老师报告了刚进中学时,一天的学习和生活。作文本里反映了学校生活与学习的方方面面,例如,听工人伯伯忆苦思甜的报告,向解放军学习的队日活动,参加修建运动场的劳动锻炼……

在作文本中可以看到,当时老师严格认真的要求,以及我自己努力学习的点滴。每一篇作文的开头,都要列出中心思想、写作提纲,作文的后面,都有老师工工整整写出的评语,然后有学生改正的错别字以及后记。对学生写的后记,老师要写出简短的评语,并给出评分。在后记中,有时我提出的一些关于写作的问题,例如,如何写开头、如何结尾、如何突出主题、如何描写细节等等,老师也都在后记中一一解答了,有时老师的评语和后记答疑都写了一两页,真是诲人不倦啊!

在这个作文本中,有一篇《家史片段》,在谭老师的指导下,我写了两次。他让我采访了两次家长,第一次写了1300多字,第二次采访后又写了3900多字。要知道,当时的作文只要求800字即可。谭老师对这篇作文精心指导,让我认真地收集第一手资料,进行裁剪,写成文章。这篇文字的写成,也让我较早地、真实地了解到我的父亲母亲,以及老一辈革命前辈的艰苦经历与卓越奋斗,以至在后来不可预测的剧烈冲击中,始终保持着较为清醒的认识,敢于面对任何严峻的考验,始终追求做一个正直而善良的人。

谭明枢老师为我保存了50年的作文本,我一定要去看望他!我从同学包淑群手中接过谭老师转交的作文本后,便与她约定了去看望谭老师。几经转折,打听到谭老师的家,并与他联系后,我们带上鲜花和水果,摁响了门铃,谭老师早就在客厅里等候我们了。50多年没见过面,谭老师依然是那么精神抖擞,谈话依然是50年前的语态,不紧不慢,娓娓而谈。他灰白稍显稀疏的头发,依然梳得整整齐齐,透露出年长者的睿智。他笑眯眯地看着我们,我深深地感谢他将我50年前的作文本保存了这么久,50年后还完好地送还给了我。为什么呢? 谭老师淡淡地说:"一个学生用功写的作文,舍不得扔啊!"他的话真是惊到我了,对学生的真诚与爱护,是用任何语言都无法表达出来的。原本想象的万分激动的师生会面,却是在平平淡淡的对话中度过了。

临别时,谭老师把他亲笔撰写的一幅书法作品送给我,上书:"桃李芬芳社会栋梁,别离半纪欢聚一堂,抚今追昔师恩难忘,同窗情谊地久天长。初六七级走进南开50周年聚会志庆,甲午仲秋谭明枢撰书。"

　　刚劲有力的毛笔字,言简意赅的赋辞,一位80岁老者的精神与心态,跃然纸上——深深地感谢我的语文老师谭明枢先生!

　　另外,教我语文的还有马燕云老师,她是一位秀气斯文的女老师,戴着一副白色透明框的眼镜,说话温柔又带有书卷气,她教我们写作时,特别强调细节的描写和夹叙夹议的写法。在两位语文教师的教导下,我对待学习和写作一丝不苟、谦虚好学、追求进步。

　　南开留给我的何止是一本泛黄的旧作文本,分明是老师们的孜孜不倦与谆谆教诲! 后来,我也从事文字工作多年,秉承着南开精神,担任了重庆大学校报编辑部主任,采访过无数高教战线上的先进典型以及优秀师生,精心地组织和编辑过各种文稿,多次获得过各种奖励,每一点每一滴的进步,都深深地渗透着南开老师的心血!

　　重获50年前的习作,师恩难忘;师生50年后的相聚,师恩难忘!

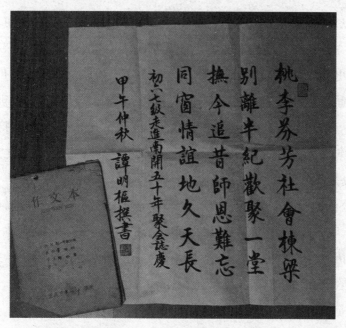

谭明枢老师的题词和50年前的作文本

母校情：不思量自难忘

高1967级7班　万明云

作为一名老三届的三中学子，4年多的在校经历及所学所悟，已成为一笔宝贵的精神财富。在后来的人生岁月，我从中受益良多。离校50年，感念于心，不思量自难忘。

梦断与梦圆

1964年秋，怀揣大学梦，我考入了当时名气很大的重庆三中读高中。三中原名南开中学，是建立于抗战时期的老名校。略显陈旧的青砖教学楼，红专、勤俭、东风的楼名，印刻着历史的沉淀。我进校时，傅校长是实际履行校长之职的副校长，卧病的老校长喻先生，只闻其名，直到去世都未得一见。"允公允能，日新月异"的校训，记忆中已不再公开提起。倒是记得有次听食堂的一位老厨工说，当年为了学会用英语向老师问好，自创了一句颇有职业特点的土英语："锅头摸鱼，提起（儿）。"一笑之余，以管窥豹，觉得母校还真是不寻常。

母校居公认的六所市属重点中学之首，教学质量很高。在这样的氛围中，老师敬业，学生勤奋，我一步步缩短着与梦想之间的距离。谁也没有料到，原本三年的学业只学了两年，便因"文革"中断。继而"停课闹革命"达两年之久，于1969年3月初，我离校回乡务农。走出校门的那一刻，我没有多少留恋，也没有埋怨。我清楚，母校已不能为我圆梦，但这是她的无奈，不是她的过错。

三年后的三月间，我后来所在单位来公社招人，推二招一，我被列入其中。简单的面谈后，单位叫我写一份简历交上去，不久后我就被通知录取了。过后才得知，我的名校经历起了大作用。12年后的1984年，凭着在母校打下的基础，我以全市第二名的成绩，考上电大党政管理干部基础专修科，圆了大学梦，并在毕业后不久从基层调到市级部门。对这两件改变我人生的事，当时只是庆幸有个好母校，没有细想。上了些年纪后，每念及此，心里便不禁一热。春风化雨，大爱无言。想不到，母校会以这样的方式，默默地惠泽一位普通的离校学子。

迷惘与起步

后来，随着阅历增多，我慢慢明白：相信与怀疑应该是共存的。正如一位大学副校长所说：这个世界永远处于变和不变之中。正因为不变，所以我们需要有确定的东西；正因为有变，所以需要质疑。变与不变同时存在，纠缠在一起。懂得这个道理后，我便时常告诫自己，遇事要多一些冷静和理性，少一些冲动和盲从。

母校毕竟是所中学，她可以为学子们打下比较好的基础，却无力赋予独立面对社会的能力。苏格拉底说："逆境是磨炼人的最高学府。"在那个特殊年代，社会这个严格得近乎无情的课堂和考场，补上了这块教育"短板"。离开母校走向社会后，尽管遇到种种难题，遭受了不少挫折，但是有母校给我的底气，我都咬牙挺了过来，"纸上得来终觉浅，绝知此事要躬行"。从书本上学到的知识，经过实践的汗水催化，转变为解决实际问题的本领。其间的酸甜苦辣、喜怒哀乐，自然一言难尽。"四人帮"倒台后，我看过一部日本纪录片《狐狸的故事》。影片中，狐狸母亲一次次决绝地驱赶着刚长大的孩子，要它们独自谋生的场景，令我热泪盈眶。

今天，当我可以平静地回首那段并不平静的经历时，首先想的是，那仓促、稚气且不能后退的第一步，是从母校迈出的。

沧桑与本色

2016年10月，我回校参加了母校建校80周年纪念活动。绿荫掩映的校园焕然一新，校训被立于醒目处。三栋教学楼早已改建，红专、东风楼恢复了原名，我就读过的勤俭楼名依然沿用。宣传橱窗里，张贴着本届高考佼佼者及录取学校的名单。由在校学生担任的志愿者热情有礼，充满青春活力，不时地从橱窗前经过。

母校敞开大门，历届学子陆续进入，成群结队，欢声笑语，韶华虽逝，友情仍在，不问杰出或平庸。我站在新勤俭楼前，往事依稀，心潮难平，回家后吟成"水调歌头"一首：

求学青砖屋,真谛寓名中。

书山勤助登顶,俭养德如松。

相伴晨曦晚月,共度冬凉夏热,追梦盼成功。

不测风云起,离别各西东。

八旬庆,寻旧忆,换新容。

玻璃钢构楼号,却与那时同。

榕树幕墙半掩,才俊风华正茂,不识白头翁。

一笑解心结,珍重夕阳红。

当年的现实,已尘封为今天的历史,当年的历史,又蝶变为今天的现实。面对这既熟悉又陌生的情景,回忆起在校时青砖楼的灯光,离校后那些年的彷徨、求索、艰辛、自强,让我想起那句很励志的话:"在校时我为母校而自豪,离校后母校因我而骄傲。"在母校的大庆之日,此心此情,竟不知道该怎样表达。禁不住遐想,来一次心灵亲近的母校神游。拨开功利的眼翳,过滤炫目的光环,真切地看看心目中母校那朴实厚重的本色,由衷地献上我们这代人特有的谢意和祝福,然后听母校深情地说一句:

"你们都很精彩!"

南开风

高1967级1班　王崇仁

去年(1995年)8月,一位朋友的儿子考入了重庆南开中学高中部。朋友儿子在渝中区一所颇有盛名的市重点中学读完初中。去南开报到前,他不以为然地说:"南开也不过是市重点,我不如就在市中区母校读书,何必到沙坪坝……"但他父母还是送他到南开报了到。 两周以后,这位小校友言谈为之一变,谈起南开时神采飞扬,虔诚而由衷地说:"不一样,确实不一样!"他说,进了南开校园,有一种说不出的风气使人精神振奋,有一种说不出的力量催人勤奋努力,奋发向上。我说,这就是传统、习惯、作风的力量,这是南开几十年日积月累,沉淀升华下来的宝贵财富——南开风。 南开风——南开之校风,南开之学风。南开教师、学子之风,其内涵太丰富、太深厚了,仅用现在通行的"六字诀""八字诀"或"十六字诀"是不能将它概括出来的,它是南开几届校长、几代教师,几十届学生在特定的环境中,集数万杰出教师、学子思想、意识、作风、智慧之优秀,经过数十年的淬炼,逐渐形成的精神财富。这是南开最显著的特征。

我作为沐浴在"南开风"中近八年的学子,至今仍清楚地记得南开的许多事情。有一年夏季,三伏的风让人十分烦躁。一天晚上,我父亲和母亲第一次,也是唯一一次一起到南开来看我,他们两人晚上8点钟到,在勤俭楼,也就是我们班教室后门外足足站了一个多小时,等下晚自习时,我们的班主任才发现他们。我问父亲为什么不叫我一下。他们说:"进入南开校园,只见左、右两边的教学楼日光灯通明通亮,但校园里静悄悄的,使人肃穆,听不到一点儿声音,看不到一个闲走的人影。在这样的环境中,他们不能不放轻放慢脚步,我走近你们的教室,收敛声息,默默地看你们自习,直至下课……"当时,我记得我们班主任看到他们时,他们眼睛里充满的虔诚、感激之情,感激南开给他们的儿子创造了那么好的学习环境。在南开这座肃穆的学子殿堂里,虔诚之情油然而生。

我是1961年考入三中读初中的,进入三中的第一年,给我印象很深的是三中为我们组织了各种各样的竞赛,有数学竞赛、英语比赛、作文竞赛、查字典竞赛、朗诵竞赛等,我几乎参加了所有的竞赛,在作文、数学、朗诵、查字典竞赛中分别获得第二名、第五名、第二名、第二名。当时,正值三年经济困难时期,几乎全国人民都在为果腹而奔忙。但三中各种各样的竞赛把我们的竞争意识、自强意识充分地激发了出来。每年一度的全校田径运动会,其规模之大、项目之全,在中国中学体育教育史上也是罕见的。

至今,我这个凡夫俗子身上还保留了一种百折不挠的竞争意识、奋斗精神,这也不能不感谢我亲爱的母校——南开中学。南开的传统、作风之所以能够延续、丰富、发扬和光大,还得益于南开"大班带小班"的好做法。记得我刚进初一时,学校就确定当时的高二5班作我们的大班。"大班"的哥哥姐姐几乎是责无旁贷地成为把我们引入南开殿堂的向导。他们给我们讲南开的历史,讲南开的校长、老师,讲南开的骄傲和遗憾,讲南开学子的责任和抱负,让我们不知不觉地接上了南开的"香火",为自己是南开人而骄傲、自豪……当我们读到高二时,我们也带起了"小班",我们又把老师、哥哥、姐姐言传身教的"南开"加上我们的感受,让"南开风"如涓涓细流一样,滋润着我们的小班。

时至今日,我还时常怀念我们大班的校友,当年初1964级2班的小校友在呼唤着你们。我也惦记着我们小班的学弟、学妹,你们还记得你们的"大班"——高1967级1班的哥哥姐姐们吗?

沧海人生　拾粟一二

高1967级2班　程以莉

有幸进三中

我是1961年考入重庆三中初1964级4班的。本来我打算填报重庆一中的,但在填志愿那天,还在重庆大学电机系读书的哥哥特意回家问我说:"小妹,你们今天填志愿,你打算填哪个中学?"我说:"一中。"他说:"哪个考一中哟? 要考就考三中!"说着就在我递过去的志愿表上唰唰地加了六笔,志愿表上的三个志愿,每个"一"字上都加上了两个横杠,变成了"三"。感谢哥哥的这几笔,让我有幸成为南开学子中的一员。

报到那天,因为是住读,我的行李有点多,我母亲送我到学校。一进校门,走完林荫道,就见空坝上拉起的红底白字的大型横幅——"三中是清华的摇篮,清华是工程师的摇篮。"

58年过去了,这些就像昨日发生的事情,让人记忆犹新。就这样,我开始了我的南开生涯。1961年,全国正值"三年困难时期",粮食实行配给制,国家给中学生的粮食定量是各类人员中最高的。由于我们的户口已经迁入学校,家里没有我们的口粮,因此每周放归宿假的时候,每班由生活委员造册,去食堂领大米。每周六天,只打一次牙祭,午餐基本是一个4两的苞谷馒头加牛皮菜。偶尔学校去鱼塘打鱼,给我们改善生活。同学都处于长身体的时候,经常不到开饭时间,就清口水长流。这时,在寝室看书的同学,打开盐瓶子盖,倒一点儿盐在手心,用舌头舔一下,又埋头继续看书;过一会儿,又舔一下。此情此景,让我们终生难忘。

那时,真是官兵一致,同甘共苦,革命理想高于天,连某军政委的女儿也和我们一起舔盐充饥。就是为了读这个书！这瓶盐是我们放归宿假回家，家里人用家人的盐票换来盐，炒了以后让我们带回学校的。我们的盐票是交给学校的。

学校校纪严格，每个班每天只有三张出门条，用于购买生活用品——东风楼底小卖部缺货或没有的，生活委员就可以到生活老师那儿开出门条，写清姓名、事由、外出时间，回校后再交还给生活老师。我们几个调皮的男女同学就经常从木工房的篱笆上的洞口钻出去，或从低矮的围墙翻出去，去买烤红薯或者高粱粑，再原路返回，把洞掩盖好，以备以后再次出动！现在已经是白发苍苍的我们回忆起这些情景，仍然像喝了咖啡一样兴奋。

在家"逍遥"的日子

1967年末，军宣队、工宣队进校，各派沉寂，我们无所事事，又无书可读，只能每周回学校晃荡一下，让人很无奈。为了安顿青春，对自己有个交代，我们班的同学自觉组织到农村去锻炼，去工厂学工。何远征的老家在巴县保农公社，就组织我们在双抢时节，吃自己的饭，住五保户家，参加双抢。当时农村的生活条件之艰苦，物质生活之差，是当学生的我们难以想象的，现实和理想差距太大。没想到一年后，我们也和他们一样，面朝黄土背朝天，过着与他们一样的生活。

我们除了劳动，还充当"宣传队，播种机"。我们走在离重庆市区如此之近的近郊农村劳动，后来到长安厂劳动，受到的教育就完全不一样了。产业工人觉悟之高，纪律之强，工作认真负责，精益求精，让我们受用终生。

学工学农都学过了，为了不荒废光阴，我们组织了自学小组。当时我们手中仅有毛主席语录和毛主席诗词，我们班上几个女同学，就自觉组织起来学习。我记得，在杨季珍家里集体学习的次数最多。后来我又加入到高三6班胡庆隆的学习小组。在他家里，我们利用他姐姐读川大前留下的书籍，如联共(布)党史，马克思的《资本论》、恩格斯的《家庭私有制国家的起源》等，组织我们学习。这些书让我们终生获益。这样的逍遥日子一直持续到1968年12月。"我们也有一双手，不在城里吃闲饭"的指示让我们生活又拐了一个弯……

"十五的月亮升上了天空"

　　我是1969年4月挂钩去巴县虎溪区曾家公社大定三队插队落户的。在校的时候,我也在校农场及近郊的公社短暂干过农活。但当真正成为接受再教育知青时,才知道锅是铁浇铸的。生产队属于平坝地区,田多土少,人口多;每年种两季稻子,一季小麦。除了交公粮,剩下的粮食分给各家各户,但这些并不能满足当年的口粮,在青黄不接的时候,胡豆、豌豆出来以前,只好用野菜来充饥。生活的艰辛,让我们深深地感到人生的不易。我们累死累活干一天,只有工分6分,只值人民币0.18元。而我们干的都是最强的体力活——栽秧、打谷、晒地坝……最苦的莫过于两件农活:第一是双抢。白天割完麦子,晚上便顶着月亮用铁锹深翻,第二天灌水,然后插秧。其劳动强度之大,直到今日想起来还心颤。而手上磨出的老茧,在几十年以后,才磨平消失。翻田,是从田中央开始,向周边翻。我们3个女知青被分去翻不规则的、类似三角形或扇形的田。脚将铁锹用力踩下去,边踩边退,一撬盖一撬,退着向田边作业,干着干着,互相就看不到了,只听得到喘息声,互相再招呼一声,又接着干。干着干着,雾就出现了,只听见远处的狗叫声,也不知道当时是几点了,但是有一点儿我心里是知道的,不干完不能回去睡觉休息,因为第二天白天,这个田要灌水插秧。第二件农活是夏收时节送公粮。当天的谷子,经过晾晒、风干后,每人用一副箩筐担着,每次重量不一,但每次都不少于100斤,我记得我挑的最重的一次是118斤。几十里的石板路,低着头跟着社员的脚步走,前面的人不停下来,就不能休息,只能换着肩挑,继续走。本来用来擦汗的毛巾,早就用来做垫肩了,但即使是这样,肩头还是被磨出一片片红斑,汗水一浸,便火辣辣地痛起来。夏天,每天累得骨头散架,回到家以后,一个人用柴火在铁锅里煮三斤新米,其他两人到菜地摘一大把藤藤菜,回来倒入锅里,炒辣锅菜——没有油水的菜。开饭才一会儿,风卷残云,便饭干菜尽了。随后我们便下河洗澡,开始了一天最幸福的时光。下河以前,河两岸的知青先对歌,对歌的第一首,是约定俗成的敖包相会,然后对记得的其他情歌,比如康定情歌、蝴蝶泉边、刘三姐等歌。河两边,你一首,我一首,记得的,记不得的都拿来唱。一人开了头,大家便一同唱和起来。只要是情歌,都拿来唱,有的不止唱一遍。直到两边人影都看不见了,我们才收场。两边的女生在上游,男生在下游。穿着白天的长衣长裤,洗完澡,各自回家。一天的辛劳和幸福就此结束了。

奉献几十年的"事业"

南开中学高1968级4班的樊小平同学，是在渣滓洞牺牲的红岩英烈、共产党员黄绍辉的女儿。她还在她妈妈肚子里时，她父亲就被国民党抓了。她的妈妈是地下党员樊汝琴，为了避免国民党斩草除根，她出生以后，就随母姓。

高1967级2班的我——程以莉，是在渣滓洞牺牲的红岩英烈、共产党员程谦谋的侄女。程谦谋知道地下工作十分危险，坐牢杀头随时都可能发生，因此家里催他结婚的时候，他回答："天亮了再安家。"他牺牲在重庆解放的前3天，年仅29岁。他没有成家，我就是他的后代。

继承先烈遗志，传承红岩精神，是我们两个烈士后代义不容辞的责任。南开学子的我们，为此义务奉献了几十年。

1989年，当时四川省妇联主任车耀先烈士的女儿车毅英去中央开会，在11·27扫墓后，也感到捍卫红色江山的紧迫性。烈属们也自发成立了亲属联谊会，后民政部门定名为红岩英烈史料研究会，第一任会长是渣滓洞脱险志士孙重。樊小平和我均是第一届常务理事。樊小平是研究会的财务主管，我是副会长兼红岩英烈报告团团长。从此，我们成了党和政府联系烈属的纽带，成了全国各地宣讲红岩英烈事迹和精神的义务报告员、各地红岩班聘任的辅导员……

这一切都是义务的，几十年来，大大小小的几百场报告，以及去看望烈属的费用，除了有单位派车接送外，我们都是自掏腰包去买车票付交通费的。当时财务搞得很严格，慰问烈属的慰问费都限定在50元以内，车费等交通费用都得自掏腰包。樊小平严格把关，得到了市委党史研究室的高度信赖和赞扬。

一路走来几十年，我们觉得父辈们为了打江山，命都付出了，作为他们的血亲传人，共产党的贴心豆瓣，理应义务付出，真心奉献。孙重70岁退休以后，担任会长的依次是正厅级的钟修文、厉华同志，每次换届，均因为我们两个非常称职，一直担任原职务直到退休。财务主管樊小平，几十年来的账目管得清楚，现金分文不差，烈属们对她高度信任。红岩英烈报告团更是受到各级领导及广大群众的好评。几十年过去了，我们两人也从风华正茂，走进古稀之年，但"壮士"暮年，初心不已。父辈们为之奋斗的富强、民主、自由的新中国，也是我们一生的追求，哪怕我们的一生都是"冒着敌人炮火前进"。

三中的老师,终生的烙忆

初1966级2班　张其儒

1963年秋,我从重纺厂第三子弟校考入重庆三中,到1969年4月下乡,在学校待了近6年。在这两千多个日日夜夜里,许多记忆都模糊了,而有些事却记忆深刻。当年大饥馑,我在学校却基本上可以吃饱饭,每周还会打两次牙祭。那时年少,正值长身体之时,还得从家中带点炒面或再买点机动粮来补充,方能满足身体的需求。三中读书学习的氛围很浓,一天六七节课加早晚自习,还有课外活动,时间排得满满的。印象最深的就是寒冬腊月,那红专楼、勤俭楼外的蜡梅盛开,香气袭人,沁入心田。同学们,你们可曾记得,那花香伴着书香,伴着那青春的气息是一种什么样的感受啊!

那时我们对知识的渴求十分迫切,就像一只只饥饿的雏鸟,拼命地从亲鸟嘴里掏取食物一样迫切。我要说说那些"亲鸟"——教过我老师的点点滴滴。教语文的张绍文老师上课时总是文采飞扬,激情四射。数学老师金叔重在我心中是位和蔼可亲的老者,幽默风趣。教俄语的先是一名美女老师邓冠军,后来接替她的是廖彦木老师。廖老师看似木讷憨厚,实则颇有"心计"。他经常在自习课时来抽背我们学过的俄语课文。生物老师康振华是一位中年知识女性,温文尔雅。康老师上课,板书工整漂亮,普通话圆润标准,听起特别舒服。还有多才多艺的化学老师汪严渝。最记得有一次课间,他高歌了一曲毛主席诗词谱曲的《蝶恋花》,那才叫一个动听,"真由(优)美"。历史老师龚奇柱才华横溢,上课时他谈古论今,旁征博引,口才极佳,听他的课简直是享受。物理老师叶长坚,不但课讲得生动,而且还会装配无线电器材,像装个晶体管收音机、矿石耳机,在我们看来简直不得了,那可是高科技哟。叶老师还是无线电课外活动小组的指导老师。我参加过无线电报的课外小组,跟着叶老师团队学了几天"嘀嘀嗒"。

可惜由于愚钝,没学出个所以然,后来便不了了之。现在想来都有点遗憾。这里还得说说体育老师李丁一、王泽典。背地里同学们戏称他们二位为李丁丁、王点点。印象中,李老师高挑帅气,王老师则阳刚威猛。一个擅长篮球、排球,一个擅长足球。李丁一老师打造和执教的南开女篮,在全国中学里闻名遐迩,这是后话了。当年的王泽典老师,是从省青年足球队调来的。在足球场上,他那矫健的身影,那精湛的技艺,那潇洒、那范儿,令我们这些小男生佩服得五体投地。他就是我们心中的明星、偶像。用当今最时髦的说法就叫"男神"。加上受学校传统体育项目田径的影响,从那时起我就爱上了体育,尤其是足球。直到现在我仍然是体育爱好者。虽然中国足球屡战屡败,关键时刻总是掉链子,没给我带来多少欢乐,但是我对足球的热爱却始终初心未改,恐怕多少得益于王老师当年的风采吧。

　　最后就是我的班主任,我最敬重的地理老师徐亚莉了。当年徐老师才从西师毕业,正值风华正茂、意气风发的年纪,她青春靓丽,充满了活力,引得众多青年男教师的倾慕。徐老师不仅书教得好,更育人优。她始终关心我的学习,关心我的生活,关心我的成长,还关心我的身心健康。她就像一位善良可亲的大姐姐一样,始终关爱着我们班上的每位同学。多年过去了,这份真情、这份关爱始终令人难以忘怀。关于地理课,我心中还有个小秘密,我从小受鲁滨孙这类故事的影响,有个周游世界的梦想,但我不能说,也不敢说,只能藏在心里,那学习地理的动力就大了。记得有一次上地理实习课时,徐老师带大家走出校门,来到了歌乐山麓,结合实地讲岩石地貌。当面对山脚下那一派郁郁葱葱的景色时,同学们的喜悦兴奋之情溢于言表。到了晚年,我迷上了旅游,儿时的小秘密、心中的大梦想,也有可能去逐步接近了。当年喜爱的地理就真派上用场了。现在无论去到哪里,我都喜欢登高远眺,当面对祖国的大好河山、锦绣山川或异国风情时,都有一种兴奋感、新奇感。有时情不自禁地想起了当年歌乐山地理实习课的场景,那就一个字——爽!

　　岁月不居,时节如流。转眼间,56年过去了。我们离开学校,走向了更广阔的天地,历经了岁月的风风雨雨、人生的起起伏伏,从青葱少年走到了古稀之年。教过我的老师中,有的已经作古,健在的也都是耄耋老人了。但是他们的音容笑貌经常萦绕在我心头。那些教过我或没教过我的老师,他们都有一个共同的特点,就是忠诚于党的教育事业,传道、授业、解惑,是园丁、蜡炬、人类灵魂的工程师等。我看他们其实都一样,都有一颗红亮的心——爱心! 都热爱教学、热爱学生、热爱教师这个职业。

　　亲爱的老师,用您那渊博的学识、高尚的情操、人格的魅力教育了我,启迪了我,也感染了我,让我受益终身。也正是南开一代又一代的老师用自己的辛勤耕耘,才使南开成为当之无愧的名校。我这名南开学子感谢您,老师!

大起大落话初中

初 1966 级 4 班　陈建军

1963 年 9 月，我考入重庆三中读初中，被编到初 1966 级 4 班。全班 47 名同学中，有来自郭家沱望江厂的江智益，有来自唐家沱东风造船厂的罗延华，还有来自南山邮电学院的刘奥南和侯玲玲，等等。

辉煌的初一

我们初一的班主任叫倪西萍，是一位年轻的数学女教师，她身材高大，为人和善，班级管理的点子多。从年纪来看，她参加工作的时间仅两三年，但书教得好，工作很有一套：我们报到前，她就掌握了全班同学的基本情况，报到的第一天就指定了班委、布置了任务，使积满灰尘的教室变得井井有条。第二天别的班还在做清洁，我们就坐下来选出了小组长、科代表等全部班干部。

倪老师从不摆架子，善用表扬来鼓励每个人，用英烈事迹让犯错误的同学自我反省。在不长的时间里，她就把全班同学紧紧地凝聚在了她周围，大家都喜欢她，很听她的话。无论班上搞什么活动，只要她一声令下，同学们总是全力以赴，不遗余力地完成，和她在一起，大家都很愉快。她组织各种主题班会，让同学们将班上的好人好事自编自演，生动又励志。她还与外校合办联欢会，使同学们很有成就感，集体上进心融入了每人心中，我们班成了全校有名的"好班"。

刚进初二，在"迎国庆"全校大会上，校长宣布了振奋人心的好消息：我班被评为重庆市先进班集体。奖品是一大沓崭新的少儿书籍，大家欣喜若狂。为配合市里的表彰，重庆人民广播电台决定将我们班的事迹编辑成专题节目。为此我们班自编了一首合唱歌曲(名字和内容已记不清了,只记得词曲作者中有胡志钢),合唱的开始和中间穿插了诗朗诵,由普通话说得好的徐汉光(男)和陈伟(女)担此重任。电台录音前,我们天天下午练习。有天下午,电台来人了,我们唱了一遍又一遍,唱得精疲力竭,最后总算录完了。没过多久,学校通知说,今天早上重庆人民广播电台将播专题报道,介绍我们这个优秀集体,要求全校在早自习收听。我们静静地坐在教室里,悬挂在黑板上方的喇叭中传出播音员清晰的声音:"重庆人民广播电台,现在是某节目时间……重庆三中初一年级4班,是重庆市的优秀班集体……"广播里随后传出我们的歌声,播音员用她那娓娓动听的声音介绍着我们班,讲述了班上涌现的好人好事和优秀事迹,还记得有胡志钢将鹅卵石放在嘴里念英语的事……时至今日,我仍然觉得我们班确实是优秀的集体,是一个永远值得怀念的集体。这也是我第一次听录下来的自己的声音,虽然它完全融在合唱声里,根本不可能分辨出自己的声音,但我仍然很激动。后来,在全校的文艺晚会上,我们班又把这一套自编自演的、在重庆人民广播电台播放过的节目做了"汇报演出",引起了全校师生的极大兴趣。总之,那段时间是我们班的"辉煌时期",同学们也着实"风光"了一阵子。

由"治"变"乱"的初二

初二开学前的一个晚上,酷夏暑热未消,我正在津南村五号的院子里歇凉,同院的数学老师柳孟华问我:"你们倪老师被调走了,你知道不?"我顿时大吃一惊,随后只觉得心里非常难过,什么话也说不出来,一个人在那儿呆呆地想了好久。这么好的老师为什么要调走? 我心里一点儿不明白,只晓得对这样的事,我们是一点儿办法也没有。

开学后,大家知道了倪老师已被调走的消息,都非常难过,也很气愤,但这种心情却只能埋在心里。

客观讲,新来的班主任当时不过二三十岁,要她什么事都做得很对,也过于苛求。当时班上的乱象,从现在来看,本质上不在于她。她为管理班级也付出了很多心血,是一位很有责任心的老师。

倪老师被调走的事给我们这些十多岁的少年造成了心灵创伤,却无法得到及时弥补,所以当时班上有一些同学,带着这种心灵的创伤,每天都以一种抵触的情绪走进课堂。胡志钢,这位在初一时便闻名全校的学习尖子,到初二变化极大,再也看不到他读初一时那种老实、听话的样子了,而是常常带头出些歪点子与老师作对,他的这种变化,不由使我想起了班上另一个同样被撤销班主席职务、我曾经的小学同学,他俩当时的表现,真是如出一辙。

变化从初二上学期的后半期开始愈加明显,我们班始终处于一种乱哄哄的状态,班主任的变更,引起了我们心灵上的变化,其结果是优秀的初一4班彻底完蛋了,成了全校闻名的"烂班"。

无法重振的初三

为改变我班的混乱局面,恢复"优秀班级"的昔日风采,当我们跨进初三时,学校另派来一位班主任——龚奇柱老师,男,教历史。他课教得不错。不过学校调他来接任我们班主任,绝不是因为他的课上得好,主要因为他此前治乱有方:把上一届的一个全校闻名的"乱班"调教成了好班并让学生顺利毕业了,为此很得校方赏识,特将他专门调来我们班,以望再创辉煌。

当时听到他来的消息,我们心中涌起了一丝欢喜,毕竟我们还是希望自己的班变好的。龚老师踌躇满志地来到我们班上,我们也真诚地欢迎他的到来,衷心地希望和他一道再去寻回初一时的美好时光。

然而,不久后我们就发现,我们过于天真了。不知是因为对倪老师的感情太深,还是因为初二时留下的创伤太重,也许根本原因很简单:龚老师不是倪老师。尽管他工作十分卖力,却收效甚微,我们也不知这到底是怎么一回事,尽管我们对他确实并无敌意,却很难和他默契配合,师生之间总有些格格不入,对此,龚老师百思不得其解。记得有次在教室,面对我们这种冷漠的态度和几十张难见笑容的脸,他十分气恼地说:"你们这是干啥子嘛!一个个就像借了你们的谷子,还了你们糠壳一样!""糠壳!"梁国华极其敏感地应了一句,逗得全班同学哄堂大笑,原来这是有些同学背地里给初二班主任取的绰号,龚老师自然不知,所以引得全班一阵莫名其妙地大笑。

初三时的纪律虽有些改观,但人心已散,再也无法恢复初一的辉煌。

初中整整三年,我们班就这样经历了大起大落的变化,最后变得无可奈何。当年十三四岁的我们,无法从更深层次去认识世事,所谓"爱与恨",也只是"跟着感觉走"。

后记

前不久,在微信群看到我班刘奥南回忆倪西萍老师的《一年师生情缘,五十年难以忘怀》的文章,搅动了我心中的酸楚和难以忘怀的回忆,随即找出了我写于1992年的上述文字。我在27年前写的这篇回忆,真实记录了我们班初中三年的起落演变,将我深藏心里30年的话全盘托出。

如果倪老师不被调离三中,如果倪老师带我们走完人生道路上那至关重要的三年,我们班的人才谱定会呈现出另一番精彩。

留忆为纪,纪史为鉴吧!

一年师生情缘,五十年难以忘怀

——倪老师,初1966级4班永远的怀念和遗憾

初1966级4班 刘奥南

我毕业离校十年后,成为昆明陆军学院一名教官,每当第一次叫出新学员的姓名,对方眼瞳里都会激起一瞬的惊喜。如果我前两天上课就能叫出所有新学员的姓名,就会立刻拉近了心与心之间的距离。

时光闪回到1963年夏,我收到南开中学——当时重庆三中的录取通知书。作为提前报到的"预备役"班干部之一,刚进教室,倪老师就叫出了我的姓名。

有一种神奇,是心的凝聚

第一次班干部会,我们一一进行了简单的自我介绍后,班主任倪西萍干脆利落地下达了任务。第二天大家各司其职:登记报到、接待同学和家长、引导同学去男女生宿舍、安顿好之后马上返回、分工打扫教室。看似七手八脚,实则忙而不乱。当其他班还在热火朝天地整理桌椅板凳时,我们早已各就其位,选出了所有班干部和各科科代表。倪老师说:"初1966级4班排在全年级的最后,但学习、生活、组织纪律我们样样都要争全年级第一!"

那一天,倪老师还唱了一首歌,慰劳大家首战告捷:

革命人永远是年轻,

她好像大松树冬夏常青。

她不怕风吹雨打,

她不怕天寒地冻

……

难忘的初一学年，倪老师一直伴随在我们身边——清晨，她陪我们出操；中午，她查我们午睡；傍晚，她带我们练球……欢声笑语中，我们很快完成了从豆蔻少年向三中学子的全方位转型。

两条麻花辫，一双明亮的眼睛，微笑显得自信，永远那么年轻——这就是倪老师在全班同学心目中的标志性形象。

有一种温馨，是重锤无声

倪老师是数学老师，话不多，却说一不二。她教会我们计算同学间的最大公约数，解析凝心聚力的多元方程式。

表扬，是所有老师的传家宝。倪老师善于用表扬来"做乘法"。开学第一周，一场突如其来的摸底考试，给我们这些全市各区的"优秀生"来了个下马威。好多人只考了六七十分。倪老师马上在教室后墙开辟了"张贴栏"，将分高、书写整洁的试卷张贴出来，不久后，100分的高颜值试卷就挤不下了。

很多不起眼的小故事，被倪老师找来以温暖我们的心，激励我们的意志。如胡志钢坚持含石头练英语，克服了因"大舌头"而发音不准的障碍；吴学荣借伞给邮递员遮邮件，自己却冒雨行走；还有不少同学放假期间下乡支农访贫问苦，等等。她组织联欢会，或与外校合办联谊会，让同学们自编自演班上的好人好事。小故事激发大能量，聚沙成塔，不断地推升着集体上进心。

批评，是所有老师的基本功。倪老师善于让挨批的同学自己去"做除法"。初一半期考试，党书文数学考了93分，倪老师一声不吭把他从最后一排调到第一排的靠边座。当时身高1米53、全班身高之最的党书文深感"脏班子"（重庆话：非常难堪），到处一打听才得知，93分是全班"幺鸭子"。知耻而后勇，他发奋刻苦终于连考三次100分，倪老师又把他调回了最后一排，从此他再也没换过座位。

还有一次，党书文跟梁国华吵架，倪老师把他俩请到柏树村她的宿舍，找了本抗美援朝的书，要他俩自己学习上甘岭坑道中8名志愿军战士分吃1个苹果、还剩半个没吃完的故事，然后自己便就做家务去了。洗完衣服，倪老师让他俩各谈各的心得体会，两个冤家很快握手言和,成了一对好朋友。

记不得哪位男生在晚自习时讲鬼故事,吓得周围女生哇哇叫,任课老师也招呼不住。这回倪老师真的生气了,晚自习后,她把全班留下来痛批了一顿,大家都低着头不敢看老师发火——"以后冉隆庆(数学科代表)收完作业本不送教研室了,就留在这里,我守着你们改作业!"

从此晚自习全班云寂风静,只听见日光灯整流器均匀的鼾声,偶尔从别班传来几句叽喳笑闹。高年级来的辅导员(高一年级对口班优生)悄悄地告诉我们:倪老师其实就躲在附近,边备课边听教室里的动静。不过没几天她就放心回教研组办公室了。

有一种痛苦,是追忆幸福

在全班同学脑海中,倪老师只有"严肃"和"微笑"两种表情。微笑代表了自强自信,严肃的背后是更高的标准。

可是期末放假前,倪老师却哭了,她泪流满面,哭得非常伤心。那是在勤俭楼,教室里只有几位女生。倪老师突然进来说:"我要走了……不能再当你们的班主任了……"

接着,教导处文杰主任通知紧急集合。倪老师平静地端坐在前排中央,脸上看不出一丝泪痕。大多数同学搞不懂,为何单单只有我们班要照相,反正与老师合影很开心,有些同学还笑得很灿烂。万万想不到初二一开学,我们班就再也没有倪老师了。

家住学校的胡立英,暑假里为倪老师送了行。去南岸区滨江中学的一路上,骄阳似火,汗流浃背。胡立英心里有说不出的阵阵酸楚,倒是倪老师不断地开导她、安慰她道:"离得不太远,我会经常回来看你们的……"

但倪老师这一走,就再也没回过重庆三中。

初二开学,恰逢金秋国庆。共和国15周年华诞之际,校长在全校大会上宣布我们班被评为全市优秀集体和百面红旗之一,市里还奖励了一批少儿书籍。

那天,全校停课收听了重庆人民广播电台专题采访报道的节目。主持人热情地介绍了三中初1966级4班的先进事迹后,由胡志钢作词作曲并口琴伴奏,全班同学齐声高唱《我们和祖国一起成长》,中间还穿插着徐汉光和陈伟的男女声诗朗诵。

这次广播,倪老师事先不知道,也没法收听。事后她从心底为我们祝福,丝毫不在意节目中根本没提到她的名字。

正是这次宣传报道,引起了各级领导对我们班的关注。教室后面经常坐满前来听课的新老教师。有一次分管教育的市领导"突然袭击",大步走进课堂,年轻的实习教师马燕云霎时满脸通红,紧张得直吐舌头。课后我作为中队长参加了市领导召集的座谈会,报告了一年来倪老师带领我们创先争优的心得体会。

正是这次宣传报道,让很多外地外校师生慕名而来,与我们结成友谊班,相互学习取经。

也正是这次宣传报道,让我们倍加怀念咫尺天涯的倪老师。对新来的班主任康莹翔老师总是不太习惯。一不小心,同学们就会说:"倪老师原先就是那样讲的。""其实倪老师真的不是这么做的……"

有一种奉献,是一刀两断

20世纪60年代,几乎没有私人电话,更没有手机。同学们想念倪老师,只能写信提前约好见面的时间地点。

第一次,好像是在鹅岭公园,有张德江、周道萍、张素兰等四五人。久别重逢,我们有说不完的话,不知不觉又开始"忆苦思甜",七嘴八舌告了康老师的状。谁知,大家的话还没说完,就被倪老师厉声喝断:"不许乱说!康老师是好老师,是我的好朋友!她来接这个班,给你们当'后妈'多么不容易!一定要学会接受她!一定要支持她的工作!"倪老师还特别嘱咐张德江,不要在意别人怎么看,自己要争气!

每次见面,倪老师都恨不得把压在肚里的话通通倾诉出来:"三中有那么多好老师,你们一定要珍惜!像英语课喻娴文老师,是老校长喻传鉴的女儿。她从教近60年,发表论文数十篇。还有语文课老师吴谨行和张绮文、物理老师叶长坚、历史老师龚奇柱、政治老师康莹翔、生物老师许义忠和康振华、化学老师罗海湖、地理老师马英羲、体育老师王泽典、音乐老师刘德清……你们有那么多一级教师、市级优秀教师。我好想好想听他们讲课,你们千万不要身在福中不知福!"

可是初1966级4班仿佛得了"不治之症",任凭领导一次次开会研究,任凭康老师使尽浑身招数,任凭班干部变了又变,各科老师换了又换,这个班的士气仍然一天比一天低落,纪律变得涣散,全班成绩也逐渐下降。

终于有一天,郑群和覃民菁又闹翻了。巾帼不让须眉,覃民菁抓起讲台上的墨水瓶就往地上猛砸。班长王跃均赶紧上去劝架:"上学期你俩就这样闹过一回,信不信我去告诉倪老师?"郑群头也不抬地说:"赶紧赶紧,快去告!"没想到倪老师竟大步流星走进了门来。郑群一下子笑弯了腰:"哈哈哈,我俩就猜到只有大闹一场,倪老师才会回来哈。"倪老师一听,转身又消失了。恨得大家一个劲地直骂郑群废话多,眼睁睁把倪老师给气走了。

虽然这只是一场梦,但全班同学无不盼着倪老师能回来。我们相信,只要倪老师往讲台上一站,初1966级4班马上就能大病康复,起死回生,根本用不着吃药打针。

不久后,倪老师让胡立英带话给大家:"以后不要再联系我了,这真的不利于全班的学习和进步。我也不会再去鹅岭公园和你们见面了。"

有一种牺牲,是返璞归真

1976年,我从部队回家探亲,和班上的英语科代表结了婚。婚后我们告别父母,再到滨江中学看望倪老师。她从前的那两条麻花辫已变成干练的卷发,一双亮眼睛依旧炯炯有神。

2003年,在北京万科青青家园倪老师的女儿家中,王珊玲、侯慧玲和我又见到已退休的她。那一头卷发虽已显花白,但脸上的微笑却熟悉得令人心碎。

师生见面,心照不宣地翻看了相册。那张"感谢我们的老师"全班合影,是倪老师一生的最爱。她用指尖挨个触摸往日的学生,回顾当年的一言一行,追问现今的影迹行踪。

2005年,倪老师回重庆后,每到校庆同学们总要去看望她。大家告诉倪老师:初二期末康老师也离开了,初三班主任换成了历史老师龚奇柱。初1966级4班始终是个患难与共、不弃不离的大家庭。其间转校来了两位新同学,无一例外都选择了进我们班……其实许多故事倪老师早就听过了,只不过从学生嘴里讲出来,她愿意听了又听。

但对于突然逆转一生命运的那段往事,倪老师只有淡淡一笑,不愿提起。

我们说,是南开造就了倪老师,倪老师比我们更懂南开——早在1904年,张伯苓老校长建校之初,南开就确立了"中国一流"的崇高目标。1936年,重庆南开中学诞生,新中国成立后成为全国重点中学，其品牌传承的重要指标之一，就是教师队伍"名牌大学本科以上"的硬道理。

我们不知道师专毕业的倪老师是怎样来到三中的，只知道南开的荣誉鞭策着她，南开的精神激励着她。也许，当年仅21岁的她恨自己的"不够格"，为了回报南开赐予的人生机遇，为了无愧于"名牌大学本科以上"的超一流水平，冥冥之中她把初1966级4班视为了自己的亲骨肉，义无反顾地透支了她全部的青春和热血，心甘情愿承受了骨肉分离的切肤之痛。

战场上，优秀的将军是敌人打出来的；课堂上，优秀的教师是学生选出来的。没有南开，就没有初1966级4班的倪老师；而一旦倪老师与这个班融为一体，就再也没人能替代她。我们不得不向接班的康老师说声对不起！真的太难为您了！干好了可能是别人的功劳，干不好全是您的过错！这对您一开始就不公平！

但历史从来做不到完全公平。纵观一个学校、一个国家、一个民族的崛起，不仅需要冲锋陷阵，同样也少不了忍辱负重。这是截然不同的两种牺牲。历史潮起潮落，涌动着无数冲锋陷阵的英烈，也回荡着无数忍辱负重的悲歌。

在我们出生的1950年，老校长张伯苓在校庆之日被天津南开中学拒之门外，然后被南开大学安排在校庆会场的最末排。老校长忍受了这一切，他在学校发展和个人恩怨之间，默默选择了前者。

庆幸的是，这一切今后再也不会发生了。

老校长永远属于南开，倪老师也永远属于我们初1966级4班。

祖孙三代缘　情意系南开

高1968级8班　唐琼兰

人生旅途中,总会遇到几处不舍的风景或几份难忘的缘分。我家祖孙三代(我父亲、我本人、我女儿)与我的母校——重庆南开中学(重庆三中),一个历史悠久、人才济济、闻名遐迩、令人羡慕敬仰的重点中学——结下了难舍难解的情缘。

父亲开启南开缘

1939年,我父亲26岁,参加了修建南开中学的工作。那时他是一名石匠。一天,祸从天降,一块很大的石头砸在了父亲的右脚趾上,顿时鲜血直流,我父亲立即被送到医院进行了止血包扎。第二天,尽管他的脚仍肿得老高,但他还是坚持去上班。伤口不断有血渗出来,包扎的纱布很快湿透了,他就自己找了块破布把它包裹了起来。半年过去了,他受伤的脚不但没有好,还生了蛆,疼得实在不行了,他就找个没人的地方号啕大哭。工友们安慰他,给他买草药吃,找土方治,用叶子烟烧成灰涂抹在受伤的脚趾上。父亲的三哥知道了,从另一个工地赶过来看他,给他买来了药品,兄弟见面又是一场抱头痛哭。

1941年,日本大肆进攻中原,湖北汉阳兵工厂搬迁到重庆市,大渡口建29兵工厂开始招工人。为了兄弟之间能够相互照应,父亲和三伯一同前去报考,后纷纷进入29兵工厂,仍从事石工活。29兵工厂是重庆钢铁公司的前身,我父亲和三伯成了重钢最老的职工。新中国成立后,父亲很珍惜今天的幸福生活,他拼命地学文化、学技术,工作苦干实干,后来被提拔为工长,分管土石建筑工作。

新中国成立后,父亲曾又去过一次南开中学,看到当年自己亲自参与建设的南开校园,倍感亲切。尤其是学校办得如此好,名声远播,他感慨万千。于是,在我初中毕业时,他极力推荐我报考南开中学。

自己接续南开缘

1965年8月的一天,我正在院坝里玩得欢,听见父亲叫,我便赶快跑了过去。父亲高兴地拍着我的肩膀说:"你的录取通知书来啦,考上重庆三中啦。"我飞身跑回家中,看见母亲正笑盈盈地拿着通知书呢!当我从她手中接过通知书时,爸爸妈妈的脸上都挂满了幸福的笑容。

那天晚餐,菜比平时多了一个,爸爸妈妈说这是为了庆祝我考上了重庆三中,弟弟妹妹都用羡慕、景仰的目光看着我。

开学报到的时候,父亲送我去学校。走到学校大门口,父亲却止步不前了。他仔细地端详着校门,端详着"重庆市三中"的字牌,端详着校园里的景物,仿佛要从这里找寻到当年那些难以忘怀的记忆。

学校的大门很宽,足是有20米。大门内有一条笔直的大道,通向校内两幢教学大楼之间的广场。这条步行大道由正中一条8米宽的主干道和两旁各2.5米宽的小步行道组成。三条道路之间,高大茂盛的黄桷树陪衬着。大道两旁最边上还有茵茵的草坪。整个学校很是气派高端。这时,一个学姐跑过来对我父亲说:"叔叔,你们是新生报到的吗?"父亲回过神来连说:"是的是的,我们是新生报到。"校门内摆了很多张课桌,一些老师和同学在那里接待新生,学姐查到了我的名字,告诉我我被分在高一8班。然后她就领着我们去女生宿舍放行李。

进大门沿大道往前走100米,就来到两座教学大楼中间的广场上。学姐指着右边的红色砖墙大楼说,这叫"红专楼",高一年级就在这座大楼上课。她又指着左边的一幢青砖大楼,说它叫"勤俭楼",高二年级在这座大楼里上课。

与广场紧紧相连的有一条很亮眼、很宽平的大道,这条沥青大道宽7米,两边是由砖砌成的4~5米宽的步行道。这条大道叫"三友道",是连接学校南北的主要大道。大道两旁种有黄桷树、小叶榕、蜡梅、桂花、樟树、赤竹等,尽显这座学校的幽静和生机。学姐说,这条三友大道也是同学们晨练的跑道。

从勤俭楼过去,可见学校的礼堂、医务室、两个学生食堂,还有男生宿舍。男生宿舍再过去就是学校的后门,可以走到沙坪坝的陈家湾。

学姐带着我们往三友大道的边上走了几步,哇!一个无比宽阔的运动场跃入我们的视线。我们居高临下,整个运动场尽收眼底。运动场大致分为上下三个阶梯状的平面。最下面是有标准的400米跑道和足球场,足球场两边是多层看台。看台上的座位都是用平整连二石修砌的,非常规范。每年学校举办运动会,全校师生都能入座。第二阶梯篮球场区,有6个标准篮球场,篮球架子都是新的。第三阶梯是单杠、双杠、高低杠活动区。

我们顺着三友路向右走,经过了红专楼,依次看见校图书馆和4个羽毛球场。我们途经一幢青砖楼房,学姐说这幢楼叫"东风楼",是物理、化学实验楼。在羽毛球场和东风楼之间又有一条5~6米宽的步行道,这条道与三友路垂直相连。这是通往东风楼、教师食堂、女生宿舍的道路。学姐说沿三友路再往前走就是老师住的津南村了。

女生宿舍在东风楼后面,这里有一个向下的坡道,先经过教师食堂,再往前走就到了女生宿舍。女生宿舍是一座平房,呈"目"字形。门口有一个值班室,是生活老师的工作室。一条竖着向里伸延的长长通道,是进入宿舍的主要通道,通往各个寝室。最里面有一条竖着的通道,是盥洗间,里面安装了很多水管,供大家洗漱。同学们的寝室是门对门相向而建的,属于典型的内廊式建筑。宿舍共有两个内廊通道。

我们高一8班的教室在红专楼二楼的左端,全班有49名学生,女同学18人,男同学31人。我们的第一位班主任老师叫芮联铣,个儿不高,身材清秀,腰板挺得很直,走起路来风风火火,非常干练。他第一次走进教室时,手里抱着一摞奖状,他首先给我们讲的是,老校长张伯苓先生的"允公允能,日新月异"的校训。他说,学校办学的目的,就是要培养对社会有用的人,德才兼备的人,能够严格要求自己、不断进取、为祖国奉献的人。他指着这些奖状告诉我们,他任过很多届高三班主任,这些奖状都是他所任教的各班的学生获得的。芮老师希望我们向他们学习,争取在各个方面都取得优异成绩。芮老师的话掷地有声,铿锵有力,催人奋进,使我深受鼓舞,终生难忘。

令人惋惜的是,我们于1965年9月进校读书,1966年6月就停止上课,开始了"文化大革命"。这么美好的校园,这么强大而优秀的师资队伍,不到一年,我们的学习生活便戛然而止了,每次想起来都让我深感惋惜。即使如此,南开中学的校训和南开中学的校风却深深地影响着我并根植于我的心中。

我还记得，清晨，当第一次电铃声响起，同学们就迅速翻身下床去晨练。这个时候，大大小小的操场、步行道上，到处都是同学们晨练的身影。晨练后，大家返回寝室，迅速整理床铺，洗漱完毕后，便去教室早读了。还未走近红专楼，就能听见琅琅的读书声。早餐后，我们上午会上四节课，下午上两节课，然后是自由活动课，晚上上自习课，我们便做作业复习功课。规律的作息生活培养了我良好的学习习惯。

我还记得，学校重视学生德、智、体全面发展，培养每个学生参加体育锻炼的好习惯。初中时，我最不喜欢体育课，但是到了南开，校运会上我还参加了投掷铁饼的项目。

我还记得，学校重视对学生劳动习惯的培养，我们每次吃完饭，都要把蒸饭的大饭盆洗得干干净净送回厨房。我们还得参加学校菜地的劳动。

南开中学的教育理念和教育思想培养了一代代南开人，我在这里不光学到了知识，更树立了正确的人生观、世界观，它们成为我人生道路上的行动指南。1969年1月29日，我离开了心爱的母校，响应毛主席"上山下乡"的号召，第一批来到内江农村，1971年我被调回重庆钢铁公司工作，直至退休。我在自己的工作岗位上兢兢业业，踏实奉献，付出了自己的努力，得到了领导和同志们的认可，获取了高级经济师职称。

女儿再续南开缘

像当年我受父亲熏陶一样，我的独生女儿也深深地爱上了南开中学。她于1992年初中毕业后报考了南开中学，就读于高1995级2班。她的班主任李朝勇是一位教学经验丰富的老师，他带领的这个班，多次获得年级第一名和学校的优秀班级。1995年，我女儿获得了南开中学的保送名额，进入重庆大学工商管理学院学习。

我家祖孙三辈与南开中学的缘分，绵延了60余年，犹如一根红线，把我们三代人串在一起。这根红线，就是南开精神、南开校训、南开人的品格，引导着我们在平凡的人生中，沉着应对各种风浪，以坚定的步伐，不断学习进取，脚踏实地为社会做出自己的贡献。

由南开学子,到巴蜀儿女

高1966级4班 何雪峰

百废待兴,有幸进了巴蜀

我是重庆三中高1966级学生。1969年9月下乡,1970年11月,我从巴县虎溪区建新五队被重庆二师招生回城,接受一年的中师培训。

"文革"后期,百废待兴。为了改变当时城区中小学师资严重缺乏的局面,从农村招收了一批下乡知识青年,让他们回城进入中等师范学校学习。入学后,我被分到理科班,教材是当时现行初中的工基(工业基础)和农基(农业基础)课本,内容十分简单。转念一想,我原暗自定的"在农村第一个五年计划",不到两年就结束了,算是人生的一次幸运转折。

一年的学习转眼便结束了,为了方便工作,也尽量减少我们这些速成中师生给学校增加的住房压力,分配政策很如我们的心愿——原住家在哪个区就分到哪个区。我家往市中区,因此就分到了当时市中区的文教局,我在文教局填了"分配志愿表"。我知道当时对师范生的规定是中师生只能教小学,所以填分配志愿表时,我把住家周围1公里范围内的小学都填上了,没有填巴蜀小学和41中学(现在的重庆巴蜀中学)。但是三天后我去文教局拿分配通知,一看去向,居然是重庆市第41中学。

我怀着诚惶诚恐的心情到学校报到。学校办公室负责接收新老师的人事干部问我要不要住在学校,我问:"一人一间房吗?"回答说:"集体宿舍。"我说:"我不住集体宿舍,我家就在大校门外。"学校教导处很快就安排我到物理组任初中物理老师,并指派了一名老教师作为我的指导老师。记得第一节上的课是工基课本上的"照明电路",这是我的强项,在三中读高三时,物理课上教过照明电路,当时我还给物理老师——我们的班主任彭贵成老师当过"照明电路"实验课助理。第一节课下来后，我得到了指导老师的好评，于是他给学校建议说："这个新老师物理上得不错，可以单独排课。"就这样，我开始了初中物理教学生涯。

我只教了一学期物理，1972年9月一开学，学校便把我调到数学组教数学。我在三中上了三年高中，真的没白混，我教当时的初中数学一点儿也不费力。从第三学期开始，也就是1973年，我开始担任一个初三年级的班主任并负责教两个班的数学。我从1971年11月被分配到41中，到1976年9月底为止，短短5年不到，共换了两门学科，当了5个班的班主任。我在年轻教师中算是镇得住学生的老师，学校也就把我当成"消防队"，哪个班打架斗殴的学生多，就把我派去哪个班。一学期下来，我把一个烂班理顺了后，学校又让我换阵地，所以不足5年，便换了5个班，做了5次班主任。

1976年9月，学校安排我任一个高中班的班主任并上数学课，9月中旬全校到石桥公社二郎大队学农劳动两周。我不幸患了急性黄疸肝炎，第一中医院医生建议我全休，住院治疗。头天住院，第二天上午就被查房的科主任赶了出来，因为我住的是内科病房，当时第一中医院没有传染科病房，主任怕传染其他病人，只好让我回家养病。不料这一养就是近十年，急性肝炎变成了迁延性肝炎。1977年、1978年的高考与我无缘，大学梦也就告吹了。

由教师到厂长

从1977年10月起，据医嘱，我恢复了半日工作。学校把我安排到校办工厂工作，本来说的是两年轮换，结果我却在校办工厂的岗位上度过了我的后半生。

刚开始，我在学校的金属加工厂工作，一直干到1983年，直到金属加工厂关闭为止。1984年，学校领导换届，新上任的领导想要改变41中贫穷落后的面貌，决心先抓经济，改变学校经费捉襟见肘的状况。因此就抽调了几个人出来专门启动全校经济创收工作。由此，开启了41中的改革开放之旅。

在校领导的召集下，经开会商量，决定办一个印刷厂。没有启动资金怎么办？当时我建议学校招商引资。经过探索和努力，学校引进了世界语协会的资金，引进了重庆印制一厂的设备和技术。从1984年10月开始筹备，到1985年3月初开业，41中的校办印刷厂起名为"重庆巴蜀印刷厂"。为了改变学校的经济面貌，学校不惜将时任外语教研组组长的傅唯泉老师(同为南开老三届学友)抽调出来办工厂,加强学校的创收工作。在学校的支持下,经过我们的共同努力,到1994年时,印刷厂年税后利润达到百万元以上。这时,学校领导换届,上级决定傅唯泉进入学校领导班子任第一校长。校办厂从1984年开工到2010年撤销,其间共经营了25个年头,印刷厂为学校创造了可观的利润,不但解了当时学校办学经费拮据的燃眉之急,而且为逐年改善教职员工生活福利创造了一定的条件。

为了巴蜀,甘愿付出

作为南开学子,忠诚、实干和创新是深入骨髓的品性。多年在巴蜀工作打拼,已经让我们深深地爱上了这个有深厚历史积淀的学校。1996年,第41中学恢复校名为重庆市巴蜀中学,重庆市巴蜀中学在傅校长的带领下,紧密团结全校教职员工,大刀阔斧改革创新,引入现代化教书育人机制,人才成长与经济效益并行不悖,各方面工作得到全面推进,稳扎稳打地推动了巴蜀中学在全市直属学校中挤入先进行列,成长为在中国和世界有一定知名度的中学。

从我有幸进入巴蜀中学开始,到成为推动巴蜀中学改革创新发展的一分子,我见证并参与了巴蜀中学奋起和振兴的艰难历程,以傅唯泉为代表的南开学子的付出和贡献为光荣和骄傲。从这个意义上讲,我也为自己的母校——重庆三中感到光荣和骄傲!

我的第一个中学暑假

初1967级3班　王卫国

　　我于1964年考入重庆三中。进校不久,我在学校众多的课余兴趣小组中选择参加了无线电小组。无线电小组的辅导员是体育教研组的聂运辉老师,组长是高中的龙云翘同学。小组的活动室位于男生三宿舍的半地下层。刚入组时,我只会安装矿石收音机。在聂老师的指导和学长们的热情帮助下,我初步学会了安装电子管收音机。

　　1965年夏天,我度过了我中学时代的第一个暑假。学校无线电小组选拔了一批同学,去参加重庆市业余体校在沙坪坝文化馆举办的无线电训练班。训练班分为无线电工程和无线电通讯两个分班。通讯班的训练科目是发报技术。我们工程班的培训科目是装配五灯电子管收音机。所谓"五灯"就是五个电子管。收音机的电子管越多,就越高级。在当时的市面上,五灯电子管收音机是收音机中的高档品。

　　班里的每个学员都有一个工作台和一套工具,包括万用表、电烙铁、钳子、镊子等。比起在校内大家共用工作台和工具的情形,我们颇有点"高端大气上档次"的感觉。

　　我们班主任是一位来自市体校的严格而亲切的女教练。从讲解线路图和操作流程,到手把手地指导我们装配和调试,她都十分细致严谨。我们的工作内容是将一大堆各种各样的零件装配成播放声音清晰的收音机,不仅有速度要求,而且有对布局、布线和焊接等工艺的要求。在训练过程中,我们装了拆,拆了装,反复操作直至熟练。在结业考核时,我取得了在1小时50分内完成装配并一次调试成功的成绩。通过训练班,我们不仅学到了技术,还培养了一丝不苟、有条不紊的工匠精神。这对我后来从事学术研究和法律工作起到了启蒙作用。

　　整个暑假,我们白天在文化馆参加训练,晚上回学校宿舍休息。假期里宿舍区空空荡荡的,我们常常在晚饭后到文化馆灯光球场看篮球比赛。在我的印象中,高中的谢文华(我们称为"巴队长")曾活跃在这个赛场上。

后来,我成了一个无线电爱好者。1969年2月下乡插队时,我带了一部自装的半导体收音机。进村后的那段日子,每晚都有许多村民聚集在我们的住处,他们对这种能说会唱的小匣子充满了好奇。似乎可以说,是我们让这个保留着刀耕火种传统的古朴山村,第一次与现代电子技术发生了交集。

难忘我们的少年时光

初 1967 级 4 班　郑红岩

　　我所在的班是重庆三中初 1967 级 4 班,我们班刚组建好就有了点小名气。因为它还有个身份:重庆市沙坪坝少年业余体校田径训练二队。这是由重庆市体委直接领导下的少年业余体校,给我们训练的教练全是市体委的专职田径教练,教过我们的教练有王渭农、李生铭(四川省队)、牟指导(四川省队)、蔡启文、童光琦等,还有上一届体育班的学姐樊小平、周蜀芳、杜瑞芸等也经常协助教练带领我们训练。上一届的体育班是初三班,就叫"一队"吧,他们取得了全校瞩目的好成绩,在每一年的全校田径运动会上屡获田径总分第一名。

　　我们这个班是新招进来的体育班,引起全校的关注是理所当然的。我不太清楚自己是怎么分到这个班来的。大约是开学以前,我接到要提前参加学生干部培训的通知,因我正在代表沙区参加重庆市的少年游泳比赛,我姐姐就带我去学校请假,姐姐正是当年的高中毕业生。在红专楼的一间办公室里,我们说明了请假事由。当时,在办公室接待的老师说了一句:"还会游泳啊,真不错,这学期有个体育班哟!"想不到就这样,我就到了这个班!

　　进入这个班,我的个子不高,站队排在倒数二三位,我虽在八九岁时学会了游泳,可是对田径知识和技能一窍不通,一切都得从头学,反正跟着大家跑呗!

　　每天下午 4 点以后,我们全班都会到运动场上去训练。刚开始得学习做准备活动,需从头部、手腕、肩背、腰腹、腿部一直活动到踝关节,然后我们再进行各种训练,如小步跑、高抬腿、弓步跑、交叉步、蛙跳……同学们跟着教练都学得很认真、很刻苦,绝大多数同学都和我一样从头学起。

在初一年级时,刚训练了半年多的我们,在全校田径运动会中就获得了初中组团体总分第一名的好成绩。这一次获胜比较侥幸,因为初三体育班的成绩太强,被安排到与高中组一块比赛,我们在没有强大对手的比赛中获得了冠军。这一次比赛,我班同学都根据自己的喜好报名参赛,收获颇丰,王新生同学打破了女子垒球的校纪录。

第二年,我们初中二年级了,上一届的初三体育班升了高中之后,"一队"体育班就结束了。我们班又经过了一年"三从一大"的刻苦训练,即从难从严从实战出发,大运动量训练,同学们的身体更棒了,田径技能技巧也掌握得更娴熟了,例如跨栏、起跑与冲刺、男生的俯卧式跳高、女生的跨越式跳高、投掷、中长跑中的弯道技术……经过这一年多的训练,我们的进步非常大。在运动会的报名阶段,我们在排兵布阵上又做了新的尝试,不再像上一年那样自由报名参赛,而是在认真分析每一位同学的特长与优势基础上,让每个同学去报名参与他们有竞争优势的比赛项目,力争每个项目都有人参加,每个同学又都尽量参加规定的两个项目,充分发挥各自的优势。这样,不缺项,不漏项,保证了我们获第一、第二名的优势,又确保了前六名的各项小分得手。

运动会报名酝酿和最后决定时,我们在教室里讨论热烈,简直是一个班委扩大会,大家畅所欲言,认真分析比较各种情况,最后确定了报名人选。可以说,这次比赛集中了全班同学的优势,特别是在投掷项目中,男女同学各包揽了所有投掷项目的第一、第二名,尤其是白霜同学,连续两年打破了手榴弹的校纪录,这是要加分的哟!集体项目的男子和女子4×100米接力,全班派出了实力最强的选手参赛,交接棒完成得非常漂亮,完全按照教练平时的教学步骤进行,双双获得了冠军。我们班的同学不仅在男子100米、200米、400米、跳高、跳远等项目中获得第一名,还在女子100米、200米、400米、跳高、跳远等项目中也获得了第一名。我至今仍清晰地记得,我和张明惠参加的200米跑上,张明惠像一只欢快的小鹿,一直跑在最前面,我紧随其后,在弯道上尽量拉长步幅,身体向跑道内径倾斜,逐渐加快步频,在加快到最高频率时,正好进入直线的100米,于是我们一鼓作气,全力冲刺,将教练平时教的弯道技术充分展现,力量加速度,跑得轻松愉快。最后,我俩毫不费力地拿到了这个项目的第一、第二名。这一年的运动会上,我们班真是大丰收了,不论第一、第二名的大分,还是后几名的小分,统统都被我们收入囊中,团体总分遥遥领先初中各班,获得了初中组团体总冠军。在全班都积极参加锻炼和比赛的同时,还有一些体力体能不太好的同学,组成了啦啦队,为运动员鼓劲喝彩,在我们班自己搭建的休息营地为大家忙忙碌碌地服务。

我们全班还去过重庆市大田湾体育场,观摩过全国著名短跑运动员陈家全、贺祖芬的表演赛。在那次比赛上,大家目睹了陈家全100米短跑,女子短跑名将贺祖芬还同我们亲切交谈。如此近距离地接触国内最优秀的运动员,让我们着实兴奋了好几天! 在榜样的感召下,同学们参加体育训练的信心更足、干劲更大了。在这期间,我们班有3位女生参加了四川省和重庆市的少年田径暑假集训队训练,她们分别是蒋道群(短跑)、王新生(标枪)、张明惠(短跑),其中蒋道群同学在初一年级结束后,调到了四川省田径队,成为专业运动员。

那时,由于每天下午训练强度很大,4点以后去训练,我们往往要到晚饭后才能结束训练,肚子饿得快,很是难受。于是,中午饭后,午休时间,同学们就轮流去学校侧门外的烧饼铺买烧饼,在下午训练前加餐。那时学生在中午是不能随意进出校门的,同学们想办法将空书包从侧门的门缝递出去,叫店家装好烧饼后,又从侧门上方抛进校内,同学们接过书包,又拼命跑回寝室,这些6分钱一个的烧饼就是下午训练前的加餐美食了!

有时,这种加餐美食,又换成了同学们从自己家带来的冰粉之类的。在寝室里制作冰粉,我还是第一次见到,将神秘的小籽籽放入温热水中搓啊搓啊,搓到一定程度,就不要再动它了,待我们训练完后,它就成了冰冰凉凉的一坨水晶状的美食,真是美味!

虽然我们是体育班,但是文娱表演也不差哦。那年学校文艺会演,因我们每天都沉浸在运动场上,排练节目的时间有限,一时不知道该拿什么去参加全校会演,眼看会演时间一天天逼近,我想起我在人民小学读书时曾演唱过"学习雷锋",这不就是个现成的节目吗? 于是我立即召集几个同学,马上学唱学演,不到一星期,我们班的女生表演唱"学习雷锋"就搬上了舞台,有唱有表演,还有各式人物化妆,惟妙惟肖,还得了个什么奖。多年后,在同学们聚会时,大家还能哼唱个七八成呢! 这是我们第一次参加全校会演。第二次参加全校会演时,我们演出的节目是诗朗诵"学习王杰",朗诵的具体内容已经记忆模糊了,只记得我们全体朗诵者穿着王艾华同学从七医大借来的女式军装,英姿飒爽,神气万分!

那年,刚看完电影大型音乐舞蹈史诗《东方红》,我们就在寝室里自编自演起来,每天晚上演一小段，有的段落还百演不厌，直至晚上熄灯后，寝室里的我们还在低声哼唱"抬头望见北斗星"，还有同学在地板上匍匐着，做扬头伸手状……

参加体育运动，让我们班团结得像一个人一样，在关键时刻大家心往一处想，劲往一处使，真的是拧成了一股绳！以至几十年后，全班再相聚，不管有什么事，同学们的看法总能迅速达成一致。我想，这与体育班形成的集体主义、团结一致的精神是一脉相承的吧。

在体育班参加训练而收获的田径基本技能，也伴随着我进入人生的各个时期，那时候打下的体能基础，也让我终身受益。在退休后，我坚持每天锻炼，无一不折射着少年时代的光和影。

难忘南开！难忘我们这个班，难忘逝去的少年时光！

难忘的南开岁月

高1967级8班 彭家颜

如果有人问我,你一生中最美好的时光在哪里度过,我一定会告诉他,在南开的校园里。

如果有人问我,你人生中最珍贵的记忆是什么,我一定会告诉他,是南开的校园生活。

十六七岁,正值人生花季。如十里春风中的一片新绿,似含苞待放的朵朵花蕾,我们怀着"进三中,读大学"的美丽梦想,相聚于勤俭楼高1967级8班的教室,开始了三中的逐梦之旅。50年前三中生活中的那些人、那些事、那些情、那些景,仍时时浮现在我眼前,成为我一生中最甜蜜、最纯真、最珍贵的记忆。

难忘足球场上的矫健身影

无论寒冬还是酷暑,每日清晨6时起床铃响后,校园便沸腾了起来,足球场上、篮球场上,满是三中学子矫健的身影。压腿、做俯卧撑、跑步、跳远、吊单双杠、投篮……处处呈现一派火热的景象。

我在初中时身体瘦弱,常常头昏目眩。尽管成绩优秀,却自感学习吃力,压力巨大,以至于不愿填报普高,想读西藏军区卫生学校或北京邮电学校等中专类学校。在初中班主任的执意动员下,我填了普高,考进了三中。

我清晨6点起床,梳洗完毕后,便急忙与同室女生赶往足球场。我们先做预备活动:伸展四肢、弯腰压腿、做俯卧撑,然后围着足球场慢跑两圈,最后再做广播体操。日复一日,年复一年,这个习惯一直坚持到离校。

记得有一年,我参加了校运动会的"百米跨栏"项目(为了我班不缺席此项目,我硬着头皮报了名)。此项目要在百米内跑步跨越9个1米高的门栏,对于仅1.53米身高的我来讲,这是个大难题。在参赛前一段时间,我天天压缩吃早饭的时间,去足球场抓紧训练。比赛时,我还是落在了后面,差点撞倒一个栏,人也险些跌倒。尽管比赛成绩是最后一名(在意料之中),但我的心情却是愉快的,因为我勇敢地参加了高难度的体育竞赛项目,磨炼了意志,战胜了自我。

通过持之以恒的锻炼,我的身体奇迹般地强健了起来,整天精力充沛,学习倍感轻松。体育锻炼也使我受益终生,到了70岁高龄,我也无颈椎腰痛等疾病,身体健康,活得也轻松愉快。

难忘艰苦的军训生活

不记得是在高中哪个学期,只记得大概是五六月份时,学校开展了一次内容丰富的军训活动。在部队教官的指导下,我们身穿单衣裤,在满是尘土的操场上,反复操练队形队列、起立卧倒、匍匐前进。最让人振奋的是真刀真枪地学习瞄准射击,听说还要进行实弹射击竞赛,大家都盼望着那一天的到来。然而,真正到了实弹射击时,由于紧张,我的子弹却不知飞到哪里去了。最好笑的是,李连成同学的子弹打在了杨才容同学的靶子上,裁判判杨才容得分,李连成却得了零分,气得李连成嗷嗷叫。我们还学习了整理内务、打背包等技能,我操持家务的能力,就是那时学会的。

最难忘的是那次夜行军。不知是半夜几时几分,紧急集合哨音让我们从睡梦中惊醒,我手忙脚乱地穿上衣服打好背包,赶去操场排队。来不及打背包的易宗权同学急中生智,抱着个大枕头混进了队伍。集合完毕,大队人马在茫茫的夜色中,向山上急行军。寂静的山野中,只听见嚓嚓的行军脚步声,间或传来领队压低嗓门的提醒:"不许讲话!"长长的队伍,望不见首尾,大家都一个劲地爬坡上坎,无暇顾及身边的人。我眼近视,看不清路,加之又睡意浓浓,便深一脚浅一脚跟着前面的人走。天渐渐亮了,竟不知是怎样到达目的地的,又是怎样返回学校的。我只记得,返回学校时,已是第二天下午了,感觉整个人都散架了。

事后才从同学处了解到,那次夜行军是从学校出发,经杨公桥、烈士墓、三百梯、歌乐山、金钢坡、九道拐,最后到陈家桥虎溪公社地界(今大学城),单程40里,往返80里。那真是一次难得的锻炼啊!

难忘在道角的支农劳动

高一暑期，我班自行组织了一次为期一周的道角支农劳动。时值盛夏，气温高达40摄氏度，同学们又分散居住在各个区县，开始我们还担心去不了几个同学，但到集合那天，接到通知的同学都去了。

那是我们当知青前，第一次深入体验农村生活，同学们分散居住在各家各户，与农民同吃同住同劳动。三夏主要是收豆割谷，火辣辣的太阳，把同学们的脸晒黑了，肩晒脱皮了；稻叶豆秆把同学们的手臂拉出一道道口子，又痒又痛。这些大家都能忍受，最可怕的是田里的蚂蟥。有的稻田水未放干，同学们刚入水，一两寸长的蚂蟥便立即蠕动着游上来，胆小的吓得拔腿就跑，胆大的稍不留神，腿上就爬上了一两条蚂蟥。最头疼的是腿上的蚂蟥抹不掉，有人说用手拍可以拍掉，可是有的同学把腿肚子都打红了也无济于事，最后只得抓住蚂蟥硬往外扯，弄得腿上血淋淋的。

农村生活艰苦，但也有苦的乐趣。由于天太热，晚上同学们在家里睡不着觉，于是借来门板、竹板，在院坝里搭凉床，有的干脆就睡在露天大簸盖里。为了防止蚊虫叮咬，有的用床单把全身裹住，有的用蚊帐遮盖簸盖，但还是无济于事，于是大家就仰望着皎洁的月光，天南海北吹"龙门阵"。渐渐地，夜愈来愈静，只听见四周一片"呱呱呱"的青蛙叫声……在"稻花香里说丰年，听取蛙声一片"的诗意中，我们才不知不觉入睡了，大概是太困倦了吧。

难忘校园的多彩生活

那时，下午两节课后，是丰富多彩的课外活动时间。同学们踊跃参加各种兴趣小组，各种体育锻炼，活动身心，锻炼体魄。

踢足球、打篮球，是班里男生的最爱。下午时光，他们常成群结队地在足球场、篮球场上蹦跳奔跑。特别是打篮球，我班打遍高二无敌手，与教工队、学校联队比赛均曾获胜。

唱歌，是班里女生的最爱。课间十分钟，悠扬婉转的歌声常从我班教室飘出，让教室外经过的学友不时驻足倾听。《红梅赞》《珊瑚颂》《谁不说俺家乡好》《洪湖水浪打浪》等红歌被我们唱了个遍。

班里同学的音容笑貌，至今仍萦绕在我的心头，难以忘怀。

不能忘记,前排的你——班长王国树。你的字笔锋刚劲,字体俊秀有力,我常借看你的笔记,模仿你的字体,我现在的字体是拜你所赐。

不能忘记,后排的你——朱庆川同学。你常单指顶着我后背,与我商讨数学题。"彭同学、彭同学",那声音细细的,柔柔的,那时我觉得这"很喜剧"。

不能忘记,何国超、包德贵等男生,站在后排,冷眼看着前面唱歌的女生说:"太吵了!"

不能忘记,靓女陈贻芳,即使她只穿着母亲的一套旧蓝布衫,也难掩饰她秦怡般的美丽。她穿旧衣服,是因为曾有同学提出,她有点小资,导致第一次入团失败,从那以后,她专穿母亲的旧衣服。

不能忘记,酷爱古诗文的"诗爷"樊荣伍、憨厚的马功元、出口成章的吴绪源、多才多艺的顾大伟、唱歌女神刘誓玲、像大姐似的郑汉贞、美丽娇气的林迎新、常请病假的娇娇女杨才容…… 他们的多彩神态,至今仍常浮现在我眼前。

三中高中三年,相对于人生70年,是短暂的,但却是我人生中的黄金岁月。它让我从懵懵懂懂、体瘦质弱的少女,成长为心智成熟、知识倍增、体质强健的朝气青年。它赋予我厚实的文化知识,让我在一生的工作、生活中游刃有余;它赋予我正确的人生观、价值观,让我坚强地经受风雨磨炼,无悔地度过我的人生;它赋予我强健的体魄,让我身心愉悦,安度晚年。

三年三中生活,也给我留下这一中生最珍贵的东西,那就是"两年同窗学友情"——世间最纯真美好的情谊,一生最难忘的情谊,一世延绵的情谊。为了留下这真挚的情谊,我们班坚持五年一小聚,十年一大聚。在纪念高中毕业50周年时,我们还专门制作了精美的纪念画册和音乐相册。

现在,我们正渐渐老去。有幸在古稀之年,校友们开展了老三届忆三中的征文,把我们又带回到当年的峥嵘岁月。让我们在美好的回忆中,幸福满满地度今生吧。

昼思夜想母校，五十年后"回家"

高1968级1班　晁冰洁

　　我是原重庆三中高1968级1班的学生。后来因父亲工作调动，1966年我转学到了河南，再后来又经过"文革"、下乡……与同学们失去联系50年。

　　几十年来，我对三中、对同学们的思念几乎是朝朝暮暮的，忘不了母校一进大门的林荫大道；大道两旁的红专楼和勤俭楼；红专楼后面的图书馆、东风楼、津南村、桃李湖、共青湖，环境整洁、美观，秩序井然。学校重视环境美的教育，而且把爱国主义教育寓于美育之中。我忘不了每天在宿舍电铃声中匆匆起床，以最快的速度洗漱，急速到运动场集合跑步。我忘不了王泽友老师在课堂上神采飞扬的姿态。三中的伙食很不错，每桌有6~8个菜，每周星期二、四、六的中午还打牙祭。我还忘不了我和我的下铺周丽君形影不离，在教室与寝室、教室与学生食堂的路上，留下过我们青春的脚印，路边的黄桷树听过我俩多少悄悄话……好多好多情景总像放电影一样，流连于脑海，清晰闪现在眼前，难忘啊！自从2007年我学会上网以来，几乎每年我都要在网上搜索重庆三中的消息，希望在网络上得到我的同学们的消息。

　　后来，重庆三中已经复名重庆南开中学。2016年12月19日上午9时32分，我上网搜母校重庆南开中学的信息时，奇迹就发生了！据华龙网报道，10月17日重庆南开中学举行了建校80周年华诞的庆典！我想，老三届的学生肯定要参加南开中学80华诞庆典的，一定有同学录吧。几经辗转，我找到了校友会的电话号码，电话很快就接通了，我说自己是原三中高1968级1班的学生，名叫晁冰洁，和同学们已经失联50年了，想请校友会的老师找一下，有没有同学们的电话号码。感谢校友会热情负责的老师们，帮助我找到了我班班长高晓玲，听到高晓玲的名字，我的心都快蹦到嗓子眼了！在和晓玲通话的过程中，我俩都激动得声音发颤，我的腿也直发抖。接下来，晓玲由于视力不好，请薛祖超同学把我拉进班群，终于，我和同学们取得了联系！

2017年5月，我回到重庆，定于15日在母校与同学们聚会，晓玲与校友会取得联系，容我们在校会议室举行茶话会。去重庆南开的路上，我激动得心怦怦跳，简直要蹦出来，郭进军同学边开车，边谈笑风生地回忆着往事，我忐忑的心才算安定下来。他把车刚停在通往津南村的停车场上，马上就有同学来接我们，同学们已经在校会议室等待，一次又一次地雀跃拥抱，充满激情地握手，一个个地相认并直呼其名，抢着拍照。有的同学像孩子似的抱成一团，又蹦又跳，快乐、天真和诚意就是我们的三原色。人生万象，唯有此刻最是思无邪，我们似乎又回到了学生时代，印证了我们有过的青春，华发喜得重逢，在岁月深处，我们看到一群年轻的笑容。

茶话会上，高晓玲对本次聚会的意义和安排做了简单的铺垫和介绍。按照原班委的安排，陶犍和我一起朗诵了《同学颂》。王蒙的这首诗，把我们的聚会推向了情感的高潮，接着，同学们各自发言，气氛很是亲和。

茶话会后，晓玲带我们参观了张伯苓纪念馆和校史陈列馆，记住了张伯苓校长的教育思想，以"为国家谋富强、为人民谋福利和进取精神"为宗旨，也了解了老校长作为进步、爱国的教育家的人生轨迹。从津门翘楚到陪都典范，重庆南开以"允公允能，日新月异"的教育理念培养了无数优秀人才，作为南开学子，吾辈一生虽不能德才兼备，让南开以我为荣，然而价值取向和精神品质却足以告慰母校的培养。同学们携手并肩在校园里款款地走着，从津南村科学馆一路走来，围着运动场走到男生宿舍，再转回到镌刻着"允公允能，日新月异"的校训壁前拍照。大家的容貌已不再年轻，而心中的彼此却宛如初见，互相在热切的眼神里细细打捞着往事，件件往事好像花儿开过，那么清纯美丽；人人嘴角心窝满满都是喜悦，喜悦像是欢快的小溪，清清亮亮、干干净净地荡漾在心中，写在脸上。

在南开校园，从我们发奋读书的红专楼里，走出一群孙辈年纪的学弟学妹，看他们那洋溢着青春的笑脸，被翻过的光阴也重现了曾经年轻的我们。我相信，这栋楼的每一间教室里都住着往事，收藏着我们这一代人。

高1968级1班第二次聚会时间定在2018年10月22日，地点在鹅岭公园，我因为要搬家没有回重庆，无法参加聚会。20日10点多，我正在按照58同城提供的信息打电话预约搬家公司，忽然传来微信电话提示音，我一看是聚会筹备组的蒋桂珍同学，她说她一夜失眠，我问为什么，她要我一定答应了再说。原来是她想要我做个视频，并朗诵杨坤绪同学写的聚会祝词，还说这样就等于我和同学们在一起了。我正在准备搬家，可想家里就是一个乱字，人也不修边幅，经我坚辞，她说我可以不提供录像，只需提供录音。我在纷乱的环境和心绪中录了三次，朗诵再加上背景音乐，勉强算完成了任务。

前段时间净水器已经装好，可是，22日这天10点多，卖家来电话，说要去安装饮水机，在我赶往新家的路上，杨坤绪和陶犍在群里前后在微信里约视频，说是可以让我看下聚会场面，互动一下。我回绝了他俩，心里却是说不清什么滋味。下午3点多，我填了一首《满庭芳·我们》发到微信群里，没什么动静，只有利君说了一段话，这一次，她因为要带着江津老年健身球队参加比赛，所以也没去参加聚会。

下午4点多，晓玲打来微信电话，我叫了她一声，她就说同学们要跟我讲话，话音刚落就听到一个男声，连连叫着我的名字，让我猜他是谁，我马上回答："郭进军！"他说："你填的词我们都看到了，大家都说你是我们班的才女。"话音未落，听见秀秀说："冰洁，你的朗诵太好了。"话音未落，桂珍又接着说："我们都感动得不得了。"她刚说一句，又听到了郭进军的声音，我说："怎么又是你？"他说："我好想你呀，就想多说几句。"旁边一个女生说让教授说，教授是杨坤绪，他从西南大学毕业后便留校执教了，他说："你的声音很清纯，朗诵得很好，我写的祝词沾了女神的神韵。"接着，陶犍文绉绉地概括了聚会的感人场面和对我的鼓励，他的话音刚落，大家便抢着要跟我说话，因为去年参加了聚会，我基本能根据声音猜出他们是谁。同学们亲热随心、天真烂漫，我好像一下子回到了50多年前！我非常兴奋，也许碰了一下手机哪个地方，就听到晓玲说："怎么了？没声音了？"听到这里，我把通话挂断了。我整个人都洋溢在幸福之中，几乎浑身每一个细胞都活跃着愉悦感动的音符。

晚上8点多，晓玲传来语音，告诉我她到家了，还讲到，听了我朗诵祝词，想起了上学的时候，眼泪都忍不住了，接着祖英和桂珍都来了语音，再看群里，大家都在告诉同学们，自己平安到家了。我终于忍不住潸然泪下，尽情地哭了，是感动，是幸福，是满足。虽然我没有回重庆，但一样和同学们聚会了。

写到这里，我想说：亲爱的老同学们，半个世纪后我们终于再续南开同学情，此生没有遗憾了，感慨盛事如约，让我们取得微信联系，高1968级1班的春风依然和煦，感恩母校80华诞的信息,让我们这批学子圆梦聚会南开。亲爱的老同学们,南开学子们,祝福你们今后的每一个日子都安康快乐。

就用2018年10月22日我为同学们在鹅岭公园聚会填的词《满庭芳·我们》作为结尾吧:

怅望凉风,羁思鹅岭,有诸君正欢颜。

五十三载,难叙苦和甜。

遥想牛犊入校,书山路,崇尚先贤。

躬行做,人寻芳径,傲骨不平凡。

嗟乎! 沧海变,殃及弱冠,风暴无端。

盖天地吴钩,书梦难圆。

苍狗白云莫怨,清平乐,曲入筝弦。

从头越,古稀联袂,求索几十年。

一张特殊的毕业照

高1966级6班 曹光灿

照片制作：高1966级6班　肖星跃

　　我们班这张特殊的毕业照，它是由单张个人照片集合而成的。完成这个毕业照片集合，已距1966年高中毕业48年的2014年了。

　　1963年秋，45位瘦弱的青涩少年跨进了重庆第三中学，组成了高1966级6班。重庆三中由重庆南开中学传承而来，承接了南开中学的校园、师资和设备，继承了南开中学的优良教学传统和育人文化，汇聚了重庆最好的老师。可以自豪地说，我们接受了重庆乃至全国最好的高中教育。1000多个日日夜夜,我们刻苦学习,分秒必争,努力锻炼,持之以恒,德智体得到了全面发展。

我们虽然衣有补丁,食尚欠饱,但我们心中有理想,眼前有目标,腹中有才华。我们精神百倍,体魄强健,满怀激情地期盼高考的到来,信心十足地接受祖国的挑选,准备为祖国的航天航海、科学文化效力。

数十年光阴如梭,我们忙于生计,相聚也难,聚也不全。岁月流逝,已有几位同学撒手人寰了。

转瞬已过古稀,重庆三中的苦读岁月,我们的青春岁月,成长岁月,总难忘怀。使用了三年的单人课桌和高背靠椅,各位师长传道授业时的音容笑貌,清晨破晓时田径场千人奔跑的脚步声,图书馆前三友路边的阵阵蜡梅飘香……常常萦绕在我的梦中。

虽然我们早就毕业了,但没有毕业证,更没有一张记录彼时彼景的毕业照。一呼百应,借助同学们的热情、互联网和微信技术,历时一年多,由肖星跃同学组合完成了这张集群力大成的毕业照。这张毕业照沉淀了太多的理想、太多的记忆、太多的遗憾和伤感、太多令人回味的重庆三中高1966级6班的故事。

南开中学的教育影响我一生

初1966级1班 金 亚

南开中学是一所足以对一个人的一生产生重大影响的百年名校,我对此有着切身的认识和体会。

校舍环境的幽雅效应

我是1963年考进南开的,当时叫重庆三中。大家都知道,这是一所教育质量高、校舍环境好、学习氛围浓的重点中学。我怀着极大的热情和百倍的信心,走进了这所学校,开始了我的中学生活。

学校给我的第一印象是环境幽雅、树木成荫、花园如云、设施齐全。我们有标准的运动场、对称的教学大楼、恬静的红旗图书馆、整洁的实验室、庄重的大礼堂、成排的学生宿舍、飘着烹饪香味的学生食堂等。清晨,广播中放着运动员进行曲,学生们在鸟语花香中开始了一天的学习生活。

这种优美的学习环境,既能陶冶学生们的理想情操和精神生活,也能催生学习的热情和奋发向上的不竭动力。这种潜移默化的影响力,让我终身受益。

学习氛围的感染效应

南开中学的生源,来自全重庆市小学、初中的学习尖子,学生们整体素质较高,学习氛围也较浓。这些过去在原来学校的佼佼者进南开后,在南开的排名比在原来学校的排名大大落后。他们为了在这所尖子集中的学校里竞争取胜,又开始了新的拼搏,形成了你追我赶的良性竞争新局面。

在南开中学的每个清晨和黄昏,你都能在灯光明亮的教室里听到琅琅的读书声。在去食堂的路上、上卫生间的间隙、周末回家和周日返校的途中,甚至在熄灯后的被窝里,你都能感受到南开学子手不释卷的勤奋精神。这种浓烈的学习氛围,真让人有"少年强则中国强"的感慨。在这种氛围里,谁不愿奋发努力?谁甘愿老幺鸭子①? 南开赋予我的这种不甘落后、奋发向上的进取精神,是我一生奋斗的力量源泉。

学无止境的拼搏精神

记得在第一学期的作文测试中,我只得了75分。我很不服气,要知道我小学的作文一直是90多分的水平,现在为什么分数这么低? 我想不通,于是去找语文老师理论,语文老师和蔼地告诉我:"同学,虽然你的作文没什么错误,但文章写得很平淡。你现在读的是重点中学,打分标准和对写作水平的要求自然会高一些。"我听到这里,方知原来如此,我惭愧地低下了头,明白了天外有天、学无止境的道理。

记得当时我很喜欢几何课,因为它具有很强的逻辑推理性。我们当时学了三、四、六、八条边的图形分割,唯独没学五边形的分割。我当时很奇怪,就径直去问老师。老师说:"五边形的分割涉及黄金分割法,高中会专门讲。如有兴趣,可到新华书店去买本讲黄金分割法的小册子来看。"我在书店很快就买到了那本小册子,并专门进行了研究,学到了书本以外的知识。

老师还教育我们,一个人的一生就像一面镜子,以镜为镜能正衣冠,以人为镜能知长短。始终向比自己学得更好的人学习,自己才能不断进步,攀登新高峰。这是南开中学的告诫,也成为我以后学习和工作的准则。

无私奉献的体育老师

我当时在班上的男同学中身高中等,但短跑还可以。学校体育组的郗文星老师看上了我的奔跑速度,认为我适合去单独训练110米低栏跨栏项目。郗文星是学校德高望重的体育老师,为人和蔼可亲,我很快就成为他喜欢的乖学生,师生关系十分融洽。

记得有一个时期,每次训练时我都穿一双大皮鞋。郗老师问我:"你怎么老是穿一

①幺鸭子:重庆话,落在最后的意思。以前在巴蜀农村,稍有规模的养鸭户,在7~8月时会采用在四乡稻田游走放养的方式养鸭,而专事鸭群放养的人,总走在鸭群最后面。

双大皮鞋来训练?"我只好如实地告诉他,我家里经济条件较差,买鞋时球鞋皮鞋只能选买一双,我想到冬天冷,会冻脚,就选择了皮鞋。老师"哦"了一声,再也没说什么。第二天下午训练,郗老师让我到体育组去找他。我到了体育组,他拿出一双七成新的跳鞋给我说:"你拿去穿吧,跳鞋是适合跨栏运动员穿的。"我高兴地穿上跳鞋,鞋很合脚,我向郗老师道了声谢,便迅速回到运动场练习跨栏。这双跳鞋一直陪伴我到初中毕业,在我的学生生活留下了难以磨灭的记忆。

现在看来,一双旧跳鞋似乎一点儿也不稀奇,但在那国计民生极端困难的20世纪60年代初,可是当时的学生们梦寐难求的宝贝。老师这种不图回报、无微不至关爱学生的精神,成为我一生仿效的精神财富。

严于律己的榜样力量

南开中学是一所全日制住读学校,所有学生必须住读。那时住读最艰难的是早晨起床到操场锻炼这一关。

有一天,我们的班主任陈世海老师到男生宿舍视察,提出希望男同学们按时早起到操场锻炼。我听后很不满意,当场提出师生平等,要求老师也要参加。

第二天一大早,我早起锻炼,听到前面小跑步的脚步声,发现是陈老师在操场跑步,我心中突然感到既温暖又有些尴尬。

在老师的带领下,我晨练再也不缺席了。后来,有一天,我知道陈老师病了,据说她有心脏病,不能长时间跑步,陈老师犯病的消息让我感到深深的内疚和自责。她真像蜡烛一样,燃烧自己照亮别人,也照亮了我以后的人生道路。

在三年的中学学习生活中,我体会颇多,母校的教育在我后来的学习、工作、生活中始终起到了很大的作用。

我为自己曾经是母校的学生而感到自豪和骄傲。感谢您!我的母校。

忆南开

初 1966 级 1 班　付珊玲

1963 年 8 月的一天,我的小学班主任万老师悄悄捏着我右手的三根指头,这让我兴奋不已!因为这暗示着我考上了三中。三中从重纺五校当年两个毕业班只录取了三名学生,分别是三中初 1966 级 2 班的李进军,4 班的廖渝安和 1 班的我。

那年 9 月,我们开始了在三中的初中生活。初中毕业那年"文革"开始了,我继而上山下乡至 1969 年,从 1963 年到 1969 年这五年,虽然只占据了我们一生中短暂的光阴,然而这几年却奠定了我们的人生理想、信念,并塑造了我们一辈子的为人根本。

我还记得,我们女生在寝室用自制的最简陋的耳机来收听电台新闻。我们用铜丝作地线,另一端缠在牙膏皮上,又在牙膏皮上钻个孔作耳机插头,在一片噪音中,能听中央台和重庆台。

我还记得,大家都买口琴吹唱喜爱的歌曲。通过订阅的《中国青年》,我们认识了董加耕、邢燕子,通过订阅的《解放军歌曲》我们又丰富了课余生活。

我还记得,朦胧晨曦中操场上的长跑,灯火通明的教学楼内的晨读,早饭后各班同学在草坪上除杂草,课间黑板前互证几何题,下午课后的各种兴趣小组活动。我也记得晚上两节晚自习,第一节自习课我们做数学题,第二节自习课我们复习预习各科知识,然后再回寝室用冷水洗漱后入睡……我们活泼紧张有规律又扎扎实实地吮吸着科学文化知识,日日夜夜遨游在知识的海洋里。

每学期的校运会赛场上,广播开始播放"成绩报告",说明又有同学打破了校纪录。每学期下乡劳动,同学们在红槽房劳动时,拿着锅碗瓢盆敲打,欢呼雀跃,庆祝我国第一颗原子弹爆炸成功的场景。返校途中,我们整齐唱着《打靶归来》《一二三四》。寒暑假轮流返校,我们又到各班菜地劳动,将丰收的蔬菜瓜果上交食堂。

特别是在那次观看"朝阳沟"之后,我们几个同学激动不已,热血沸腾,给班主任陈世海老师留了封信,就离校准备去江津农村,让暂住在红旗图书馆的陈老师急得似热锅上的蚂蚁。此次奔赴农村的行动未遂,我们的天真犯傻,成了班上的一个笑柄。

为了"一颗红心一种准备,坚决到农村去、到祖国最需要的地方去",我们利用课余时间,在勤俭楼周围拣粉笔头,准备用来在下乡时教村童识字。寒暑假,我们几次返回红槽房,与戴婆婆以及贫下中农同吃同住同劳动……

班上的同学们为了见毛主席,决定徒步走到北京。大家要学红军,走一路宣传一路。当他们还在学校排练节目时,我、王燕、赵文珏三人就已先行出发。当时正值冬季,我们经达县过万源,越秦岭进陕西,一路冰天雪地。出山的那天,身后的冰雪秦岭,胸前的一马平川,那情那景那思绪,终生难忘,足以让我铭记一生。经过一个月的步行,我们到达了西安。不巧的是,严寒的冬季,已不适合青年学生长途行走。为了青年学生的安全,我们被通知停止长途步行。我们只好满怀遗憾,乘车返渝。

那一天天、一桩桩、一幕幕,今天又历历再现,记忆犹新! 现在回忆起来,情到深处,味更浓。我深深地体会到:初中三年的三中生活,是我多彩人生的初始,也为我终生的秉性和人生态度奠定了基础。

感谢三中初1966级1班的兄弟姐妹! 感恩三中,我的人生起航基地!

那些年的我们　那些年的事儿

高1967级3班　刘心惠

别样的大合唱:《全世界无产者联合起来》

1965年五一节,学校组织文艺演出,我们参演的节目是大合唱《全世界无产者联合起来》。如何使我们班的大合唱让老师、同学们更喜欢呢? 在高三友谊班的指导下,我们决定把美帝国主义者也"请"上舞台。为了舞台效果,友谊班的学长们为我们寻来了各式服装道具,还不知从哪儿弄来了几套美式军装军帽。为寻找适脚的高跟鞋,班主任董安东老师带我到津南村教师宿舍,找了好几家,才借到37码、鞋跟稍微高一点儿的皮鞋。

期盼的这一天终于来到了。看到用油彩画出来的亚非拉各国人民,真是好笑。团支书周泗全等几个扮成非洲人的同学,黑得只剩一双眼睛,一排白牙;扮成东南亚人的同学,棕色皮肤像树皮一样;几个"美国佬"却又白得发亮……穿上五彩缤纷的服装的同学们,一个个变得陌生、漂亮,却又都很滑稽。我的妆刚化好,只听帮我化妆的学姐说:"呀,还真漂亮耶!"我顿时心里乐开了花。

演出开始后,我们班全体同学怀着忐忑不安的心情,提前就去候场了——但时间过得很快,没过多久便轮到我们上场了。大幕拉开,只见彭联生扮演的美国国务卿和曾令模等扮演的美国兵围着桌子抓耳挠腮,长吁短叹,焦躁不安地争吵着——因为在越南战场上美国又败了! 该我出场了,我手拿一封电报,穿着不太合脚的皮鞋(我还从未穿过皮鞋呢),噔噔噔地走上台,国务卿立马说:"报告,越南来电!"我递上电报,然后转身快步离场了。口号声骤然响起,身着各式各样服装的"世界无产阶级"涌上舞台高呼:"打倒美帝国主义! 越南必胜! 美帝必败!"伴随着音乐,高亢的歌声也响了起来："全世界无产者联合起来！联合起来！联合起来！……"

我们班的节目在激昂的口号、歌声和观众们的热烈掌声中落幕——演出很成功！这真是一场别样的大合唱，令人永生难忘。

重走长征路

1966年底，我们班决定举行"继承红军遗志，重走长征路"长途步行的活动，开始准备"长征"。我选择了到遵义的路线。为了长征，我们班名字改为"某兵团某小分队"。我自告奋勇地缝制了"某兵团"的旗帜。我们一行人有10男5女，扛着旗帜，打上背包，带上几件简单的衣物就出发了。每个人背包里都有一本必带的"红宝书"——《毛主席语录》。

第一次出远门，大家都很激动。碧绿的山川，广袤的田野，清澈的河流，清新的空气，让我们心旷神怡。虽然跋山涉水，行程艰辛，但谁都没有说一声怨言，总是精神抖擞，神采奕奕，一路欢歌笑语。有一天，一辆卡车停到我们身边，司机大哥招呼着："同学们，上车吧，我送你们一段路。"我们齐声回答："不用了，我们要步行长征！"长时间走路，许多人脚上起了水泡。一天，发现潘秀明脚上打了好几个血泡，大家都很关爱她，她却说："没关系，挑破就好了。"我庆幸自己出门时穿着全胶底的回力鞋，所以从未起过水泡。不过一路走来，身上也带回了从未长过的虱子。

"长征"路途虽然艰苦，所幸的是，一路上各地的接待站里每天都有热饭热菜，虽然是缺少油荤的白菜、萝卜，但总能吃饱。接待站还有热腾腾的洗脚水，洗洗泡泡后，美美地睡上一觉，我们就恢复了体力，第二天又精神饱满地上路了。

走了六天，我们终于到了泸州市，沱江从这里汇入长江。泸州市区两面临江，漫步街上，四处都能嗅到浓郁的酒香味，真不枉"酒城"之称谓。偌大的城区只有很少的高房子，只见行驶的公交车上背着硕大的天然气包，沿街低矮的店铺燃着熊熊大火的天然气炉子，我们饶有兴趣地观望了半天——这些事物对我们来讲太新鲜了。

去泸州，我们本是奔着泸州气矿32111钻井队的英雄事迹、缅怀为扑灭油气田大火牺牲的英雄烈士而去的。到泸州才打听到，32111钻井队驻地在泸州市下辖的合江县唐河。

我们在泸州休整了两天，又折返向泸州下游的32111钻井队驻地进发，我们要向钻井队的英雄学习、致敬。路过弥陀，当地美食吸引了我们，小面六分钱一碗，炸酱面八分钱，炖鸡面只要一角二分钱。少沾油腥的我们美美地饱餐了一顿晚餐。我们五个女生住在一个不大且有些阴暗的房间。一进门，一张半新不旧的高架子雕花大床着实吓了我们一跳！这是地主的房间吗？怎么还雕龙画凤呢？肯定是封建地主家的！什么年代的？死过人没有？各种怀疑、揣测让我们不敢轻易睡上这张年代久远的床，即便它看上去古香古色。幸好旁边还有一张小床，放上一根长凳子，刚好可以横躺着挤五个人。我们几个女生分享完五角钱一大包的卤牛肉，美美地睡了一觉。

我们打着旗帜，精神百倍地走进合江县城，迎接我们的是和善友好的目光。合江县城在长江与赤水河交汇处，当年毛主席指挥中央红军，长征路上摆脱数十万国民党军队的围追堵截，"四渡赤水"，堪称用兵如神的经典战役就发生在这赤水河上。

32111英雄烈士陵园在赤水河畔的山冈上，与合江城区隔河相邻。我们一行整队向英雄烈士们致敬、默哀后，五个女生头戴军帽，捧着"红宝书"，在烈士墓前照了张颇有那个年代特色的集体照。到唐河32111钻井队救火现场接受教育后，我们就要分手了。因为周兰英在泸州的时候膝盖受了伤，已坚持了好几天，着实受不了疼痛，要回家了。我也离家十多天，眼看春节又快到了，太想家了，趁着送她回家，我就开了"小差"。第二天与同学们告别后，我俩去榕山镇乘客船，当天就返回了重庆家中。其余同学继续向确立毛泽东同志在全党领导地位、中国人民解放事业从失败走向胜利的重大转折地点——遵义前进。当他们顶风冒雪，在黔北山区跋涉几天，到达遵义时，接到上面发出的通知：严冬将来临，全国停止长途步行。同学瞻仰过心中的革命圣地——遵义会议纪念馆后，就陆续返程回家了。步行长征的目标最终未能全部实现。

小"劳改犯"

在南开中学（当时的三中），每年都有为期一个星期的"学工学农"活动。进入高二年级，学校派我们班参加烈士墓红岩魂广场平基劳动。学工活动期间，我们每天带着干粮到烈士墓坡下抬石头，把大块石头从坡下抬上公路，送到准备修建广场的空地上。

我和周兰英一组抬石头。当时的我很瘦弱，身体强壮一些的兰英是班上的体育尖子，她总是将绳子偷偷地拉过去，让我这边抬得稍微轻一些。此举令我十分感动，至今难忘。

　　每天的午饭是生活委员等人从学校食堂挑来的馒头和咸菜汤,一人两个馒头就着咸菜汤就是我们的午饭。松山化工厂一带在当时是一个劳改农场,有农场里的劳改犯在工地上被监督劳动。一天,一群路过的人对着我们指指点点:"看! 这些小劳改犯。"我的心咯噔了一下,真想臭骂他们。啥子劳改犯哟,我们是响当当的三中学生,王牌学校的学生。

　　事过多年,我站在烈士墓前的红岩魂广场上五味杂陈。这全国闻名的广场也有我们这些小"劳改犯"的心血! 我们为修建红岩魂广场出过力,流过汗,我们的付出留下了永恒的纪念。我们无愧于先烈,无愧于南开!

我遥远的记忆

——可爱的三中,永远的南开

高1966级4班 杨荣春

入学的狂喜

1963年8月的一天,上午天气很热,在家翘首期盼高中升学考试结果的我,听到楼下邮递员的声音:"杨——荣——春,信。"我疾步下楼,道过一声谢谢,接过信一看,啊,三中!

三中,我梦寐以求、最向往的学校。今天,我终于投入了你的怀抱!

我大哥于1957年考入三中,二哥于1960年考入三中。想到我能与大哥、二哥读同一所重庆市最好的学校,我一阵激动,赶紧取出早已准备好的印有大熊猫图案的信封,给在北碚西师的大哥和已入伍空军部队远在东北的二哥写信报喜,那是大哥、二哥与我在我考前的约定。当时的我是如何一笔一画认真地书写好信封,如何向爸妈要邮票钱,如何在午饭后冒着大太阳,步行半个多小时,从家里到黄桷坪街上邮局去寄信的细节,虽已模糊,但拿到重庆三中录取通知书时的那份狂喜,56年过去了,至今仍滋润我心,成为我一个虽遥远却永生难忘的记忆。

去三中报到那天的情景——宽大美丽的校园,整齐对称的教学楼,漂漂亮亮的图书馆,可容纳近千人做体操的大操场……都深深地留在了我的记忆里。

压力变动力

狂喜和急迫心情还未消去,三中高难度、严要求的紧张学习压力便扑面袭来。在优生云集的三中校园里,同学们在学习上的竞争无时无刻不在悄然中进行,无形而实实在在的压力,让我感觉要在三中也能像在初中时那样轻松取得优异成绩并在班上冒尖真的好难。

在高一学年,尤其是高一上学期,这一初升高的衔接时间段,要适应学习好不容易。这不,高一学年上学期,刚学习立体几何空间概念的建立,我就感到困难了。还有物理,也不易学懂。好在随着时间的推移,经过努力,我还是闯过来了,虽然几乎是匍匐行进!

教我们高一立体几何的牟来桂老师(也是我们班主任),常用的撒手锏就是,刚一上课,便不动声色地叫同学们拿出一张纸来,限时做一两道题,时间不超过10分钟,不管做好没做好,时间一到,就马上以每一竖排为单位,从最后排座位的同学开始,迅速依次往前传答题单,直至答题单全部交到老师的讲台上为止。这时,整个教室静悄悄的,让人紧张不已。这种情景,至今仍清晰地留在我的记忆里。

立体几何跟物理课的学习就不说了,让人意料不到的是,我自小喜欢并成绩很好的语文课,竟然也给了我当头一棒。第一次写定时作文,刘如甫老师给出的题目是"可爱的三中",让我们两节课内完成。一周后刘老师的批改发下来了,我看见我的成绩是72分,一个我读书以来从未得过的低分!这个分数好刺眼、好伤人,不可想象,难以接受!要知道,从小学到初中,我的作文有多少次被我的小学语文课胡宝善老师和初中语文课梁桐生老师当作范文,念给全班同学听哪!进到三中,竟然会这样?班主任牟来桂老师指定的我这个语文科代表何以称职?此时,顿觉我的自信被击垮了,不敢,也不知道该怎么写作文了。

后来,也许是刘如甫老师察觉到了我的这种情绪,在一个语文早自习课上,他把我叫到教室旁边的教员休息室里,刘老师问了我些什么,又具体开导了我些什么,五十六年过去了,我已记不清楚了,但我记得的是,个子不高、平时不苟言笑的刘老师和我交谈时那和蔼可亲的面容和充满鼓励期望的眼神,让我从那以后再不怕写作文了,我又像小学和初中时候一样喜欢写作文了,我又恢复到信心满满的良好学习状态。刘老师,真心谢谢您!

进入三中学习,除了产生过狂喜急迫和紧张的心情,失意苦闷的情绪也曾一时缠绕着我。从原学校与我一起考入三中的8位同学,只有我一个人被分到了俄语班,有6

位同学是3人在同一个班,余下的一位同学,跟我一样,一个人在另一个班,但人家可是个男生呢。为此,我郁郁寡欢。不过幸运的是,俄语老师是曾经给苏联专家当过翻译的李增祥老师。他让我从失意苦闷中走出来,很快定下心来投入到俄语课的学习。李老师高高瘦瘦、斯斯文文的,上课和颜悦色,从不大声训斥人,让人难堪。记得那时我写作业出了错,习惯用橡皮擦擦错处,总会擦破纸,我便想了一个办法,用小纸条贴上重写,这样补了补丁的作业自然就难看了。有一次我在作业本上贴上了好些小纸条,李老师在课堂上讲评作业时,点到了我的名字,他并未多说些什么,只温和地看着我,向同学们摊开了我的作业本,我脸红了,也明白了。从此写作业我加倍细心,经过一段时间的坚持,因粗心常贴小纸条的毛病改掉了,作业的正确性也提高了,书写比以前美观了。"春风潜入夜,润物细无声",李老师,您充满爱的教风让我终身受益,永生难忘!

温暖的故事

日子在时而慢时而快的交错感中度过,对三中高难度、高要求的紧张学习生活,我逐渐适应了,人也轻松快乐了许多。更让人兴奋不已的是,学校图书馆藏书丰富——阅读小说,让我紧张的学习生活得到舒解。然而,一件意想不到的事情发生了。

那是天气转冷的晚秋,至于是高一还是高二,我真的想不起来了。我只记得有次深更半夜,在睡梦中迷迷糊糊的我从上铺掉到地上,疼痛让我醒了过来。怎么办呢?课还是要上的,耽误不起呀。文化课还好办,忍着呗,但体育课肯定就不行了呀,脖子痛得不能自由转动,没法做规定的动作呀。体育课王泽典老师见状,问了我缘由,他弄清了脖子哪边痛后,让我站好不动,王老师双手端着我的脖子,也不知是往脖子左边还是右边一扳,只听咔嚓一声,一下到位,我马上就不觉得痛了,脖子也能转动自如了。当时我好高兴,觉得王老师好了不起,从心底里感谢王老师。只可惜那时的我,很腼腆,不善交流,未跟王老师多交谈,多说几个谢谢。这遗憾能弥补吗?

老天眷顾,终遂我愿。2010年的一天,我们班上的翟霄同学从天津来重庆了。她是高二时转学去天津的,这次来重庆,班上的同学们相聚在三中校园,共同追寻逝去的青春和求学的记忆。在漂漂亮亮的图书馆门前,同学们和40多年不曾谋面的王泽典老师相遇,大家高兴极了,一拥而上,热情地邀请王老师和我们合影留念。看着头发银白、面色红润、身板挺直、说话中气十足的王老师,我忍不住向王老师讲起了他当年为我治好脖子的事。王老师微笑着对我说,那事他很有印象,还说那时候人年轻,胆子真大,换作后来,怕就不敢了,脖子那地方非同小可呀。为此,我更是感谢王老师,连着说了好几个谢谢王老师。怀着遂了我愿的喜悦,我真心地请王老师跟我单独合了一张影。挽着王老师的手臂,当时我觉得时光倒流,仿佛回到了40多年前在风雨操场上体育课,内心十分高兴。王老师,永远谢谢您!

啊,牟来桂老师、刘如甫老师、李增祥老师、王泽典老师,你们都是我在求学路上对我爱护有加的好老师,让人怎能不情不自禁地忆起你们? 限于篇幅,还有好多我想详说却没能说到的老师,毋庸置疑,你们都是好老师,你们当然永远都在我的记忆里。

南开,我爱你

白驹过隙,时光飞逝。不经意中,该毕业了(只是当时搞运动,还按时毕不了业呢)。而三中三年正规的高中学习生活,让我获得了什么呢? 哦,我得到了一流老师的教学,这很重要。我得到了至今我视为珍宝般的好多东西:高一学年上期我们班的新年晚会上挂满彩条、摆着小松树的教室,化学课汪严渝老师生动诙谐的节目和班主任牟老师的新年寄语;校级运动会上鼓舞斗志的运动乐曲,我们班让人刮目相看的在100米短跑、400米接力、马拉松、投掷等项目中的优秀运动员,运动会上全班同学心往一处想、劲往一处使的团结模样……它们都是我宝贵的精神财富呀。离开三中后,我转而下乡,继而返城工作,然后在恢复高考的1977年考上大学,最后选择人民教师这一神圣职业。

重庆三中的求学经历,让我坚持自小拥有的理想,不服输于命运的安排,勇敢面对困难和挫折,通过三中三年高难度高要求的学习,我凭借曾打下的厚实的文化知识基础,最终闯出了自己的一片天。饮水要思源,立业不忘本,我今天拥有的这片天,与三中分不开,为此,三中,三中,叫我怎能不爱你呢? 56年前语文课刘如甫老师出的作文题目"可爱的三中"出得好呀! 而重庆三中就是重庆南开中学,重庆南开中学则是抗战时期由天津南开而来,一脉相承80多年了,为国家和民族培养了多少人才啊! 无论时光怎样流逝,我要大声说出的是:可爱的三中,永远的南开,我魂牵梦萦的地方,你在我遥远的记忆里,永永远远!

筑梦三中,梦圆南开

初1967级4班　杨世华

一

我父亲是一位为祖国的军工事业奋斗了一生的老军工。他十三四岁时就迫于生计,无奈离开了学堂,只能把求学梦深深埋在心里。去小饭馆当学徒半年后,他考进当时的20兵工厂技工校,半工半读了两年,毕业后在该厂当了一名绘图工。新中国成立后,厂里工人们推举他当了厂工会主席,以后又任了总务科科长、车间主任、技校校长、主管生产的副厂长等职务。他的工作一直很忙,他把他小时候未圆的读书梦都寄托在了我们几个孩子的身上,希望我们能进最好的学校。从父亲的口中,我们从小就得知重庆三中是重庆最好的学校,重庆三中是曾走出了周总理等民族精英的中国名校南开。

记得在我姐姐进学校读书的前一年,父亲就在圆纸块上写字,教我和姐姐认字读书。见我识字快、记得牢,他十分高兴。就把他读过的一抽屉书通通留给了我们,要我们好好学习,将来一定要考上重庆最好的中学——重庆三中!

以后这一抽屉的书就成了我的宝贝,每天放学回家,我都会抱着抽屉里的书一本一本地读和学。我在学校课堂上认真听讲、勤于思考,踊跃发言,回家后也痴迷地钻进那一抽屉的书……1964年夏天,当我小学毕业填报升学志愿时,我毫不犹豫地在三个志愿栏上都填上了重庆三中。同学们问我:"你怎么三个志愿都填重庆三中呀? 万一考不上咋办?"我没有回答,因为在我心中,重庆三中就是深植于心的不二选择。后来,班主任范奕新老师要我把志愿改为外语学校,我不肯,她苦口婆心地劝我说:"学外语哪点不好?将来做翻译,都是行走在世界上的大人物!"我仍毫不动摇,我不要做什么大人物,我只是想将来能考上清华北大,做一个用科学为祖国建设添砖加瓦的实干家。后来,老师把从未到过学校的父亲也请到学校来,要他做做我的思想工作,让我改填志愿,可父亲支持我,因为这是我和父亲两代人的共同梦想。

在等待录取通知书的日子里,我经受了痛苦的煎熬。特别是当我看到好多同学的录取通知书都到了,而我却迟迟没有消息的时候,心中的期盼与失望交织……真是焦虑万分,寝食难安!直到有一天上午,二班的班主任图老师来给她班的田桂兰同学送录取通知书时,她看到了我焦急担忧的目光,不忍让我再着急难受,便悄悄地把我拉到一边,温柔慈爱地告诉我:"别着急,别担心,你的录取通知书昨天就到了,是重庆三中!范老师下午会给你送来的。"这消息让我的焦虑瞬间消失,心情一下子就敞亮欢快了起来,我为之努力与坚持的南开梦终于实现了!谢谢,谢谢,谢谢亲爱的图老师!

二

1964年8月23日,我在二表姐的陪同下,提前一天来到向往已久的重庆三中报到注册。进了校门,我先在新生榜上找到了自己所在的班级——初1967级4班,然后到女生宿舍找到了自己的寝室并整理好了自己的铺位。而后我才同二表姐一起在校园里慢慢地溜达,想熟悉熟悉今后要学习生活的环境。我们班的教室在勤俭楼大门对面靠右的最后一间,我和先到的几位班干部一起动手打扫了教室,把桌椅整理好。接着,班主任赵老师召集我们开会,商量并分配了各自的工作。大家商议后决定举办一个迎新见面晚会,让同学们在晚会上见面并作自我介绍。

记得那天的晚会相当成功,首先由班主任赵老师做迎新致辞,她欢迎同学们从各小学校升学来到三中,希望同学们在今后的学习生活中和睦相处、互助互学、努力进取、不骄不躁,争取做德智体全面发展的好学生。然后是击鼓传花,鼓停花停在谁的手谁就要根据抽到的纸条要求唱歌、跳舞、讲笑话,至今我还记得秦光华同学演唱的《东方红》,她的音色浑厚圆润,真可与专业歌手媲美呢!陈树星同学表演的《糖包子烫背》惟妙惟肖,令人捧腹……生动活泼的见面形式拉近了大家的距离,陌生感很快消失了。

三

晚会后的第二天,学校开始上课,中学生活正式开始了。班主任赵老师是我们班的数学老师,谭明枢老师教语文,年轻帅气的彭唯一老师教英语,风趣的许树人老师教物理,语言丰富的龚奇柱老师教历史,见多识广的马英峨老师教地理,左荣老师教我们音乐,身材高挑、精气神十足的李丁一老师教体育,温文尔雅的康振华老师教我们生物。

老师们兢兢业业,教学严谨,让我们也很快就进入紧张而有趣的学习中了。特别是生物老师康振华,她给我留下了深刻的印象,她的详细讲解使我第一次知道了细胞的构造,也第一次知道了植物的光合作用和植物的毛细管作用。她指导我们解剖蚯蚓、青蛙、小白鼠等,把这个神奇的生物世界的奥秘展现在我们眼前。康老师严谨的教学风格和高雅端庄的教师形象,使我爱上了生物课,对生物世界产生了浓厚的兴趣,并在心中暗暗决定将来一定要学生物科学,去探索生命的奥秘。康老师还把位于东风楼附近的"生物园"钥匙交给我保管,我每天下午课后都会去园里喂鸡喂兔,并观察植物的生长情况,写观察日记,这一习惯一直坚持到"文革"开始。

另一个对我影响很深的老师是我们班后来的班主任谢仲长老师,他教我们政治,他对时政分析深刻透彻,对同学们的思想工作抓得很紧,也做得很细,对同学们在生活上遇到的问题也很关心,积极帮助解决。他重实际,不喜欢夸夸其谈,他的口头禅是"一步一个脚印"。他广泛听取同学们的意见和建议,只要是有益于班级工作的,他都乐于接受。他还能容忍我们的任性和不留情面。即使在我到开县插队落户后,他还常写信询问我们的生活劳动和思想情况,关心同学们的温饱冷暖。谢老师真是我们的好老师,好兄长!我知道我对他缺了一个道歉,多年来心中一直惴惴难安:"对不起,老师!请原谅学生年少时的不敬与张狂,在此我郑重地向您道歉!"

四

三中并非人们所想象的那样,只重视文化学习,而忽略了其他社会人文知识和生产知识的教育。事实上,三中是很注意对学生进行德智体美全面发展及综合素质的培养的。学校经常组织各种各样的活动,如组织学生看内容健康的电影、戏曲,唱革命歌曲,开展学雷锋活动,丰富多彩的文艺表演等,对学生进行人生观、世界观的教育,培养学生爱国爱民、为国争光的革命情操。记得当年学校在学生中发展了两个学生党员，一个是高三年级的李树生，一个是高二年级的曾仲莉，他们成为全校同学争相学习效仿的榜样。

学校还为每个班分配了一块土地，各个班自己选择种什么庄稼或种什么菜，有了收获就交到食堂，既培养了学生们爱劳动爱集体的好思想，又改善了学生的生活。另外，我们还有各种劳动课，像拔草挑沙运土，修复雨后坑坑洼洼的足球场，搬砖石在红专楼后面修砌乒乓球台，到食堂帮厨打杂等。每个学期我们还要到小湾生产队参加3~5天的学农劳动，身体力行地做一些简单的农活。

为了配合当时备战备荒的国际形势，学校组织全校学生学打背包，徒步拉练。体育运动也是学校生活重要的组成部分。清晨，同学们都在运动场上晨跑锻炼，下午课后每个运动场地都有学生矫健的身影，他们不仅进行各种体育活动，还经常参加各种班级间的比赛。我所在初1967级4班是学校的体育班，班里有不少同学是参加田径训练的体育苗子，他们除了课堂上的文化学习外，在下午课后还要参加田径队的训练。他们在牟指导、蔡指导、王指导的带领下刻苦训练，进步很快。我班蒋道群同学就在入学后第二学期被选进了四川省运动队，成了一名专业运动员。其他同学的田径成绩也有很大提高，他们为我们班连续两年在校运会夺得初中部冠军立下了赫赫战功！记得当年为了显示我们体育班的特质，我们提出班里所有同学都要参加一个或两个项目的比赛。我们班的优势项目主要是在短跑上，我不是田径队队员，我报名参加了400米中跑比赛。比赛中，同学们不断地为我加油鼓劲，就连平时最顽皮最捣蛋的男同学也在为我呐喊助威，这让我心存感激之情，虽是名落孙山，却是坚持跑完了全程。邱英同学和陈树星同学分别夺得女子100米和男子100米短跑第一名。我们班在女子4×100米接力赛上赢得两次年级第一名，打破了校纪录。军营里长大的白霜同学奋力一甩，两次获得了手榴弹冠军，并打破了学校自1952年以来的校纪录。每当郜文星老师那浑厚饱满的男中音在空中响起"成绩报告——"时，就表明又有一项校纪录被打破了！那就是当年运动场上最激动人心的时刻，引起全校同学一阵阵的欢呼雀跃。

五

寒暑假回到家，我始终以我是三中的学生为荣，积极参加村段组织的各项公益活动,如打扫公共卫生,消灭蚊蝇老鼠蟑螂等。无论寒冬酷暑,我都主动参与到为村民值夜守护的队伍之中。南山上出现虫灾,松毛虫啃光了一大片马尾松林,我毫不犹豫地选择了上山,参加到消灭松毛虫的战斗中。天干了,附近的农田遭旱了,我便端起自己的脸盆到江边取水上山,帮公社抗旱。公社要抢栽晚季稻了,我和小伙伴们天不亮就起床,步行好几里路,上山来到农田边,跟着社员学习插秧,并帮助社员们完成了抢栽晚季稻的工作……

　　除了参与公益活动外,暑假里我也给自己确定了一个必须完成的目标,那就是在假期里一定要学会游泳,做个能在大江大河里游泳的弄潮儿!因此,在没有其他安排的日子里,我会在上午为家人煮好饭菜,午饭后步行上双峰山。山上有一口大堰塘,这就是我学习并练习游泳的好地方。我的邻居钱娃子成了我的游泳教练,他的悉心帮助和我的用心揣摩,终于让我能够抬头游泳了!以前,我只能埋头游泳,又不会换气,算是个旱鸭子,现在能抬头了。得益于在学校的每日晨跑2000米,我的耐力不错,从下水到上岸可连续畅游四五个小时不休息。以至于假期结束回到学校后,同学们见面竟认不出我来,直说:"这是哪里来的黑妞?"到游泳池后,她们更是奇怪:"放假前头都抬不起,怎么这会儿就能连续游两场不歇息呢?"我想,是三中德智体美全面发展的综合素质教育培养了我不怕苦、不怕累的坚强性格,也给了我一个好身体。这是一笔让我受用终生的财富。

瑕瑜互见的少年时光

——我班的逸事趣闻

初 1967 级 3 班 屈源旗

校园和老师们

1964年秋,一群懵懂少年有幸考入三中,进入这令人景仰又敬畏的学习殿堂。一进校门,两排法国梧桐树矗立于大道两旁,直行百米为楼前空地,勤俭楼、红专楼分列左右。沿红专楼右行,经红旗图书馆、三友路,可达东风楼、津南村、教工食堂、女生宿舍。若沿勤俭楼前行,分别是大礼堂、学生食堂、男生宿舍、水塔。运动场位于校园中央。津南村旁有一座休闲小亭。据老一辈南开人说,塔寓意青龙,亭寓意白虎,古有"不怕青龙高万丈,就怕白虎抬头望"之说,暗喻三中是个卧虎藏龙之地。全年级虽只有4个班,却配有强大的教师队伍,教我们的老师有吴谨行(语文),赵筑英、晏永明、陈会文(数学),喻娴文、何世坤、吴庆华(英语),马英莪(地理),许树人(物理),谢仲长、康永翔(政治),郭锡禹(图画),康振华(生物),龚奇柱(历史),李丁一(体育),刘德清、左荣(音乐)。班主任由少先队辅导员杨碧莲担任。

我班共有52人。置身环境优美的校园,我们感到既兴奋又忐忑。

调皮捣蛋的男同学

开课后,老师带领我们踏进了知识的殿堂,天性好奇的我们,开始在知识的海洋里遨游。早晚自习课上,语文、英语、数学等科任老师轮流指导,他们有问必答、不厌其烦。我班王卫国同学在谢仲长老师指导下,写出了高水平的哲学论文《一百分算满分吗》,刊登于当时的重庆日报。然而,随着时间推移,部分男同学顽性渐显,将没老师的自习变成了娱乐时光。他们把扫帚放在教室门上,后进教室的同学只要一推门就遭殃,这被他们戏称为麦克斯韦滚摆。他们又将教室后面椅子重叠起来演杂技,称为帕斯卡定律,还扬言要像英国王室那样成立女子足球队。我们班自习课经常传出笑骂声。女生认为男生既可恨又可笑,对他们无可奈何。自习课乱象,伤透了老师们的脑筋,学校当然不允许这种散漫现象的存在。傅震垣校长、张继良主任常到我们班上巡视,语重心长地对我们进行理想教育和引导,张继良主任将从三中考进清华、北大的尖子生请回来,同我班部分同学座谈,可谓用心良苦。直到学校将教高三数学的陈会文老师调来任班主任,我们班的自习课纪律才渐渐恢复正常。

能跑的女同学

1965年4月,学校举行第13届校运会。体育场上彩旗飞舞。我们班同学踊跃参赛,每当王经才老师那洪亮的"成绩报道——成绩报道——"的声音传来时,同学们既兴奋又紧张。因为在我们年级四个班中,体育尖子生均在4班,其他班要想取得名次很不容易。但我班参赛的同学以不服输的信念,向4班发起了挑战。在女子60米短跑上,王小渝像燕子般飞向终点,同4班邱英并列第一;在女子200米赛跑上,汪春蓉健步如飞,夺得头名;在400米、800米比赛中,我班高万菊均获第一;杨旭以前从未参加过比赛,但这次却紧跟高万菊获得了第二名。不幸的是翟娜,她以预赛第4的成绩进入200米决赛,信心十足地要在决赛中更创佳绩。决赛枪响,翟娜开始冲刺,在同学们的加油声中突然发现翟娜同学速度减慢了,脸上露出痛苦的表情,她坚持走完了200米。大家赶紧围上去一看,原来翟娜腿受了伤。没经验的同学以为是脚扭了,拉着她的腿就开扯,痛得她汗水长流,结果到医院一检查,是腿部骨折了。幸好伤势偏轻,小夹板固定月余就康复了。那次运动会上,我们班女生比赛总成绩超过了4班,而男生成绩还是屈居4班之后。

令人难忘的"露营"

陈会文老师任我们班主任后,不分昼夜、全身心投入到班级的管理中。一天,陈老师征求大家意见:准备在勤俭楼旁边的草地上搞一次露营。虽然学生宿舍距草坪近在咫尺,但野外露营诱惑力可不一样,同学们高兴极了——全体同意! 一个周六的晚上,其他班同学回家了,我班同学拆下自己的被单,将几床被单缝合在一起,搭成帐篷,从体育教研组借来棕垫,铺在帐篷里……一切准备就绪。大约晚上9点,入营仪式开始举行,伴着少先队的鼓点声,我们以整齐的步伐入营。陈老师简短讲话后,同学们争先恐后冲进帐篷,开始了"野营"生活。刚进帐篷时,我们还感觉蚊子、昆虫挺多,但架不住瞌睡虫的袭击,大家渐入梦乡。偏偏天公不作美,半夜突然天降大雨,床单帐篷根本抵挡不了大雨的袭击,我们全都淋醒了,只好起床冒雨把帐篷拆下,搬回教室。全身湿透的我们,望着一大堆床单、棕垫,再看看相互的狼狈样,大家都露出了开心又懊恼的笑容。

班歌的诞生

提起我班班歌这支"神曲"的诞生过程,首先要提到的是我们的地理老师马英羲。马老师是位河北籍老师,语言幽默风趣,我们都很喜欢他的地理课。课讲到哪里,他就随手用粉笔在黑板上画出该省市的版图。如,讲到四川,他告诉我们一定要去爬峨眉山,峨眉天下秀,生为四川人不去峨眉山太可惜了! 这引起了我们对峨眉山无限的向往和遐想。马老师讲安徽和浙江两省时,他便把两省版图画在黑板上,问我们:"你们看它们像什么?"同学们不知所云,一时面面相觑,马老师打趣说:"你们看像不像一个男人和女人在亲嘴?"一时间引得我们哄堂大笑。

一次上地理课,马英羲老师讲到山东省时,石小明同学一边听课做笔记,一边嘴上哼哼念叨。邻桌的程永泉同学看见了,抓过石小明笔记一看,上书:"烟台的苹果,莱阳的梨,肥城的桃子甜如蜜,山东半岛的花生驰有名,小麦产量仅次河南,非常优良。"这完全是地理课本上的文字吗! 没想这一下子激活了程永泉同学的"二百五"音乐细胞,即兴给这段文字谱了"不成调"的曲子。

曲谱写好后,程永泉同学又征求了王卫国同学意见,王卫国同学将曲谱稍加修改后,建议最后结尾部分应谱成高音。意见一致后,程永泉同学开始对着石小明哼唱这首歌,久而久之,全班同学都会唱这首简易的"神曲"了,于是大家就公认这首歌为我们的班歌。初1967级进校50周年聚会,我们出演的节目就是这首歌。

初六七级三班班歌

1=C　2/4

♩=80

石小明　作词

程永泉　王卫国　作曲

```
5  3 5 | 6  5 | 5  2 3 | 5  -  | 1  2 3 | 6̣ 5̣ |
烟 台的 苹 果， 耒 阳的 梨，    肥 城的 桃 子
```

```
6̣  3 2 | 2  -  | 3  3 2 1  1 2 | 3  3 | 6 i  6 5 |
甜  如 蜜，     山 东 半 岛 的 花 生 驰  有
```

```
3  -  | 6 i  6 5 | 3  -  | 6 i  6 5 | 3  -  |
名，    （伴   奏）
```

```
i 5 | 6  3 | 3 5  1 2 | 3  -  | 6 5  6 7 | i  -  ‖
小 麦  产 量 仅 次 河 南，    非 常 优  良。
```

劳动课、菜地和养殖场

　　每周六上午是我们班的劳动课，大家在校内农场劳动。管理学校农场的工友叫陈琪，是个老同志。每周六上午，他便早早地就把粪桶和扁担准备好，每两个同学一根扁担抬一只桶，我们多数时间都是将一个粪池的粪转向另一个粪池，偶尔也叫我们拔拔地里的草，给种的菜浇浇粪。那时菜地大多在津南村，在陈琪的料理下长势良好。慢慢地，我们不怕臭了，粪也抬得多了。另外，属于我们班管理的还有一块地(位置在现南开游泳馆)，种有白菜青菜之类的，课间我们常跑去捉虫，看着一天天长大的蔬菜，心情愉快。现在看来，那都是绿色有机菜啊！除了种菜外，我们班在校传达室后面还有一个小小的养殖场。我们最开始养的是鸭子，后来改为养兔。下课后，大家扯草喂兔。起初，兔场勉强能容得下兔子，岂料兔子繁殖得太快，兔场很快就装不下这么多兔子了，我们找来许多箩筐来装小兔子，谢声远尤其用心，连睡觉都在兔场里。下一步该怎

么办呢？班主任陈会文老师说放假后扩大兔场规模。未料到"文化大革命"洪流一来，兔子不知去向，兔场无疾而终。

弹指之间，已50余载。当年懵懂年少的我们，已成长为祖国栋梁。昔日的顽皮少年，有的成为资深教授，有的已是国家高级工作人员，当然更多的是基层单位的工作骨干。我们无论身处何方，都没忘记：我们曾是重庆三中的学生，我们无愧于三中的教育！

20世纪60年代的三中航模组

高1966级2班 文力平

1961年上半年，初一下学期，来自铜元局长江电工厂的我、汤世文、李源跃、蒲明胜、庄光中，为了节约路费，我们决定每隔一周回家一次，为了打发不回家的星期天时光，我们决定参加三中航空模型小组。

我们第一次找到航模组，是在男生三宿舍底楼、水塔正对的小屋，一位颜姓高三同学正用自制的太阳灶煮中午饭，一架大约在三年前"大跃进"期间制作的单座滑翔机的破旧机身斜靠在角落里，几张破旧课桌满是灰尘。因高年级成员临近毕业，后继无人，近两年基本没进行任何制作。

三中航模组于20世纪50年代初建时，原名为"雅克夫列夫[①]"航空模型组，在重庆很有名。当时的条件决定了这项活动是靠学生自行传承的。"大跃进"后国家进入经济困难时期，加之学生传代继承不力，航模小组基本瘫痪了。

南开创始人张伯苓非常重视体育教学。重庆三中沿袭了这一传统，新中国成立后，三中重视贯彻党"德智体全面发展"的教育方针，不但继续发扬光大田径等传统项目，还拓展了航模、海模、无线电、跳伞等国防体育运动项目，有了这基础，才有我们后来为三中、为重庆争光的辉煌。

在我们加入后，航空模型小组活动地点搬到了大礼堂端头，体育教研组楼上，学校指定物理组彭跃才为管理老师，落实器材购买经费报销。初二上，乐琦琦由41中转学到三中，与我同桌，他也加入了航模组。航模组开始进入恢复阶段。

---

①雅克夫列夫：苏联著名飞机设计师，他领衔的设计局以研制截击机、高级教练机见长，代表机型有雅克28、雅克126截击机，航母用的雅克36垂直起降飞机。

开始我们什么都不会，也没人教，唯一的老组员、颜姓高三同学听说被分配到长寿湖农场了。我们的第一位启蒙老师，也是最主要的技术指导，是那10多本《航空模型》杂志，它连载了国家体委航空运动司制定的竞赛规则，航空模型等级划分标准，初级、中级模型的图纸，制作方法，调整试飞要领，不同气候条件下的放飞经验……这一批及续订的航模杂志，是航模组的命根，大家视若珍宝，轮流阅读、相互交流。这批技术书籍陪伴我们6年，直至"文革"来临。

我们首先必须学会航空模型制作方法。我们是从最简单的弹射模型飞机开始学起的。按图纸，每人各做一架，基本器材是泡桐木片、松木条，基本工具是各类小刀、木锉、砂纸。将刮净的废电影胶片泡在香蕉水里，两天后变成胶水，用于粘接打磨好的机翼、机身。制作一架弹射模型飞机需2~4天。试飞前，须配置重心，调尾翼迎角使空气动力中心与重心重合，先手掷试飞，再弹射试飞。通过放飞弹射模型，掌握基本调整技术，是每人必需的入门级训练。摔坏了也无大碍，飞机成本低，好修。掌握了最基本的制作技术后，我们再逐步制作牵引、橡筋动力、自由飞等复杂模型的飞机。

掌握制作技术的第二个途径，是自学和参加培训。5年中，市航模运动俱乐部组织过两次寒假培训。但我们主要还是靠自学，根据《航空模型》介绍的制作方法，用翼型数据表算出翼型坐标数据，在坐标纸上描画出圆滑的翼型剖面图，贴于三层板，做出翼肋样板，用样板串出翼肋片，打磨出几十片机翼翼肋……分别制作机翼骨架、尾翼、机身，再用棉纸对机翼骨架蒙皮，用稀胶水对蒙皮刷涂料，干透以后组装。每个部件的制作，要求尺寸要准，制作完成后不能变形，要轻巧，基本强度要够。完成一架翼展1米的模型飞机，一般用时2个月。每天下午2节课后，是我们的黄金制作时间。为赶进度，课间10分钟、晚自习后，都是我们分秒必争的时段。

飞机做好了必须试飞、调试。航空模型的比赛项目，除了线操纵特技是比赛动作的复杂性和惊险程度，其他项目全是比赛留空时间。比如三级牵引模型，规定只能用30米长的牵引线，运动员牵引着模型飞机奔跑，模型飞机升空，从飞机脱钩开始计时，到飞机着地为止，看谁的滑翔时间最长。乐琦琦的项目是自由飞模型，气缸工作容积为2.5立方厘米的压燃式发动机，只能工作10秒。模型飞机靠发动机产生拉力，爬升到尽可能高的高度，改为滑翔状态，比赛谁的留空时间长。

从1961年到1965年，我和汤世文、乐琦琦、李源跃、蒲明胜成为三中航模组的骨干成员。

从初二下期开始,我们根据每人的特长,大体分配了各自负责的项目:汤世文与蒲明胜主攻橡筋动力模型飞机,乐琦琦对压燃式发动机的操控能力较强,主攻自由飞模型飞机,我和李源跃心细、奔跑能力强,主攻牵引模型飞机。汤世文技术全面,任组长。我们虽然按竞赛项目分了工,但在制作和试飞时,互为助手,相互磋商,交流制作经验,攻克制作难点。手掷试飞时,我们共同分析模型飞机的重心、空气动力中心、机翼迎角、水平尾翼迎角对飞行姿态的影响……将最少的试飞失误,转换为大家的共同经验。以科学态度解决好滑翔姿态后,才能正式飞行。每次试飞,全组都会到场,共同观察飞行姿态,确定调整方法,再看飞行姿态改善与否。调整模型飞行姿态采用单一因素变动法,比如出现波状飞行,显示"头轻",就只增加水平尾翼迎角,不是既加水平尾翼迎角,同时减小机翼迎角。每次调整只改变一个因素,看似慢了,实则更稳妥、安全。不盲动浮躁,严禁为出风头而盲目放飞。一年多以后,我们全组制作水平、调整能力、飞行成绩大为提高。

要取得好成绩,必须多飞。学校大操场、磁器口九石岗河边、菜园坝珊瑚坝(抗战时期起降小型飞机的机场,新中国成立后基本废置)、歇台子农村,都是我们的试飞场地。

在学校大操场试飞,很容易飞到树上,我冒险爬过几次树。万一树枝断了,人便会非残即伤。我个子小,虽然臂力不算强,但上树很小心,先观察好树枝是否结实,再决定攀爬方向。爬树的本领,在那时也算练了一把。重庆很难找到比较平的地方试飞,白市驿机场有滑翔运动俱乐部的机库,但只有全市比赛时,才能到白市驿机场去飞。遇到晴好星期天,全组五六个同学,不用彭跃才老师带队,自己带上模型飞机和工具箱,每人一个烧饼为中餐,到珊瑚坝去试飞。珊瑚坝虽然平坦点,但全是大大小小的鹅卵石,没草,飞机容易摔坏,修复受损飞机至少要花两周时间。

提高飞行水平的途径是多参加比赛。1963年、1964年两个夏季,我们都是在白市驿机场比赛中度过的。

1963年7月,初三考试刚结束,我们便到白市驿参加重庆市航模赛。比赛中,我们并不知道考试结果。庄光中对能否升入本校高中心中无底,我和乐琦琦劝他:"不要慌,我们能考上。"大家第一次打了赌,输了的请大家吃鹅翅膀,当时鹅翅膀5分钱一个,并不便宜。带队老师彭跃才比赛期间回了趟学校,带回来了好消息:"你们6个全部考上本校高中。"晚上,大家兴高采烈地上街,在煤油灯照明的白市驿街上,美美地啃了顿鹅翅膀,真香。当时升学是没有后门的,不会因为是航模组成员而照顾你,全凭成绩说话。

学校不好飞,珊瑚坝远了点,1965年5月的一个星期天,乐琦琦和我到歇台子农村去试飞自由飞模型。由于迫降线(用高锰酸钾溶液浸泡、再晾干的小指粗的棉线)被发动机气流吹灭,模型升空后又遇到上升气流,越飞越远,完全不见了踪影,我俩的心一下子提到了嗓子眼。这事非同小可,这是代表重庆参加省比赛的飞机,制作一架模型要用两个多月,根本来不及重新制作了,而且发动机是最昂贵的设备,一台航模发动机的价格(18～20元)相当于一个工人半个月工资。学校同意每学期买两台都是很不容易的事,我们非把它找回来不可! 我们两人顺着飞机飞去的方向,背着工具箱,一路猛追,一路追一路问,跑不动了也要追,至少追了6～7里。有人看见飞机飞到了一个大院子里,但那些农民娃儿就是不拿出来,逼到乐琦琦不得不自己花20元钱,才"赎"回了它。谢天谢地,飞机基本完好无损。当时的20元,是一个人两个半月的伙食费了。

与其他科技小组相比,航空模型小组比无线电小组省钱,我们每学期经费没超过100元。航空模型的寿命比航海模型短得多,试飞摔坏是家常便饭,室内制作和外出放飞时间一般为6比1。我们自己常说:"当航模运动员,要累得、跑得、饿得、吃得。"

我们是一个能吃苦、非常团结、配合默契、钻研劲足的团队。

经过几年努力,我们重振了三中航模组,使50年代就很有名的三中航模组的运动成绩,恢复到了重庆市领先的水平。

1965年7月,经选拔赛,由于我们总成绩领先、各项目实力均衡、全组团结、队员之间配合得好,市里决定由三中航模队作为重庆市代表队,赴成都参加省航空模型比赛。在60年代,由一所学校的国防体育运动队,直接组成重庆市代表队,还没有先例。在这次比赛中,我们获得了四川省航模赛团体总分第二名。成都队在凤凰山机场的试飞次数比我们多得多,非常熟悉机场草地水汽分布的特点,善于抓上升气流,他们获得了第一名。

在歇台子农村被我们追回来的那架飞机,乐琦琦用它飞出了省比赛自由飞单项第二名的好成绩。按国家体委当年的规定,省竞赛成绩同时也是全国通讯赛成绩。8月传来好消息:汤世文的橡筋动力模型飞机,斩获全国通讯赛冠军。我们为三中和重庆争了光。

那次比赛,乐琦琦是汤世文的助手,他向我回忆道:"当天,汤世文特别沉着、聪明,他先看云层厚度、风向。比赛开始后,他不急于起飞,在允许时间内尽量后延,先注意观察成都队起飞后的飞行姿态,发现上升气流不强,他立即调整了起飞位置,多走了将近百米,飞机一出手就进入了强上升气流,飞出了比成都队好得多的留空时间。"

这是我第一次到成都,这座城市给我留下比较好的印象:它比重庆凉快,地势比重庆平,有杜甫草堂、武侯祠等历史古迹。

1965年秋季,我们高三了。航模组先后招了6~7名新组员。高1966级3班王益全,主攻线操纵特技模型飞机,这个项目在当时重庆市各中学中处于起步期,没举行过全市性的比赛。高中成员还有简济生、王家祥,初中成员有仇渝生、孙善长、张育郊等。

1965年冬季,我参加了市航模运动俱乐部举办的首届遥控牵引模型飞机培训班。用遥控方式操纵航模飞机,是航模运动的最高层次。作为遥控航模的入门级,该机采用牵引升空方式。受限于电子元件的发展水平,发射机、接收机均为电子管。按无线电管理条例,发射频率工作于业余波段。培训班程教练专门强调:严禁改变发射频率,违规将会被公安部门缉拿,造成麻烦。我第一次有了无线电管制的概念。电子管工作电压高,电池笨重。接收机电压为45伏,由三节15伏积层电池串联而得,特别笨重的是发射机,工作电压高达90伏,由60节1.5伏一号电池串联得到,发射部分重量将近20斤。每次外出测试设备,必须专门安排一人背发射机和电池。

这架飞机模型的第二个特点是体型庞大。普通航模翼展为1~1.5米,而它的翼展为3米。普通航模重量一般不超过400克,而这个大家伙重4000克。它的机身、机翼结构、制作,对我们来说是全新的课题。全组都投入到该机的制作,我与李源跃为主要制作者。我们用了将近半年时间完成了部件制作。遥控接收信号是用于控制微型电机的转和停,要将电机的轴向转动变成方向舵在垂直角度变化,这是一大难题。我们利用周六经两路口回家的机会,多次到航模俱乐部观摩样机,向教练员请教,按样机自绘出制作草图,终于攻克了这一难题。随后依次解决了机身内接收机固定,机翼与机身的稳固连接,手掷滑翔,飞行平稳,遥控信号在800米内能稳定接收并符合要求的问题。为了将这架大模型飞机牵引升空,我们买了当时最结实的优质细麻绳。欲测试这麻绳能否承受40斤拉力,物理实验室没这么大力量的弹簧秤,我们便用悬挂大石头的方法验证了,能行。万事俱备,只等机会到珊瑚坝试飞。由于首次制作,缺乏经验,我们做了一件大蠢事：出发前10天，为避免做牵引用的50米长度麻绳受潮变重，我们用清胶水（香蕉水作溶剂）对麻绳进行浸泡、晾干。事后教训表明：这种麻绳用胶水浸泡后，强度会降低！而麻绳浸胶水后，我们也没再测试其抗拉强度。

在一个晴朗的星期天，全组人马小心翼翼带着拆解了的这个大家伙，乘公交车，兴致勃勃地从沙坪坝开赴珊瑚坝，找了一块尽可能平坦的场地，将飞机组装好。刚开始手掷滑翔飞行正常，拉距离遥控范围也能到800米，可以起飞。李源跃担任牵引手，我担任遥控员，按规定第一个起落将飞矩形航线。由于这是这架飞机的处女航，我们不敢让它飞太高，牵引线长30米。源跃牵引奔跑40米后，飞机升到了他的头顶上方，正常脱钩，2秒后我发出了第一左转信号，飞机有左转动作，说明空中遥控正常，我马上给出右转信号，让飞机回到原航向。飞机直线滑翔80米后，距地面高度仅剩15米，我连续发出2个左转信号，飞机迎着我们所在位置滑翔而来，地面全是石板，没有草地，飞机正常着陆在由破旧条石铺就的旧跑道上。这是非常完美的第一个起落，乐琦琦、蒲明胜高兴得几乎要跳起来。汤世文决定飞第二个起落，将50米牵引线全拉出，起飞位置外移30米。起飞助手仍是乐琦琦。上午11点了，风速增加，当源跃牵引奔跑时，明显感到拉力大了很多。当飞机爬升到35米高度时，意外发生了：牵引线突然断了！正以45度角爬升的飞机陡失上升动力，机头朝下俯冲，进入可怕的失速状态，三波俯冲，机头撞在石头上，机身机翼均断裂，大半年的心血毁于一旦……

从1961年到1966年上半年，从初一到高三，难忘的航空模型组6年。它不但让我们懂得飞机为什么会飞，怎样才能飞好，掌握了空气动力学基本理论，养成"凡事必须按科学规律"的习惯，培养了心细、坚毅的性格，团结精神，更重要的是塑造了我们"投身祖国航空事业"的人生导向。在飞机研发领域，位于西安的西工大侧重于军用飞机，北航侧重于民用飞机。1966年5月，初填高考志愿时，我和李源跃将北京航空学院，蒲明胜将西北工业大学作为了首选，这也是军工企业子弟"兵工情结"使然。

"文革"阻止了我们投身航空事业的脚步，但航模运动的经历，开拓了我们的科技视野，培养了按科学规律办事的精神，增强了自学和动手制作能力。工作后，乐琦琦在大学，我在中学，李源跃、汤世文、蒲明胜、王益全在企业，我们对此都有同感。

报考航空院校的大学梦虽没实现，祖国美丽的蓝天，却永远驻留在我们心里，《我爱祖国的蓝天》成了我们最喜爱的歌。

◆◇（注：汤世文、乐琦琦分别在2008年、2016年离世，我谨以此文作为对他们的追念。）

北航航模队访问三中

高1966级3班　王益全

　　1966年5月下旬,北京航空学院航模队在成都参加全国航模锦标赛后,取道重庆,准备乘船观三峡,经武汉回京。到达重庆后,他们得知我校航模活动搞得有声有色,请市里安排到三中参观、访问。

　　北京航空学院航模队是国内具有顶尖水平的航模运动队,多次获得全国冠军。他们的到访令我们兴奋不已。

　　记得那是一个下午,由指导员郭凤民带队,北航航模队一行6人来到学校。受当时通信条件限制,我们事先没有接到他们,而是他们到了学校后,在党总支办公室安顿下来了,再通知我们去的。三中航模组全体学生都参加本次座谈会,坐了满满一屋。刘竞华书记负责接待,他在发言中提到他有一个儿子在四川省跳伞队(这也可能是让他来接待的原因)。大家见面后,一一握手、介绍,然后开始座谈。

　　郭凤民指导员先介绍了北航的情况,然后,又介绍了他们航模队的情况以及这次在成都参赛的情况。印象特别深的是,竞速项目的罗四逐,打破了全国纪录。罗四逐毕业于重庆七中,声音洪亮,操着地道的重庆话。然后,三中航模组辅导老师彭跃才介绍了我校航模组的情况,特别提到在1965年全国通讯赛中,汤世文夺得全国冠军的优异成绩。

　　最后,郭指导员把我们高三年级几个队员的姓名记了下来,他们分别是高三1班的汤世文、李源跃、蒲明胜,高三2班的文力平、乐琦琦,高三3班的王益全。郭凤民指导员说,希望毕业后报考北京航空学院。

　　座谈会后,北航航模队在三中足球场进行了航模表演。由于受到场地限制,净空范围太小，只进行了特技模型飞机和竞速模型飞机两个项目的表演。

先是全国冠军盛唤鸣上场。他是我国线操纵模型飞机特技飞行的开拓者，多次参加过国际航模比赛，获1959年第一届全运会航模F2B项目冠军。只见他三下两下就将特技模型飞机发动了起来，将飞机交给助手后，他迅速跑到场地中央，把两只操纵环（这是他的发明，业界都是用木头做的操纵手柄）分别戴在右手食指和无名指上，操纵环通过2根各长14米的细钢丝，控制模型飞机的爬升、俯冲。只见盛唤鸣举起左手，向助手示意，松手放飞。随着一声轰鸣，模型瞬间冲上天空，先是正平飞五圈，然后倒平飞五圈，接着又飞出侧8字、头顶8字、波浪飞行、垂直俯冲拉平等特技动作。飞行花样繁多，精彩、紧张，令人眼花缭乱，拍手叫绝。

接着，运动健将罗四逐上场。他曾在北京国防体协创纪录测试赛中，以自由飞1256分的绝对成绩超过该项世界冠军捷克运动员皮利900分的成绩。他表演的是线操纵圆周竞速。所谓线操纵圆周竞速，就是用两根规定长度（11.37米）的细钢丝一头挂在飞机模型的内侧翼尖上，另一头连在运动员的手柄上，然后，拉着模型转圈飞行，谁在飞完规定的圈数（14圈，500米）后，用的时间最少，谁就获胜。

当时，正式比赛用的都是气缸工作容积1.5毫升的活塞式发动机，而这次罗四逐表演用的是他们自己研制的喷气式发动机，真让我们开了眼界。

当模型发动起来时，声音如同雷鸣，阵仗很大，完全不同于压燃式发动机那种尖锐声。当助手松开双手以后，只见模型机立刻腾空而起。伴着雷鸣般的轰鸣，拖着长长的火舌，在离地1米高的平面内，以操作运动员为圆心，飞快旋转，令人目眩。罗四逐站在圆周场地中央，为保证足够的向心力，一直将身体后倾，随模型飞机同步旋转，通过手柄上的两根钢丝控制飞行姿态。后据罗透露，当时时速在450公里左右。而当时的活塞式模型飞行时速的全国纪录只有250公里左右。因为这种模型飞行时的危险性很大，没有进行全国推广。

表演结束后，大家依依不舍地告别。临行时，郭指导员深情地说："希望9月份在北航见到你们！"

郭指导员回到北京后，主动给我写了一封信，寄来他们在武汉东湖的照片，再次希望我们高考志愿填报北航，9月能在北航见面，这封信被我珍藏在我学校的箱子里。

三中广播站的回忆

初1967级1班 陈 绐

索索拉索米瑞,索索拉索米瑞,索拉索瑞索拉索瑞米瑞哆来咪……

多少年来,每当民族乐曲《喜洋洋》热烈欢快的旋律响起的时候,我的心头便会涌起一种异样的感觉,有时甚至会下意识地调整一下自己的呼吸,因为按照当时的要求,在乐曲声音被调弱的时候,作为三中的播音员,我们要紧接着播出广播站的呼号。

我记得,当时的呼号是:(女)三中广播站,(男)三中广播站,(合)现在开始播音。

随后,《喜洋洋》的音乐声会恢复到我们播呼号之前的音量,到某一小节处停下来。再后,正式播音开始。

当时广播站由校团委老师负责,稿件每天中午播出一次,时长约半小时,播出的所有工作都由学生自主完成。每次播音是"2+1组合",即两个播音员加一个编辑,编辑除准备稿件之外,还要承担机务工作。这样算来,每学期约有18个同学参与广播站工作。

播出的稿件,全部由同学投稿,由编辑做文字处理。这些稿件,大多反映了自己身边的好人好事,如刻苦学习毛主席著作,用实际行动学习雷锋、王杰、欧阳海、麦贤德等,还有反映同学刻苦学习,坚持德智体全面发展的生动事例。根据稿件的数量,有时也会播出报纸、杂志上选出的文章。

每天中午播音之前,当班的编辑会将改好的稿件分发给播音员,由两个播音员轮流播出。除此之外,学校的重要活动,团委、学生会的会议通知等,也是播出的内容。由于稿件短小精悍,又贴近同学们的学习与生活,广播站也因此得到同学们的喜爱。

因年代久远,有关广播站的往事已淡出记忆。唯有以下几件事情,至今令我难以忘怀。

入站考核

那是 1964 年 9 月的一个下午,课外活动时间。应广播站的通知,我按时来到红专楼(今范孙楼)的石阶前,参加入站考核。考核在室外进行,一个高年级女同学拿了一份报纸,指着一篇报道让我诵读。我看了一下标题,是一篇悼念罗荣桓元帅的文章。我没有迟疑,心想这有何难? 凭着我初生牛犊不怕虎的冲劲,又有两年巴蜀小学红领巾广播站的播音员经历,我毫不犹豫,一气呵成读完那篇文章,心里暗自得意,很满意自己的表现。停了一会儿,那位女同学却对我说:"你读得很流利,但是你读错了一个字,是罗荣桓,而不是罗荣'恒'。"啊! 我竟然读了错字。顿时我羞愧万分,得意之情荡然无存,沮丧到了极点,默默低下了头。

几天之后,我得到被广播站录取的好消息。我和同班的王二平一起成为三中广播站的新生力量。考核我的那位女同学的名字我已不记得了,但我需要更加努力地学习,提高播音水平的心愿从此在心里牢牢地扎下根。

我的搭档

我的首个搭档是杨帆。我上初一,她则刚刚升入高二年级。戴着一副眼镜的她,个子不高,性格沉稳,普通话水平很不错。我与她一合作,便发现了自己普通话的差距。杨帆的读音准确,平舌音、翘舌音、鼻韵母等,都分得一清二楚。而我呢,还是"四川普通话",分不清 z 与 zh、in 与 ing、en 与 eng,也读不准。以后,每当遇到这些读音咬字的问题,杨帆总是耐心地教我,不厌其烦地指出我的错误,热情帮助我提高播音水平。在杨帆的指导下,我很快又找到了新的老师——新华字典。通过查字典,我背了许多字的读音,普通话的水平渐渐有了较大的进步。好个杨帆,既是搭档,更是榜样! 她让我不时感到自己的差距和压力,因此不断鞭策自己努力缩短这个差距;她同时又带给我巨大的动力,让我背字典的行动坚持下去。那时人年轻,记忆特好,我的普通话水平有了大幅度的提高。

我上初二的时候,播音搭档换成高一年级的钟黎伟。她是第七军医大学的子弟,音色很甜美。

编辑搭档先后分别是文世福与蒋文林。他们的工作认真负责,每次拿到的稿件都是他们提前准备好的。此外,他们还兼管播音设备。

广播站的其他同学中,我还记得靳新。她个子高高的,齐耳短发,很干练。印象深刻的是,她的田径项目400米跑得很厉害,在校运会上取得了好名次,我们都为她高兴。还有窦洪元,一个出生于北方的大男孩,说话诙谐幽默。他曾经告诉我,一直很崇拜著名体育播音员张之,向往去青岛那样的城市读大学。1969年2月,他随学校首批赴开县插队。当时最大的新闻是,在下乡的欢送会上,他公开了和同班女同学的恋情,并表示同去农村,从此在一起了。在我眼中,也算是惊世骇俗之举吧。

索索拉索米瑞,索索拉索米瑞,索拉索瑞索拉索瑞米瑞哆来咪……

《喜洋洋》热烈欢快的旋律又从远处飘过来了,我的思绪回到了现实之中。50多年过去了,三中广播站的往事虽已成记忆,但我知道,这段经历已融进我的血液之中,始终鼓舞我不断学习和进步,鞭策我在人生的道路上不断前进。

流逝五十年的电波

高1966级8班 周碧莲

1971年，我从农村返渝后，每逢周末，与家人到沙坪坝公园散步时，都要去我母校看看。或漫步在学校绿荫下，或坐在大操场四周的石条上，脑际浮现出一幕又一幕学校生活场景。田径队在练起跑，篮球队正在比赛，舞蹈队正翩翩起舞，我也仿佛听到了从蕉园一间小屋里传出了我熟悉的"嘀嗒"无线电发报声，它穿透50年时光，接收到我脑海里的记忆……

1964年3月开学不久，那是我踏入三中的第二个年头。我碰到重庆体育馆无线电俱乐部徐教练，她告诉我，俱乐部要在三中建一个活动点，已得到学校支持。待地方落实了就安装设备、招收学员、开展训练，并要求我做好当辅导员的思想准备。

我在初中阶段参加了体育馆业余无线电收发报的学习和训练，已达到了国家二级运动员水平，拿到了证书和证章。当时国内形势是备战备荒，我国在长航、电信、铁路、部队都广泛利用莫尔斯电码通信，每年都要从业余无线电收发报成员中选择优秀人员充实这些部门。因为我一心想读大学，选择了三中。现在要我为学校开展此项活动出力，这是应该的。

不久，学校在房子紧张的情况下，在蕉园腾出来一间房子，虽然只有教室的一半大，已算不错了。我们利用每周下午课外活动时间，开展一至两次训练。学员大都是初中学生。训练从最初的收报基础开始，从每分钟50个码逐渐加快，进而学会压码抄收，即发报机传出第二个码或第三个码时才抄收第一个，这能保证抄收的准确性。此项训练持续一些时间后，大脑对声波的反应速度及记忆力有了很大提高。我虽然是教员，但是也积极参加学习训练。课堂上老师讲的理论要点都记得很清楚，笔记很完整。

在发报的基础训练中,通过手的腕力传到指尖再传到键盘,时间稍长,就会感到酸痛,再苦再累学员们都能坚持下来。我们这个小组大约有30人,因房间小显得挤了点。我们用的是开放式发报机训练,设备比较简单,每周只有两次活动,寒暑假没集中训练,更没有搞什么达标升级考核,属于真正的课外活动,同学们身心愉悦,丰富了课外时间多彩的生活。

虽然现在已是互联网通信时代了,莫尔斯电码通信早已成为历史,但据我所知,这种通信方法还没有被淘汰,我国海陆空部队还保留着,以备战时特殊情况应用。例如,在汶川地震抗灾抢险中,莫尔期电码通信就发挥了很大的作用,每当通信网络遭受破坏时,用这种方式在震后两分钟就能将实况报告传出,通联各地。

时光流逝,岁月悠悠,50年过去了,由于这种通信手段的特殊性,现在的业余无线电收发报活动仍很活跃。每年4月第三个星期六上午11点59分开始至第二天中午12点这个时间段,全国各地无线电爱好者可用电台通联各地,互相比赛。

矿石收音机

初1967级1班 余义奎

矿石收音机,这对现代人来说是个十分陌生的名字,但在50年前却是我的至爱。

1964年是我就读于重庆三中的第一年,我与班上的好多同学都爱上了安装矿石收音机,这也是我们告别玩弹珠、滚铁环童年的标志。矿石收音机不仅满足了我们收听节目的需求,而且在安装过程中,也培育了我们热爱科学的兴趣。在课本之外,我知道了中波、短波、电容、电阻、电流、电压……

最低配置的矿石收音机,必须有耳机和矿石检波器两个元件,一根天线和一根地线。重庆三中距离电台发射站近在咫尺(重师附中旁),信号强,天线不必安装很高。我们用漆包线拴上小石头,抛掷到宿舍窗外的树枝上,就有较好的收听效果,而地线只要用一颗铁钉插进一楼的墙角就行了。这种配置只能收听一个电台的节目。

要想收听几个电台的节目,就必须增加一个可变线圈和一个可变电容器。这样的配置可以收听到中央一台、二台和重庆一台、二台。可变线圈可以自己绕制,可是,可变电容器却是一个较昂贵的元件,不是所有同学都买得起的。

即使是最低配置的元件,有的同学还是买不起,于是我们就尝试自制元件。

听人说,在杨公桥灯泡厂的废矿堆里有一种矿石,可以用来做收音机检波器。我们几个同学邀约去到那里,找到了那种在太阳光下闪闪发亮的矿石。

它能收到电台的信号吗?

我们用很细的铜线做探针,在矿石的表面慢慢探寻。突然,耳机里传来了电台的声音。啊,太神奇了!

我们面面相觑,不敢相信:这地下的石头与天上神秘的无线电波,怎么会这样联系在一起呢? 没有人给我们解释这是为什么,我们也搞不清是什么原理。检波器的自制成功,更增加了我们安装矿石收音机的兴趣!

耳机是比较复杂的元件,我们在《无线电》杂志上也找到了自制的办法,利用废磁铁、废漆包线、废瓶盖、废铁皮……不花一分钱完成了耳机的制作。

我参加了学校的无线电小组,我把在无线电小组学到的知识,又传给班上的其他同学。同班的几个无线电爱好者,常常在一起,查找资料,互相交流。在不断探索和改进中,我们班各种五花八门的矿石收音机诞生了:有自制元件不花一分钱的,也有购买元件安装的;有只能收听一个电台的,也有能够收听几个电台的。

每到晚上,集体宿舍的电灯熄灭,室内开始暗潮涌动,躺在床上、戴着耳机收听广播节目是我们最快乐的时候。在几百人的通铺宿舍里,一架床挨着一架床,同学们都睡了,静静的。 一会儿,有人笑出声来,那一定是在收听侯宝林的相声《女队长》:"在我们生产队,队长是女的,支书是女的,会计是女的,保管员倒是一个男的,娶个老婆还是女的……"

一会儿,有人在轻轻地哼唱,那一定是在收听歌剧《江姐》:"胆大骑龙又骑虎,胆小只骑'抱鸡母',天下那个穷人拉紧手喂,斧头劈开劈开那个通天路! 哎,斧头劈开通天路!"

当然,大家不敢太放肆,因为生活老师就在寝室内巡视。

在收音机听到的相声,第二天会在课间休息的时候互相传播。在收音机里学会的歌曲,第二天会变成教室里嘹亮的歌声。在收音机听到的评书,会成为我们以后讲述的故事。

第二年寒假,我被学校选送到沙坪坝区举办的无线电培训班学习,学习内容是安装电子管再生式收音机。我的无线电水平又上了一个台阶。

暑假,我又被选送到重庆市少年宫参加一个月的无线电培训,学习内容是超外差式电子管收音机以及其他无线电知识。可是,母亲不让我去,因为交不出一个月的生活费——10元钱。

有缘三中气象站

高 1967 级 6 班 高明正

老三届的同学们还记得吗？原重庆三中有个气象站。它是气象小组活动的基地，同航模小组、跳伞队、田径队等一样，原于课外为拓展学生知识及兴趣的组织。

我接触气象站是在"文革"初期。刚好我班的杨林鑫是气象小组成员。他每天坚持去气象站做气象记录（其他成员投身运动，对气象站没了兴趣）。有天，他邀我到气象站玩，来到东风大楼的左侧，靠津南树方向：哇！这里悄无人声，有一种优雅的安静，同附近的喧嚣及铺天盖地的大字报形成鲜明对照。只见约 30 平方米的草坪四周被刷有白漆的木栅栏围成一个长方形。栅栏约 30 厘米高。在草坪中央有一个床头柜大小的百叶箱，下边用一个木制的三脚架支撑着，约 1.5 米高，都刷了白漆，因日晒雨淋有些泛黄。百叶箱的正面有一扇可以上锁的门。打开此门，里面有两个温度计，吊在百叶箱中央。杨林鑫同学介绍说，有红色显示液的叫干湿球温度计，由干球温度计和湿球温度计组成。湿球温度计的球部是浸在一个装有蒸馏水的试管里。从干湿球温度计的温差值，通过查表换算出空气的湿度。百叶箱下边盒子里就有换算图表。在干湿球温度计旁有一根水银柱温度计，又叫劲准温度计，是用来测气温的！在百叶箱的斜前方，立有一根约 2 米高的标杆，直径约 5 厘米，杆体蓝白相间。靠近顶端有一个像古代弓箭一样的东西，这是风向仪，用来测风的方向，所谓东南风、西北风依此而定。靠下约 40 厘米处，有一个以标杆为轴心的风车。风车由四个汤瓢样的铁件制成，瓢体分别涂有红、黑、蓝、白四色。只要有风它就转动。"这玩意儿好生眼熟！"原来在解放碑顶端，也安装有此物。它叫风速测试仪（风力测试仪）。通过不同的转速，带动指针在刻度尺板上移动，显示风力大小。平时我们所说的微风、台风，其风速就是这么测出来的。

我一下子对此产生了浓厚的兴趣,每天跟着杨同学,从学生宿舍出来,经勤俭楼、红专楼、图书馆、东风楼到达气象站。偶尔也会下到运动场,过三友路直达气象站,记载当天的温度、湿度、风向、风力等,并定期给湿球温度计加水。我也由开始的好玩,到产生兴趣,到后来成了杨林鑫同学的助手,他偶尔不在,我就单独去做气象记录。

杨林鑫同学是一个工作认真,行事一丝不苟的人,我有时写字潦草,偶有涂改的现象,他都是不允许的。这种精神感染了我,让我终身受益。

有了在南开气象站的经历,我从不报怨天气预报不准确。特别是夏天,当有人怀疑天气预报不正确,认为人为操纵、故意少报、"那么热,还是39摄氏度"时,我都会给他们解释:在多个点的百叶箱内测得的平均气温,肯定要比在钢筋混凝土环境内感觉的气温低一些。

想不到,我在三中气象站短暂的学习实践获得的一些课外知识,陪同我生活了一辈子。

磨砺田径场,拜师图书馆

高1968级7班 潘启慧

跨进三中那一天,一眼望去只见那红绿相间的运动场,我不由从内心发出欢呼。"哇!好正规的田径场哟!好安逸!"

1965年8月,我代表四川省参加全国首届中学生田径运动会,比赛结束后,从北京返渝。那时已是9月,得知我考入了重庆三中,感到非常荣幸。那可是重庆的重点学校,田径运动又是三中的传统项目。我虽是一个业余田径运动员,但对田径场有着特殊的感情。

9月12日,记得是个星期天,我背着行李,正式到三中报到。当我进入校园,既兴奋又惊奇:好大的中学哟!左右两边是长长的教学楼,前方宽敞的大道下面,是一个巨大的运动场。学校有篮球场、排球场、足球场、田径场,还有不少单杠和双杠,我恨不得立刻下去跑几圈。每天清晨,我都会出现在田径场上。起跑、途中跑、冲刺、跨栏,我练得满头大汗。我一踏上三中田径场,真是如鱼得水,全身心的力量都灌注到双腿上。

11月1日,在重庆大田湾体育场,国家队著名短跑运动员陈家全回渝汇报表演,我也进行了200米跨栏表演,没想到跑出了27秒2的好成绩,打破了1964年由我创造的28秒1的四川省最高纪录。当时,在观众席上有不少三中的同学为我鼓掌加油。我感到这是三中给了我力量。以后若干年,当我一拿起毛笔,一握住刻刀,就好像憋足了劲儿,站在田径场的起跑线上。

学校图书馆也是我终生难忘的福地。

在这里,我受教于南开名师、书法家戴危叨老师。

下乡前,我们回到学校,我每天必到学校图书馆阅览室练字。我最佩服高1966级的大哥哥萧星岷的书法，很有特色。有一天，一个瘦瘦的老者轻轻走进阅览室，站在我身边看我写毛笔字，那时没有字帖，凭心乱书而已。有一天，他走来突然问我喜欢谁的字，我脱口而出："苏东坡。"老者笑眯眯地说："好，好，你等着。"不一会儿，老者又来了，手里拿着一本发黄的字帖递给我说："这就是苏东坡的字，送给你，好好练吧。"从此，他每天都会来给我做笔法示范，一边示范一边讲解苏东坡书体的特征。后来，有人告诉我，他是"牛鬼蛇神"，叫戴危叨。

几十年过去了，我一直珍藏着戴老师送给我的那本发黄的字帖，珍藏着我对老师的崇敬和感激。书法，也就成了我终生的爱好。而后在评国家大师送审的三件作品中，有一件是微刻画，有两件是微刻书法……

戴老师啊，你知道吗？你在图书馆"收下"的学生潘启慧，永远怀念您！

我心中的那片绿茵

高1967级6班　李光亮

一

求精三载满,鱼跃上南开。

1964年秋,我告别六中,成了重庆三中高1967级6班的一名新生。

名校大气魄,精彩在绿茵。开学之初的大操场上,高级赛事接二连三,使我们高中8个班、初中4个班的新生大开眼界,震撼兴奋。

首先上演的是,三中学生男子足球队挑战四川省青年队。

比赛大幕在学校大操场中的足球场拉开,场边彩旗飘扬,看台座无虚席。

省青队员普遍高大健硕,表情轻松。他们常常传高球到对方禁区,试图凭借身高优势,头球抢点破门。

三中队员一开始就积极拼抢,并表现出良好的足球技术和意识。根据身高相对不足,但转体灵快的特点,全队采取密集防守、伺机反攻的战术,以地面短传渗透为主,逐步推进,耐心倒脚,寻找破门良机。

两队一方在空中,一方在地面,都创造出不少射门机会,好球、险球一个接一个,观众的惊叹声、欢呼声一浪高一浪。

三中队长唐安贵同学坐镇中场,组织全队攻防,节奏分明。他还多次快速拉球背转身摆脱防守,或虚晃带球巧妙突破,赢得观众喝彩,令对手蒙羞。

比赛到了下半场后段,年少的三中队员渐显疲态。省青队乘机一个边路高速下底传中,高中锋门前头球抢点破门成功,主席台上比分牌翻改这0比1。全场哑然,空气似乎都凝固了，一些观众开始坐立不安。

过了几分钟，从运动员席那边传来一阵鼓掌欢呼声。我急忙一看，原来是三中足球队主教练、我班的体育教员王泽典老师，临危上阵，闪亮登场来了。

王老师，他的自贡口音很难听懂，但他的体操、球类示范动作已令我们新生折服。据说他曾是省队宿将，体院高才生。只见他面对高空来球，一个稳准的胸部停卸，待球于体前落地弹起，随即跨上一步，拔脚怒射，足球划出一道美妙弧线，应声击中门柱，激起全场一阵惊叹声。

此时，学生队员精神振奋，守愈严，攻愈紧。王老师看准对方防守队员之间出现的瞬间空当，及时斜线送球，又是唐安贵同学快马赶到，轻松带球晃过守门员，推远角入网。顿时，全场成了沸腾欢乐的海洋！

终场哨响，双方1比1握手言和。对于学校学生足球队来说，这是一场值得骄傲的、足以载入史册的辉煌！

几周后，全国足球乙级联赛在渝举行。其他学校都将他们拒之门外，生怕学生影响课程学习。唯三中坚持开门办学，引赛进校。

接下来，绿茵场上更多的精彩画面使我们至今不忘。

吉林大高个守门员凌空鱼跃摘球，四川队7号小前锋队员倒挂金钩破门，河南队后卫队员带伤浴血奋战，西藏队员彪悍粗犷顽强拼抢……更有，高速冲刺拼速度，引人热血奔涌；胜败悲喜运气，难辨你短我长……

对当年三中绿茵场上的硝烟风云，我当时没有留下记录、总结，也没有升华出什么观感、体会之类的东西。但是，真实生动的对抗赛精彩激烈，有时甚至严峻残酷。这给我留下了深刻的记忆，也产生了深远影响。

半期考试后，年级足球赛开始。我们高二6班足球队十分幸运，一路闯关夺隘，闯到决赛，对手是高1967级1班。他们是从本校初中升考上来的，技战术占优，又久经沙场，其队长挥臂前指，高喊"压倒打！压倒打！"全队压过中场，来势张扬。我队热血青年，岂容碾压！我们场上团结拼争，场边递水送帕。终场哨响，双方战平。接下来，一罚点球决胜负。

这场比赛，我任守门员，责任重大。比赛中，眼镜已被打破，鼻梁划出了血痕，看远模糊。此时睁大眼睛，下意识地扑接，居然抱球入怀，稳稳当当。冠军到手，全班沸腾啦！

班委会热情动员,同学们友情捐助,为我这个贫困生配了副新眼镜。自此,全班掀起了足球热,课间休息10分钟,也要在勤俭楼前练习传递盘带,体育锻炼蔚然成风。同学间相互了解,友谊倍增。班上分离出了男子足球甲、乙两队,女同学自然组成了啦啦队和后勤队,随主力甲队南征北战。乙队队员则随时准备替补上场。

我们先后和重庆一中、五中、六中、七中、41中、重庆建专、西南政法学院等学校举行了友谊比赛,曾以二平一胜的战绩勇克七中冠军班队,为我校少年队报了一箭之仇。我们也取得过以5比2战胜西南政法学院院队,2比0战胜重庆建专校队的骄人战绩。其余外战,也胜多负少。

班上同学通过体育锻炼和比赛,不但极大地增进了班内同学之间的了解和友谊,而且还结识了更多的班际、校际朋友,放眼到了更广阔的社会空间,充实了学习生活。我们在课堂下获得愉悦心情,提升了课程内的学习质量。同时,大大地增强了班级的凝聚力,提高了战斗力。

厉兵秣马,水到渠成。在一年后的校田径运动会上,全班空前团结,全员上阵,分进合击,苦战3天,在全校29个班中(体育班除外),勇夺团体总分冠军。

闪闪发光的大奖杯,放在了我们高二6班教室正中的领袖像下面,也放在了每一位同学的心上……

我们三中学子是幸运的。

当同龄的其他学校学生,整天禁锢在教室里被填鸭式催长,在题海中奋战瞎忙的时候,我们却在一群特别敬业、特别有扎实的教学能力和丰富教学经验的老师指导下,沿着"允公允能,日新月异"的校训方向,名师垂范,树立爱国志向,自主的开放式的学习也让我们掌握了服务社会的基础知识和能力。特色而丰富的体育活动,强身健体愉悦精神,我们的学习轻松愉快,我们的生活充实而阳光。

那是1977年,恢复的首届高考中,我班男子足球甲队11名队员中,有5人考上大学,有幸继续践行"公能"校训。

知青返城后,直到现在,我班每月,甚至每周都有小型同学会。每半年一次全班同学会,30来位同学欢聚一堂。家长里短之中,三巡五味之后,南开,南开的足球、田径,甚至女篮,都是说不尽的话题。

感恩南开的老师们!

感念我心中的那片绿茵。

我的南开足球缘

高1967级6班 陈 安

> 感谢命运的眷顾,让我从小就与足球结下了难以割舍的情结。足球,助我完成高中学业,带给我终生热爱足球的缘,为我画出一道优美而舒心的人生轨迹。
>
> ——题记

足球与我今生有缘。我幼年家住大田湾体育场附近的肖家沟。放学后,经常与小伙伴一起去大田湾踢球,看足球赛。在我幼小的心灵里,足球之花已经萌芽。

众所周知,南开中学是一所全国著名的重点中学,历史悠久,校园优美,办学思想明确,"允公允能,日新月异",加之师资雄厚、教风严谨、学氛浓郁,为国家培养了大批杰出人才。南开有标准的足球场,足球也是南开中学的传统体育项目之一。到三中读高中,酬我报国志,圆我足球梦,成为我中考的目标。

说来也巧,1964年春节期间,我到大田湾体育场看了一场精彩的足球赛,四川体院队对成都工学院队。赛场上,四川体院队的队长表现非凡,他生龙活虎的拼劲、娴熟的脚法、干练的指挥、灵活多变的战术,令我赞叹不已,难以忘怀。

后来我才知道,让我念念不忘的四川体院队的队长,竟是我后来的恩师——王泽典老师。

进校不久,王老师组建了校少年足球队。我入选,担任左中锋,队中本班同学侯晋川任守门员,三班范嘉陵踢右中锋,二班戴维佳踢前卫。在王老师的带领下,我们时常训练比赛。王老师将他的足球技术倾囊相授,使我们的球技日益精进。如果说我能在足球天地有些成绩,全都是恩师的再造之恩。尽管王老师已经作古,但他的谆谆教导,言传身教,历历在目,我铭记终生。

进校的那一年,学校组织了各年级的足球赛。我班的第一场比赛就碰上了"硬茬"1班。1班同学是由三中初中升入高中编成的。他们在三年优越的足球环境里磨炼摔打,足球意识、足球技术、身体素质各方面都占绝对优势,且有顾立多、魏子威等人高马大、脚法了得的同学。而我班同学来自各区县,很多同学进三前还没有碰过足球,只有临时组队,仓促应战。这态势,优劣立判。但我班同学有很强的自尊心和集体荣誉感,顶住压力,奋力拼搏。我们在90分钟的激烈比赛中踢成平局,最终由点球定胜负。在最后一个点球时,我班门将李光亮全神贯注,飞身侧跨接住来球,我班以1球的优势赢得了第一场胜利。这是一场以弱胜强的胜利。瞬间,场上场下同学们欢呼雀跃。这场胜利极大地鼓舞了全班同学的斗志,开启了高1967级6班足球的胜利之旅。

此后,同学们在完成学习任务之外,抓紧时间练球,提高球技,调整队形,优化结构,研究战术,连续赢得了以后的几场比赛,成为年级冠军。足球也成为我班同学业余生活的最爱。无论严寒酷暑,天阴天晴,足球场上少不了我班同学矫健的身影……

我班足球队不满足于年级冠军称号,经常与校内外的班队乃至校队进行友谊赛。我们先后与7中、17中、9中、41中的班级队比赛过,战绩显赫,少有败绩。特别值得一提的是,在与西南政法学院足球队的比赛中,我们竟以5比2的成绩战胜了大学队。

在长时间的训练比赛中,我班也形成了强大的足球阵营,包括几位足球主力队员,除了守门员侯晋川,左中锋陈安之外,还有技术全面、身手敏捷的中前卫高明正,沉着冷静善于盘带的左边锋冷文国,短跑神速的右边锋李长贵,身强体壮、脚头强硬的中后卫恽泸生……

我班足球队能取得如此佳绩,还应该说到体育保管室的校工——老韩师傅。当时他50岁左右,花白的平头,黝黑的皮肤,健壮的身体。他忠于职守,经常可以看到他在运动场上忙碌。场地画线是他的一绝。他的敬业精神赢得了我们的尊重,我们勤学苦练,团结拼搏也得到他的喜爱。听说我们要比赛,他就早早地画好了场地。听说我们要借球、借球鞋,他二话不说,大开绿灯。听到我们胜利的喜讯,他总是高兴地与我们分享。他还经常给我们讲老南开的足球队员们在上课的路上都在练带球,取得的佳绩的故事来启发、激励我们。直到今天,我脑海里还时常浮现出一个熟悉的画面:夕阳映照下,运动场上留下韩金浦师傅一道长长的身影,他黝黑的皮肤上汗珠滴滴,闪耀着夕阳的光辉,多么可敬可爱的老前辈。

足球倡导的团队精神,锤炼拼搏作风,深深地融入我班同学的心里。同学们对集体的荣誉看得非常重,都争着为集体奉献力量。足球成为维系我班团结奋斗的一条无形纽带。它为班集体带来了无限活力,自始至终维持着班集体的和谐、亲密,直至现在。

足球运动也有效地提高了同学们的身体素质。在1965年的校运会上,全班能量大爆发。大家众志成城,八仙过海,最终夺得了除初三四班(体育班)外的全校最高分。

现在我们离校已经50年了,班上同学间还是情谊深重。班上同学半年一聚,通常有二三十人参加。大家欢聚一堂,畅叙友情,回忆往事,互道家长里短,把酒言欢,交流养生之道,不亦乐乎。我班同学的情谊格外深厚,这固然与当年正处青春时期相关,也与4年多朝夕相处,同窗共读相关,也定然与足球相连。这是南开情、足球缘、同学谊。

恢复高考后,我考入重庆大学,凭当年的足球底子,我担任了系足球队长,队里的南开同学还有杨子楠、涂光裕。我系足球队在两届全校学生足球赛中获得一次冠军,一次亚军。一个新成立的小系,在全校几十个系级足球赛中,居然能脱颖而出,大大出乎组委会老师的意料。

毕业后,我又留校进入了系教工队,在茵场上纵横驰骋,也获得校内比赛的一次冠军,一次亚军。同志们称我为"坦克""福将"。由于长期锻炼,我练就了强健的体魄。50多岁后,还参加了一次校内足球赛,与年轻教师同场竞技。工作几十年直到退休,没请过一次病假,精力充沛地为祖国服务。在教师岗位上培养的学生,遍布祖国大江南北,成为新时代追梦的骨干力量。在科研上也取得了一些成绩。我发表了15篇论文,其中两篇被国际知名杂志《IE》收录。我完成的科研项目共十几项,其中《钛宝石可调谐激光器的生物效应》获中央军委一等奖,《扫描隧道显微镜》获重庆市科技进步一等奖,《双波长可调谐钛宝石激光器的实验研究》被授予"世界华人重大学术成果"。虽经历了十多年的蹉跎岁月,但我不忘初心、努力工作,没有辜负改革开放的时代,没有辱没南开的培养。

现在我已70多岁了,不能再战绿茵场。但足球的根已深深地镶进骨子里。每届足球世界杯是我的盛宴,经常深夜起来看实况,这是心情的愉悦、视觉的冲击、精神的享受。

足球使我养成了锻炼的习惯，我坚持跑步、跳跃、单杠、游泳等30多年。它们带给我健康，每年体检无三高。

七十年风雨骤，我自笑度人生。

我爱南开，它给了我追梦的根基；我爱足球，它给了我强健的体魄，锤炼了我拼搏的精神；我爱高1967级6班，它给了我永生难忘的美好记忆。

难忘的队友,精彩的比赛

——高二8班篮球队忆记

高1967级8班 胡邦荣

我毕业快50年了,南开校园的生活,总是时常浮现在脑海里。心中有很多割舍不下的情怀,也仍对丰富多彩的课余活动记忆犹新,篮球场上的一幕幕回忆,至今还令我十分享受。

我们高1967级8班的同学,来自市内30所中学,个个朝气蓬勃。全班46人,女同学有16人,男同学有30人。大家除了全身心投入紧张的学习之外,就是参与每天下午的课外活动。

当时我班的同学都各自参加了学校的科技和业余爱好活动。女同学们有的看书学习,有的唱歌,有的到运动场锻炼;男同学们有的钻研诗词,有的练书法、画国画,有的写文章,有的在宿舍拉二胡、吹笛子,有的因爱好无线电而安装或修理半导体收音机,有的参加校业余跳伞队训练……

所有活动中,打篮球是高二8班男同学的最爱。几乎一到课外活动时间,最爱篮球运动的18位男同学(李光辉、梅兴元、吴绪源、李春炳、牟才华、周长生、田一涛、胡邦荣、王泽良、李连成、蔡正国、冉启福、包德贵、何国超、龙光平、贺光明、黄开富、朱庆川)就出现在篮球场上。无论骄阳似火还是细雨绵绵,都照旧。有时他们分组训练,有时分组比赛,实行"小惩罚"。输球方每人罚做20个俯卧撑,或绕篮球场跑两圈,有时遇到星期天,输球方的同学便帮赢球方的同学打开水、取早饭,赢球方同学可趁此多睡会儿懒觉。

　　这样的"特色训练"使我们班篮球队有了很好的基础和较高的水准。在与其他班同学打比赛的一年多时间里,我们几乎战胜了高二、高三所有的班队。

　　班队已不是对手,比赛的对手就转向了南开的教工队、初三联队、高中联队这些综合性强队。其中高中联队集合了校篮球队主力和各年级强手,无疑是综合强队中的佼佼者,于是,打赢这支强队就成为我们18篮球罗汉的共识和目标。

　　这场战事终于拉开了。那是高二年级上期的一次课外活动时间,天气晴朗,气候宜人。高二8班篮球队与高中联队对垒,球场四周站满了密密麻麻的观众。

　　平心而论,这场比赛双方势均力敌。高中联队的平均水平略高一筹,我队的整体水平不逊于对方。谁发挥得更好,谁就有取胜的可能。

　　我队首发的是"箩兜"李光辉,他身高1米78,身材高大,打中锋位置,骨节子硬,体力好,防守时双手排开,如同一扇大门,篮下一有得球,便2分有效,他很难被防住,并能有力抢控篮板球。梅兴元身高1米77,常打左前锋,投篮命中率高,也能在篮下抢控篮板球。右后卫牟才华身高1米74,打球爱动脑筋,也很"亡命",经常穿梭打"空档"球,一说打球劲头就来了。李春炳身高1米70,打右前锋,体力好,打法灵活,能快速退防和积极进攻,善于运球时急停起跳投篮,是我队的得分手。吴绪源个子不太高,1米68,是场上的组织者,主打前锋兼后卫,也打接应二传,颇能见机行事,或个人突破上篮,或分球给机会好的队员,经常与李春炳打配合,形成"二打一"局面。他的球玩得很"熟",同学们给了他一个名副其实的雅号"球皮子"。

　　高中联队首发的是高三4班的三位同学。中锋谢文华身高1米77,身材匀称,小名"PA队长",是校篮球队的主力队员,此人球打得好,技术全面。左后卫"黄瓜"身高1米74,打球随和,灵活多变,常能投篮得分。后卫王天坛身高1米70,力气大,善打长传球,是个稳健型的球员,也经常投篮得分。高二6班李长贵身高1米70,打右前锋,他田径基础好,速度快,弹跳好,投篮较准。左前锋还有该班的尹大明,他身高1米76,球技不错,手臂较长,有很大优势,篮下抢球时有他身影,而他在外线投篮时,也频频奏效。

　　我队基本战略是固守内线,力占主动,攻防转换快,补位换位及时,相互配合,场上5个人的整体战力还不错。

　　上半场,双方都打得积极主动,奋力拼搏,快进快退,运用区域防守、紧逼盯人的战术,这样虽对双方队员的体力消耗很大,但我们有18个队员做后盾的体能优势。高中联队的主要战术还是围绕外围展开,尹大明和李长贵这两个好手,一左一右,也是为了更好地拉开空间,寻找机会,突破我队防线,他们两人也时常跳投,或是传球给攻到篮下的谢文华。要知道,高中联队是一些经验丰富的球员,有相当的实力。

中场休息过后,下半场比赛继续进行。双方攻防两端都还可以,你一球我一球,比分交替上升,相当激烈,扣人心弦,比赛进入白热化。虽然我队落后,但大家并没有泄气,还是一股劲儿地进攻。

在接近终场前5分钟时,我班由周长生换下了累得够呛的牟才华。此时双方都有些失误。高中联队的内线防守出现漏洞,护框较弱,接应不及时,投篮命中率下降,争抢不力,体力也有些下降。这时我队看准时机,吴绪源组织了两次有效进攻。他眼疾手快,快速传球到篮下,抢先占位的李光辉接球起跳打框入篮,还造成对方一名球员打手犯规;另一次,吴绪源在外线分球给左前锋的梅兴元,他迅速跳投得分。在此之前,吴绪源与李春炳的"挡拆"也打得好,两人间的配合十分默契,得了不少分。而高中联队的谢文华个人就独得25分。

离终场还剩1分钟左右时,周长生脱离对方防守,突然出现在右前中距离位置(当时没有3分线球),又晃过一名防守队员,接吴绪源的传球,起跳一个单手揽月的投篮姿势,只看见那球以抛物线的轨迹飞入篮筐,2分有效。我们反超高中联队2分,最终以65比63锁定胜局。此时裁判哨响,全场时间到。顿时场外沸腾了,欢呼雀跃。"高二8班赢了! 高二8班赢了!"我班同学欣喜若狂,大家奔走相告。场内我班队员虽筋疲力尽,仍尽情拥抱在一起,欢呼庆祝来之不易的胜利!

同学们,当我写下这篇忆记的文章时,我心中久久不能平静。一是感谢三中的校园、球场,培育了我们的拼搏精神、团队精神,让我们终身受益。二是纪念已离开我们的同学和赛场上的战友,他们是高二8班的吴绪源、李春炳,高三4班的谢文华、黄瓜。三是呼唤当年的队友,让我们再聚一堂,组织高6、7、8班"奔八"篮球队,在赛场上继续拼搏前行。

重庆三中

——我的足球梦之源

初 1967 级 1 班　黄维雄

60 年前，孩提时代的我，只知道那个灰白色的、汤碗一般大小的橡皮球，十几个人追逐着它，跑来跑去、争先恐后，真好玩！我小学五年级进校队，毕业前夕还参加了重庆市沙坪坝区的少儿足球校级联赛。

1964 年，我考上了重庆三中，报到时看见学校偌大的运动场，踢球的欲望倍增，随后两年的中学生活，除了上课学习，我的课余时间都献给了足球场！

给我们上体育课的是李丁一老师、王泽典老师。李老师擅长篮球，王老师擅长足球。我带着对足球的偏爱，在王老师的足球课上认真投入，经常有幸被王老师挑选出来做示范，这让我的自信心大增，王老师点评说我"对足球有悟性"，这是我少年时代足球之梦最美好的回忆！

初一下学期，我入选了王老师带领的重庆三中少年足球队，从此，我开始了正式的、正规的足球训练，开启了我的足球之梦！

在队里，我的年龄最小——只有 13 岁，我的个子最矮——只有 1.42 米，我的基础最差——完全不懂足球的基本技术，更不懂足球的协同配合。因为有点小小的壮实，队友们叫我"小胖"，这个绰号陪伴了我整个校园生活，特别是在三中运动场上和足球队里，它成了我的专属名字。记得进队之初，师哥们的身体素质都很好，都是训练传球、停球、颠球、射门、协同进攻、配合防守等技术活儿，我的训练却是必须把热身运动和体能训练做到极致：慢跑 800 米、快跑 400 米、加速跑 60 米、冲刺跑 30 米、急停转身跑

10米3~5次,跳看台阶梯。跑男生三宿舍旁边的80米斜坡,也是我的专修课内容。直至放松运动,我也是带着球往返跑。两个小时的训练,我是气喘吁吁、大汗淋漓、腿脚发软、浑身酸疼。每次训练之后,我还得收拾器材、整理场地,提着十几个足球,归还到学校保管室。我还记得,保管室的韩金浦老伯总是那么和蔼可亲。从我的第一节足球训练课开始,王老师就十分关注我,总是问我"累不累?"还不时地给我讲解足球知识,不时地鼓励我,每次都和我一起收拾整理训练器材,让我心里暖暖的!

就这样累啊,练啊,持续了两个多月,小胖黑了瘦了,肌肉出来了,还长高了2厘米。王老师这会儿才开始带我正式和老队员一起训练了。王老师手把手、脚对脚、身靠身地教我们,如何用脚弓和里外脚背,停球、传球、带球、过人、射门,传球后跑位、接应队友,3过2、3打3,以及射门要领和时机……在王老师的悉心指导下,我的球技不断提高,足球意识逐渐增强。寒假集训时,我们三中少年足球队还与附近工矿成人球队打了几场比赛,都是大比分地战胜了对方。那段时间,我的自我感觉非常好,逐渐有了一些经验和体会:足球的名堂真的很多,要好好训练、好好琢磨,争取参加大型比赛,早日成为主力队员。

怀着日益高涨的足球情怀,我领悟了团结拼搏的足球精神,日复一日、月复一月地训练。我不怕吃苦、勤于动脑,加上王老师经常个别辅导,收获不小。初二上学期,我终于成为正式的校队队员,代表重庆三中参加了1966年全国"三好杯少年足球赛"重庆赛区的比赛。预赛中,三中少年足球队一路过关斩将,大比分地战胜了重庆五中、重庆18中、重庆13中、重庆杨家坪中学,闯入决赛。决赛中只以1球小负重庆七中,屈居亚军!我在此次比赛中,作为替补队员上场,对阵了重庆五中、重庆18中、重庆杨家坪中学,给我的足球之梦书写了第一笔!王老师在赛后总结会上点评我有大局观、有位置感,大大表扬了我,让我的足球之梦从此更加昂扬和坚定!

在重庆三中这块足球的沃土,我从未缺席过足球训练:夏练三伏,冬练三九。我一周踢破一双胶鞋,球鞋叠叠补丁;没有多余的球衫,深色绒衣汗迹斑斑;洗澡时一盆凉水从头冲到脚,一个字"爽";吃饭要加二两"机动粮",泡老荫茶,下一块豆腐乳,两个字"安逸";我睡梦中大喊过"进球啦",在上铺蹬掉铺盖是常事,睡下铺我梦中起身要踢球,被撞肿撞破头顶,三个字"傻绰绰"……

冥冥之中,我暗自发誓:一定要坚持下去,一定要努力再努力,有朝一日到更大的赛场上去闯一闯,或者干脆就拼进专业队,踢上一辈子足球……当年传闻,重庆三中高三学长唐安贵已经接到了四川足球队的入选通知书。队里的训练氛围日益浓厚,国人对足球的关注程度日益高涨,让我的足球之梦也做得繁花似锦,甚至心比天高。

20世纪70年代初,我顶替母亲进了工厂,在重庆第一棉纺织厂当了一名工人。我心中的足球之梦居然再次醒来了:1975年,厂工会要组建一支工人足球队,并且要参加重庆市级的比赛。我和一帮工友们齐心协力组建了厂队,我冒昧地做了足球教练,把我少年时代学到的足球技艺毫无保留地传授给了大家,同时我还把车间班组的足球比赛搞得热火朝天。也是从那时候开始,我的足球之梦继续燃烧:重棉一厂足球队首次参加市里的"冠军杯足球赛"(重庆市首届足球等级排名赛),就取得了甲级队前八的好成绩。此后的18年里面,我带领厂足球队,在重庆市业余足球比赛的赛场上,几经起落,从未消停。足球是我青年时代之最爱,我的足球之梦在这个时期变得更加多姿多彩了!

1982年,我在与十八冶足球队的比赛中,身负重伤,撞破了十二指肠,我与死神擦肩而过,经历58天的治疗和恢复,我又回到心爱的球场,继续蹦跶了10年。1991年,我们重棉一厂足球队获得"全国优秀基层足球队"称号,我荣获全国"基层足球运动优秀组织者奖"。

90年代后期,受经济大潮的影响,国有企业生产经营举步维艰,厂内各项文体活动只好停摆,厂足球队被迫解散。我的工作也调整变动了,我又一次和我的足球之梦暂告惜别。我只有从看球赛、品球赛,时刻关心中国足球,关注世界足球中寻找那依稀的梦。

凡事皆有因果,凡事皆有轮回,这话真的应验了。1999年年初,一次偶然的机遇,我得知重庆竟然有一支老年足球队,我血液中的足球因子瞬间被激活了,迅速找到"组织",加入了"重庆红岩中老年足球队"。我开始再续足球之梦,那年我48岁。

到了红岩队,我碰到了重庆足球界的老前辈、老朋友,结识了不少本市足球退役"新秀"和爱好者兄弟。我们彼此惺惺相惜、直抒胸臆,都有一番相见恨晚的感慨。时至今日,20年来,我与红岩队的老大哥、小兄弟们真诚相待、切磋球艺、驰骋绿茵、同喜同乐;不畏岁月、转战南北、以球会友、以球明志,增添了足球之梦的色彩,拓展了足球之梦的半径。

　　乘着北京奥运会的东风,2008年9月,我们红岩中老年足球队首次代表重庆市,参加了中国足协在成都举办的第17届"紫光杯·全国中老年足球赛"。这场赛事,对我们这些草根足球运动员来说,是最高级别的国内正规赛事。我们与张宏根、年维泗、韩重德、曾雪麟、陈家亮等中国足球界的元老们同场议事,忆足球峥嵘岁月,不思量,自难忘;与容志行、李应发、左树生、迟尚斌、刘利福、陈金刚、杨玉敏、金光洙等几代国脚同席酌酒,言足球风云轶事,鬓如霜,忽还乡;还与全国各省市以及港澳台地区的专业队退役球员同场竞技,追逐那个和儿时一样的黑白皮球,我的足球之梦在此刻更加无怨无悔,那年我57岁。

　　之于我,这次高规格的足球赛,是享受,是圆梦。足球之梦的渊源在重庆三中,足球之梦的践行得益于王泽典老师。我从心底要说一声:重庆三中,谢谢你! 王老师,谢谢您!

　　我今年68岁了,我还在踢足球,每个星期踢2～3场,风雨无阻。我想告诉我的母校,告诉在天的王老师,我的足球之梦还在继续:我想在我的有生之年,看到中国足球冲出亚洲,走向世界;想在我的有生之年,看到在中国举办世界杯足球赛。

　　尚思为国戍轮台,铁马冰河入梦来!

李丁一，选我进三中女篮

——我在南开的篮球情缘

高1968级7班 刘芝碧

> 李丁一球场点兵，刘芝碧被"点"进三中女篮，开始了她与篮球的一生情缘。
>
> 李丁一也是我的恩师。初三时，他也是金口一点，让我这1米65的小不点进了三中初中男篮，还去了沙区体育馆参赛。我羡慕三中田径队的暑假集训，向他表示……他二话没说，发给我一双跑鞋，跟着田径队吆伙伙，算是编外集训……这就是李丁一！
>
> ——王崇仁

我于1965年秋考入重庆三中。没想到一次偶然的机会，我竟成为三中女子篮球队的队员，篮球也成为我校园生活不可或缺的"伙伴"。

记得刚进校不久，王泽典老师带我班去沙坪坝区游泳馆上游泳课。我未带泳衣。王老师发给我一个篮球，安排我在学校打球。我一个人在球场上，尽情挥洒，施展各种球技，全然不知，有一位老师已关注我"表演"了好一会儿。他就是李丁一老师，他原是专业手球运动员，后来成为三中的体育老师。他亲手组建训练了一届又一届"重庆南开女子篮球队"，打遍重庆各机关、学校、企事业女子篮球队无敌手。

李丁一老师，个子高高的，皮肤黝黑，头发常向后梳理得整整齐齐。李老师走到我面前，问我："你是哪一班的？叫什么名字？"我回答："高一7班，刘芝碧。"老师又问：

"愿不愿意参加三中女子篮球队?"我回答:"愿意!"未经任何考核,我就成了在全市极负盛名的三中女子篮球队队员。随后,李老师发给我一个表面带齿的胶皮篮球,我们管它叫"麻子球",当时市面价格8元钱一个。李老师嘱咐我:"平时自个儿抓紧练习。"我点头答应了。自此,我有了一个随身携带的伙伴——篮球。篮球成了我校园生活的好伙伴。路上走走,我要拍拍它。课余时间,下午放学以后,我也要在篮球场上和它"嬉戏"一阵子。我有时把它抛在空中又轻轻地把它接住;有时定点将它送入篮网;有时不满足2分线,就3分线投它,跑到球场中线,铆足劲,把它甩向篮板……即便考试临头,学习紧张时,我也不忘带它去球场玩上一会儿。

由李丁一老师率先组建的三中女篮,是高初中混编的。不久,郗文星老师将三中女篮中的高中生抽出来,对象是女篮高一年级至高三年级学生,经过球技、体能考核,择优录取,组成了三中青年女子篮球队。球技考核有运球、带球、3步上篮、2分线投篮、3分线投篮、球场上快跑急停、100米冲刺、400米长跑……组队后,重庆三中历史上第一支"青年女子篮球队"就这样诞生了。

郗文星老师,个子不高,但身体健硕,两眼炯炯有神,在中华人民共和国成立前他曾是张伯苓、喻传鉴两位老校长的得意弟子,也是重庆南开体育骨干教师、国家级田径裁判。

郗老师平时训练极为严苛,相互传球、带球过人、定点投篮,一丝不苟。如果他认为这个投球应进篮网却没有进,他会瞪大很有威慑力的双眼,盯得人心惊胆战。队员们根本不敢懈怠。

青年女子篮球队组队不久,郗老师就带队去重庆一中,与一中球队进行友谊对抗比赛。通过实战,寻找差距,锻炼队员。这是一支发展很好的篮球队。虽然一年后遭遇突如其来、席卷全国的"文化大革命"运动而终止,但以高中为主体的青年女子篮球队的建立,为以后南开成立初中、高中女子篮球队开了先河,打下了基础。

我在三中学习、生活将近一学年,在两支篮球队待的时间不长。但两位杰出老师兼教练的严谨作风以及球队队员团结协作、百折不挠、敢打敢拼的精神,引领我在人生道路上不断进取、勇往前行。直到走上领导岗位,我能在人生大舞台奉献青春,施展才华,为社会做点贡献,全得益于三中那个培育我健康成长的摇篮;得益于两位恩师交给我的敬业精神和严谨作风;得益于三中女篮不畏艰险、敢于拼搏、意志坚韧的锤炼。我为三中骄傲！我为能成为三中女篮一员而感到自豪！

郗文星老师、李丁一老师，我现在告慰老师：你们当年培养的女篮队员，在人生赛场上参加了一次又一次比赛，赢得了一次又一次胜利！

我为三中食堂"改锅炉"

——忆一次难忘的社会实践活动

高1966级5班　周宗福

那是1965年初夏,重庆市掀起了一股节约能源的热潮,学校也决定对耗煤量较大的学生食堂生活锅炉进行"节能改造",并把这项任务交派到了高1966级5班。班主任张大鹄老师选派了数理化学业较好、具有一定实干能力的4名学生:陈明明、王香骅、罗西林、周宗福。我们4人接受任务后,既高兴激动,同时又有些担心。高兴激动的是能够参与这次难得的校园社会实践,检验、展现一下我们的才智。担心的是我们还是幼稚的中学生,缺乏专业知识,更没有实际工作经验,心中没底。然而,青年学生的热情与闯劲,终究战胜了心中的忧虑,欣然接受了这项节能改造任务。

节能改造是由校总务处牵头组织的,改造的工作场地就设在学生食堂附近的一个小院中,校总务处提供人财物的支持,改造技术方面的事就全部落到了我们4位高二年级青年学生的身上,既要做"改造",还不能影响学业。在短时间内边学边干,我们4人认真讨论后,确定了五步规划:第一步,弄清拟改造锅炉的结构、用途、运行,以及热量损失缺陷等基本情况。第二步,外出学习取经,弥补专业知识的不足。第三步,联系学校实际,完成节能工艺设计。第四步,改造方案的实施。第五步,校园实践总结。

当年学生食堂生活锅炉是一座蒸发量为2吨的立式水管锅炉,主要用于学生食堂蒸饭、冲开水等。改造前日耗煤量较大。经现场实地观察,该锅炉热量损失缺陷主要有两个地方:一是锅炉燃烧炉堂与废气排除呈一条直线,运行时,锅炉燃烧的大量余热直接从炉顶的直形铁皮烟囱排出,常见烟囱口有火苗溢出,热量损失较大。二是锅炉外壳温度较高,热量损失大。同学们在开展工作初期,曾采用校实验室的设备,如热电偶等,试图测量出锅炉运行时的各项温度指标,调查煤的燃烧、耗用情况,以便找到节能改造的突破口。

然而,事实告诉我们,锅炉是压力设备,内部结构是不允许随便去改造的,节能改造也只能在炉膛外热量损失缺陷部位着手。怎么办?我们决定先走访、学习、取经。当时在重庆文化宫有一个"节能展览",我们前往参观,索取了一些锅炉节能的相关资料,又走访了一些锅炉节能改造成功的单位。

在学习和了解锅炉节能的基本原理和方向后,我们集体讨论设计出一项符合本校学生食堂锅炉节能改造的方案,并由周宗福同学执笔绘制出了学生食堂锅炉节能改造设计图,附设计说明。这项节能改造方案构思是:把现有的直径为300毫米锅炉直形铁皮短烟囱出口,改为直径为400毫米向下弯曲成180度的半弧形钢管烟道,并在半弧形烟道四周增设一个铁皮水箱,采用逆流热交换原理吸收烟囱口废气的余热,加热水箱中的水,为学生们提供生活用热水,减少平时学生们用开水兑成热水的开水用量,达到节能的目的。再就是在锅炉外壳增设一圈夹层烟道,让锅炉尾气绕锅炉外壳一周,再次利用余热对锅炉外壁保温,最后尾气再输入直形铁皮烟囱排出,以达到充分利用锅炉余热,提高锅炉热效率,降低燃煤耗用量的目的。夹层烟道的集灰,由烟道底部的清灰口排除。考虑到因烟道加长,以及余热大量回收利用后,可能减弱锅炉工作时进排气的流速和流量,影响煤的正常燃烧,故在锅炉的炉膛下口又增设了一台鼓风机,加压送风。我们编制的这项节能改造设计方案,看起来似乎非常完美。呈报校领导审核,很快取得了校领导的认可批准,同意实施。此时同学们美滋滋的,品尝着初战成功的成就感。

书面设计是美妙的,然而如何将该节能改造方案变成现实,却不是那么容易!

实施中,我们遇到的第一个难题,就是如何制造出180度的半弧形烟道。虽然现在看来是一件非常简单的事,但是,在当时的条件下,我们安排电焊工将下好料的钢管焊接完后,结果令人十分失望。焊接出来的烟道,根本不是一根均匀的180度的半弧形烟道,形状有棱有角,与设计差得太远,无法安装。此时,同学们心中有些颓丧,甚感力不从心!

无奈之下,只有搬救兵了。节能改造小组成员罗西林同学的父亲是重庆发电厂的

8级钳工,西林同学以学校的名义搬来了救兵——西林同学的父亲和他的两位徒弟。他们来到改造现场熟练地勘察、放样、切割、焊接,没多时就高质量地完成了半弧形烟道的制作安装。这无疑让我们又加上了一堂实践课,让书生气十足的我们从心底里佩服,深感理论联系实际多么重要!

我们遇到的第二个问题,是锅炉第一次点火试运行的失败。参加锅炉节能改造的师生和工人师傅们,前后奋战了半个月,好不容易盼来了锅炉节能改造完工,然而点火试运行时却发现锅炉内煤燃烧不畅,不能正常工作。检查后才发现,问题出在增设的加压鼓风机的选型不合理,功率太小,送风加压不足。学校赶快(因为还必须赶到给全校学生们蒸饭之前完成)调换了一台大功率的加压鼓风机,第二次点火试运行,熊熊的炉火燃烧,锅炉温度很快提升,炉顶汽包上的气压表也很快达到了气压正常值……改造成功了! 在场的师生和工人们都露出了欣慰的微笑! 几天后从校总务处传来消息,经改造的锅炉已实现正常运行,燃料用量较改装前节省百分之三十。同学们半个月来付出的辛勤终见硕果。

学生食堂锅炉节能改造已经过去50多年,但却让我难以忘怀。这不是因为我们当初为学校做出了多少"成绩",而是因为通过这次校园社会实践活动,我们悟出了一些道理:

(1)三中的教育不是让学生们死啃书本,而是坚持理论与实践相结合,让在校学生在校内外参加社会实践活动,在实践中长才干、增能力。

(2)一切成功都离不开团队的力量。食堂锅炉节能改造,明里是我们4位同学参加,实际上高1966级5班的师生们都予以了高度关注和大力支持。当时的情况特殊,我们不得不耽误一些上课的时间,老师们能谅解;当改造工作遇到困难时,班上同学们主动出手相助;改造小组的全体同学更是团结协作,为班级争集体荣誉。

这种团队精神,伴随了我的一生,让我终身受益。

忆学农、学工二三事

高 1968 级 5 班 张泰业

这都是半个世纪以前的事了。

我是 1965 年秋季入读南开中学高一 5 班的。入学后不久,就传达了上级关于学生课堂学习以外,还要学工、学农、学军的指示,学校决定让我班每周三下午参加劳动。每学年集中半个月到工厂参加劳动。

在校园内有很多池塘、藕田,我们班参加过两次挖藕的劳动。一来到藕田,男同学就挦起裤腿和衣袖,不顾 11 月天的入冬凉意,下到田里。藕田都很肥,泥土黢黑,发出一股特殊的泥腥味。在校工略做示范之后,我们就开始挖藕。女同学负责将刚挖出的泥藕在小溪中清洗干净。我们刚开始挖藕,很容易将藕挖断,断口处粘上黑泥,弄得藕心孔里都是泥。慢慢地,我们找到了窍门。顺着荷叶的残茎,先用脚试探藕的位置,继而用脚掌把藕撬松,感觉到藕松动了,再用手小心地将藕完整地取出来。清洗干净的藕,被整齐地放在箩筐内,闪着淡淡的藕光,散发着阵阵藕香。再看看我们的男同学,几乎都成黑泥人了。

又一个周三,接到学校通知:同学们都带上自己的洗脸盆,下午到红旗人民公社("文化大革命"以后改名为"覃家岗乡")参加支农劳动。我们都不知带脸盆干啥。去到现场以后才知道,由于缺少箩筐箩篼之类的运输工具,要我们用脸盆来转运渣肥。我们二话没说,按要求站成一长溜,把装满渣肥的脸盆依次传递到需要的土里。电线杆上的高音喇叭,不断地放送着《社员都是向阳花》《毛主席来到咱农庄》等歌曲。一下午,我们就这样,把渣场堆积的渣肥全部运送到了地里。后来,我曾经对我的小孙子说起这事,那小家伙用诧异的眼神,反问我:"什么?用脸盆装渣肥?这也想得出来?"是啊,现在看来匪夷所思的事,在那个年代,真是能想得出来、干得出来。

我们的学军活动就是防空演练。初中时,我们就进行过防空演练。学校的操场下就有一个很大的防空洞系统,其中一个开口就在操场边上。一天正在上课,突然,教室广播里传出敌机来轰炸,命令同学们赶快疏散。于是按照预案,大家有序地鱼贯而出,小跑进入防空洞,到达指定位置后,立即蹲下,以保障空气流通。在三中时,好几次防空演练不是钻防空洞,而是另一种形式。听到警报后,我们立即疏散到我们班指定的位置。我们静静地俯卧在教学楼附近的一大片草地上,头戴用小树枝编的伪装帽,直到防空警报解除。隐蔽的时候,身上不能带有任何反光物件,那时我们的穿着都很朴实,这一点很容易做到。搁到现在,无处不在的亮片衣服,恐怕早就暴露目标了。

我们很期待学工。说实在的,很多同学都没有进过工厂,不知道大工厂是什么样。终于在1966年5月下旬,我们迎来了学工的日子。在学工期间,停课两周,我们在学校吃过早饭就出发去工厂,下午工厂下班后再回学校吃晚饭。开始,我们是到位于小龙坎的重庆轴承厂学工。我被分到给轴承内、外圈抛光的一个小组。所谓抛光,就是用专用的材料,对滚动轴承内、外圈的滚道进行的精细再加工,使滚道更光滑,摩擦更小、精度更高。我什么也插不上手,只能做做清洗、堆码的辅助工作。只去了两天学校就通知,轴承厂的工作不适宜学生学工劳动,经学校联系,以后去重棉厂参加劳动。

第二天一早,我们班便整队去重棉厂。重棉厂就在现土湾、汉渝路旁嘉陵江的那一大片平地上,从土湾往下看去,整齐的一大片厂房就排列在嘉陵江边。以前,重棉是一个整体厂,学工那会,已经一分为三:重棉一厂、重棉二厂、印染厂。我们究竟到的是重棉一厂还是重棉二厂,我已经记不起来了。我和几个同学被分配到粗纱车间保全组劳动。保全工属于钳工,保全组的职责就是定期对纺纱机进行保养,机器出现故障,要立即修复。保全组没事的时候很清闲,据说以前都是吹龙门阵,水流沙坝什么都吹。而今不同了,那时"文化大革命"已经悄然开始了,报纸、广播里的舆论一浪高过一浪。没事就由学习组长安排我们读报。我们去之后,读报就由我们承担了。

刚去的那几天没事,读报之余,我们就在小组一位小姐姐的带领下,来了个"工厂一日游"。棉花进入工厂到成品布出厂,大致流程是这样的:采购回来的棉花,先送入梳棉车间,去掉杂质,经过机器加工,把一团团棉花梳成厚薄均匀、宽度一致的棉胎,卷在一根轴上。接着,把棉胎送到并条车间,经过并条机,把几个棉胎合并捻成大拇指粗的棉条。棉条被送入粗纱车间,几组棉条经过粗纱机加工捻制成细麻绳粗的粗纱。粗纱锭又被送入细纱车间,几组粗纱经过细纱机,加工捻制成比平时用的棉线还细的细纱。细纱锭再被送入织布车间,织成白坯布。白坯布最后进入印染车间,加工成不同花型、不同颜色的成品布。整个纺织工厂的工作很辛苦。当时对环境保护、对人的生命安全保护的意识很弱,许多防护措施按现在的标准看,既原始又粗犷。在梳棉车间,都是清一色的男工。车间内棉花毛飞扬,工人们劳动强度很大,他们虽然都穿工作服、戴口罩,但几乎都变成"白毛汉子"。织布车间,织布机的"啪啪"声响彻云霄,震耳欲聋,根本听不清别人的说话声。粗纱、细纱车间的环境相对好一些,但挡车工上班要围绕纺纱机不停巡视,发现断纱,要立即接上,不然就会造成质量事故。他们一天下来,腰酸腿疼,走的路程有几十公里之遥。难怪,纺织厂是职业病的高发区。

我见过粗纱车间的"落纱",就是把裹满了粗纱的纱锭,取下来再换插上新的空纱芯轴,那才叫"蔚为壮观"。只听一声哨响,女工们在各自管的区域内,一字排开,手脚十分麻利:把一只手伸直了,另一只手从围腰的兜里拿出一根芯轴,快速取出纱锭,几乎同时插入芯轴,把宝塔状的纱锭一正一反地放在伸直的手上,要叠放好几层,摞得老高,把我看得目瞪口呆。

后来参加过两次机器的小故障维修。一次,挡车工报告,机器不转了。我随同师傅到现场,经师傅检查,判断是齿轮副出了问题。打开护罩一看,那棉花毛真是无孔不入,齿轮上全是棉花毛,润滑油上也沾满了棉花毛,护罩内面也是一层厚厚的棉花毛。师傅递给我一团用于擦机器的棉纱,示意我把那齿轮揩干净。甭提我有多高兴了。不用说,我把整个齿轮箱都擦得干干净净的。

魃肆虐,人瘦照常欢

——三年经济困难时期的重庆三中

高1966级1班　蒲明胜

物资短缺的困难

1960~1962年,是共和国历史上的"三年困难时期"。造成困难的原因很多,其中一个原因是旱灾。

高1966级1、2班的绝大多数同学都是在国民经济最困难的1960年秋进入重庆三中学习的。

那时的困难是全国性的,各种物资都缺乏,所有生活物资严格凭票供应。三中同全国一样,处于严重困难时期;衣食住行用方面的困难是现在的学生无法想象的,就像我们这一代无法想象红军长征爬雪山过草地的困难一样。当年是:粮少肚饿人瘦。中学生每月粮食定量是27斤(这还算是比较高的标准,普通居民每月更少,只有17~21斤口粮)、半斤肉、半斤菜油。其他副食如蛋类、豆腐、糖类平时基本没有,只有春节才每人供应半斤蛋、2两白糖、5钱黄花木耳。

记得初中报到后,班主任安排的第一个班级活动,就是拿上自己的洗脸盆去端水抗旱,给快要干死的红苕苗浇水,地点是在三友路下大操场靠津南村一侧。石梯路旁的山坡地,经过一个暑季的烤晒,苗不盈尺,红苕苗都快干死了,也预示着红苕绝收。第二天我们又去陈家湾重庆广播电台发射天线区域内的草地扯青草(该区域位于现在沙区三峡广场华宇小区范围),喂桃李湖里的鱼。青草都快干死完了,我们每人象征性地扯了丁点儿，拿回学校，投放到湖中。

三中的池塘，我记得有5个。第一个位于校门大道右侧，小树林后边，不大；女生院南侧有2个，名"三八湖""共青湖"；第四个最有名，叫"桃李湖"，在大操场与后校门之间；第五个在音乐教室与南园之间，即现在南开苑C幢靠校内一侧。名曰"湖"，实为1~2亩大小的池塘，三八湖和共青湖养的鱼，是改善全校师生伙食的重点来源之一。

三八湖的鱼泛池，给我的印象特深。我班教室在东风楼三楼右侧，能清楚地看到三八湖。9月的一天，湖面一片白花花，一问，说泛池了（当时不懂什么叫泛池）。后来学了生物，才知道是因湖水温度高，池水又得不到补充，湖底沉淀物发酵，造成水中缺氧，引起鱼挣扎浮上水面，造成鱼大量死亡。为减少损失，校工和高年级的同学们用网捕捞了很多鱼上来，鱼真大，我们当时还去看了热闹，这是我刚进校就经历的与旱灾有关的事，印象特别深刻。

快到国庆节了，放假前的那天中午，学校给全校的师生打了一次打牙祭，那天菜的品种特别多，多为荤菜，每人分了一大瓷盅，大家很高兴。我和许多同学一样，舍不得独享，带回家了。一家人看了也高兴得不得了，夸我们学校的伙食好。殊不知，那次丰盛的中餐却是我们学校进入最困难时期的标志。后来我被选进学生会，任生活部长，才知道"国庆牙祭"背后的原因：因缺饲料，学校将饲养场里瘦得几乎皮包骨的所有牲畜，如猪牛羊鸡鸭鹅等全部宰杀了，大家吃了一顿"丰盛"的午餐。迫不得已的"一时之快"，将学校的家底彻底掏空了。从那时起，1960年冬及整个1961年，是学校最困难的时期，直到1962年后才逐步好转。

我们正处于长身体的发育阶段，缺油水，人一天到晚都感觉是饿的，随时随地都想吃东西。记得我们班上有一个姓崔的同学，积蓄了10多元钱，当时在同学中算小富翁了。他想吃糖，但街上没卖的，于是就去药店买润喉片当糖吃。两个月下来，他就把钱花完了。我还记得文力平挤了黄豆大小的牙膏，送到嘴里尝，说"好香呀"。

粮食蔬菜填不饱肚子，大家就想其他办法。1961年的三八妇女节，女老师女同学放假半天，在校礼堂开会，我们男生由男老师带队到红槽房一带挖清明菜，我班由教数学的金叔重老师带队。哪有什么清明菜，结果耍了半天，每人只采了一丁点儿。用小手帕包着带回来交到食堂，第二天蒸馒头吃了。高年级同学在老师的带领下，到歌乐山上去挖土茯苓根，运回来用粉碎机打成粉，用过滤的办法去粗取细，滤得红色的粉，与面粉掺杂,蒸馒头。这种东西很粗糙,根本无法消化,解大便非常困难。上山挖野菜的人多,去得早能挖到芭蕉根,这比捡到宝贝还高兴。第二年就很难再挖到了。土茯苓根、芭蕉根、清明菜、鹅儿长……这些能吃的野菜、树根,官方给了个统一的美名:"代食品"。

细粮不够,政府就配红苕,5斤红苕折合1斤大米。记得1960年底的一天,给我们学校配运红苕的木船停泊在嘉陵江边的石门中渡口,晚饭后,学校组织全校学生到那里用自己的脸盆,一盆一盆地运回食堂。红苕久放会烂,那段时间吃了好几个中餐的"尽红苕"当顿。有段时间,早餐吃胡豆,1两米的稀饭或玉米粥,另有2两煮好的胡豆,一小铁瓢,50~60颗,胡豆吃多了屁多。更难咽下的是豌豆粉蒸的"粑粑"。就是将豌豆粉用水调匀,按量舀在蒸饭的瓦罐里,蒸熟,冷了硬硬的,有浓烈的生味,很不好吃,只有强咽充饥。

口粮不够,菜也没有多的,早餐每桌只有一小盘咸菜。中晚餐的菜也很少,每桌两盘。不少同学从家里带来炒盐巴,用炒盐下饭。有些同学由于营养不良,出现手脚浮肿的问题。

困难年代的小故事

食

能量守恒

学了能量转换方面的知识后,有位高中同学根据每天吃的米饭等,计算能转换的热能,如100克馒头可以转换成220卡路里热量。人正常活动一天需要多少热能,需要吃多少米面,因没计算生长发育所需的能量,一算下来,实际所需的能量与计算结果差距甚大。所以这个同学吃了饭,除了必需的学习上课和走路吃饭外,停止了一切他认为多余的活动,卧床休息,减少消耗,以求热能平衡。他的言行,作为笑谈一时在学校盛传。

一群狂奔向食堂的人

每天上午第4节下课铃声一响,以初中生为主的东风楼内,立即跑出一群男生,以100米短跑速度,跑下大操场,狂奔向食堂,场面奇特,有点壮观。这为啥?原来,他们是为能排到前面领到罐罐饭,特别不想领到盆子饭。为啥不愿领盆子饭?8人一桌,每桌8个饭瓦罐,1人1罐,不会有矛盾。如果领到盆子饭,而当天领饭的人分饭的手法太差，分饭的竹片稍偏斜，小份可能只有大份的二分之一，那就有打架的可能了。当天轮值领饭的同学，上午上最后一节课时，会悄悄将座位换到门口，下课铃一响，就马上冲出东风楼。午饭时一大群学生跑步冲向食堂，抢先排队领罐罐饭，是那两年初中楼的一大特色。

有创意的分菜方法——转瓢瓢

领到了罐罐饭，菜可能分不均匀。那可咋办？菜分到每个罐罐饭上，8个罐罐排个半圆，先指明第一罐，当天的领饭人，将自己的吃饭小勺放在桌面旋转（转瓢瓢），瓢把指向谁，谁就端第一罐，其余依次端。没有能转动的小勺怎么办？这点小事难不倒三中学生。分饭人掏出预先写好号码的8个小纸卷，往桌面一扔，别人先拿，他最后拿，每人按号码拿自己那一罐，绝无吵架可能，非常公平，此法为纯男生饭桌独有。偶有男女混编的席桌，男生不好意思倡议此法，若要推行，肯定会在女生眼里掉价，轻轻的一句话"你们这些男生，好扯哟"，就会把这"绝对"公平的好方法一票否决。

男生宿舍里的"馒头黑市"

高中吃不饱的同学，中饭后，常到初中宿舍问哪个愿意卖馒头，1元1个（馒头2两）。家庭经济困难的初中同学动了心，但又不能完全让自己断顿，就想了一个办法：将一个馒头分为两个早晨吃，第二天早上的一个整馒头留到中午。中饭后的初中男生宿舍走廊内，10多个手拿馒头的初中生分站走廊两边，买馒头的高中生，一手交钱，一手交货，前后10分钟时间，安静成交了事。到生活老师来查午休时，黑市已消失得无影无踪。"馒头黑市"大约持续了两年，到1963年供应好转，才彻底没了踪影。

衣

在穿的方面，绝大多数同学都穿过补巴的衣服、补巴的鞋子、补巴的袜子，不少家庭困难的同学连这些都没有多的。冬天没袜穿打光脚的人也有，不少人手脚都长满了冻疮，晚上睡热了，冻疮发痒，睡不着觉，十分难受。

用

学习用品方面，书、作业本是用再生纸印制的，作业本没有多的，写字很浸。上学期的作业本还不能扔掉，特别是作文本，要拿来练外语，打草稿，一张纸正反左右上下要用得没法再写了才扔。有的同学买不起墨水，只好花两分钱买一包墨水粉，兑一瓶墨水用一年。

行

国家缺汽油,公共汽车很少,运行的公共汽车,车顶上背一个装满天然气的大气包,还经常误点。放归宿假时,家远的同学往返多是走路,原因之一是车票比较贵(牛角沱到沙坪坝的车费要两角,但一碗小面才8分钱)。我家在南岸铜元局,星期天下午返校,如果到牛角沱乘车,排队往往从美专校街口起,将近30分钟一班车,仅排队就要2个小时,所以多数时间,我们是走路回校的从铜元局乘轮渡过长江,沿黄沙溪从肖家湾上大坪,经石油校门口、六店子、平顶山,下到小龙坎,走到三中,全程仅两个半小时,比乘车快,还不花钱。这也是我们愿意把时间花在航模上,不太愿意回家的原因。

学校对我们的教育

思想先行

面对严重困难时期,学校加强了对师生的思想政治教育,如理想信念、革命接班人、反修防修等。每年"11·27",组织团队活动,参观渣滓洞、白公馆,学江姐、陈然;参观红岩村,进行革命传统教育,坚定大家克服困难的信心和决心,我印象比较深的有一句口号叫"吃得苦中苦,方为接班人",孟子的"天将降大任于斯人也,必先苦其心志,劳其筋骨,饿其体肤……"至今影响着我。

自己动手

另一方面就是行动起来,一手拿笔,一手拿锄,开荒种地。按照毛主席"自己动手,丰衣足食"的教导,学校组织全校师生学习南泥湾精神,战胜困难,渡过难关。校内农场除了原有田地外,凡能开荒的其他地方,包括未硬化的简易运动场、房屋道旁的零星空地都被开垦出来,宜粮种粮,宜菜种菜,即使硬化了的一些运动场地,如红旗图书馆前的羽毛球场,运动场石阶看台上,也垒上了一堆堆渣土,灌足底肥,种冬瓜、南瓜。特别是图书馆前种的冬瓜,长得又多又大,挂在架子上,很壮观。大家看了都很高兴,还照相留念。东风楼前的篮球场,还用砖砌成池子,养小球藻。总之,能利用的地方都利用了起来。蔬菜有瓢儿白、莲花白、萝卜、莴笋、藤藤菜、苋菜、牛皮菜等。校园到处都是绿油油的。学校给每个班分了一小块责任地,每周有半天劳动课,每天学生轮流劳动,对农作物进行田间管理,施肥除草。

在学校无法从校外采购副食蔬菜的时候,我们自己种的蔬菜、种的土豆红苕等粮食补充了师生口粮的不足。极大地缓解了当时的严重困难，让我们少吃了很多苦。同时，学校也千方百计地关心学生的生活。冬天，为了防止冻疮和减轻冻疮痛苦，早晨冲热水供学生洗脸，晚上供开水让学生洗脚。为了保证学生吃足定量，实行了严格的监厨制度。同时尽量从校外采购副食，如1961年年初，学校采购回来一批水果糖，黑黢黢的，像红苕糖一类，每人1两，凭票在东风楼下面的小卖部购买。那时有这样的糖吃，大家都高兴得不得了。

改善生活的几个小故事

"今天中午吃面糊糊"

学校为了满足大家吃一顿饱饭的愿望，搞了一次面糊糊中餐。某天中午下课前，教室里的小喇叭突然响了，雷克婉副主任在广播里动情地通知大家：为了让大家吃一顿饱饭，今天中午吃面糊糊，管吃饱不定量，请大家不要拥挤。话音一落，全校三大教学楼响起一片"啊……"的欢呼声，经久不息，大家激动不已，笑成一片。所谓"面糊糊"，就是类似糨糊一样的面羹羹。那天的面糊糊里，加了少量青叶子菜，放了些油盐。那天中午，全校师生都敞开肚子实实在在吃了一顿饱饭，过足了一次久违了的饱瘾。

半斤咸肉一次吃

重庆市最困难的时候，市民每月只有半斤肉供应，学生也一样。半斤肉如果安排每周吃一次，一个月分4次吃，一次就只有1两多，还不够塞牙缝。为了保证大家吃够定量，学校就决定半斤肉一次吃。记得那次是从外地调到重庆的盐肉。每人半斤，放在蒸饭的瓦罐罐里蒸熟。中午时，每人一罐盐肉、一个馒头。每人一次吃半斤净肉，也过个瘾。大家吃得喜笑颜开。

营养食堂糠粑粑

由于长期吃不饱饭，营养不良，许多同学都出现了手脚浮肿的问题。学校为了减轻这些同学的病症，专门在食堂靠锅炉房的一侧隔了一个小间，给肿得特别严重的同学专门办了一个"营养小食堂"，名字取得很好听，实际上就是中餐时多一个大约1两的糠粑粑，来补充维生素。我和一些同学也浮肿，但是稍微轻一些，还没资格吃上那个又苦又粗的糠粑粑。此事虽小，却充分体现了学校爱护学生身体的一片真情。

吃革新菜

为了鼓励各班种好责任地，多向食堂上交蔬菜，学校制定了一个奖励办法，即交菜数量排在第一的班级,食堂奖励该班吃"革新菜"。所谓"革新菜",就是将牛皮菜先煮好再捞起挤干水分、切碎、裹上面粉,在油锅里炸成菜团子,一桌一盘,每人一个。这也算沾了荤,又香又脆,很好吃。有时也用油炸菜团煮汤,每桌多加一大盆"革新菜"煮的菜汤,每人可分一碗,让其他班的同学羡慕得直流口水。

两头大肥猪

自1960年国庆节会餐打了一次打牙祭后,学校饲养场里便没有能力饲养牲畜了。但是炊事员们却在厨房外又养了两只猪,喂猪的饲料是学生洗碗槽收集的饭渣菜渣。我们饭后打开水,都能看见它们,热了在阴凉处躲阴,冷了在灶脚边取暖。一天天看到它们长大长肥,大的足有300~400斤,十分逗人喜爱。1961年年底,按国家当时饲养政策要交一半留一半,学校交给国家一头,自己杀了一头最大的给师生吃。记得那天中餐,全校每个学生分到了一大块蒸肉,足有钢笔那么长,我分了一块保肋肉,还不是最肥的。真所谓筷子夹闪闪,高兴得大家合不拢嘴,充分体现了学校自力更生的丰硕成果和喜悦。

考与学

教育是兴邦之本,建国之基。学校对教学工作抓得特别紧,整个校园学习空气十分浓厚,给我印象深刻的有:注重基础,要求学生对公式、定义定律、基本概念要背得滚瓜烂熟,牢牢掌握,只有在此基础上才能熟练运用,解决难题。

为了检验教学效果,那时经常采取突击考试的方式,校际也互相出题考试。记得有一次,上午第二节课和第三节课之间,利用休息的20分钟,我们在球场打篮球、汗流浃背之时,突然学校敲响了紧急集合的钟声,大家一听,这是要突击考试了,赶快抓起衣服就往教室跑,刚坐下,还喘着粗气,老师就来发试卷了。拿到试卷,发现那天的题怎么这样难啊!后来考分出来了,许多同学不及格。这时老师才告诉大家,试题是一中出的。我们也出题给一中考,一中同学也觉得很难,大家互相交流。我们戏称"互相整"。通过这次突然考试,我意识到基础知识的重要性,懂得了山外有山,楼外有楼的道理,永远不能大意,在学习上更加不能松懈。

抓好总复习,每学期期末的总复习,老师们都要"串讲"。将全期的基础知识,难点、重点、关键从头到尾系统地给大家梳理一遍,加强知识掌握的系统性、连贯性、重点性、关键性,以前考试时这方面内容的经验教训,对我们学好学扎实帮助很大。我特别喜欢雷克婉老师的生物课串讲。

再就是全校保高三。进入高考复习后,高三同学每天吃了饭啥事不管,集中一切精力复习功课,连吃饭的罐罐都不用洗(平时是学生自己洗)。特别是中饭每人还多一个小馒头,令我们羡慕不已,心想:我们也早点升到高三,就有多吃一个小馒头的资格了。学校的道路两旁、宣传栏、楼道,到处都张贴、悬挂着各科复习题,学生走到哪里都能复习,这给高考的同学增加了压力,也提供了便利。全校形成了一种浓厚的学习氛围,督促每一个同学从低年级起,就要努力,不要临时抱“佛脚”。

学校重视学生德、智、体、美的全面发展,除了学习、劳动外,还开展了各种各样的团队活动,如课外科技活动、文娱体育活动……我参加的是航空模型运动,1965年曾随队代表重庆市参加全国青少年通讯赛,取得了优异成绩。我后来还获得了航模国家二级运动员证书。

总之,我们高1966级1、2班的多数同学,是在学校最困难的时期读的初中。那时虽然生活困难,但是精神面貌很好,上进心很强。那个时期的磨炼,对我们的人生观、世界观、价值观的形成,影响很大、受益终生。至今我从心里十分感谢学校对我们的教育和培养,对能在南开中学读书而感到骄傲。

有歌曰:不忘三年魑肆虐,师生奋起敢降魔。冲天一曲南泥颂,挥汗千滴绿满坡。大树曾经多少雨? 雏鹰偏爱碧空搏。红专路上周公海,砥砺前行尽是歌。

南开人的气质

高 1968 级 1 班　高晓玲

从老校友所谈引起的 1996 年 10 月 17 日，是重庆南开中学 60 周年校庆，暨庆祝老校长张伯苓塑像揭幕和校训"允公允能，日新月异"的恢复光大。各地校友纷纷赶来为母校祝寿。

走进校园，只见彩旗飘扬，紫色的南开校旗尤为夺目。校园上空，回荡着"大江之滨，嘉陵之津、巍巍我南开精神……"的校歌声。校园内人头攒动，教学楼旁，三友路上，操场看台边，一群群不同年龄段的学子在相互交谈，几代学子汇聚一堂，一派盛况。

其中，最惹人注目的是那些白发苍苍的海外学子。他们中，男士衣着西装、身板挺直，纵使有人拄着拐杖也照样肩平腰直，不失儒雅之气；女士衣着大方、温婉娴和，气度端庄沉静而不失高贵。他们中大多已年过七旬，有的已近 80 岁，都怀着对母校的深厚感情。他们从世界各地回到重庆南开校园，庆祝母校 60 周年华诞，并捐出多年积蓄，为母校学子设立多项奖学金，祝愿母校学子秉承"公能"思想，日新月异。庆祝大会在几代学子同唱南开校歌声中结束。

晚上，老校友们不辞辛苦，分别来到各班，与小辈学子畅谈传承南开精神。我作为班主任也参加了座谈。记得到我们班的老校友都已经 70 多岁了，还是精神镬烁。老校友随意地坐在凳子上，同学们围住他们，争着请他们签名留念，然后七嘴八舌地问着不同的问题。聆听着他们的热情回答，体味着他们在海外几十年对母校的思念和感恩，还有他们不负母校培育，拼搏奋斗的故事，令我和我的学生们钦佩崇敬。

其中，一个校友的讲话给了我深深的震动和启发。在谈到南开精神时，他不无骄傲地说到南开学子的与众不同："南开出来的学生气质是不一样的。我在海外凭一个人的言谈举止、气度、风度,就能判断他是南开出来的,一问果不其然。"结论是南开人有南开人的气质。他话一说完,另外几位校友便马上附和,说这话是真的,他们也有同样的经历。一个校友还肯定地说:"是不是南开出来的,一眼就看得出。"从中看得出他们对南开的热爱和推崇。

其实,我们老三届的校友也常常遇到这样的评价:"哦,不愧是南开出来的,就是不同。"这话不也印证了老校友的说法吗?老校友特别谈到,所谓南开人的气质,得益于南开的"公能"教育、体育教育和镜箴要求。

南开的校训"允公允能,日新月异","公"即是要求学生大公无私,天下为公。"能"即学有所长,有为祖国服务的本领。

体育教育是要求学生有健康的身体。抗战时期,南开球队独步山城。新中国成立后,三中田径名满重庆。我们都记得当年校庆运动会的盛况,也为拥有除大田湾体育场外的标准足球场而骄傲。

至于镌刻在教学楼大厅穿衣镜上的镜箴,则是对南开学子日常文明举止礼仪修养的要求。要求每一位学子"面必净,发必理,衣必整,纽必结,头容正,肩容直",气象应"勿傲勿暴勿怠",颜色应"宜和宜静宜庄"。

它们对学生的文明举止、道德修养提出了具体要求,而不是空洞地说教。记得我们在校时也有类似的要求,如不准在路上吃东西,吃饭必须在食堂内,不得端出。这些其实都是南开的传统。

"公能"教育塑造了南开人的思想品格,即内在的气质,体育则锻炼了意志和健康的体魄,镜箴则修养了南开人气宇轩昂的外在风貌。综合之:塑造了独特的南开人。他们正直无私、不谋私利、胸怀坦荡、光明磊落。他们学识丰富、才华出众。他们身体健康、精神饱满、衣着整洁大方,他们有文明素养,谦逊而不失自信。

这就是独特的南开学子,在当时被称之为"精神贵族",自然异于那些自私自利、不思进取、追求享受的纨绔子弟。所以老校友们才说:"南开出来的,就是不一样!"

这就是南开精神,南开气质,南开人!我为南开骄傲,为曾是南开学子自豪,为作为南开教师、传承南开精神而欣慰。

师恩难忘,大爱无疆

高1967级6班 谢少安

也许是命运的眷顾,我从1964年进入三中高1967级6班学习,到1966年6月,我有幸接受了几位名师的教诲。从他们的传道授业中,我学习到诸多知识,掌握了诸多分析问题和解决问题的技能和技巧,使我受益终生。更重要的是,从他们的言传身教中,我真切地感受到师恩难忘、大爱无疆。

先说说我们的首任班主任兼化学老师罗海瑚吧。罗老师在当年是一位年轻的女教师,一米六以上的身高,她十分端庄,圆圆的脸庞上始终带着微笑,看上去像一个慈母。从年龄差异上讲,更像一个可亲的大姐姐。

记得在我们班的第一节班会课上,罗老师用了整整一节课的时间专门讲"学习"问题。她先用寥寥数语讲明了"学习"的重要性,然后转入话题的重点,即怎样对待"学习"和如何才能搞好"学习"。她用粉笔在黑板上书写了韩愈的一联诗:"书山有路勤为径,学海无涯苦作舟。"

她在"勤"和"苦"两字下面打上了重点号。于是她展开了话题:这是韩愈的治学名言,无疑是完全正确的,因为勤奋和刻苦是搞好学习的基本前提,从逻辑学的角度讲,勤奋和刻苦是搞好学习的必要条件。她接着说,如果仅仅靠勤奋和刻苦还不一定能够搞好学习,因为必要条件不是充分条件。那么充分条件是什么呢? 她在黑板又写了"钻""悟""恒"三个字,她解释说,"钻"就是钻劲,是钻研精神,通过钻,我们才能达到一定的知识深度。"悟"就是领悟,就是领会和掌握知识的精神实质,从而使知识融会贯通,达到举一反三的效果。"恒"就是一以贯之,持之以恒,永不懈怠,唯有如此,学业方有大成。

罗老师的一席话,让我耳目一新,受益匪浅。说实在的,我从小学到初中,学习成绩一直在班级、年级都是佼佼者,自己对学习的认识理解还是有的,但远远没有罗老师讲得这么深刻,这么顺理成章。所以在我们班举行进校50周年师生联谊会时,我为罗老师撰写的对联是:

聆教诲,宛如春风拂面,原来学海无涯皆可渡;

悟真谛,恰似秋雨润物,方知书山万卷也能越。

再谈谈许树人老师吧。许老师当时接近30岁(从相貌估计,未经考证),他身材中等,平时不苟言笑,看上去很严肃。别看许老师其貌不扬,他在物理教学中堪称学界名师、教坛圣手。听许老师讲物理课,简直是一种享受。

在我的记忆里,许老师的物理知识功底十分深厚,特别是他在力学、运动学方面的造诣已臻炉火纯青之境。

众所周知,高中物理知识的重点和难点就是力学。而这个重难点在许老师的教学中,就举重若轻、化难为易了。课堂上,许老师手持一支粉笔,画出物体接受各种力的作用示意图,条分缕析地分析着物体的受力状况,并不断添加着文字说明。当讲到枝经肯綮之处时,许老师眉飞色舞,逸兴遄飞,仿佛对于越复杂的问题、难度越大的课题,他讲授的兴致就越高,犹如一个武林高手,面对强敌,举手投足间,四两拨千斤,化劲道于无形,而气定神闲、从容不迫、神采奕奕、大将之气度俨然。每当这个时候,我们都意识到问题的关键来了,大家都聚精会神地听课,不敢漏掉许老师讲的每一个字。关键问题解决后,许老师不禁手舞足蹈,欣然而言:"记住了,当物体受诸多力的作用而达到平衡时,物体保持静止或匀速直线运动状态;当物体受到一个不变力的作用时,物体保持匀加(减)速运动状态。"这就是许老师画龙点睛之举。

回忆当年往事,我多么希望再次返回课堂,再次聆听许老师的授课啊!可是时过境迁,许老师已是耄耋之年,我只能在心中祝许老师身体康健,晚年幸福!

在三中就读的日子里,我的授课老师还有王泽友、陈永琳等老师。他们平易近人、和蔼可亲,和同学们密切相处,他们关心学生,爱护学生,是学生的知心朋友。在教学态度上,他们一丝不苟,严肃认真,把知识倾囊相授。在教学方法上,他们循循善诱,深入浅出,引导同学们顺利地掌握知识,启发同学们领会知识的实质,从而获取应用知识解决问题的技能。他们是良师,也是益友。从他们那里,我们不仅学到了知识,更体会到了老师对学生的爱。

　　我热爱南开,不仅仅是因为南开中学声名远播,莘莘学子为之倾倒,更是因为我亲身感受到这些老师高尚的人格魅力和精神力量,如沐春风、如迎朝阳。

　　正是他们以及一代又一代南开优秀老师的辛勤努力,铸就了南开的辉煌,造就了"允公允能,日新月异"的南开魂!

感谢母校，感恩南开

高1967级5班　刘天寿

> 回首秀才路，再登举人堂。
> 南开霸学府，蜚声渝洲扬。
> 岁岁多杰士，华夏有栋梁。
> 吾承南开志，日新月异强。

55年前，怀着向往和好奇，我手拿录取通知书，从李家沱一所初中，闯入了遐迩闻名的重庆三中。三中校园广阔，众多知名前辈校友名录榜激荡人心，宽敞的教学大楼、大大的阶梯教室、气派的阶梯足球场、二层楼的学生宿舍，以及学生食堂、教师食堂、校办农场……令我十分舒心，开了眼界、敞了胸怀，一股豪情也油然而生。

在接下来的校园生活里，规律紧凑的学习生活，努力向上的学习氛围，良好的锻炼风气，学工学农学军的教育理念，加上优秀的师资力量，厚重的培育沃土，使我一下子感悟到为什么三中一个班级的高考升学人数会远远超过其他学校一个年级的升学人数。三中卧虎藏龙、精英荟萃，一不留神就会掉队，一不小心就会错过一生的感悟和机会。

5年的三中生活（1965~1969年），潜移默化，毛毛细雨，铸就了我的人生观、世界观。无形之中形成的底蕴和气质让我终身受益，令我终生难以忘怀。

1971年5月，我结束了不足两年的知青生活。我获定向教师指标，招工回到了位于李家沱的重庆水轮机厂。重庆水轮机厂是一个生产全套水力发电设备的重型机器厂，拥有西南地区少有的重、大型设备，从炼钢焊接到加工装配，从生产制造到电站安装,都是全国中、小型发电设备制造业的排头兵。产品遍布全国各地,并出口到美国、加拿大、阿尔巴尼亚、巴基斯坦等国。在职职工有4500多人,拥有九大车间、13个处室,子弟中、小学,初、中级水轮技校和幼儿园,后勤服务配套齐全,自成系统的国有大型二类企业,也是重庆市少有的骨干企业。

招工回厂后,由于我志不在教书,被转而分配到铆焊车间,当了一名铆工。一年后,我转到车间另一工序,成了一名钣金放样工人。钣金放样是一个技术性极强的工种,既有抽象的立体投影,又有复杂的平面展开(其复杂性、技术性,在行业中以水轮机放样、船舶放样为最)。感谢母校,感恩南开,在这个举足轻重的生产环节中,我如鱼得水,学有所用。学徒期未满,我就独立代领一个小组,承担了水轮机、发电机主要大部件的展开放样工作。

由于表现优秀,能力突出,从70年代开始的工资改革,每一次调资升级,哪怕是百分之三的小升级,都有我的名字。在恢复奖金制度后,我每月拿到手的奖金基本上均是车间之冠。我还多次以带兵的不懂行,当企业领导不懂生产就没有威信,带不好兵,打不好仗为由,婉拒了脱产当干部的多次推荐和提拔。最后,在1984年最后一批"以工代干"的形势逼迫下(此时我已经是技术上提"卯子"、管理上精通的行业带头人物),从工人提升为调度员,半年后提拔为主管生产的生产主任,很快成了管理上理得顺、生产上抓得起的厂内明星人物。

1985年,党委书记代表组织和我谈话,要我去大学深造。我大吃一惊,从1966年到1985年,离开校园、不摸书本已整整19年,能行吗?书记给我讲了一下大概情况。

第一,此次学习是国家组织部、机电部委托南方片区合肥工业大学、江苏工学院及北方片区两所大学,共四所大学承办,代为培养年龄40岁以下、中层干部以上、高中文化程度的企业干部。

第二,此次培养为组织保送,重庆市机械系统只有5个名额,统一在南京机械专科学校学习。

我想,我一个三中毕业的,还读不出来吗?回家和爱人商量后,我答应了下来。一边工作,一边等待。一直到去南京的头一天晚上,我仍然在车间生产现场。

到了南京后,实际情况大相径庭。其一,这不是什么组织保送,而是去南京机专组织集中复习三个月,参加1985年的全国成人统一高考。其二,高考科目不是文科课程，而是工科的语文、数学、政治、物理、化学。这下子完蛋了，高三数学的解析几何、化学的有机化学，我都没学过。可怜我丢了19年的书本，不但没有提前准备，提前复习，居然行前头一天晚上还在厂生产现场，书记误我啊！考不上不但会丢自己面子，还会丢南开中学的面子呀。麻烦大了！

早春的南京雪花飘飘，风大寒重，我的心也拔凉拔凉的，但绝不能灰溜溜地返回重庆。于是我马上在南京买了解析几何、有机化学课本，废寝忘食地开始了紧张的三个月复习，每天睡眠时间未超过5个小时。三个月后，我填报了重点大学——安徽合肥工业大学，迎来了1985年的全国成人高考。感谢母校，感恩南开。事后得知，5科250分的录取线，我考了375分，被合肥工业大学录取，重庆5人赴考，仅我一人被录取，矿山机器厂的厂长、印刷机器厂的书记、机床维修厂的厂长等均落榜了。

1985年9月，在安徽合肥工业大学报名注册单上，我见到我名下有一个小圆圈，问了问，被荣幸地告知：考分较高，分配当副班长。进合肥工大管理工程系后，我又是一通手忙脚乱！学校不但课程多，上午下午排课密集。课目有高等数学、大学物理、大学英语、金属工艺、材料力学、机械制图、概率论、运筹学、财务管理、工业会计、管理会计、人事管理、物资管理等，林林总总共32门功课，书本一大堆。而且英语不是从ABC开始授课，而是基于高中英语，一开篇就是长篇大课，我赶紧去买了一本电大英语课本。感谢母校，感恩南开。基础在，底蕴在。经过两年的紧张学习，从无序到有序，从紧张到越读越顺，越读越轻松，最后以各科优良的成绩获得了安徽合肥工业大学管理工程系的大学专科毕业证书。

毕业后，我回到水轮机厂任计划处副处长，主管全厂综合计划管理工作，负责全厂生产计划、经营计划、财务计划、物资管理和采购计划、设备维修计划、基建维修计划等的指导布置和收集汇总，进而评估和编制出第二年的生产经营计划，提出和明确新的一年各项经营指标和生产目标，拿出为确保目标实现所应采取的各项措施办法和目标管理。在计划处期间，我大力推广所学各项先进管理措施和目标管理跟踪管理先进方法。主持的《全面计划管理》和《网络管理技术》两个项目获重庆水轮机厂1988年现代化成果奖。个人撰写的论文多次在厂内刊物《重水技术》上发表。其中《浅议成组技术在多品种、中小批生产企业的推广和应用》发表于四川省级杂志《经营管理者》，1988年第七期"管理现代化栏目"，并获重庆市企业管理协会优秀论文奖。1988年、1989年获重庆市机械局全面计划管理先进个人奖。1988年获四川省企业家协会颁发的计划管理研究先进个人奖，并担任了重庆市机械工业安全卫生协会常务理事和副会长。

1989年年底，水轮机厂生产发展上等升级，将生产从未生产过的新型机组，应时任厂长要求，我重返铆焊车间，担任车间主任，把全厂闻名、"天棒"最多、难以管理的400多人的大车间在一年里改变了面貌，把5年多难以推广下去的先进焊接手段——"CO_2"保护焊（焊接速度快，质量好，但焊枪重，工人不愿接受）在全市机械系统率先大范围推广应用，我们厂成为全市机械行业推广应用"CO_2"保护焊的孵化之地。同年，该项目获厂科技进步奖，并在确保厂部目标的实施过程中，攻坚克难，完成了新型机组20多吨到40多吨大型部件的组装和焊接。最终，我不负厂部所托，打通了生产环节中隐患重重的重大关节，推动了水轮机厂上等升级的顺利进行。第二年，我升职为厂长助理兼铆焊车间主任。再一年，在厂党代会上，我当选为重庆水轮机厂党委委员，并连续多次被评为厂先进工作者、机械局优秀党务工作者。在随后数年工作中，我先后担任过制造部副部长、厂长助理兼设备动力处处长，分管和协管过生产处、物资供运处、设备处、安技处、消防保卫处、机修车间，主持过重大车间的技术改造和搬迁，主持了一些重大设备的采购和安装，较好地实现了人生价值。

感谢母校，感恩南开。我是一个工人的儿子，家境贫寒，没有显赫家世，也没有太多光环。父母养育了我，南开中学塑造了我，共产党、新中国成长了我。修身齐家、治国平天下离我很远很远，但滚滚红尘中，却有我这一个微弱的光点。现虽垂垂老矣，台上台下、偃旗息鼓、耄耋皓首，宝刀已去。但王勃《滕王阁序》中的"老当益壮，宁移白首之心？穷且益坚，不坠青云之志"，却仍然燃烧着我这一颗夕阳红心。

始于南开的记忆

初 1968 级 3 班　张光贤

1965年夏,我从郭家沱小学毕业,在焦急的等待中,收到了重庆三中的录取通知。这让我非常兴奋,更使父母异常高兴。

父母都是来自农村的贫苦农民,由于家境贫寒,他们从未读过书,以至于后来戴着文盲帽子进了工厂,在工作生活中吃尽了没有文化的苦头。所以,他们总盼着我们能好好学习,多读书。当自己的孩子考上了重庆数一数二的重点中学,就像庄稼人看见自己所种的庄稼苗壮成长,正待结实,丰收在望那么高兴。

妈妈为我用手工赶制蚊帐时,对前来帮忙的邻居说,只要娃儿读得,我们都要想法尽力来供他……我知道妈妈的意思,她是说,只要我能一直读上大学,家里再困难也要在经济上给予保证。因为当时家里三代同堂共7口人,仅靠父母微薄的工资生活,每月都入不敷出。

妈妈把对我的殷切期望倾注在手上的一针一线里,这使我对唐代诗人孟郊的《游子吟》有了真切的理解。

来到三中,使我这从"夹皮沟"出来的小不点儿眼前一亮:宽敞的林荫道,对称排列的红专、勤俭教学楼,标准的运动场……此前,在交通不便的郭家沱,只在新闻纪录片里见过这种运动场。

在三中,学校独具特色的校风、严格的校规、老师们各具特色的教学风格、同学们认真刻苦的学习精神,对我的影响极大。

三中的教学颇具特色,印象较深的有几件小事。

进校的第一节体育课,是测量身高体重。囿于条件,当时测体重是用一长杆秤吊固于礼堂大门的门框,秤钩上挂一用扁担宽的楠竹片弯成的三脚架,同学们依次坐在三脚架内,老师则站在条凳上移动秤砣来测定体重。当时,我13岁,身高1米35,体重60斤,与班上的同学相比,算是"小不点儿"了。

学校里风气淳朴,同学们都拾金不昧,在张贴栏里时常出现"拾物招领""失物启事"之类的东西。这也是我到了三中后才领略到的,让我耳目一新。我在入校前新买了一支包尖铱金钢笔,一天不慎丢失了。该笔当时的价格近3元,相对于每月3.5元的伙食费,已不是一个小数目了。抱着试一试的想法,我也学着第一次贴出了一份"失物启事",启事上还画出了该笔的模样。没想到,午后贴出启事,晚自习前就有学友将笔送到班里来了。这让我充分感受到了同学们拾金不昧的优秀品质和同学之间的互助友爱。

1969年10月,我下乡落户到巫山县大庙区庙宇公社白庙五队。生产队最初给我评的工分为6.5分。后来,随着时间的推移和我劳动技能的变化,才逐渐半分半分地调高,直到1971年4月回城,也仅增至9分。最终都没能像有的生产队那样,连女知青都是10分。鉴于工分低,工分值也低的现实,为了年终结算时不倒补钱给队里,唯一的办法就是拼命挣工分。为此,不管刮风下雨、打霜落雪,我都坚持每天出工,在力所能及的范围内,无论什么农活都干。

当地是酸性土,每年春耕时,都要向田里撒石灰,以中和土壤酸性,达到适宜农作物生长的酸碱度。所用石灰都是各生产队自行烧制的。烧制石灰的原料石灰石即采自附近的半坡上,但燃料——煤炭却要到几十里外的湖北建始县境内去购买并用肩挑回来。

我向队里社员了解到,因路程远,他们都要带一些熟红苕之类的干粮在返回的路上充饥。我当时刚下乡还不到半年,还在吃供应粮,没有红苕之类的东西。只好在前一天晚上蒸了半搪瓷碗白米饭,权当干粮。

第二天天不亮,我就随社员出发,走了十多里路,天才开始发白。不知走了多久,走了多远,翻过了几座山,来到大山深处的湖北建始县境内的高山小煤矿。大家分头急忙往自己箩筐里装上煤,过秤后便匆匆地往回赶了。

因这是我第一次干这活,怕自己后来体力不支,拖累大家,故不敢多装,只装了60多斤。一路上,社员们挑着担子走得飞快,好在我挑得不多,在后面还能紧紧地跟着,生怕落下了。到了歇气的地方，社员们就从纱布袋里掏出红苕，就着咸菜吃起来。我也赶忙拿出搪瓷碗，什么菜也没有，就这么吃白饭。刚吃了两三匙，便听到喊"走了，走了"。于是我赶紧收起碗匙，又挑起担子紧紧跟着小跑起来。如是几遭，直到离队里仅十余里路时才将碗里的饭吃完。后来，有社员对我开玩笑说："你是让那碗饭给哄回来的哈。"

回到队里已是下午了。担子一过秤，连皮才68斤，按每100斤计20分算，给我计了10多分。那是近半年来一天计分最高的一次。

由于自己的努力，1970年度的决算，真的实现了当初的愿望：没有倒补钱给队里，还略有盈余。当时自我感觉还不错，现在想来，这也是家里支持的结果，因为一年中，家里或多或少都给我寄了些零花钱的。

1971年4月，我有幸成为落户巫山的第一批回城工作的知青之一。那批知青共20人，其中，一中有8人，三中有12人，分配在重庆市仪表工业局下属的西南游丝厂和重庆试验设备厂，两厂各10人。

几经周折，我于1978年年底从重庆试验设备厂与别人对调，回到父母所在的望江厂。回到望江后，总想着作为南开学子，不管在何种环境下都不应停滞不前，要克服困难尽力更进一步吧。于是我就利用业余时间补习文化，上夜校学习数学、物理等课程。于1983年年初，我报考重庆电大经济类专科，后又向厂里争取到部属院校西安工业学院（现西安工业大学）干部专修科推荐的名额。我抓紧时间，合理安排，在家人的支持下，两头准备。5月份，我成功考取了电大。7月份，我又参加部属院校的考试，我厂推荐的3人中，仅我一人考取成功。后来我选择了去西安工业学院学习，终于圆了多年来的大学梦。

难忘南开岁月

高1966级4班　王天坛

每当我唱起南开校歌:"渤海之滨,白河之津,巍巍我南开精神。汲汲骎骎,月异日新,发煌我前途无垠。美哉大仁,智勇真纯,以铸以陶,文质彬彬。大江之滨,嘉陵之津,巍巍我南开精神。"我倍感亲切自豪!这优美动听的歌声,使人心潮澎湃,热血沸腾,浮想联翩,夜不能寐,仿佛一切就发生在昨天。忆往昔,我的南开岁月点点滴滴,如数家珍。

初识南开

1963年6月,我初中毕业于重庆(初级)南桐中学,但在交报考学校志愿表那天,当我把报考中专的想法告诉班主任范正佑老师(市级先进模范老师)后,他关心地对我说:"天坛同学,你是共青团员,又是'三好生',眼光应看远一点儿,你应考'一三八'市重点高中而不是中专。因为,高中和大学比中专学的知识多得多,将来工作了,对党和人民的贡献也就更大更多,所以建议你第一志愿填重庆三中。"我问为什么?他说他了解三中,因为重庆三中在1960年被评为"全国中学校百面红旗"之一,傅震垣校长代表三中出席了全国教育"群英会",并获得毛主席、周恩来总理等中央首长的亲切接见和嘉奖。所以,大多数重庆人都知道重庆三中这所全国名校。他边说边拉开办公桌抽屉,拿出重庆三中招生简章等资料给我看。我不看不知道,一看吓一跳,原来三中历史悠久,成就辉煌,源远流长,不愧是全国名校。看了资料后,我就决定第一志愿报考三中。范老师一看我决定报考三中,他就滔滔不绝地给我讲起三中的历史故事。他说要了解三中历史,首先要了解严修、张伯苓、周恩来等关键人物的历史背景。

走进南开

1963年8月的一天下午，骄阳似火，我正在南桐煤矿新工区家门旁的河里游泳，忽然妹妹跑来叫我快回家，她说有封重庆三中的挂号信，可能是录取通知书哟！我一听马上游到岸边，换好衣服一溜小跑，回家撕开信封一看，果然是三中录取通知书。我二话不说，第一时间就跑去向恩师范正佑老师报告，顿时在南桐中学师生和新工区家长中引起了不小的轰动，因为我是该校当年唯一考取全国名校重庆三中的学生。那高兴激动的心情，至今都难以忘怀。当时很多"老重庆"家长都知道，如果自己的孩子能考入三中，感受校园里那浸入骨髓的书卷香气，徜徉在知识的海洋中，会是全家人的荣光。

按照通知要求，我要提前三天到校，以便协助高1966级4班班主任牟来桂老师做好新生报名工作。8月29日，阳光灿烂，天空晴朗，我背着背包提着行李来到了重庆三中。当我跨进三中大门，走在绿树如茵的校园时，立即感受到这所几十年沧桑历史校园的厚重底蕴扑面而来，20世纪30年代的老建筑比比皆是（后来被批准为市级文物保护单位）。

沿着校大门宽直的大道步行约百米，左边有勤俭楼，右边有红专楼，还有一条与大道垂直南北走向的公路建在高坎边上，右边可通"三友路"直到教师住宅"津南村"，左边可通礼堂、食堂、男生宿舍及三中后门。公路边高坎下面，有排球场和篮球场以及单双杠等，最下面就是一个标准的田径运动场。若以田径运动场主席台为标准，主席台前方有"三友路"、"津南村"、红旗图书馆（后改为行政办公楼）、东风楼及女生宿舍。主席台后方有礼堂、男生宿舍、食堂和水塔。特别是田径运动场主席台正对面，观众台阶后的斜草地里横立着毛泽东主席的题词"发展体育运动"和"增强人民体质"两块大型标语牌。

总之，三中校园给人的感觉是精心设计，构建合理，环境优美，心旷神怡，非一般设计师所为。我暗下决心，要好好锻炼身体，以强健的体魄建设祖国，保卫祖国。

初次欣赏了三中的优美环境后，我就赶紧去找牟老师报到。她快言快语地给我安排了两天的报名任务：8月30日上午，打扫教室清洁卫生，我要在黑板上用彩色粉笔写好"三中热烈欢迎同学们"的欢迎语。下午，老师提供男女生名单，分别安排落实男女寝室床位并贴上标签。如有剩余时间，尽快熟悉三中路况环境，为新生报到做准备。8

月31日上午8点至下午5点报名,中午轮流吃饭不休息,报名地点在本班教室。

第二天上午,我和另外三个团员(唐素云、杨荣春、高炎陵)准时来到勤俭楼二楼的教室,牟老师早已在办公室开始工作了。牟老师看我们4人都来了,立即把饭票、热水票及《入校须知》等交给我们,并要求报名时准确登记,各负其责,最后核算。一切安排准备就绪,我们4人就在教室坐等同学们来报名。等了半小时,未见同学来报名,我们就向牟老师建议,与其在教室等,不如搬两张桌子到楼下坝子里报名,只要写上"高1966级4班报名处"就行了。这样既减轻同学负担,又减少上下楼梯的麻烦。牟老师一听,说这办法好,就是要全心全意为同学们服务。她说办公室有笔墨纸,叫我快去写好,把桌子搬下去报名。于是我班打破惯例,首先在勤俭楼前坝子里报名了。其他班一看,既显眼又方便同学和家长,也都纷纷搬到坝子里报名,无意间学生家长越来越多,迎来送往,热闹非凡,形成一道亮丽的风景线。

难忘的班会课

9月1日开学了,第一节课是班主任牟老师的班会课。上课铃声刚响过,只见头发有点自然卷、梳着两条短辫、上穿白底淡绿碎花衬衫的牟老师,快步走上讲台,师生互问好后,自我介绍道:"我叫牟来桂,受学校委托,担任你们班主任兼数学老师(她是数学教研组长)。"话音刚落,她拿起粉笔转身在黑板上龙飞凤舞地从上往下流畅写出"牟来桂"三个大字。字体俊秀,一气呵成,着实让同学们吃了一惊! 更奇妙的是,她说姓这个姓的人很少,"牟"字怎么读呢? 就像牛叫的声音,与"哞"字同音,于是她学着牛叫声"哞、哞、哞……"地叫起来,引起大家一片欢笑声,大家也跟着学起牛叫声来,瞬间师生打成一片,好似一个欢乐的大家庭。自我介绍完,她话锋一转:"同学们,我首先祝贺大家考进三中。你们知道考进三中意味着什么吗? 这就意味着你们的一只脚已经跨进了大学的门槛,另一只脚要靠你们自己的刻苦努力才能跨进去。让我们从现在开始,共同努力实现大学之梦吧!"牟老师精彩的开场白,引得全班同学发出雷鸣般的掌声,那场景,至今难忘。紧接着,牟老师结合党的教育方针,讲了几个故事。

她说:"你们知道为什么叫'红专楼'吗? 这就是按照党的教育方针,学校要培养出又红又专、德智体美劳全面发展的红色接班人,所以叫'红专楼'。但我校往届有一个女学生,在高中三年的学习中,她认为:'学好数理化,走遍天下都不怕! 其他的我不管。'就这样她体育课经常请病假,课间操也常找借口躲在教室复习功课,老师的提醒她也当耳边风,同学们劝她她也不听。就这样,在三年高中学习中,她因缺少体育锻炼,身体越来越差,最后在高考冲刺复习期间,一病不起,不得不退学回家养病而失去了高考机会,老师和同学们都为她惋惜。这就是片面理解党的教育方针的结果。"

牟老师又问,这幢楼为什么叫"勤俭楼"? 她说,我们的国家现在还不富强,要自力更生,艰苦奋斗,勤俭建国,所以叫"勤俭楼"。也就是希望大家勤俭办一切事,早日把祖国建设成繁荣昌盛的国家。可是重庆南开中学自建校起,无论在硬件,还是软件上,都属一流,加之不少达官政要、社会名流的子女就读南开,所以当时社会上就有人把南开中学叫作"贵族学校"。有一次,老校长发现许多学生爱在皮鞋底下钉掌钉,不是为了防磨,而是为了走起路来铿锵作响,装腔作势显摆。为了教育学生,他特别给校门口的皮鞋匠打了招呼,不要给学生钉掌钉。以后逢年过节,老校长就提着水果、食品去感谢鞋匠的合作。还有一次,老校长从津南村出去散步,正好遇到一个农民挑着一担潲水从学生食堂出来。他上前看了看,潲水桶里浮着白馒头和肥肉,再伸手朝桶里一捞,又捞出整块的鱼肉等等。看到此情景,老校长随即要求全校老师加强教育,要在学生中树立起"浪费可耻,节约光荣"的勤俭之风。同时,建议向学生宣布,如有剩饭、剩馒头、剩鱼肉,可以送回厨房,热了下顿再吃。老校长说,南开中学在社会上被叫作"贵族学校",已经很难听了,绝不可听任学生暴殄天物,养成民众唾弃的贵族习气。务必教诲学生知道,物力维艰,知道盘中餐,粒粒皆辛苦。

最后,牟老师还讲了一个往届的学生考入三中后的故事,他在思想上和行为上不是走又红又专、艰苦朴素、勤俭节约、奋发图强的道路,而是走"一年土,二年洋,三年不认爹和娘"的忘恩忘本的道路。后来,在老师和同学们的教育、帮助下,该同学认识了错误,决心改正错误,与大家共同进步。

同学们听了牟老师讲的故事,深受启发,心灵受到了震撼,思想得到了升华。这节难忘的班会课,至今还深深印在我脑海里,以至于后来我也在十多年的教师工作中,也会时不时地讲述这过去的故事给我的学生听,也收到了非常好的思政教育效果。这得感谢恩师牟老师对我的谆谆教导,使我终身受益。

难忘南开学雷锋活动

1963年3月5日,在全国迅速掀起一个学习雷锋先进事迹的热潮。当然三中也不例外,9月一开学,在校党支部的领导下,校行政、工会、团委齐上阵,在全校迅速掀起了学习雷锋活动的高潮。特别是三中校团委书记孙灵碧老师和副书记田孝佩老师,她们二人是校团委专职干部,对全校共青团学雷锋活动抓得有声有色。我记得开学没几天,校团委通知各班尽快成立团支部,于是我班也迅速成立了团支部,唐素云任支部书记,杨荣春任宣传委员,高炎陵任生活委员,我任组织委员。后来由于校团委工作需要,班团支部推荐王邦碧同学到校团委当委员。有一天,校团委召开了各班团支书和宣传、组织委员会,孙灵碧书记在会上要求各班团支部积极响应党的号召,结合班上的实际,迅速掀起一个学习雷锋活动的高潮,要做到好人好事层出不穷。另外,在学习雷锋活动中涌现出的积极分子,应作为入团的发展对象。

会后,我班团支部决定在班内尽快开展学习雷锋的活动。例如,改我班上午和下午的第一节课前十分钟静息为大唱《学习雷锋好榜样》等革命歌曲。在我班的带头下,各班也跟着唱起来,此起彼伏,一浪高过一浪,当时雷锋歌曲响彻三中校园,有力地推动了全校师生学习雷锋的活动。另外,我班还开展了向解放军学习的活动,在学习上要像解放军那样"一帮一""一对红";生活上要求人人都有针线包,缝补浆洗互帮互助。我也自买工具义务为男同学们理发多年。我班的好人好事数不胜数。特别值得一提的是,多年坚持为歌乐山老红军巨伯伯家送生活用煤的故事。

事情经过是这样的:高一开学不久的一个星期天,同张岚侦同学聊天中我了解到,歌乐山上老红军巨伯伯家缺燃煤,全家生活困难。于是我和张岚侦、王显华商量后,决定利用星期天,挑煤上歌乐山给老红军送去。由于初次尝试挑煤炭上山,没有经验,我和张岚侦各挑了100多斤,王显华挑了80多斤,开始走平路还可以,没想到一上坡,越走越重越艰难,再加上山路陡峻,我们费了九牛二虎之力,才把近300斤的煤炭挑上歌乐山老红军巨伯伯家。为了保障安全,后来我们就多次组织本班和外班的同学,每3人负责轮流挑100斤煤上山,因最多只能借到4挑担子的竹筐,所以12人一次最多只能运400斤煤炭上山。就这样我们坚持为歌乐山上的老红军巨伯伯义务挑煤多年,习以为常,至今成为南开学子学雷锋活动的佳话。校党政领导都夸赞我班是雷锋式的班集体,并号召全校向我班学习,推动学雷锋的活动达到高潮,由校内扩展至社会。例如,有的班组织学生到附近街道的烈属、军属家中做清洁打扫卫生,有的同学看见盲人过马路就上前扶助引路,有的同学在公交车上主动为老弱病残孕妇让座,有的同学拾金不昧,等等。好人好事不断涌现。

为了深入持久地把学习雷锋活动开展下去,校团委书记孙灵碧老师又要求各班团支部组织各班学生对雷锋精神实质和核心是什么,人为什么活着,人的正确思想从哪里来,如何正确树立"三观"(人生观、世界观、价值观)展开讨论,并积极参与《中国青年报》对"三观"的全国大讨论。通过大讨论以及我们学雷锋的活动实践,使我们懂得雷锋精神开创了时代新风,它的核心就是一种为共产主义而奋斗的无私奉献精神;忠于党和人民、舍己为公、大公无私的精神;立足本职,在平凡工作中创造出不平凡业绩的"螺丝钉精神";苦干实干、争做贡献的艰苦奋斗精神;归根结底就是全心全意为人民服务的精神。

后来校团委又组织全校师生到小龙坎剧院观看了《年轻一代》《朝阳沟》豫剧电影。各班同学又参观歌乐山烈士陵园的"中美合作所美蒋罪行展",师生们观展后,纷纷表示要向革命先烈学习。紧接着又组织全校师生听了"中印自卫反击战"的战斗英雄报告,号召向解放军学习,向战斗英雄学习。通过以上有声有色的教育活动,全校师生逐步树立了正确的"三观",学校正确地贯彻执行党的教育方针,为国家培养出了新一代合格人才。

难忘南开奥运精神

我班高一、高二两年的体育老师是聂荣辉,后调到西南农业大学(现西南大学)任体育老师。他调走后,高三就由王泽典任我班体育老师。聂老师是从北京体育学院体操系毕业的,国家体操队二队队员。因在一次单杠大飞轮训练中,他不慎脱手,被甩出几米远,头触地,造成颈椎严重挫伤,昏迷不醒,后紧急送往协和医院抢救才幸免于难。因身体受伤,下调到四川省体院当体育老师,随后又调来三中当体育老师。由于高一我是班上的体育委员,所以,我直接在聂老师的教导下担任体育委员工作。因聂老师未受伤之前,就能做竞技体操运动员的规定动作"十字悬垂",达到健将标准。按照他的训练计划去训练运动员和同学们的身体,是行之有效而成绩显著的。我班的田径水平始终在同年级八个班中保持领先水平。

由于我还担任了三中校田径队的负责人,所以我与聂老师、王经才老师(体育教研组长)、李丁一老师、郗老师等打交道多些,经常在体育教研室听到如何抓好各年级的体育工作,田径队和业余体校又怎样训练,等等。有一次研究校田径队如何抓紧专项训练的问题,王经才老师说:"田径是我校的传统体育项目,要继续保持发扬,但是有的弱项要专人抓专人管,刻苦锻炼,发扬奥运更高更快更强的精神,才能长盛不衰。"会后,我问王经才老师:"三中田径队是学生队,哪能按专业运动员队要求?是不是训练标准太高了?"他回答:要说起三中的体育,确实与奥运精神有关,了解三中历史的人都知道,老校长张伯苓是中国'奥运第一人'。但是他是怎样成为中国'奥运第一人'的呢?很多人不知道。那是老校长在1908年到英国考察教育时,在伦敦观看了第四届奥运会,他深受触动,回国后就向学生介绍了奥运会情况和理念。1932年,在老校长的大力支持下,刘长春成为中国第一位参加第十届奥运会的运动员。所以,在1936年创办重庆南开中学时,老校长就把奥运精神写入学校体育教学大纲,并要求按奥运精神指导体育训练及教学。"

他说:"南开中学的体质,绝不能像一般人那样虚弱,要健壮起来。"于是,南开体育教育就雷厉风行地开展了起来,并且各年级每周都有两节体育课,每天下午两节课正课后的课余时间都要安排篮球、排球和羽毛球、足球比赛。正是由于南开中学在奥运之光的照耀下,重庆三中在重庆市历届中学生田径运动会上屡次夺得团体冠军,特别是在1966年重庆市春季中学生运动会上,王泽典老师带领我们重庆三中校田径队又在大田湾体育场夺得"重庆市中学校田径赛"团体冠军,并获得代表全市中学校参加全国中学校秋季田径运动会(地点在山东省)的资格,可惜后因"文革"而终止。

最后,说说我班的篮球队。由于三中是以田径为体育的传统长项,所以我校的篮球代表队水平并不突出。但是经过我班同学们的刻苦训练,我班的男子篮球队逐渐崭露头角,成为校篮球代表队,校体育组经常安排我班球队代表三中对外进行篮球比赛。比如我们与一中对应班、41中对应班、建筑材料专科学校、市建筑总公司篮球队、驻杨公桥地区的解放军红军团钢铁红二连的篮球队、解放军驻陈家桥炮校后勤篮球队等都友谊比赛过,可以说从没输过。当然在校内经常与教师队、各班队,甚至联队都比赛过,也是场场赢。究其原因,是我班的运动员田径基础打得扎实,比如中锋谢文华同学是校100米、200米田径赛的冠军,我这后卫也是田赛的标枪铁饼、铅球、手榴弹冠军。

再加上万长生和谭家强这两个前锋神投手，以及后卫张岚侦、佟波、张朝义等候补队员的篮下抢断球，正好构成了我班男子篮球队的战略战术优化特点。既有快攻，又有区域防守，长短结合，左右开弓，能分能合，紧逼盯人。特别是张岚侦的左手勾篮上球，让对方防不胜防。谢文华的短距离冲刺与我的长传相配合，只需二三秒钟即可投篮命中，对方来不及反应。据我统计，两个前锋的投篮命中率约在80%，真可谓是两个神投手。我班陈绍先同学跟随篮球队当裁判，秉公执法，判处得当，从未因判罚不当而发生矛盾，深得观众的赞赏，在沙区有一定名气。

我们班男子篮球队虎虎生威，还离不开后勤服务的同学，如果没有他们的呐喊助威和贴心服务，我班的球队不可能长时间保持旺盛的战斗力，这也是我班球队长盛不衰的法宝之一。

我班篮球队的带头作用，促使三中体育教研组每天下午课外篮球比赛活动的安排都要事前预约排队等候，促进了三中的篮球运动蓬勃发展，经久不衰，获得校内外好评。

逐梦三中

高1966级4班 王光池

还记得那是20世纪60年代,极为普通的一天。参加初中升高中的考试后,等候通知,我的心惴惴不安。在南纪门中学操场,班主任老师似乎懂得我的心意,悄悄把我拉到一边。他用圆珠笔在手心写了几个字,神秘地伸到我的面前。我想看,又怕看,心跳得厉害。最后,我鼓足勇气,踮起脚尖,悄悄瞟了一眼。

三中,老师手上写着三中!

三中,老师手上握着三中!

三中,可望而不可即的神圣殿堂!

三中,我日日夜夜都追逐的梦想!

妈妈! 妈妈! 我刚5岁就离我而去的妈妈,你站在天上,看见了吗? 你高兴吗?

爸爸! 爸爸! 含辛茹苦抚养我们6兄妹的爸爸,你知道了吗? 你从未舒展的脸上,露出笑容了吗?

我从小寄养在身残的孃孃处,那间破旧的小屋墙上贴满了各种试题。这时,仿佛它们也变得格外有意义了。我多想像其他孩子一样,兴冲冲跑回家去,推开家门,大声喊着:"我考上三中了!"

秋天,当我独自背着简陋的行囊,怯生生跨进三中大门。我惊呆了! 惊呆了! 我走进美丽的校园,感到从未有过的庄严与神圣。红专楼和勤俭楼遥相呼应,笔直的大道上绿树成荫,湖水荡漾着清澈的涟漪,岁月静好,恍然如在梦境。苍劲的树上高挂铜钟,像一位饱经风霜的老爷爷,用洪亮的钟声,讲述着学校悠长而沧桑的岁月。

啊,三中,从此缘定今生。

啊,三中,从此铭刻在心。

我笑过,我哭过,我爱过,我恨过。青春像老师手中的粉笔灰,洒落在教室里,洒落在校园里,洒落在悄然逝去的时光里。

还记得那时,走到大街上,我得意地把胸膛挺得高高的,让身边过路的行人,羡慕地看着我胸前的校章。

还记得那时,没完没了的习题,没完没了的考试。桃李湖畔,三友路边,朝霞飘落在书本上,花香缠绕在身旁。书声琅琅,惊飞了树上的小鸟。正像高尔基说的那样:我扑在书上,就像饥饿的人,扑在面包上。

还记得那时,熄灯了,我不想入睡,便悄悄躲在被窝里,借着电筒微弱的光看书。我总觉时间太短,恨不得把一分钟掰成两半。在这尖子成堆的地方,一分一秒也不能落在别人后面。

还记得那时,我常常肚子饿得咕咕作响。我们偷偷翻过校园的围墙,像馋嘴的小孩,到街边的小店去吃一碗酸辣小面,再溜回校园,低着头,不敢看老师严厉的双眼。

还记得那时,在学生农场,我们在阳光下用汗水洗涤心灵。绿茵场上,我们在疾风中用笑声挥洒青春。

不知是哪一年,哪一天,这一切突然发生了改变。美丽的校园,不再是远离红尘的世外桃源。高中生活,从此被捆绑在一个被扭曲的年代。历史上演了一场悲剧,不幸的是,我们成了剧中的演员。一条无形的"线",瞬间褪去了我们身上的光环。我们年幼的心灵蒙上了阴影,求学之路再也没那么平坦。自卑与自强,铸就了我性格中的一把双刃剑。苦恼,迷茫,困惑,这是为什么? 为什么? 为什么? 我含泪在心中呼喊,谁能给我一个回答? 是同样迷茫的老师,还是我远在天上的妈妈? 我更不期盼爸爸,因为他已经被关在"学习班"里写检查。

真是阴差阳错,成天手捧书本的我,竟然喜欢上了田径。每天清早,天还没亮,我就悄悄起床,在操场上跳跃,奔跑,任晨风吹拂胸膛,任汗水在脸上流淌。我忘记了一切烦恼,只想拼命地跑得更快,跳得更高。同学们笑着喊我"沙坑",那是我高中时代无奈的绰号。记得毕业前夕,体育老师领着我,用百米的速度向成都体育学院冲刺。可是,谁曾想到,一场突如其来的风暴,把我最后的一线希望也无情地吹跑了。

感谢你啊,亲爱的老师,是你,把我们领进知识的殿堂。在学生的心中,哪一个老师不是学生崇拜的偶像?

哦,班主任牟老师,严厉的眼光掩饰不了慈祥的情肠。

哦,班主任彭老师,始终微笑的儒雅风度,令学生倾倒。

1969年2月6日凌晨,历史注定了它的不平凡。重庆朝天门码头,雾锁两江,夜色如磐。我们这一群人,如梦游般即将告别山城,远走他乡,成为第一批上山下乡的知识青年。江边成堆的人群,出奇地安静,彼此注视着,连说话都不敢大声,怕惊醒了山城拂晓的宁静。我没有家人送行,我家三兄妹同为第一批到农村。只有班上的何大同几个学友,一直陪伴在身边,让我在孤独中感到一丝温暖,还有当年《战歌》的战友,不离不弃,伫立在寒风中,默默地目送我上船。

浓雾中,就是那突然响起的一声汽笛,就是那突然抽去的一块跳板,人们的泪水夺眶而出,冲破了最后一道感情的防线。船上,岸上,同时爆发呼天抢地的哭声,与两江涛声汇合在一起,回荡在群山之间。船离岸,又靠岸;船靠岸,又离岸。船知人意,不忍离去;船如命运,又不得不分离。多情自古伤离别。朝天门码头这悲壮的一幕,不敢说后无来者,但肯定是前无古人。

别了,我的三中校园!

那些让我笑着笑着就哭了的记忆。

别了,我的高中时代!

那些让我哭着哭着又笑了的往事。

不论命运之舟将驶向何地,我永远是三中儿女。因为三中有一种精神,一种情愫,已深深植根在我的心里。

授人以渔的南开模式

高 1967 级 2 班　周绍敏

多年来遇到不同时期毕业的南开人，他们身上有一个共同的特质，即极强的政治敏锐性、对工作的专注精神和责任心、不断进取不屈不挠的创新精神。他们都秉持了"允公允能，日新月异"的校训，尽心为公，努力增能，以"去私""立公"的道德品质和服务社会的能力，在各自的岗位上做出了骄人的成绩。这绝非偶然，不能不源于南开的育人模式。

南开教育以人为本，让每个学生在德智体美劳诸方面都得到发展，她的教育是立体的、全方位的，而不是唯分数论的。

当今中国的教育，高分基本成为学生在各个名校间的通行证，学生背诵了大量应付考试的理论、名词和术语，却缺少对真实世界的认知和关心，往往考完就忘完。这种脱离实际的教学，严重损害了学生的学习兴趣和创造力，一旦面对一个前所未有的新领域或危机，则茫然不知所措。应试教育的重压导致大部分学生厌学，孩子从幼儿园就开始奔波于各种学习班，多数时间都用在了学习上，没有童年时光，没有机会体味因为兴趣而沉浸其中的快乐，一生都在压力下度过。

教育关系到一个民族的兴亡，世界上没有一个民族敢拿教育开玩笑。现在回想张伯苓先生的办学初衷和南开的教学模式，感慨良多。培养学生独立健全的人格，启发学生的创造性思维能力和学以致用的本领才是教育应有的本质。

培养学生独立健全的人格

学生进入南开学习，"允公"就是要求大家，学习不只是为了让自己获得好工作和拿到高工资，而是为了服务国家、服务大众，要胸怀宽广，关心政治，关心国家前途。把学习和将来真诚服务国家联系起来。人生观的塑造,怎么做人必须放在首位。

我们的班主任艾万权老师常常在课余与我们讨论国际国内大事。学校也常常组织这方面的讲座,有意识地培养我们的胸襟和政治敏锐性。

人格培养是多方面的,好奇心、自信心、责任心等对于一个健全人十分重要。南开在这方面给我们创建了很好的平台。三年经济困难时期,学校号召我们自己动手,开荒种地,以班为单位,责任到班组,我们每周都要参加劳动,将收获的牛皮菜送到学校食堂的养猪场。养猪场长期保有100多头猪,每个周末的午餐,全校打牙祭,这让我们体会到劳动带来的收获和喜悦,更重要的是培养了我们在艰苦的环境下,穷则思变,遇到困难不低头,不屈服,有战胜困难的坚毅品德。每年农忙,学校会组织我们到农村参加双抢劳动,也经常组织我们进行长途行军拉练,一来让我们接触社会,二来对我们进行磨难教育,以培养我们的自信心和战胜困难的勇气。

为培养我们的好奇心,学校花巨资在东风大楼修建天象馆,整栋东风楼被建成实验大楼,我们可以在那儿观测天象、用显微镜观察动植物细胞、做物理的电路实验、做化学的酸碱平衡实验。各种未知世界,通过我们的手和脑,去探索、认识。正如我国著名的教育家陶行知先生所讲:人生两个宝,双手和大脑。只有手脑都会用,才会成为开天辟地的建设者。

体育训练是南开的一大特色。在每年的重庆市中学生运动会上,南开都是获奖最多的学校。我们的班主任艾万权老师常告诫我们:不要雄心万丈,躺在床上,要为国家健康地服务40年。意即不能空有报国志。年轻人通过体育训练,昂昂然若千里之驹,自视甚尊,怜人而不为人怜。有了良好的体魄,在解决问题时,才能集中精力。往往重要的问题需要投入多年持久集中的精力才能解决,足见体育训练的重要。我们在日常生活中,抓紧点滴时间进行锻炼,体育课的训练更刻苦,为此学校培养了很多优秀的体育尖子,为四川省田径运动队输送了不少人才,如李科中、曾毛毛、杨文兰等。体育锻炼不仅让我们拥有了强健的体魄,更培养了我们不怕困难勇于拼搏的进取精神。

教育非他,乃心灵的转向。引导学生转向分数、转向才能、转向才干、转向本事?都不是。倘若一个人的灵魂深处有爱、善、智慧这三样东西,这个人今后差一点儿技术,差一点儿才能,又能差到哪儿去呢?而恰恰这三样东西是全世界的普世价值,但是现在好多人都忘记了。

南开的教育在这方面下足了功夫。学校培养了学生善良正直、诚实守信、团结友爱、豁达睿智的品质。刚进校班主任老师就告诉我们：一个班级就是一个大家庭，同学之间要互相关心，互相爱护，有谁遇上困难，大家要施以援手，借东西要还。

每一个学生成才的途径和方式没有确定的方向，老师因人施教，从不把学生分为"差生""优等生"。同学之间常常结成对子，一帮一，一对红。学习上如果仍有困难，老师会个别辅导。为了传递爱心，学校建立了大小班制，高年级班级对应辅导低年级班级。班上的大事小事往往都有大班辅导员的参与，直到现在我还记得我们的辅导员叫夏挹秀。我们在这温暖的集体里学习和生活，感到无比幸福！也更激发了大家的集体荣誉感，在以班为单位的各种比赛中，个个摩拳擦掌，努力拼搏，为班级争得荣誉。这种氛围更促进了同学间的团结友爱。

我们把爱父母、爱兄弟姐妹，扩大为爱同学、爱朋友、爱学习、爱劳动、爱工作、爱世间一切美好的事物。我班同学的孝心一个比一个好。以陈佩良为例，他是我校校医室陈大夫和金大夫的儿子，陈大夫晚年卧病在床，陈佩良为父亲端屎端尿，翻身擦背喂药从不懈怠，哪怕是同学聚会，一到该给父亲喂药或翻身的时间，他会立刻赶回去。每年过年前，只要看见他家院子里拴了十几只鸡，就知道那一定是陈佩良回来看望父母了。如果鸡快没了，那就到了他快走的时候了。他在成都理工大学任职期间，也把这种爱心传递给了他的学生，被学校评为优秀班主任。

美学教育对人格的训练也是至关重要的。音乐的美，是用耳朵来感受的。美术的美，是用眼睛来感受的。自然界的真往往极为美妙。无论在工作中，还是在生活中，我们都要懂得什么叫真美，以及如何从各种现象中找到美的感觉。南开经常组织文艺演出、歌咏比赛、书画展示、专业文艺演出观摩等，来提升我们的审美情趣，这对丰富人的内涵是极为有利的。

知识传授的独特方法

南开对于知识的传播有自己独特的方式，即启发学生的内生动力。对学生来说，学习不是为别人，不是为父母，而是为了丰富自己的灵魂。我记得红专楼的门厅橱窗，每年9月开学时，都会贴出上一届考上北大、清华、哈军工、人大、中国科技大学等学校的同学寄回的照片，特别是哈军工的同学，他们头戴大圆帽，身佩肩章，真是威武极了！

自己暗暗下决心,一定要好好学习,争取将来考上这样的学校。

学校在我们必经之道常常挂着一块小黑板,上面写着格言或励志语,每天一换。如"天才是百分之一的灵感加上百分之九十九的汗水",这也是学校激励我们勤奋学习的方法之一。

培养学生的学习兴趣,是启发学生内生动力的另一种方法。学校经常组织科普讲座,如天文学讲座,在夏日的夜晚,对着浩瀚的天空,老师给我们讲银河系、北斗星、牛郎织女星,带我们到图书馆顶楼用天文望远镜观看月球上的环形山,激起我们对地理和天文学的极大兴趣。地理课的马英莪老师很会抓重点,他言简意赅,往往十几分钟就把一堂课的内容讲完了,留下大量的时间给我们做与讲课内容相关的游戏。地理虽不是主科,我们下来也不会花时间去复习,但马老师寓教于乐的教学方法,已深深地植根于我们的心中。

高中语文教学的难点是古典文学,我们有幸遇到了教古典文学最厉害的苏骥千老师。对一般人来说,古文是晦涩难读的。苏老师会将每个词都解释得清清楚楚,为了提高大家学习古文的兴趣,他会把学生带入课文的意境中,如在讲《火烧赤壁》时,如何借箭,如何借风,讲得绘声绘色,仿佛我们也置身于激烈的战斗中。听他的课,简直就是一种享受! 从此我不再惧怕古文,反倒盼望上古文课。我现在的古文基础就是那时打下的。

数学课对我们的逻辑思维训练是极为重要的。无论我们从事何种事业,都需要有系统的逻辑训练。记得在学校读书时,我们没有电视、电脑、平板,更没有微信,唯一的娱乐方式就是有谁搞到一道几何难题,或缺一个条件,或需加一条辅助线,往往要困扰我们几天,大家从正反不同方向去求证,一旦证出,那种高兴劲,简直无法用语言来表达。三角函数的很多公式,互相间如何演变、推导,也是我和郭馥常做的游戏。数学解题的方法有很多,不同的方法来自不同的想法,不同的想法导致不同方向的发展。数学题的每种解法都有其深厚的意义,你会领会不同的思想,同一道题可以用不同的方法来解。所以我们明白学习的方法有时需要倒过来考虑问题,先知道做什么,再知道为什么这样做,要灵活处理这些关系。

生物课的康振华老师教会了我们如何在有限的时间内提高学习效率。生物课一般安排在下午,因为不是主课,大家不会花很多的时间在这门课上。康老师深谙学生的心理，从不要求我们课外花更多工夫，但在上生物课这45分钟却要求我们分秒必争，高速运转。每堂课一开始，老师发给每人一张巴掌大的纸片，测试题写在黑板上（一般为前一次课的内容），做完后同桌互相交换批改，老师在上面公布正确答案，整个过程在5分钟内完成，剩下的时间讲新课。除了上课，动手做实验也是巩固知识的手段。我们在显微镜下观察洋葱的细胞，解剖蚯蚓和青蛙，给我们留下了深刻的印象。

化学汪严渝老师为了提高大家学习化学的兴趣，把一些需要牢记的知识编成了顺口溜，如金属活动顺序表：钾、钠、钙、镁、铝、锰、锌、铬、铁、镍、锡、铅、氢，铜、汞、银、铂、金。它读起来朗朗上口，铿锵有力，以至于几十年过去了，仍深深地印在我的脑海中。有些知识是需要记忆的，但南开老师不是强调死记硬背，而是要求大家在理解的基础上，采用一些便于记忆的方法来记，这样就可以达到事半功倍的效果。

我从各科老师的教学中体会到了如何提高学习兴趣；如何利用有限的时间，提高学习效率；培养自己的逻辑思维能力和发散思维能力，遇到问题从多角度考虑，不会一条道走到黑；将所学的知识融会贯通，举一反三，灵活运用；学会了归纳总结，抓住重点，将书越读越薄，最后变为一张纸，牢牢记在心中，想忘也忘不掉，这样来积累知识，很有帮助，也避免了死记硬背带来的烦恼。

授之以渔，受益终生

"授人以鱼，不如授人以渔。"南开教育的目的，不是培养人们适应传统世界，不是只着眼于获得知识，而要去唤起学生的热忱，培养他们自我学习的能力和主动性，使他们具备抽象的归纳能力和理解力，以便使学生在目前无法预料的种种未来中，自主做出有意义的选择。

教育以人为最高目的，受教育是人的最高价值的体现。唯有文化方能立国，唯有真正的教育才能树人，唯有智慧方能让一个人拥有真正的幸福，让一个社会真正和谐，让一个国家真正强大。

100多年前，南开的开山鼻祖张伯苓先生不甘列强入侵、中华民族任人宰割，认为非兴学不足以图存。他以"允公允能"作为南开校训，这表明了他的教育宗旨，也说明了他的抱负和自我使命。他认为"允公允能"足以治民族之大病，造建国之人才。他多次说明学生的责任重大，在校数年间"应预备充分之学问之能力，以期异日尽责于国家"。100多年后的今天,我们仍面临着同样的问题,而且更加严重,只有从教育入手,培养优秀和有良知的公民,我们才有希望改变我们社会丑恶的一面,才能传承我们的文化,我们的子孙后代才会健康幸福地生存在这片土地上,才能自豪地说:"我是一个中国人。"

教育改变人生,教育改变中国。

最后,用2016年版重庆中学十强榜评选后,重庆人对南开中学的评价结束本文:"重庆人对南开中学的最高评价,不是这所学校出了多少高考状元,而是说这是一所'沉稳内敛'的学校,具有相当深厚的文化积淀,在南开中学,学生最大的收获不是分数多高,而是一种淡雅如玉的气质,这种气质对于很多年后的成长大有帮助。"

一生之幸

高1967级2班　周绍敏

　　54年前,我有幸踏入了三中的大门,从1961年进校到1969年离开,整个60年代我基本都在沙坪坝度过。这段经历给我的人生打下了不可磨灭的底色。进入三中,遇到好校长、好老师,是我一生的幸福。当时的校长是傅震垣,我的语文老师是苏骥千、董长龄、马燕云,数学老师是艾万权、王在跃,外语老师是粟桂馨、钟永楷,物理老师是刘中行,化学老师是孙符均、汪严渝,生物老师是康振华,地理老师是马英嵘,体育老师是晏法,音乐老师是刘德清,还有可爱的政治老师左荣。他们中许多都是来自各自领域的高手或特级教师。在他们的言传身教下,我们在德智体美劳诸方面都得到了全面发展。他们不仅教书,更关注育人,他们知道培养一个合格人才,不在于要给学生灌输多少书本知识,或者把学生培养成考试机器,而在于授人以渔,让学生掌握学习的方法,学会自己读书。同时,培养学生一系列重要的性格特质,如毅力、自我控制、好奇心、责任心、勇气及自信心,这些特质影响了我们整个一生。下面讲几个具体的事例。

自力更生,丰衣足食

　　我们1961年进校时,正值三年经济困难时期,全国人民都在节衣缩食,不少人因缺营养患了水肿病,在边远的农村还有不少人因为饥饿而丧失生命。我们在傅校长的带领下,迎难而上,自力更生,艰苦奋斗,在三中小小的天地里活出了另一番滋味。

　　三中是一所校园面积较大的学校,以前池塘多,花台多,这时池塘变成了养鱼场,花台变成了菜地。每个班都有自己的责任地,班级又划分到小组,每周我们要花几个下午参加劳动。当时我们种的是高产菜——牛皮菜,每次把外面长大的菜叶掰了,施了肥,不久又长出新的菜叶,可以持久不衰。我们把收获的菜担到食堂,过秤后交到食堂养猪场。当时食堂的养猪场长期保有 100 多头猪。鱼塘打鱼时,就像过节,岸边全是人。我记得有一次,一个工人抱住一条几十斤重的大鱼,鱼尾一甩,打在这个工人脸上,半边脸都游青了。这些劳动所得,全都用于改善学生生活。每个周末的午餐,每桌需派两人去取饭,一个筛子装八个罐罐饭,另一个筛子装八罐肉或鱼,每罐半斤。打完牙祭,周六的下午是全校考试,考完后,每个同学到学校操场领取一份牛皮菜(学校发给每个同学的),带着自己的劳动成果,高高兴兴地回家过周末。我们这样的生活令其他学校的学生羡慕不已。这一举措不仅保证了同学们的营养,更重要的是培养了我们在艰苦的环境里穷则思变,遇到困难不屈服、不低头,有勇气战胜困难的坚毅品德。

我们的班主任

"良师益友"这个词用在我们班主任艾万权老师身上,一点儿不为过。1961 年,我们刚进校时,还是一群不谙世事的懵懂少年,接任我们的班主任艾老师也刚从重师毕业,比我们大不了几岁,简直就像我们班的大哥哥。班上很多同学没经历过集体生活,他就手把手地教大家怎么整理寝室内务,教大家生活上要互相关心,人与人如何相处,借别人东西要还,还告诫大家,像肥皂这样的东西就不要借别人的了,因为用了就少了。

艾老师教给我们一句名言:不要雄心万丈,躺在床上。告诫我们在努力学习的同时,还要锻炼好身体,不要空有报国志,要争取为国家服务 40 年。艾老师写有一手漂亮的方块字,黑板板书也安排得很好,他上的数学课生动而有趣。我们在不知不觉中就迷上了数学课和他的方块字,很多同学都模仿他的方块字。我们进校时正值中苏关系紧张,中苏论战正酣之时,《人民日报》《红旗》杂志发表的九评苏共中央的公开信,一篇篇檄文似投枪匕首,痛批自苏共二十大以来实行的赫鲁晓夫修正主义路线。艾老师常常在课余与我们讨论这些社论及如何防止和平演变的问题,大家群情激昂、摩拳擦掌,决心学好本领,反帝防修,要去解放世界上三分之二生活在水深火热之中受苦受难的人民大众。从这时起就养成了我们关心国家大事,培养自己的政治敏锐性的习惯和责任担当精神。

我们班 54 人,其中男生有 17 人,女生有 37 人,这样的配比在很多以班级为单位的比赛中处于不利地位。但是艾老师把大家团结在他的周围,精心安排,认真训练,使我班在各种体育或文娱比赛中屡获佳绩。这又更加促进了全班的凝聚力,以至多年后我遇到班上一位在大学任教的同学,讲到他在大学被评为优秀班主任就缘于他学到了艾老师对学生的经验的一些皮毛。

培养学习兴趣

对比现在以考试成绩为追求的唯一目标,我的小孙子才上小学二年级,就对学习失去了兴趣。相反,我们在三中学习时,老师倾注了很大的精力来培养我们的好奇心和学习兴趣。我记得天气好的时候,地理老师马英羲会在图书馆楼顶架上天文望远镜,教我们观看月球上的环形山,用裸眼在夜空中寻找北斗星,在东风楼的天象馆观察天体星系。地理课不是主课,一般都安排在学习精力不太好的第四节课,这时学生大多已饥肠辘辘(困难时期油水少),马老师以他丰富的学识,言简意赅地在15分钟就将一堂课的内容讲完,剩下的时间就留给大家做游戏,发与课堂内容相关的地形图、河流图、山脉图、城市图让大家填空,或一个同学说出一个在复杂的地图上很不起眼的地名,另一同学必须在规定的时间找出,否则就要罚站。一堂课在开心的游戏中很快就过去了。几十年过去了,在我走南闯北的职业生涯中,马老师的地理知识让我获益匪浅。

生物老师康振华是我非常崇敬的老师,她一口标准的普通话,至今还深深地留在我的记忆里。生物课不是主课,常常安排在下午,康老师深谙大家的心理,从不要求大家课外花时间在这上面。为了让大家在45分钟内掌握所学内容,她想了很多办法,如每次一上课,就发下一张巴掌大的纸片,她在黑板上写出一道题(多为上节课的内容),同学们立即做,完成后同桌互相交换改,老师在上面公布正确答案,整个过程在5分钟内完成。直到现在,我仍记得老师讲的摩根遗传学原理。为了培养我们的动手能力和好奇心,生物课常常要让大家解剖蚯蚓、青蛙,用显微镜观察洋葱切片中的细胞,让我们从小就养成严谨的行事作风。更有甚者,教化学的汪严渝老师,为了让大家轻松记住金属活动顺序表,编出顺口溜:钾、钠、钙、镁、铝、锰、锌、铬、铁、镍、锡、铅、(氢)、铜、汞、银、钾、金。抑扬顿挫,铿锵有力。那神态、那语调,至今记忆犹新。我后来从事高分子化工研究工作,遇到这些问题简直就是少儿科,信手拈来。

体育给我们奠定了良好的身体素质

三中历来非常重视学生的身体素质训练,有一个强大的体育教研室,里面的老师如郗文星、王经才、晏法等,个个都是身怀绝技的高手,培养出了不少体育尖子。三中的田径运动在全重庆市的中学是非常有名的。在我读书期间,四川省体工队就从我校选拔了不少体育尖子充实四川省田径运动队,如高1966级的李科中、我们班的曾毛毛、初中的杨文兰等。还有很多人选上了,因不愿意放弃上大学的机会而没有去。在这种更快、更高、更强的体育氛围下,我们非常重视体育锻炼,不愿做雄心万丈,躺在床上的弱者。每天早上起床钟声一响,我们就用最快的速度完成洗漱和整理内务,几分钟后就冲向操场,利用做广播体操前的时间,跑800米、高抬腿跳、下蹲起跳、单腿跳阶梯等,广播体操音乐响起,按一班一队排好做操,广播体操一完,我们以最快的速度冲向斜坡,冲到教室上早自习。两节课间休息时间长一点儿,我们会围成一圈打一会儿排球。下午两节课后,如果没有其他事情,我常常参加田径训练,主要训练100米和400米跑、跳高、跳远、投掷铅球等。我在高二时参加校运动会还获得了年级女子五项全能冠军。

当时重庆只要有全国甲级足球联赛,三中都是赛场之一(有标准的足球场)。我们有得天独厚的条件,得以近距离地观摩全国顶级足球赛事,这又培养起我们对体育和足球的兴趣。由于有良好的训练基础和身体条件,我30岁在大学的运动会上还能代表系上参加并获奖。体育锻炼不仅使我有了一个强健的身体,更培养了我不怕困难,勇于拼搏的进取精神。

我们获得重庆市歌咏比赛甲等奖第一名

美学教育也是三中的重要内容。每栋教学楼的门厅内都有一面大镜子,要求同学们正衣冠,懂礼仪。学校常常举办书画作品展,组织文娱演出,观摩顶级文娱演出,如我的记忆中就曾在沙坪坝区文化馆观看过中央乐团的音乐会。音乐老师把音乐教室的钥匙交给我们,我们合唱队的同学可以去练声和训练。

我印象最深的一次歌咏比赛,是我们刚进校的那一年,也是我们进入中学后的最后一个儿童节的歌咏比赛。我们一路过五关斩六将,直杀入市少儿歌咏比赛的决赛。我记得当时参赛的马王场中学阵势很大,在重庆人民大会堂的舞台上有大半台的乐器,唱歌的人只有两排。重庆一中的阵势也很大,他们还把重庆大学的校友都请了回来助阵,也是排了大半场的乐器。唯独我们三中,在沙坪坝文化馆比赛时,就只有左荣老师的手风琴伴奏。想来也是,歌咏比赛比的是唱歌,我们的老师技高一筹,选了两首非常好听的歌:《踏着先烈的足迹》和《是谁吹起金唢呐》。前一首庄严肃穆,歌颂先烈;后一首欢快活泼,歌唱春天。我们在人员选择、声音组合、平时训练上都下足了功夫。更有甚者,我们的左荣老师,她的手风琴和钢琴演奏堪称一绝(她曾考取过上海音乐学院钢琴系),她不仅伴奏好,还自己编了很好听的前奏,使我们的演唱更加优美动听。到重庆人民大礼堂演出时,我们发现台上有一架钢琴,这简直是天助我也! 钢琴的伴奏效果比手风琴不知好多少倍。左老师立即改用钢琴伴奏。我们从少年宫借到了枣红色背带裙,一色的白衬衫、红裙子,服装简约大方;我们的指挥是一个会跳舞的小女孩,身着白色蝙蝠绸衫,白色芭蕾舞短裙,白色球鞋,头顶一个大红色的蝴蝶结。当大幕拉开时,她像一只春天的蝴蝶,飘然而出,那画面美极了。我们的阵容简约但不简单,从视角到听觉都达到完美的效果。最后,我们被评为甲等奖的第一名。当时没有录音录像设备,所以这些珍贵的影像没能留下来,我们只听过重庆人民广播电台放的录音。几十年过去了,现在回忆起来仍激动万分。

美学教育对提升人的审美观,是非常有益的。不论工作或生活,处处都离不开对美的追求。只有高雅的审美情趣,才能使人的内涵更丰富。离开学校几十年,我们已年逾花甲,直奔古稀而去。不论我们年龄多大,老师的谆谆教导,永远留存在心中。"允公允能,日新月异"的校训须臾不敢忘怀。感恩母校! 感恩老师!

记汪严渝老师二三事

高1967级8班　刘誓玲

离开南开中学50多年了,回忆南开的学习生活,我感到最难忘的,还是南开的老师。

记得刚收到南开中学的录取通知书时,我们全家人都很兴奋。曾在南开中学读高中、后考入清华大学的哥哥刘誓红高兴地对我说,南开是个名师荟萃的地方,你到那里读书,一定会大开眼界,增长见识。接着,他如数家珍般地介绍起南开的老师,如精通英语的外语教师喻娴文、学贯古今的语文教师戴危叨、善抓重点的数学教师李承恩、具有国家足球一级裁判资质的体育教师王经才等。在他的心目中,这些老师是那样神圣。

确实,南开中学能多年保持高质量的教学水平,在省、市(那时重庆还未直辖)高考中屡屡夺冠,与这些学识渊博、德高望重的老教师是分不开的,他们将自己的毕生精力奉献给了南开的教育事业,铸造了南开精神,理应受到人们的尊重和赞扬。

通过几年的学习生活,我也深深感到,南开精神能不断弘扬光大,南开的传统能代代相传,还得益于一大批年富力强、勇于开拓创新的中青年教师,是他们为昔日的南开注入了新的活力,是他们把南开精神推向了一个新的高度。汪严渝老师,就是他们中的一员。

汪老师是我们的化学老师,虽然年龄比我们大不了几岁,却因其讲课生动幽默、妙趣横生,常常能将一堂枯燥无味的化学课讲得生动活泼,引人入胜,受到同学们的普遍欢迎。记得一次上课时,他先在黑板上写下锌酸的分子式,然后请一位同学回答是什么物质。那位同学可能因为紧张,一时回答不出来,汪老师叹了一口气说:"我好心酸,这不就是锌酸嘛!"见同学们都笑了,他接着内疚地说:"这不怪同学们,只怪我没教好。"接着,他言简意赅地讲清酸、碱、盐分子式各自的特点,给同学们留下了深刻的印象。

汪老师上课还有一个特点,就是不看教案,有时一节课下来,也难得见他翻一下书本和教案。我们曾开玩笑问他:"你上课不看教案,还带教案干吗?"汪老师风趣地说:"上课带教案这是老师的职责,但如果老师都把时间花在翻教案上了,还能留给同学多少时间!"其实,他早把教案的内容装进脑子里了。汪老师是一个惜时如金的人。一节课45分钟,他准能在40分钟内把所讲的内容全部讲完,最后留几分钟让同学们回忆所学内容。如果没有将所讲内容烂熟于心,是很难做到这一点的。

汪老师的板书字规范漂亮,且排列整齐,每上完一节课,只要看黑板,对所学内容、应突出的重点、需牢记的化学方程式,都清清楚楚。他曾诙谐地说:"我不喜欢在黑板上随意写画,这样自己可以少吃粉笔灰,值日的同学也能少吃粉笔灰。"

汪老师给人印象最深的,还是他善于将课本上的知识进行归纳概括、提炼加工,然后编成好记易懂的顺口溜,供同学们学习。如他编的《化合价快板》,朗朗上口,好记好背,至今我仍能一气背出:"一价氟烷碘氢,还有钾钠铜银金。二价氧铜铅钙镁,外加钡镭锡锰锌。一二汞来二三铁,铝三硅四要记得。二四六硫二四碳,一至五价都有氮。锡铅有四钨有六,暂记不住你莫哭。快快念来快快读,谁先记得谁有福。"

讲金属活动顺序时,为了同学们好记,他也编了一段顺口溜:"钾钠钙镁铝锰锌,铬铁镍,锡铝氢,铜汞银铂金。"怕同学们不好背,他还专门解释了中间的"铬铁镍",重庆话称"打架"叫"各业(铬镍)",这样同学们的印象更深刻了。这些顺口溜,我背熟后传给了儿子,儿子又传给了孙子,如今已成为我们家的传家宝了。

也许是年龄相近的缘故,汪老师在课堂上是严师,在课后却是同学们的朋友。在篮球场上,你能看见他与同学们同场竞技的身影,在文艺会演的舞台上,你能看到他与学生同台演出。有一年夏天,我们班去歌乐山金刚坡参加支农劳动,汪老师不是我们的班主任,他也主动参加了。白天,他与大家一块下地干活;晚上,他又组织同学们开起了月光晚会。在农家院坝里,有的同学唱歌,有的拉二胡,有的吹笛子,热闹非凡。但最受欢迎的,还是汪老师表演的单口相声《老丁看电影》:"提起那老丁,板眼硬是深。看戏看电影,他回回都扯筋。昨天五点半,老丁就吃了晚饭。扯起脚杆来到沙坪坝电影院。一看演奥赛罗,老丁心头把急着:买票的轮子一长串,怎么办? 干脆,老子给他比力气——嗨嗬! ⋯⋯"看到汪老师绘声绘色的表演,同学们笑得前仰后合。

　　这就是汪老师,一个事业心极强又多才多艺的青年教师。记得他给我们上化学课时,常有本校和外校的老师坐在教室后面观摩他上课,足见他的教学方法在市内已得到了大家的认可。

　　一转眼,当年正值青春的我们已年逾古稀,汪老师也该进入耄耋之年了。我衷心祝愿汪老师健康长寿,晚年幸福! 祝愿所有的南开老师身体健康,万事如意!

南开记忆二则

初1968级3班 郭 皞

遥远的中学时代,虽然过去半个多世纪了,但那些印在脑海深处的记忆片段,真的真的无法忘记。

闪光的校徽

那是1965年9月,经过激烈的小升初考试,光荣地踏进三中(南开)校园的我,领到了盼望已久的校徽。那是一枚极其普通、小小的白底红字的校徽,上面赫然印着"重庆三中"四个大字。那时的三中,可是重庆市百里挑一的好学校啊,据说就连我们津南村小学(现南开小学),也只考上了两个!能考进这所学校,那真是莫大的荣耀。捧着这枚校徽,我按捺不住内心的喜悦,忙不迭地请同学帮我别在胸前:我是重庆三中的学生了!

从此以后,我的校徽天天不离身,不管穿什么衣服,第一件事,就是把校徽别在胸前。即使上体育课,到游泳池学游泳,居然也突发奇想,想把它别在游泳衣上,当然这一企图未能得逞。那时还有一个小小的期望,就是特别想碰到考上一中的同学,心里在暗暗地较着劲,我是三中的,我们比你们强!

岁月如梭,50年过去了,尽管我已在南开中学当了30多年的教师,尽管在每年的校庆中,我接触到各式各样的设计精美的南开校徽,但魂牵梦绕的,仍然是那枚白底红字的重庆三中校徽。

自制的舞裙

进入三中,我们就成了最小的弟弟妹妹。记得学校开会庆祝六·一儿童节那天,我们初一3班10个跳舞的女同学,坐在勤俭楼前等待入场。我们穿着自制的藏族裙子,就是在裙子上粘上自己剪的一条一条的彩色皱纹纸,斑斓的色彩像孔雀开屏一样,立刻吸引了大家的目光,楼上高中的哥哥姐姐们都在为我们喝彩。我们既兴奋又忐忑,这可是我们练了好久的藏族舞蹈啊!我们在喝彩声中高兴地等待着。

50年前的那份喜悦,现在还深深地印在我的脑海中。后来,尽管我已当上了南开教师,担任了多年高中班主任,带领学生参加过多次学校举办的文艺会演,也带领学生排练过话剧《雷雨》等;虽然学生们穿的都是从文化馆租来的特色服装,新颖又时尚,但这一切,都没有50年前那次六·一儿童节的演出,那五彩斑斓的舞裙印象深刻。

我的南开故事

初1966级4班 胡志钢

南开是什么？

南开中学校训墙上写道：允公允能，日新月异。

南开新老校友们说：南开是教书育人的圣殿，是国家人才的摇篮，是美丽的花园，是……

这些，都没错。

在我心中，南开中学，重庆三中，就是我人生起航的锚地，就是50年后依稀记得的温馨小故事，就是想和学友们一起回忆、一起分享的那些少年记忆。

故事一：和祖国一起成长

当我们在三中读完初一，进入初二时，恰逢祖国15周年诞辰的国庆节。我们班为配合国庆节，搞了一个非常应景而有意义的活动：我们在三中才一年的初一4班，被评选为重庆市优秀班集体。我们是祖国同龄人，又是市优秀集体，自然就有了庆祝国庆活动的主题：我们和祖国一起成长。

我们班是怎么被评为市先进集体的，先进在哪？ 也许需要强大的回忆功能，才能在50年后把这事说清楚。但有两点是我们班每个同学都记忆深刻的，一是我们深爱的这个初一4班的优秀，最大的功臣是班主任倪西萍老师；二是我班获得殊荣、表彰和宣传的时间，是初二开始的国庆节前后。

为了配合媒体采访和宣传，我作为班里的小头目之一，初生牛犊，自编词曲，写了一首歌，歌名也是《我们和祖国一起成长》。

第一段的歌词是这样的:

金色的太阳从东方升起,鲜艳的红领巾在胸前飘扬。

我们都是新中国的少年,我们和祖国一起成长。

祖国的十五年啊,是我们成长的年代。

党是灿烂的阳光,抚育我们成长。

我们是快乐的小鸟,我们是茁壮的树苗,

我们像亲爱的祖国一样,朝气蓬勃天天向上。

……

高中大班的辅导员姐姐,还有音乐老师,对歌曲进行了润色修改,副歌部分加上了和声,配了钢琴伴奏乐谱。没想到,全班同学参与合唱排练后,歌曲朗朗上口,旋律节奏还行,效果不错。要知道,主创当年才刚满14岁呀。这并不证明胡某有音乐天赋,因为,我一辈子,就写过这一首歌。

国庆后的一次晚自习,全校的教室里播放了重庆人民广播电台的录音报道,标题就是"我们和祖国一起成长",讲述了重庆三中初一4班被评为重庆市中学优秀班集体的事迹,播放了由我班全体同学合唱的这首歌,现在想起,还心存小小的激动。

故事二:小小鹅卵石

和现在小朋友比,我们直到初一才学习英语,这似乎是不幸的。但是,当我从巴蜀小学考入重庆三中,面对的英语老师是喻娴文时,我又是非常非常幸运的。

我从小就有点大舌头,在英语辅音"S"和"Z"发音时,以及汉语拼音以"Z""C""S""R"为声母发音时,舌头会不听话地会伸出齿缝,有点像英语发音中的舌齿音,这肯定会影响发音质量,甚至发错音。

用标准伦敦音教我们发音的喻老师,非常敏锐地发现了我的问题,她一心想纠正我的发音。不时抽我跟读或朗读,发现出问题时,会笑着耐心地说:"把舌头伸进去。"这六个字,课堂上,早晚自习上,她不知笑着对我说了多少次。我慢慢地,也知道了我的问题所在,这既是习惯问题,也肯定有舌头的生理结构问题。

那时没有百度,但我从书上和人们言谈中知道,有相声演员将鹅卵石放在舌头下,增加舌头在口腔里的弯曲度,来避免舌头外伸,练习正确发音。我这人被喻老师说多了，肯定心里有压力，着急。于是，我下定决心，找来小小鹅卵石一枚，放嘴里，发音时放，不发音时也放，甚至睡觉时也放。

这一放，就是两年多，由开始的痛，不习惯，到舌头木了，没感觉了，直到习惯了。终于，到了初二下学期，然后初三，我改掉了舌头伸出来的毛病，也能顺利发出汉语的特殊声母的发音了。我使用了看似愚蠢的办法，却收到了成效，喻老师也给予了我肯定和表扬。

如果没有喻老师的循循善诱和坚持纠正，我的发音也许至今难改，我对英语的兴趣也许会消退，我之后的英语自学恒久力就会打折扣，我也不会在对外经贸大学里取得那样好的英语成绩，也不能在外经贸工作中灵活运用语言，更不会在环游世界的旅途中得心应手地使用语言。

“把舌头伸进去”，这真是一句让我受益终生的教诲呀。

当然，还有小插曲让我忍俊不禁。我有个邻居好朋友，一中初一4班的，有一次居然从他口中得知我含鹅卵石的事情。他说起这事，明显带有调侃的意味。后来我才知道，这是他们学校宣传的。哎，真是好事不出门，“丑事”传千里呀。直到50年后的今天，好朋友之一秦士由(退休前重庆保监会头头)，还在给我的赠诗中拿这件事笑侃我。

秦士由送我的即兴诗：

有感而发，才子难当。

夕阳嘉陵，晚霞长江。

漫步京华，飞车略阳。

回忆青春，岁月沧桑。

少练弹舌，石含口腔。

老如顽童，与孙滑翔。

携手伴侣，云游四方。

横渡扬子，实现梦想。

健身似铁，炼志如钢。

人生短暂，幺娥生光。

故事三：航模小组

一回想起三中的航空模型课外小组，我仿佛就闻到了那股浓浓的香蕉水味道，制作室内到处是桐木片、松木条、蒙皮棉纸之类的东西。那大礼堂阁楼不大的空间，我们在那里度过了一个又一个充满热情的下午。

初二开始，我参加了校航模队，和那里的哥哥们一起，学习制作、探讨技术、外出放飞，我的心也随着天上的飞机，越飞越高。

从一个门外汉，到自己动手制作好完整的模型飞机，要学习飞机结构和升力等基本物理知识，学会看图，学会下料，学会组合。一架飞机能不能较快升空，和机翼截面形状很有关系，上凸下凹，就是机翼在空气中产生升力的原理，但凸多少，凹多少，这是需要反复验证和调整的。飞机重心位置很重要，错误，既影响升空，又不能平稳飞行和降落，所以为了调整重心，会在机头增减配重。

我参加的是弹射动力飞机的制作，比较高级的是橡筋动力飞机，好像还有烧乙醚的汽油发动机飞机。弹射动力飞机是最基础的一种，记得制作的重点是机翼平面的放样下料，然后将左右机翼打磨成上凸下平的剖面，黏合机翼，再将机翼粘接到机身上。其中会使用大量胶水，我现在都忘不掉那浓浓的香蕉水味道。

至今依旧怀念的，还有航模组的哥哥们。记得比较清楚的有高二的简济生，高三的汤世文大哥。尤其是汤大哥，在14岁的我眼里，他是神一样的存在，室内室外他都是酷酷的，拨弄他那比我们高级得多的飞机，在学校操场和珊瑚坝上放飞，矫健的身姿和优异的成绩，让人仰视。

那时的航模小组，真的是在走教育与实践相结合的路，我们深受南开这条教育之路的影响。虽然不见得做了飞机模型今后就会去搞飞机(其实当初还真有过这种梦想，我还和在北航读书的叔叔保持联系讨教航空知识)，但这真的让我对动手制作上了瘾，现在称为DIY，甚至影响了我之后的人生。至今，大到室内装饰设计和施工、环球自驾旅行，小到家里的水电通信、车辆保养、家居琐细，我都会亲力亲为，尽可能自己动手。这些，都让我不由自主地感谢我在三中航模组的经历。

故事四：春渡嘉陵江

1968年春，派性和文武双斗趋于缓和，三中又回到几乎原样的正常校园。我们初三4班的同学也纷纷返回学校,大家也又变回几乎同样亲密无间的同学,好像什么事情都没有发生。是的,派性的撕裂,在我们依旧少年心的同学间,伤痕似乎没那么深刻。这不,3月15日,在乍暖还寒的初春,童心难泯,大家都想着法子找乐子。

我们一大帮男生,冲出三中校门,我们其中几个同学,斗胆要横渡嘉陵江。

我肯定不会记忆有误,我也是渡江者之一。据大家回忆,参加渡江的,还有张德江,好像还有另一个,已经回忆无解。

下水是比较痛苦的,我们不是训练有素的冬泳者,只是热血涌动、头脑冲动的愣头青,看着平静如镜的嘉陵江水,江面也不宽,就懵懵懂懂地下去了。我们勉强游过去后,体力和寒冷,都再也不允许我们游回去了。

记不得是谁,乘渡轮把我们的衣服带到对岸,我们这才得以平安返回。同学中有一个搞事者为我们"助兴"作了首打油诗,我还记得:三月嘉陵有暖阳,我儿江心把命亡……

1968年的春渡嘉陵江,似乎注定是我们班最后记忆深刻的同学之情。对我本人来说,似乎也预示了我人生的渡江情结。在49年后的2016年年底,我写下了这篇日记:

每个人从小就有一些愿望,用时髦的话说,一些梦想。比如我,生于斯长于斯的重庆人,希望有一天能征服嘉陵江,如果可能,还有长江。

在我17岁的1968年,那个乍暖还寒的3月15日,我和同学横渡了嘉陵江,算是实现了第一个愿望。岁月流逝,儿时另一个愿望,也许会成为永久的奢望。横渡长江,就放到下辈子和来生去做吧。

但是,也许来生提前了。今天,在数九寒冬的12月30日,在重庆鹅公岩大桥上游大约1公里处的长江段,我用了33分钟时间横渡了长江并且返回。就这样,儿时征服两条大江的愿望,都实现了。

2015年,当我和老婆在五年中,陆续在世界各地租了14辆车,自驾87000公里后,因家事周游世界的脚步暂停。但我的幺蛾子仍在不停地飞。2015年,先是和小外孙一起学直排轮滑,再是到长江冬泳,再到2016年加入健身俱乐部,我不知道之后还会有什么幺蛾子。这不,今天,横渡了长江。这以后呢,还会有什么? 我也不知道。

快跨年了,我说这些,不是想自夸,而是想说:"别在意你是几零后,别在意你的过去怎样,忘掉你的年纪,忘掉过去的一年和过去的你,满怀激情去迎接新年新希望,你身上也会飞出奇奇怪怪的幺蛾子的哟。"

后来，就有了一中朋友的那首关于"幺蛾子"的配诗，还有几句藏头：

胡茄声透花甲年，

志在二江皆横穿。

钢筋欲换肉身骨，

叹君顽童老来鲜。

故事五："卫生部长"

至少我们1963~1966级的男生，都会知道一个绰号叫"卫生部长"的特殊同学，大名庄文生。关于他的其他信息，我还记得：他的年龄比我们的高中生都大，来自柬埔寨，属华侨学生。但记不得他具体是哪一个班级的，住在哪一栋男生宿舍。

之所以要在故事中写一下这个"卫生部长"，是因为他的奇葩和另类形象，在我脑海里太深刻了，真的无异于中学时代的一幅很特别的生活画面。

每天早中晚，进出宿舍和盥洗间的男生，常常会碰到一个中等稍瘦身材，目不斜视、昂首挺胸、脚蹬人字拖鞋、步履踏地有声的时髦男子，进出于我们男生的专属领地。他早中晚三进盥洗室的主要目的是刷牙。还有，他每天至少要冲凉洗澡一次。在那个年代，如此洁癖的他，自然享有了男生们赐予的雅号——"卫生部长"，和他的名字庄文生，恰好谐音。

他不怎么和同学交流，几乎没有看到过他说话，他留给我们的基本只是肢体语言，非常有感染力的肢体语言。但是，至少，我记得他说过一句话，好像是1965年，西哈努克亲王访问中国，来到重庆。"卫生部长"十分兴奋和雀跃，他用高嗓门喊出："我们的元首来了！"

我和我的南开

——三年南开缘　圆我人生梦

初 1966 级 4 班　胡志钢

重庆南开中学,是我人生启程的锚地。它的精神抚育了我,激励着我。"允公允能,日新月异"的校训,涵盖了爱国主义的民族精神,学习科学的进取精神,与时俱进的创新精神,朝气蓬勃的向上精神,强身健体的体育精神。这些,就是我和我的南开的不解情缘。

朝气蓬勃 积极向上

1969年初,我跨校随41中来到偏远却富裕的秀山城郊的迎凤公社插队落户。我眼中充满神奇,这里山好水好空气好人也好,生产队距离我大姐所在的秀山花灯歌舞剧团也很近。这些外部环境,让我在生产队里干活拼命,生活也料理得有条不紊,能吃能睡能干活,不知道什么叫压力。这儿还有一条叫作草溪沟的小河,一年四季都能让我沐浴。发生在有些知青身上的悲催境遇,我不曾体会过。

我始终认为,是南开中学给我的教育和生活信念一直在发挥作用。下乡前后,我已经知道这是国家政治需要,是全国统一行动,国家需要的就必须去做。中学生之间,没有差别,全部下乡,所以由不得任何个人杂念和攀比,这件事对大家都公平。所以,1969年3月,我基本是兴高采烈地在朝天门乘大船,在涪陵换小船,在龚滩换汽车,路途奔波两昼夜,来到秀山的。

既来之则安之。18岁不到的南开中学学子,身上好像有可以随时爆发的能量。对待所有农活,我肯学,肯干,曾肩挑120斤公粮,一口气去到10多里外的粮站,也曾掏过牛圈,一次担220斤牛屎挑子。对待所有家务,我也肯学,肯干。所有没有料想过的事情,只要需要,我都去学,去干。挑菜去秀山县城卖,我干过;去城里走街串巷收大粪,我干过;随生产队去山里运送木料,我干过(那次去宋农公社山里用板车拉木料,路上翻车,我身手矫健,虽从木料堆上被抛下车,却躲过一劫,而掌控板车中杠的社员却受了重伤);进山徒步10多里路打柴,中午干粮就泉水充饥,我干过。

说不苦不累甚至不惨,是假的。但是,遇事怨天尤人有用吗？消极逃避有用吗？真的,我自认为身上有一种激情和爆发力,我要去挑战。也许,这就是冥冥中的南开精神吧。我在初一写的那首歌词中,就有一句"我们和亲爱的祖国一起,朝气蓬勃,天天向上",这就是南开给予学子的情怀,后来,被我带到了秀山迎凤公社。

记得我大姐剧团的一个同事(大提琴手)对我大姐说,她看到一个身穿红背心的小伙,迎着朝阳挑着卖菜的担子,行走在进县城的道路上,那模样真是光彩照人、朝气蓬勃。这就是对一个曾经的南开中学学生转换身份后的形象写照,直到现在我也认为,她的评价十分准确。

下乡两年里,我始终保持着上述的积极心态,生活平稳。1971年初,风传知青可以回城了,我的内心却开始起了波澜。现在,知青有去和留的差别了,开始不平等了。这是知青生涯中最微妙的时刻。盼回城,不仅仅是期待新的生活,更是期待招工榜上有名,是对好知青最重要的肯定。终于,等待不算太久,该来的来了,我进入了重庆工业设备安装公司招工挑选的名单。1971年3月,我们乘上了返城的车和船。

这是人生的另一个重要转折。也许我这个曾经的南开中学学子,真的会是优质劳动力。

允公允能　又红又专

我成了一名工人。工地在綦江,重庆铝厂,离重庆几十公里远,我们直接去那里报到上班,每个月一次的休息日才能回家。这和知青生活截然不同,我们是正宗的工人阶级,食宿无忧,下班可以打篮球,看电影,下綦河游泳,我的生活充满了阳光。

我的工种是铆工,和厚重的钢板打交道,有时需要抡24磅重的大榔头,是力气活。但让我兴趣陡升的是,它技术含量并不低。我需要看图、放样、下料,需要运用几何和代数的知识,正是南开中学3年我们学得扎实的基础课,以及南开中学航模组教会了我看图放样动手制作的本领。公司正是看中了我的南开中学学习背景,选我干铆工。我的师傅李子欧很快认可了我的悟性,放手教我看图放样。经过刻苦钻研,他很快就让我独立操作了。有了这样的"知识工人",在现场拖着两岁儿子上班的李师傅轻松了许多,我也很愿意为他分忧。

我作为队上的团干部,理论学习和宣传活动少不了,但我也有自己另类的一面。每天早上,按惯例有早读时间,内容是学习老三篇、毛主席语录,红宝书人手一本,班长主持。我呢,除习惯性手持红宝书外,还带上了一个小小的英语单词本,还有南开中学遗留下来的小词典,坐在不起眼的角落,背单词。大多数人并不知道我在做什么,但也有个别人知道。后来,我的入党介绍人找我谈话,说起这件事,没有过于重语气批评,只是要我注意影响。

我认为,看单词本和读红宝书并不矛盾。我在南开初中三年学到的英语基础,我始终非常珍视,希望巩固、存留在大脑。下乡时单词本和词典也带去了,但农村劳动累,我看得很少。现在进厂了,我当然想抓紧恢复。我潜意识中认为,钻研生产技术和学习英语,是又红又专的一个方面,在我积极学习宣传理论、争取入党的同时,这是不能忽略的一方面。这正是我受南开正统教育、树立又红又专理念的惯性思维和行为。

在綦江铝厂工作一年半之后,大约在1972年下半年,我被调到新工地——万盛南桐铁厂,走得更远了。小钢铁厂,麻雀虽小,主要设备设施和大厂基本一样。高炉、热风炉、除尘器、各种管道,全都在现场加工制作。冶金设计院的图纸一大堆。金属结构这块,由我们几个铆焊工承担主要责任。我师傅留在了綦江铝厂,其他几个铆工兄长,多数文化低,看图放样的活自然落到了我身上。

热风炉接近20米高,炉顶是个半球形的西瓜顶,给了外壳尺寸,得靠自己放样下料,然后焊接。这可得用到我们在初中时没有学的立体几何知识,主要是正投影原理。我在平面几何的基础上,有的放矢地学习了相关的立体几何和三角函数知识。双曲线的球形表面,要分成若干等份,投影在平面的钢板上,画出准确的曲线,要确保下料后可以准确组合成带双曲线的球形,这得靠公式和计算的正确运用。

第一次要把理论上的公式和算法变成现实,并不容易。我决定先做模型。用薄型铁皮缩小比例放样,下料,找氧焊工配合组合焊接。这样,一个半圆钢球真的做出来了，线形圆滑。二队分管我们的工程师正好来现场，原准备调派高级一点儿的师傅来做热风炉。他看到我的模型，大为惊讶，马上和我商讨，采用厚型钢板，做实际尺寸热风炉，敲定由我"提卯子"（担纲）完成。冶金设计院的工程师也很认可这个模型。

就这样，一个理论上还没有出徒，参加工作还不到两年的22岁毛头小子，就开始领头制作关键设备之一的热风炉了。几个月后，三座高高的热风炉竖立在了南桐铁厂。我知道，我并不是天才，我只是有南开中学的学习经历、课外实践和奋斗精神，加上必要的刻苦钻研，才敢于承担和最终完成了这项任务。我真的非常感恩南开。

南桐铁厂的生活紧张又丰富，我每天早起锻炼身体，然后上班制作热风炉，下午收工后出板报搞宣传，每周几个晚上组织现场工人的学习，还要组织一些文体活动，这样风风火火的生活持续了半年多，我成了现场亦文亦武革命生产的带头人。这样一个践行三中"又红又专"精神的现场带头人，是不是很有一点儿工人阶级先锋队成员的影子呢？是的，我于1973年入了党。

之后我被调到安装公司宣传科，再之后被提干，参加公司和各队现场的政治宣传等活动。工地分布在重庆和四川，我继续着"上山下乡"的升级版生活，足迹覆盖巴山蜀水。4年后，公司让我参加市委组织的农村社教工作，在长寿的龙河和合兴两个公社，这一搞就是两期，两年。这是又一次升级版的"上山下乡"。社教结束后，中国社会发生了巨变，改革开放大潮袭来。我被调往建工局机械化工程处，担任团总支和队党支部领导，工作了近5年。

南开中学文凭的含金量

改革开放浪潮将机会留给了有准备的人。"允公允能"附身的南开学子，经过下乡、工厂、公司、社教等时代潮流的砥砺摔打，我成了有准备的人之一。

1983年，重庆市面向社会招聘外贸工作人员，几千人报名，几百人笔试口试，我通过了政论文章写作、英语笔试口试的多层筛选，最终凭着在南开中学3年学习打下的扎实的语文、英语能力，被外贸局录取，直接分配到外贸局机关。

之后一年，我参与到国内各地学习考察，按领导要求撰写发言稿和论文，推动新兴的重庆外贸进出口事业的发展，参与每年两届的广交会组团和业务协调。

1985年，外贸局领导找我谈话，准备让我担任副处长。领导明确告诉我说："一个只有初中文凭的干部被提拔处级，这是绝无仅有、没有先例的，要好好珍惜，努力工作。"我理解组织的良苦用心。我也知道，我之所以有这样的发展，一个初中毕业生能胜过周边的好多大学生，不是自己多有能耐，而是南开初中生的含金量真的很高。南开中学给了我完整、高效、扎实的三年初中学习，不仅仅局限于初中各门学科知识本身，更教会了我学习知识的科学方法，"允公允能"的做人准则，"日新月异"的进取精神。我感谢外贸局"重视学历而不唯学历"，我为自己仅有的初中文凭出自南开而自豪。但是，我清醒地知道，含金量再高的初中文凭，毕竟还是初中文凭，绝不能躺在上面睡大觉。

担任副处长后，我需要配合老处长统管协调全市的进出口业务，发放各种进出口配额和许可证书，组团参加广交会，组织国内外的展销会、洽谈会，管理外国公司驻渝办事机构，和每年两次广交会上重庆代表团的大量工作。

工作重压的同时，专业学习的机会也来了。1985年，我参加了首都外经贸大学的在职进出口专业的课程学习，经过三年不脱产学习，我以38岁高龄，以各科位列全班第一或第二名的成绩毕业，胜过了大多数二十出头、本系的年轻同学，弥补了1977年、1978年因参加社教而无法参加高考的遗憾，实现了南开校训"日新月异"的学历跨越。

1986年9月，在职读书的同时，我作为重庆第一个海外出口商品展销会组织者之一，随团到德国汉堡参加重庆出口商品洽谈会，并参加汉诺威与重庆市缔结友好城市的考察。1988年8月，我带团去西非多哥贝宁，组织了我市第一次在非洲的出口商品展销会。这些独当一面的国外贸易活动，我体验到在重庆南开培养起来的英语能力是那样受用，那么重要。尽管西德说德语，西非说法语，但作为国际贸易语言和社交语言的英语是通行和被认可的。

1988年年底，根据形势需要，我和下属外贸公司的另一个领导，被派往香港，设立外贸业务部，主要开展对台贸易。当时大陆台湾还未三通，须利用香港开展两岸贸易。开创的艰辛没有让人畏缩。我们利用民生公司海运货轮的便利，把台湾太鲁阁的花岗石商人，带到了青岛，到现场去考察优质的花岗石。酷暑寒冬的贸易行程后，我们终于把一船船山东花岗石荒料，卖到了台湾，还做了化工、机械、工具等交易，老字号民生公司焕发了贸易青春。香港的4年工作生活，为我积淀了迎接新的职业生涯转折的能力和能量。

职场最后17年

从香港回重庆后,因工作需要我去了市政府外办,先后组团赴美国考察,协同市领导带领的区级领导赴美国考察。一个并没有英语专业背景的人,做这些事情是需要接受考验的。好在有后来的自学和外经贸大学外贸英语的弥补,我基本经受了考验。接下来,新的考验来了。

在20世纪80年代末,重庆市政府聘请了一位日本籍的经济顾问华井满。外籍顾问归政府外办管理。外办须为华井满调派一位懂经贸的联络员,因我有经贸工作的经历,被选为任华井满顾问的联络员。

初次见面,华井满对我这个43岁的新面孔,问了各种情况,交流了英语,看似对我比较满意,反而是我不满意。我说:"我是学外经贸的,外语只会说英语,对日本和日语不熟悉也不懂。"华井满说:"懂英语就够了,日语不重要,我公司的人,都会讲中文呢。"这次会面,决定了我职业生涯最后17年的走向。我由外办派遣,担任华井满的代表,很快成立了华井满的朝阳贸易株式会社重庆事务所,任首席代表。

再搞经贸,我如鱼得水。我配合华井满和他的公司,开展了重庆当年重要项目的开拓,如重钢氧气厂的技术引进、建设厂汽车空调压缩机的技术引进、北碚玻璃器皿厂产品输往日本高端市场、三峡油漆厂和日本关西涂料的合资、重庆轨道交通二号线和三号线等。重庆轨道交通是我17年中最为重要的推进项目。

20世纪80年代末,华井满和市委领导商量,能不能把日本的轨道交通新制式,弄一个到重庆来。他们一起在日本考察琢磨,认为最适合重庆的,是单轨制式的,转弯半径小,爬坡能力强,环保效应好,适合重庆的地形地貌。而且,价格不贵。他们商量好后,由华井满做日方的摸底工作,市委领导做中方和重庆的工作。

华井满的朝阳贸易,在日本虽然只是一个对华友好的小公司,但他在日本的人脉关系很广,上至政府朝野,世界知名大公司,下至小型家庭企业,朋友无数。在日中没有外交关系的情况下,为中日友好及经贸合作工作。就这样,重庆轨道交通项目,成了他人生最为重要和得意的作品。

光芒更耀眼的,还有三峡油漆厂的熊培成,也是我去三峡油漆厂推进合资时,偶然才认识的。他一直做到党委书记(如果我没记错的话),他是我们隔壁班——初1966级3班一个有德有才的好同学。世界真小啊,南开学子,我的同学们,像良种一样,撒遍大地,茁壮生长。我们和水轮机厂、三峡油漆(重庆关西涂料合资公司)的项目推进,后来都获得了成功。

人可以在准备好时,去契合机遇。在有了机遇时,就要靠信念和执着,靠热情和耐力,去拼搏,去争取成功。华井满的人格魅力和品质,令我钦佩。我在他手下的17年,我们为共同的理想和目标,用日新月异、只争朝夕、开拓进取、锲而不舍的精神,推动项目,争取胜利。

南开校训有效期:一辈子

2010年5月,我年满60岁。5月31日,我在朝阳贸易公司退休。公司日本总部方面期望我留下做顾问,工资只比在职时少一点儿,我婉言谢绝了。我的人生我做主,我知道,什么年龄该做什么事情。人生需要听从内心召唤,需要按照规划行走。

我把自己的人生,以退休为界,分为今生和来生。今生,我由南开学子起步,接近50年,是按照南开校训和南开精神在践行人生。来生,职业生涯结束,人生进入第二阶段,人的精神和品格,依然需要存续,南开校训的日新月异,依然没有失效。它是要我去迎接新希望,与时俱进。世界这么大,生活如此多样,时间宝贵。

我早就有了退休后出去看世界的想法和决心。2010年春节,退休前三个月,我和老伴就来了一次试水,两人请了一点儿假,加上春节,去澳大利亚旅游。从构思策划,到具体预订和签证,全部自己摸索,然后自行出发,用了24天游览了澳大利亚南部、东部和塔斯马尼亚岛,其中租车自驾6天。澳洲试水的成功,让我们野心膨胀,一个全面走世界的十年规划,在头脑里悄然成型。

"DIY走世界",也许在中国和世界都大有人在。我们的特色在于:①两口子同行;②在退休时实施;③全程租车自驾;④分段实施;⑤自然和人文风光并重;⑥每天游记完稿,网上直播。我坚信,以曾经的南开学子所具有的日新月异的创新精神、奋斗精神、国际视野、学习进取精神和动手能力,我们的"走世界",一定是认识世界、学习新知的崭新过程,生活会愈久弥新。

5月31日,我告别朝阳贸易后,就开始了实施计划的行动。两个月功课后,7月31日,我们开始了88天环游美加的行程。10月22日,圆满结束行程后返回。之后,直到2015年下半年,我们两次出行,共用了138天,去了夏威夷、新西兰、阿联酋,还有几个不能自驾的国家，如韩国、日本、马尔代夫等。

一串统计数字是：7年间我们在国外租车18辆，开车89000公里（相当于绕赤道2.2圈），42个国家，共369天，撰写游记400篇以上（含行前功课时的日记），总计134万字，游记上传"穷游网"迄今为止的点击率为227万次，旅行费用为45万元。

369天，我们开着不一样的车，奔驰在世界上最好的路面，去经历最随意的美好时刻。每天晚上进入旅店，老伴做饭，我则躺床上码字。游记记载了当天最新鲜的故事，那些惊喜、谐趣、窗外风光、展室历史、原汁原味的感受，统统由指尖敲出。尤其是那些记录风土人情的细微小事，如旅店老板、加油站、收费站、休息区、路边超市小店、景区游览同行者、青年旅舍同住者、游客中心咨询者等，与遇见的人或简单或细致地交流，如果不及时记下，珍贵瞬间，回去就会被一阵风吹没了，我必须码字。

码字游记，虽也是力气活，但我乐此不疲，每天必做。游记篇幅少则两三千字，多则五六千字，费时好几个小时。有时候深夜完稿，在房间或去有Wi-Fi的地方，把游记贴出。我们在地球这一面，把在天涯海角、高山海岛、北极圈、爱琴海等地的信息，传递给在地球另一面的众多"穷游网"的网友，还有关注我们旅行的全球华人朋友。

2015年，正当我们的走世界计划进行了一半多时，家庭出现了变故：岳母中风卧床，岳父也高龄病多。我们已经在实施的南美南极行的计划就此打住，机票、旅店、邮轮的预订全部取消。我们在经受新的考验，这也是退休人生中不可回避之事。

近四年，我选择了冬泳和健身，学会了轮滑，每天至少半天用于运动。效果非常明显，没工作压力，能自由支配生活，加强运动健身，我感觉自己的身体状况，是近二三十年来最好的。南开的体育精神，激励我为未来储备，等待再出发。南极、中东、非洲、中南美、俄罗斯，我们会来的。

我和我的南开，"快闪"结束了。也许有人会说，你把自己的经历，都和南开精神扯上关系，是不是很牵强？呵呵，也许是吧，见仁见智。但是有一点是肯定的，在世界观形成的最重要阶段，我是南开学子，我从13岁到19岁，是实实在在的南开人，我得到的正统教育是南开给我的。

水有源，树有根。南开精神就是水的源头，树的根系，我的人生源于它，人生轨迹有它伴随，难道不是吗？

两次种棉花

高 1966 级 7 班 唐能侃

每当我想起两次种棉花的经历时,在校园、在乡村的那些动人的情景就逐渐清晰起来。

那是 20 世纪 60 年代,重庆三中辟有大片农场,供学生日常参加生产劳动实践活动用。学校给各班都划有一块"班地",各班按照不同的季节栽种上各种蔬菜。课余时间总可看见同学们在地里锄草、施肥、捉虫,校园里弥漫着一派田园农耕气息。

我们班的"班地"在校医务室和南园之间,进入高中二年级时,学校安排我们班试种棉花。这可是"大姑娘上轿第一回"啊!我们不仅未种过棉花,可能多数人连棉花植株长什么样都从未见过。不会就学!这是学生的本分。我们一边向学校生物教研组的许义忠老师请教,一边在校图书馆、新华书店找了一些书来读,初步了解了棉花的生长习性和栽培的基本知识。

一个星期六下午放学后,我和何登正、卢崇武、王继刚、陈明全又去棉花试验地料理,边劳作边聊天,谈起种棉花都感觉心中无底,深知光有书本知识是不够的,很有必要到实地去参观学习,但还未听说重庆市内七区三县有种过棉花的地方。到哪去学呢?"市农科所!"有人突然提起,大家都举手赞成。

说走就走。吃完晚饭我们就朝农科所方向开步走。农科所位于苦竹坝,距三中约 30 公里远,其间隔着长江。我们计划晚上先到我家歇息,第二天从九渡口过江到农科所。我们一路谈笑,到位于电厂我家时已近子夜,5 人就挤在两张床上对付到天亮,过江到达农科所时已是 10 点多钟。农科所所长是我们同年级 8 班吕中国同学的父亲,他指派了一位姓秦的女技术员带我们参观了温床,并详细讲解了温床的构造及温床育苗的方法。遗憾的是农科所以研究蔬菜为主,除了温床育苗外,我们并未学到多少种植棉花的实际知识。

回校后,我们立即着手准备温床。温床约4米长,2米宽,四边为0.3~0.5米高的土垒墙,上面盖有玻璃。我们从学校农场找来筑土墙用的墙板、夯锤(那时学校四周还是土围墙,须经常维修,因此有这些工具)。在农场陈琪师傅的指导下,全班同学轮番上阵,挖土运土夯筑,一个个挥汗使劲,不几天就建好了土垒墙。玻璃从哪里弄来?我们在校园内四处寻找,看见大礼堂的窗户年久失修,大部分玻璃已破碎跌落,余下的也摇摇欲坠。经请示,雷克婉主任同意我们把这些玻璃拆下用于制作温床,这同时也消除了安全隐患。温床需用马粪作底肥。我们打听到杨公桥附近驻军养有军马(辎重马),就上门收集了足够的马粪,一桶桶地抬回校园。

之后的播种、育苗、移栽,一切都很顺利。在全班同学的精心呵护下,棉花长势良好,到6月份已长到半人高。这时正是需要对棉花"打赘芽"的关键阶段。赘芽是棉花植株上发出的新芽,如不及时摘除,任其疯长,将会极大影响棉花的生长、结桃。为不误农时,暑假期间我和卢崇武留在了学校,每天坚持对棉花进行"打赘芽"等日常管理。

全校师生对种棉花这件新鲜事都很关心。从棉花结桃开始,几乎每天都有其他班的同学前来参观。眼看棉桃一天天长大,我们心中充满着喜悦,憧憬着丰收的那一天。但天有不测风云,等棉桃长到鸡蛋大小,正需充足日光照射以促进棉桃绽放的关键时期,山城进入了秋雨季节,连日阴雨阻碍了棉桃生长、绽放的进程,大部分棉桃尚未成熟或刚开口露出洁白的棉花便纷纷落地。我们都很着急,许老师到现场查看后,也束手无策,我们只能眼睁睁看着一年多来的努力和希望付之东流。

我们班试种棉花就这样功亏一篑,最终未能成功,同学们有些气馁。我们事后对失败原因作了总结思考,除了第一次实践缺乏经验外,另一个重要原因就是对"因地制宜"的重要性认识不足。棉花生长期尤其是棉桃成熟、收摘期,需要充足的日光照射,而重庆由于多阴雨及大雾,全年日照天数不足,不太适合种植棉花。重庆至今未能发展棉花生产,可能也有这个原因。看来,要办成一件事,"天时地利人和"真是缺一不可。

失败的教训和成功的经验一样可成为宝贵的财富。"文革"结束后,我到开县岳溪区团结公社胜利八队落户。下乡第二年,生产队试种棉花,我在学校种棉花的实践经验,在这时派上了用场。从"温汤浸种"(可杀种子虫卵,促进发芽)到"打赘芽",我都按照在学校时的做法向社员讲解,并身体力行加以实施,使这次试种棉花终获丰收。当时棉花还属"统购统销"的物资范畴,但由于不是产棉区,棉花产量很少,供销社未组织收购,因此全队社员都分到了棉花,皆大欢喜。

到年底,我带上自己种的棉花回到家里,妈妈接过棉花,直夸这比凭票供应的棉花好多了,并提起了当年我们为学习种棉技术,我们5个同学挤在两张床的那个夜晚……

两次种棉花的经历,从正、反两方面丰富了我的实践知识,印证了那个时代"教育与生产劳动相结合"教育方针的特殊意义,自己收获的不仅是洁白的棉花,更有受益终生的启迪。一想到这里,我的心又回到了亲切可爱的校园,回到了那块凝聚着青春热情的试验田中。

南开恩师　亦师亦友

高 1967 级 6 班　李光亮

时逝 50 个春秋,我们已双鬓白发,但高二 6 班的老师仍久久难忘……班主任刘如甫老师,难忘的教诲,使我们从幼稚走向成熟,老师用生命的火炬,为我们开道;许树人老师,漂亮的教学板书,深入浅出的授课,做功出力,放电发光。

如果我们是那个运动的物体,老师就是那使物体运动的力。王泽典老师,美的耕耘、播种者,用美的雨露滋润我们,我们的心田才绿草如茵,繁花似锦,体魄强健。特别是语文老师王泽友,以崇高的师德、渊博的知识和出神入化的教学艺术、朋友般的热情、兄长般的关爱,使我懵懂的人生观发生了质的变化。恩师恩情,终生难忘! 其中王泽友老师是我高 1967 级 6 班的首任语文老师。有几件事让我终生铭记,受益终生。

热血绿茵

有一天下午,我班的课外活动是踢足球。有同学发现王老师正在场边观看。大家高兴地邀请王老师来踢球。王老师应声挥手,高兴地加入踢球活动中。这样,语文老师转身变为球场友伴,融入我们生活的蓝天。

一个同学把足球放到了点球点上,请王老师也来罚个点球。王老师欣然应允。

只见他一个五六米开外的加速助跑,对准足球挥腿一蹴,那球立即划出一道怪异的曲线,并伴随"哎哟"一声促响。大家围拢去看,哎呀,原来王老师穿的是露脚趾的凉鞋,脚前部踢出血了。

再近前细看,天啦! 大拇指的趾甲和肉分离开了,正在渗出鲜血! 也许是用力过猛,又没有穿球鞋,或踢球部位有偏差,把大拇指甲给踢翻了起来。

十指连心啊,同学们个个替老师心痛起来!大家正要搀扶王老师到学校医务室,他却忍着伤痛,笑眯眯地安慰大家,说:"没关系,没关系,一点儿小小的意外,同学们继续踢!"王老师执着地拒绝我们任何一个人停止踢球活动去搀扶他。

他翘起一只脚掌,仅脚跟着地,提着一只鞋,步履蹒跚地离开了球场,逐渐消失在同学们关切的目光中。

这以后相当长的时间里,王老师走路动作都不大协调。但同学们由衷地期盼他到班上来,聆听他精彩风趣的讲课,学习中的互动交流更加热烈频繁了,师生关系也更加融洽了。

悉心指导

三中作文课的第一、二次的命题作文分别是记一件物、一个人。我的文章得了高分,被王老师在班上讲评,还推荐为年级范文。第三次命题作文是记一件事,我惊讶于自己的这篇文章得了个前所未有的低分,为此闷闷不乐。王老师把我召入他的寝室(也是他的办公室)里,耐心地引导我分析自己文章的立意和选材,原来是我误把记事弄成了写物了。因为审题不准,所以酿成了偏题大错。

王老师还借了本《关于写作方法的基础知识》的书给我看。我至今记得那是一本高校教材,上面提到对一篇文章的基本要求是"准确、鲜明、生动",其观点和论述令我折服。

自此,我在口头表达或行文成章时,都努力遵循这个6字要求,逐渐提高表达能力。那次审题教训使我印象深刻,那以后,取得了高考作文审题失误低的好效果。

忘不了王老师那么系统、用心的教学组合拳:

好文——初阅、细评、推荐,

败笔——初看、找错、为镜。

召集到寝室促膝倾心谈,

推荐好书促自学放眼看。

如此丰富的学习环节安排,这样具体扎实的教学指导辅导,学生的能力提高,势成必然!

呵护真情

那时候,王老师的寝室就在一男生宿舍楼上,是个单间。特别让我瞩目的是那简易的竹木书架和办公桌上林林总总的书籍。我常在那里徜徉书海,聆听教诲。老师的寝室成了学生的福地。

有天傍晚我来时,老师的一位大学同学来访,我认得他是六中的史群老师,史老师心里装有我的一个惊人秘密,我开始不安了起来。

几天后,王老师把不安心读书的我召到他的寝室谈心。

"史群说你恋爱了?"我犹豫了一下,点头默认了。

"怎么被发现的?"

"下晚自习熄灯后,我们还在教室谈话,史老师巡察时问我们是不是在谈恋爱,我们承认了。"

"她现在在哪里?"

"在二十三中读书。"

"你们的父母知道吗?"

"不知道。"

"你的同学们知道吗? 还有其他人知道吗?"

"没有了!"

"你们是真心的吗?"

"真心的!"

"不要影响你们的学习哟!"

我回答:"不会的。"

"不会? 我看到你这几天有些魂不守舍!"我对此无语。

"你放心,我给你们保密!"

"保密?"我听到的是这两个字吗?

"给你们保密!"

"保密?"

见我还没有放心,王老师斩钉截铁地承诺:"我以我的人格担保!"

我的心情激动起来! 我的泪水充盈眼眶!

在那个年代,春天到了花要开,花儿早开春寒在。对于相恋的中学生,等待着他们的一般是,学校冷酷的处分、社会无情的责难、亲友八方的数落,几多棒打鸳鸯散,初春梦碎,终生遗憾。

现在,王老师以他一个名校老师的人格尊严,为我这个初入门下求学的穷学生担保。这使我卸下了思想包袱,度过了愉快的三中学习生活。

感谢王老师当年的呵护,我家金婚庆酒已经备齐。

移植王老师的呵护真情、关爱疏导的方法,在我任班主任的第一个高中班中,就衍生出了五个幸福之家,到现在都全是结发原配。

吃水不忘挖井人

高1966级2班 孙 玲

光阴荏苒，离开重庆三中已54载。而今我已到"七十而从心所欲，不逾矩"的年龄，回想自己一生，最美好的时光，竟是在重庆三中的五年。

我父母终生从事铁路基建系统的技术工作，走南闯北，居无定所。去的地方都是崇山峻岭、大漠荒原、荒郊野外。待到通了"水、电、路"后，又该"拔寨起营"，另赴新工地了。12岁的我，历经三省、辗转多市，好不容易才将小学读完。父母忧心忡忡，深恐耽误了我，再三斟酌，通过在沙区委工作的四叔，作为转战四方的铁道兵子女，我进入了三中。

初进校，学校可真大！学校开阔、疏朗、大气，令我震撼。一切井然有序，错落有致，令人肃然起敬。我暗下决心，一定好好学习，不辜负父母、叔叔的一片苦心及这么好的学校。

入学后，我更加深爱它了。校内绿柳红荷、湖光山色、交相辉映。津南村、柏树村的左右，栽上了各种蔬果，一派田园风光。重庆南开中学创建时，曾拥有800亩地。

令我印象深刻的还有南开的水。校内有大小多个池塘。湖里种了荷、养了鱼，我很喜欢，常去湖边观鱼赏荷，流连忘返。现在想想南开的这些水，除了美化环境，还有养殖、防火的功能，真佩服当初学校的创办者——张伯苓先生的良苦用心。

我最喜欢的是三友路，蜡梅、竹子和松树在两旁错落有致。"岁寒三友"是指生机勃勃、常青不老的"松"，虚怀若谷、有君子之道的"竹"，冰清玉洁、傲雪迎霜的"梅"，这是创校者对南开学子的殷殷期望吧。我与同窗好友，晚饭后在宽敞的三友路上散步，眼望四季常青的苍松、翠竹；冬季绽放的蜡梅送来阵阵暗香，多么惬意！

　　我离校前,学校基本保持了原貌(只是校内几栋教学楼、图书馆的名称改了)。虽有遗憾,更有庆幸。张伯苓先生极其重视校园环境,又有修建天津南开系列学校的经验,精心筹划修建的重庆南开,在西南地区首屈一指。能在这样的环境中成长实属吾辈之幸。再说广阔的水域及校园面积,还为当时身处三年经济困难时期的三中师生们,提供了自力更生、抗灾救生的喘息机会,这大概是张伯苓先生创校之初始料未及的!

　　重庆南开优越的教学环境,令人难以忘怀。几栋教学大楼宽敞明亮,通风采光、人流疏散,考虑十分周全。回想起来,在绿树成荫的校园内,几栋教学楼四周,却无高树遮挡光线,而宽大的窗户,光线良好,处处体现着创校者的良苦用心。

　　重庆南开还拥有在当时条件下,堪称设施完善的实验室和阶梯教室。

　　南开系的学校,都有一栋命名为"范孙楼"的建筑,以纪念早逝的南开系另一创办人——严范孙先生。重庆南开也不例外,只是新中国成立后被更名为"红专楼"。

　　我曾多次梦见清晨天刚亮时,运动场上热火朝天的晨练师生;也梦见教学楼早晚自习的情景。教学楼外,只见一扇扇窗户,灯火辉煌,但不闻任何喧嚣之声,教室里坐满了埋头苦读者,只闻日光灯镇流器发出的嗡嗡声。当年情景,令人难忘,即使在梦中亦然!

　　另一让我感慨的是教师宿舍。津南村,一栋栋小而规整、功能齐全的四合院,让我这个基建流动单位的子弟艳羡不已,而在当时困苦岁月,南开老师们有这样好的居住条件,令人羡慕!

　　为什么80多年,南开中学仍能保持一支优秀的教师队伍?因为张伯苓先生深谙教师是办学最重要的根本,老师们先能安居,方能乐业。这一点,在我十年中专副校长任职中,感触尤深。我常为没有住房,无法招揽好老师苦恼,无人值守早晚自习而头疼。回想三中早晚自习,从来不缺老师辅导,常常是一位老师还未走,另一位已早候在教室门口。

　　2012年返回母校,我们去看望了两位高中班主任。她们的新居是在原蕉园旧址上建的电梯公寓。老师在宽敞、明亮的寓所安度晚年,我们为她们高兴,更为重庆南开的缔造者——张伯苓先生的远见卓识而感动。他为南开师生留下了宝贵的精神、物质财富,造福了南开数代人,而他自己至死房无片瓦、地无一分。现在天津的张伯苓故居纪念馆,仅是他逝世时的租住房。

我们进校时,很少有人提到南开的创办者——张伯苓先生,更没公开提倡他提出的校训"允公允能,日新月异"。

重庆南开初创的十年,几乎都在抗战期间,他信念坚定,即使国破,只要教育仍在,国家就有希望。这与后来的"太平盛世"下,大学招生考试停止 11 年,形成了鲜明对比!在创办津渝南开期间,张伯苓先生经历了太多磨难。1937 年,天津南开被日本炸毁,30 年辛苦,三天内被炸成废墟!他更经历了四子张锡祜在淞沪会战中战死沙场的惨烈。他创办了重庆南开,重建了天津南开,为悼念爱子,写下气壮山河之言:"我本人出身水师,今老矣,每以不能杀敌报国为限,而今吾儿为国捐躯,可了无遗憾了!"这就是伟大的、爱国的教育家——张伯苓先生!

他提出的"允公允能,日新月异"的校训,为后人留下了永不过时的教育理念。也让一批批南开学子成为有道德、有能力、人格完善、对社会有用的人才。

"吃水不忘挖井人",南开学子忆南开,应首先感恩南开创办人——张伯苓先生。

南开情怀天长地久

高1966级7班 陈庆芳

初进三中攻关英语

1963年初中毕业时，我违背母亲意愿，报考了三中。家里兄弟姐妹八个，家庭经济负担沉重，母亲要我报考中专，早点工作。这一年，大姐保送进41中高中，我和三妹同时初中毕业，母亲便把要有一个中专生的愿望放在了我身上。母亲的劝说没能说服我。好在有钟爱我的父亲的支持，生性要强、不服输的我，还是下定决心非三中不读。

因为我发小杨荣春的两个哥哥都毕业于南开。我早就知道三中是重庆重点中学，全国名校，师资力量强，教学质量高。我梦想读三中，考大学，实现当一名教师的理想。

九月，我和荣春及同校8个同学考进了三中。16岁的我们满怀希望和梦想，跨进了我们心中"重点的立方"的好学校。

当时我唯一遗憾的是没能和荣春同班。她在四班学俄语，我在七班学英语。我们的母校33中是不开设外语课的。外语对我们而言是一门全新学科。虽然我在重庆电力校长大，但我的父亲只是一名学校电工，父母都是文盲，新中国成立后才扫的盲。除了初中代数几何、物理、化学中认识的几个英文字母外，我没有听过一句英语，不会一个英语单词，零基础。能学好英语吗？这是我遇到的第一个挑战。

记得上第一堂英语课时，我既兴奋，又好奇，还忐忑不安。几堂英语课下来，我觉得学英语真难呀。课堂上，当英语吴庆华老师走到我近旁和离我较远时，我听到的英语单词的读音都不相同了，是不是我的听力有问题呀？究竟该怎么读，我很困惑，感到压力山大。和初中学过三年英语的同学相比，我与他们的差距简直是十万八千里。吴老师好像知道我的困惑似的，很快就组建了英语课外活动小组，我立刻报名参加了。

第一次小组活动,吴老师搬来了能录放的机器,第一次见这东西,还不知道它叫录音机。回忆起来,它跟现在的收录机大不相同,是最原始的那种大盘式磁带机。吴老师教会了我们如何使用录音机。首先把自己的读音录下来,然后再放出来听。互相听,互相纠错。我向读得好、发音正确的同学学习。在吴老师的耐心辅导、同学的帮助下,我终于慢慢渡过了这道难关,敢于大胆开口朗读单词、句子和课文了,不再害怕早自习和课堂上的听写了。

我知道学如逆水行舟,不进则退,要想学好英语,非下苦功夫不可。每晚上床,刚躺下来的头十分钟,我会闭上眼睛回忆一遍今天刚学的英语单词和新句型,直到记住为止,持之以恒。我还随身携带英语单词本,无论何时何地,见缝插针,寻找机会,挤时间复习、记忆。就连难得一次(一般一个月一次)周六放归宿假时,几个同路回杨家坪的同学结伴而行,我们也一边走,一边抽背单词,中英文轮流换着说。这样也不觉得路太长了。我们都心情愉快、收获大大地回了家。

不回家的星期天,待在学校,我班很多同学都是早饭后到教室"占领阵地",有几个同学把黑板画成几等份,从黑板的左上角写到右下角。既练习了黑板字,又复习了英语单词和默写了语文要背诵的文章和段落,还节约了纸张,何乐而不为呢?吴老师的黑板字无论是中文还是英语,都是那么工整和漂亮,让我们佩服得五体投地。我班同学们会练字,和吴老师的严格要求分不开。英语作业要想得 A+ 非常不容易。每天由英语课的值日生报告,当值的那天,值日生不但练了口语,同时还被要求用英语写出当天的课程表,英语听说读写天天练。

吴老师是我们高 1966 级 7 班,从高一到高三,唯一教了我们三年的老师。他最了解我们,最关爱我们。同学们都把吴老师当作自己的兄长,良师益友,有什么问题和心里的话都向吴老师倾诉。吴老师高尚的人格魅力、渊博的知识、敬业的精神,无时无刻不在影响、启迪我们,指导我们如何做事、做人、做学问。吴老师是我们人生路上的引路人,遇到他是我们最大的幸运。

缅怀先师赞誉恩泽

清癯硬朗的身影,
儒雅和善的气质。

精研文史和诗词，

为人为学为艺术。

南开执教四十载，

诲人不倦传美名。

这就是我高三时的语文老师，著名诗人、书法家戴危叨先生。

我曾是班语文科代表。我的任务之一是把同学们的作文收齐后，送到津南村戴老师的家中批阅。

有一次，我把本应在课堂上完成，实则没做完的作文交了上去。我对老师说："对不起，戴老师！我还有点没完成。"老师说："不要忙着交，做完了，再交上来。"当我把做完的作文再交上去时，戴老师当面给我批阅了。他肯定了我的优点，同时指出了我的缺点和不足，这让我既羞愧又感动。

大约是在1993年，戴老师受聘于四川省干部函授学院，给汉语言文学专业上古汉语课。他的课受到学员们的高度赞赏。

他曾在教学中，以我为例给学员们讲述他南开的学生是怎样背诵经典名篇的。恰巧我妹夫是他班里的学员，听课后回来问我，我才得知，戴老师说的是我对背诵经典名篇的体会，这就是："对于经典名篇，该背的一定要背诵，哪怕你刚背时不理解，随着你年龄的增长和阅历的丰富，自然而然地就会理解深透，体会到其中的奥妙。倘若会唱的话，也就记得快、记得牢。"读书时我曾唱岳飞的《满江红》给戴老师听，戴老师连连点头称赞，说："对，很对！"

戴老师勤习翰墨，长年不辍。我班王继刚手中至今还保存着戴老师的墨宝。老师从1946年起，在重庆南开中学执教40年直到退休。

不只是戴老师，在南开还有很多老师跟他一样，敬业爱生。高一、高二的三角函数和立体几何，我学得很吃力。我很怕高三的解析几何也会恶性循环，上课听得懂，课后做题却无从下手。

我把我的问题提出来，向教解析几何的罗大绰老师请教。罗老师首先给我卸包袱，告诉我三角、立体几何先不要管它。他问我："初中代数和平面几何学得如何？"我回答说："学得很好啊！特别喜欢平面几何。常常一道题我要找出好几种方法来做，看哪种方法最简便、最快。"

　　罗老师就说:"解析几何就是用代数来分析,解决平面几何的问题。代数和平面几何学得不错,证明你的基础不错嘛。只要找对方法,肯定能学好。好好学,别畏难!"

　　接下来,罗老师教了我攻克难关的对策。我把罗老师讲的对策记下来,特别记在我的解析几何课堂练习本的首页上。罗老师的话是:

　　(1)学会看书。注意例题的代表性,解题的合理性,对基础知识运用的具体化,从而做到学知识既"广"且"深"。

　　(2)认真对待做的每一道习题。做题少而精,做一题有一题的收获。

　　(3)有决心、信心、耐心,力求细心。

　　从开始无从下手做题,到高二上期末考试(1965年1月)考了98分的好成绩。高三上期末(1966年1月)是别具一格的开卷考试,我更是从容面对。

　　虽然戴老师和罗老师早已离开了我们,曾经沐浴师恩的我们,将永远缅怀先师的恩泽,铭记先师的教导。

祖孙三代南开情

初 1966 级 1 班 蒋鹏初

父亲的南开人生

我父亲20世纪40年代曾在重庆南开中学念高中。他叫蒋先杰,是1948级高三1班学生。他珍藏了当时一张全班同学合影照,很清晰。照片上,他微笑着,显得很精神。新中国成立后,父亲曾在垫江县委、涪陵地委党校、地方企业、县科委等部门工作。他一直以一个老南开学子和老党员的奋发精神,兢兢业业地工作,为我们子女做出了榜样。尤其是他的学习精神和工作能力,受到大家的一致赞誉。在1999年中华人民共和国成立50周年之际,重庆市委、重庆市政府颁发了《献给共和国创立者》纪念章,他十分珍视这份历史荣誉。此后,我作为蒋家的第二代,考入南开中学,是1966级的初中学生。蒋家的第三代、父亲的孙女、我的侄女,即我兄弟的女儿蒋某,也以优异的成绩考入了南开中学,是南开2013级的高中学生,毕业后她进了四川大学。由此,我们蒋家就有了难得的祖孙三代南开情。

可惜父亲没能看到这第三代家人进南开的情景,他已于2004年去世。

我的南开学习生活

1963年9月,我跨进了重庆南开中学的大门,三年学习生活,加上两年"文革",共计五年时间,对学校有很深的情感。

当年能荣幸地考上三中,是皆大欢喜的一件事。我尊敬的小学班主任向贤义老师亲自把录取通知书送到了家里。我的父亲特别高兴,因为我成了他老南开的校友。

在三中入学通知书里,学校要我提前几天到校,因被指定为班委,以后就当了三年的生活委员。到学校才知道，班上同学大都是小学的大队长、中队长、班主席，是从七区三县考来的尖子生。自己原来虽也是班主席，但人确实还是懵懵懂懂的，自我感觉与他们有不少差距。三中的学习条件和氛围确实不错。班主任陈世海老师刚从川师毕业，与我们同时进校，教语文，又直接管理我们，人很热情，非常负责。其他科任老师也都很有水平。俄语老师还曾是专业翻译。由于成绩好的同学多，所以自己在学习上比较努力。

三中对学生的要求是又红又专、德智体全面发展，因此，学校各项活动丰富多彩，尤其是以下几件事印象最深。

我们到红槽房参加农忙劳动，生活委员还要额外承担买菜、记账等烦琐事务，很辛苦。

参加校运会。那时体育是我的弱项。我的反应慢，我就选择了比较吃力的1500米长跑，坚持天天早上到大操场训练，终于在这个项目上，获得全校第六名，为班上添了一点儿校运会积分。

对无线电感兴趣。曾经用很少的钱，在杨公桥无线电厂买了处理的受话器、二极管等，将两者组装在一起，用一根针插在树干上，就听见了广播声。

学骑自行车。我在校门口租了车，到大操场学。刚学会了点，我就兴奋不已，以至于下车却没站稳，摔倒在炭渣铺的跑道上，膝盖至今还有痕迹。

不幸的是在初一下学期，自己生了肚子疼的病，一直延续了一年。有时痛得冒汗，在床上打滚。家里人带我去了几家医院都查不出问题，最后在七星岗外科医院照片，终于被确诊为"十二指肠溃疡"。十三四岁的小孩，怎么会得这个病，医生都想不明白，后自己研究才搞清，是人长了，裤子却没换，小裤腰勒紧了肚子，加之情绪因素，而形成了局部溃疡。此病如未对症治疗，就会反复发作。此后，我就开始对医书和保健感兴趣了。

我们这一代人，小学长个儿时遇上了三年经济困难时期。那时三中的初三学生与初二、初一学生比，平均都矮一截。而自己又患胃病，所以我在班上个头很小。连陈老师都担心我"好久才能长高"。有幸的是，少年得病，促使我注重身体，终身受益。后来身体长高、长好，尤其得益于下乡以后的体力劳动锻炼、大饭量的胃口。我那时一顿可吃一斤多米或者面条。几十年后，班上同学见面，都惊讶我长高了，现在也是1.68米的个头。

离开南开后的成长

　　走出南开后的人生历程漫长曲折,在学校养成的习性和"三观"却影响着自己此后的人生。我于1969年2月下乡插队,跨校到了重庆南川县,落户在南极公社仁乐大队三队。这是一个离县城一二十公里的高山大队,水田和坡地各占一半,粮食基本够吃,但农活十分辛苦。自己本着学校教育的勤奋精神,积极主动,吃苦耐劳,给老乡的感觉是"不像戴眼镜的人"。挖土,担粪,犁田,背黑炭,我什么都干。因为有在学校练长跑的心脏承受力,觉得还能累得下来,体力也逐步见长。

　　我们做饭是通过烧煤。到小煤窑担煤要走两三个小时,爬两座山。我开始担七八十斤要歇几十次,后来担120斤,换肩担,歇几次就到了。背黑炭到县城,要走五六个小时,我也能背120斤。担粪上高山,没有平地歇脚,我也能一口气担到山顶。犁田时,草帽遮住眼镜,就看不出我是知青还是农民。由于实实在在地干,所在生产队尽管远离县城边的公社机关,我还是被推荐为南极公社唯一的知青代表,参加了1970年11月召开的南川县革委召开的全县上山下乡工作会议。

　　1971年1月,自己随400名知青一道,首批被招进南川的三线国防厂——国营东方红机械厂(后改名为国营天兴仪表厂、成都天兴仪表〈集团〉有限公司)。这是兵器工业部所属的大型国有企业,工厂里的干部职工都是响应毛主席建设大三线的号召,从大城市搬迁到这里来的。我在这个大山沟一待就是30年。2000年,工厂才整体搬迁到成都。2010年,我60岁退休。母校南开精神潜移默化地始终伴随着我在工厂的人生岁月。

　　知青进厂,都当工人。由于我努力工作,于1974年就入党了。因为有一定写作特长,1976年我被推荐进了"厂工人理论组"。

　　那时正逢工厂"保军转民",准备大上民品机械座钟,我就被调去学习民品美术设计。1981年我被送到北京,参加了兵器工业部美术装潢设计学习班。80多名学员,大都是各兵工厂的专职美术人员,在专家的指导下,大家开始系统学习,每天都有繁重的作业。有的学员把眼睛都画瞎了。因自己美术基础较好,三个月学习结业时,被评为12名优秀学员之一。

　　可惜返厂后,我学得的美术知识只用了一年多,也搞了不少样钟的设计,苦于市场上机械钟被石英钟冲击,工厂的这一民品被迫下马。自己又被调到厂工会搞专职美工。然而，两个月后，自己的职业生涯却发生了大逆转。

1983年年初，在自己正安心干美术专职时，因为过去写大字报的能力表现，我被聘为厂办公室秘书，1985年即被提为办公室副主任，后又任党办主任、宣教处长、党委工作部部长、集团公司监事等，在工厂连续任职25年，直到退休。

在这几十年里，自己所在工厂——天兴公司，曾历经从计划经济到市场经济的转变，从专干军品到以军为本、军民结合的创业，从城市到山沟又从山沟到城市的搬迁，从产权国有到与民营混合、到全部民营的改制，等等。公司曾在山沟里红火成为一个上市公司（000710天兴仪表），也曾因搬迁、市场等困难，在兵工行业率先进行了产权改制。

身在这样一个典型企业里，自己努力传承三中学子勤于学习、爱动脑筋、注重创新的精神，融入了公司的改革发展中。我主要从事企业文字工作，也发挥了一些美术专长，曾起草过数百万字的讲话稿、文件、论文等，被大家誉为"工厂一支笔"。

我获奖的论文有《精心营造企业创新环境》《品牌意识力的探索与应用》《企业文化无形潜能的发掘应用》《在国企强化"问题意识"的价值探索》《企业"情境典型"的发掘应用》等。文章在兵工报刊和一些大型丛书中发表，并在互联网上被引用，多次获得国家有关机构评定的一等奖、金奖等。另外我还爱好美术、摄影等。

由于做出了一点儿成绩，自己曾被表彰为"中国兵装集团公司优秀思想政治工作者""中国兵装集团公司优秀党务工作者""四川省国防科技工业优秀党务工作者""西南兵工优秀党务工作者"等。其间自己通过在职自考，取得大专文凭。在缺乏本科文凭必要条件时，自己仍被兵器部破格评为"高级政工师"。

镜头浓缩历史忆记，照片铭留师生真情

——萧国梁，我的摄影启蒙导师

高 1966 级 8 班　杜蔚卿

　　每当捧起老相册，看到《劳动之余》《女同学和吴庆华老师》《自习课》《基干民兵连队列》等几张有些泛黄的黑白照片时，我就会想起萧国梁老师。

萧国梁老师教我们高中语文,他的话不多,给我的印象是,他总是抿着嘴含笑看着你,倾听你的讲话,与你交流也是三言两语,言简意赅。

今天我的笔触不想描写萧老师的语文课,而是翻开萧老师的另一面——业余摄影师。

课余的萧老师,常常身背一架立式照相机,出现在我的视野:他在运动会上来往穿梭、捕捉精彩瞬间、记录感人场面的背影;他在湖边地头高低涉足、为同学们拍集体照、为老师和同学拍合照的神情;他在紧张宁静的教学楼里,不声不响拍摄同学自习课的情景……

这些泛黄的照片,不仅为我们还原了50多年前莘莘学子学习、劳动、运动会、民兵训练的真实情景,还让我感受到萧老师丰富的内心,他用镜头说话,用影片传递真情的感人特质。

那张手握长枪、身着白衬衣蓝下装的民兵方队照片,是我高中时代参加民兵训练的记录,让我看到了当时的我"不爱红装爱武装"、严阵以待的飒爽英姿。我站在头排第一个位置,从萧老师拍照的角度可以看出他的良苦用心,事后他把照片加洗出来,亲自送到我手上。这张宝贵的照片,萧老师是在什么时候、什么场景交给我的,我一点儿都回忆不起了。但我非常小心地保存好这些珍贵的照片,因为这是我得到的最珍贵的礼物。

萧老师抿嘴含笑的模样浮现在我的眼前,他仿佛在对我说:"当年你们就是这样在上晚自习的呢！""劳动之余同学们在一起多么快乐！""教你们英语的吴庆华老师与你们站在一起，多像你们的学长！""这就是你们青春年少的芳华模样！"……

萧老师呵，你知道吗？正是你背着相机在校园里穿梭的身影，正是你送给我的一张照片，引领我也不知不觉地走进了摄影天地。

从此，我也喜欢相机，喜欢拍照。但那些年代条件不允许，喜欢只能深埋心里，成为向往。偶尔借到相机，我也只停留在练技术、摸性能、过把瘾的层面上。

2000年后，30年改革开放硕果累累，国富民康，条件好啦，什么都买得到啦。我先后买了傻瓜相机、机械相机、单反相机。有了自己的相机，我便到处拍摄，精力无限，一发不可收拾。我像萧老师一样，到处捕捉瞬间、记录美好，用镜头说话，让照片传情。

2009年的一天，我偶然看见一个老妪用轮椅推着一个更老的老人在碧津公园晒太阳，经打听得知老妪76岁了，轮椅上的老人是她婆婆，105岁了。

我很震撼，立即用相机记录下了这温馨的一幕，闲聊中还知道，105岁的婆婆叫刘英碧，生活基本能自理。我兴趣盎然，索要了她们的家庭住址，想择日登门拍摄。次日，我敲开了她们的家门，看见105岁的老人正在摘理四季豆，我赶快打开镜头摁下了快门，"咔咔咔"记录下了这精彩瞬间。那一下午我还拍到了老人扶着栏杆走路、上台阶、梳头、换衣服及媳妇给婆婆洗脚的宝贵场面。她们家就三个人，婆婆105岁，儿子、媳妇各70多岁。事后，我加洗出照片汇集在一个简易的影集里，专程送到老人家里，三个老人看照片的高兴场面，我也记录在了相机里。

后来，重庆电视台《热线零距离》栏目组，征集相关内容的录像影片，我用邮件传了过去，电视台记者联系我并询问了情况，很快便采用了我的作品。节目播出前我及时通知了老人家，让他们高兴高兴。在后来的相遇里，老人的媳妇兴奋地对我说："谢谢您，您还真把我们搬上电视了!"

其实老人并不清楚,当我为她按下一次又一次相机快门,把一张张照片送到她手中时,似乎在我前面行走着萧国梁老师背着相机的背影,我只是在模仿,传承着他在三中校园的言行。

在后来的日子里,我拍摄的家乡变化、百姓的幸福生活、人间的真善美等作品,被重庆电视台"热线零距离"栏目、《重庆商报》"拍客"栏目、《重庆时报》"随手拍"栏目大量采用,获得了重庆电视台《热线零距离》栏目"拍拍达人"的称号和《重庆商报》的最佳拍客作品奖。

重庆电视台的记者坤子一行人,专程来渝北区给我拍摄了两集专题片,在重庆电视台播放,称我是渝北的业余宣传员,后来我还被区老干局评为渝北区"老有所为"十佳之一。

在近十年的岁月里,我收获了无尽的快乐,得到许多意想不到的惊喜! 但我始终保留着萧老师送给我的那张张泛黄照片:三中校园掠影,高1966级8班师生的种种身影……

萧老师,如果您还健在,我要把我的获奖作品一一翻给您看,向您滔滔汇报,向您叩头致谢! 让您知道,是您的举手投足、业余爱好、良苦用心给了我终身的影响! 学生愿您在九泉下永远抿嘴微笑!

青葱岁月

QING
CONG
SUI
YUE

大山磨砺青春之歌

——我毕生铭记的下乡岁月

高1966级1班　明长英

知青是一个特别称谓。50年前的知青上山下乡运动,改变了一代人的命运。50年光阴,已消磨了许多记忆。50年后的今天,又打开我记忆的闸门。难忘凤凰山上的苦与乐,知青岁月的磨难与美好,刻骨铭心!

凤凰山落户坎坷人生起步

1969年初,知青上山下乡浪潮骤然掀起。为响应毛主席"知识青年到农村去,接受贫下中农再教育,很有必要"的号召,就读于重庆三中高三的我和16岁读初一的弟弟明长荣,争先报名,第一批集体落户到四川省的一个偏远地区——开县。

1969年2月6日,天空黑沉沉,大雾笼罩着山城。凌晨5点,三中校园已人声鼎沸、热气腾腾。早就收拾好行李,准备奔赴开县的首批同学,鱼贯登上停在学校红专楼前的公交公司客车。汽车迎寒风,穿晨雾,奔向长江和嘉陵江汇合点——重庆朝天门码头。

虽然那时已6点多钟,天色仍然昏暗,只见岸边黑压压的一片,都是送行的人。同学们陆续上船,在带队老师的指挥下,到了各自的船舱。我没有送行的家长,所以躲在船舱里,不敢听同学的亲人那声嘶力竭的呼喊,不愿看家长们哭成一片的场面。我强忍着泪水,不让它流下来。过了好长时间,"呜"的一声,轮船汽笛声划破长空船缓缓离岸,霎时船内一片喧哗。不管是女生或男生,不论是低年级或高年级的同学,都开始抱头痛哭。这哭声,也许是对校园生活的眷恋,也许是对父母亲人的不舍,也许是对前途未卜的迷茫。这哭声震撼了山城,感动了嘉陵江和长江之水。轮船起航,顺江东下,驶向万县。重庆南开学子的人生之路,何处是终点?

知青船于当天晚上10点左右到了万县,按各年级各班分别住进万县招待所和地革委办公室。我班首批下乡的女生有石培伶、朱永玉、赵学四、杭无惧、明长英,男生有杨琪、杨珂(杨琪之弟)、魏建阳、周定忠、黄群生。2月7日晨,在招待所吃过早饭后,我们乘大卡车一路兼程,经两个多小时的颠簸,到达开县,再抵跃进区。在跃进中学住了一宿。2月8日,团结公社新桥大队的谭支书和张队长来接我们。

我们带着沉重的行李,从早晨7点钟出发,爬凤凰山。我们翻山越岭,山路陡峭蜿蜒。山脚下还是石板路,爬到半山坡就全是石谷子路了。上坡时,脚底打滑,走两步,就往后滑一步。走得我们口干舌燥,脚杆打战。谭支书看我们实在走不动了,就叫歇一歇。他和张队长看我们女生东西多,又帮大家拿一些行李(他们本身就挑着箱子)。快到晌午时分,我们终于爬上了凤凰山上的团结公社新桥大队。此时每个同学都累得气喘吁吁,腰酸背疼,无心欣赏凤凰山麓的苍松翠柏和沿途的层层梯田。这是我们第一次离开父母,第一次走这么远的路,爬这么高的山。我们走出校门,迈入社会的人生之路就这样艰辛地开启了。这预示着今后我们可能会遇到更多的磨难。

新桥大队处于凤凰山北面、地势由低到高的坡地,一共有七个生产队。七队地势较低、地形较平,一、二队稍高一些,三、四、五六队在更高的山坡上。在来接我们的路上,听张队长说过新桥大队一队最穷,七队最富。下午谭支书给我们分配了下队方案:杨棋、杨柯、魏建阳、石培伶、朱永玉、赵学四6人被分到七队,杭无惧、明长英、周定忠、黄群生4个人被分到二队,我弟弟明长荣跟初一的吴继东、许力生3人被分到三队,李源耀、袁必蒲和初中的王小林3人被分到四队。我们没有到过农村,感受不到农民靠天吃饭、靠地生存的艰难处境,所以对分到哪队与今后过日子的好与坏之间的关系,完全不了解。

访贫问苦引起心灵震撼

1969年2月中旬,开县的凤凰山上还十分寒冷,新桥大队的梯田结着冰,坡地仍积着雪。利用农闲,大队谭支书安排知青访贫问苦,给我们上了"接受贫下中农再教育"的第一课。

　　时逢正月十五过大年,住在新桥一队的谭支书,请二队知青到他家做客。他就成了我们访贫问苦的第一个对象。从二队到一队要走过几道弯,路过几个坡。一队的位置在二队右侧,太阳直射不到的阴面坡上。我边走边看,心想:原来一队最穷,是因为它的地势不好,土地贫瘠啊!进了谭支书的屋,只见他老伴正病恹恹地坐在灶前烧开水,他的女儿(大概10多岁)背着背篓正准备到山上找柴火。我环视四周,房屋破旧不堪。中间是堂屋,右边是厨房,左边搭的偏房是猪圈。堂屋里一张大床和小床摆成丁字形。厨房里有一张旧饭桌和一个灶台,灶台旁放有一口水缸。谭支书让我们坐定后就讲:一队只有七八亩梯田,30来亩坡地,12户人家,40多人口。田少坡多,谷子收成少。坡地主要种苞谷、豌豆、红薯、土豆等杂粮。因缺人、畜肥料,只好用渣肥,所以广种薄收。生产队男壮力不多,妇女劳动力占主要。没有副业,只栽了一些桐子树,但桐子收成也不好。每年每家分的粮食只够吃半年,剩下半年靠国家救济粮补贴。他已50多岁,家里主要靠他干活。妻子常年多病,只算半劳力。女儿年纪小,只能帮着干一些喂猪、打柴、煮饭的活。他是书记,队里的救济粮,他很少分得,每年都分给那些比他更困难的农户。看到谭支书的家境,听了他讲述生产队的情形,我很难过。新中国成立20年了,偏远山区的生产依然这么落后,生活在底层的农民如此贫穷!

　　到晌午了,谭支书留我们吃饭。他老伴端了几碗玉米羹和一盘泡萝卜到桌上,并说:"今天过大年,老头说你们要来,叫我玉米羹里不要放菜叶。"我、杭无惧、周定忠、黄群生每人一碗,就靠着酸萝卜吃了午饭。当我把用过餐的脏碗筷放到灶台上时,看见锅里只剩下些照得见人影的玉米汤,这就是他们的午饭。顿时,我眼里的泪水夺眶而出。想起知青下乡,政府给的基本保障:下乡的头半年内每人每月供应35斤细粮、半斤肉。这比起谭支书家里的生活,我们不知道要好多少倍啊!

　　第二天,我们还访问了二队的龚成乾队长,五队的其他社员。

　　访贫问苦,深深地触动了我。知识青年到农村与贫下中农同甘共苦,接受再教育,的确很有必要。这对我们提高思想、净化灵魂,树立正确的人生观,起到了至关重要的作用。国家花了大量精力和资金,培养初中生、高中生、大学生。知识青年就应该挑起改变农村落后面貌的重担,回报社会。

　　从此我就用"出色工作,回报社会"作为自己的理想和目标。回城后,我有幸到了直接与农业有关的重庆农药厂工作,为这一理想和目标奋斗了一辈子。

大山磨炼,沉淀宝贵精神财富

犁田脚受伤

我下乡落户的第二个年头,因各种原因,新桥大队转走了部分知青。整个大队只剩我一个女知青。七队的张队长看我是魏建阳的女朋友,把我调到了七队。

3月初,春耕开始。魏建阳(别人称他为"家长",刚落户时,七队6个知青在一家,农民给他取的外号)每天跟农民一样出工犁田。第一年下乡他就学会了犁田、挞田坎、栽秧、挞谷等一整套技术农活,他被评为全劳力。初春的一天,天下着毛毛细雨。他头戴斗笠,肩披蓑衣,牵着牛,背着犁头出工。走到水田边给牛套好犁头后,他开始犁田。他右手握住犁耙,向右大约倾斜20度,左手鞭子一甩,牛就开始往前走。这时犁沟出现,大块泥土翻了上来。犁到田的尽头,他把犁头倾斜45度,牛和犁头掉了头,他再调整好牛和犁头,朝反方向犁。农民看见他一招一式、一板一眼犁出的水田,深浅适度、犁沟整齐、泥块均匀,都纷纷叫好。张队长伸出大拇指说:"老魏,像个老农民,可以结婆娘了!"平时张队长爱跟他开玩笑,当时羞得魏建阳低头红了脸。

我也不甘示弱,这天我正跟妇女们一起下田铲田坡。3月的天,春寒乍暖,站在冰冷的水田里,他一干就是半天,脚板冻得像红萝卜,小腿冷得直抽筋。晌午了,天还下着雨,张队长喊:"收工了。"魏建阳"吁"地叫了一声,牛停了下来。在冰冷的水田犁了半天田,他当时又累又饿,刚走到水田边,准备踏上田坎,忽然一不小心,脚一滑,被田边垒的石板的棱角划断了左脚板的筋。只听见魏建阳叫了一声"哎哟",我跟铲田坡的妇女便闻声赶了过来。看见他的脸色发白,脚板血流不止。田角的泥水被染红了一大片。刚收工路过的张队长和回乡知青张华生立即用妇女们送来的门板,把他送到坝下跃进区卫生院。伤口缝了五六针,还打了破伤风针。我们中午将他送去,天黑才回到知青屋。下雨路滑,我们来回走了5个多小时,累坏了张队长和农民兄弟,也苦了知青魏建阳。

打柴险丢命

魏建阳脚受伤后,生活的重担落在我身上。我除了出工,还要煮饭、洗衣。这些都好克服,主要是烧柴问题不好解决。当时二队的周定忠同学给我们送了两捆干柴下来,我弟明长荣也送了些柏树叉枝。这些都烧完了。身体瘦弱的我不得不上山打柴。雨后的一天,生产队的村姑美珍带我出发了。我脚穿胶鞋,身背一个大背篓,里面放了一把小锄头,手拿一个竹耙。出了生产队就是一段绵延的上坡路。下过雨的山路,泥土疏松,一踩一个脚印,帆布胶鞋不一会儿就沾满了稀泥。走路时拖泥带水,我的裤腿很快打湿了。带着沉重的脚步,我们爬上陡峭的山坡,穿过了山中大堰塘边上的小路(小路在离堰塘几丈高的半山腰上),走了两个多小时,才到达打柴的目的地。这是一个松树较多的山冈。这里枯树枯枝多,是个打柴的好地方。我们力气小,砍不了树,只有挖空树根,拾枯树枝,捞松毛。美珍年纪虽小,但她常年干活,很快就装了一大背篓柴火。她见我动作缓慢,才装了小半背篓,大声喊:"明姐,快点! 回家了!"她飞快地跑过来,动作麻利地帮我折断松枝,把松毛和枯树根装在背篓下面,上面横放枯松枝,用绳子捆着。几分钟便装好了,于是我们开始往回走。路过大堰塘时,由于小路很窄,我们只能一前一后走。美珍在前面带路,我在后面跟着。小路刚走到一半,我的背篓突然歪了,背篓上重下轻,柴火倒在一边,我的重心不稳了。我的脚板往下滑,双腿直打战,眼看着几丈高的悬崖下面满满一池碧水的大堰塘,瞬间就会成为我的葬身地,不禁毛骨悚然,心跳加快,大汗淋漓。我本能地高喊:"救命啊! 救命!"美珍在我前面离我十几步远,她小心翼翼地挪动脚步,倒回来拉着我背篓轻的一侧,使劲拽着,镇定自若地安慰我:"明姐,不怕,别慌! 你横着脚,慢慢挪步。"有了她相助,我这才镇定下来。我调整了重心,平衡了脚的用力,大概花了20分钟,才走完最后这几米狭窄的小路。过了险境,我们坐在石板上休息。此时,我端详着眼前这个村姑。她虽名叫美珍,实际上外表比较丑。取此名,大概是父母对她的愿望吧! 美珍十五六岁上下,只有一米一二的个头。头大腿细,头发长短不齐,眼仁白多黑少。平时反应迟钝,说话带点结巴。没有什么文化,可能小学都没读完吧。平常人连正眼都很少看她。今天我看着她红通通的脸,穿着汗水湿透的衣服,脚穿沾满泥巴的破胶鞋,美丽极了! 平时她与知青比较亲热,劳动时爱跟知青在一起。听说我今天要打柴,她便主动陪我来。今天她对我的鼎力相救,令我感动不已! 我的感激之情,难以言表。此刻觉得美珍这个名字取得太切贴了。淳朴、善良、助人为乐的心灵美,难道不比外表美更重要吗?

过了晌午,我才精疲力竭地回到家,跟魏建阳讲了这险些丢命的一幕。这一幕直到50年后的今天,仍历历在目,刻骨铭心。

繁重、艰苦的农活,对于身强力壮的农民,可能是家常便饭。上山打柴,对于农村妇女也许司空见惯,但对于很少参加体力劳动的城市知青,却是严峻的考验! 为了学习贫下中农吃苦耐劳、坚韧不拔的精神,我们不曾抱怨,从未喊过苦,怕过难。"接受贫下中农再教育""经受农村艰苦生活磨炼"是知青上山下乡的初衷,也是南开学子的誓言。在我们后来的成长过程中,事实证明:农村艰苦生活的磨炼,铸就了我们人生宝贵的精神财富。这种财富是用我们青春的热血和汗水换取的。这种精神,支撑着我们后来取得各种非凡的成就,成为我们战胜生活和工作中的困难和挫折的利剑!

苦中有乐,体验多姿多彩的人生

生活有苦,也有甜。知青生活不仅有磨难,还有很多乐趣。这些乐趣让我们的青春更美好,人生更多彩。

享受养鸡的喜悦

在家养伤仍闲不住的魏建阳,突然要养鸡。他说:"养鸡好玩,可以增加生活的乐趣。这在农村算一个副业,正好为缺肉少油的我们改善一下生活,补充点营养,解解馋。"我赞同他的意见。于是立即请社员张华强帮我们孵了一窝鸡仔,大概十来只吧!看见毛茸茸的黄色小鸡蹦蹦跳跳,叽叽喳喳地在眼前晃动,建阳忘记了脚痛,我也忘记了劳动的疲劳,把小鸡放在手掌上抖来抖去,逗着玩。我们每天给它们喂水,吃玉米碴、菜叶末和自留地挖来的小蚯蚓。小鸡在屋里屋外啄食撒欢。当他们长到拳头大,看得见鸡冠子的时候,这群鸡五母三公,一目了然(因天冷,死了两只)。小鸡一天天长大,我们一阵阵垂涎欲滴。公鸡才长到1斤多,我们就迫不及待杀来吃,馋了就杀一只。仔鸡炒青椒真是美味啊!现在都好像留有余香!不多久,公鸡就杀完了,留下来的母鸡也快生蛋了。建阳的脚痊愈已出工。当第一只鸡"咯咯嗒,咯咯嗒"发出生蛋的欢叫声时,我们欣喜若狂,高声叫道:"啊!有鸡蛋吃了!"我们立即用稻草给鸡铺好窝。紧接着第二只、第三只、第四只、第五只母鸡都先后陆续生蛋了。可奇怪的是我们下工回来,鸡窝里却没有鸡蛋。怎么回事呢? 仔细观察了几天,原来被我家养的阿黄(狗)偷吃了。建阳觉得太可惜了,试着培训母鸡到楼上生蛋。知青屋的门上方,修了一排阁楼,是用来放柴火的地方,旁边放了一架楼梯,方便取放柴火。建阳利用生物课学的"条件反射"的知识训练鸡。当母鸡发出要生蛋的叫声时,他就把玉米粒撒在楼梯上,让鸡吃几粒跳一步梯子,直到上完楼梯,蹲在鸡窝里。这样反复练习好几遍后,训练成功了。我们每天收工回来,第一件事,就是抢着摸鸡蛋,忘记了所有的疲劳和烦心事。

摸得最多的,一次有五个(每天每只鸡都下蛋),摸得少的,一次也有二三个(隔天下一个)。我们事先有约定:当天摸到几个吃几个,谁先摸到,谁就可以多吃一个,作为奖励。我们等不及饭煮好,就把还带余温的新鲜鸡蛋放在米锅里煮,七八分钟后拿出来吃。又嫩又香的鸡蛋下肚,感觉好爽啊!米锅煮鸡蛋对当时饿极了的我们来说,真是人间美味!

社员们听说我们养的鸡能上楼生蛋,都觉得很稀奇。佩服之余,纷纷前来参观,取经。劳动之余搞副业——养鸡(后来我们还喂了猪),我们生活得有滋有味。感觉人生又增添了一抹色彩。

品尝爱情的酸甜

我和魏建阳都是1960年进入重庆三中读初中的。我在初一1班,他在初一2班。1963年秋季,我们又同时升入三中高中,成了高一1班的同班同学。我喜欢文科,由于抽象思维不强,学习方法不对,理科学起来比较费劲,特别是数学的三角和解析几何,考上80分很不容易。为了补习功课,我周末很少回家。魏建阳家住三钢,离学校比较远,周末也很少回去。见我周末总是坐在教室里苦攻数学,有一次数学考砸,哭得稀里哗啦,他就安慰我,并主动请求班主任张宗明老师安排他与我同桌。张老师把他调到第一排靠边的座位(因为他个儿高,会挡住后面同学的视线),以便帮我讲数学题。我们彼此成为"同桌的你"。

我看他学习成绩好,思想上进,又乐于为班上同学服务(当时他是班上的男生活委员),于是我就作为他的介绍人,介绍了他加入了共青团(我是高一1班的团支部书记)。

1966年,我们积极参加大辩论,为了辩赢对方,我们彻夜找资料,搜论据,写辩论稿……这样,我们接触越来越多,对彼此产生了好感。虽然那时我们也有初恋的青春萌动,但学校有严格规定:高中生不准谈恋爱!我们便压抑着各自的情感,没有向前发展。

说实话,在高中3年和"文革"6年里,我和建阳的关系仅保持在学习上的帮助,思想上的交流,人生观、世界观探讨的程度,真正确定恋爱关系还是在当知青的那两年。

记得1969年1月中旬,我们下乡前夕,建阳的好友,杨棋悄悄地递给我一封信,说是帮魏建阳转交的。这是一封用俄语写的表白信,简单而明确。魏建阳说,他喜欢我,问我今后的去向。那时,大家已经知道三中学生将下到开县,但报名还没开始。他准备第一批报名,到开县。看了魏建阳的信,增强了我到开县落户的信心。第二天我就报了名。

到了开县后,落户到团结公社新桥大队。虽然开始他被分到七队,我被分到二队,不能朝夕相处,但毕竟在一个大队,少不了互相帮助、彼此牵挂。

刚下乡的1969年春末,我伤风感冒,引起支气管哮喘,久治不愈。魏建阳步行几十里从凤凰山到跃进区坝下,用他父亲每月寄来的5元零花钱的积蓄,给我买了川贝母、冰糖和梨,送到二队熬水给我喝。他每天晚上打着电筒从七队走山路到二队,帮我烧热水泡脚,嘘寒问暖,打趣聊天。恋爱的生活令人羡慕,爱情的甜蜜滋润心窝。1970年春天,我被调到七队魏建阳的身边。

本以为可以朝夕相依,情意绵绵,可爱情的滋味不全是甜的,还带有酸。有一天,我们在坡上铲草。男女劳力在一块干活。社员们嘻哈打笑,荤素段子不绝于耳。真可谓"男女搭配,干活不累"。中途休息了,张队长叫我读报。回乡知青张华生立马把锄头往地上一放,叫道:"明焱,这里来坐。"我靠他身边坐下,与他同坐一把锄头杆。念完报上的新闻,我们又开始开工了。一上午在轻松愉快的气氛中劳作,好不惬意!收工了,等我收好锄头,抖掉鞋里的泥,准备跟魏建阳一道回家时,却不见他的身影。回到家,看见魏建阳早已回来了。他板着脸,一言不发,正准备烧火煮饭。我问他:"为什么走这么快,不等我?"他不理我。下午出工仍是铲坡,他又一个人先走了,没叫我。我到了坡上,他已经铲了一大片。后来连续几天,我们都是先后出工,收工各走各的。生产队龚队长(前任队长)看在眼里,急在心里。一天他收工时,拉着魏建阳的手问:"老魏,怎么啦?这几天你跟明焱不说话,也不一起上下工,是吵架啦?我们农村对媳妇看重得很哪!城里的人对女朋友就这样吗?你们离开父母这么远,出门在外多不容易呀!有什么误会可以说清楚嘛!"大概龚队长语重心长的话打动了他。那天晚上他搭理我了,给我讲了龚队长说的那番话。我问他为什么生气,他才说,他当时认为我行为不检点,竟跟农民小伙子坐一根锄头杆,还靠得那么近。我此时气不打一处来,大声嚷道:"啊!原来醋罐子打倒了哟!你心眼怎么这么小?你跟我相处这么久,还不了解我?我是这样的人吗?"想起这几天的冷战,我委屈得哭了起来。他眼睛也红红的,给我道了歉,并说:"我们以后应该相互信任,相互尊重。我保证今后再也不会这样了。"

爱情是人类最高尚的一种情感。在上山下乡的知青岁月里,我们情窦初开,正值豆蔻年华。在此期间能体验美好的爱情,是一件非常令人高兴和无比幸福的事情。

龚队长细致入微的关怀,令人感动。他对我们情感生活的点拨,是把知青当成自己的儿女一样对待啊!贫下中农的大爱,似一股暖流温暖了我们。我和建阳和好如初了,在以后的日子里,也更加相亲相爱了。随着情感的升温,回城后我们便结婚生子,比翼双飞,成为人人羡慕的一对模范夫妻。

双双回城,走向人生新的里程

1971年年初,重庆工厂下乡招工,知青开始返城。我们生产队第一批只能推荐一个人。根据知青的两年表现,由贫下中农和本队知青共同推荐,我和魏建阳的表现都很好。他是全劳力,生产队的生产骨干。犁田、挞田坎、栽秧、挞谷等所有技术农活、重活他都会干。他干活勤快、踏实,为人正直、友善,社员们都喜欢他。我除了春种、夏收跟妇女社员一样干活外,还帮谭支书组织农业学大赛、忆苦思甜、提高社员政治思想等各种活动。由于我工作积极、思想活跃,两次被选为县积代会的积极分子,在团结公社和开县小有名气。返城名额归谁呢?生产队肯定会选魏建阳。我跟他说:"我们队这个名额肯定非你莫属了,你先回城吧,我再等机会!"他一听急了,恳切地说:"那怎么行!你先回去!我是男子汉,在这里可以生存。你一个女知青,在这里长期生活会很困难,我不放心。"我开玩笑地说:"如果我先回去变心了呢?"他回答说:"随便你。你要变心,我也没办法,反正我不会变。"看着他严肃、认真的样子,我有些心酸。在农村两年,前途未卜的我们,一直忐忑不安。相爱的我们,不敢越雷池一步,不敢谈婚论嫁,不愿细想未来。对前途、对未来生活的考虑(担心在穷苦农村,无法养活自己),这些思想上的压力,比繁重农活和单纯的苦日子的压力要大很多倍。

返城的希望终于来了,我们高兴了好几天。但返城的名额只有一个,我们又要接受命运的考验。纠结了好几天,公社突然宣布:县积代会积极分子,不用生产队推荐,可直接进入第一批返城名单。啊!"山重水复疑无路,柳暗花明又一村",我们可以双双回城了!我们欢呼雀跃。社员为我们高兴,邻队知青也投来羡慕的目光。感谢老天眷顾!那晚我们无比兴奋,彻夜难眠。

临走前,社员们送来鸡蛋、糯米、黄豆、干胡豆、干豌豆。我们回送暖水瓶、肥皂、常备药、衣服……

回城那天,社员们祝福、告别的话道不尽,说不完。他们依依不舍送了一程又一程。我们含泪告别了滋养我们生命的山山水水,道别了教育我们成长的父老乡亲!

化工局的招工分配名单宣布了:我被分到了重庆油漆厂(现三峡油漆厂),建阳被分到重庆农药厂。

结束了两年的知青生活,我俩才结婚。我申请调到了农药厂。"出色工作,回报社会"的理想和目标又在召唤我们,我们信心百倍,干劲十足,准备迎接人生新的挑战。

当知青的两年,我们了解到偏远山区中国农民艰苦劳动和贫穷生活的现状,确立了自己的人生目标和远大理想。回城几十年,我们一直不忘洒过青春热血和汗水的第二故乡——开县,魂牵梦绕美丽的凤凰山麓。2007年3月,我先生魏建阳与我校高三7班的王继刚、唐能侃、何登正、卢崇武几位知青,回团结公社看望乡亲们,关心凤凰山区的变化和发展。2018年,团结公社龙王村修路缺资金,我和曾在开县团结公社奋斗过的知青们积极捐款。

在与贫下中农朝夕相处,同甘共苦的日子,我们接受了他们言传身教的再教育,更加坚定地树立了正确的人生观和世界观。

两年的繁重劳动和艰苦生活,锻炼了我们的筋骨,磨炼了我们的意志。强壮的体魄和坚强的意志,使我们终身受益。

两年的知青生活,我们有很多快乐。收获了爱情,体验了青春的美好。

两年的知青生活,我们受到贫下中农无私的帮助和炽热的大爱。

两年的知青经历,在我的人生长河中,虽然短暂,但它留给我的记忆,留给我的思考,留给我的感悟,令我终生难以忘怀!

北飞的雏雁

——下乡记

初 1968 级 3 班　郭 鹬

初来乍到

我的新家

1969 年年初，上山下乡运动席卷全国，我和姐姐也被卷入其中。虽然只上了一年初中，但仍属于有知识的青年，必须到乡下去接受改造。

到哪里去好呢？家庭会议商量的结果是回山东老家。说不定一辈子待在乡下呢？如果是这样，还是叶落归根为好。可是爸妈都出生于"官宦"家庭，农村没有亲朋，怎么办呢？当时有一条政策叫"投亲靠友"。于是，我们投靠了郭汉君姐弟（汉君的姐姐家在山东农村），和他们一起，到山东乡下去。

姐姐和汉君姐弟作为先头部队，1 月就去了。妈妈说山东太冷，要我暖和点再去。于是，1969 年阳春三月，我也踏上了前往山东的路。

绿皮火车在半夜时分到达益都站（我要去的尧沟公社，因为车站太小，快车不停）。虽然值班室里生着小小的火炉，可一个人坐在行李箱上，我还是觉得特别冷，也特别想家。值班的老爷爷告诉我，他家离我们村很近。终于，在天蒙蒙亮时，我们搭上了前往尧沟的慢车。

郭馥她们住在哪儿呢？下了火车，我提着沉重的旅行袋，挎着装满杂物的大包，焦急地站在路口四处张望。寒风凛冽中，雪花飘飞的村庄笼罩着薄薄的炊烟。

过了一会儿，有几个小姑娘蹦蹦跳跳地朝我跑了过来，她们仔细地端详着我。有个小姑娘说："你是郭锋儿吧?"(很多人不认识我的原名"馤"字,我曾不止一次被叫作"郭香渴",加之"文革"破旧立新,就改"馤"为"锋"。山东人说话带儿化音,因此有了"郭锋儿"之名)"你姐姐说你这几天要来,我们天天在这儿等着呢。"还有的说:"郭馥说你会跳舞,你要教我们跳舞啊!"小姑娘们一口浓重的山东腔,我虽不能完全听懂,但还是能猜出个大概。她们不由分说地抢过我的包,前呼后拥地领着我来到了新家。

这是一间土砌的农村小院,很小也很破旧。推开贴着春联的咿呀作响的木门,迎面是一个小小的天井,天井的右边有三间小屋。"郭锋儿来了!"小姑娘们大声嚷嚷着把我领进了西屋。刚跨进屋门,就见灰头土脸的姐姐一下子从床上蹦了下来,搂着我嘘寒问暖,又蹦又跳。我们正在那儿高兴呢,姐姐突然推了我一把说:"快不要哭了!"什么情况? 姐姐大笑,指着门外的乡亲们说:"他们可能把你的笑声听成哭声了,以为我们在抱头痛哭呢!"

我开始环顾新家。小小的土屋里放着一张斑驳陆离的古老的大木床,床上铺着满是灰尘的绒毯。凹凸不平的泥地上,摆着一张瘸腿桌子。门后是一个装满了地瓜干(红苕干,这是他们的主食)的大囤子,整个屋里弥漫着浓重的地瓜干味。这,就是我的新家。

民以食为天

民以食为天,来到山东农村,首先要解决的是吃饭问题。

刚下乡时,我们有6个月的国家供应粮,主要是面粉,也有少部分玉米。那时我们忙着与天奋斗,适应从未见过、更没做过的农活。每天收工回来,我们总是累得筋疲力尽,往往胡乱烧把柴火,煮上一大锅面疙瘩就算一顿饭。每当我们做饭的时候,总有老乡在一旁看热闹:啧啧,面粉这样吃多糟蹋呀,得掺上地瓜面烙饼! 地瓜面里加上点玉米面,做的窝头才好吃哪!

那时,我们并不知道,这些都是金玉良言。

半年的供应粮很快就吃完了,我们不得不学着吃地瓜干。

20世纪六七十年代,山东农村的主食就是地瓜干。由于小麦种得少收成低,而且主要用来交公粮了,所以吃白面是很奢侈的事,只有在割麦、打场以及过春节等喜庆日子才可以吃到白面。

地瓜干的主要吃法是做窝头(山东叫粑古)和摊煎饼。

晒干了的地瓜干看起来是白的,但磨了粉做成粑古就成了黑色,还很黏手,吃起来苦中带甜还有一股怪怪的味。做粑古很简单,但粑古确实不好吃,所以我们只要来得及,就用地瓜面摊煎饼吃。

摊煎饼有很复杂的程序。先要把地瓜干磨成粉装在布袋里用水浸泡,泡出很多黑水后再把地瓜面压干,这叫煎饼糊。然后支好鏊子准备柴火。鏊子是用生铁压制的,圆形,中心稍凸,下面有三个矮矮的脚,每个脚下要垫上小砖头。还要准备好箆片和"油搭拉",就是用很多层布缝制的浸满了油的布垫子。准备工作就绪后,先把玉米秸、麦秸或树叶子点燃,用烧火棍把燃烧的柴火慢慢推到鏊子底下。等鏊子烧热了,再从油壶里滴几滴油,用油搭拉在鏊子上抹匀,然后抱起沥干了的煎饼糊,往已经烧热的鏊子上一圈圈地滚,最后用箆片把滚好的煎饼糊均匀地摊在鏊子面上。当煎饼糊的边角翘起来的时候,就可以把整张煎饼揭下来了。

摊煎饼确实是个技术活,而且烟雾缭绕,又热又累。但是,民以食为天,饭总得有人做呀,何况地瓜干只有用来做煎饼时才好吃一些。所以,郭馥和汉君迎难而上,勤学苦练,慢慢掌握了摊煎饼的技术。每当她们摊煎饼时,我就自告奋勇地打下手,把揭下来的煎饼放到簸箩里去。这时那些摊破了的煎饼渣就成了我的最爱。煎饼渣可真香啊,又薄又脆还有股火烤的香味,所以往往在打下手时我的肚子就填饱了。

摊煎饼实在太费事。所以只要铺开煎饼摊子,我们就要摊上一大簸箩,足够吃一个星期。但煎饼怕潮,放上两天,香味就荡然无存了,而且吃起来又皮又绵,嚼起来也很费劲。这时候就必须有下饭菜了。山东老乡一般是用大葱来就煎饼吃,我们吃不惯大葱,就用咸萝卜来当下饭菜。咸萝卜就腌在院里那没盖的大缸中。时间久了,缸上常起些白花,有时还会有蛆。但是那会儿也顾不了这么多,捞出来洗洗就吃。

但是总不能每顿都吃咸菜吧,得有点蔬菜。

队里分给我们一小块自留地种菜,但每天上工太累,根本不想种菜,自留地就这样一直荒着。直到有一天,队里种白菜剩了些种子,乡亲们便自作主张,把种子播到我们那块地里。后来,居然疯长出了一地的小白菜。于是我们开始顿顿吃小白菜,实在吃不完的,就由汉君弟弟推到集上去卖。那时小白菜好像是一毛钱四斤,我们还卖了好几块钱呢。

后来,家里开始给我们寄钱买菜。爸爸说,这是读农业大学交的学费。他很乐观,就连我们的五好社员奖状和公社的表扬信,他都端端正正地贴在书房的墙上。我们四个人的钱都由汉君统一记账掌管,每月底结算开支。

要买菜做饭,加上洗衣服等杂事儿,每次就得有人留守半天。半天留守中,最恼火的事儿就是做饭。

山东农村做饭是烧玉米秸、麦秸,烧这些东西必须有风箱辅助吹风。用风箱做饭的时候,人要坐在很大的土灶前面,左手拉风箱,右手不断往灶里添柴火,在烟雾缭绕中还要抬头看锅里的东西。慢慢地,我们都练就了一心三用的本领。

我刚开始做饭时,只会蒸粑古和烧玉米面糊糊。后来我慢慢学到了一些做饭的高招,其中最拿手的是炒芸豆(四季豆)、贴锅饼:先在大铁锅里放上油盐炒一下芸豆,然后加上点酱油和水,再把和好的地瓜面一块一块地贴在锅边,盖上锅盖后就开始拉风箱。当然,拉风箱也是有讲究的,要用力均匀、不急不慢,一下紧跟一下地拉。随着吧嗒吧嗒的风箱声,不一会儿,就能听到锅里发出的吱吱声。这时候打开锅盖,只见芸豆烧得糯糯的,贴在锅边的地瓜面饼上有一层薄薄的锅盔,还浸透了浓浓的芸豆香味,吃起来真是又香又糯,回味绵长啊。

每天都吃地瓜干,实在很想吃点细粮。一天收工后,我揣着爸妈寄来的全国粮票,来到村里的小饭店,我已经对这里的馒头垂涎很久了。捧着热乎乎的馒头,我一溜小跑回到家里,赶快叫来姐姐,我们迫不及待地关上了门,悄悄地享受起了美味佳肴。这馒头怎么这样香啊!我从来没见过这样好吃这样好看的小米面馒头!我们生怕把难得的馒头吃完了,就一口一口地细嚼慢咽,享受着馒头滑入喉咙时那细嫩香甜的感觉。

现在我们每天都吃着大米白面,还有鱼肉蛋奶,可是我却再也没有享受到当年吃馒头时那种别样的幸福。

小河流水清凉凉

到农村后,洗衣服也成了大事。

山东农村没有自来水,要从井里打水来洗衣服,这也是个技术活。先要用井绳(一种很粗的麻绳)上的钩子勾住铁皮水桶,然后两只脚叉开站在井边,弯着腰,慢慢地抓着井绳把水桶往井里放。老乡告诉过我们,打井水要做到"一抖一松一提":一抖就是快速抖一下井绳,让水桶能够大幅度倾斜,水才能进来;一松就是把井绳松一下,让水进到桶里;"咚"的一声,水满了就"一提",两只手要迅速往上拉井绳,把满桶的水提上来。这六字要领必须连贯，一气呵成。可是我一上井台，看着井下深不见底的水就心里发虚。经常在第一步"抖"的时候，井绳上的钩子就掉了下来，大铁桶就在深深的井里摇曳。这时就得苦等，一直等到有人来打水了，才去麻烦别人帮着捞水桶。当然我也有气定神闲、心态稳定的时候，这时可以进行到第二步，"松"一下井绳让水进到桶里，但充其量也只有半桶水，然后两手抓着扁担（北方的扁担是圆的，很不好用）歪歪斜斜地把水"挑"回去。

打水是如此困难，洗衣服时就格外珍惜水，换洗被褥那就更不敢想了。但是又必须换洗被褥。山东农村风沙大，每天收工回来，身上鞋里全是泥沙，又没有条件经常洗澡（我和姐姐曾在收工之后，带着一身的泥沙，穿着衣服跳到小河沟里去搓身上的泥巴），被褥脏得已经没有本色。加之跳蚤横行，我们那张古老的箱式大木床里不知藏了多少跳蚤，晚上经常会被跳蚤咬醒，身上抠得到处都是疙瘩。有一次实在太痒了，我们半夜起来拿起农药就往身上抹。

一定要消灭跳蚤（说来好笑，我至今不知跳蚤长什么样）！我们开始往床上各个角落喷洒农药，并决定清洗被褥。

打井水来洗被褥吗？这也太不现实了。正好小伙伴郭永凤约我到大旦河去洗衣服。到河里洗衣服？这还是第一次呢，很有新鲜感。第二天一大早，我就和郭永凤一起，推着满满一小车拆下来的床单被套，向大旦河进发了。

大旦河是一条不大的小河，河水很清，潺潺的流水旁是长满青草的小土坡。我们赶到时，已经有不少姑娘媳妇在河里洗衣服了。只见她们挽着高高的裤腿，赤着脚在河里使劲地踩着衣服，旁边的土坡上还晾着不少洗好的衣服呢。哦，原来可以这样洗衣服呀！我太兴奋了，赶快脱掉鞋子，挽起裤腿就跳下水去。初夏的河水还有点凉，河里的石头也有点硌脚，我不管三七二十一，把被套垫在脚下就跳了上去。双脚浸在久违的流动的清水中，那种感觉简直太舒服了。暖风拂面，流水潺潺，无须在井里小心翼翼地打水，不用歪歪扭扭一担一担地往回挑水，只要双脚踩水就可以洗出干净的衣服，这是多么惬意的事儿啊！黑乎乎的脏水从我们脚下汩汩地流出，我越踩越有劲，慢慢地，脚下踩出的水开始变清亮了……我和郭永凤一起，抱着洗好的被套到河边去使劲拧干，再把它铺在青青的小土坡上。

初夏的山东，风大太阳也大。铺在河边的被单就像一面面五色的彩旗随风起伏，散发着阵阵太阳的芳香。我们躺在长满青草的土坡上晒着太阳,一边聊天,一边欣赏着我们的五色彩旗。不一会儿,被单全都晒干了。

还得赶回去做饭呢。我们齐心协力,叠好了散发着芳香的床单被套。我推着小车边走边想,今天再也不会被跳蚤骚扰了!

农耕逸事

我为什么不出汗

北方农村的重要农活之一是播种。在正常情况下,这是由大牲畜拉犁完成的。可是我们生产队太穷,虽然有一头骡子一匹马,但需要它们干的活太多,再加上也舍不得让它们太累(万一累坏了,队里还没钱给它们看病呢)。因此,播种拉犁的重担就落在了人的肩上。

这种用人来拉犁的农活叫拉耧(耧是一种粗笨的用来耕地的铁犁,早在战国时期就发明了),是当地最累的农活之一。拉耧时,后面要一个人掌犁,犁上的耧斗里放着麦子、苞米等植物种子,前面至少要两人以上来拉着铁犁播种。我们队由谁来拉耧呢?由于青壮年劳力太少,作为队里仅有的两个知青(汉君和她弟弟在另一个生产队),我们需要在广阔的天地大炼红心,和贫下中农同甘苦共命运。因此,我和姐姐主动请缨,抢到了这个任务。

我们学着老乡的样子,肩上背着一根粗粗的绳子,拉着铁犁往前走。铁犁很重,我和姐姐低着头弓着腰,两眼直直地看着地面,使出全身力气朝前蹬……终于一块长长的地播种完了,我们累得眼冒金花,直喘粗气。

这时,旁边歇气的社员七嘴八舌地议论开了,有人说:“哎哟,看郭馥好卖力,衣服背后都被汗打湿了,这个小的精灵得很,背上一点儿汗也没有。”我听出来了,他是在说我偷懒哪,这真是天大的冤枉!我明明使出了吃奶的力气呀。

下一个回合的拉耧又开始了,这次我用的劲更大,肩上的绳子绷得噗噗直响,我心想,叫你看看我使劲没有。可是尽管这样,我出的汗仍然很少,衣服还是没有打湿,还是有人在背后议论,我真是百口莫辩哪。

回城以后,出汗少的情况依然在继续。即使在重庆酷热的夏天,在大太阳底下,我出汗也很少,以至于还中暑过好几次。所以在夏天旅游或外出的时候,除了必备的墨镜、遮阳伞之外,我还必须带上藿香正气液和刮痧板,以防中暑。

我为什么出汗那么少呢?后来经过各种检查后才发现,这是自主神经功能紊乱或气虚的表现(现在经过积极的治疗,这种情况已有了改观)。但在当时的情况下,还真成了招人非议的一个问题呢!

还是该去拾麦穗

地里的麦子熟了,随风翻滚着金色的麦浪,盼望已久的收割季节来了!从拉耧播种到除草施肥,麦苗凝聚着我们的心血,在我们手中慢慢长大。现在我们都迫不及待地想亲自体验一把收割的滋味。

割麦前一天,队长"牙上"(因为门牙太长,被乡亲们送的雅号)找到我,说割麦非常辛苦,何况我也不会使用镰刀,很容易割破手脚,最好是领着小学生去拾麦穗。我一听就急了:"队长,我不去拾麦穗,我要割麦子,不会出问题的!"在我的再三要求下,牙队长勉强同意了。

天气真好啊,碧蓝的天空万里无云。我握着长长的镰刀(北方的镰刀,不是我们在电影里看过的那样呈弯月形,而是有一尺多长的木把,顶端是一个锋利的刀头),一路走一路兴奋地比画着才学的割麦动作,和乡亲们一起高高兴兴地来到了麦地。

到了地头,抽好了"插锄烟"(就是放好农具后,抽根烟再开始干活,是干活前的一种短暂休息),乡亲们二话没说就闷头干开了。这里割麦子,是每个人两条垄(麦子种成一条条的,叫垄,每人左右手各一条垄)。在山东平原的广阔土地上,每条垄都特别长,好像一眼望不到头。这时,只听到耳旁"唰唰"的割麦声,不一会儿,左右的乡亲们就拉下我一大截了。我心里急得要命,练了半天的割麦动作也没了章法,手脚完全不能配合。

太阳越来越大,成熟的麦子在阳光的照耀下,变得又干又脆。不一会儿,我的手上就起了很多小小的红道道,一捏紧镰刀把,就觉得特别疼。这种镰刀的把太长了,稍不小心,就会搂到我穿着凉鞋的脚趾,很快就渗出了细细的血丝。我顾不得这些了,一心只想着别掉队,一定要赶上他们!可是,越急越割不快,遥远的地头上,牙队长已经在叫"歇气儿"了,割到地头的人们都在那儿坐着抽烟聊天。忽然,我听见前面有"唰唰"的声音,抬头一看,是队里的几个小伙子来接我啦!他们从前面往后割,一直割到和我碰头。我感动得不得了,同时又非常内疚,我真不该逞强,让小伙伴们跟着受累。

太阳快落山了,一天艰苦卓绝的劳动终于结束了! 我累得完全直不起腰来,手上脚上的伤口也火辣辣地疼起来,割麦子确实太辛苦了! 也许牙队长说得对,我该领着小学生去拾麦穗的。

绷紧的弦

西瓜阵

6月,姐姐被调到公社联中教书。汉君姐到青岛开会,要好几天才能回来。剩我一个人留守在偌大的大北屋。

大北屋以前是地主的老宅。下乡半年后,生产队安排我们从老旧的西屋搬了过来。这是一个深深的庭院,一进门,是宽敞的天井和两排高大的苹果树。上了台阶,有东房、西房和堂屋。西房是我和姐姐住的地方,房间里有生产队给我们新做的几张小木床。堂屋的桌前有两扇小小的木窗户,从窗户望出去,是一个很大的后院,院里长着郁郁葱葱的香椿树和一些不知名的树。平时我们从不去后院,一是觉得它深不可测,二是觉得没必要,也不知怎样才能进得去。

现在姐姐要到联中去,每周只能回来一次,我一个人未免有些害怕,姐姐也很担心,主要是害怕有人从后院进入。尤其是晚上,如果有人跳窗而入,煤油灯下又看不清情况,我们越想越怕,怎么办呢? 看着堂屋地上才分回来的一堆西瓜,姐姐有了主意,她先抱了两个西瓜放到堂屋桌上,然后在板凳上、堂屋地上一直到西屋门口,都等距离地摆上了西瓜。我虽然积极配合,一路跟着她抱西瓜,但并没完全弄清她的意图。姐姐边比画边说,假如坏人从后院潜入,必定要先跳上窗户,然后会经过桌子,从桌上跳下来后,就会循着这条路一直来到西屋。我们在他的必经之地摆上西瓜,就像地雷战一样,他只要踩到一个就会摔跤,趁他倒地挣扎之际,你就赶快跑出去求救……

这是怎样的奇思妙想和精心布局呀! 坏人对西瓜阵肯定猝不及防,大北屋的安全系数大大提升了。精心布置的西瓜阵,虽然使我每天的行动都不方便,但它带来的是满满的安全感。在众多西瓜的保卫下,我顺利地度过了留守的日子。

看守犯人

那是在秋收后农闲的日子,公社通知我们去协助看守犯人。

犯人王某,是个30来岁的农村妇女,还带着一个五六岁的男孩。据说她是妄图颠覆火车时被抓住的。随妇女而来的,是8个精明强干的公安干警。他们来自青岛、济南、潍坊等地的公安机关,个个都有一身好武艺。

临时看守所设在公社的一个大院里。大院有三间屋,干警们住大屋,小屋是审讯的地方,还有一间屋是犯人的。犯人的房间里放有一张大床和几把椅子,王某带着小孩,除上厕所外,每天都待在床上。我和姐姐还有两个青岛的女知青,轮班看守犯人。当然,每次轮班都有一个干警参加。

我那时才16岁,对这个特殊的任务倍感好奇,每天很早就跑到干警们住的屋里去报到。干警们都很喜欢我,管我叫"小活宝"。我特别喜欢听干警们讲破案的故事,喜欢看他们拿着小手枪,眯缝着双眼,靠在门框上练瞄准的样子,那种超酷的姿势和眼神,真叫人如醉如痴,佩服至极。

波澜不惊地过了两天看守所的日子。有一天晚上该我值班了,和往常一样,我坐在椅子上专心地盯着床上的王某。半夜时分,王某突然爬到床边要去床下拿鞋,我赶快喝住她,问:"你要干什么?"王某竟一时语塞,不知说什么好。这时,坐在门边的某县公安局干警老高,忙不迭地接过话说:"我看见的,她牙花出血,要到床边去吐血!"王某立刻会意,马上跟着老高的话说:"我,我是牙花出血……"然后假装吐了几口,当然根本没有血。我转过身来,气愤地盯着老高,老高却装作没看见,顾左右而言他。

第二天一大早,我就把昨晚的情况做了汇报。后来我就再也没看见过老高,王某也被押送到别的地方去了。虽然干警们再也没有提起那晚发生的事,但我们事后分析,老高很可能和王某是一伙的,他们串通一气,就是想配合王某"越狱"。事后我还真有点后怕呢,公安队伍里也有犯人的内线呀!多亏我当时火眼金睛,才使坏人的阴谋未能得逞。

尴尬的吕剧

十月,县里组织文艺会演,我被抽去跳红绸舞并表演山东吕剧。

吕剧是县里根据我们小组的先进事迹改编的。我们的4人小组由于表现突出,被评为山东省知识青年先进小组,现在要传诵我们的先进事迹,当然得有本小组的人参加。由于我在村里经常带着小伙伴们跳舞,于是,从未演过吕剧的我,当仁不让地被选入了剧组。

吕剧是极具山东特色的剧目,就连其中的对白也都是用山东话。由于我不会说山东话,剧组决定让我的角色改为以唱代说,当然,他们也不指望我能唱出正宗的山东味来。

排练在紧锣密鼓地进行着,由于大多是自己的亲身经历,所以表演起来还是比较得心应手的。可是其中一段情节却叫人有点尴尬,地主某某为了拉拢我们,送了三只小黄瓜让我们尝鲜,而我却"拒腐蚀永不沾",坚决把他顶了回去,并当众揭穿了他的嘴脸。但在现实生活中,地主某某却未敢和我们说过一句话,即使不小心碰到,也只是低头诺诺而已,更不可能有送黄瓜的念头。现由于剧情的需要,作为省先进集体,必须有和地主做斗争的情节。于是就让地主某某有了说话的机会和活动的空间,而扮演地主的演员又很尽职,把企图贿赂我们的过程演得惟妙惟肖。尽管剧中加上了这段令人尴尬的情节,但知识青年不怕困难战天斗地的英雄事迹和时刻绷紧阶级斗争之弦的故事,还是大受欢迎。演出结束后,台下掌声不断,有的观众还在为我们大声叫好呢。

苦中作乐

舞蹈与歌剧

正吃晚饭呢,大北屋里已经涌进了不少小伙伴,大家叽叽喳喳,有说有笑。大嗓门董俊英比我还着急:"三弟,快点吃! 人都来齐了(因为我在家排行老三,所以下乡后,比我大的姐妹常叫我三弟,小的则叫三哥)!"我定睛一看,果然小伙伴齐刷刷地站了一屋。胡乱吃了几口饭,我便和小姑娘们一起来到了村里的供销社。

夏天的夜晚,明亮的月光洒在供销社前的空地上,这里是我们的排练场。今天要学习一支新舞,叫"金珠玛米亚古都",就是"解放军好"的意思。我的教学计划刚一宣布,立刻引来欢声一片。我叫姑娘们按个子高矮站成两排,先在前面跳了一遍,告诉她们怎么自然放松,怎么双手扶胯重心前倾,还要注意前后摆手等等,小姑娘们都学得很专心。才开始时,有的人像木偶人一样,身子绷得特别紧,还有的只会横着摆手,我就一遍遍地给她们纠正……虽然她们大都不识字,但热情极高、天赋极高,几天时间就能学会一支舞蹈。在第二天的上工路上,还有人扛着锄头手舞足蹈呢!

下乡以后,我的舞蹈爱好得到了淋漓尽致的发挥。

除了晚上当舞蹈教练之外,白天在田里锄麦子、种地休息的时候,只要有老乡吆喝"郭锋儿,来一个"! 我立马把锄头一放,跳上田边的公路(山东平原的田边往往就是公路)跳起舞来。那时正值九大召开,跳得最多的就是《满怀激情迎九大》和毛主席诗词歌曲《世界是你们的》。我跳得欢快舒畅,乡亲们看得津津有味。

有一次公社开大会,刚听到"欢迎知识青年上台表演节目"后,我在没做任何准备的情况下,竟然二话没说就跑上舞台,边唱边跳地迎起了"九大"。

我还自编自导过小歌剧。

有一年冬季征兵,帅哥大黑儿应征入伍了。他可是我们村的团支部书记,是我的铁哥们呀! 咱们想办法来欢送他一下吧? 我想起了原来唱过的《五好红花寄回家》:"春风吹开遍地花哟喂,吹开那遍地花,小伙儿参军就要离开家呀,就要离开家呀,大家来送他呀,大家来送他呀……"于是我们就决定排个小歌剧! 计划既定,我们便马上行动。我找来董俊英和几个热情大方的小姑娘,还有能唱爱跳的小伙子郭胜利和福元,大黑儿本人也友情出演。

排练时问题多多,老爹爹发言的时候,常忘了要向前走步,妹妹中有一个每次都不敢张嘴唱,妈妈总是抢大姐的戏……我们一遍又一遍地练。经过几天晚上紧锣密鼓的排练(主要是给他们设计站位和动作),小歌剧在牲口棚(兼生产队队部)被隆重推出了。无论老爹爹还是兄弟姊妹,每位演员都全情投入,虽然都没有化妆,虽然都腼腆地红着脸低着头,但是位置和动作都能基本到位,加之我清脆悦耳的伴唱,小歌剧赢得了乡亲们的阵阵笑声和热烈掌声,就连戴着大红花的帅哥大黑儿,脸上也笑开了一朵花。

不黑的"黑板"

下乡以后,总想着自己是知识青年(尽管我只上了初一),要做些传播知识的事儿。这知识怎么传播呢? 对了,我需要一块黑板,我们要出一期漂亮的黑板报!

黑板报出在哪儿好呢? 找来找去,我选定了人群最稠密的生产队(牲口棚)门口。位置选好了,现在就差黑板了。一筹莫展的我到处求助,问了好几个老乡,他们都认为刷锅灰最好。

我从老乡家里找到了足够黑的锅灰,又找了一位有经验的老乡帮着刷墙。这里的墙壁全是土墙,锅灰沾不上去,无论怎么用力刷,墙壁都上不了色。我心里急得要命,央求老乡再多刷几遍。刷呀刷呀刷呀刷,终于有了黑板的雏形!

我在村小老师那儿借到了粉笔,又从牲口棚找了张旧报纸做内容参考,还借了张板凳。站在板凳上,我开始了构思。这写黑板报的事儿,我小学时曾经干过(那时我还是班长兼大队委呢),但那是按老师的布置,把老师交给的东西抄在黑板上。现在情况不同了,版面和选材都由我来决定,心里难免有些自得。

大致确定了内容后,我还给版面设计了图案,然后开始一笔一画地写了起来。可是,这个黑板还是不够黑,写上去的粉笔字几乎和黑板浑然一体,看不清是什么内容。可能是用力太小吧? 我拿着粉笔,更使劲地往黑板上戳,还用红粉笔在黑板边上使劲地涂了几朵花。黑板报出好了,朦朦胧胧的,有如雾里看花。

我满怀期望地等待着,乡亲们终于回村了! 可是他们一个个视若不见,扛着锄头走了过去。难道他们没发现什么变化吗? 我在那里干着急。终于,一个小伙子叫了起来:"黑板报!"几个乡亲闻声后赶过来围观。咦! 上面还有红颜色呢? 写了些什么呀? 一个有文化的年轻人开始辨认起黑板上的字来,怎么看不清楚呢? 这黑板不黑呀!

是的,这是一块不黑的"黑板",是用锅灰刷的黑板。至于上面写了些什么,可能只有我一个人知道吧。

针灸那些事儿

"郭锋儿,我头好疼,快给我针灸一下!"烈日炎炎的中午,彪形大汉周福成风风火火地闯进我家,一进门就要我给他针灸。

周福成在水利队上班,主要是推小车送货,身体超棒,每次推个两三百斤不成问题。今天专门来找我看病,我顿时有了医生的自豪感。虽然我只是赤脚医生,而且还是自封的(我们村有个真资格的赤脚医生,但他不会针灸),但是救死扶伤,是我们不可推卸的责任哪。

我赶快招呼他坐下,取出自己心爱的针灸盒,用酒精给针消了毒,然后找准百会穴缓慢进针。刚一开始,周福成还和我们有说有笑,但是过了一会儿,他突然面色苍白,脸上也渗出了豆大的汗珠,还直说想吐。不好! 准是晕针了! 我赶紧叫来姐姐帮忙,我们扶着周福成慢慢躺下,我跑去倒来一碗开水,姊妹俩一个扶着他,一个慢慢给他喂温开水。我盯着周福成苍白的面孔,心里怦怦直跳,真担心出什么事啊! 像周福成这样的壮汉,如果被我一针扎出了问题,怎么向他的家人交代? 我当时为什么就没想到,他才推了车,又是在中午大累大饿的时候,这种时候是不能马上扎针的呀! 我这个赤脚医生是怎么当的?

突然,周福成眨了眨眼睛,然后动了动身子,居然盯着我们笑了一下。我们高兴得跳了起来,周福成终于活过来了! 他一脸懵逼地盯着我们问:"出什么事了,你们看着我干什么?"我们给他讲了刚才的经过,他也吓得半天说不出话来。

真是有惊无险哪! 多亏我认真背过针灸手册,多亏我记得晕针的急救方法,否则遇到今天这样的事儿,说不定还真会闹出人命了呢!

我的针灸是在下乡前自学的。当时好像有一股学针灸的风潮。我也想学针灸,就托大伯在天津给我寄来银针,在西安交大读书的大姐又给我寄来了耳针模型,还在书店买到薄薄的针灸手册。我每天在家专心地背穴位,什么"肚腹三里留,腰背阴门求"等口诀背得滚瓜烂熟,还在用草纸包着棉花的"模特"上坚持扎针练习,就连自己身上也忍痛试扎过好多次,甚至还专门去重医向大姐的高中同学求教过。

当然,"纸上得来终觉浅"。虽然自学了一点儿针灸知识,但我却从未真正"躬行"过。下乡以后,"躬行"的机会便慢慢多了起来。有一次,大黑儿领着他妈来找我,说是牙疼得厉害。我选了支3寸长的银针,一边安慰着大妈,一边找准后溪穴,小心地给大妈捻转提插。过了5分多钟,大妈的牙齿居然不疼了! 我自己也感到很意外,这是我第一次给人扎针呀!

我给大妈治好牙疼的事儿不胫而走,渐渐地,找我扎针的人开始多了起来……从此,我在生产队里有了两重身份,不仅是舞蹈教师,还是一名能治好病的赤脚医生呢!

那年下乡当农民

高1966级7班　王继刚

"头顶斗笠,身披蓑衣,出门一把锁,上山一把锄头,回家一盏煤油灯;晴天一身汗,雨天一身泥,滚一身泥巴,练一颗红心。"这就是当年全国数百万知识青年上山下乡接受贫下中农"再教育"生活的真实写照。

凤凰山上刨猪汤

1969年2月6日早上,天刚蒙蒙亮,我冒着寒冷刺骨的北风,背着行李,来到了重庆朝天门码头乘船。同行的有我弟弟王继昌和同学共11人。经过两天的车船和20多里山路行走,第三天傍晚我们终于来到了远离重庆千里之外的开县团结公社胜利大队。我俩兄弟分在地多田少,人均田地不到一亩的凤凰山半山上的胜利9队。由于知青房未盖好,当晚便借住在队上大户梁老汉家里,他家有四儿两女,儿孙满堂。

第二天,梁家就请我们知青吃团年饭,推豆花炒肉片,十几种咸菜,光萝卜就有泡萝卜、萝卜干、萝卜线、节节菜等满满一大桌。生产队在高寒线上,山高寒冷,冬天没有什么蔬菜,但每家每户都有一道菜,名为"人情菜",是用猪槽头肉做的,就跟回锅肉的做法差不多。但每一块肉有三两多,巴掌大,加咸菜,用红苕粉炒出来香气扑鼻。按当地风俗,每人一块肉,因为肉又肥又大,我和弟弟都没敢动筷。后来生产队杀了猪的社员都热情地排起队,请我们兄弟俩吃团年饭。在社员的劝说下,我终于鼓起勇气吃了一块"人情菜",那土猪肉的味道真是好极了,以后就一发不可收,我们每餐都吃一块"人情菜",一直吃到正月十五,过完年。

最难忘的是在老队长董乾敏家吃的那顿团年饭。老队长用猪脚炖野生菌汤,猪脚加上野生桐子树菌、青杠树菌炖,汤雪白鲜香,菌软嫩糯脆香滑。坦白地讲,至今我再没有喝过比这更好的汤了。

其实生产队农民喂猪也不容易,辛苦一年,猪肉一半要交国家,剩下的猪油熬了吃一年。有的是把猪油切成大拇指大小的油坨坨用盐腌了,每次用一坨擦一下锅就炒菜。一部分猪肉做成腊肉,等到来客和农忙时吃,一部分拿到市场上去卖,换了钱买盐,打煤油点灯,给小孩交学费,买点布做衣裳,寒冬腊月有的小孩还穿单裤打赤脚,农民实在太辛苦了。

狭窄山路挑石灰

过了大年生产队开工了,山上比山下气温低,春耕较晚,队长就安排为知青建房,到万县挑石灰,全队的壮劳力都去。一大早起床,我吃完饭,拿上扁担和两条麻袋就和大家一起出发了。石灰窑在万县高升武江厂半山,约40里山路。我们先是爬山,经过6队、林场、碗厂到山顶,然后下山到石灰厂。山路狭窄,我们20多人排一条直线往上爬,也不好摆龙门阵,偶尔有人大喊几声,说某人昨晚被媳妇赶下床,在偏房睡了一夜,引得大家一阵哄笑……走热了解开扣子透下气,走到一半,连衣服也打湿了,到石灰厂已经晌午了。肚子开始"提意见",但谁都没有吃的东西,一到石灰厂,就赶紧装石灰,过称。看社员挑的都是八九十斤,我也装了85斤,大家劝我少装点,我说我是10分的全劳动力,也应该挑这么多,就这样,大家就挑着石灰往回走。

那时山里的人挑东西,都有个习惯挑八九十斤,离地面五六十厘米,挑上肩后可以一直走几十里地,不把东西放下来歇气,因为地形险峻,无法把东西放下来。开始,我感觉还可以,走着走着就感觉有点沉重了。一会儿右肩,一会儿左肩,或把扁担横在左右肩之间,由于我的扁担是新的,感到不对劲,但也不能认怂,还是咬牙一口气挑着石灰走了十多里上坡。离垭口还有一百多级梯坎,我实在太累了,但又不能放下肩上挑的担子休息,只好上一步梯坎就喘口气,然后再走一步。好在社员们都放慢了脚步,我咬紧牙关拼尽全力终于到达垭口。垭口处路宽可以落脚休息,我放下担子一摸右肩,破了皮,很痛,但我不敢声张。休息一会儿,喝两口水,紧紧鞋带,我又随社员们挑起担子出发了,至此到生产队全是下坡。常言道:"上坡容易下坡难。"走平坦一点儿的路还好,走陡坡就千万要小心,一步踩虚就会向下摔出很远,如在崖边还可能掉下山崖,后果不堪设想。特别难走的一段路是从6队到我队的一段石谷子路,路又在崖边,我挑着担子走得特别小心,一步一个脚印慢慢挪动,终于走完了那段让人提心吊胆的山路,回到了生产队,顺利完成了任务,社员们都伸出大拇指夸我:"不简单!"

手抓大粪种苞谷

我们生产队由于田少,人均每年只能分40~60斤谷子,也就是30~40斤米。"庄稼一枝花,全靠肥当家"。在挖好的山地种苞谷,每4人一组,一人挖坑,一人丢肥料,一人丢种子,最后一人覆盖土。一般丢肥料、撒种子是妇女干的事。肥料由干人大粪、干猪牛粪与柴灰和在一起,黑黑的,很臭。丢肥料的人,左手端一筐奇臭无比的肥料,右手用大、食、中三指抓一撮肥料丢在坑中。待丢入种子后覆盖土即完成。我本是负责挖坑的第一道工序,这时一个丢粪的大嫂对我说:"大老王,我们换一下,敢不敢?"我一听愣了一下,地里的男女社员把目光齐刷刷地集中到我身上,我知道这是社员们对我的考验和挑战,我二话不说便丢下锄头,接过粪筐就干了起来。一会儿,一股风从旁边吹来,臭味吹进我的鼻孔,一阵奇臭,恶心得差点吐了。想想社员们都在看着,我装作若无其事地继续抓粪丢粪。中午收工回家,我用肥皂洗了数次,臭味仍去不掉。当天下午和第二天我又继续抓粪丢粪,直至把苞谷种完。

值得一提的是,我弟弟王继昌就是手抓粪,种了苞谷和洋芋后,由于水土不服中了粪毒和湿毒,全身长满了脓包疮,又痒又痛,十分难受。他每天晚上将脓包挤掉洗净后,穿上长衣长裤睡觉,哪知道第二天醒来时,挤掉的脓包又全部"死灰复燃"了。更难受的是,脓胞与长衣长裤紧紧地粘贴在一起,只能小心翼翼地将其分开洗净,擦点药水,又匆匆吃了早餐,背上锄头上山出工。就这样,脓包折腾了他两个多月,哪知道回重庆后,老中医三副中药下肚,居然很快就全好了。

归心似箭回重庆

一晃就到了腊月,地里没什么活了,这时又想起了在重庆的父母亲和兄弟姐妹,他们还好吗?思乡之情油然而生。从生产队回重庆有两条路,一是走20多里山路到岳溪(原跃进区),坐汽车到万县,然后坐船回重庆。另一条路是从生产队翻山越岭走近百里路,到万县坐船回重庆。如走岳溪,走20多里山路后到汽车站,很可能坐不上每天仅有的一班到万县的汽车,这样一来,我只能在岳溪住一宿,那么回家就得用4天。走路到万县,虽然有近百里路,一天就能走到。万县住一晚,坐次日船,三四天就能到重庆。归心似箭的我们决定走路到万县,再坐船回家。那天我和卢崇武、刘金瑜、何登正等人,一早从生产队出发,我只背了一个空书包,在6队集中后一路向山上走。

经过一年栽秧挞谷,春种夏收的锻炼,我的身体比以前更棒了,加上以前在学校篮球队、跳伞队训练的基础,爬山根本就不是问题,很快就到达垭口山崖边。山崖边有一块三四米的巨石直立于悬崖边,巨石下部离地80厘米处有个窝,有清泉水不断涌出,人们称之为"一碗水",为走渴了走累了的人提供无尽的水源。在这里,我们喝足了山泉水,稍事休息后就开始下山,走了十几里让脚打战的下山路,终于到了平坝。一穿武江厂,到万县高昇,沿梁(平)万(县)公路,直到万县二马路。虽然走了整整一天近一百里路,又累又饿,但我们还是先落实了第二天回重庆的船票。总算放下心来了,于是我们在路边小吃店吃了豆花饭并在附近转转,找到一家店住了一宿。我们次日上船,第三天到达重庆。第一次在离家近一年后见到日思夜想的父母兄妹,我激动的心情简直是无以言表。

不忘初心为人民

知识青年上山下乡,这是我们老三届校友们不能回避的历史。我在农村生活劳动的两年多有两点主要收获:一是了解了中国广大农村贫穷落后的真实情况;二是学会了吃苦耐劳,学会了坚强。1971年11月回城后,我和20多名返城知青分在重庆沙坪坝区织布厂工作。我为木工,这时已25岁了,每月工资18元5角。半年后厂书记见我工作认真负责,在群众中威信比较高,将我从学徒工作转为干部练习生,每月工资36元。因在学校时我就写了入党申请书,并担任学校民兵连长,1972年我就加入了中国共产党(当时没有预备期),同时担任厂民兵连长,并提为厂革委会副主任(一元化,书记是主任),全面负责行政生产工作。由于在备战、备荒、民兵工作"三落实"工作中,我的成绩突出,被重庆警备区授予重庆市民兵工作三落实先进单位,出席了警备区先代会,并给我厂民兵配发了十六支六三式自动步枪和一支五六式冲锋枪。我长期担任基层书记、厂长,工作20多年,年年都能圆满完成上级安排的各项任务。1983年在纺织部组织西北(陕、甘、宁、新疆)和西南(云、贵、川)地区的在职干部考试中,我以全国第二名(仅差第一名两分)的成绩考入西北纺织学院管理工程系学习,任班长。

知青生活受益终生。作纪一篇:但愿我的子孙辈看到我这"磨砺"有所感触!

在黑土地种粮当兵的那些年

高1966级1班　刘颖英

黑土地上种粮忙

1968年年底，毛主席一声令下，"知识青年到农村去"，我便投亲靠友，来到了黑龙江生产建设兵团，当了一名农场兵团战士，即知青。

黑土地①，昔日的北大荒，今日的北大仓，随便抓一把泥土，黑黝黝的，可以捏出油来，肥沃啊，种什么都不用施肥。我们连队主要种麦子、大豆。

麦子成熟了，一望无边的金色麦穗，风一吹，麦浪滚滚，美极了，丰收在望。拖拉机挂上收割机开始割麦了。我们干的活儿，就是将拖拉机掉头转弯时漏掉的麦子割下来，码到割倒的麦行里即可，很简单。拖拉机没来时，我们在大田里唱啊，跳啊，翻跟斗，快乐极了！这样的好景没几天，与老天夺粮的战斗打响了。连续下雨导致低洼处的土地成沼泽地了，拖拉机进去必陷住，不能发挥作用，这一来，全得靠人工将麦子从低洼处运出来。连里开了动员大会，个个鼓足了干劲，不能丰产不丰收，紧张的抢粮战斗开始了。早上两点，天刚蒙蒙亮，就起床下地干活儿，我们深一脚，浅一脚，把麦子运到高处，每天鞋都是湿的，干到晚上10点，天黑了才收工。连续干活让我们每个人都很困、很累，休息哨声一响，倒地就能睡着。我们三顿饭都在地里吃，大家拼命地干，很快全部收完，做到了丰产又丰收。

接下来是摊晒，这时老天很帮忙，麦子很快晒好了。有专门的技术员把关，测麦子温度、湿度，合格了，才装麻袋，80公斤一袋。我们班用特制的针和粗麻线缝袋口，缝好

---

①黑土地：夏季，凌晨两点，天开始蒙蒙亮。地很大，很远。到地里，近3点，天已全亮，正好干活儿，晚上10点，才天黑收工，劳动时间长，为抢收麦子，不得已而为之。黑夜只有4个小时。

了,扛到卡车上。我们团的其他连,进度一样,都在装粮、运粮。装满一辆辆军用卡车后,我们站在路边看,一辆接着一辆卡车开往火车站,那一派丰收的景象,让人欣喜得不得了!

一望无边的谷子,即小黄米,长势非常好,要靠人工收割,每人一把镰刀,只割两垅。右手割,左手抓谷子秆,割倒整齐放在地上,排长把先后顺序排好,景云是老职工的女儿,论劳动能手,她排第一,知青接后。我们拼命紧跟,割了一天,也没到头。第二天再干,也还是没到头,老职工却全到头了。第三天再干,中午,我们班总算完成了,大家腰酸背痛,腰都快直不起来了,我们班在知青群中算快的。有的小知青,割不完,哭鼻子。我们要帮他们,老职工让我们休息,他们来,很快便全部完成。老职工真是厉害啊,知青是赶不上的。有些知青不服,干活是他们的强项,论文化,赶得上知青吗?确实,有相当一部分的老职工基本上是文盲。

收萝卜,连长布置任务,将萝卜收到地边,准吃,但不准浪费。好大的萝卜啊,有一半露出地面,用脚踢两三下,就踢出来了。然后我们将萝卜堆放在地边,由赶马车的知青运走。两人分一个萝卜吃,吃撑了也吃不了,萝卜真好吃,又脆又甜!实在吃不了,我们便悄悄地把萝卜丢了。其实切片、切丝、盐腌一下,可谓美味小菜,可惜那时不懂也不会呀。

在黑土地上,机枪排任务最重,他们负责伐木、劈石、建房等重活儿。机务排最累,开拖拉机收割完了,还得马不停蹄地翻地,要在九月底完成,否则土冻住了,便无法作业。地太大,我们白天黑夜不停地干。我们班在炊事班工作过,夜里要给拖拉机手送夜宵。

两人一组,我和上海知青伟伟一起,她比我小4岁。那天晚上没月亮,没星星,有余光,大地寂静得可怕。我们各拿根烧火棍,挑着饭筐,往最远的地方走去。我怕她害怕(其实是我很害怕),一路上说个不停,给她讲故事。走了没多久,身后有只鸟跟着,这只鸟很怪,有鸡那么大,瘦瘦的,小头、细颈、长腿。我们走得快,它也走得快,我们慢,它也慢,我们停,它也停。逗我们玩呢?伟伟紧紧拉着我,怕极了。"我们是人,还怕鸟?不怕!"我转身大吼并跺脚,用棍使劲敲地,吓得那只鸟"呱呱"叫着逃跑了。我紧追几步,它便逃得无影无踪。这时,我们怕意全无,胆子也大了,我开始观察周围的一切,一看吓一跳,远远的地边,有七八对小绿灯,啊!那是狼!我定了一下神,不能说,伟伟显然没看见,不能吓着她。那些狼没有动,是在窥视我们。随即,我听到拖拉机的响声,如释重负,放心了。很快送了饭,我们就返回食堂了。刚到没多久,拖拉机就送回了碗,我顿时感觉,是拖拉机手在护送我们回来呀。

2018年,知青下乡50周年,连队在宜兴聚会,提到了狼,开拖拉机的小裴也看到了狼,也没说,和我一样,怕吓着大家。伟伟没看到,多数人没看到,看到的50年后才说出来。当时的知青是多么相互关心,多么相互体谅啊。

秋天,山坡上开遍了各式各样的小花,有知青将一种像黄花菜的黄色花寄回了上海,有关权威部门鉴定:野生黄花菜,营养丰富,可食。这下,上海知青纷纷采集,晒干后,一包一包地寄回家,上海人特别顾家。我也采,知道家里不会要的,于是,我采了一大堆给景云,不一会儿,景云便炒出一盘香喷喷、热腾腾的黄花菜,送到了我们知青宿舍,我一根,你两根,三下五除二,一下子,全部"消灭"光了。真香啊!太好吃了!谢谢景云!

冬天选种,主要选豆种,我们排分成若干小组,到老职工家的炕上进行。很简单,把豆放到大平盘上,轻轻晃动,轻的重的就分开了,收集重的就是种子。我这组4人,其中有一个漂亮的女孩是哈尔滨评剧学校的学员,地教我唱评剧,把炕当舞台,很大方地表演了很多节目,我们特开心。

冬天收玉米,是忙季时来不及干的活儿,老职工将玉米秆架起,放上玉米棒子,点火烧,杆烧完了,玉米正好烤熟。第一次吃到烤玉米,别提多好吃了。大豆、麦子也可以这样烤,烧的是豆秆、麦秆。这可是黑土地上的独特吃法,至今不忘。

这里平时以吃馒头为主,再就是吃玉米。只有支援查哈阳、修水渠那一个多月我们吃到过大米饭。查哈阳是我们五师的水稻生产基地。第一年连续吃了3个月玉米,很多知青吃厌了,我还行,没什么不适,要有辣椒就更好了。回重庆探亲,我带了4斤炒好的辣椒面,这是我预备吃一年的量,包括给同屋知青吃的量。来年又开始吃玉米粒了,我很大方地拿出辣椒面请大家吃,知青也不客气,我在不在都吃,别屋的也来要。想不到,才一个多月,4斤辣椒面,全被吃光了。很多知青,口说不吃辣椒,但吃起来比我还厉害!

黑土地缺水,食用都是井水,每天只供应半盆热水。北方知青不爱洗,用不了,南方知青不够用,洗澡根本不可能。平时没水喝,大家也能习惯。吃饭有大众汤。菜很单调,以白菜、卷心菜为主,有时加点豆腐或土豆,及其他菜和咸菜。炊事班,也都是知青,不会做饭,更无厨艺可言,除了大锅炖,还是炖。我时常想起在南开中学,三年经济困难时期,很多同学吃不饱,在黑土地,不管好坏,总是可以吃饱的。想到这儿,我很知足,没什么苦的感觉。

第一年干下来,我把主要农活干了个遍,一天,连长通知我,我被调到子弟学校当老师。这工作,可是知青们都向往的美差。我知道,因为我是老高三毕业的,连队只有三位高1966级的知青,另两位已是干部了。学校是十年制的学校,师资水平低,校长只有初中学历,老教师都是小学文化。我教七年级物理,第一节课讲"杠杆",只有一本和学生一样的课本,什么都没有。我使劲地回忆,南开的老师是怎么教的?我精心备课,以提问、启发的方式讲课,第一节上下来,有点小震惊,我的课很受欢迎。这些孩子,朴实,求知欲非常强,动手能力也很强,很尊敬老师,经过启发,也很聪明啊。学校没什么设备,除了教室,只有一个球场,球场边竖了一根木柱,柱顶上钉个铁圆圈,就可以投篮了。没有篮板,要投中还真不容易。学校还有一架没人会用的风琴。课表上有音、体、美课,但没人上,我便主动承担下来。为了把风琴利用起来,我根据南开中学的左荣老师教过我的指法弹琴,我开始教学生唱歌;体育课打球、踢球;美术课,我教学生素描,画书本、杯子、梨等实物。我每天上六节课(一天共六节课)。我备课、批改作业都在晚上。当了老师,我一直很尽力,很珍惜,尽量多上课,多做事。

在黑土地,有两件事让我很享受,一件是一年后才有机会到团部浴室洗了一次澡。在连队用水很紧张,每人一天只有半盆热水,根本不够用。还有一件事是,我为受伤的知青献了一次血,吃了两顿病号饭,也感到是种享受。

在黑土地,最奇特的就是冷,零下30摄氏度~40摄氏度。吐一口痰,落到地上,就是一个冰珠。老职工告诫知青,耳朵冻了不要碰,碰掉了就没有耳朵了!我还真见过一个没有耳朵、只有一个耳洞的当地农民。有一块地方,蚊子很多,咬人不松口,我做好了准备,还是一不小心,手背露在了外面,被咬惨了。我的手肿得好大,包叠包,像癞蛤蟆的皮。我当时还以为,这手肯定完了。还好,现在无痕迹了,正常了。

2018年,纪念知青下乡50周年,我们连的知青在江苏宜兴组织了一次大聚会。在这次聚会上,老职工回忆,1969年,遇到大灾,麦子摊在地上,全靠知青抢回来。低洼处,为了不陷下去,知青趴在地上,用竹耙把麦子勾出来,这令老职工很感动。还有一件事,夏锄时为大豆锄草,草和豆苗长在一起,为了不锄到豆苗,知青蹲下,用手拔草,夏季锄掉一根苗,秋天就会少收一捧豆,知青的认真仔细,也让老职工感动。

离开了黑土地,黑土地的一幕一幕不时浮现眼前:广袤的大地、滚滚的麦浪、黄灿灿的谷子、一望无边的大豆田、一辆辆送粮军车,夜晚那一对对亮晶晶的小绿灯(狼眼)……黑土地的劳动是艰苦的,生活条件是困难的,但知青的精神是朝气蓬勃的、愉快的。黑土地磨砺了我,练就了不怕任何困难的坚强意志。在以后人生经历中,再大的困难我也能战胜,这都是基于黑土地的锻炼。

还是2018年宜兴聚会,老职工给我们播放了今日农场的录像,原来连队的样子荡然无存,现已建成了一座新型的小城市,职工们的生活也非常富裕了。

黑龙江生产建设兵团,于1968年建立,1976年被划归黑龙江省农垦局至今。近日听到特大喜讯,黑土地又要改制成军垦农场,与以前的军垦完全不同,将采用现代化的科学管理,采用高科技的技术,仍然生产粮食,生产的粮食不仅供全国军队食用,同时用于供给大半中国人的口粮。太震惊了! 黑土地,你是我国的粮食基地,是我们国家的瑰宝! 拭目以待,黑土地,你真伟大,为你点赞! 为你欢呼!

真正当兵了

难忘那天,接到入伍通知,我以最快的速度,怀着无比兴奋的心情,第一天穿上军装,被送到了军区农场。干什么呢? 喂牛! 小时候,我唱过一首歌《歌唱二小放牛郎》,没想到,当兵的第一天,我就当了一个放牛兵。农场有三头健壮的耕牛,需要三人去喂。老兵对我们交代,看牛的颈旁,有一个凹处,这是牛的胃,把它牵出去喂草,这个凹处平了,就说明它饱了,如果鼓出来,那就更好了。平了,就可以把牛拉回来了。接了任务,我牵牛走了。这头牛边走边看,不专心吃草,我动动它,它才吃,我不动它,它就观景。喂了半天,我看它那个胃,还是凹的,这样下去怎么能够完成任务呢? 这儿草少,农场很大,远处的草比较丰富,于是我就把它牵到远处,牛很配合,不一会儿,就吃饱了,凹处平了,我把它往回拉,在回的路上它又吃了一点儿,凸出来了。交牛时,老战士看到牛,很高兴,拍拍牛背,赞扬我喂得好。我问那两个人呢? 老战士叫人将他们找回来,只见那两个人牵的牛基本上还是瘪的,他们肯定像我开头那样,没有找到好草源。第一天当兵,第一次喂牛,第一次得到了老战士的夸奖,心里别提有多高兴了。

　　农场有几匹马,跑来跑去玩,都是战马。场长对我们说,你看这匹马,在朝鲜战场上拖过炮,那匹马在解放战争救过伤员……每匹马都有档案,记载了它们立功的事迹。当庆功的时候,给它们戴大红花,马也通人性,高兴得跳起来! 就连三年经济困难时期,马也有精饲料的保障,谁要是克扣了马的精料,要受到法律的制裁,是犯罪行为! 农场是战马的养老所。真有意思,很开眼,我第一次看到战马,马的后背部打着钢印,第一次知道马还能立功受奖。当兵的第一天给我留下了深刻的记忆。

　　接下来,我就到新兵连参加新兵训练,这是基础的军事训练,以队列操练为主。其他的时间就是学习毛主席著作,学习文件等。第一次学习完讨论,大家很沉默,没有人敢发言,我想这样怎么行? 我脑子里面简单构思了一下,第一个举手发言,受到了班长的鼓励。因为我开了一个好头,接下来大家一个接一个地讲,使这次讨论很成功,班长很满意。我们每天都有政治学习,每一次学习都要读文件,这个朗读文件的事,很快就落在我的头上。在南开,我早就培养训练出朗读文件的本领,没有人能像我一样流畅,一字不错地把文件读出来。班长干脆就把组织学习的任务交给了我,很快,正式任命我这个新兵当班长,这是从来没有过的。当了班长,我就更起劲了。小兵们通过学习,提高很快,可班长、排长却没听到。为了相互交流,我突然想到出一期墙报。早在南开读初中的时候,我就出过墙报、黑板报。每个人把自己的学习体会写出来,让班长和分队长都能看到,战士之间也能相互学习。我找了一张大纸,进行了设计,画了刊头,一本毛主席著作和一支笔,画了花边,每个战士一个方格,让他们把自己最精彩的体会,集中写下来。我写了编者按,还出了一个谜语,谜面是首打油诗,现记不清原文,但我记得最后一句话是"夺取政权全靠它",谜底是"枪",这个谜语,使得这个墙报非常生动,战士们都很支持,很快就完成了。没想到这墙报引起了轰动,连长、指导员也跑到我们班来看,觉得很好,要求我把这个墙报贴到走廊上,让新兵连的所有战士都来观看,都纷纷向我班学习。得到了连长和指导员的表扬,我非常高兴!

　　新兵训练很快完成。结束以后,分下连队,我开始进行新的军事学习训练,准备战备执勤、上岗。

　　我在新兵连取得了好的成绩,回想起来实在是因为文化水平比其他新兵高的缘故。后来得知,新兵连一百多人,有高三文化水平的就我一人,得益于南开中学6年的培养。到了老连队,除了连长是从通信兵专科学校毕业的,相当于中专,其他人,老高三的又是只有我一人,高二有一人,高一有三人。因文化水平高,在军事学习的过程中,我又大显身手。所学习的军事技术都不难,只是信息量特别大,需要好好地背。我经过在南开高中的学习,背功早就被训练出来了,所有这些信息,下点功夫就能背完。而且我发现它的规律性很强,很容易记住,所以在考核中我又是同期新兵中的第一名。我们班一个小战士是倒数第一名。我们两个就结成"一帮一,一对红"。我把我的体会讲给她,她怎么都不理解,我真的没有办法帮她,实在是文化的差异太大了。说她是初中水平,实际只有小学水平。因我的考核成绩过关了,被第一批安排上机房,战备执勤,我忙于工作,没法管她,"一对红"就无法实现了。不过关不能工作,后来她考了几次还是没有过关,就一边在旁边看着我们工作,一边学习。第一次上机就让我这个新兵做主台。同一分队的好几个战士,当兵都两三年了,快复员了,还没有做过主台,可见领导对我是多么的重视。这一天,班长分队长都站在我身后看着我操作,开头有点紧张,但我很快就静了下来,捋顺了,第一天基本做到顺利完成任务。领导对我评价很好。我深深地舒了一口气,心情舒畅,很兴奋,也非常高兴。

当兵一路,农场劳动,新兵训练,老连队上岗执勤,一切都是那么顺利,那么突出。不知道怎的,有人向领导打了我的小报告。第一件事,说我单纯军事观点严重。第二件事,因我说过某项工作早晚会被淘汰,有人就说我动摇军心。领导找我谈话,要我警惕单纯军事观点在头脑里作怪。这两件事,像两盆冰冷的水泼向我,我心灰意冷,心想完了,这么大的帽子。但仔细分析了一下,要我警惕,并没有说我是单纯军事观点,难道技术好等同于单纯军事观点吗? 所以我觉得不必去理会它。第二件事,说我动摇军心,我哪有那么大的能耐,这项工作那么落后,早晚会被淘汰,人人都看得到的,所以我也不去理它。我总结出人不能太突出,要低调,但又觉得,我很努力,没什么错,于是便不去管它,还是应该继续努力工作。在实际工作中,这两顶帽子好像并没有起作用,我始终是个香饽饽,后来,我被评为五好战士,首批发展入党。

我在连队和大家的关系都非常好,在业务上,大家有什么问题都爱问我,他们问我问题,我总是能够迅速地回答,特别是工作中急需的重要的信息,我都能在第一时间予以对答,很受大家欢迎,起到了"雪中送炭"的作用,大家称我是"电子脑袋""活字典"。平时大家在生活中、学习中有什么问题也都爱问我,我总能给予圆满的解答,大家称我是"老师"。大家特别喜欢听我讲故事,讲我在南开的学习生活,讲我在北大荒的劳动情况,他们都听得津津有味。有几个小战士经常问一些中学数理化方面的题目,我虽然很多年没有摸书,但翻一翻、看一看,也能举一反三地解答。我鼓励他们好好学习文化知识,多学一些知识,今后总是会有用处的。果真,这几个战士,后来都考上了大学,我听到这个消息的时候,感到非常的欣慰和满意。

我们除了参与业务训练,还要参与军事训练。一次投手榴弹,训练参谋让我们每个人先投一遍,有的战士,投出去的手榴弹太近以至于炸到了自己;有的则投偏炸到了战友。只有我,投得又远又准,姿势动作非常完美,受到参谋的表扬,要大家以我为榜样。他们不知道,我在南开的时候,参加过运动会,参加过高中女子全能比赛,其中就有投手榴弹这个项目,我是经过训练的,当然比他们投得好。我又冒高了,冒到总站训练参谋那儿了,真的是没有办法,谁叫我是南开学生呢!

还有一次训练打枪,实弹射击,枪少人多,大家都站在旁边看,我仔细地观察、分析。子弹射出膛,就是一条抛物线,这个在数学和物理学里面都学过。打过枪的战友反映肩痛,这是作用力和反作用力的结果,只要把枪托紧紧顶住肩膀,融为一体,反作用力分散在肩上,就会小许多。我边分析边在心里模拟,轮到我的时候,我已经在心里"打过几遍了"。最终我的成绩不错,比想象中的好得多。要能像野战部队那样经常打枪的话,我一定要成为一个神枪手,但机会太少了。奇怪的是,我总结出来的打枪要领居然在我女儿的身上起了作用。在重庆马路边的摊上,有打枪的,女儿非要打不可,我只好让她打,告诉她:"三点一线,枪托紧紧顶住肩膀,屏住呼吸,慢慢扣动扳机……"结果她连打数枪,枪枪命中。我奇怪极了,摆摊的老头也觉得非常奇怪,仅仅几分钟的讲解,她却能领悟得这么好,那个时候她还没有上学,还是个小女孩呢! 后来上高中军训,她打枪也是最棒的,这是有遗传因素在里面?

在连队,除了战备执勤、军事训练以外,最多的事儿就是劳动。我们得完成来自军区的、总站的、营部的和连队的各种劳动任务。分队长说了,没有上面下达劳动任务,就去帮厨,厨房总是有干不完的活儿,不要闲着。一次,军区某部要开一个重要的会议,有大批的文件材料急需核对,我被选上了去帮忙,首长教我们怎么做快且好,几天的时间里,我们就将要核对的文件全部核对好了,基本上没有什么错误。有一份材料里面有几个繁体字,幸亏找到了我,我在小学一二年级的时候学过繁体字,所以还算认识。核对文件是一个美差,首长对我们很关心,在那儿吃得很好,我们的任务也完成得很好。

还有一次,是到总站的稻田插秧,总站所属各连,都派人参加,我也被选上。去之前,听说蚂蟥很多,我最怕蚂蟥。到了水田,我就忙于插秧,各连队竞赛,很快就完成了任务。上岸时,我才发现,腿上有两条大蚂蟥,有一条一拍就掉了,还有一条怎么拍都拍不掉,我拿出准备好的盐,撒在蚂蟥上,一下就掉了下来,这时只见我的腿上,一股黑色的血流了下来,旁边的战士说不要动,让它流,这是毒血,流了有10厘米长,红血才出来,很快就凝住了,无事了。老年后学了养生知识,才懂,蚂蟥是个宝,能够防治血栓,从此我再也不怕蚂蟥了。

我的八年知青路

高1966级4班　佟　波

立志扎根下乡去

我的下乡之路，是从崇拜伟人开始的。那时候我认为，中国知识青年上山下乡运动是自"五四"运动以来，人类历史上人数最多、时间最长、影响最深的一次青年运动。我应该做这次运动中立志扎根农村一辈子的弄潮儿。和共和国一起长大的我，从小就崇拜毛泽东。"文革"初，我曾排队争先恐后地抢购《毛泽东选集》四卷。"文革"中，我和同班同学蒋英盛、赖启模上北京，两次见到了伟人毛泽东。在毛泽东思想的沐浴下，受共产主义、革命英雄主义以及革命斗争精神影响，我毅然决定，扎根农村一辈子。

1969年11月7日，我牢记"知识青年到农村去，接受贫下中农再教育，很有必要"的号召，毅然背着简单的行李，告别父母，跨校随永荣矿务局子弟下乡插队到了重庆市荣昌县荣隆区临江公社十大队五队落户。

20世纪70年代初，谈立志扎根农村，是新鲜而又不可理喻的。人往高处走，水往低处流。在城乡、工农、脑力劳动和体力劳动这三大差别还相当大的情况下，特别是随着工厂招工的出现，部分插队知青返城，下乡镀金论应运而生。几乎所有的家长都教育或告诫子女，不能在乡下谈恋爱，更不能结婚，否则会葬送一生的前途。谁不听，谁就会吃亏，谁就会后悔一辈子。

走自己的路，任其评说，不是一件容易的事。当年毛泽东带领部分秋收起义队伍上井冈山，建立农村根据地，走农村包围城市的道路，就不被当时的中央理解。我那时没想那么多，只记得毛泽东青年时代说的一句话"与天奋斗，其乐无穷！与地奋斗，其乐无穷！与人奋斗，其乐无穷"，并把它当成了我一生的座右铭。

结婚务农一辈子

为了体现扎根农村一辈子的决心,下乡的第二年我便和另一个知青结了婚。婚礼是在我下乡的第二年举办的。选了个日子,父母买了些糖,自己炒了些胡豆,还炒煳了,吃起来有点苦。请了大队书记、村主任、民兵连长以及众多社员、要好的知青参加我们的婚礼,既没有酒,也没有肉,整个过程像就一个座谈会,简单的程度不亚于战争年代。

婚后的日子是甜蜜而又艰难的。生活的现实总是严峻而残酷。婚后家里一无所有。床上铺的是谷草,盖的是薄被。在实行票证的年代,好像没有哪样够用,一个家连衣柜都没有,仅有的一张饭桌,还是生产队给的,连筷子都是自制的。一间屋,人畜共享,下蛋的鸡、饲养的兔子全在卧室。每到夏天便臭气熏天,蚊蝇成群,用六六粉拌锯木面驱蚊也无济于事。厨房更是杂乱无章,潮湿柴草堆下常有蛇出入,虽没有伤人,却让人步步惊心。

生产队田少土多,红苕是主粮。上千斤的红苕堆在外面怕被别人偷,我就在屋中央挖地窖。为避免踩塌,窖口要小,难度相当大。我一米八的个子,在煤油灯下,在洞里蜷曲着身子,一锄锄,一兜兜,夫妻俩通宵达旦,白天出工,晚上还要挖地窖,三天三夜未合眼,疲惫不堪已到极致,终于大功告成。于是我们长长地舒了一口气,双双瘫倒在床上,谁也没叫声苦和累,便酣然大睡了。

为了长期扎根农村,我必须盖自己的房子。我三番五次找到公社党委,终因我的情况特殊,批准了我的请求,解决了木材和瓦的问题。我跑遍了整个生产队,才找到了一块背后靠山,前面见水,认为风水还算不错的宅基地。在社员的帮助下,我盖好了一幢吊了檐、粉了墙面,还算漂亮的知青屋。屋前屋后栽了十几蓬竹子,几十棵树。为了挖竹蔸,我用力过猛,甩掉了斧头,食指插在竹纤上,鲜血直流。我的食指断了,就近在赤脚医生那里包扎。伤口虽好了,但我的手指却未复原位,无法弯曲。从此,我爱好的,用二胡抒发大众疾苦的《江河水》《病中吟》《二泉映月》等曲子的练习,与我再也无缘了。我只能用笛子吹吹《山丹丹开花红艳艳》《大海航行靠舵手》来倾吐对党的忠诚、对毛主席的热爱。我在房前屋后栽种的树木很多,有柏树、桉树、桃子树、李子树、樱桃树,应有尽有。我最高兴的是这个宅基地离自留地近,月光下都能挑粪淋菜。就这样,我心安理得地过上了和普通农民一样的知青生活,走上了一条无怨无悔的漫漫知青路。

在那里,我生养了三个孩子。如此艰苦的生活环境,为何我要这么多小孩?难言啊,这是落后的医疗、低劣的安环和结扎手术技术不力所致,我不得已做了两次结扎手术。让人难以置信的是,我妻子生了三个孩子,从未做过一次产前检查,均是在双方没有任何思想准备的情况下,在距公社八里路、区卫生院十二里路、偏僻简陋的农舍里,由我亲自接生的。我利用仅有的卫生常识,稍做胎盘处理,再步行数里求公社保育员来家做产后消毒处理。也许是先天不足,幼时营养不良,以至于大儿子长期肠胃不好,上车习惯性便急,外出打工数年不能回家过年。次子年仅四十七岁便因病去世,实乃可悲可痛。

出生在农村的知青后代,没上过幼儿园,没玩过什么玩具,有个拨浪鼓就算是不错的了。他们从小就要学会干活,和大人一样,从来就没闲过。两三岁就要学会坐在灶边添柴。记得两岁半的幺儿,添柴时被掉下来的半节火红的木柴烧伤了大腿,没送医院,只是用菜油抹了一下,算是治疗烧伤。幺儿至今还留有难看的疤痕。他四岁就开始学习打猪草。一次,他背着小背篓,拿着镰刀砍掉了一块田的油菜尖。问他为啥?他说是打猪草呀!真是让人啼笑皆非。还好,生产队念我是知青,高抬贵手没让我赔。五六岁的孩子挑水,也是一言难尽。雨天,孩子是左手撑斗笠,右手扶扁担,光着脚,弯着腰,弓着背小心翼翼地挑着水面上放有菜叶的两只小桶,一步一步艰难地爬坡上坎,远远一看,俨然一个小老头。有时不小心脚滑或平衡失控便跌倒在地,桶摔坏了,又一身泥,抹着泪,低着头,花着个小脸战战兢兢地出现在妈妈面前,一言不语。我爱人见状,心一酸便抱头痛哭。幼小的孩子怎么也不明白,没挨打也没挨骂,妈妈为什么却哭了?大儿子至今还埋怨,说长得没我高,是小时候挑水压的。

孩子想吃肉怎么办?我的办法是下田捉泥鳅、黄鳝。方法很简单,用三寸长的高粱秆,扎上数根大针,捆在一米五左右的竹尖上,打着电筒,见到晒水的泥鳅,扎下即得。弄回来以后,根本等不到第二天,当晚烧好,深更半夜就把孩子叫起来吃,孩子高兴得不得了,上桌就狼吞虎咽,把肉、刺全吃完了。他们边吃边说"打牙祭,打牙祭"。尔后一家人团聚时,一说起"打牙祭"的典故,便会捧腹大笑,有时笑着笑着就哭了。

爱人死里逃生,是我终生难忘的事。那年,她染疾得了严重的乳腺炎,乳房肿得又紫又硬,乡下缺医少药,没钱去大医院,我们虽四处求民医,但久治不愈,病情仍在发展。由于毒素在扩散,她的右手臂肿得碗端不了,筷子也夹不住,疼痛难忍。不得已,她回到了永川煤矿娘家,但娘家也无能为力。我在乡下又出工,又喂猪,还要带孩子,里里外外忙得不可开交。为了给爱人治病,我卖掉了所有不是值钱的,而是能卖的东西,倾我所有也未能把她的病治好。此时的她已是奄奄一息,危在旦夕,无奈地睡在床上,听天由命。老鼠咬她的脚趾她都无力轰走。就在等死的那一刻,我突然想起了曾因学武术认识的一位朋友,他是仁义中学的校医黄侃。闲谈中,他说有治疑难杂症的绝招。死马当成活马医吧,碰碰运气。她是走也走不了,背也背不了,真是又着急又犯难,费尽了千辛万苦,终于把她扶到了仁义,找到了黄侃。还好,这位朋友确有真才实学,用了他的药引出了半盆浓血,他又抽空到我家给我妻子上了几次生肌药,不到半个月病就全好了,没收一分钱,真是谢天谢地!

经济困难,也是可想而知。那时一个劳动日价值仅一角二分钱。养活一家人,谈何容易。首先父母靠不了,我们家六姊妹就有五人下乡,其中四姊妹均下乡在同一个公社,同一个大队的不同生产队。幸好我还有点文化,先后被聘入村小、公社完小、荣隆中学代课教书,又以借用的形式,先后在荣隆区委、安富粮点、安富区委治安办公室、荣昌县委知青安置办公室工作,工资按时计算,每天有1.14元,收入虽少,却能解决农村日常生活所需。

八年多的知青生涯,吃苦耐劳,勤俭节约,那是必须的。其间,我喂过鸡、鸭、鹅、兔、猪。让我记忆犹新、哭笑不得的是,有一次我圈养了30多只鸭子,可哪知道,一放出,它们便全部消失在田地里。

为了家里的生活,我卖过鸡蛋,卖过自己孵的小鸡仔、自己做的盐菜、自己栽的竹子。这些东西,往往几十斤,扛十二里只能卖几元钱。每每知青朋友到我这里玩,还得他们自己带米带菜。三个孩子缺吃少穿,春夏秋冬光着脚度过了天真的童年。农村基本上出啥吃啥。记得出胡豆的季节,我的腮帮子嚼疼了还没吃饱。在青黄不接的季节,生产队分米糠吃也是常有的事。心想,如果每天有大米饭管吃饱,那简直就是共产主义,太幸福了。吃的缺不算,烧的也缺。生产队分的柴草不够,还需走30多里去挑煤。煤票也是有限的。一位其他公社的先进知青还组织了8位知青,每人担100斤、走几十里为我送煤。这是何等的团结奉献。有人说,坚韧、团结、奉献、进取,这就是知青精神,我非常赞同。

战天斗地出成绩

在农村扎下根来,是为了改变农村一穷二白的面貌,改变旧的生活习俗。这不是一件容易的事。

乡下生活有诸多不便。首先就是洗澡不便。一个大院子十几家人,每到傍晚,男男女女都只能提一桶水在院坝边上冲洗,蒙眬中望去无遮无掩,这让我想起建军初期红军的六项注意中关于"洗澡避女人"的规定。当地的农民没有穿内裤的习惯。我们入住以后,坚持文明洗澡,并告诉农民一些最基本的文明知识。受知青的影响,农民也学会了穿内裤,这也是知青带去的一大文明进步吧。

农村历来是靠天吃饭的。风调雨顺只是个良好愿望。遇到天旱,农民总是叫苦连天,翘首盼雨。队与队之间抢水打架屡见不鲜。为了解决水的问题,我利用担任大队革委会副主任的职务,在大队党支部领导支持下,组织了大队所有石匠和强劳力,开山取石筑堰蓄水,完工后立了一块由我刻写"农业学大寨"的石碑以示纪念。现石碑仍傲然挺立,铭记着知青当年与农民一起战天斗地,大搞农田基本建设的丰功伟绩。

筑堰蓄水在农村是个庞大工程。需要很大的资金和劳力投入。贫穷和畏难情绪始终让大队干部踌躇不前。为此我收集了大量有关报道。特别是山西昔阳县陈永贵带领村民,大干苦干加巧干,以敢教日月换新天的精神,战天斗地去改变穷山恶水的资料,多次在大队委会中宣传、动员、鼓励。经过近半年时间的讨论酝酿,我终于召开了大队社员动员大会,成立了临时工程指挥部,明确了分工。我负责安全质量和找上级解决水泥、雷管、炸药。施工定在农闲和枯水季节。工程分四大块:拦河、开山取石、原材料储备运输、垒石筑堰。拦河石先夯桩定点护篓。然后将填满石块的竹篓,由二人抬,二人帮扶着逐一下河排放。下河的农民都是赤身裸体,下水前,先喝两口大队为他们准备的带有苦味的红苕酒,在水里一泡就是一天。汗水和水交织在一起,个个晒得黑不溜秋,和非洲人没两样。开山取石更是惊心动魄,危险重重。打炮眼,抢大锤的师傅二三十斤重的大锤抢360度、吆喝着"幺妹哟,你快快来哟"的号子,狠狠地砸下,每一锤都会让你心惊肉跳。抬石头的也是举步维艰,唯恐踢到石头滚下伤人。满手老茧的石匠,个个手上血泡累累,腰再酸,背再痛,第二天还要继续坚持干。最后阶段筑堰更是争时间,抢速度,争分夺秒,加班加点,挑灯夜战,力求在雨季前完工。这次筑堰,打了一场人民战争,男女老弱齐上阵。砍竹、送竹,编竹篓,送水送饭支援前线,干劲十足,热火朝天。农民的忘我劳动积极性仅靠盖有公章的一纸奖状。经过不屈不挠的努力,修筑大坝大功告成!

知青生活虽苦犹乐。为了丰富知青文化生活,我带头组织了公社下乡知青,办起了"知识青年政治业余校",每周六组织大家学习半天。我还组织知青利用挑砖的脚力钱购置了篮球、乒乓球、围棋、象棋,买图书办起了图书室,还用钢板、蜡纸、油印机出版了月报《新农民》,挑选有文艺爱好的知青组成毛泽东思想宣传队,巡回到各区社演出,极大地丰富了农村的文化生活。我还带领了由县委指派的各公社先进知青一班人,组成知青汇报团,在县区镇向各中学学生家长做"广阔天地大有作为"的动员报告,为知青上山下乡做宣传。江津地区在荣昌县荣隆区召开"上山下乡知识青年工作会议",会中所有使用的稿,包括开幕词、闭幕词、工作报告以及先进社队、知青、家长的典型材料,都是我连续七个昼夜在煤油灯下完成的。江津地区召开"学习毛泽东著作积极分子大会",荣昌县出席的二十九人中,唯我一个是知青,这也是南开学子的能耐和荣耀吧。

《新农民》创刊,意在鼓励知青安心农村,吃苦耐劳,艰苦奋斗,成为改变农村落后面貌的生力军。它也丰富了知青的文化生活,团结了知青、教育了知青、保护了知青,扩大了知青在农村中的积极影响,同时让各级领导部门了解了知青的生活现状。办报需在公社每个大队选出一名通讯员,按照新闻记者的要求集中培训学习,确定稿件内容,规定任务,定期投稿。编辑组负责稿件整理、审稿、改稿、定稿后交公社党委审批,然后排版刻印。刻印技术要求较高,刻字要轻重得当,字迹清晰工整。幸好我认识了一位朋友,他是农村中学教师周永彬(书法家),于是我聘请他参加了编辑组,在首刊设计、排版、刻印方面发挥了重要作用。油印要求滚筒油墨均匀,推滚轻重速度把握得当,这个技术,得益于"文革"中我和同班同学张岚侦、林海润油印出版《毛泽东诗词解释》的一些经验。我边教边学边干,负责油印的知青很快就掌握了这门技术。此报首刊一炮打响,知青见报后欢呼雀跃,拍手叫好。这个报为四开版,每月一期,每期印50份,共出版了20多期。我都是用业余时间在煤油灯下进行的,没有获得过任何报酬。报刊曾寄送到四川省委、江津地委、荣昌县委及荣隆区委、公社党委处,深受各级领导好评。

农村每个公社都配有八大员,包括水利员、广播员、邮递员……我是被荣昌县公安局聘用的陪审员,负责公社的治安以及大小案件的侦破处理。农村中普遍出现的案件是偷盗、贩卖妇女儿童以及基层干部利用职权奸淫妇女。为加强保护知青的力度,荣昌县公安局举办了"重庆市轮胎二厂革委会副主任史贤树利用其亲戚是荣昌县县长作保护伞,把招工作为诱饵迫害女知青罪行展览"。我作为陪审员、荣昌县知青安置办公室工作人员,配合荣昌县公安局布置安排展览时间、地点,并收集参展人员意见反映,为保护女知青营造良好的政治环境,发挥了应有的作用。

壮志未酬回城里

下乡八年,我一直是抱着用自己的毕生精力去改变农村落后面貌的决心,在艰难困苦中坚持着。我的行动已经证明了这一点。可是,我内心深处也常常痛苦和不解。为什么自己拖着一家人这样拼死拼活、没日没夜地干,也经过种种创新的尝试和努力,然而我所在的农村还是没有出现我所期望的根本性改变? 很多方面,甚至在原地踏步。我常常为自己空有一腔热血却未能实现自己的理想和抱负而痛苦至极。

正当我一筹莫展之际,单位招工的来了,时间是1977年年底。年过30岁的我,拖着三个孩子,回城参加工作也许是最后或者是唯一的机会了。是继续践行自己的诺言,留下来,还是抓住机会走? 我几个晚上彻夜难眠,犹豫不定。不得已,我找公社领导谈天,想听听他们的意见。没想到他们都支持我走。是的,我在农村中的生活窘境,虽不说是家喻户晓也是众所周知,太苦了,难以想象的苦,能得到同情也是情理之中。同时,他们也看到,我这些年来,已经做出了最大的努力和贡献,为知识青年上山下乡运动搞宣传的使命已经完成,该走了。经过再三考虑,我决定走"亦工亦农"一辈子不穷的道路。就这样,我匆匆地告别了乡下的朋友和乡亲,悄声无息地离别了奋斗了八年的农村,带着遗憾和迷茫,踏上了新的征程。

我的知青生活纪实

高 1967 级 6 班 恽泸生

说到老三届,我们这一代人都知道,这是"文革"时期的产物。老三届指的是 1966 级、1967 级、1968 级的初高中生。我们经历了读书停课搞"文化革命"、下乡、留城的悲壮史。

我曾下乡到开县插队落户。那是 1969 年,至今已有 50 多年了。怀着对第二故乡的思念,我和陈安、胡正忠于 2008 年 5 月曾回到阔别多年的生产队。看到了我们生活过的山山水水,见到了曾与我们朝夕相处的乡亲,唤醒了我对这段难忘岁月的回忆。

报名下乡去

1968 年 12 月,毛主席发出"知识青年到农村去,接受贫下中农再教育,很有必要"的重要指示,一场轰轰烈烈的上山下乡运动开始了。

我们重庆三中高 1967 级 6 班的同学对这一指示进行了学习。农村是个广阔天地,知识青年到那里既能自食其力,又可减轻国家负担,对国民经济恢复和社会稳定有着重要意义。

对于"接受贫下中农再教育,很有必要",我们理解是:知识青年在那里可接受素质的培训和意志的磨炼。总之,知识青年到农村去,接受贫下中农再教育,是解决老三届这批学生就业的过渡性办法。

综合上述分析,我们认为还是早下乡为好。但是到什么地方插队呢? 有的同学认为达县是工业开发区,以后在那里安置工作可能要容易些。有的同学认为学校首批安置知青的地方是开县,随校集体安置是组织行为,若工作以后安置,比自行挂钩的要来得快些。我和陈安、胡正忠认为还是随学校行动为好,至少心中要踏实些。于是我们三人报名下乡到开县,达县的同学在观望之后也加入了我们的队伍。班上报名的同学有11名,他们分别是陈安、胡正忠、恽泸生、尹大明、高明正、杨荣福、陈秀强、杨林、任贵林、罗先凤、罗民勤,加上高三6班的包敏、简永惠等挂靠亲友的共17人,男的有10人,女的有7人。

为了加强下乡前的管理和路途的安全,学校把以我班为主的30多人编为一个排。我被指定为排长,连长是晏永明老师,指导员是二钢工宣队的周师傅(我校高三1班周定忠同学的父亲)。这是个临时性的组织,完成到达目的地的任务后就解散了。

挥泪别山城

1969年2月5日凌晨,学校组织的首批下乡知青,在朝天门码头登上了开往万县的登陆艇。船上,面对即将离去的故乡,大家潸然泪下,哭声一片,与岸上送行亲属的道别声、撕心裂肺的叫喊声交织在一起。10点整,船鸣号慢慢驶出码头,此时,离别、送行的人们不约而同发出歇斯底里的叫喊,这声音组成了一曲凄婉恸人的交响曲,令人终生难忘。我们班上的同学没有亲人送别,没有泪水,没有言语,这时突感陷入迷茫,不知路在何方。

看着渐渐远去的朝天门。我们心中默念,再见了山城,再见了母校,再见了生我养我的亲人!

第二天早上,船到万县。我们每个人肩扛被褥,手提箱子(这是我们当时下乡的全部家当),下船后急行军到县招待所吃早餐,沿途年龄小的知青跟不上队,许多与他们不相识的知青主动帮着提行李,团结互助的场面令人感动。午后,我们乘解放牌大货车颠簸了两个小时到达开县城,接着对我们这批知青进行了划区分配。中午后,我们得知被分配安插到跃进区。跃进区离万县不远,我们又乘车回跑。在区上,我们连的知青分别安插在三个公社:我们被安排到平安公社,另外两个排分别到团结公社和齐心公社。平安公社主要地处平坝,团结、齐心两公社都地处高山。我们对分配的公社还算满意。正感幸运之时,被分配到地处高山公社的我校一位初中生同学找到我说:"高二6班的跟我们到区上去闹,要求重新分配。"我断然谢绝了! 马上,同平安公社革委会副主任向可松对我们排的人员进行了分配。我们30多人将分配到四个大队安插。四个大队分别是平安大队、勤俭大队、圈桥大队、红岩大队。我也是个粗中有细的人,在分配前对这四个大队做了基本了解:平安大队是公社所在地,地处平坝,条件好。勤俭大队和圈桥大队,都分别有平坝和半山腰的生产队。红岩大队地处山顶。农村有这样的说法:种地就上梁(地平);种田就下坝(地平田多);条件差的是半山腰(地陡水土流失严重,田小蓄水难)。可见靠天吃饭的农村,地理条件就基本上决定了生产队收益的好坏。参照这个原则分配。初中的女同学被安插到平安大队,高中的同学被安插到圈桥、勤俭、红岩三个大队。尹大明、陈秀强去了圈桥五队(半山腰),杨荣福、杨林去了圈桥四队(平坝),胡正忠两兄弟去了勤俭五队,我、陈安、任贵林去了勤俭六队(两队均为半山腰),包敏、包慧、解芜(三女)去了勤俭一队,简永惠、任贵珍(二女)去了勤俭二队(这两队均为平坝),杨琪、李小成等去了红岩大队(山顶)。对于分配的结果,我和向可松副主任都认为是公正合理的(后来我班的同学怨我太"大公无私"了)。分配完毕已是下午5点多钟,我们分别被在区上接知青的社员带回各自的生产队。

勤俭六队派来接我们的是杨秀云大队长,此人个矮,身体强壮,行走很快,路上言语不多。他带我们到公社时天色已黑,到生产队还有一段路程。进入大队地界经过勤俭二队后,就开始爬山,一条石板路通向半山腰的读书梁(大队小学)。又从这里分道到生产队,这段路是弯弯曲曲的羊肠小道,又陡又窄。到了生产队风垭口时,寒风呼啸,吹得人无法站稳,又累又饿的我们只得手脚并用地爬过这段路。这是我平生第一次遇到这样的环境,惊呆了!

大队长把我们带到他家里。这是一个三世同堂的大家庭。我们一进屋,家里的人都热情地和我们打招呼,嘘寒问暖。杨大爷端出红苕稀饭和咸菜关怀地说:"饿了吧,快吃点萝卜稀饭(当地人把红苕叫萝卜,萝卜叫水萝卜)。"肚子早已饿得咕咕叫的我们端起碗大吃起来,好吃极了。饭后我们被安排到一间20平方米的房间暂时住下。

扎根在六队

勤俭六队地处两座山的半山腰,有102亩地,21亩田,16户人家,70多人。这里以种植粮食为主,品种为豌豆、苞谷、红苕、小麦、谷子及桐子树、竹子等少量经济作物。还有一小煤窑,煤的质量差,基本不对外卖,只是每年春耕前队里烧石灰时才下田挖一点儿。

　　生产队的地,坡地多,耕种的方式是广种薄收。种豌豆、胡豆、红苕时丢点渣肥,以后就不再施肥和管理了。收获时能收多少就收多少,若遇上风调雨顺,豌豆还可获大丰收。当地有句顺口溜:"好个庄子沟(六队),三年两不收,不是两颗麻豌豆,眼睛都要饿落眶。"

　　生产队的田,都是小块的梯田。有块最大的冬水田也只能产三担谷子。但梯田间的地水土较好,是队上粮食收获最有保障的地,可惜数量太少。

　　年终分配结算,队上头等劳力全年可分配粮食300多斤(把粗粮也折算为细粮计算)。每年二三月间靠吃政府的返销粮和向邻社富余粮户借高价粮度日。该队贫协主席"富把子"说一年365天每天能把菜羹羹吃饱就满足了,这就是他对生活的基本欲望。

　　生产队条件差,社员穷。我们落户后没有其他队那些知青有口福,在春节前后家家社员都排队请他们吃饭。我们只有在大年三十晚,大队长杨秀云请我们3人到他家吃了顿年夜饭。初一早晨,他又给我们送来用糯米和糯苞谷做的红糖汤圆。很多社员也给我们送来了蔬菜和咸菜,并关照我们,说有什么困难都可找他们。礼轻情意重,我们感到十分温暖。

　　知青下乡政府给的基本保障是:在下乡的半年内每人每月供应35斤细粮、半斤肉。临近春节又增供了点油和肉。

　　到生产队的第二天,我们就为新生活做准备了。我们到公社来回走了30多里的山路,挑回100斤大米和一些生活用品。这可把我们累得够呛,但我们向生活迈出的第一步,得到了公社供销社主任和社员的称赞(刚下乡时,知青的第一次购粮和打柴都是队上派工帮助解决的)。

　　记得刚开伙时,饭前我们三人手捧毛主席语录,先说祝毛主席万寿无疆,祝林副主席身体健康后再吃饭。社员都用好奇的眼光看着我们。现在回想起来对我们当时的愚昧也感到好笑。

　　队里地多田少,人手少,有做不完的农活,出不完的工。出工收工是看天色行事,平常早晨天亮就出工,傍晚天快黑时才收工。劳累之后回家,我们还得动手做饭。入乡随俗,我们跟社员一样这季出什么就吃什么。当收获苞谷、豌豆、麦子等季节时,就得把这些粮食用石磨推成小颗粒或细粮吃,都是现吃现推。这使得原本已劳累的身体更加疲惫,时间一长,我们的体质都差了。1970年的中秋节,胡正忠两兄弟到我们这里一起过节,恰好刚从队上分到点菜油,就派上用场了。胡正忠是烹饪高手,会做菜,会炸油条,就由他来主厨。好久没有粘油荤的我们大吃一顿后,个个都往猪圈跑(我们的厕所),拉得我们有气无力。听社员说简永惠在包敏那里过节因体弱也昏倒了。

艰苦的农村生活就是这样磨炼我们的身体和意志的,但我们都坚强地挺过去了。

下乡头年我们分了自留地,地里施的肥都是在社员那里挑的,虽说账是记在队上,但长时间这样用肥也不是个办法。我们决定养猪解决肥源问题,同时也能改善一下伙食。1970年3月我们赶南门场,请社员陈君帮我们买猪崽,经讨价还价,用20元买了两头8~9斤重的小猪。喂养小猪也是有讲究的,在进圈前都是敞放喂养。在中午时给小猪喂点好饲料,当我们唤声猪儿啰啰,两个小家伙便飞快地跑回来争抢吃饲料,样儿非常可爱,很有趣。经过三个月的敞放喂养,小猪的架子大了,有30多斤重。我们卖了一头,收回成本后还赚了10元,另一头开始圈养。圈养猪给我们增加了打猪草、宰猪草、煮猪草、喂猪、打扫猪圈的活,每晚要到十一二点才能把这些事干完,让我们吃尽了劳累的苦头,同时也享受到养猪带来的喜悦。经过9个月的辛勤劳动,猪长到130斤重,达到了生猪屠宰的标准。这年生产队能杀猪过年的只有三家,我们是其中一家,我们高兴,我们自豪!

生产队的劳动计酬是按工分计算。男子头等劳力为8分。头年,我和陈安均被评为头等劳力(任贵林后来到勤俭二队落户)。我们俩各挣了2500多工分,一个工分值0.17元再扣除已分的粮食后每人各结余15元。这是我们第一次用劳动挣来的钱。虽然劳动生活艰辛,但我们得到了应有的回报。我们非常高兴,我们真正自立了。

百炼能成钢

下乡时我们是21岁左右的小伙子,身体好,边学边干,很快就成为生产队的劳动骨干。队长见我们干活老实又卖力,挖地、上肥、犁田、挞田坎、挞谷子、上公粮等活路都安排我们做。

粪水浴

记得下乡的头年,我和陈安还有两个社员给苞谷上肥,这些苞谷种在小块的坡地上,上坡下坎多,路难走。挑上90斤重的粪担,跑了大半天,两肩已被扁担磨得隐隐作痛,这时我们已感到很吃力了,原本眼睛就不好的陈安,加上劳累,一脚踩滑倒在坎下。粪桶的粪从头淋到脚,给他洗了个粪水浴。至今这个场面我们仍记忆犹新。

1970年春耕,我们开始挞田坎(田犁后为防水漏,用稀泥巴田挞坎加以保护)。这次是做定额,干活的速度较快,不小心把锄伤了我的大脚趾,血流不止。公社医院离生产队有15里路,到医院治疗很不现实,我只有自行对伤口进行处理。伤在大脚趾甲边,很严重,伤口里填满了污泥,无法洗净,我咬着牙忍住钻心的疼痛,把伤口扩大后用盐水洗净污泥,用碘酒对伤口反复消毒,用消炎粉填满伤口,用绷带紧扎住伤口止住血。由于处理及时得当,伤很快就痊愈了。

收豌豆

早上4点天还未亮,队长就喊叫着上坡咯! 这时收豌豆,豆角湿润,豆不易掉落,又凉快。我干的活是把豌豆连梗拔下,并由两人操作打成直径为2~3米的大捆,再背回晒场。背运时,大捆的豌豆梗像小山一样压在背上,只见两脚在移动。人满头泥沙,全身豆屑,汗水一流周身难受。这活一干就是5~6天。晒场用连杆打下豌豆,是妇女们的活路。我也体验过,打时灰屑满天飞,人都变成了大灰人,真是粒粒皆辛苦。

守夜烧石灰

这活路倒是很舒服。苞谷收获前,为防止被人偷或被野兽糟蹋,队长常派我们守夜。晚上把小凉床搬到半坡上,陈安拉小提琴,我拉二胡,又唱又叫,开心极了。深夜纳凉、睡觉,也有工分,第二天又照常出工,何乐而不为!

当地田土呈酸性。每逢春耕前队里都要烧石灰下田,据说有杀菌肥田的功效。我和陈安被安排跟社员"长二"学烧石灰,他烧石灰经验丰富,但体弱,正好多给了我们实践的机会。在他的指导下,我们很快就学会了这门技术。每天出一次石灰,每天加一次料和煤,并用钢钎给窑打通气孔,以保证窑不熄火。

抓蛇与治病

烧窑的煤要到队上的小煤窑挑,在挑煤时我发现小煤窑附近经常有蛇出入。这个环境使我学会了捉蛇。这个本事是参考我初中同学讲过的捉蛇方,其实很简单:见到蛇时把它赶跑,在它逃跑时,用右手抓住蛇尾,然后将蛇提起在空中舞几圈,乘蛇慌乱、神志不清时,用左手在空中接住蛇身,并向头颈抹去,手到蛇颈凹处时停下,捉住它的颈部就无法咬人了(若蛇太长可用左右手在空中多换一两次调整距离,只要左手能达到蛇的颈部就行）。胆大心细的我，动作快，一学就会。以后在干农活时，只要一见到蛇，社员都叫我来捉。我给一个50多岁叫"夜壶"的社员捉了7条蛇，他吃了蛇胆治好了眼病。有时我捉蛇拿回家给大家尝尝鲜，有时捉到蛇玩玩后又将它放生。

　　我们队离公社医院较远，看病很不方便，我就自学了一些医书，懂得了一些常用药的使用知识，并学会了用针灸治疗一些小病。同时我还自购了一些常用药品和医疗器材。除了自用外，有时也给上门求医的社员看看小病。1971年，一个寒冷的凌晨，家住山沟的谭老娘找上门来，说她儿媳妇肚子疼得很厉害，叫我赶快去给她看一下。到她家后，我立即给病人施用了银针，止住了疼痛。临走时又给她打了一针庆大霉素，并嘱咐她在天亮后最好再到医院检查一下。队上一位中年妇女得了乳腺炎，乳房已有一处溃烂，也找上门让我给看看，我给她施用银针并结合药物将她的病治好了。邻近红岩大队护林员王卫东老人有皮肤病，我用针灸给他治了几个疗程，使他病情有所好转。给社员看病、给药，我从未收取分文。治病救人做好事，我对此感到很充实。

　　在知青的岁月里，还有犁田、挞谷子、上公粮、赶场、知青聚会等回忆不完的往事。这些都是我们血汗的输出、青春的奉献，在艰苦的生活、繁重的劳动中，我们磨炼、铸造了自己的意志和信念，向我独立生活的成熟人生迈出了第一步。

曲折返城路

　　下乡前，我们分析过，"知识青年到农村去，接受贫下中农的再教育"是场轰轰烈烈的政治运动，是解决我们老三届学生就业的过渡办法，在我国国民经济得到好转的时候，我们就有机会回城工作，那时就是知识青年"再教育好"之时。1971年1月，重庆在开县开始招工了，证明了我们当时对形势的分析是理性的、具有远见的。

　　第一批在开县跃进区招工的有重庆农药厂、红岩岭煤矿、重庆铁路局、林园451部队6912工厂等。其中重庆农药厂招工声势造得最大，招工的人数也最多。

　　我、陈安、胡正忠是公社首批推荐回城的知青。陈安和胡正忠被重庆农药厂录取回城，我却落榜了。我心里充满了凄凉、痛苦和失落之感。到区上，我找了分管知青工作的秦华主任，他告诉我，我的招工推荐表是被重庆铁路局提走的，因政审不合格而被退回。但1970年我出席过县积代会，他们又把我推荐给正在补招的红岩岭煤矿。招工的罗老师对我说："区知青办已把你的情况给我们做了介绍，你愿意去我矿，你的政审就不再搞了,三天后你可随我回重庆到矿上报到。"由于我右腿曾患过关节炎,怕难以胜任此工作而放弃了这次回城的机会。

随后,尹大明、高明正被林园451部队6912工厂招走,杨林也参军走了。

我回到生产队,社员安慰我,同学鼓励我,激励我重振勇气,倍加努力地继续接受贫下中农的再教育。1971年我又出席了县积代会,并于当年9月回城到重庆电炉厂工作。

我们老三届这批知青都出生在20世纪40年代末50年代初,长在新中国。知识青年上山下乡这段历史虽然是短暂的,但却是我迈向人生旅程的里程碑,是刻骨铭心的。在这两年零八个月的岁月里,受到贫下中农朴实的关爱,我在那里经历了生活劳动的磨炼,使我在思想上、体能上、灵魂上、品质上都得到了锻炼和升华,对我世界观的形成,树立吃苦耐劳的精神,养成勤俭节约和敬岗敬业的习惯奠定了基础。

这段知青生活,使我终身受益!

离家下乡第一天

高1966级8班　陈祥禄

　　50年前的1969年2月6日,被批准插队开县的第一批同学,清晨5点钟左右被唤醒(其实好多人彻夜未眠)。我们收拾好行囊,匆匆洗漱、吃早餐,带上简单的行李就坐上公交公司派来的大巴,在寒风薄雾中驶向朝天门码头,6点多钟到达码头登船。天色灰暗阴沉,江边趸船站满了送行的人群,即将离别山城家乡的同学大多拥立在甲板船舷边挥手与亲友告别。7点整,"呜——"汽笛长鸣,划破了长空,霎时,"哇呜——",一片撕心裂肺的哭声响震江岸。船上岸上泪水翻飞化作倾盆雨,令人欲罢不能!此刻的我,蹲靠在统舱角落,偌大的一个统舱里只有我和唐能侃两人。一开始我们都没哭,然而那种气场氛围的冲击力太强劲了,丝毫容不得人置身度外。不一会儿,我就见能侃泪湿了脸颊,而我也泪涌眼眶。我强力忍住,心里无数次默念:"这不是生离死别,男儿有泪不轻弹。"最终,我没让眼泪掉下来,我硬是把它咽到了肚子里。

　　轮船起航往东驶向万县,随着轮机的"突突"声,抽泣声渐渐平息。

　　这一天我终生难忘,从此开始了我们的人生的历练与磨难。

　　悠悠五十载,恍如昨天。泪洒江岸朝天问,归期是何年?

　　漫漫人生路,几多磨难。莫道前途无归处,苦尽终转甜。

情缘重庆三中

高 1966 级 6 班　肖星跃

1963 年，我初中毕业参加了全市统考，考取了重庆市第三中学。

重庆三中是我国著名爱国教育家张伯苓创办的南开系列学校之一。1936 年，初名为"重庆私立南渝中学"；1938 年，学校更名为"重庆私立南开中学"；1952 年，学校由私立改为公立；1953 年，更名为"重庆第三中学"；1984 年，学校复名"重庆南开中学"，邓颖超题写了校名。

重庆三中的教育质量一直名列省、市榜首。

我初中毕业那一年，綦江片区有两人考取了重庆市的重点中学。我考取了重庆三中，我的同学刘振绿考取了重庆一中。

考取重庆三中的戏剧性

我的父母都是老实巴交的普通人。他们普通得不能再普通了。我父亲是铁路工人，母亲是家庭妇女，没有工作。六个孩子，要吃饭，要穿衣，要读书，父亲、母亲忙于养家糊口。他们不知道什么是中专，什么是普高，更不知道一中、三中、四十一中和一般的中学有什么区别。对我毕业了要考什么学校，他们从来没有给我讲过他们的看法。一切都听天由命，顺其自然。

初中三年，我离开永川的家，离开父母，到綦江铁路中学求学。我最大的感觉是一个"饿"字。我深切体会到生活的艰辛。初中毕业，我决定报考中专。因为是铁路子弟学校，班上很多同学都报考九龙坡铁路运输学校。上这个学校可以不交学费、生活费，从学校毕业就可以参加工作可以减轻家庭的负担。这是那个年代我们这种家庭的孩子所向往的。但是学校不同意我报考中专,我听从了学校的安排改志愿报考普高。

但是考什么学校呢? 我还是两眼一抹黑,什么也不明白。

我班上有个同学,他的成绩也很好,他对重庆市的重点中学、普通中学、一中、三中、四十一中,说得头头是道。我不知道怎么填志愿,于是将他填的志愿照抄了一遍。

真没想到我考取了重庆第三中学,我的这位同学却落榜了。

好事多磨

我家在永川,中考结束后,我就回永川了。八月的一天,我收到学校教导主任杨蜀威的一封信,来信说我考取了重庆三中。但是我没有得到录取通知书。于是我马上赶到綦江学校。在放假期间,学校也没有什么人,传达室说通知书已给我寄出去了。

我又回到永川,天天站在街头,盼着邮递员出现。但一次次希望带来的却是失望。临近开学了,我还是未接到录取通知书。我没有犹豫,收拾了一个简单的帆布包就往重庆赶,打算到了学校再说。

在重庆火车站下了车,车站有各个学校的新生接待站。我没有去重庆三中接待站,因为我没有录取通知书,问了也是白搭。但重庆三中怎么走,我是知道的。1963年,重庆市学联在重庆三中开会,我是綦江片区的学联代表,我去过三中,所以用不着问路。

我在菜园坝火车站下了车,从车站出来,爬了一个很大的陡坡,到了两路口,又从两路口走到牛角沱,然后乘公交车去沙坪坝。

重庆三中的校门口,彩旗飘飘,人头攒动。我背着一个帆布包,孤零零地一个人站在学校大门口,感到疲惫、困惑、迷茫、无奈……我没有录取通知书,望着进进出出高高兴兴的学生发呆。

我在校门口转悠,不知道该怎么办。这时,有一个年轻的男老师走到我面前问我:"同学,你是哪个班的?"见有人问我,我像枯萎的禾苗遇见了甘露,我迫不及待地将我的情况说了一遍。这位老师很年轻,他端详了我一会儿,说:"你是肖星跃,从綦江来的,是我班上的。"

老天真是眷顾我,这位老师就是我的班主任——吴庆华老师!

没有周折,我报到注册,成了重庆市第三中学高1966级6班的一名学生。

三中是美丽的

我初中就读的是綦江铁路子弟中学,在綦江老火车站附近。那里只有一栋教学楼,一栋学生食堂。学生宿舍就是散落在火车站铁路边的老房子。

当我徜徉在三中校园里,就像刘姥姥进了大观园。红专楼、勤俭楼、东风楼、红旗图书馆,整齐的学生宿舍,高高的供水塔,足球场、篮球场,荷花池,共青湖,真是美不胜收。

尤其是教学楼边的橱窗里,挂着上一届毕业考上军校的学生给学校寄来的穿军装的照片,一个个神采奕奕、英姿飒爽。这些照片,让我一个刚走进三中校门的学子浮想联翩、热血澎湃。在那一瞬间,我感受到要刻苦学习的冲动。三年以后,我也会像这些大哥哥大姐姐一样优秀!

五十岁读硕士

初 1966 级 1 班　徐晓雪

我是 1978 年考进重庆师范学院化学系学习的。毕业的那一年,我一心想考研究生。但临到考前,我想到自己已是拖儿带女,便恋恋不舍地放弃了考试。

我毕业后在重庆市教育科学研究所工作,这是一个对人员的学历、学术水准要求很高的机构。为了提高本所教师的学术水平,1996 年所里选送了 6 人到西南师范大学课程与教学理论研究生班学习,我有幸成为其中之一。这是一种不脱产的学习,平时要完成全部工作量,周末到教学点听课,其中有两次到西师教育系上课。那时我已经是 46 岁的年龄,但在教研室里却是最年轻的一个,什么杂七杂八的事情都归我干。我的女儿正在读高中,学习上需要人辅导。我一天忙得不可开交,刚放下这样,又拿起那样,真希望一天能有 48 个小时。我在大学是学理科的,现在改学文科,上课感到笔记记不过来,下课感到参考书籍看不过来,常常看到眼睛发酸,写到手发软。好在我在南开打下的底子扎实,我每门课程都能考个优。这样苦苦挣扎了两年半,终于拿到了研究生班的结业证书。

此时,全国各地的研究生班如同雨后春笋般越办越多,越办越滥,其结业证书已经没有多少含金量了。如果到此为止,几年的辛劳岂不白费! 不过还有一条路可走,那就是申请硕士学位,只要拿到硕士学位,就和正规研究生一样是同一个等级,辛苦就没有白费,也了却了多年来当个研究生的夙愿。

在职人员申请硕士学位最大的障碍是英语考试,其要求高于一般的英语考试。学位英语考试由同济大学命题,考试结束后,试卷密封,寄回同济大学阅卷。无论总分多少分,听力部分 20 分,必须达到 12 分;写作部分 30 分,必须达到 18 分,而且要求书写美观流畅，否则不予通过。第一年考试由于准备不充分，成绩很不理想，究竟多少分已经记不清了，总之见不得人。第二年我便认认真真地准备，多听多读，也报了重庆大学的在职申请学位英语强化班。我考试时信心满满地走进考场，成绩下来时，却仍然没有通过。这时摆在我面前有两条路，一是就此罢休，我恢复平静的生活，不再痴心妄想；二是顶着压力，再做一次拼搏。思考良久，我还是选择了后者。这一次我主要针对薄弱环节备考，而且投入了更多精力。对于听力训练，我见缝插针利用零碎时间，每天听录音不少于3个小时，两年加起来一共听坏了4个录音机（随身听，那时还没有复读机）。晚上则练习写作，每天一篇英语短文，不少于200个英文单词，有参考书上的题材，也有自己随意想到的，随机想到的更有针对性，因为不知道考试的时候会考什么题目。一年下来，写作的稿纸已有1寸多厚。第三次走进考场时，我胸中已有较多的把握。到了公布成绩的时候，我去重庆大学学位办（因我在重庆大学考场考的）看成绩，刚走进办公室，主管的老师就满脸高兴地说："你过了！"一听这话，自己倒觉得有几分茫然，不知道说什么好。

　　接下来便是专业课程的考试，在职人员申请硕士学位，必须重新考试，而且是和在读硕士生同堂考试。这次我请了一个月的假，住在西南师范大学的培训部招待所，听课、复习，然后参加考试。时值隆冬，北碚的气温又比市区低几度，晚上就用被子裹着脚，就着昏暗的灯光看书。就这样苦熬了一个月，通过了全部专业课程的考试。

　　然后就进入写论文阶段了。本应该留半年时间写论文，但是因明年3月份就要答辩，实际只有3个月时间。那段日子就只好让其他工作靠边站，好在女儿已经读大学去了，我就每天待在书房里，坐在电脑前，潜心写自己的论文。因为有工作多年积累的素材，写起论文来倒也不难。我的论文题目是"重庆市初中化学目标教学实验存在的问题分析"，素材都是自己熟悉的，因为自己曾经参与过这个教育实验，还担任过课题负责人，所以只是要把过去的认识往理论上提升，从现代教育理论的高度审视过去的做法，明晰成功与失误，做出价值判断，就能很好地完成论文写作。其间，我几易文稿，还到西师请教自己的导师，获得了高人的指点。2000年3月，我的论文答辩获得通过。同年6月，我被授予教育学硕士学位。授予学位典礼在西师大礼堂举行，会场庄严肃穆，当西南师范大学校长邱玉辉教授把学位证书递到我的手里，并且把我的学位帽的穗子从右边移到左边（表示"过了"）的时候，我的心情无以名状，届时我已年过50。我在那一批硕士毕业生中,也可能是迄今为止的所有硕士毕业生中年龄最大的一个。在读硕士的过程中,我的老师以及学弟学妹对我的帮助颇大,感谢我的学弟学妹,感谢我的导师,也感谢母校南开给我打下的底子,使我一个"理科男"拿到了文科的硕士学位。

有人问我,这把年纪还去读书为的是什么? 难道仅仅是为了拿到一个证书风光一下吗? 我觉得读这个学位除了教育理论水平得到了提高以外,至少有两个附带的收获,一是英语水平的提高,特别是说、写能力的提高。2001 年在香港国际微型化学实验研讨会上第一次用英语演讲时,我心中还有一些忐忑,之后就习以为常了。二是写作能力的提高。我在大学本科阶段除了在实验室做实验,就是跟分子式、方程式打交道,这几年的学习使我在文字运用能力上提高了不少。我曾经以为我们这一代人的求学在大学毕业时就已经结束,读硕的经历让我体会到"活到老,学到老"的真谛。

呼唤同学宋家福

高1966级5班　王香驿

2018年12月27日晚间,"忆南开"微信群聊天中,微刻大师潘啟慧的发言引起了我的注意:"谁知道宋家福在哪里?下乡前我和他经常在一起切磋摔跤。他摔不赢我。"

见到啟慧寻宋家福那一刻,我记忆深潭中掀起一阵震荡!

宋家福,是我在南开中学高1966级5班的同窗,读书期间的玩伴,我已经50多年不见他了!前年联系上失联的同学范林声后,一次聚会中,林声同学讲到20世纪70年代经历的一幕:列车停靠在沙坪坝站,当时还是列车乘警的他,在下车巡视时见一个人很像宋家福,正在捡乘客丢下车窗的东西。范顿觉一惊:这不是宋家福么?招呼后,宋家福望着范解释道:"我没得工作,从贵州过来的……"碍于乘警工作的要求,停车时间短暂,范没有与宋交流。但这一幕深深留下了记忆。

这是同学们首次听说了宋家福的情况。

曾经同在南开求学,朝夕相处的宋家福的身影,又在脑际浮现出来。

宋家福,一个二钢职工医院中药房职工的子弟,一脸秀气,身体单薄,一张很能说话的嘴,天性幽默,喜欢说笑,常与人嬉戏,像一个未长大的孩子。潘啟慧说下乡前宋与他常在一起切磋摔跤,足以观察到宋的个性:一个文弱书生,居然缠住健壮的短跑跨栏冠军切磋摔跤,这不是太调皮了,就是太能嬉戏了。"乐活人生",宋家福的天性活灵活现。同时他旺盛的求知欲望也感染了我们。他承袭父亲的中医药特长,经常在教室翻阅中医药书籍,还给同学们讲述心得。大家很喜欢他,常与他玩笑嬉闹。

喜欢他的缘由,还有重要的一点在于:他身怀文艺绝技,会演唱金钱板。这绝技全校独树一帜,学校每次文艺演出都少不了他的节目,由此他成为全校的明星。

　　你瞧,大幕拉开,他一袭长衫站立,手持三块长方形竹板,"哗嗒嗒! 哗嗒嗒! 嗒嗒嗒嗒嗒!"一阵眩目的打板表演,骤然停止。少顷,他便拿腔拿调地唱出:"有一个秀(欧)才,本姓(那个)吴,"竹板空中一晃,"外号人(嗯)称,死——啃——书!"全场拍掌,知晓这是宋的保留节目《秀才过沟》。竹板又一阵敲响后接着唱道:"诸子百家全读过(呵)。"换一口气后又唱道:"康——熙字典,背得(呀哈)熟!""康"字一出,高腔一声,满堂喝彩。

　　宋家福的表演,迅速成为全校的谈资。他的唱腔,至今还在耳畔回响。由此一绝,宋家福成为全校的当红人物。

　　世事突变。高中毕业那年,学校停课,学生失散。学校未再组织文艺演出,也没有了宋家福的"金钱板"演唱。于是一曲曾经令人津津乐道的《秀才过沟》便定格在听众的脑海,成为长久的思念。

　　"上山下乡"运动,将青年学生撒向广阔的农村,"招工返城"决定又将青年学生招回城市。一"撒"一"招",很多同学之间的联系基本中断了,有的甚至杳无音信。宋家福就属于后一类型。

　　有同学曾到过双碑地区,发现他家原住址的街边棚户区早已被拆得精光,无从打听其下落。2016年校庆80周年后,在一次班聚会中听了范林声同学讲述40年前在火车站目睹宋家福落寞的一幕,众同学均不胜叹息,感慨万分!

　　家福君,曾给人们留下一串欢笑,而自己不为人知的故事,犹如夜空中的流星,一闪划过!

　　南开学子,英气犹在。同窗情深,永远怀念。家福,愿你一切安好,哪一天让我们再度团圆!

　　长夜忆君情切切,

　　唯闻竹板鸣高腔。

　　家福君啊,你今在何方!

购收音机之往事

初1967级4班 常建军

50年前我随重庆三中初1967级4班部分同学上山下乡,落户开县岳溪区齐心公社齐心大队。同期下乡的6名同班女同学,分在齐心一队和二队。落户不久后我们便收到了公社下发给知青的安置生活补助费,两队各89元。怎么用这笔钱?大家商议决定:购买一部收音机,以解生活之乏味,充实闲时业余生活。

我和唐秀芳成了大家派遣到万县购买收音机的采购员。当时正值7月,我和小芳简单准备了随身物品———一顶草帽,一个书包,再怀揣充满希望的89元钱。第二天,我俩便迎着初升的太阳,绕过田坎,一路下坡倒拐,往岳溪方向出发了。从善子山到岳溪场有30多里山路,小路曲曲折折,三弯九拐,顺着岩石边的小道很快便到了合力场。合力场街尽头有座石拱桥,桥下河水静静流淌,从桥对面上一土坡便进入平坝地带。平坝庄稼绿油油一片,稻子抽着穗,预示着秋天丰收。平坝路好走,我一溜小跑在中午前硬是赶到了岳溪场。当天不赶场,街上冷清得很。为了早点买到汽车票,无暇顾及场上的一切,在班车到站前,我俩终于买到了两张去万县的车票。在那个年代,没有看时间的工具,我们学会了跟农民一样观察太阳光线的走向,去判断时间的早晚。太阳光直射地面,已临近中午,我俩终于坐上去万县城的班车,憧憬买到收音机时的美好情景,一路看窗外风景,难得有了浑身的轻松与舒畅。

下午到达万县城,我俩直奔有商店的街道,沿街搜寻收音机。一路走遍各种百货机电商店,硬是没看到收音机的影子。天色渐渐暗下来,怎么办?我和小芳商量,在万县休息一晚。当时急着买收音机,已忘了时间。现在收音机没买到,我们的肚子却咕咕叫,才想起该吃晚饭了。我俩赶紧朝着每次回重庆在万县必吃的牛肉包面(抄手)店跑去。一角钱一碗,一人来三碗。牛肉味香,红油葱花,香气四溢,我们狼吞虎咽,吃得饱饱的。夜幕降临,万县城也无处可去。收音机未买到,我们逛街的心情荡然无存。我们找了一间小客栈住了下来,准备第二天回岳溪善子山。收音机也只有今后回渝再购买了。真遗憾!

第二天一大早,我们去客车站准备搭去岳溪的班车,考虑到收音机没买到,钱要省着花。于是我们在客车站搭上了一辆去岳溪的货车,车上包括我们在内有七八个人。在炽热的太阳下,我们坐在敞篷车里,车颠簸着朝岳溪开去。近中午时分,车在开往开县或到岳溪的山梁上的三岔路口停了下来。司机大声喊:"去岳溪的两个知青下车。"车不到岳溪,直接开往开县城。我俩一听便蒙了,怎么办?其他搭车的都是去开县的,我俩只得下车。由于车未到终点,又半道甩人,因此我们没给车费,但想想都气愤!上车时明明说好去岳溪的,怎么就变卦了呀!这事至今都未想明白,是我们钱给少了,还是另有原因?我和小芳站在公路边,太阳高高在上,四周山峦起伏,只见蜿蜒起伏的公路顺山而下。因为不认识路,我们找不着东南西北,只认准公路的方向,就是岳溪的方向。尽管前面还有约80里路要靠我们的双脚去丈量,尽管我们从未走过如此远的山路,但我们年轻气盛,不惧眼前之困难。待心情渐渐平复下来,头顶草帽,肩背书包,在渺无人烟的公路上,只听见脚步移动的沙沙声。

不知走了多远,我们口渴了,一路上盼着找户农家讨水喝。在不远处的一片竹林的掩映下有户农家。我们上前向农民说明情况,农民二话没说,给我们舀来两碗凉水,凉水一下肚,我们便立马精神起来。道谢农民后,又继续我们的80里长征路了。

偏西的太阳把人影拉长了许多,时间不早了,天黑前能否登上善子山?能否到达生产队呢?我俩心里无底。

一路上,我们边赶路边聊,聊在三中读书时的趣事,聊同学间的友谊,聊着走着,天渐渐暗下来。到了合力场,店门基本都打烊了。稍作休整,我们向店家要了两根葵花杆,点亮作火把,火光在风中摇曳着,照亮前行的路,也照亮我们急切回到生产队的心情。天边一抹亮,似微弱的灯光,路边蛙声打破了沉寂。我们的脚步渐渐慢了下来,深一脚浅一脚,也不知哪来的勇气,也不怕蛇虫之类的动物袭击,心里只有一个念头:"赶路!"爬上一小坡,不远处有狗叫声,有狗叫声就有人家,我们心里一下就踏实了。到培新一队时,天完全黑了,伸手不见五指,葵花杆也基本燃尽了。不能再往前走了,尽管善子山就在眼前,但我们也只能望山兴叹了!

　　路边有培新一队一户人家,我们上前打了招呼,讲明事由,农妇见我们是俩女知青,很体谅我们的难处,况且又是一个公社的,山上山下的两个大队,知青们又是三中同学,可以说是熟人了。农妇见我们饿着肚子赶路,立马端来米茶和咸菜。米茶下肚,我们饿意全消,睡意袭来。农妇将一特大簸盖放在两条长凳上,安排我俩晚上露宿于簸盖上。7月的夜晚,我们不觉冷,只听见虫鸣狗叫声,望着满天星星,一望无际天穹中的那轮皓月,使人浮想联翩。回想一天的遭遇,虽有冷面货车司机,也有热心肠的农家大嫂,更有为自己勇敢前行,战胜困难而感到的自信与骄傲。

　　天蒙蒙亮,我俩便起身准备上山,临走时向大嫂道了谢。大嫂很善良,还叫我们以后赶场时顺路到她家歇脚喝水,此番心意至今未忘。

　　虽然此行未买到收音机,空手而归,但买收音机之事仍未放下。数周之后,我和小芳又结伴而行,回了一趟重庆,最后在解放碑一家五金商店买到了收音机。

　　买收音机之事已过去了50年,其中有些情节已淡忘。但一路走来,所经历的人情世故仍历历在目,至今难以忘怀。50年后的中国物资之丰富、交通之发达是50年前做梦都想不到的。今昔相比,只有改革开放才能带来如此巨大的社会变化!身在其中,经历其中,是一生的体验,更是一生的收获。

老照片

初 1966 级 3 班　胡玉香

去年年初回渝,我参加了班上同学的聚会,闲聊中提及王孔玲在农村曾经给我们拍了一张照片。这都是几十年前的事,对她已经没印象了,于是我回到家后,将尘封多年的这张老照片找了出来,用手机翻拍后,发在了班上的微信群里。

每当我看到这张照片,心里总是感慨万千,这是我四年知青生活中仅有的一张劳动照,对我来说意义非凡。那是在我们上山打柴回家的路上,恰逢孔玲和朋友在拍照,热心的她给我们拍下了这张照片。我还记得那时我们又累又饿,但已离家不远,再过一条小河,翻上对面的山,就能望见我们的生产队了。满心的喜悦,在照片上显而易见。

我们是 1969 年 2 月初学校首批到开县下乡插队的知青。班上的女同学都两个一组分在不同的生产队。我和春英一家,在跃进区平安公社大兴三队落户。这里十分贫穷落后。土地少、人口多,农民缺衣少食。一到开春便青黄不接,很多人家都揭不开锅,只能靠着政府的一点儿救济粮过日子。

我们当时满腔热血,真心响应党的号召,扎根农村,接受贫下中农的再教育。那时真不知苦和累,我和春英都拼命干活。如上山打柴,这是当地农民都不愿意,万不得已才去干的苦活。路途遥远,还要经过令人畏惧、被称为九道拐的山路。据说那里还有野兽时常伤人。但我们根本不听老乡劝阻,执意要去。农民能干的,我们为什么不能呢?

第一次上山打柴,印象深刻,是院里一个叫家珍的女孩带我们去的。天刚蒙蒙亮,我和春英每人带上两个洗干净的生红薯,穿上新胶鞋,跟上家珍匆匆出发。背篓是院里的王大伯给我们编的。知道知青劲儿小,他特意给我们编了比农民的小一号的背篓。我还记得两个红薯在背篓里滚来滚去的感觉。我们一路爬坡上坎,山路崎岖,弯弯拐拐,真是很远。到了人们说的九道拐时,只见山路陡峭,全是石谷子土,一踩就往下掉。我们不得不鼓着劲,一路小心翼翼,手脚并用,一步一步踩稳,沿着七弯八拐蜿蜒向上的山路往前爬,生怕一不小心滚了下去。我们好不容易上了山,已过正午。擦去满头汗水,分别行动。山林是国家严令保护的,当然不能砍树,只能割茅草,捡枯枝枯叶。记得我第一次打柴的目标是捡松毛,那是干枯掉落的松树叶,既易燃,又耐烧。我用竹扒将松毛扒成一堆堆往背篓里装。山林里很静,只有一阵阵的松涛声。我们早已饥肠辘辘,一边啃着生红薯,一边干活,直到家珍找来,看见我背篓里清一色的松毛,差点笑弯了腰。我不知所以,待看见大家背篓里满满的柴火时,我才明白过来。事后被农民传为笑谈。

下山不比上山轻松,怕脚打滑,不得不横着脚,一步一步往下挪。背上重了,我们心里的压力更大了,直到下完陡峭的山路,才松了一口气。在回家的路上,我们多数时间都是一溜小跑。就这样,到家时,天已漆黑。卸下越来越沉重的背篓,虽然筋疲力尽,肩膀也被背篓绳勒得通红,但我们还是满心喜悦。掌上煤油灯,和春英一起烧火煮水,熬上一锅玉米面糊,就着泡萝卜,吃上一顿热乎乎的晚饭,心满意足地结束了一天。

下乡4年,我究竟上山打了多少次柴,没法记清,只记得每次上山前都要给自己打气,要加强锻炼,要不畏艰险。至今回想,当时年少且在校受教多年的我们,多么单纯可爱。

4年的知青生涯,和当地淳朴的农民在一起,虽然清苦,但生活中充满了欢笑。

独闯风箱峡

——知青生活拾忆

高1967级8班 何国超

我是1969年4月到巫山县大庙区庙宇公社白庙三队落户的,跟吴绪源同学同住一屋,开始了我们的知青生活。上山下乡是我们走向社会生活的第一步,值得记忆的事情很多,这里记叙的,是我知青生活的一个小片段。

当年7月的一天上午,生产队的庚队长急匆匆地找到我,叫我立即赶往白帝城,把在那里打工的生产队里的30个全劳力全部召回,说公社已派干部在队里蹲点,要搞运动。临走时队长特别叮嘱我:"到白帝城有80里路,还要过长江,穿越风箱峡,路很险。吴绪源和队上的老聂到忠县买耕牛去了,只有劳你何知青亲自跑一趟了。"

时间紧迫,我抓了一顶草帽扣在头上就出发了。我一路小跑穿过核桃树7队,看到一个很大的水坑,听说整个庙宇槽的水都由此流入地下暗河。两年前山洪暴发,该队有父子俩,冒着倾盆大雨,划着板桶(达斗)到田里去打捞集体的稻谷草,不幸被洪水冲入大水坑。水退去后,全队社员用稻草搓了六七百米的草绳,选派了几个身强力壮的小伙子,拴好草绳,带上电筒,顺着坑道探寻了四五个小时,草绳都放完了,也没见父子俩的踪影。为此,公社为保护集体财产而遇难的父子开了追悼会。眼看日头当午,我无暇探究神奇的暗河,赶路要紧。接下来是30多里的下坡路,我三步并作两步走,小跑下山,渴了就喝口山泉水,热了就捧把泉水洗把脸。下午两点多钟,终于赶到坐落在长江岸边的大溪镇。我在路边小店吃了两碗小面,狼吞虎咽,一小会面就下肚了。

　　小店老板听说我要坐船过江,十分焦急地对我说:"快点到江边去看有船没有,下午3点后就没有船过河了。"我急急忙忙赶到江边,看见一只小木船停靠在岸边,船上已坐着一个妇女和一个小男孩,船尾坐着一个40岁开外的男子,他应该是船老板了。我一步跨上了船,船晃了几下,坐在船尾的男子发话:"这只船是大溪公社的,推船的只有我一个人,坐船过江不收钱,除了妇女和儿童,其他人要坐船过江必须出力。"我应声答道:"没问题,我会划船。"

　　其实我在读高中时到西郊公园花溪河划过小船。不一会儿又来了六七个年轻小伙子,太阳偏西了,船老板朝岸上喊了一嗓子:"要过河的走起哟!"我朝岸上望了一眼,没见什么动静。船老板叫4个小伙子下船负责拉纤,船上四个男人划桨。由于江水流速太快,大约用了40分钟,船沿江南岸边朝上游行驶了大约三四里,此时船老板叫大家就在岸边休息片刻。拉纤的4个小伙也上了小船,他们已经汗流浃背,直喘粗气,我们划船的人也是汗流满面。我顺手从口袋里掏出一盒三门峡香烟,分发给出力的人,又给船老板把火点上。船老板问我去哪里,我说到白帝城。歇了一会儿,船老板对大家说今天长江涨水,水流湍急,大家一定要齐心协力,一鼓作气,不能虚场合。

　　老板安排8个人划桨,他在尾部稳舵,船老板叫了一声:"抛河开始!"我们划桨的埋头划桨,还很有节奏地喊着:"一,二,加油!"只见我们的小船如离弦之箭,向长江北岸冲去。无奈水流太急,只见小船一个劲朝下游奔去。船老板一再给我们打气:"桨不能停!保持节奏,不能乱!坚持一会儿,快到对岸了!"我们汗如雨下,眼睛都睁不开,衣服能挤出水来。经过十几分钟的拼搏,船终于到达了对岸。船老板大声宣布抛河成功!我们的小船已被江水冲到下游五六里远的地方。

　　太阳偏西,峡谷阴凉,大约下午4点钟,大家谢过船老板,各自赶路。我跳下小船朝上游方向急步前行,忽然听见老板大声呼喊:"重庆知青留步!"我回头望去,只见船老板已下船,正快步向我赶来。他拉住我的手,小声对我说:"我见下船的人都往下游方向去了,只有你一个人独闯风箱峡,你又是初来乍到,这风箱峡是古人在绝壁上修的栈道,下面就是波涛汹涌的滚滚江水,漩涡有大箩筐大,若不小心掉到河里很难生还。还要提防坏人拦路抢劫,最好等人结伴而行。"我答道:"今天我必须赶到白帝城,有十分重要的事情要办。""那你一路一定要倍加小心,如果有赶路的对面穿过,你一定要靠栈道的内侧,防止坏人将你推入江中。"我感动地说:"谢谢大叔的关照,我会保护好自己的。"

　　我继续向风箱峡前行。大约走了四五里路,忽听到几声老鹰的哀嚎,"哇哇"的声音让人毛骨悚然。我抬头一看,只见十几只老鹰在空中盘旋,还有十来只就站在岩石上,不时有石子滚落下来,发出"哗啦"的声响。突然,有四五只老鹰俯冲下来,在石板路上叼起一根根一尺多长的黑乎乎的东西腾空而去。我以为抓的是小蛇,待我走近观察,原来是大蚯蚓。由于天气闷热,蚯蚓从地里爬出来透气,预示有可能下暴雨。

　　继续前行,来到风箱峡栈道。所谓栈道,就是在陡直的绝壁上开凿的一条小路,宽大约1米多,高大约3米,路面很不平。靠长江一边长了一些杂草和小树,只要你不刻意向江里看,感觉还是挺安全的。一路走来耳边总是波涛声声,夹杂着江水拍打岸边岩石的巨响,让人不免有些心惊肉跳。不经意间,我又听到几声老鹰的哀鸣,循着声音望去,发现悬崖绝壁上大大小小有十几口棺木,大概这就是传说中的悬棺吧!有几只老鹰就站在放置棺木的长木桩上。太阳快下山了,我终于安全地穿越了风箱峡,急行了一个多小时居然没有看见一个路人的踪影。

　　我终于望见白帝城的小山了,由于长江涨大水,白帝城下的一条小河沟如今已成了一百多米宽的大河了。在河边碰上一个放羊的年轻人,他说沿河边绕行可以到达白帝城,大约要一个小时。原本有一只小船可以搭几个人,只需十分钟就能直达白帝城,这人已收工回家了。他听说我是重庆知青,对我十分热情,答应帮我喊一下。他使劲喊了一嗓子:"重庆知青要到白帝城办公事哟!快把小船划过来!"一只小船很快就划了过来,短短五六分钟,我就到了白帝城小山脚下。

　　太阳已经下山了,我快步赶到白帝城,几经周折,终于打听到我队社员的住地,正赶上他们吃晚饭,每人一个扣碗(粉蒸肉),一碗白酒(半斤)。大家吃得正起劲,忽然看见我去了,都来拉我喝酒。炊事员很快就给我端来了一碗酒,一碗粉蒸肉,各吃各的肉,各喝各的酒。三下五除二,待酒足饭饱之后,我把各位召集在一起,宣布明天全体回生产队,一个都不能留下。大家听后都不高兴了,出去务工的都是生产队最强的劳动力,在奉节白帝城是出了名的好身板,要说抬连二石,称得上是独霸一方。为了建氮肥厂,从河边运石头到小山上,劳动强度很大,平均每人每天能拿到四元钱。每天给生产队交一元钱,队里可以记10个工分,10个工分大约值4角5分钱,在外务工一天相当于在队里干九天农活。我带领社员当晚就和工地会计结清钱款,扣除每人应上交生产队的钱,剩下的全部发给了社员,大家的脸上都露出了笑容。

　　次日天刚亮,社员许定山就把我叫醒,带我去参观白帝庙。我们朝白帝庙的小山走去,轻轻推开两扇大门,进入庙内,只见有一口大钟在庙门左边钟楼上吊着,往前走有刘备、关羽、张飞的塑像,可惜的是,因"文化大革命"破四旧,有的断了手,有的缺了头,有的缺了兵器。再往前是刘备托孤的像,也遭到了严重损坏。继续向前来到碑林,约有100块石碑,由于清晨,庙又在大树下边光线很暗,感觉阴森森的,在我的记忆中留下深刻印象的只有一块碑文:巫山峡锁全川水,白帝城排八阵图。由于时间仓促,草草逛了一下就下山了。吃过早饭,我和社员一起浩浩荡荡踏上了回生产队的小路,天黑之前我们平安回到队里,丁队长在院坝迎接我们,并夸我为他办了一件大事。

　　40多年过去了,每每回忆起那次独闯风箱峡的经历,都会使我心潮澎湃,思绪万千,那纯朴的船老板,那些拼命拉纤的小伙子,那江边放羊的热心人,还有生产队那帮大块吃肉,大碗喝酒,五大三粗,老实巴交的社员……那真是令人永生难忘啊!

山乡磨砺两春秋

——南川下乡插队纪实

高1968级1班 杨秀和

那场震惊世界、轰轰烈烈的知识青年上山下乡运动,至今已逾半个世纪,作为那场运动的亲历者,总有些难忘的记忆萦绕脑际,迄今犹历历在目。

初到的尴尬

我于1969年2月28日回到初中母校重庆49中,挂钩到南川县冷水公社高峰大队二队落户。

该队邻近公路,交通方便,人少地多,劳动分值高。原定不安置知青,后经我要求和舆论压力,才同意我由七队调到二队。由于队里原来没有安置准备,只得把我临时安排在粮食保管室,也就是在牛圈屋上面存放谷子的地方暂时住下。

晚上睡觉,室内有盖着石灰印迹的谷堆做伴,室外有春风吹动屋顶瓦片沙沙的声音伴寝,同时还有牛角敲打圈栓的响声呼应,形成了低、中、高三个方位的山间交响催眠曲。

半个月后我才被安排进刚腾出来的茅草灰屋里居住,直到年末才正式住进知青安置房。

艰苦的锤炼

我们2月底下乡,正赶上开春往田里运肥料和平整水田。二队田多土少,男人主要干田里的活。山乡的初春寒气逼人,撸高裤脚下到田里,身子冻得直打哆嗦。用力忙乎一阵后身上热了,还冒了汗,但泡在田里的脚却被冻麻木了。一天忙下来早已腰酸背痛,第二天、第三天还得接着干,真感到心力交瘁。但不行呀,生产队有规定,凡是男人都得下田干活,万般无奈,我也只得咬紧牙关硬撑下去。手被扒梳耙磨破了皮,脚泡在水里长满了湿疹,但我还得照样干,劳动关就这样艰难闯过,日计工分也由8分升至10分,成为名副其实的全劳力。

发挥知识优势

知青在农村一方面学习、锻炼,一方面将自身的文化知识、艺术特长奉献给农村,为改造农村落后面貌做贡献。

我们下乡后遇上的第一项政治任务是参加迎接党的九大召开活动。高峰大队18名知青成了筹备"迎接九大"活动的参与者和组织者。大队党支部采纳了我们提出的,由各个生产队选派社员抬着毛主席画像和横幅标语组成方队参加游行的方案。知青的文化艺术特长派上了用场,我是"知青教管领导小组"成员,又有绘画基础,首先承担了绘画毛主席穿军装向人民招手致意的巨幅画像任务,同时提出要木匠制作由4人肩抬的木筐架,在中央置放毛主席的石膏像,石膏像后面绑上由我彩绘光芒四射的红太阳,走在游行队伍最前面,作为游行队伍的统帅。为了表达广大农民群众对毛主席的忠心和烘托游行队伍的气氛,从年轻社员中挑选出能跳舞的人员与知青一道着装排练花环舞,在游行进程中用舞蹈表达忠心。筹备排练在大队会议室旁边碉楼和球场坝上展开,吸引了众多社员前来看稀奇。

九大闭幕的当天,由我们高峰大队组成的游行队伍代表冷水公社步行十几公里路程参加了鸣玉区"庆祝九大胜利闭幕"众多公社参加的大游行活动。我们队伍技压群雄,成为游行队伍中的一道亮丽风景线,受到各级领导和社员的一致赞赏。

为社员讨债

知青为人豪爽,敢于向邪恶势力做斗争。其中为社员王世正讨债是个典型案例。

王被骗子徐某骗了三丈多布票和几十元钱。1969年11月某天,应社员王世正的请求,我们三个知青随同王世正来到龙潭二队骗客徐某家里,徐某见到我们很紧张。

当着徐王两人的面证实了事实后,我们对徐说:"既然是事实,今天就把钱和布票还了,要知道知青是不会白跑路的。"徐说:"知道,知道! 但现时家里实在没有钱,要出去借来还。""要去借也可以,两个钟头后拿回来交清。"徐答应了我们的条件。徐走时叫他老婆煮饭给我们吃。我们吃过饭后,限定时间也到了,但不见徐某身影。我们商量,既然徐某敢要我们,我们必须给他点颜色看看,把他家的鸡和猪拿来抵债。我们一边在院子里抓鸡,一边动手把五六十斤重的黑猪儿拽出圈来。猪的嚎叫声把徐某唤回来了,同时来了两个人,说是队长和会计。队长见我们追不回债是不会走的架势,便对徐某大声吼道:"拿了别人的东西就该还。"徐某哭丧着脸说:"我是要还,但拿不出钱来呀!"队长迟疑了一会儿说:"拿不出来也好办,先把你的谷子担到队上保管室去押着,队里帮你还。"接着会计就把徐差的钱和布票数量补上交给了王世正。就这样,拖了几年的债务就干净利落地解决了。

才艺展示顺利进厂

我在农村两年间,学会了农业生产的基本技能,在大队小学代过课,与大队治保主任等人一起出差追查被盗缝纫机,协助大队、生产队组织学习毛主席著作,参与大队清理地富反坏分子的档案材料。我还要求自己三年内不在农村谈恋爱。

知青房子修好后我将毛主席"四海翻腾云水怒,五洲震荡风雷激"的诗句以毛主席手写体描涂在门坊上,在进门正对墙中央贴上自己画的,题有毛主席《卜算子·咏梅》词的水墨画。1970年年底招工人员来高峰大队摸底时,看见门坊上题字和屋里水墨画,第一个将我列为有特长的人员报给了负责招工的军代表,这样我很快就被招进国营东方红机械厂。1971年元月,我正式到该厂上班,结束了近两年的农村生活。

下乡访贫忆散记

高1966级5班　王香驿

1969年初,我到当时的川东岭谷开县岳溪落户,给自己安排的上山下乡第一课是访贫问苦。

我们二男三女五个知青随来接人的队干部挑着行李走了4个小时山路,来到接近山顶一个姓朱的农户家。这里从下到上近百米坡地上有近百块梯田。由于冬季田中蓄满水,眼前一片片明晃晃的水田,像一面捣碎的明镜。坡上是一片连接天顶的松树林。

"我们山上田多,出大米,地里种的大多是洋芋、红薯。明天带你们逛一逛!"队长对我们说。

队里早就为我们5位知青准备好了住房,当晚在煤油灯下宿了一夜。第二天早饭后,队长就来叫我们去观光生产队的田土了。

刚走到森林边一溜缓坡地带,林中忽然飘出一阵俚语山歌。歌声苍凉而略带破嗓:"吹大风呵刮大哟嗬雪哟,吹得哟麻雀呀岩洞洞里歇哟!"见我们好奇地张望,队长解释说:"这是老二叔上山捞干柴。"

"队长,老二叔多老啊?"我问。

"50多了,是队里的庄稼老把式哪! 以前给地主老财当长年!"队长一回答,我来了兴趣:"长年就是帮长工哟! 今晚我们可以访问他一下吗?"

"他就在坎下那个院子住呢。我跟他说一下嘛!"

当晚闲下来我立即约上另外4位同伴来到老二叔家。

我们一进院子狗就叫起来了。我们呼喊老二叔,里屋传来老二叔制止狗的喝声,并说:"快进来! 快进来! 知青大弟娃!"一边在堂屋招呼我们在火塘边坐下。

山上气寒,每家都有火塘。终日塘火不灭,一只黑黢黢的铁鼎罐吊在火塘中上方离火几寸远,利用取暖余火烧水或煮东西。烧的是树疙蔸,来客了再加几根干柴增强火势。不一会儿,柴火照红了大家的脸。

近观老二叔,中等身材,粗壮结实,头缠山里人惯用的白头帕,脸膛红彤彤的,布满皱纹,声音浑厚,略带沙哑。

老二叔挨着火塘边坐下,嘴里吧嗒着叶子烟嘴。

"听队长说你们来访问我哇?"老二叔先发话了。

"对头,听队长介绍,老二叔是队里的贫雇农,我们来到的第一课就是访贫问苦,了解贫下中农。"我接话答道。

"对头对头! 请老二叔给我们摆摆过去受过的苦嘛!"其他知青同伴应和着我的话。

老二叔微微摆手,缓慢地深吸一口烟。"唉! ……"他长吐一口气后,沉沉地说:"真要我说苦哇,还是伙食团那阵,又要干活,又没得吃的……"

听老二叔一说,我们5个知青面面相觑,张大嘴巴和眼睛。

"1958年大跃进,农村要进入共产主义社会,就把家家户户的锅台都用来炼钢,大伙一律到集体伙食团吃饭。叫作'有事大家做,有饭大家吃'。"

我看访贫问苦不成功,赶紧转换话题说:"老二叔,朱家队现在不是又有90多人了吗? 哪天我们向你学唱山歌,好不好?"

"也要得。这是我们祖祖(曾祖父)从湖北老家带过来的,我还可以教你们几句哟。"

老二叔说完,众知青欢呼起来,连忙说:"一定抽空找二叔好好学学山歌!"大家谢毕老二叔便告辞出来。

我们一回到知青屋,脑子里立即冒出一个大大的疑问:老二叔真是贫下中农吗? 看来,这下乡第一课没有给我们预想的答案,反倒是给了我们一些奇思与遐想。

广阔天地的回忆

初1968级1班　温志龄

我撷取知情生涯中的三朵浪花,反映自己两年零9个月中的趣事与回忆。

下乡那一天

知青下乡,南开中学学生第一批是到距主城318公里的开县落户,第二批是到距主城437公里、与湖北交界的巫山县落户。去的地方可谓远矣,苦矣。

我因为二哥在重庆18中读书,该校落户地点是距重庆主城仅30公里的璧山县。我于是挂钩到18中,与哥哥一道,去璧山落户。

记得我们是1969年3月8日下的乡。那天上午9时许,春寒料峭,数十辆卡车整齐排列在18中的操场上。毛泽东关于"知识青年到农村去"的宣传画、大小标语布满了现场。宣传车上,高音喇叭正在反复播送"知识青年到农村去,接受贫下中农再教育",即将远行的知青和前来送别的亲友、同学、老师都表情凝重,他们相互话别,互道尊重,互祈平安,互诉衷肠。现场抽泣声、互勉声、安慰声、叮嘱声响成一片。普遍的沉闷和嘈杂声中,有依依惜别的离愁,有前途未卜的忧伤,有学业中辍的痛惋,有相互保重的祈福!

在即将登车的前夕,当时还未满17岁、但学习一向非常勤奋的我不甘心就此辍学务农,心中涌现一种莫名的悲哀,驱使我鼓起极大的勇气,当着大家的面,大声背诵了那首《红楼梦》中贾府三小姐探春远嫁前,惜别亲人时倾诉的那首诗。我只对那首诗,做了少量字句的改动:一车风尘向璧山,把骨肉家园齐抛闪。忍泪强装欢,恐哭损残年……诵毕,我涕泪俱下。这种情绪也在一定程度上感染了现场的人群。

就这样，我们数百名学子，在一片惜别声中，背负行囊，登上卡车，告别了山城父老乡亲，告别了昔日的老师、同学和朋友，告别了生养我们多年的那片热土，奔赴璧山农村，揭开了上山下乡务农生活的劳苦篇章。

农村宣传员

我在璧山当知青的地点是来凤区青杠公社青杠大队三队。在农村，犁田、耙田、栽秧、挞谷等几乎所有农活我都尝试过。但干得最带劲、最拿手、最受农民欢迎也最得领导赏识的，却是充分利用自己笔头较硬的特长搞宣传。我最终能被区委领导率先推荐回城，也与此有关。

传播农业知识崭露头角

刚下乡，我就凭着超强的记忆力，向农民宣讲二十四节气歌谣：一月小寒接大寒，跃进歌声贺新年。二月立春又雨水，造林绿化大积肥。三月惊蛰连春分，早施基肥把田耕。清明谷雨四月间，种完玉米和谷棉……

我把这歌谣从头到尾，向农民娓娓道来，在场的所有农民都感到十分惊讶。他们万万没有想到，一个从未下过农村、从未从事过农业生产的17岁城市青年，会对与农业生产联系极为紧密的24个节气如数家珍，并对这些节气该做些什么事了如指掌。

紧接着，更令他们惊讶不已的事接踵而至。那就是，我马不停蹄地向他们宣传国家当时制定的指导农业生产的、也是极为经典的"农业八字宪法"，即"土、肥、水、种、密、保、管、工"，并向他们一个字一个字地剖析解说：第一宝，是土壤，改良土壤深翻好。保墒防旱增肥力，庄稼根子扎得牢。第二宝，是肥料，人人快把肥源找。一年四季都积肥，肥多产量能提高。第三宝，是水利，渠道水库要修好。全国实现河网化，不怕旱来不怕涝。第四宝，是良种，好种才能出好苗……

这一下，农民们更傻眼了。他们说，我们种了一辈子庄稼，都说不到这么顺口，这么"圆范"。

趁热打铁，我又向他们宣讲了农业发展纲要40条：树上喜鹊喳喳叫，老汉咧嘴忍不住笑。农业发展纲要40条，好像40颗太阳当头照。太阳也比不上它温暖，处处地方都照到……

接下来，我又用通俗易懂的群众语言，向他们宣传了农业发展纲要40条的核心、要领、举措、目标等。如此一来,我在当地农民的心目中,俨然成了一个博学多才的农业生产专家。

其实,这些知识,我都是从课本上学来的。只是有的同学学过就忘了,而我对自己感兴趣的知识,有过目成诵的本领。

我做梦也没想到,这些被城里人弃若敝屣的农业生产知识在农村这个广阔的天地里,还能被奉为经典而大放异彩!其实,我当初在背诵这些歌谣时,并没想到日后它会成为"香饽饽"而受到人们的眷顾和追捧。这既是功夫不负有心人,也算无心插柳柳成荫吧。

创办生产简报收到奇效

我所在的大队,是县、区、公社同时树立的先进典型。因为该队大队书记岳水清是50年代树立的全国劳动模范,受到过毛泽东的接见。所以,这面旗帜非树不可。

当时的来凤区委专门指派一名副书记负责联系这个先进典型。在该副书记的重视和要求下,我们很快办起了指导和推进农业生产的油印生产简报。该报八开单面,每期一版,大约2000字。平时不定期,有稿就出,农忙时每天一期。我因为宣传工作成绩突出而名声大噪,又被公认为是该大队文字基本功最强的知青。所以,被指定为该报的主要撰稿人兼编辑。该报也同时接收各生产队其他知青和农村通讯员来稿。

该报有各个生产队的农业生产进度情况报告,有新闻报道、新闻特写、简讯、表扬稿,还有打油诗、顺口溜、三句半等,内容较为丰富,稿件比较接地气。新闻当天采访,晚上撰稿、编辑,由一名当地返乡知青负责刻蜡纸,当晚油印,第二天分发。该报一半以上的稿子由我采访、撰写。

有一次,我听说大队民兵连长在规划勘查水利途中,用锄头把一堆狗屎钩进了水田。我立即编了一段打油诗:民兵连长黄廷元,爱队如家好思想。规划水利一路上,狗屎在路旁。一锄钩到田里去,肥了田来多打粮。事情虽小品德好,值得发扬和提倡。

这个顺口溜一刊出,立即受到大家交口称赞。被表扬者也感到脸上很有光彩,做好事的积极性更高了。这种生动活泼、通俗易懂、类似打油诗似的表扬稿深受广大社员的欢迎。我也从中受到极大的鼓舞,坚持每期必写,从而在宣传典型、树立一代新风方面收到意想不到的效果。

又有一次,我参加了一个如何消除顾虑、克服困难、大力发展生猪养殖的群众座谈会。会上,大家都提出了许多好的意见和建议。为了让这次会议的精神具体化、形象化、通俗化,从而做到家喻户晓,深入人心,我很快编出了一个深受群众欢迎的顺口溜:毛主席,发号召,发展生猪掀高潮。粪是庄稼宝,缺它长不好。能积肥来能吃肉,发展生猪就是好。有人说,发展生猪好是好,就是饲料不好找。猪儿本是喳口货,缺一顿都不好搞。客观条件要少讲,依赖思想应丢掉。开动脑筋想办法,大家来把窍门找。种上玉米和胡豆,自留地里多种溂。瓮菜青菜牛皮菜,红苕藤藤根根苕。二斗谷子(当地土话,指次等谷子)菜籽壳,打来都是好饲料。坡上还有野猪草,不用淋来不用薅。思想问题解决了,生猪定能发展好。猪多肥多粮食多,明年誓把千斤超。支援世界大革命,让共产主义早来到。

这个顺口溜在生产简报中一刊登,立即在当地农民群众中产生了强烈的反响。他们认为,这个顺口溜通俗、上口、全面、实用,是发展生猪养殖、解决饲料问题的指路灯。

有的农民吹得更玄乎:我们队的那个温知青太厉害了,什么东西到了他的笔下,都能给你梳理得条条有理,头头是道!

我们办的生产简报,简明扼要,通俗生动,在宣传党的路线、方针、政策,表彰先进,带动后进,推进农业生产迅猛发展,促进农村两个文明建设等方面,起到了非常重要的激励作用。

开展文艺宣传取得突破

与此同时,我还参加了农村文艺宣传队,主要负责文艺节目的编写。先后编写了歌词、群口快板、对口词、三句半、配乐诗朗诵,以大队书记岳水清苦难家史为题材的小话剧等。

该话剧是我与当地一位熟悉岳水清家史的农村返乡知青合作完成的。在该话剧的创作中,我们并未局限于对原来家史的简单复制,而是有所提炼、深化、拔高乃至合理虚构。

令我们始料未及的是,该剧居然取得了前所未有的突破性轰动效应,在辖区、公社、大队的三级演出中,都大受欢迎,经常演得观众潸然泪下,有的甚至泣不成声。尤其是那次在对湘渝铁路基干民兵的慰问演出中,更是大放异彩。节目刚演到一半,不少基干民兵就控制不住自己的阶级感情和愤怒情绪,直接冲上舞台,振臂高呼:"不忘阶级苦,牢记血泪仇!""岳水清的苦,就是我们的苦!""打倒万恶的地主阶级!"

我白天参加农业生产劳动,长期利用业余时间,撰写宣传稿件,编写文艺节目,编印生产简报,经常工作到深夜12点以后。区、公社、大队干部对我的辛勤劳动和无私奉献给予了很高评价。他们培养我加入共青团,担任团支部宣传委员,又积极培养我入党。

区委分管领导代表组织找我谈话时明确表示,希望我扎根农村,入党,提干,今后可以接他们的班。如果干得好,还可能会有更大的发展空间。

我当时也明确表示,我家有10口人,仅靠父亲微薄的收入勉强维持生活,父母都期盼我能早日返城工作,以减轻家庭经济负担。区委领导对我的倾诉深表同情。他说,既然是这样,那我全力支持你返城工作。只要有招工,全区我第一个推荐你。

后来的事实证明,分管招工的区委领导确实兑现了当初的承诺。当时,为这事,还差点惹出一场风波。长安机器厂招工组负责人对区委分管领导第一个推荐我感到迷惑不解,认为我们是否有什么幕后交易。为此,他们还专门进行了暗中调查。当他们获悉我在农村的突出表现和取得的显著成绩后,我的返城变得很顺利。

苦涩的浪漫

人是需要有浪漫的,即便是在艰难困苦的知青岁月中,偶尔也会泛起浪漫的涟漪。这里,我想说说其中的两件。

第一件　初始的浪漫

记得刚到璧山来凤区青杠公社下乡时,我和二哥等7名知青被安置在距离公社10余里的福英(现改名为"福音")大队山上,我们自诩为"福英七君子"。我们所在的生产队上山要爬6里左右山路,山上地多田少,一年只能分100余斤谷子,碾成米只有接近100斤,其余全是玉米、红薯等杂粮。每个全劳力每天只有1毛多收入,在当时也属于该公社最贫困的山区。

我们对当时的安排非常不满意,从下乡第一天起,就开始向公社、区里、县里层层反映,力求尽早整体调整下山,脱离赤贫。这个过程,大约持续了一周左右时间,最终如愿以偿。

这期间,因为不安心,我们基本未出工,整天东游西逛,醉情山水,全然不知即将面临的农业劳动的繁重和艰苦。面对绿水青山,林间古寺,茅屋土墙,鸡鸣犬吠,翠柏苍松,我颇有陌生、新鲜、好奇、目不暇接,甚至有置身桃花源、恍若仙境的感觉。当时深受陶渊明名著《桃花源记》影响,游历之余,还用半文半白的语句,兴致勃勃地写了一首讴歌社会主义新农村的打油诗,题目叫《农家乐》,全文如下:溪堪钓,山可樵,抬头见煤窑。田土肥,产量高,弯腰有柴烧。乡村三月闲人少,桃李迎春笑。精耕细作苦操劳,人勤春亦早。

尘世无限乐,农家乐陶陶。人间自有蓬莱岛,何必海外寻缥缈!

写了不算完,我索性找来纸笔,一口气写了三封书信,分别向家长、老师和好朋友报告了下乡的情况,并随信附上了我写的打油诗。收信的亲友和老师对我此信表现出的愉悦心态和乐观情绪大为惊讶,当然也多少为我们能够在贫穷落后、生活条件极为恶劣的环境里苦中作乐,感到些许欣慰。

第二件　小芳的浪漫

姑娘姓黄,与我母亲同姓。按照当地农村的习俗,与母亲同姓的同辈女子比自己稍小的可认为远房表妹或干表妹。

黄姑娘是当地的返乡知青,初中文化,个儿1米5出头,瓜子脸,苗条腰,眉清目秀,嗓音清甜,性格开朗,1953年出生,比我小1岁。据说,因为模样俊俏,心地善良,聪明伶俐,话语温柔,很有孝心,深得爷爷的宠爱,从而奠定了其在家中的特殊地位。因而,其在家里和村中都是一枝独秀的玉兰花。

我下乡后,因为宣传工作搞得风生水起:我教农民的二十四节气歌谣、农业八字宪法、农业发展纲要40条令农民大开眼界;我在宣传队编写的小话剧、群口快板、歌词等一大批文艺节目在区、公社、大队巡回演出后,声名鹊起;以我为主要编辑、记者,创办并主编的《农村生产简报》在我所在的农业学大寨样板大队成为一道亮丽的风景线,受到县、区、公社、大队四级班子的充分肯定和较高评价。所有这些,都在姑娘的心中掀起波澜,因为她不仅是这些宣传工作的具体鼓动对象,更是我创作的文艺节目的直接演出者和《农村生产简报》的特约通讯员。

在频繁的接触中,她对我较为丰富的学识、做事严谨的态度、吃苦耐劳的精神和为人诚恳的品质赞美有加。但她十分注意自身淑女形象的塑造,在几乎所有公开场合跟我的交往始终保持内热外冷,尽量不让别人有异样的感觉。她特别感激的是我对其来稿的精心修改和妥善处理。她深知,这对她个人的政治进步、写作水平的提高和影响力的扩大都是十分有利的。因为作为学大寨的样板大队,《简报》是要往公社、区、县逐级上报的。她的芳名屡见报端,文笔经过修改也很出色,而且是名年轻漂亮的姑娘,是极易引人关注的。

她私下向我表明心曲的是一次偶然的机会。那是下乡第二年,一个春暖花开、月明星稀的夜晚,我们刚开完共青团会议,在会上才入团不久的我当选团支部宣传委员。在回家的路上,她邀我同行。在路上,有这样一席对话。

"我很难相信,一个从小在城市里长大、年仅17岁的青年,居然会有如此丰富的农业生产知识,简直使我感到震惊。"这显然是指我向他们宣传的二十四节气歌谣、农业八字宪法和农业发展纲要40条等农业方面知识。

"不瞒你说,我其实都是在书本上学来的,大家都学过,但他们忘了,我不仅没忘,而且时隔多年,仍能倒背如流。"这确实是事实。

"这就是本事呀!"语气中显然带着夸奖。

"你以后是怎么打算的?"问话单刀直入。

"我认为,最理想的是考大学,圆我的大学梦。要知道,我可是小学300多学生中的前两名考进重庆三中的呀!"

"如果不能考大学呢?"其策略显然是步步为营。

"招工回城也行,以后再找机会读书呗。"回答应该是直截了当和真诚坦率的。

"难道就没想到过扎根农村,难道这里就没有值得你留恋的地方?"这话多少有些感伤,同时明显带着弦外之音。我马上意识到,我的回答绝不能伤姑娘的心。

"璧山是我的第二故乡,我从小未离开过家乡、父母和亲人。自下乡以来,这里的乡亲们给了我亲人般的关爱和温暖,这里的山山水水养育了我。我对这片热土,对这里的乡亲们情有独钟,非常热爱!自然也包括你和你们全家。"话只能也必须这样说。

"当然,如果招生和招工的机会都没有,我眼睛又比较近视,当兵基本上不可能,我肯定非常乐意在这里扎根。我可以在这里教书,也可以在这里入党,提干,经过实践锻炼,应该还可以担任某些岗位的负责人。"这话是有根据的,因为区委领导找我谈过类似的话题。

"这话我爱听,像你这样优秀的人才留在这里一定可以充分发挥自己的聪明才智,把知识变成力量,帮助这里的乡亲们加快摆脱贫穷落后的步伐。说句有点自私的话,你如果留下来,我的个人进步和未来发展都可能发生非常大的变化。我想也许你早就有所觉察,我其实早就非常看好和特别喜欢你。这是我的心里话,你可千万要替我保密哟!"她在说这话后半段时,跨前一步,主动、深情地紧握我的双手,借着皎洁的月光,注视着我的面部表情。

"放心,绝对保密!"说这话时,我的心在剧烈地颤抖:这可是我生平第一次与一名青春靓丽的姑娘如此近距离的接触,而且紧握其纤纤玉手,相互说着掏心掏肺的话。我用了很大的克制力,才勉强把握和控制住了自己思想感情的潮水。

在这以后的一年多时间里,我们彼此一直是心心相印的。其间也有多次私下的接触和交流,其主要内容大都是我给她谈文学,诵经典,背名篇,讲故事。她特别喜欢听,还夸我比他们语文老师不知强多少。她也常常给我讲一些农村的风土人情、趣事逸闻。但我们始终坚守了各自的道德底线,就连肢体语言都没有过度的夸张和放肆。

坚守的原因只有一个,就是想返城。因为当时的户籍政策是极为严苛的:城市下乡的知青,招工、招生、招兵都是可能回城的,但农村当地的青年要想户口进城,在当时的历史条件下,除了考上大学、当兵提干外基本上不可能。男知青一旦与农村女青年结婚,无论招工、招生、招兵,本人可以回城,但妻子和孩子是无法回城的。这就是当时的男知青不愿、也不敢与农村女青年恋爱结婚的核心原因。

当时我俩对对方的想法都是心知肚明的:如果我留下,我们很可能会走到一起;反之,则必然分道扬镳!

1971年11月,在招工回城的前夕,我给她写了一封信,信中有这样几句诗凝练地概括了该信的主题:三载务农情谊深,老天最善捉弄人。刚将佳丽藏心底,转瞬又叫各离分。我当时还不会写格律诗,这只能算古风或打油诗。

非常难能可贵的是,她也给我回了几句表明心迹、通俗易懂的四言诗:乡下村姑,渝州蛟龙。有心相识,无缘结盟。前程似锦,破浪乘风。她知道我1952年生属龙,故用了蛟龙一词来夸赞!

必须承认,她能咏这样的诗句,受我的影响是非常大的:我在每期的《生产简报》中,必有一首类似竹枝词一类的民歌体打油诗;我经常给她讲《诗经》的开篇《关雎》、三曹诗选中曹操的《短歌行》《龟虽寿》、曹植的《七步诗·煮豆》等这些我耳熟能详的古代著名的四言诗,耳濡目染,久而久之,自然也就能诌几句了。

天涯何处无芳草

高1967级8班 陈贻芳

1969年4月。

早春的重庆,空气中还带着丝丝凉意。清晨,随着一声汽笛长鸣,由重庆开往上海的东方红64号轮船缓缓驶离码头,沿长江东去。我和妈妈伫立在船舷边,望着爸爸和弟妹逐渐模糊的身影,望着渐行渐远的朝天门码头,两行热泪止不住淌过我的脸颊……

别了,山城重庆;

别了,我的母校;

别了,亲爱的爸爸,可爱的弟妹……

为响应毛主席关于知识青年上山下乡的号召,我离开重庆,离开我的母校——重庆第三中学,到浙江嘉兴县的姨妈家投亲靠友插队落户。

此去千万里,何时返故乡? 我不得而知。我只隐约感到,此次远行,它将改变我的一生。

无奈的选择

我决定去浙江落户,这是一个无奈的选择。

我出生在一个海员家庭。新中国成立前,爸爸是上海至香港的一艘客轮上的轮机长。在那个时候,家境比较好的人家娶两个太太的现象比较普遍,爸爸也娶了两个妻子,没想到这给我以后的生活留下了浓重的阴影。1954年公私合营,爸爸随船一起合并到重庆民生公司,之后,便把我们全家接到了山城重庆。因为父亲的职位和优越的经济条件,让我从小生活无忧无虑,但随着年龄的增长,这个复杂家庭给我的压力越来越大。因我妈妈不习惯重庆的生活,把我安顿好后就独自回上海了,爸爸不让我妈妈将我带回上海,于是,我便成了无娘的孩子。尽管爸爸对我十分疼爱,给我取了个好听的名字"贻芳",希望我能健康成长,给家庭带来幸福和吉祥,但缺乏母爱的孩子,心中的苦涩别人是体会不到的。在家里,我把对母亲的思念深深地埋藏在心底,处处小心谨慎,处理好与重庆妈妈的关系,摆正自己与弟妹的位置;在社会上,我要忍受别人异样的目光。

然而命运好像总是在捉弄人,"文革"还未结束,知青上山下乡运动又开始了。按当时上级的安排,我们学校挂钩的落户地是巫山县,我舍不得离开父亲和弟妹,更丢不下独自在上海的亲妈。思来想去,便选择了到浙江的姨妈家投亲靠友,插队落户。只有这唯一的选择才能让我们母女团聚。

我偏要去种地

我插队的地方全称是浙江省永嘉县江北公社浦一大队第三生产队。这里山清水秀,与温州城区只一江之隔,坐船进城只需要七分钱,是典型的江南鱼米之乡。

我们到达生产队后,暂住姨妈家。队里见有人到来,纷纷过来看热闹,我虽然能听懂温州话,但一句都不会讲,只好傻傻地躲在一边看着他们。

姨妈共有六个孩子,大表弟在山里车算盘珠子,小表弟上小学一年级,四个表妹全部没有上学,都在家编草席。姨妈说了,这里的女孩子都不上学,在家搞副业攒钱,将来好置办嫁妆。我对姨妈讲:"我是来接受贫下中农再教育的,我偏要下地干农活!"姨妈笑着对我说:"别急,先休息一段时间,到农忙时,最多去晒晒谷子。"

终于等到该插早稻了,我不顾姨妈的阻拦,跟着社员下了水田。插秧对我这个城里学生来说,确实是个苦差事,半天下来,自己插的秧苗歪七倒八不说,还累得腰酸背痛,两腿硬邦邦的,三四天都恢复不过来。最可怕的是时不时见小腿上沾着一条蚯蚓似的肉虫,吓得我大声尖叫!社员说这是蚂蟥,用手一拍就会掉下来。最难忍受的还是那些年轻社员的满口粗话,我好不习惯。但是一想到自己是来接受再教育的,还是咬咬牙这只耳朵进那只耳朵出,装作没听见。

一个远房舅舅见我不适应这里的环境,便介绍我到公社农机厂当出纳,开始我还不愿去的。舅舅讲,这不影响我接受再教育,厂里也都是贫下中农,再说农忙时节仍可回队参加晒谷嘛。就这样,我开始了我"亦工亦农"的生活。

不久早稻成熟了,听队长讲,过几天就要分早谷了。我心想,自己挣的工分不多,不要期望太高。

这天我刚从农械厂下班,路上碰到队长,队长突然问我:"你什么时候结婚?"我一下被问蒙了:"结婚?什么结婚?"队长见我一脸茫然,又对我说:"你姨妈不是说你是嫁给她儿子的吗?你不结婚,就分不到粮食!"这真是晴天霹雳!我又气又急,突然冒出一句:"我是来接受贫下中农再教育的,不是来嫁人的!"便哭着跑回了家。

后来我们才知道,原来我要求到姨妈处插队落户的申请交给生产队后,生产队不同意,为了帮我尽快办理落户手续,姨妈只好撒谎说我是她家未婚的儿媳妇,这样才层层盖了公章寄到重庆,当时信中只字未提取得证明的过程。难怪下乡没几个月,姨妈就四处托人给我介绍对象,就是想把我早点嫁出去,趁早结束这桩骗局。后来她看我根本不理会这些,反倒起了私心:我若真成了她家媳妇,岂不是件美事!于是就授意队长来吓唬我。我生性胆小懦弱,但在这大是大非面前,我居然变得无比坚强!我是下乡知青,是来接受再教育的,不是来嫁人的!谁敢逼我嫁!我坚决不答应!一气之下,逃到城里姑妈家"避难"去了。

当年的温州知青,基本上是到黑龙江兵团或插队,听表姐夫说,有女知青想回城遭受凌辱,上头知道了,正在调查处理逼婚诱婚的坏头头。听了这一消息,我突然觉得有了一线希望:我也去找政府!

第二天一大早,我带着母亲,找到了永嘉县革委会,自己都不知道哪来的胆量,是为了我的生存?为了我的前途?还是为了听毛主席的话?不管为了什么,我要去告状!

找到县委知青办,见到工作人员那一瞬间,我未曾开口已泪如泉涌。有位工作人员给我们倒了两杯水,要我慢慢讲。当我讲完过程后,他们也非常吃惊:他们立即与江北公社联系,对方回话确有此事,我赶忙补充:我姨妈也是好心办错事,请县里妥善处理。知青办的同志马上向县领导汇报,领导当场拍板:把温州市的下乡指标划一个给江北公社,解决了我的实际问题。

事后,我还收到县里补发的300元安家费和0.3立方米的建房木料指标。生产队接到通知后,也分给我50斤早谷。这时,我反而有点觉得对不住生产队,木料指标全部送给姨妈家，我在生产队一待就是7年，从未提出过分的要求。

此心安处是吾乡！

从1969年下乡到现在，我在温州落户已整整50年。回顾50年的人生历程，有苦也有甜，有失落也有收获，就如一棵扎根异乡的小草，经历了风风雨雨，我已对这片热土产生了深深的眷恋之情，温州已成为我名副其实的第二故乡。

20世纪70年代初，当知青返城大潮席卷全国时，我毅然放弃了返回重庆的想法，在温州结婚生子，温州成为我永远的落脚之处。

1976年，我被温州梅屿发电厂招工回城，分配到财务科。尽管这是一个小厂，但我十分珍惜这来之不易的"铁饭碗"，兢兢业业，埋头苦干，在这里入了党，提了干，担任财务科长十余年。

1990年，为了支援新建电厂——温州发电厂，我主动请缨离开市区，到郊区参加新厂的组建工作。我一直担任该厂财务处长，直至2003年退休。

刚办完退休手续，我又被浙江省重点工程——乐清发电厂筹建处反聘任计财部副主任。乐清电厂机组容量4台60万千瓦，总投资100亿元，是国家大型企业。作为一名退休干部，能在这样的企业发挥余热12年，我既感荣幸，又感责任重大。工作中，我时刻以党纪国法规范和约束自己的行为，老老实实做事，堂堂正正做人，内强自己的政治业务素质，外树一名共产党员的良好形象，为电厂的建设和发展竭尽全力。建厂初期，如何降低基建的资金成本和保全资金的安全，是我从生产转向基建研究的新课题，也是我们全体基建人员追求的目标。由于成绩显著，2005年4月，我被浙江省人民政府授予"浙江省电力建设责任考核先进个人"称号。

我特别喜欢当年十分流行的一首老歌《小草》："没有花香，没有树高，我是一棵无人知道的小草……"在南开百花园中，我不就是一棵扎根天涯海角的小草吗？

永藏在心中的珍贵记忆

——我的知青生活回忆

初 1966 级 1 班　张咸廉

　　1969 年 2 月,我 18 岁,是一名初三学生,随学校安排下乡到开县农村跃进区齐心公社插队落户,后又转到铁桥区铁桥公社。

　　铁桥公社五通大队就在那个古老的大石拱桥边。石拱桥下有一条小河流过,小河两边都是山清水秀的乡村,我们五通大队的十多个生产队就在公路边。我们六队在山岩下。种水稻的梯田,种玉米的旱地绿油油地连成一片。

　　刚到铁桥时,觉得这里的风景好美!竹林掩映的农家小院,旭日升起时的满天红霞,田间腾起一片薄薄的轻雾,飘散在绿油油的稻田上。热情的农民乡亲给我们送来了腊肉、豆腐、蔬菜。我们很兴奋,第二天就参加劳动了,自告奋勇参加挑塘泥。一天下来,我们的肩膀又红又肿。挖干田,手都打起血泡。学插秧,腰都直不起来……跟所有知青一样,我们经历了艰苦的农村劳动锻炼,从肩不能挑、手不能提的城市学生,变成生产队的能评 10 个工分的好劳力。

　　农活是熟悉了,但是我们心里总觉得欠缺什么!在校时对知识文化的渴望、对人生目标的追求,仍蕴藏心底,不时升起疑问:我们知青能为农村为农民做点什么呢?

　　我看到当时报纸上在宣传针灸,不久又宣传赤脚医生。我们当时也听说某些同学招兵因为视力不好,没有能去当兵,我们大队好多同学都是近视眼,何不学学报上说的用针灸治疗近视呢?我一个表姐在上海某医院工作,我请她替我买了针灸书和一些银针寄来,先对着镜子自己扎。我用酒精棉球消毒了银针和皮肤,按图索骥,找到什么睛明穴、承泣穴……我对着镜子,试了几次都不敢扎进去!毕竟怕痛啊!后来我咬咬牙,横下一条心,对准睛明穴扎了下去,然后轻轻捻针,感到酸胀,是书上说的“得气”了,这就对啦!然后承泣穴……扎了几天,再看视力表,吔!还真提高了一行两行!

其他几个队的知青知道了,也来叫我扎银针治近视眼,视力也都分别有所提高。我们看那远处的秧苗,树上的小鸟,都变得清晰了一些。我觉得高兴又有趣!

一天,我给五队新芬同学扎睛明穴时,不小心扎到了静脉血管,出血了,鲜红的血流出来!我吓住了,赶快给她用棉球按压住。血是止住了,可新芬的眼角乌青了一片,我挺愧疚的,也不知道对她的眼睛会不会有影响!心里很紧张!新芬反而安慰我:你别急!一点儿都不痛,过几天就会好的。过了几天新芬眼角的乌青慢慢消散,我悬着的心才慢慢放下了。

农村的确是缺医少药的,虽然我们队离区政府很近,有区卫生院和公社卫生院,但是农民都很穷,没有多少钱去看病,有点病都是自己扛着、挨着,除非真的过不去了,是绝不会花钱去卫生院看病的。生产队的社员们看我给知青扎银针,就问我,头疼牙疼关节痛这些可以扎银针吗?我看书上也有这些疾病扎针的穴位,就试着给他们扎银针,像头疼关节痛一针下去,只要穴位准肯定有效果。我渐渐在大队、生产队有点名声了。

一天大队雷书记问我,想抽你去当赤脚医生,你去不去呀?我一听,可高兴了,一蹦老高,要去呀,我要去呀!这样,我就被抽到大队合作医疗当赤脚医生了。可我只有一本针灸书,这个赤脚医生怎么当?我可是心里一点儿底都没有!于是我赶快又请表姐寄点医疗书籍来。表姐找了几本简单的我能看懂的书寄给我,其中还有一本刚出版的赤脚医生手册。我如获至宝,马上翻看起来。那本赤脚医生手册里有一些常见疾病的简单处理方法,还有很多农村常见中草药的图谱等。这下,我兴趣又来了。我在学校时是生物科代表,还帮老师管理植物园。现在书上说这些植物有药用价值。我对着书本在田头地角到处找,什么虎耳草、车前草、马齿苋……连丝瓜叶、丝瓜络、黄瓜叶,这些都有药用价值,值得我慢慢去找。

区里和公社也很重视赤脚医生的培训,找了一些卫生院的医生给我们上课,讲了一些常见疾病的基本知识,算是学了一周,回去我们就上任了。

我们铁桥公社五通大队的合作医疗站就在那个古老的石拱桥边。铁桥区政府,铁桥公社都在桥那头的街上,赶场也在这条街上。所以我们大队的合作医疗地点很显眼,大队书记说,这是为了社员们来看病拿药方便。

合作医疗开张后,不时有社员来。他们都是些患头疼脑热、腹泻拉肚、生疮感染这些小病的人,卫生院医生教过我们相关知识,我们也还能应付。社员们都开始叫我张先生,他们叫医生都是先生。

一天夜里,我睡得正香,突然门被敲得梆梆响:"张先生,快点!我屋里(媳妇)要生了!快来接生!"听声音是队里的继勋大哥。我赶快起来,头还晕乎乎的,突然一激灵,接生?我还没见过呢!怎么接?我一下紧张起来,看看药箱,立刻想起妇产科的医生培训时说过的话。我看了药箱里有碘酒、酒精、棉球纱布和剪刀,就迅速定下神来,跟继勋去了他家。我一进他家,就看见他媳妇益菊嫂躺在床上,痛苦地哼着说:"不晓得这么快就要生了,羊水已经破了!"这已经是她第三胎了,她个子比较高大,白天还在劳动呢。我当时心慌意乱,手都在抖!但我赶快镇定下来,产妇两口子都看着我呢。我摸了下她肚子,孩子不算大,应该很快就能生下来。我想起培训时老师说的,接生最要注意消毒,新中国成立前那么多婴儿得"七风"死了,就是因为没有消毒,用锈剪刀,甚至破瓦片割断脐带,破伤风杆菌芽孢进入婴儿脐带伤口,第七天左右就发病死了。我赶紧用碘酒精消毒剪刀,还有自己的手,准备好纱布棉球。这时胎儿已经见头了,我让益菊嫂用点力,没多久,很快孩子就生出来了。我用纱布清理了孩子口鼻里的血污,孩子"哇"的一声哭了出来,是个女孩!我赶紧消毒剪刀,处理孩子的脐带,严格消毒,用纱布包扎好。继勋大哥烧了热水,我又把小孩洗干净用旧衣服包起来。忙完孩子,又看大人,我按揉益菊嫂的肚子,胎盘也完整地出来了!我帮着清理干净大人身体,把孩子抱给了她。

谢天谢地!我手忙脚乱,终于在毫无准备的情况下当了一次"接生婆"!出了她家门,天快亮了。满天的星星开始退去,清晨公鸡在叫了,催人们起来开始一天的劳作,小鸟也开始喳喳叫着,好像也在对我说:"你好!你好!"我一身轻松,满心欢喜地回到我们的知青屋。

那年我19岁,事后还有点害怕。这些事情见也没有见过,万一哪里没有搞对,产妇婴儿会不会出什么问题,还好几天过去了,产妇婴儿都没有什么问题,我悬着的心才放下了。产妇家人很感谢我,小孩的名字里取了我的"廉"字。后来回城,在重医二院听课,在产房见习接生,有同学见不得血,当场就晕倒了。我暗自庆幸,还好,我不晕血,当时没有倒下!

我们五通大队有十几个生产队,平时我常在各生产队巡回看病人,遇到农忙时节,特别是收稻谷时,农民在田里打谷子。天气炎热,又辛苦,一些壮劳力病倒了,全身酸痛,发烧起不了床。我看这不像平时的感冒,要严重得多,就去公社卫生院,问一个给我们上过课的中医,他说:"这个病症在中医叫湿瘟症,天热下田受了暑湿。加上劳累辛苦,在内因外因共同作用下就病倒了。在西医讲,可能是重感冒,也可能是钩端螺旋体病。"他说着就跟我一起去看病人,给病人摸了脉,看了舌苔,开了中药处方,就在合作医疗抓了药,并且告诉我,这种病症用这个处方是有效的。他多年总结出,针对这种病人,也可以用这个处方加减其他药物。让这个病人熬了药喝下去,发了汗,睡了一觉,第二天就说好多了,再喝点药休息一天,就又可以出工干活了。我照这个方子给其他病人也开了,都还有效。

我毕竟只是一个初中生,工作中有问题,除了问卫生院医生,再就只能问书本。书是随叫随到的老师。我就常去县城书店里找医书。回到重庆,更是有空就到新华书店找医书,看到合适的医书就买回来。

生产队有个社员,大家都叫他李三叔,腿上长了很久的溃疡,他们叫臁疮,就是长年累月不好的那种。这导致他不能下田干活。他也去卫生院看过,换过药,还是没有长好,让我看看有没有什么办法。我看了他的腿,溃疡在小腿胫骨前面,书上说,那个地方缺少血液营养供应,不容易愈合。我想就用草药试试看。我采来一大把清凉消炎,去腐生肌的草药,清净,捣碎,再把他腿上的溃疡脓血结痂等清洗掉,把草药敷上去。他开始感觉伤口清凉,疼痛减轻了。几天之后感觉创面慢慢小了,长出了鲜红的肉,大约两周后,溃疡居然全部愈合了!李三叔很感激我,说:"多亏了你,这下可以出工做活了!"他家三婶去煮鸡蛋给我吃,我说不用了。他拉住我不让走,硬是把煮好的鸡蛋端给我,我一看,好家伙,碗里有五个鸡蛋。我说我吃不了,拿碗拨了两个出来吃了。我说:"其实是你长伤口,你才该多吃点。自己省着不吃,煮给我吃。"他说:"你给我治好了腿,帮了我大忙啊!几个鸡蛋也感谢不了哟!"

我也知道农家养了老母鸡生下的蛋,是要拿去换钱买盐买灯油的,所以我常常看完病马上就走,待他没有来得及煮鸡蛋,我就走出门了。但是如果他家有两个人在,我就跑不了了。我在大队社员家吃过多少鸡蛋我都记不清了，只是那碗里雪白的荷包蛋，红红的蛋黄，汤里的红糖、醪糟，好香甜的味道，现在我都记得！

下乡这几年，我每天在山清水秀的田间地头走家串户，开心得很。后来我回城时，社员们都舍不得我走，其实我也舍不得他们，那些勤劳朴实善良的乡亲！我回城后，重庆市曾经组织一些单位下乡慰问知青，也到我们五通大队去了，听社员们说了我的事后，随行记者写了一篇文章，登载在重庆日报上了，题目是"扇子山下女医生"。

回城后我先后在重医二院、一院，从事医政管理方面的工作。在农村当赤脚医生的经历，给我的工作打下了基础。我知道关心、同情和体贴病人，也关心和团结同事和医护人员。在二院做共青团工作，政工科人事科工作。我工作认真负责，多次被评为优秀党员和先进工作者。后来我被调到附一院，主要做纪委工作，医院的党纪党风、行业作风方面的工作我都认真去做，曾多次被评为重医和市卫生局先进，四川省优秀基层党务工作者。虽然社会风气不太好，我也敢于面对各种违纪行为和行业不正之风行为，查办和处理一些案件。我知道这也是间接为病人服务了。后来有一段时间，医患纠纷比较多，我自学法律知识，通过了国家司法考试，取得了律师证，编写了一本医务人员普法的小册子，重庆出版社出版后受到医疗单位和医务人员的欢迎。我也曾被聘为市消费者协会专家组成员，协助解决一些医疗纠纷问题。

回顾一生的历程，赤脚医生是我的人生的开端，教会我在任何情况下都积极面对生活工作，努力学习工作所需要的知识。我永远铭记着那遥远山乡的那些事、那些人和那里的绿水青山！

下乡内江知青生活的一幕幕

高1967级7班 严 敏

1969年3月至11月,我和学校高初中的部分同学以及其他学校的与我们沾亲带故的同学共43人挂钩落户到内江东风区郭南公社二大队当农民。我们43人分布在二大队10多个生产队。

我们40多人,大多是干部、老师子女,下乡后大家都认真卖力地投入生产劳动中。我们栽秧、抎谷、犁田、到十几里外挑化肥,所有农活都干过,很快融入了农民群众中。

"黄棒"种出了西红柿

那时西红柿在内江农民眼中是很难种植的"洋海椒"。虽卖得起钱,但很多农民没种成功。不是挂不起果,就是打不好枝,稀稀拉拉拉挂点鸡蛋大的果实……

八队的魏自卫、宋一泰、石建平、郑陵江、瞿坤等同学,都是重庆川美、重庆大学、重庆建院、重庆卫生局的职工子女。其中宋一泰同学很爱钻研技术,在他带领下,他们拿着书本,一边学习一边试种,居然一举成功。当年西红柿收获几百斤,吃不完还挑到20里外的楒木镇场上去卖,扒火车到隆昌县城去卖,一挑西红柿虽卖的钱不多,又辛苦,但是能显示出一种生存挣钱的能力。

他们成功后,我和王崇仁也跑去向他们学习,也成功地收获了西红柿。我们生产队里种蔬菜很在行。老把式邱癞儿说,我们老把式整了几年没整"伸抖"的洋海椒,被你们城里来的"黄棒"搞"伸抖"了。邱癞儿在我们西红柿试种成功之后,大量种植西红柿,成为我们生产队第一个种西红柿成功的当地农民。

为乡亲们服务

我母亲在厂医院工作,在下乡后我带了医常见病的一些药品,王崇仁的姐夫是重庆第二中医院的著名中医、副院长,他在中医院速成学了针灸,也带了药品和银针下乡。乡亲们以及他们的小孩生病后,经常就近求于我们。王崇仁利用针灸给一个70多岁的老太颈后一穴位扎了几针,使她支气管哮喘有了明显好转。叫我们给生产队的乡亲们和他们的小孩看病,成为常态。由于不收费以及看好了很多小病,深得乡亲们的赞扬。乡亲也时不时地把他们做的盐(咸)菜、豆瓣给我们送上一点儿,那个香啊,爽啊,现在回味起来都直咽口水。

艰辛的劳动生活

在冬季农闲的时候,生产队的刘石匠带领着他的徒弟,在生产队的河边采石场采"条石"。为了锻炼意志,我也加入了进去,开始是撑钢钎。一锤又一锤地打击,我的双手被磨破,戴上手套也是疼痛难忍,一天天我熬过了,手上长着厚厚的茧巴。我也和农民兄弟们抬一二百斤的"连二石",从江边抬到公路旁。开始抬的时候,肩膀上左右两边都红肿、破皮,非常难受,但我咬着牙,坚持了下来了。吃苦耐劳,不畏艰苦在我的人生中从那个时期开始。进厂后我又继续奋斗,自学成才,从近万人的工厂中成为加工坦克的专用设备设计的设计师。

终生难忘的知青屋

——一幅油画固定的记忆

初1966级3班 温长江

我的手机中收藏有一幅油画。当我拿起手机,常翻到那幅油画看看,上面画着一排平房、三道门、两端各搭有一偏屋,那是我们远在开县农村插队时的知青屋。左边那道门是厨房,中间那道门是堂屋。里间是卧室,安有3张床,住着我们知青5人。右边一道门是7中知青袁余朴的住屋。厨房的前面是一株杏树,上面正开着花呢。屋前的空地上还挂着几件正晾晒的衣服。知青屋后面远处的山头上,是当年团结公社所在地,周围稀稀拉拉地站着几棵树。看着这幅油画,我的思绪又回到几十年前。

那是1970年,杏树开花的时节。一天,知青全茂华从团结4队返回,随行请来了7中知青吕厚聪。一进屋,只见吕厚聪个子中等,身高大约1米65左右,身体结实,一张国字脸,脸上总露出笑容,给人以敦厚朴实的感觉。吕厚聪伸出右手:"大家好! 我叫吕厚聪。"我们赶快站起来同吕厚聪握手。全茂华随即介绍了吕厚聪的情况,吕的父亲是7中教师,吕厚聪画得一手好油画。这次请他来想画一幅画,把知青屋画下来留个纪念。这事大家拍双手赞成,都叫:"好!""要得!"于是我们给吕厚聪端来凳子和小桌子,在知青屋前下方约30米处安好桌子和凳子。吕厚聪在桌子上铺开画布,调好油彩,然后拿起画笔,仔细观察知青屋,然后在画布上一笔一笔地涂抹起来。一个多小时后,一幅逐渐清晰的房屋映入我们的眼帘。"太好了!"几位知青情不自禁鼓起掌来。在画完这幅画后,禁不住我们5位知青的请求,吕厚聪又接着画了4幅同样的油画,只是尺寸略小一些。感谢吕厚聪同学,给我们每个人都留下了一份珍贵的纪念。看着这幅油画，当年发生在知青屋的点滴回到脑海中。

　　我们一行 5 人是重庆三中初 1966 级 3 班的同班男同学。在毛主席"知识青年到农村去，接受贫下中农的再教育，很有必要"的号召下，成为重庆市第一批上山下乡插队落户的知青。那是在 1969 年 2 月 6 日，我们与沙坪坝各校的知青一道，从朝天门乘船抵达万县，从万县转乘汽车到开县，再辗转来到跃进区团结公社团结十队，俗称三角坝的山沟里。生产队三面环山，山势大都是 30 度以上的石谷子坡地。

　　源自凤凰山上的两条由下冲瀑布形成的小河，分别从鸡公梁两侧流下，河面较宽，里面布满大大小小的乱石。平日里水小清澈，涨水时水流如脱缰的野马奔腾汹涌。两条小河各转了一个小弯后汇成一条河，再流出生产队，向九队方向奔去。河上没桥，都是以河中的大石头作为跳蹬，踩着过河。两条小河将生产队分割成三处：唐家院子、邱家院子及董家两叔侄住屋。另有两户外姓人家分别住在唐家、邱家院子背后。我们的知青屋就位于邱家院子背后的山梁上，背后是副队长谭万青家。从我们知青屋旁边的石板路上山穿越鸡公梁可到胜利大队、双河大队。

　　从知青屋对面过小河后沿石板路上山，可到上游公社。从唐家院子背后上山没有石板路可走，坡度较陡，只能沿着社员们踩出的曲折蜿蜒的石谷子路，向上行走约 40 分钟才能到达公社。再往上走可到团结、战胜、桂花和四新大队。生产队水田少，豌豆坡坡多，上面散布着一些桐子树，土层略厚一点儿的地则用来栽种红苕、苞谷等。坡度陡一些的石谷子坡土层薄，只能种豌豆，广种薄收。

　　我们同学 5 人亲如兄弟，按出生年月，老大李远龙，我是老二，还有徐琦玖、熊培成和全茂华。老大和老幺相差一岁，下乡时分别为 19 岁、18 岁。在往后的两三年里，大家平等相待，和睦相处，从未分家。每天收工回来，大家分工合作，劈柴、烧火、洗菜、煮饭，都抢着干。掌灶最拿手的当属全茂华和李远龙，我只有烧火打杂的份了。

　　由于水田少，每年分到的稻谷不多，能吃白米饭的日子屈指可数。大多数时候吃的是红苕和苞谷面，红苕和苞谷面混合煮成的羹是美味的，每人只能吃到一碗。大家舀后，锅底只留下一层巴底的羹，最后，大家互相谦让，都说我吃饱了……这样的日子也不是每天都有，每年小春粮食收获前总有一段青黄不接的日子，只能想法克服。小春收获时节，每天吃嫩豌胡豆当作一顿，别看城里人喜欢吃嫩豌胡豆，可真要当饭吃，还真不好受。天天吃嫩豌胡豆胀气，胃不舒服，但比起饿饭来要好多了。

我们落户的生产队很小，只有17户人家。劳力和半劳力加起来也只有约50多人。生产队里除唐姓、邱姓外，还有谭姓、颜姓各一户，董姓两叔侄。生产队长唐得俊，中等个子壮实身材，一个老实敦厚的庄稼汉，话语不多，总是笑眯眯的，分配活路还算比较公平。妇女队长曹必珍，老党员，没有文化，曾当过副乡长。我们5位知青及7中的袁余朴都和队里的农民保持着良好的关系。我们有什么困难，他们会给我们帮助。逢年过节，各家还纷纷请知青到家里去解解馋。

清晨早起，乡村画卷映入眼帘，正是：鸡鸣狗叫声声啼，小屋炊烟袅袅升。杏花树下劈柴忙，遥看农人山中行。

吃过早饭，唐队长总是站在院坝中间，扯起喉咙喊："把连（指大家）出工了，今天男客抬石头，幼客（指妇女）坡上挖土。"接着指了指干活的山坡。农民、知青纷纷拿起工具，扛着锄头上坡了。开始大半年时间，队长总是安排我们做轻巧一点儿的农活，与妇女和半劳力一起干活。到后来，我们还是愿意做一些重一点儿的，比如犁田之类的农活。

记得我第一次学犁田，庄稼好手邱广富牵着牛，背着犁头，在一水田边套好犁头，给我示范了一遍，犁了10多米。他"吁"地喊了一声，牛停了下来，然后笑眯眯地对我说："老温（那时农民称呼知青，都要在姓前面加个'老'以示尊重），你来搞一盘（试一试）。"我右手握住犁把，向右倾斜20度左右，掌着把手，左手甩了一下鞭子，牛就开始往前走，犁沟也在往前，大块的土翻了上来。由于是初学，一会儿犁浅了，犁头就顺着水面扬了起来。我只好抬了一下把手，把犁头朝下压了一点儿，但一会儿就犁得太深，走不动了。折腾了好一会儿，邱广富在一旁，忙给我讲应注意的地方。后来，他又示范了一遍，让我接着干，慢慢地，犁头终于听指挥了，我长舒了一口气。犁到尽头，牛及犁头都要掉头，要把犁头倾斜约45度左右，在水面掉头，待牛与犁头都调整好后继续朝反方向犁田。

学习耙田的难度要小一些。在犁完所有的田后，过段时间，要将翻起来的水田里的大块的泥土耙平，以便于以后栽秧。老农唐先伯在给我做完示范后说："来，老温，你来磨。"当地称耙田为"磨"。耙田学习起来要顺利得多。双手扶正耙具，右手里的绳子一扯，牛就开始前进，这时只要扶正耙具就行。有时遇到大块的泥土耙不动，就把耙具向上提一下就可继续。我学的时候认真，肯卖力，学习农活快。其他几位知青也是如此。农民们都说知青聪明,这么快就学会了。

一年中,栽秧挞谷是最累的活。栽秧时一连几天都要弯着腰,一把秧苗握在左手上,大拇指和食指分出几株秧苗,右手进行栽插。我第一次栽秧时,邱龙福在前示范,栽了前四行秧苗,那真是横平竖直,整整齐齐。我在他的右边跟着栽插起来,虽然慢一点儿,但栽插起来还“像那家人”。但一会儿邱龙权追过来了:“老温,来了哦!”我只好加快速度,但速度一快就糟了,明显整齐度差多了。连续多天的栽秧,我累得腰酸背疼。

秋收的季节到了,看着田里金灿灿的稻谷,很是令人喜爱。这是庄稼人最喜爱的呀,这是丰收的喜悦。头顶烈日,挥汗如雨,尽管带着草帽,挞谷时恰是一年中最热的时节。弯着腰,右手拿着镰刀,左手握住稻子,“嚓嚓嚓”就割起来,割好一堆后,站在拌桶一侧,高举起割下的稻子在拌桶上反复拍打脱粒。最后一道工序是在手摇风车上分离谷粒。一人摇动手柄,另一人将脱下的谷粒风壳混合物从风车漏斗上倒入,在风力作用下,谷粒顺势落下,风壳则被吹走。这时候,虽然大家都很累,汗水、风壳渣滞留在脸上,但想到很快就会有米饭吃了,所以干得都特别有劲。

其他各种农活,我们几个知青都逐一学会了。队里的各种活动我们都积极参加,如送公粮、修水库等,我们和农民的关系也日益融洽。

做农活之余,我们几个知青也喜欢赶场,看看闹热,买点日用品等。记得有一次到跃进区赶场,几个知青高高兴兴在场上转了一个多小时,吃了午饭,慢慢往回赶。我们顺着河沟往回走,河沟沿途有不少桑树,红的、黑的桑葚挂在枝头上,很是诱人。我们一路品尝着黑黑的桑葚,甜甜的,别提多美了。去时是阴天,往回走了半个多小时,突然下起了倾盆大雨,我们瞬间全都淋成了落汤鸡。四处都是旷野,没有任何可以遮雨的地方,我们只好硬着头皮继续走。走回到生产队的董家住屋时,我们都傻眼了。平时水流不大的河里波涛滚滚,浪花乱溅,涨水了,河水的吼声震撼着双耳,没法过河了。这时董坤明大叔对我们说:“都进屋吧。”我们进屋后,他从柜子里翻出几套衣服让我们换了,又把我们换下的湿衣服放在炉边烤。“谢谢董大叔!”大家纷纷道谢。看着自己穿的显得短小的衣服,互相望着,看着滑稽的对方,都不禁哈哈大笑……就这样,在董家住了一夜,第二天早上水退了以后,才返回我们的知青屋,算是有惊无险,躲过一劫。

我们烧的柴要到生产队的几面山坡上找,由于不能砍树木,只能挖掘那些死去的灌木树根和剔枯树枝,我们将树根连根挖起,背回知青屋。大洞口旁边的那一面坡是我们去得最多的地方。在杜鹃花开的时节,那一面坡的红红的杜鹃花给我们的生产队增添了一份亮色。背回的树根和枯树枝摆在屋前的空地上让其逐步干透。另外就是烧苞谷秆等,所以,我们烧柴还不是很困难。

闲时,偶尔大家喜欢捉螃蟹。河里布满大大小小的乱石,在水浅的地方,很多大石头底下都有螃蟹,搬开石头,螃蟹就会露出来。这时必须眼疾手快才能抓住,否则,它很快就会爬到其他乱石下躲藏起来。捉住螃蟹后放入随身带的竹编笆篓里,每次捉螃蟹,总有些收获。大家高高兴兴地返回,将捉住的螃蟹洗净后蒸来吃,那是真正的美味。

当地民风淳朴,农民是善良的,我们的知青屋不时有同龄人来玩,如邱龙权、邱龙群等。还有比我们小几岁的董洪青,简直就像我们的小跟班,我们到哪儿,他就扛着把锄头跟到哪儿,缠着我们问这问那,对知识的渴望可见一斑。

忙中作乐,闲时大家就唱唱歌。那些知青歌曲及当时流行不多的歌,算是唯一的娱乐。我们的文化生活是匮乏的。隔壁住的是7中的袁余朴,他父亲是建院的教授。他个子小,眼睛有点鼓,着急起来说话就结结巴巴的,半天说不出来,话还没讲完,我们已经知道他的意思了。尽管说话结巴,但他脑子好使,喜欢来找我下象棋,我和他下过几次,都是他赢得多。1971年3月,熊培成和李远龙二人被调回重庆三峡油漆厂。同年11月,全茂华和我被调回重庆沙区工业局下属工厂。徐琦玖于1972年回渝,不久,袁余朴也被调回重庆。

岁月流逝,时光荏苒。如今50年过去了。尽管岁月磨白了我们满头的黑发,手中过往的物件成百上千,但我们始终珍贵地保存着吕同学给我们绘制的小小油画,让我终生铭记在三角坝的那些不凡岁月,我们在油画固定的地方,经历了艰苦的磨炼和意志的洗礼,使得我们在回城后面对任何困难都能勇往直前!

重拾那年那些歌

——下乡开县编写《再教育组歌》忆纪

高1966级8班　陈昌乐

50年了，我搬家数十次。这本《再教育组歌》都妥善保存着，因为在我心中，它是那么令人难以忘怀、那么珍贵。

《再教育组歌》编印于1970年6月开县岳溪区（跃进区）善字乡（齐心公社）阳历沟（和平五队）。这本36开105页的油印诗集，除前言、编后记、序外，辑录原创诗歌31首外，刻印、装帧、插图无一不精。

"前言"开宗明义，言简意赅："开县善字山巅活跃着一群来自重庆三中的知识青年，沐浴着毛泽东思想的阳光，在贫下中农的教育下，他们像满山的苍松翠柏，茁壮成长。"

在努力学习毛主席著作，认真接受再教育，勤奋建设社会主义新农村的同时，他们运用诗歌的形式，记下劳动、学习的心得体会，抒发革命新一代胸怀祖国、放眼世界的壮志豪情，表现山区人民改天换地的英雄气概。这本小册子就是他们所写诗歌的一部分。

尽管这些诗作在内容、形式、表现手法等方面各有不同，但是平凡的语句中，都跳动着一颗年轻火热的红心。

"编后记"记录了编辑、刻印过程："亲爱的朋友，当您打开这本油印小册子的时候，我想告诉您，它的诞生，本身就是一首最动人的诗歌！"

为了把自己接受贫下中农再教育的心得体会向党的生日献礼，知识青年们克服了重重困难,在七八天时间内就完成了编选、刻印、装订工作,而且没有影响参加集体生产劳动。在刻印钢板缺乏的情况下,出现了你吃饭我刻写,你来刻写我再吃饭的动人情景。紧张的工作,由此可见一斑。

读过这些诗歌的知识青年朋友们说:"任何一个读得进去的人,都不能不受到它的感染!"这是对这些诗歌最高的评价,也是鼓励鞭策我们在极其困难的情况下,拼凑出极其有限的资金,购买刻印蜡纸与并不太白的白纸,编印出这本小册子!

"序"采用诗歌的形式,对其中主要诗作做了简要介绍。

没有筑路工的奋战,

宽阔的大道旁哪来里程碑?

我爱五彩缤纷的春日,

更爱含苞待放的蓓蕾。

晶莹的汗珠——

换来瓜果累累松柏苍翠;

劳动的幸福——

酿成生活的美酒使人醉。

朗读这平凡的字句,

心潮澎湃似高山流水;

欣赏这白纸上的素描,

她比艳丽的山花更鲜更美。

"雾行"的路上,

高唱"生活之歌";

"雨夜"斗笠下,

把成长的欣喜领会;

分享阅读"家信"的温暖,

同行在"拜年"的行列内;

眼角都闪动着"广播牵线到善字山顶"喜庆,

"雨夜抢运"中我们健步如飞……

在百花齐放的文艺战线上,

愿有更多这样芬芳的花蕾；

和工农兵相结合的康庄大道旁，

愿有更多，

我们不再意气风发像新栽的白杨一排排。

虽然已经老态龙钟，步履蹒跚，

但是年轻的心与难忘的记忆同在。

我们今天穿皮鞋，

没忘掉，山路田埂上的茅草鞋；

我们今天吃白米，

没忘掉，红薯洋芋煮野菜；

我们今天盖暖被，

没忘掉，巫山风雪扑面来；

我们今天走大道，

没忘掉，高山峡谷千丈陡壁挂悬崖。

忘不掉啊忘不掉——

上山下乡的历史啊，

激情蘸着血泪写；

忘不掉啊忘不掉——

孤影残灯盼回城，

"家庭出身"成障碍。

那年那月，凄风苦雨，春饥夏荒，

"柴干米熟屋不漏"，

是我们奋斗的动力热切的期待；

五十年后，荣华富贵，过眼云烟，

健康地活着，

是我们晚年生活理想的境界。

老照片里永不磨灭的记忆

初 1967 级 3 班 杨 旭

定格记忆,收藏历史。虽说回忆迟早将变为时间里的尘埃,而回忆里的秘密也将成为永远的秘密;流年似水,日月如梭,虽数十年匆匆过去,但某些被岁月风干的故事及被光阴磨黄的老照片,却永远留在我的记忆里,成为老照片里永不磨灭的记忆。闲暇时间,我喜欢翻翻厚厚的几本影集,帧帧照片浓缩了我匆匆六十多年的人生,其中最常翻看的还是那几张当知青时的黑白泛黄的老照片。每当我看着这些照片时,许多往事便浮现在脑海,照片记载着我人生长河中一段刻骨铭心的经历。

50 年前的 2 月 6 日,我和不满十六岁的妹妹随学校第一批下乡大军,来到开县接受贫下中农的再教育。2 月 8 日在跃进区(岳溪)桥下的河滩上,第一次接触农村的我们感到无比新奇和激动,与班上十来位女同学一起在这里拍下了下乡的第一张合影,并在照片上题字"在广阔的天地里",表示我们要战天斗地的决心。画面中,每位同学的脸上都洋溢着青春的激情,充满对此后生活的美好向往。人生的历练和磨难从这一刻真正开始,我和妹妹与同班的胡兰先、但富铭被安排在平安公社明月四队,一个叫"黄二湾"的半山上。队里把我们安顿在山坡上一间独立的保管室里,出门不是上坡就是下坎,挑水要到几十米深的沟底,傍晚收工回来看不清山路,几个近视眼只好手牵着手,甚至手脚并用地摸黑前行。由于水土不服,我的身上长满了红疹子……生活上的反差,给了我们一个不小的下马威。除夕晚上,山沟里一片寂静,看着乡亲们送来的汤圆,我们却吃不下,透过屋顶的亮瓦,看着满天的星星,短短数日的知青生活,令我们五味杂陈,不知是谁先哭出了声,于是我们四人谁也毫不顾忌地号啕起来。第二天,大队支书来看我们,当即决定,"这几个女娃子在这里要不得",把我们安排到了条件稍好的山下,胡兰先她们俩到了明月六队。我和妹妹落户在吴家沟,一个田少地多,四周丘陵的明月五队。我校高中的一个男同学已先我们落户在这里,社员们叫他"老王"。生产队全年每人只有100多斤的谷子,其余的粮食是红苕、苞谷、麻豌豆,青黄不接时还要吃贷粮。小春4分钱一个劳动日,大春3角6分,队里照顾我们,为我们评了妇女的最高分9分。我俩老老实实地接受锻炼,下田栽秧,扯稗子;半夜起来收豌豆;冒雨天抢栽红苕;打连盖双手打起了血泡,被蚊虫咬过,被蚂蟥叮过……我们认真踏实的劳动态度也得到了乡亲们的肯定。妹妹还被选为队上的记工员。记得一次傍晚收工回来,我挑着半桶粪到坡上的自留地浇苞谷,天黑路陡,一不小心绊了一下,半桶粪水全洒在了身上。妹妹的叫声惊动了乡亲们,我却欲哭无泪。还有一次,我背着谷子到桥对面的二队打米,打完米刚出来,突然发现两三条狗尾追我而来,我拼命跑,最后甩掉装米的背篓,跌在沟里,小腿被狗咬了一口。惊魂未定的我坐在田坎上抹眼泪,哭够了,我把背篓找回来,一跛一跛地过河回了家。现在回想起来我还真有些后怕,当年也不知道必须打"人用狂犬疫苗",否则会有生命危险,或许那时的狗比较"淳朴干净",幸好人也相安无事。下乡的生活充满了酸甜苦辣,最高兴的事莫过于收到家书,其次就是知青间的串门和赶场。南门场算是比较"繁华"的乡镇,赶场天总有一些手艺人在这里摆摊挣钱,河滩上的一部老式相机吸引了我们。"到南门场照相啰!"我们几个知青突发奇想,赶场天约上大队、生产队的干部,青年以及和我们年龄相仿的几个村姑,一起在南门河滩上照了这张唯一的和贫下中农的集体照。今天再看这张照片,感慨万千,照片上昔日熟悉的乡亲已走了一半,"小芳"们也早已远嫁他乡。

说到知青间的串门,不得不提当年的一件趣事。许多年后我知道:就在我们平安公社隔壁的合力公社合力大队,落户的不光有我班的男同学及初二4班的男同学,还有我班辅导员的三兄弟,共计十来个同学,而且是清一色的男生,笑称合力大队为"和尚大队"也不为过。但就这么"近在咫尺",我们明月大队的同校同班的女同学,竟然与合力大队男同学"老死不相往来"。数十年后细细想来,或许当年在校期间尚幼,男女界限分得很清,那时我们就无甚交集,下乡后更是如此。虽说我们同在一条"跳蹬河"上,并无"楚河汉界"阻隔,但男女同学之间的隔阂却难以逾越。后返城校庆期间,才听说谣传合力大队的男同学曾有一次组队赴明月大队"瓮饭"(重庆话,发音pen),女生因而"坚壁清野"走了。我认为这是一个笑话,我当年就丝毫没听闻此事。转念一想,假如是真的,只能说明当年的我们还很幼稚。南门场是我们平安知青青睐的地方,农闲赶场,我和妹妹背个小背篓,到场上买点日常生活用品。当时鸡蛋五六分钱一个,核桃、脆柿子一分钱一个,买完东西逛完场,有时在街上的小馆子里吃个红糖包子或者小扣碗,此刻就是我们最美的享受,然后急急忙忙往回赶,下午还要出工呢。当年农村缺油水,我们也想喂头猪改善一下生活。隔壁一个叫端阳的男孩抱来了他家的两只小猪崽,给我们"试"养,本来出工、做饭、种自留地都忙得我们有点"筋疲力尽"了,这下我们更是手忙脚乱了。缺粮又缺柴烧,小猪崽在我家灶房的墙角饿得嗷嗷直叫,害得我们整夜无法入睡。算了吧,第三天清早就把猪崽还给了它的主人,从此便打消了"喂猪吃肉"的奢望。因为缺柴烧,我们几个知青曾到几十里路远的东阳煤矿挑煤,几十斤重的煤块压得我们喘不过气来,几乎走不回家,第二天肩膀肿得老高,腰酸背痛,真的是苦不堪言。后来我们情愿在山坡上扯茅草烧,也不愿再去挑煤了。在南门场和乡亲们照相中的唯一的男知青"老王",住在坎上,他懂一点儿中医知识,会针灸,还擅长捉蛇,有时捉了蛇就放在他屋里的地窖里,盛夏的中午他曾用蛇盘在头上出门,说是很凉快。听说蛇胆能治疗近视眼,一次在坡上干活,他抓了一条蛇,准确地在蛇胆部位切开,取出蛇胆给我,我用桐子树叶,滔了沟边的山水,闭上眼睛,把蛇胆和水一饮而下,他给那条蛇拴了根红绳,做了记号,然后放生了,乡亲们看得目瞪口呆。我先后吃了两个蛇胆,为了回城时眼睛能体检过关,什么都豁出去了。下雨天不出工,我们有时到明月、平安大队的同学家走走,有时也和卷桥大队的发小们互相串串门。杨棋有一架135相机,就是这架小小的相机为我们留下了一组珍贵、真实的乡村印记。我们在浦河的独木桥上悠闲地跷着脚排排坐,在岸边摆渡的小木船上、在河滩上、庄稼地里都留下了我们的身影。最有趣的几张是在我们知青屋前的地坝上,几个伙伴手端饭碗坐在长板凳上吃饭的各种姿势,手拿菜刀在撮箕边削红苕的照片,门前的土墙上用石灰写着"知识青年必须接受贫下中农再教育"的标语,后面一个大大的惊叹号,这些都清晰可见。1996年再次返乡时,我很想再看看这间我们曾经住过三年的土屋,可惜已不复存在,这张照片成了我永久的纪念。五十年,弹指一挥间,那一段青葱岁月永远定格在了这些泛黄的老照片上,也成为我永不磨灭的记忆。

我的农转非非转农下乡经历

高1967级5班 路显明

　　我于1964年考入重庆三中,分到高1967级5班。那一年,由于我父亲从重庆地质大队调到四川冶金地质勘探公司602队任职,我们家也从重庆渝中区搬到602地质队的驻地四川省平武县古城区。1969年下乡时,想到自己的家在川北,如随学校走,离家太远,于是我选择了随602地质队子女在单位驻地附近的农村落户。

　　记得是1969年3月初的一天,我带上准迁证去陈家湾派出所下户口,工作人员接过准迁证,看后指着准迁证对我说:"上面写的迁入地址是四川省平武县古城区四川冶金地质602队。我们第一次遇到学生下乡迁入地不是农村,而是单位,我需要上楼请示所长。"20多分钟后,该工作人员下楼来明确告诉我:"某经所里研究,知识青年下乡到农村是毛主席的指示,是国家的政策,绝对不允许把学生户口迁入某个单位。你要迁户口,准迁证上必须写明迁入地是哪个县、哪个区、哪个公社、哪个大队、哪个生产队才行。"

　　我立即把这个情况写信告诉了父母,不久家里又寄来特挂,重新寄来的准迁证上写明了迁入地是四川省平武县古城区古城人民公社火炬大队琴台生产队。这次我很顺利地在派出所下了自己的重庆户口。大约在1969年3月底,我怀揣农村户口迁移证,带着行李,告别山城,告别三中,告别同学,踏上了赴川北的下乡征程。当我独自一人坐上火车,望着窗外飘飞的细雨而自觉形单影只,不禁感慨万分。家不在重庆了,自己的户口也不在重庆了,不知何时才能再回到生我养我的重庆,再见相处多年的同学!我面对前途渺茫,不禁悲从中来,顿时有一种被这座城市永远抛弃的感觉。

　　平武县属四川省的贫困山区,当时主要接收并安置了成都市两所中学的3000多名下乡知青。我回去下乡后才知道,在这3000多名知青中,我是一个"特殊知青",因为我把我的农村户口迁移证交到父亲单位后,单位根本就没把我的户口落到农村,仍然上到了602地质队,属城镇户口。说是为了照顾我父亲参加革命多年,直接把我的户口"农转非"了。就这样,我这个"特殊知青"开始了我的知青生涯。我住在生产队知青屋内,除了保留城镇户口的特殊身份外,其他生活、劳动都和其他知青没有区别。一般人认为,在那个户口可以决定命运的年代,我和成千上万的知青相比,应窃以为喜,应该有一种幸运感和优越感。但不知怎的,我反而常有一种自责、自愧的心理。遇到农村赶场上街,看到许多知青在街上茶馆、饭馆聚会交流时,我因自己的特殊身份甚至感到惶恐和忐忑不安。几经纠结,辗转反复几个月后,我终于下定决心,也没和父母商量,自己去派出所、粮站把自己的城镇户口改为了农村户口。当自己完成了"非转农"手续,变成一个真正的、名副其实的知青后,我如释重负,顿时倍感轻松起来。1971年初,地质队按国家政策内招子女,我顺利进入地质队工作。也许有人会说,如果没有国家对农村知青的招工政策,你这非转农的举动不是犯傻吗?我要说的是,我当时并没有国家知青政策会调整的先知先觉。之所以会这样做,完全是因为重庆三中多年严格的传统教育,让诚实的品质在我们身上根深蒂固。

最后,想在这里顺便提及的是,当时地质队招工是内招,从职工子女中招进来的多数为小学生、初中生。新工队伍文化偏低,为促进地质工作的开展,我向单位建议应有计划地招收一部分高中生,并推荐了我的同班同学王忠平、范学昌、陈洪金、邹润生、王有惠5位同学。由于重庆三中名声在外,都知道三中是重庆数一数二的重点中学,不乏品学兼优的人才,建议获得602队党委会通过。几位同学到地质队工作后,经过几年的拼搏努力,不负众望,无愧三中学子的称号,全部入党提干,走上领导岗位,在各自不同的岗位上,为地质工作做出了应有的贡献。

做鞋、碾米又杀猪

——下乡学农二三事

初 1967 级 4 班　王新生

搓麻绳，做布鞋

我们刚下农村时，走不来农村的田坎路，从城里带去的塑料底鞋子根本就不起作用，一走一滑一跟斗，一天不知要摔多少回跤。社员们都是穿自己做的鞋。我们为了不摔跤，就跟着社员们学做鞋。首先要用笋壳剪下鞋样，然后铺上旧衣服或碎布做成鞋底，再把旧布用糨糊糊上晒干做成鞋帮，然后就要用麻绳纳鞋底，纳鞋底的麻绳可麻烦了，首先要把麻放在水里浸泡，再剥皮进行捶打等它散成一缕一缕的，再搓成麻绳，如果要颜色好看，还需要另一番加工。然后再一针一线地纳鞋底，鞋底纳完后，就开始做鞋帮，最后绱鞋，一双新鞋做成了，穿在脚上也还蛮舒服的，走在田坎上也不再打滑摔跤了，我不仅给自己做鞋穿，还给家里的爸爸妈妈妹妹做鞋穿。

套牛拉碾出新米

我们生产队很穷，没有打米机，每一年谷子分下来，只能靠自己去把谷子放进碓窝里用木杵使劲地上下捣，挺费劲的，又累又不能捣很多米，怎么办？我只好又去学碾米。把牛牵到石碾子处，牛一点儿都不听使唤，叫它走它不走，叫它停它又飞跑，搞得我们一身大汗，筋疲力尽。后来还是在社员们的帮助下才给牛套上套子。牛拉上石碾子，围着碾盘转圈，我们边吆喝牛边用小扫帚扫谷子，一会儿谷子裂开了，露出了米，慢慢地变白了，然后，我们用簸箕和筛子把糠壳和米分开，这是一个绝活，做不好就分不干净。这样米就出来了，可以煮饭吃了，每一年春节我都会带上新米回家。

磨刀霍霍学杀猪

我们在农村也喂了一头猪，每天都要给猪打猪草、铡猪草、煮猪草、喂猪草，等猪长大后，就要请杀猪匠来杀猪，还要交半边猪给公社。二队知青喂的猪生病了，我们一商议，准备自己动手杀，免得惊动大队。首先，我们借来杀猪刀，有一尺多长，然后把猪绑在长凳上，对准咽喉部位一刀捅进去，再把刀转一转抽出来，一股鲜血嗖地一下喷射出来流在事先放在凳子下的木盆里，等到血流完后，就在猪的后脚上划一条口子，用铁纤往里捅，再用竹管插进刀口里，用嘴往里吹气，边吹边用木棒打猪，一会儿猪就胀得圆滚滚的了。这时就用开水烫猪，我们拿锅铲，拿菜刀赶紧把猪毛刨下来，刨完后，就把猪倒吊起，用刀把猪头割下来，然后开膛剖肚。只见刀光一闪，猪的肠肝肚肺一股脑儿地掉下来落在盆里。然后下猪脚，清内脏，清边油，整个杀猪过程才算结束。那天我们美美地享受了一顿刨猪汤美食。

犁田栽秧学农谚

在农村当知青必须学会做农活，犁田、耙田、挞田坎、铲田坎、打秧头、栽秧、薅秧、挞谷、点麦子、点苞谷，什么都要学，什么都要会，否则你就无法在农村生存。我不但要学会做农活，还跟着老农民学会了很多谚语，知道什么季节种什么菜该吃什么菜，如寒露霜降豌胡豆在坡上，五月是端阳，洋芋遍山黄。我也学了一些关于天气变化的知识，如"云往西边走，伞把不离手""乌云接日头，天旱不发愁""日落乌云长，半夜听雨响"等等。现在都很实用。

这就是我在农村接受再教育的切身体会，现在想来还是终身受益的。

难忘桐叶苞谷粑

──插队"美食"记忆

高1966级8班　陈祥禄

　　插队两年多，时间虽短，寒来暑往，也经历了春耕夏锄、秋收冬藏整个农事活动。做各种农活无疑是艰辛的。"栽秧栽得手僵，挞谷挞得心慌"，"锄禾日当午，汗滴禾下土"，这些古谚古诗所描述的情景，由于亲身经历，其含意被我体会得淋漓尽致。还有那追撵式的种苞谷，累得你散骨架；"悠闲式"的薅秧草，能让你血染（蚂蟥咬）秧田。如不是亲身经历过，是不会深刻感受到其辛劳苦累程度的。

　　有耕耘就有收获。收获的季节无疑是农人们最开心的时刻。至今让我难以忘怀的是收苞谷时的桐子叶苞谷粑，松软香糯，回味绵长，我一口气要吃它四五个。每到收苞谷的时候，总有一些半嫩苞谷不能作为成品粮入库，这种半嫩品就作为战利品分给社员，这对于辛勤劳作了两个季节的人们来说是极大的利好──又可以美美地饱餐几顿了。收苞谷那三五天，每天每人都能有几斤到十几斤不等的收获。这样的苞谷到手后有各样吃法，许多人都经历实践过，我就不一一赘述了。这里我认为最好的吃法莫过于蒸桐叶苞谷粑。这个季节也正是油桐树叶满枝的时候，我们自留地边有两棵油桐树随地归属于我们知青。在乡亲们的指导调教下，每天傍晚收工回去，把分到的苞谷迅速脱粒，加一把黄豆（这是让苞谷变甜的诀窍）一起磨成稀面，盛入瓦钵，晚饭后将钵放入盛水的锅中，利用灶火的余烬余温让其自然发酵（不加任何发泡剂，也无须酵母、老面）一宿。至于这一宿，钵里的食材是怎样在黑暗中进行了哪些纷繁复杂的生化反应，只有天知道，这便是大自然的神奇之处。第二天一早，将发好的面搅一搅，用手团好，包上洗净的桐叶，上锅旺火蒸20多分钟，一揭锅盖，苞谷香、桐叶香便扑面而来，立马让人垂涎欲滴。吃在嘴里，淡淡的甜味，软糯的口感，那真叫一个字——美！拿现在的话说，就是绝对的地里亲手采摘亲自烹制的纯天然绿色有机食品。自离乡返城后，我就再也没有吃到那过齿难忘的苞谷粑了。一方水土养一方人，一方水土造就一方美食，离开了那个环境就不再具备那样的条件，想做也做不成了，只能留在岁月的记忆里。这便是我插队时的美食记忆。

都说农作苦，苦中也有甜，

若无耕耘累，何来丰收欢。

知青的歌声

初 1968 级 2 班　秦增约

1970年春节，下乡插队当知青后第一次回城，我用25元钱在解放碑红旗乐器店买了一把广州产红棉牌吉他。当时，这差不多是个有点疯狂的决定。要知道，25元钱，是母亲含辛茹苦在托儿所洗衣服，用一粒粒汗水换来的五个月的生活费，用于补贴给我这个远离家乡亲人的知青，而这有六根弦的洋"劳什子"，除了在阿尔巴尼亚电影《宁死不屈》中见过外，还不为大多数人认识。

买这把吉他并非一时突发奇想。我敬佩的一位学长在下乡时带了一把吉他，每天收工回来，他都会在屋前的杨树下独自弹唱。虽然他弹唱的很多歌曲我从来没有听过，但那婉转悠扬的旋律，在苍茫的夜色中伴着晚风轻轻飘荡，仿佛有只温柔的手在抚摸疲惫的身躯和孤独的心灵。他看我听得入神，说，你也买一把吧。于是，我回重庆买了它。

年轻人学什么都快，而且在农村啥都没有，却有大把的时间。半年后，我差不多已经是公社知青里的吉他高手了。

那时候时兴唱样板戏、语录歌。但知青弹吉他，唱得最多的还是外国民歌。公开场合，红歌（现在的叫法）当然还是必须得唱的，但它满足不了年轻人的好奇和青春的逸动。于是，一本《外国民歌两百首》，成了我们的教科书。

多少个秋雨绵绵的傍晚和白雪皑皑的清晨，在冷冷清清的知青屋里，我遥望苍茫的天空，空灵的山林田野，往往会情不自禁地弹唱起依拉蒂尔的《鸽子》、福斯特的《故乡的亲人》、俄罗斯民歌《茫茫大草原》："当我独自离开哈瓦拉海港，你想不到我是多么悲伤，天上飘着明亮金色的彩霞，心爱的姑娘紧紧地靠在我身旁……""世界上无论天涯海角我都走过，但我仍怀念故乡的亲人和古老的田园……"歌中忧郁和迷茫的旋律，敲打着一个少年柔弱的内心，仿佛在述说远离故乡亲人的心声，那是一种凄美的忧伤，宁静的孤独,优雅的惆怅,恬美的痛楚。可以毫不夸张地说,是吉他,是这些歌曲,抚慰了空虚的灵魂,填补了无所事事的寂寞时光。

志当存高远,为信仰勇于献身的英雄情结是那个时代年轻人的主旋律。我们喜欢弹唱苏联,特别是卫国战争时期的歌曲,借以抒发自己尚未泯灭的激情、理想。《青年近卫军》《远东红军之歌》《共青团员》《哥萨克骑兵》《1918》是知青聚会时必定引吭高歌的曲目。"想当年1918年到处是军旗飘扬,战火起,刺刀亮,枪声响,从拉尔库到伏尔加河,我们都集合起来跨战马,奔前方去打仗……""我们的将军就是伏罗希洛夫,从前的工人今天当委员……""我们自由心爱的家园,宁死也不能让给敌人……"那些铿锵有力、掷地有声的歌曲至今我仍耳熟能详。唱着这些歌曲,青春少年的心中好像有一团火在燃烧,全身热血在沸腾,我们想象着自己身跨战马,手舞军刀,驰骋在硝烟弥漫的战场上,我们想象着在战斗中负伤挂彩,胜利的旗帜在理想的高地迎风飘扬。那时,我们崇拜的偶像是保尔·柯察金,是亚瑟·伯顿,是卓娅、苏拉,是格瓦拉,是无数在电影和书籍里为理想献身的英雄。是这些歌曲,让平日里看起来心灰意冷,颓落感伤的同伴们发现,其实在内心,我们和所有时代的年轻人一样,有一种激情是可以迸发燃烧的。

青春少年最喜欢的自然是爱情歌曲,尤其是吉他弹唱的爱情歌曲。意大利民歌《桑塔露琪亚》、俄罗斯民歌《纺织姑娘》、南斯拉夫民歌《深深的海洋》、阿尔巴尼亚民歌《含苞欲放的花》、英国民歌《多年以前》、舒伯特的《小夜曲》、托赛里的《悲叹的小夜曲》……无数支风格迥异,但词曲俱佳的经典爱情歌曲,在吉他优美的和弦伴奏下,抒发和诠释着那时的少男少女对爱情的渴望和憧憬。它不像现在的爱情歌曲那样热辣、直白,而是委婉、含蓄的,犹抱琵琶半遮面。青春点燃了对爱情的向往追求,那些脍炙人口,代代相传的外国民歌,自然而然地成为少男少女们吐露心声,表达情怀的最佳方式。虽然大多数知青都没有条件,也不准备在农村谈恋爱,但哼唱着这些歌曲,想象着的未来,似乎在情感上也能得到些许安慰和满足。

那时候的我们心灵简单、纯净,那时候的我们,很容易满足。一碗米饭,一碟猪肉,就是幸福;一次聚会,一首歌曲,就是快乐。那把吉他,在三年多的日子里,陪伴我和我的知青朋友,一起度过了那段难忘的岁月和青春时光。是那些远去的、流逝的,但永远留存回荡在心灵和记忆里的歌曲,让我体悟到,无论何时何地何人,青春永远是人生中最灿烂的季节,是生活中最绚烂的高光点,是生命乐章中最美的旋律。

南开丑小鸭都是顶呱呱

高 1966 级 1 班　谭新碧

跨入南开的丑小鸭

我是南开中学（原重庆三中）高 1966 级 1 班的学生。1960 年秋季，经重棉一厂职工子弟校选送，我以优异的成绩考入了重庆三中。

刚进三中时，我身高只有 1 米 37，体重才 35 公斤，清瘦的瓜子脸上还长着一颗颗讨厌的雀斑，是个十足的"丑小鸭"。三中给我的感觉是好大好大：大大的体育场，跑一圈就有 400 米，四周的看台上能坐上万名观众，全国乙级足球赛曾在这里举办。还有让人如痴如醉的少先湖、共青湖等美丽迷人的八大湖景。南开的景美人优，南开的老师都很优秀。印象最深刻的是地理老师罗普兴（罗键），为救落水学生，献出了他年轻的宝贵生命。分管生活的刘校长，为让我们吃饱吃好，不辞辛劳，千方百计弄来麦麸、米糠、红薯等为我们制作可口的"革新菜"。现还记忆犹新的是我们的班主任、国家一级教师雷克婉。她不仅是我们的良师益友，还是一位慈祥的母亲。一天，我们班的同学在大食堂吃午饭，雷老师提着一块小黑板挂在食堂的柱子上，同学们边吃边听雷老师给我们讲解生物课的重点和难点。突然，一个女同学"哇"的一声惊叫，原来是菜汤里浮现了一条菜青虫。雷老师微笑着告诉我们："别怕，菜青虫富含蛋白质、无毒无害，吃了也没关系的。"雷老师边说边把菜青虫夹到嘴里吃了……另外教过我们的张宗明、黄云霞、汪严渝、左荣、戴为叨、金叔重等老师都是多才多艺品德优秀的好教师，正是他们的为人师表，让我们茁壮成长、潜移默化。人们说南开是产生"白天鹅"的学校，南开飞出的"白天鹅"享誉世界。但我们这些南开的"丑小鸭"不管游到哪里，也都叫呱呱！

农村、工厂叫呱呱

1966年,我参加完毕业考试,正憧憬考大学时,举世瞩目的"文化大革命"爆发了。1969年我们响应党的号召"知识青年到农村去,接受贫下中农的再教育"开始上山下乡。我先是投靠亲友到了合川农村,后又辗转去了万县白土区。无论是在合川还是万县,我都以南开恩师为榜样,吃苦耐劳,兢兢业业地工作。我每天和社员们一起栽秧、打谷、挑粪,样样不落后。收工后我还积极帮助生产队搞预算、决算,组织宣传队演出。我在农村的积极表现也赢得了广大贫下中农和区、社领导的好评,一直担任公社知青再教育"三结合"(领导、贫下中农、知青)领导小组的知青代表。

1971年,重庆面向知青大招工,我被公社第一批推荐到招工榜上,由四川省重庆市(当时重庆未直辖)轮船公司招回分配到泸州造船厂。因我当时是招去船厂的唯一一个高三毕业生,且又是重庆三中的,领导就把我分到了技术科。是南开的光环给了我荣誉,让我有幸进入技术科。我决心努力工作,有所作为,为南开争光。

我虚心、勤奋地向科里没多少文化却有着丰富实践经验的老师傅们学习,并用自己文化上的优势很快掌握了船的稳性及静水力曲线的计算及描绘等技能,完成了"红卫五号"客轮的稳性、静水力曲线等各项参数的汇编及描绘。省轮重庆轮船公司下属有重庆船厂、江津船厂、宜宾分公司、乐山修理所等几个单位。一次,我出差去宜宾分公司,一个宜宾分公司的人问我叫什么名字,我说我叫谭新碧。他很惊讶地说:"你就是谭新碧呀?"我问怎么了,他马上眉飞色舞地告诉我:"王工(当时一个偌大的轮船公司就只有王工一个工程师)把你夸上天了,夸你图描绘得漂亮,夸你的仿宋字一个值一块钱(当时我们的工资一个月才26.50元,王工的工资每个月也才四十几元)。"他问我是哪个大学毕业的,我说是重庆三中高中毕业的,他说,难怪这么厉害。这不是在夸我,是在赞南开中学。这就是我在南开学习6年,生活6年("文革"三年)打下的坚实基础和沉淀的文化底蕴,这就是实践南校开训"允公允能,日新月异"的结果。

1978年8月,在老同学兼红娘的梁玉兰同学的帮助下,船厂领导终于同意放我回重庆,我被调到了四川仪表二厂财务科工作。年底中央广播电视大学招生,我考上了首届电大,学习电子专业。电大毕业后,我原本被分到了技术科,因用工制度改革,领导将我抽调到筹建厂劳动服务公司。当时川仪总厂下属二十几个分厂就我们川仪二厂劳动服务公司很快建立了。我任劳动服务公司经理,并创办了待业青年培训班,兼任班主任。由于劳服工作做得出色,川仪总厂劳资处还专门组织各分厂的劳资科长到川仪二厂来参观学习。

1988年,总厂抽调我去筹建川仪酒家(现在的川仪宾馆),我跑税务、工商、银行等,打报告办理营业执照,还亲自带上总厂从各分厂选调的同志到嘉陵宾馆、建设宾馆学习取经,使川仪酒家很快正常运营。1989年4月12日下午,肖秧市长一行视察川仪酒家,我接受了重庆电视台的采访,重庆新闻对此有所播报。

1991年,因工作需要,我被调入总厂计量处任办公室主任兼管仪器仪表工作。1996年,在川仪股票上市前,总厂抽调我参与重庆市审计局评估总厂下属各分厂及机关的仪器仪表的评估工作。在工作中,我严谨求实、兢兢业业、乐于奉献的工作态度赢得了市审计局评估工作组的赞誉和嘉奖。这就是南开的"丑小鸭",游到哪里都叫呱呱!

南开丑小鸭永远叫呱呱

2000年,我还不到53岁,总厂对机关工作人员女50岁以上,男55岁以上实行一刀切,提前退休。退休后的一个偶然机会,我被中国人寿北碚公司破格录用(原本只要50岁以下的)。我从2000年进入保险公司至今已快20年了,我为500多个家庭、1500多个客户提供了保险保障和投资理财规划,为众多客户办理了医疗报销和重疾赔付。

成己为人,成人达己的中国人寿的双成理念和南开精神激励着我在寿险道路上一路高歌,与时俱进,也让我赢得了客户和公司的认同和嘉奖。19年来,我多次荣获市、区公司的各项表彰及奖励,连续十多年被评为十大销售精英。通过我的努力奋斗,让广大客户朋友体会到保险是及时雨,是雪中送炭,保险让生活更美好。

是南开恩师的表率鼓励我砥砺前行,是南开中学培养了我,是伟大的南开精神孕育了千千万万享誉全球,为国家为人类做出杰出贡献的"白天鹅",也成就了我这只南开的"丑小鸭"游到哪里都能呱呱叫。

生命不息,冲锋不止。我古稀之年的生日都是保险公司的老总给致的贺词。他们说,希望我80岁生日时还让公司领导致贺词。我立志在中国人寿这只民族保险业中流砥柱的航母上把爱心送给每一个人,呵护人生,造福人民,为民族寿险勇担责任。让南开精神融入寿险行业,让南开精神发扬光大,为祖国和人民做出更大的贡献。

万县"补油"记

——下乡开县的一幕幕回忆

初 1967 级 3 班 程永泉

话说在当年上山下乡期间,开头分配的谷子已被吃得颗粒无剩,只余下食后胀气兼免费赠送"有味音响"的老豌豆了。正当我等惶惶之际,忽天降喜讯,偶得一十分可靠消息(此消息未给我等公开):政府给每位下乡知青配给补助 300 元,以助每位知青顺利安家落户,用以建房购买建材及解决生活补助之需。

得知此确切消息,我等顿时欣喜若狂:300 元,在当时可谓一笔巨款! 估计安置房修整而成后,安置费定余许多。众人一合计遂成共识:将本属于我等的剩余安置费"物归原主"。主意拿定,剩下的就是如何实施了。我们决定与掌握此"生杀大权"的大队会计来个"短兵相接":说干就干,次日,大队会计如约抵达"仓库知青点"。会计独自来到后,顿觉此处气场逼人:众人均面色凝重,会计顿生忐忑之心情。长话短叙,经过我方"温柔且令其无可辩驳"的"说服力",最终说服了主掌我等"生杀大权"的大队会计,他最终同意将 200 余元发放给大家。这可把我等乐疯了! 事不宜迟,趁热打铁最重要,我等即刻派人"跟随"会计现款现拿,当天全部钱款到手。我等到手的安置费如何使用? 几乎无须考虑,众人异口同声:吃油大。是的,目前最为缺少的就是"油大"了,这既是现实,也是事实。上哪儿去大吃一顿? 这也无须考虑,当然是去万县市内了! 决定了就行动。次日,众欠缺"油大"者满怀赴万县"补油"的"挥霍"之志,浩浩荡荡朝万县县城进发了。我们步行 10 多公里后,终于到达万县,一行人住进了一个招待所。

住的地方解决了,剩下的问题就是吃了。怎么吃? 如何"补油"? 这个问题也很快得到了解决:万县市内最"豪华有名"的餐厅,当属位于市区的"小桃园"了,况且万县还有不少小吃啥的,那还想啥子? 行动吧! 说到这里,不得不提当年万县二马路一道"令人驻足的景观":每逢下雨天,万县二马路上都会出现不少撑伞的赤脚少女。这些少女将裤腿挽至小腿中央,然后撑伞冉冉行走在二马路的三合土马路上。江面上升起的如烟雾气,使得丝丝细雨更显朦胧,烟雨朦胧配以撑伞少女雪白肌肤且如象牙雕塑般精致秀美的光脚丫,好一番另类时髦,性感风情,十分和谐有韵! 完全不输如今香榭丽舍大街上的雨中时髦女郎。朦胧少年睹此情景更添朦胧,此情景多年后仍让我等恋恋难忘。开头数日,我等于"小桃园"及城内各处,胡吃海喝了个不亦乐乎。由于我等当年少不更事,全然没有计划理财之概念,加之购烟购酒,酒足饭饱……就这样,我们分到手的安置费结余也就"贡献"给了万县,这也算是"肥水不流外人田"了吧。故事结束了,这就是我们这伙知青当年的故事。

那一轮夕阳

初 1967 级 1 班 余义奎

1970 年 10 月,我带着父亲的龙头二胡,插队落户去了四川巴中。瘦弱的我,体重不足 100 斤,身高 1 米 6。但是,我出人头地、争取表现、早日离开农村的意识却比任何人都强烈。

从下乡第一天开始,无论何时何地,我都带着我的二胡,走到哪里拉到哪里,从独奏曲到知青歌曲,从革命歌曲到样板戏,不放过任何一个表现的机会,企图在二胡里找到一条出路。二胡不仅排遣了我的孤独,也让我声名鹊起,迅速在全公社知青中占领了制高点,乃至在附近的几个公社人们都知道有一个拉二胡的重庆知青。

但是,我没有就此满足,又策划了一个自我表现的机会:在田间组织农民学习——也就是利用农活休息的短暂时间给农民读报。我把这个想法告诉了公社革委会,得到了他们的支持。主任对我说,要把我这个做法在全公社推广。我踌躇满志,暗暗得意。

那天出工时,我带上生产队订阅的人民日报。生产队长也支持我的想法,休息时,在他的吆喝和组织下,大家慢慢朝我围过来。男人们放倒了锄头,摸出了叶子烟,舔着口水吧嗒吧嗒地裹着烟卷;女人们坐着横放的背篼上,有的在哺乳早已饿了的孩子,有的扎起了鞋底。

"人民日报社论……"我站在一块石头上,大声朗读起来。一个洪亮的重庆口音在大巴山的山坳里回荡。那一刻,"大有作为"的感觉油然而生,我仿佛在"广阔天地"里找到了自己的位置。我被知识青年上山下乡的英明决策感动了,被自己感动了。

第二天,又到了读报的时候,我看见男人们抽着叶子烟,聊着他们自己的话题;女人们匆匆地往家赶,她们要回去喂猪,抓紧时间弄弄自留地。我的创意流产了。

　　10月是大巴山最忙碌的季节,挖红苕,施肥,种小麦。一下乡,我就赶上了农忙。没有退缩,没有偷懒,我把它当作表现的机会。在到达生产队的第二天,我就要求出工。挖了两天红苕,锄头把手"咬"出了血泡,队长照顾我,让我和妇女一起背牛粪。装牛粪的竹篾背篼,上大下尖呈喇叭状,容量很大。装牛粪的人手下留情,只给我装了一半。尽管如此,我还是满头大汗,气喘吁吁,湿漉漉的牛粪和着汗水浸湿了我的背脊。走在田埂上,迎面走来的婆娘们总是给我鼓气:"可得! 老余——""老余——可得!"当我把牛粪卸在地里时,感觉浇灌的不仅是土地,也在是我稚嫩的体魄。我就这样撑着,坚持连续出工了七八天。终于,有一天午饭后,我来不及洗碗,就累得睡着了。

　　一觉醒来,睁开眼睛,我在哪里? 这是什么地方? ——头上的房顶上挂满了蜘蛛网,被烟火熏烤的房梁乌黑油亮,积累多年的尘埃随时都会掉下来,一块玻璃瓦透进一束微光,照亮了昏暗的小屋。喔——这就是我插队落户的家:一架木床,一个木柜,泥巴堆砌的灶台,竹篾编织的泥墙,墙上的泥掉了不少,到处是大洞小眼。一股强烈的牛粪味提醒我——楼下是生产队的牛圈,我的邻居是一对牛的母子。

　　我睡过头了,插队以来第一次误了工。我懒懒地起来,推开唯一的一扇窗户——

　　四周一片寂静,几只白鹤在水田中觅食,筷子一样的细腿,高一脚低一脚,我仿佛听见它们踩水的声响。一条石板路,弯弯曲曲,消失在不知名的远方。一轮深秋的夕阳,垂挂在山顶上,血红的颜色,显得那么柔和,那么慈祥。我凝视着它,它也凝视着我,时间在这一刻停滞了,它好像想要多陪伴我一会儿,不忍心匆匆地落下山去,就这样静静地挂在山冈上。"嗯——嗯——"一声撕心裂肺的牛犊叫,打破了寂静,那是楼下的小牛在呼唤它的娘。

　　半个世纪过去了,我见过无数日出日落,但心中始终有一轮通红的、不愿落下山去的夕阳。

编后语

　　《岁月如歌——重庆南开(原三中)学子的故事》这本书终于出版面世了。这个凝聚了重庆南开中学(原重庆三中)1966—1968三届初、高中600余名学子心声、心血、期盼,历经20余月生长发育的"胎儿"终于呱呱落地。当这本书放在读者面前时,读者怎么阅读、怎么疑问;读者怎么思悟、怎么评论,对于这本书的参与者来说已经不重要了,重要的是我们这群年逾70而知天命的南开老学生终于向母校、向老师、向社会、向后人交出了一份难能可贵的"集体作业"。

　　从2018年11月至2019年11月,短短一年多的时间,这本书从谋划、立意到撰稿、送稿等一系列繁杂的出书工作,是由一批离岗退休十余年、散落在天南地北的老人来完成的。他们用布满皱纹的手战战兢兢地握住早已经生疏的笔,一笔一画写下来,又奔走打印店打成文字……直接撰稿的百余名老学生就这样完成了百余篇文稿,最终集成了这本书,其中大多数作者都是第一次让自己的心声变成了正式出版物的文字。这个过程本身就是难能可贵的历史留痕。这群老学生在回忆、思考、写作的过程中感慨、思考、痛苦、快乐。

　　大约是2018年国庆前后,重庆南开中学老三届高三的几位学友——萧星岷、王继刚、江明友相继萌生了"南开老三届"可以写回忆录的想法,他们分别邀约了久未谋面的何向东、王崇仁、胡正华、蒋文林、张威廉、高明正、王香驿、范黎林等一批热心学友,就写这本书的组稿方向、编辑思路、内容体例进行了多次沟通、探讨,并撰写了一稿、二稿、三稿。几经研讨打磨,在2018年12月确定了这本书的组稿大纲,确定了"以人叙事、以纪为体、真人真事为纪,客观真实地回忆、记录自己50余年生涯中亲历的事例"的原则。在短短八九个月即收稿200余篇。这些回忆文章记录了百余名作者在改革开放前后的特殊年代的一些最"原汁原味"的故事,留下我们这代人在中华民族崛起的艰难又伟大的时期,在社会各个阶层和角落摸爬滚打、艰难拼搏、艰苦奋斗、破壁成长的动人故事……

　　回眸过去,我们有奋斗,我们有牺牲,我们有奉献,我们有成功,我们有遗憾;我们更多的是知足,是骄傲……我们无愧于"共和国长子"的名号,我们无愧于时代赋予我们这代人的历史使命。

为了这本书的顺利出版，经发起人反复研究、权衡，采取了"自愿奉献"的形式，成立了"编辑组""联络组""财务组"来承担发动学友写稿、筹集资金、评稿、毛稿打磨等方方面面的工作。这三个组的成员都是学友自愿报名参加，他们自带饭票、车票，奉献了自己晚年宝贵的时光。成员充分利用互联网提高效率，以"编辑工作群""联络工作群""财务工作群"的形式，线上商定沟通，线下完成工作任务。这三个工作群犹如一辆车的三个车轮，承载着约600名重庆南开中学学子出书的心愿和奉献驰向成功。这些自愿奉献的学友如下：

编辑工作组志愿者：江明友、肖星跃、文力平、温志龄、王有惠、王崇仁。

联络工作组志愿者：胡正华、梁玉兰、包淑群、蒋桂珍、明长英、石培伶、恽泸生、樊小平、温长江、王益全、吴琪、何雪峰。

财务工作组志愿者：王继刚、王崇仁、包淑群、谢助华、王亚罗、萧星岷。

而"忆南开"这个集合几百名老三届学友网上活动的大平台，也是由一批志愿者组织的，他们是王继刚、江明友、蒋文林、张威廉、包淑群、潘启慧、温志龄、石培伶、肖丽芳、孙庆伟、刘善微、刘东生、高明正、王光池、范黎林、王香驿、王若兰、杨旭、陶仕福等，以及身在祖国华北、华南、华东、西南的孔庆岚、晁冰洁、汪忠怀、吴玲玲、陈贻芳、程永泉、王继鼎、余义奎……正是他们出色的工作，让成为我们这批志趣相投的学友能在"忆南开"这个网络平台里互相学习、切磋交流，分享欢乐！

另外，约三十余个1966—1968级的初、高中班级群，团结联络约600名学友，他们关心、参与这本书的写作，向《岁月如歌——重庆南开（原三中）学子的故事》这本书输送源源不断的动力和活力。

为了支持这本书的出版，同学们以班级为单位，广泛号召，自愿认捐。一共有469人自愿踊跃捐款。其中，有捐款五千元、一万元的，也有自己捐款的同时还发动朋友捐款的。更为感人的是，有的同学还主动替自己已故丈夫——重庆南开中学学友捐款，以此了却已故亲人的心愿……

虽然我们已渐渐老去，但我们伟大的祖国仍在焕发青春活力，而在中华民族伟大复兴的跑道上，重庆南开中学一届又一届的学子正一批一批地走上征程！祝福他们！祝贺他们做出更出色的、无愧于历史的奉献和成绩！

王崇仁

2020年12月2日